신약성경 총론

New Testament Introduction

by Byoung-Soo Cho, Dr.theol.

Copyright © 2024 Hapdong Theological Seminary Press
Published by Hapdong Theological Seminary Press
50 Gwanggyo Joongang-Ro, Yeongtong-Gu, Suwon, Korea 16517
All rights reserved.

신약성경 총론

초판 1쇄 발행 2006년 3월 06일
개정판 1쇄 발행 2007년 2월 16일
개정판 1판 1쇄 2024년 2월 29일

지　　은　　이 조병수
발　　행　　인 김학유
펴　　낸　　곳 합동신학대학원출판부
주　　　　　소 16517 수원시 영통구 광교중앙로 50 (원천동)
전　　　　　화 (031)217-0629
팩　　　　　스 (031)212-6204
홈　페　이　지 www.hapdong.ac.kr
출 판 등 록 번 호 제22-1-2호
인　　쇄　　처 예원프린팅 (031)902-6550
총　　　　　판 (주)기독교출판유통 (031)906-9191

ISBN 979-11-93395-03-5 93230
값은 뒷표지에 있습니다. / 잘못된 책은 교환해 드립니다

개정판

신약성경 총론

조병수 지음

HS PRESS
합신대학원출판부

In memory of
Dr. Prof. Martin Rese
(May 31. 1935. ~ July 3. 2023.)

≈

my teacher
in the Westfälische Wilhelms-Universität Münster
in deepest gratitude

머리말

모든 사물의 가치는 동일하지 않다. 이 말은 비단 물질적인 것에만 아니라 비물질적인 것에도 해당된다. 공간의 가치가 그렇고, 시간의 가치도 그렇다. 모든 공간이 동일한 가치를 가지지 않듯이, 모든 시간도 동일한 가치를 가지지 않는다. 사물은 그 자체로 각각 가치가 다를 뿐 아니라 그것에 접근하는 사람의 상태에 따라서도 가치가 다르다. 그래서 시간과 공간이 전보다는 지금 훨씬 더 소중하게 느껴진다.

성경도 그렇다. 나는 나이가 들고 동선(動線)이 길어지면서 성경의 가치를 이전과 달리 더욱 무겁게 느끼고 있다. 시간의 연장과 공간의 확장이 가져다 준 효과가 매우 크다. 이 때문에 신학을 시작한 지 데케이드(decade)를 세 번이나 넘긴 이제야 비로소 성경을 조금은 알겠다며 가쁜 숨을 몰아쉰다. 하지만 성경 가운데는 이해되기를 기다리는 부분도 있지만 쉽게 이해되기를 원하지 않는 것도 있고, 이해되려는 의도가 아예 없는 것도 있어서 마지막 숨을 쉴 때까지 결코 자만할 수가 없다.

이 책은 신약성경이 무엇을 말하고 있는지에 주로 관심을 기울이고 있다. 다시 말해서 나는 신약성경의 내용 그 자체를 이해하는 데 주력했다. 가능한 한, 저작권 문제는 간략하게 다루었다. 이런 문제를 길게 논의하는 것은 신약성경 그 자체를 파악하는 데 크게 도움이 되지 않는다고 판단하였기 때문이다. 참고서적은 요긴한 것만을 제시하였는데, 때로는 참조를 하지 않았지만 자료로서 유용하다고 생각되는 것도 실었다. 이것은 아마도 더 공부하기를 원하는 사람들에게 도움을 줄 것이다. 각주도 되도록이면 꼭 필요한 곳에만 넣으려고 노력했다. 이 책은 주로 개역개정판을 사용하였는데 경우에 따라서는 개역성경을 참조하였고 내가 직접 번역한 것을 쓰기도 했다.

이 책은 내가 합동신학대학원대학교를 비롯하여 여러 곳에서 때로는 전체적으로, 때로는 부분적으로 강의한 내용을 기초로 하고 있다. 그렇기 때문에 이 책은 순전히 나의 학문으로만 이루어진 것이 아니라 수강자들의 민감한 반응과 함께 어우러진 것이다. 만일에 수강자들이 신통치 않은 반응을 보였더라면 나는 이 책의 출판을 감행하지 않았을 것이다. 이런 의미에서 나는 이 책의 공로에서 많은 부분이 그들에게 돌려져야 한다고 믿는다.

나는 이 책을 완성하기 위해서 연구년(2004년 여름 ~ 2005년 봄)의 거의 절반을 할애하였다. 대한성서공회(총무 민영진)는 나에게 여유 있게 작업할 수 있도록 공간을 제공해주었고, 나는 그곳의 신학정보문헌자료실(국장 박진희)에서 자유롭게 자료를 사용하면서 집필에 몰두하였다. 이 자리를 빌려 자료실의 직원들에게 진심으로 감사를 드린다.

이 책이 나오기까지 실제적으로 수고한 사람들이 적지 않다. 곁에서 비판적인 조언을 아끼지 않는 이복우 목사, 자료수집에 힘을 써준 최겨레 목사, 기초적인 색인작업을 도와준 고한율, 이재웅, 노용훈 전도사, 출판부의 조주석 실장, 김현주 자매에게 진심 어린 감사의 뜻을 표한다.

이 책은 온누리교회(하용조 목사)의 학술 후원에 빚지고 있음을 밝힌다. 나는 이 후원에 힘입어 이 책을 집필하는 데 꼭 필요한 자료들을 입수할 수 있었다. 온누리교회에 큰 감사를 드리며, 앞으로도 많은 교회들이 신학을 장려하는 일에 실제적인 관심을 보여주기를 당부하고 싶다.

나는 이 책을 나의 독일인 지도교수였던 Martin Rese 교수님께 헌정한다. 이미 십 여 권의 책을 낸 지금에야 뒤늦게 비로소 한 권의 책을 그분에게 헌정하는 것에는 까닭이 없지 않다. 나는 박사학위 논문을 쓰면서 그에게서 어떻게 학문을 해야 하는지 다양한 방식을 배웠다. 큰 심장 수술을 받은 지 얼마 안 되어 쇠약해진 상태에서 나를 제자로 받아들인 Rese 교수님은 정말 독토르파터(Doktorvater)로서 할 수 있는 모든 것을 하셨다. 그는 자상했고 친절했다. 그는 내가 써 내려가는 논문의 페이지마다 정열적으로 비판적인 노트를 달아주었고, 그의 비판은 나의 서투른 학문 자세를 교정하였다. 그에게 배운 독일인의 철두철미한 학문방식이 이 책의 근간을 이루고 있다.

나는 아무쪼록 이 책을 읽는 모든 사람이 놀라운 계시로 성 삼위 하나님을 만나는 구원의 길을 제시한 신약성경을 이해하는 데 큰 도움을 얻기를 기도한다.

2006년 2월
조병수가 쓰다

개정판 머리말

18년 만에 이 책의 개정판을 내는 소감은 남다르다. 성경 이해가 무르익었다고나 할까, 전에는 반듯한 자를 대고 가는 선을 서너 개 그었다면 지금은 굵은 선을 수백 개 긋는 것 같은 심정이다. 오탈자를 교정하고 문헌을 보충하고 도표를 더한 것 외에는 개정판이라고 해서 크게 달라진 내용은 없다. 독자들이 보기에 판형의 변화가 많이 생소하게 느껴질 것이다. 개정판은 서양 서적에 버금가도록 행간과 여백을 최대한 줄였기 때문이다.

나는 이 책을 나의 지도교수였던 마르틴 레제(Martin Rese) 교수님께 헌정했었다. 존경하는 선생님은 지난 2023년 7월 3일에 88세를 일기로 작고하셨다. 레제 교수님이 보여준 독일인 학자의 면모는 여전히 나의 뇌리에 각인되어 있고, 박사학위 후 30년 동안 보내주신 서신들은 지금도 교수님의 기억을 되살린다. 조금 더 살펴드리지 못한 것이 죄송하고 마음이 아프다. 사람이 어리석은 존재라는 말은, 물건을 잃어버리고 나서야 그 물건이 필요한 것이었음을 알고, 사람을 떠나보내고 나서야 비로소 그 사람이 소중함 자체였다는 것을 안다는 뜻이다.

초판에 밝힌 대로, 이 책은 본래 온누리교회에서 지원한 연구비로 저술되었다. 다시 감사한 마음을 표한다. 여러 사람이 이런저런 모양으로 교정을 봐주었는데, 특히 이복우 교수의 마지막 교정은 유익했다. 합동신학대학원대학교 출판부의 여러분에게 감사하고, 넉넉지 않은 시간 속에서도 공들여 책을 만들어준 김민정 선생에게 감사의 말을 드린다.

2024년 1월
조병수가 쓰다

약어

일반 약어

Aufl. = Auflage, 판
bis = 두 번(twice)
cf. = confer, 참조하라
ders. = derselbe, 같은 사람
ed(s). = editor(s), 편집자(들)
ET = English Translation
et al. = et alii, 그리고 다른 사람들
f. = following
ff. = followings
FS = Festschrift
hg. = herausgegeben, (누구에 의하여) 편집
lat. = Latin, 라틴어
ND = Neuer Druck, 재인쇄
no. = number, 번호
passim = 여러 곳에
ter = 세 번 (thrice)
vgl. = vergleichen, 참조하라

자료 약어

ABC	The Analytical Bible Commentary
AGJU	Arbeiten zur Geschichte des Spätjudentums und Urchristentums
AnBib	Analecta Biblica
AncB	Anchor Bible Commentary
ANRW	Aufstieg und Niedergang der römischen Welt
ASNU	Acta seminarii neotestamentici Upsaliensis
AThANT	Abhandlungen zur Theologie des Alten und Neuen Testaments
BEThL	Bibliotheca Ephemeridum Theologicarum Lovaniensium
BGBE	Beiträge zur Geschichte der biblischen Exegese
BHTh	Beiträge zur historischen Theologie
Bib	Biblica

BS	Bulletin Supplement
BSac	Bibliotheca Sacra
BSS	Biblical Studies Series
BU	Biblische Untersuchungen
BWANT	Beiträge zur Wissenschaft vom Alten und Neuen Testament
BZ	Biblische Zeitschrift
BZNW	Beihefte zur Zeitschrift für die neutestamentliche Wissenschaft
CBQ.MS	Catholic Biblical Quarterly Monograph Series
EdF	Erträge der Forschung
EKK	Evangelisch-Katholischer Kommentar zum Neuen Testament
EvQ	Evangelical Quarterly
ExpTim	Expository Times
FRLANT	Forschungen zur Religion und Literatur des Alten und Neuen Testaments
GNTE	Guides to New Testament Exegesis
HNT	Handbuch zum Neuen Testament
HthKNT	Herders theologischer Kommentar zum Neuen Testament
HThR	Harvard Theological Review
ICC	International Critical Commentary of the Holy Scriptures
Int	Interpretation
JBL	Journal of Biblical Literature
JETS	Journal of the Evangelical Theological Society
JPTS	Journal of Pentecostal Theology Supplement Series
JSNT	Journal for the Study of the New Testament
JSNT.S	Journal for the Study of the New Testament Supplement Series
KEK	Kritisch-exegetischer Kommentar über das Neue Testament
LouvStud	Louvain Studies
NICNT	New International Commentary on the New Testament
NIGTC	The New International Greek Testament Commentary
NovT	Novum Testamentum
NovTSup	Novum Testamentum Supplements
NTA	Neutestamentliche Abhandlungen
NTA	NF Neutestamentliche Abhandlungen neue Folge
NTD	Das Neue Testament Deutsch

NTG	New Testament Guide
NTS	New Testament Studies
NTT	New Testament Theology
ÖTKNT	Ökumenischer Taschenbuchkommentar zum Neuen Testament
RB	Revue Biblique
RÉGr	Revue des Études Grecques
RIBRT	Research Institute of the Bible and Reformed Theology
SBLDS	Society of Biblical Literature Dissertation Series
SBS	Stuttgarter Bibelstudien
SBT	Studia Biblica et Theologica
SJLA	Studies in Judaism in Late Antiquity
SNTS.MS	Society for New Testament Studies Monograph Series
SNTW	Studies of the New Testament and Its World
StEv	Studia Evangelica
StNT	Studien zum Neuen Testament
TANZ	Texte und Arbeiten zum neutestamentlichen Zeitalter
TB	Theologische Bücherei
ThF	Theologische Forschung
ThHNT	Theologischer Handkommentar zum Neuen Testament
ThStKr	Theologische Studien und Kritiken
TRE	Theologische Realenzyklopädie
TU	Texte und Untersuchungen zur Geschichte der altchristlichen Literatur
TZ	Theologische Zeitschrift
UNT	Untersuchungen zum Neuen Testament
UTB	Uni-Taschenbücher
WBC	Word Biblical Commentary
WMANT	Wissenschaftliche Monographien zum Alten und Neuen Testament
WUNT	Wissenschaftliche Untersuchungen zum Neuen Testament
ZNW	Zeitschrift für die Neutestamentliche Wissenschaft und die Kunde der älteren Kirche
ZThK	Zeitschrift für Theologie und Kirche

신약총론

New Testament Introduction

서론

제1장
신약성경의
구성, 사본, 연구자료

I. 신약성경의 구성

H. Conzelmann / A. Lindemann, *Arbeitsbuch zum Neuen Testament*, 11. Aufl., Tübingen: Mohr Siebeck, 1995.

D. Guthrie, *New Testament Introduction*, Leicester: IVP (바울서신 1961, 히브리서~요한계시록 1962, 복음서 1965, 합본 1970, 1990); 『신약서론』상, 하, 서울: 크리스챤 다이제스트, 1992.

W. G. Kümmel, *Einleitung in das Neue Testament*, 21. Aufl., Heidelberg: Quelle & Meyer, 1983.

B. M. Metzger, *The Canon of the New Testament. Its Origing, Development, and Significance*, Oxford: Clarendon Press, 1987, 1989 (『신약정경형성사』, 이정곤 역, 서울: 기독교문화사, 1993).

T. Zahn, *Grundriß der Geschichte des Neutestamentlichen Kanons*, Leipzig: Deichert, 1904 (Wuppertal: Brockhaus, 1985).

박형용, 『신약개관: 신약 계시 이해를 위한 지침서』, 서울: 아가페출판사, 1987.

박형용, 『신약정경론』, 수원: 합동신학대학원 출판부, 2002.

변종길, 『신약의 정경론』, 서울: 생명의양식, 2013.

1. 신약성경의 개념

신약성경은 하나님의 계시이다. 신약성경은 구약성경에 연속되는 구속의 말씀이며, 역사에 일어났던 사실을 서술하는 역사적인 문서이며, 초대교회가 자신의 신앙을 표현하는 고백적인 문서이다. 그러므로 신약성경은 하나님의 자기표현이며, 구속의 새 언약이며, 역사의 산물이며, 신앙고백문서라고 할 수 있다.

2. 신약성경의 구조

신약성경은 대체적으로 규모에 따라서 배열되었다. 특히 서신서에서 이 현상이 두드러지게 나타난다. 그런데 신약성경은 스스로 여러 단락을 구성하는 것처럼 이루어져 있다. 이런 단락구성에서 짧은 서신들인 빌레몬서, 요한이서, 요한삼서, 유다서가 마치 단락의 종지부와 같은 기능을 한다. 신약성경은 다음과 같은 구조를 가지고 있다.

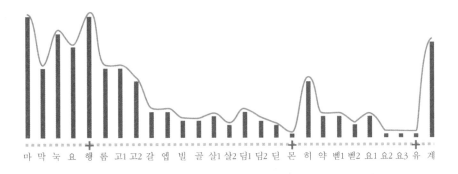

신약성경에는 가장 먼저 유사한 네 가지 예수님 이야기와 그에 자연스럽게 이어지는 초대교회 이야기가 전개된다. 신약성경의 둘째 부분 로마서, 고린도전서, 그리고 고린도후서 같은 큰 서신들로 시작하여 빌레몬서라는 짧은 서신으로 마쳐지는 13편의 바울 서신이다. 여기에 다시 히브리서라는 큰 서신으로 시작하여 요한이서, 요한삼서, 유다서라는 세 가지 짧은 편지로 끝나는 일반서신(공동서신)이 뒤따른다. 그리고 마지막으로 신약성경은 완전히 다른 장르를 가진 요한계시록이라는 큰 책으로 종결된다.

3. 신약성경의 양식

성경(Vulgata)의 장(章) 구분은 세 사람에게 빚지고 있다. Canterbury 대주교 Lanfranc(+1089), Langton(+1228), Sancto Caro(+1263)이다. 이 가운데 특히 파리 대학의 교수였으며 후에 Canterbury의 추기경이 된 Stephen Langton이 1227년에 장을 구분한 것으로 알려져 있다. 절은 파리/제네바의 인쇄출판인 Robert Estienne(lat. Stephanus, 1503~1559)이 1551년에 헬라어 성경을 출판하면서 정리하였다.[1] 그런데 신약성경에는 여러 가지 다양한 양식이 사용되었다.

신약성경에서 가장 먼저 만나게 되는 양식은 복음이다. 본래 복음(εὐαγγέλιον)이란 단어는 예수 그리스도의 선포를 가리키기 위하여 자주 사용되었다(마 4:23; 9:35; 24:14; 26:13; 막 1:14,15). 그런데 마가복음 1:1("예수 그리스도의 복음의 시작")에서는 복음이란 단어가 예수 그리스도의 활동 전체를 지시하는 제목으로 나타난다. 후에 여러 사본들이 각 복음서의 머리 (Inscriptio)에 "…에 의한 복음"(EUAGGELION KATA)이라는 표현을 사용함으로써 이 단어를 복음서 양식으로 정착시켰다. 이것은 초대교회가 복음서를 다른 책들과 구분하여 하나의 양식으로 받아들인 것을 의미한다. 하나의 양식으로서 복음은 예수 그리스도의 등장부터 부활까지의 내용을 포괄한다. 이 때 복음은 예수 그리스도의 생애 가운데 주요점에만 초점을 둔다는 점에서 그리스 전기(vita)와 현저하게 차이가 난다.[2]

복음서 가운데 마태복음, 마가복음, 누가복음은 공관복음서 (Synopsis)라고 불린다. 이 표현은 1776년에 Griesbach에 의하여 처음으로 사용되었다. 이것은 세 복음서가 구조와 내용에 있어서 매우 흡사하여 마치 한 조망아래 쓰인 것 같은 현상을 보이기 때문에 붙여진 명칭이다. 18세기 중엽 이래로 공관복음이 상호간에 어떤 관계를 가지고 있는지 줄곧 논란의 대상이 되었고, 또한 논쟁의 한복판에는 복음서들의 형성과정에 대한 질문이 놓여있다.

이에 비하여 요한복음은 공관복음과 구조와 내용에 있어서 현저한 차이를 보인다. 이것은 공관복음과 요한복음 사이의 관계에 관한 수많은 논쟁을 불러일으키는 원인이 되었다. 어느 것이 먼저 기록되었느냐고 묻는 질문을 비롯하여 요한복음이 공관복음을 알고 있었느냐 (또는 역으로 공관복음이 요한복음을 알고 있었느냐)에 대한 논쟁이 뜨거운 감자이다. 대답은 "그렇다"와

---

1   N. L. Geisler / W. E. Nix, *From God to Us: How We Got Our Bible*, Chicago: The Moody Bible Institute, 1974 (노오만 가이슬러/윌리암 닉스, 『성경의 유래』, 서울: 생명의말씀사 1985, 12); F. van Liere, *An Introduction to the Medieval Bible*, Cambridge: CUP, 2014, 43~45.

2   Conzelmann / Lindemann, *Arbeitsbuch zum Neuen Testament*, 35ff.

"아니다"로 간단히 나누어질 수 있다. 그러나 이 두 가지 대답은 각각 문제점을 가지고 있다. 첫째로, 만일에 알고 있었다면 요한복음과 공관복음 사이에 차이점이 생긴 이유가 무엇인지 문제가 제기된다. 요한복음의 특수내용은 어디에서 출원했느냐 하는 것이다. 여기에서 또 다시 파생되는 질문은 요한복음이 공관복음과 다른 내용을 가지고 있는 이유가 무엇이냐 하는 것이다. 공관복음에 대한 차이점을 고려할 때 요한복음의 시도는 첫째, 공관복음에 대한 보충(Ergänzung)이거나(공관복음의 내용에 불만하다는 의미), 둘째, 대치(Ersetzung)일 것이다(공관복음의 내용을 부정한다는 의미). 둘째로, 만일에 알지 못했다면 요한복음과 공관복음 사이에 공통점이 생긴 이유가 무엇인지 묻지 않을 수 없다(세례자 요한, 오병이어, 성전청결, 수난사 등). 이 둘은 같은 자료에 근거하고 있었던 것일까? 틀림없이 이런 두 가지 문제를 풀기 위하여 사건의 규모와 유명한 말들과 사건들(verba nota et facta)의 존재를 전제해야 한다.

신약성경에는 요한복음을 비롯하여 표제어에 사도 요한의 이름을 지니고 있는 책이 다섯 권이 있다(요한복음, 요한일서, 요한이서, 요한삼서, 요한계시록). 때때로 이 책들은 총괄적으로 요한문헌(Corpus Johanneum)이라고 불린다.

신약성경이 둘째로 제시하는 양식은 역사이다. 이것은 행전(πρᾶξις)이라고 표현된다. 사도행전은 누가복음에 이어지는 후편이지만 역사서로서 한 인물에게 헌정하는 것처럼 보이는 서두를 가진다. 여기에 예루살렘을 시점으로 하고 로마를 종점으로 삼는 초대교회의 역사가 진술된다. 그러나 행전(πρᾶξις)은 역사서이기는 하지만 관계하는 역사에 발생한 모든 내용을 다 기록하는 것이 아니라, 역사적으로 신학적으로 중요한 내용만을 기록한다는 점에서 그 성격이 뚜렷하며 그리스-로마 시대의 전기(vita)와 차이가 난다.[3]

신약성경의 세 번째 양식은 서신이다. 서신서의 특징은 대체적으로 발신자와 수신자 그리고 인사말/기원문을 가지고 있다는 것이다. 서신서는 크게 사도 바울의 서신과 그 외의 서신으로 나누어 볼 수 있는데, 사본에서 볼 때 바울 서신의 표제어는 끝에 있고(Subscriptio), 나머지 서신들의 표제어는 앞에 있다(Inscriptio). 신약성경의 서신은 다음과 같은 형식을 가지고 있다.

도입부	발신자(한 명 또는 여러 명) 수신자 (신재[들] 또는 교회[들]) 인사말/기원문(은혜와 평강)
본문부	서신의 내용
결말부	인사말/기원문

---

3   M. Hengel, *Zur urchristlichen Geschichtsschreibung*, Calwer Paperback, 2. Aufl., Stuttgart: Calwer Verlag, 1979, 1984, 11~39.

바울서신(*Corpus Paulinum*)은 순서를 배열함에 있어서 연대적인 순서가 아니라 분량적인 순서를 따른다. 성격상 여행하는 중에 기록된 여행서신(로마서, 고린도전서, 고린도후서, 갈라디아서, 데살로니가전서, 데살로니가후서)과 감금된 상태에서 기록된 옥중서신(에베소서, 빌립보서, 골로새서, 빌레몬서)이 있다. 사실상 디모데전서, 디모데후서, 디도서도 투옥된 상황에서 기록된 옥중서신이기는 하지만 교회의 질서와 직분의 내용에 대하여 진술하고 있기 때문에 목회서신이라고 부른다. 현대 신약신학계는 바울서신 가운데 단지 로마서, 고린도전서, 고린도후서, 갈라디아서, 빌립보서, 데살로니가전서, 빌레몬서를 바울의 기록으로 인정할 뿐이고, 그 나머지는 제2바울서신(Deutro-pauline Letters)으로 간주한다. 이것들은 사도 바울 사후에 그의 계열에 있는 무명의 저자(anonym) 또는 가명의 저자(pseudonym)가 기록했다는 것이다. 그래서 현대 신약학계는 이 편지들을 가경으로 여긴다(pseudepigrapha).

히브리서는 독특한 위치를 차지한다. 왜냐하면 히브리서에서 도입부에는 결여된 서신서의 전형적인 내용들(발신자, 수신자, 인사말/기원문)이 결말부에는 나타나기 때문이다. 히브리서가 사도 바울의 기록이냐에 관해서 많은 논쟁이 있다. 아주 이른 파피루스인 P46에 히브리서가 로마서와 고린도전서 사이에 들어있다는 것은 바울의 기록일 가능성을 충분히 보여준다. 그러나 히브리서가 바울서신들과 달리 구태여 바울의 이름을 발신자로 제시하고 있지 않다는 점에서는 바울 기록에 대한 깊은 의구심을 남겨놓는다. 히브리서 13:23에 디모데가 언급되는 것으로 보아 히브리서는 바울과 동역자들을 잘 아는 사람에 의하여 기록되었을 가능성도 있다.

바울서신 이외의 신약성경의 서신들은 공동서신/일반서신(Catholic/General Epistles)이라는 이름으로 묶인다. 이 이름은 발신자의 공동성보다는 수신자의 공동성 때문에 주어진 것이다(약 1:1 "흩어진 열두 지파에게"; 벧전 1:1 "흩어진 나그네에게"). 이런 표현에 근거하여 공동서신/일반서신 가운데 어떤 것들은 보편교회에 보내진 것으로 생각된다(야고보서, 베드로전서, 베드로후서, 유다서). 그러나 여기에도 어떤 특정한 신자들을 대상으로 보내진 편지들이 있다는 것을 간과해서는 안 된다(요한일서[수신자가 불분명함], 요한이서, 요한삼서). 공동서신/일반서신에도 서신의 양식에서 벗어나는 것들이 있다. 예를 들면 야고보서에는 결말부가 없고, 요한일서에는 도입부와 결말부가 없다.

마지막으로 신약성경에서 만나는 양식은 계시/묵시(ἀποκάλυψις)이다. 요한계시록은 계시/묵시이면서도 동시에 서신의 형식을 띄고 있다는 것이 중요하다. 요한계시록은 일정한 시간에 매이지 않고 과거와 현재와 미래를 포함하며, 제한된 공간을 넘어서 지상과 우주 그리고 영적인 세계를 다룬다. 따라서 요한계시록이 진술하는 사건들은 역사적일 뿐 아니라 영적인 것으로서 결국 종말/말세를 지향한다. 요한계시록은 이런 종말/말세의 사건들을 극적으로 묘사하기 위하여 수많은 상징을 사용하고 있다.

복음서	공관복음		마, 막, 눅
			요
역사서			행
서신서	바울서신	여행서신	롬, 고전, 고후, 갈, 살전, 살후
		옥중서신	엡, 빌, 골, 몬
		목회서신	딤전, 딤후, 딛
			히
	공동/일반서신		약, 벧전, 벧후, 요일, 요이, 요삼, 유
계시록			계

II. 신약성경의 사본

K. Aland / B. Aland, *Der Text des Neuen Testaments. Einführung in die wissenschaftlichen Ausgaben und die Theorie wie Praxis der modernen Textkritik*, 2. Aufl., Stuttgart: Deutsche Bibelgesellschaft, 1982, 1989.

J. K. Elliott, *A Bibliography of Greek New Testament Manuscripts*, Cambridge / New York: Cambridge University Press, 1989.

C. Harrop (크레이톤 해로프), 『쉽게 풀어 쓴 신약성경 사본 이야기』, 서울: 여수룬, 1995.

Y. K. Kim (김영규), "Palaeographical Dating of P46 to the Later First Century", *Biblica* 69 (1988), 248~257.

B. M. Metzger, *The Text of the New Testament*, 3rd ed., Oxford: Oxford University Press, 1963, 1992 (『사본학: 신약본문비평학』, 강유중 역, 기독교문서선교회, 1979).

P. W. Pestman, *The New Papyrological Primer*, Leiden: Brill, 1990.

신현우, 『사본학 이야기』, 웨스트민스터 목회와 신학 시리즈 1, 웨스트민스터 출판부, 2003.

1. 신약성경 사본의 종류

1) 사본의 재료

우선 신약성경의 사본은 어떤 재료를 사용하였느냐에 따라서 그 종류를 나누어 볼 수 있다.

첫째로, 신약성경의 사본에는 파피루스(Papyrus)가 있다. 파피루스는 습지에서 자라는 갈대와 같은 식물을 결대로 얇게 잘라 가로와 세로로 놓은 후에 눌러 붙인 종이이다.[4] 파피루스는 주전 2천 년 전부터 필기용으로 사용되었다. 보통 20장(σελίδες)의 파피루스를 붙여 한 두루마리(τομός)를 만들었는데 가로 면을 안쪽으로 사용하고(recto), 세로 면을 바깥쪽으로 사용하였다(verso). 파피루스 사본들은 묘지, 개인주택, 공공 서고에서 발견된다.

신약성경 사본에서 파피루스 사본이 가장 오래되었다(현재 127개 발견됨). 파피루스 사본은 주후 1세기부터 주후 8세기까지 사용되었다. 신약성경의 파피루스 사본은 P12, P13, P18, P22를 제외하고는 모두 두루마리(scroll)가 아닌 책(codex) 형태로 되어있다. 기독교가 처음부터 신약성경을 책(codex) 형태로 취한 것은 유대인 문서들이나 이방인 문서들과 근본적으로 차이가 나는 것이다. 아마도 이것은 기독교가 자신들의 성경을 유대인 문서나 이방인 문서와 철저하게 구별하려는 의도를 나타내는 것 같다.[5] 2세기에 코덱스 형태는 이교 문서에는 드물고 성경에는 보편화되었다.[6] 코덱스는 경제적이며, 전도를 위해 휴대하기에 편리하고, 논증의 편의성을 가지며, 쉽게 은닉할 수 있는 이점을 가진다.[7]

둘째로, 신약성경의 사본에는 페르가멘트(Pergament, Parchment)가 있다. 이것은 양이나 염소나 나귀 같은 어린 짐승의 가죽으로 만든 종이이다. 보통 페르가멘트는 주전 197~159에 통치한 Pergamon의 Eumenes 왕이 자기의 도서관을 위해서 가죽으로 새로운 종이를 개발하였기 때문에 그의 이름을 따서 페르가멘트라고 불렀다고 한다. 그러나 가죽종이는 벌써 주전 1천

---

4 Cf. E. G. Turner / P. J. Parsons, *Greek Manuscripts of the Ancient World*, BS 46, London: Institute of Classical Studies, 1987, 30~31.

5 P. Katz, "The Early Christians' Use of Codices instead of Rolls", *JTS* 46 (1945), 63~65: "... this change in bookform ... may have been a fresh instance of the well-known tendency of the early Church to differenciate itself sharply from Judaism"(63); T. C. Skeat, "Early Christian Book-Production: Papyri and Manuscripts", in G. W. Lampe (ed.), *The Cambridge History of the Bible, vol. 2: The West from the Fathers to the Reformation*, Cambridge: CUP, 1969, 54~79, Bibliography 512~513 (esp. 67~74, 72!).

6 A. Q. Morton / J. McLeman, *The Genesis of John*, Edinburgh: Saint Andrews Press, 1980, 6f.

7 A. Q. Morton / J. McLeman, *The Genesis of John*, 8f.

년부터 파피루스와 경쟁을 시작하여 중세기까지 사용되었다. 페르가멘트 신약성경 사본은 주후 4,5세기부터 사용되었다.

2) 사본의 문자

또한 신약성경의 사본은 어떤 문자를 사용했느냐에 따라서 그 종류를 분류할 수 있다.

첫째로, 신약성경의 사본에는 대문자로 기록된 사본들이 있다. 이것은 대문자 사본(Uncial = Majuskel)이라고 부른다. 신약성경의 파피루스 사본은 전체가 대문자로 기록되었다. 페르가멘트 사본 중에도 대문자 사본이 있다. 현재 대문자 사본은 303개가 보존되어 있다.

둘째로, 신약성경의 사본에는 소문자로 기록된 사본들이 있다. 이것들은 소문자 사본(Minuscle = Minuskel)이다. 소문자 사본은 9세기부터 사용되기 시작하였다. 소문자 사본은 2,800여 개가 보존되어 있다.

3) 예식 사본

신약성경의 각 권의 본문을 교회에서 낭독하기 위하여 단락으로 나누어 순서대로 정리한 예식 사본(Lectionary = Lektionar)이 있다.(8~9세기). 이것은 대문자로 기록되기도 하고 소문자로 기록되기도 하였다. 소문자로 기록된 예식 사본들 가운데는 때때로 판독하기 어려울 정도로 난해한 필기체로 기록된 것들이 있다. 2,300개 이상이 보존되어 있다.

2. 신약성경 사본의 표기

신약성경의 사본에 대한 체계적인 정리와 표기는 1751/52년에 Johann Jakob Wettstein에 의하여 이루어졌다. 그는 신약성경의 사본을 대문자 사본과 소문자 사본과 예식 사본으로 구분하였다. Wettstein은 대문자 사본은 알파벳의 대문자로 표기하고, 소문자 사본과 예식 사본은 아라비아 숫자로 표기하였다.

1908년에 C. von Tischendorf의 제자인 C.R. Gregory는 신약성경의 사본에서 파피루스 사본을 나타내기 위해서 P자와 그 오른쪽 위에 숫자를 첨가하여 표기하였고(P^1, P^2 등), 대문자 사본은 앞에 0을 걸고 그 오른쪽에 숫자를 덧붙여 표기하였으며 (01, 02 등), 소문자 사본은 단순히 숫자로 표기하였고 (1, 2 등), 예식 사본은 앞에 ℓ을 걸고 그 오른쪽에 숫자를 표기하는 방식을 택하였다(예: 𝓁1, 𝓁2 등). 이 방식은 지금까지 통용된다. 그런데 중요한 대문자 사본들에는 고유한 이름이 더 해졌다. 다음과 같은 사본들을 대표적인 예로 들어볼 수 있다.

01은 ℵ으로 시내 산 사본(Codex Sinaiticus 4세기)
02는 A로 알렉산드리아 사본(Codex Alexandrinus 5세기)
03은 B로 바티칸 사본(Codex Vaticanus 4세기)
04는 C로 에브라임 사본(Codex Ephraemi Syri rescriptus 5세기)
05는 Dea로 캠브리지 사본(Codex Bezae Cantabrigiensis 6세기)[8]
06은 Dp로 Codex Claromontanus 6세기

3. 신약성경 사본의 중요한 용어와 기호

파피루스 사본에서 가로 면은 recto라고 부르고, 세로 면은 verso라고 부른다. 신약성경의 사본에는 이오타(iota)를 앞에 있는 모음 아래 붙이는 이오타 하기법(iota subscriptum)과 모음 뒤에 붙이는 이오타 후기법(iota adscriptum)이 있다.

특히 대문자 사본에는 연서법(ligature)이 사용되었는데 이것은 모든 알파벳을 이어 쓰는(scriptio continua) 방식이다. 또한 신약성경의 사본에는 성삼위 하나님과 관련된 이름에 사용하는 성호법(nomen sacrum, nomina sacra)이 있다. 이것은 성삼위 하나님의 이름을 약어로 표시하면서 그 위에 윗줄을 긋는 방식이다.[9] 성호법의 대표적인 예는 다음과 같다.

	nom.	gen.	dat.	acc.
ΘΕΟΣ	Θ̄C̄	Θ̄Ῡ	Θ̄ω̄	Θ̄N̄
ΚΥΡΙΟΣ	Κ̄C̄	Κ̄Ῡ	Κ̄ω̄	Κ̄N̄
ΙΗΣΟΥΣ	Ῑ̄H̄C̄	Ῑ̄H̄Ῡ	Ῑ̄H̄Ῡ	Ῑ̄H̄N̄
ΧΡΙΣΤΟΣ	X̄P̄C̄	X̄P̄Ῡ	X̄P̄ω̄	X̄P̄N̄
ΠΝΕΥΜΑ	Π̄N̄Ᾱ	Π̄P̄C̄	Π̄N̄Ῑ	Π̄N̄Ᾱ

---

8 제1차 프랑스 종교 전쟁 중에 위그노들이 리용(Lyon)의 이레내우스 수도원 도서관에서 발견하였다(1562년).

9 Cf. Pestman, *The New Papyrological Primer*, 32.

P46의 영인본(롬 15:29~33; 16:25~27,1~3)

III. 신약성경의 연구자료

조병수, 『신약성경 신학』, 합신신학총서 03, 수원: 합신대학원출판부, 2020.

조병수, "신약신학의 최근 동향", in 조병수, 『신약신학 열두 논문』, 수원: 합동신학대학원출판부, 1999, 2002, 2판, 11~28.

1. 근원자료

우리가 사용하고 있는 그리스어 신약성경은 다양한 사본들을 기초로 하여 재편집된 것이다. 이러한 그리스어 재편집 신약성경은 원문에 용이하게 접근하게 하는 근원자료가 된다. 그리스어 신약성경에는 다음과 같은 것들이 있다.

Novum Testamentum Graece(NA²⁷). 이것은 1898년에 E. Nestle이 작업을 시작한 이래로 대략 한 세기 동안에 독일성서공회(Deutsche Bibelgesellschaft)에 의하여 개정되다가 최종적으로 K. Aland에 의하여 1993년에 27판이 발행되었다.

Greek New Testament(GNT⁴). 이것은 1966년에 영국성서공회(United Bible Society)가 초판으로 발행하여 한 세대가 지나면서 현재까지 4판이 출판되었다.

The New Testament in Greek. 이것은 국제 그리스어 신약성경 프로젝트 (International Greek New Testament Project: IGNTP) 미영(미국과 영국) 위원회가 출판하는 그리스어 신약성경이다. IGNTP 미영 위원회는 1984년과 1987년에 영국의 Oxford 대학출판부를 통하여 누가복음을 두 부분으로 나누어 출간하였고, 1995년에는 화란의 Brill 출판사를 통하여 요한복음 제1권을 출간하였다.

Novum Testamentum Graecum. Editio Critica Maior(ECM). 독일 Münster 대학의 신약성경연구소는 신약성경의 그리스어 사본들을 비교적으로 평가하는 방대한 편집본으로 1997년에 야고보서(ECM 4.1)부터 출간하였다.

Biblia Graeca. Editio Princeps. 이것은 한국 개혁주의성경연구소 (Research Institute for the Bible and Reformed Theology, RIBRT)가 2001년에 1세기의 파피루스 사본방식을 그대로 복원하여 출판한 신약성경이다.

2. 보조자료

그리스어 신약성경을 이해하기 위한 보조자료로 그리스어 단어사전과 성구사전과 성경신학사전이 필요하다.

1) 그리스어 신약성경 단어사전

그리스어 신약성경에 나오는 그리스어 단어의 뜻을 알기 위하여 다음과 같은 사전을 사용할 수 있다.

Griechisch-deutsches Wörterbuch zu den Schriften des Neuen Testaments und der frühchristlichen Literatur (W. Bauer / K. und A. Aland), Berlin / New

York: Walter de Gruyter, 1988. 이것은 신약성경 그리스어–독일어 사전으로 서 E. Preuschen이 1910년에 초판을 내고 W. Bauer가 1928년에 2판을 낸 후에 여러 번 개정되다가(1937년 3판, 1952년 4판, 1958년 5판) K. / B. Aland 부부 가 1988년에 6판으로 개정한 것이다.

(A) *Greek-English Lexicon of the New Testament and Other Early Christian Literature*, 3rd ed. (revised and edited by F. W. Gingrich), Chicago: University of Chicago Press, 2000. 이것은 위에 소개한 Bauer 사전의 4판(1952년)을 W. Arndt와 F. W. Gingrich가 1957년에 축소 편집하여 영어로 출판하였다가 Arndt의 사후 1979년에 Gingrich가 F. W. Danker와 함께 Bauer 사전 5판 (1958년)을 재판으로 낸 것을(1981년에는 이 사전에 대한 인덱스로 John R. Alsop이 An Index to the Revised Bauer-Arndt-Gingrich Greek Lexicon [Grand Rapids: Zondervan, 1981]을 편집 출판하였다) 다시 2000년에 Danker가 Bauer / Aland 사전 6판에 기초하여 3판으로 출판한 것이다.

A Greek-English Lexicon (H. G. Liddell / R. Scott), 1940, 1996 (with a supplement)을 참조하면 신약성경 외에 사용된 그리스어 단어를 폭넓게 이해 할 수 있다. 이 사전은 P. G. W. Glare와 A. A. Thompson에 의하여 1996년에 재편집되었다.

2) 그리스어 신약성경 성구사전

그리스어 신약성경에 나오는 그리스어 단어의 위치를 조회하기 위하여 다 음과 같은 성구사전을 참조할 수 있다.

A Concordance to the Greek Testament (eds. W. F. Moulton / A. S. Geden / H. K. Moulton), Edinburgh: T&T Clark, 1989, 5th ed. 이것은 1897년에 A. S. Geden이 W. F. Moulton과 그의 아들 J. H. Moulton의 도움을 받아 초판을 발 행한 것을 1963년부터 위에 말한 마지막 두 사람의 손자이며 아들인 H.K. Moulton이 4판을 낸 후에 1978년에 5판으로 개정한 것이다.

Vollständige Konkordanz zum griechischen Neuen Testament(hg. von K. Aland), Berlin / New York: Walter de Gruyter, 1978. 이것은 K. Aland가 1978년부터 지도하여 만든 그리스어 신약성경 완전성구사전이다.

Konkordanz zum Novum Testamentum Graece von Nestle-Aland 26. Auflage und zum Greek New Testament, 3rd edition (H. Bach / W. Salby), Berlin: Walter de Gruyter 1987, 3. Aufl. = *Concordance to the Novum Testamentum Graece of Nestle-Aland*, 26th edition, and to the Greek New Testament, 3rd edition (H. Bach / W. Slaby), Berlin: Walter de Gruyter, 1987, 3rd ed. 이것은 독일 Münster 대학에 있는 신약본문연구소(Institut für Neutestamentliche

Textforschung)와 전산센터(Rechenzentrum der Universität Münster)가 합동으로 출판한 성구사전이다.

A. Schmoller, *Handkonkordanz zum griechischen Neuen Testament*, 7. Aufl. 1938. 이것은 그리스어 신약성경을 위한 소형 성구사전이지만 매우 유용하다. 지금도 계속 출판되고 있다.

3) 그리스어 신약성경 신학사전

신약성경에 나오는 그리스어 단어들의 신학적인 의미를 파악하기 위해서는 다음과 같은 신학사전들을 참조할 수 있다.

Theologisches Wörterbuch zum Neuen Testament(hg. G. Kittel/G. Friedrich), Stuttgart: Kohlhammer, 1933~1973 (Registerband und Literaturnachträge, 1978/79). 이것은 Kittel에 의하여 1933년에서 1979년까지 작업되어 1990 년에 학습판(Studienausgabe)으로 재판된 11권의 신약성경 신학사전 (ThWNT)이다. 영어로 번역되었다(Theological Dictionary of the New Testament. Trans. W. Bromiley, Grand Rapids: Eerdmans, 1985).

Exegetisches Wörterbuch zum Neuen Testament(hg. H. Balz/G. Schneider), Stuttgart / Berlin / Köln / Mainz: Kohlhammer, 1980~3. 1978년에서 1983 년까지 작업된 3권의 신약성경 해석사전(EWNT)이다. 영어로 번역되었다 (Exegetical Dictionary of the New Testament. Trans. Grand Rapids: Eerdmans, 1990).

Theologische Begriffslexikon zum Neuen Testament(hg. L. Coenen / E. Beyreuther / H. Bietenhard), Wuppertal: Brockhaus, 1971, 1993. 1971년에 완성되어 1993년에 특별판(Sonderausgabe)으로 나온 신약성경 신학개념사전 (ThBNT)이다. 영어로 번역되었다(The New International Dictionary of New Testament Theology, Exeter: Paternoster, 1975).

Theological Lexicon of the New Testament, Peabody: Hendrickson 1994. 이것은 C. Spicq의 *Notes de lexicographie néotestamentaire*, 1978, 1982를 영어로 번역한 신약성경 신학사전 3권이다.

이 외에 *Theologische Realenzyklopädie* (Hgs. H. R. Balz et al.), Berlin: Walter de Gruyter 1977ff.와 *Anchor Bible Dictionary* (eds. D. N. Freedman et al.), New York: Doubleday, 1992, 그리고 *Religion in Geschichte und Gegenwart. Handwörterbuch für Theologie und Religionswissenschaft*(Hgs. H. D. Betz et al.), 4. Aufl., Tübingen: Mohr Siebeck, 1998ff.에서도 신약성경에 나오는 단어들의 개념을 파악할 수 있다.

4) 동식물사전

신약성경(구약성경을 포함하여)을 이해하는 데 다음과 같은 동물사전과 식물사전은 매우 유용하다.

(1) 동물사전
A. S. van der Velden, *Dieren uit de Bijbel*, Nijkerk: Callenbach, 1992(= *Tierwelt der Bibel*, Stuttgart: Deutsche Gesellschaft, 1992).

(2) 식물사전
M. Zohary, *Plants of the Bible*, Tel-Aviv: Sadan Publishing House 1982 (= *Pflanzen der Bible. Vollständiges Handbuch*, Stuttgart: Calwer Verlag, 1983, 1986).

F.N. Hepper, *Illustrated Encyclopedia of Bible Plants*, Leicester: Inter Varsity Press 1992; Grand Rapids: Baker Book House, 1992(= *Pflanzenwelt der Bibel. Eine illustrierte Enzyklopädie*, Stuttgart: Deutsche Bibelgesellschaft, 1992).

5) 그리스어 신약성경 문법

그리스어 신약성경의 문법을 포괄적으로 파악하기 위해서는 다음과 같은 책들을 참조할 수 있다.

F. Blass / A. Debrunner / F. Rehkopf, *Grammatik des neutestamentlichen Griechisch*, 15. Aufl., Göttingen: Vandenhoeck / Ruprecht, 1979 (= *A Greek Grammar of the New Testament and Other Early Christian Literature*, trans. and rev. by R. W. Funk, Chicago / London: Chicago University Press, 1985).

M. Zerwick, *Biblical Greek*, 6. Aufl., Roma: Pontifical Biblical Institute, 1994.

6) 복음서 대조표(Synopsis)

복음서를 연구할 때 특히 참조해야 할 것은 복음서 대조표이다. 다음과 같은 책을 참조할 수 있다.

K. Aland, *Synopsis Quattuor Evangeliorum*, 15. Aufl., Stuttgart: Deutsche Bibelgesellschaft, 1963, 1996.

A. Huck / H. Greeven, *Synopse der drei ersten Evangelien mit Beigabe der johanneischen Parallelstellen*, 13. Aufl., Tübingen: Mohr Siebeck, 1892, 1981.

신약총론

New Testament Introduction

제1부
복음서

제2장
공관복음서 문제

W. Farmer, *The Synoptic Problem: A Critical Analysis*, Dillsboro NC: Western North Carolina Press, 1976.

E. Linnemann, *Gibt es ein synoptisches Problem?* Neuhausen: Hänssler, 1992 (*Is There A Synoptic Problem? Rethinking the Literary Dependence of the First Three Gospels*, translated by R. W. Yarbrough, Grand Rapids: Baker, 1992).

T. Richmond / W. Longstaff / P.A. Thomas (eds.), *The Synoptic Problem. A Bibliography, 1716~1988*, Macon: Mercer University Press, 1988.

W. Schmithals, *Einleitung in die drei ersten Evangelien*, Berlin / New York: Walter de Gruyter, 1985.

R. H. Stein, *The Synoptic Problem. An Introduction*, Grand Rapids: Baker, 1987, 1994.

신현우, 『공관복음으로의 여행: 최초의 복음서를 찾아서』(*How to Solve the Synoptic Problem*), 서울: 이레서원, 2005.

현대 신약성경신학은 구약성경신학과 마찬가지로 성경을 연구하는 데 한 가지 기본적인 생각에 머문다. 그것은 성경의 텍스트들 사이에 나타나는 마찰(모순)에 대한 관찰이다.[1] 현대 신약성경학자들은 이러한 마찰(모순)이 다음과 같은 두 가지 이유 때문에 발생한 것으로 생각한다.

I. 시간의 흐름에 따른 사상의 발전

첫째로, 성경의 텍스트들 사이의 마찰(모순)은 한 저술가의 시간적인 사상발전에 기인한다는 것이다(통시성, 시간성). 이것은 다음과 같이 두 가지 방식으로 이해할 수 있다.

우선 한 저자의 한 책 안에서의 사상발전이다. 예를 들어 사도 바울의 고린도전서를 생각해보자. 사도 바울은 시간을 얼마나 드려서 이 편지들을 썼을까? 고린도전서의 경우에는 분명한 저술동기들이 언급된다. 사도 바울은 글로에 사람들에 의한 인편소식(고전 1:11), 소문으로 들려온 소식(고전 5:1), 고린도 교회가 보낸 편지 질문(고전 7:1)에 대한 답변으로 고린도전서를 기록하였다. 사도 바울은 고린도전서를 마무리 짓는 시간에는 에베소에 머물고 있었다(고전 16:8).

고린도후서의 경우에는 사도 바울이 여행 중에 있다는 사실이 잘 나타난다. 고린도후서 2:12~13에 보면 사도 바울은 드로아(소아시아)에서 디도를 만나지 못해서 마게도냐로 갔다고 설명한다. "내가 드로아에 이르매… 디도를 만나지 못하므로… 마게도냐로 갔노라". 이 이야기는 고린도후서 7:5로 이어진다. "우리가 마게도냐에 이르렀을 때". 그렇다면 우리는 사도 바울이 이 편지를 이동 중에 쓰고 있는 것으로 생각할 수 있다.

1:1~2:12   드로아
2:13~7:5   마게도냐

이러한 시간적인 흐름이 사상의 발전을 가져왔을 것이라고 추측할 수 있다. 그러나 사실은 사상이 발전한 것이 아니라 주제가 바뀐 것이다.

또한 한 저자의 여러 책에서의 사상발전이다. 사도 바울이 가장 먼저 쓴 성경은 갈라디아서 또는 데살로니가전서라고 생각되며, 가장 나중에 쓴 성경은 디모데후서라고 생각된다. 사도 바울이 40~50년경부터 편지를 기록하기 시작하였고 64년에 죽기 4~5년 전까지 편지를 기록하였다고 할 때 대

---

1   참조. 조병수, "신약신학의 미래과제를 위한 서론", in 조병수, 『신약신학 열두 주제』, 수원: 합동신학대학원출판부, 2001, 11~40.

략 15년 동안은 편지를 쓴 것이 된다. 그렇다면 초기서신과 말기서신 사이에는 사상적 발전이 있을 것이라고 추측할 수 있다. 이렇게 한 저술가 또는 한 텍스트의 시간적인 층을 관찰하게 된다. 그러나 한 저술가의 각 책이 서로 다른 주제를 다루고 있음을 간과하면 안 된다.

II. 공간의 변화에 따른 사상의 차이

둘째로, 생각해 볼 것은 여러 저술가의 공간적인(물론 이것은 시간의 발전에 연루한다) 사상 상이이다(공시성, 공간성). 이것도 역시 두 가지 방식으로 나누어 생각할 수 있다.

우선 개별저자들과 관련하여 A라는 지역에서 한 저자가 쓰는 글과 B라는 지역에서 한 저자가 쓰는 글이 사상적으로 같을 수가 없다는 것이다. 이 것을 위하여 여러 저술가 또는 텍스트들의 공간적인 면을 관찰하게 된다.

또한 공동체와 관련하여 사상 상이를 생각할 수 있다. 가장 보편적인 것은 Bultmann의 견해로서, 팔레스타인 유대 신학(히브리어, 아람어 사용), 팔레스타인 헬라 신학(헬라어), 이방인 신학(헬라어)을 구분하는 것이다.[2] Berger는 신약신학을 팔레스타인 신학, 안디옥 신학, 에베소 신학, 애굽 신학 등으로 나눈다.[3]

현대신약신학은 텍스트들의 공통점에 대하여는 별로 관심이 없고, 차이점에 대하여 주로 관심을 가진다. "이제는 복음서들이 서로 조화될 수 없고 부분적으로 서로 충돌한다는 생각이 도그마로 되어 이에 대한 증명을 요구하는 사람이 거의 없게 되었다. 그리고 이 도그마를 받아들이지 않는 모든 사람은 간단히 이미 영원히 정죄된 조화론이라는 구태의연한 비학문성의 오명을 쓰게 되었다."[4] 그러므로 현대신학은 상이점에 관심할 뿐 공통성에는 관심하지 않는다.

1. 공관복음서 문제의 제기

공관복음은 유사성과 상이성 때문에 서로 간에 어떤 관계가 있는지 오랫동

---

2   Vgl. R. Bultmann, *Theologie des Neuen Testaments*, 9. Aufl., Tübingen: Mohr Siebeck, 1948, 1984.

3   K. Berger, *Theologiegeschichte des Urchristentums. Theologie des Neuen Testaments*, 2.Aufl., Tübingen / Basel: Francke, 1994, 1995.

4   J. van Bruggen, *Christus op aarde. Zijn levensbeschrijving door leerlingen en tijdgenoten*, Kampen: Kok, 1987, 61.

안 논쟁의 대상이 되었다. 언뜻 보기에는 마태복음, 마가복음, 누가복음이 동일한 내용을 담고 있는 것처럼 보인다. 그러나 자세히 살펴보게 되면 이 세 복음서 사이에는 수많은 차이점들이 발견된다. 공관복음서 문제에서 논쟁의 핵심은 도대체 공관복음에 이런 유사성과 상이성이 발생한 이유가 무엇이냐 하는 것이다. 공관복음서의 일치와 불일치는 순서와 내용에서 나타나기 때문에 자연히 두 가지로 나누어 고찰해야 한다.

1) 순서의 일치와 불일치

마태복음, 마가복음, 누가복음은 내용을 전개하는 순서에서 때로는 공통점을 보이기도 하고, 때로는 차이점을 보이기도 한다. 이론적으로 말해서 공관복음서에서 순서의 일치와 불일치의 가능성은 다음과 같이 일곱 가지로 집약할 수 있다.

① 마태, 마가, 누가의 일치

② 마태, 마가의 일치

③ 마태, 누가의 일치

④ 마가, 누가의 일치

⑤ 마태 고유

⑥ 마가 고유

⑦ 누가 고유

그런데 공관복음이 내용을 배열하는 방식에 나타나는 일치와 불일치는 책 속의 문단순서, 문단 속의 문장순서, 문장 속의 단어순서로 나누어 면밀하게 살펴볼 때 어렵지 않게 눈에 띈다. 문장순서와 단어순서의 일치와 불일치는 너무나 많아서 일일이 열거할 수 없으므로 여기에서는 단지 문단순서의 일치와 불일치만을 예수 그리스도의 활동의 흐름을 따라서 개략적으로 제시한다.

첫째로, 문단순서가 일치하는 부분은 예수 그리스도께서 활동을 준비하고 시작한 것과 갈릴리 후기 활동 그리고 마지막 기간이다.

예수님의 활동 준비와 시작
(마 3:1~4:25/막 1:1~28/눅 3:1~4:37)
예수님의 활동
(마 14:1~18:35/막 6:14~9:50/눅 9:10~50)
예수님의 종말(여행, 수난, 부활)

(마 19:1~28:20/막 10:1~16:20/눅 18:15~24:53)

둘째로, 문단순서가 일치하지 않는 부분은 주로 예수 그리스도의 갈릴리 초기 활동에 관한 묘사이다.[5]

마태복음 8:1~13:58/마가복음 1:29~6:13/누가복음 4:38~9:9

셋째로, 문단순서와 상관없이 각 복음서에 고유한 부분이 있다. 대표적인 것을 살펴보면 다음과 같다. 마태복음에서는 예수 그리스도의 탄생사(마 1~2장)가 그것이다. 마태복음의 산상설교(마 5:1~7:29)는 비록 어느 정도 같은 내용이 누가복음에도 산재하기는 하지만 집합되어 있다는 점에서 고유한 부분으로 여길 수 있을 것이다. 마가복음에서는 예수님의 가족들(막 3:20~21), 스스로 자라는 씨에 대한 비유(막 4:26~29), 벳새다 소경 치료(막 8:22~26), 예수 체포시 한 청년에 대한 이야기(막 14:51~52)를 말할 수 있다(마가복음 단락 참조). 누가복음에서는 세례자 요한과 예수 그리스도의 탄생사(눅 1~2장)와 예루살렘 여행(9:51~19:27) 단락에 고유한 내용이 많이 들어있다(누가복음 단락 참조).

일치 부분	불일치 부분	고유 부분
		마 1~2장 눅 1~2장
마 3:1~4:25 막 1:1~28 눅 3:1~4:37		
		마 5:1~7:29
	마 8:1~13:58 막 1:29~6:13 눅 4:38~9:9	
마 14:1~18:35 막 6:14~9:50 눅 9:10~50		
		눅 9:51~18:14
마 19:1~28:20 막 10:1~16:20 눅 18:15~24:53		

5   Vgl. R. Riesner, "Wie sicher ist die Zwei-Quellen-Theorie?", *Theologische Beiträge* 8 (1977), 49~73, esp. 57.

넷째로 특히 주목해야 할 것은 순서가 일치하지 않는 부분에서 나타나는 부분적 일치이다. 예를 들면 다음과 같이 공관복음에서 서로간에 순서가 불일치하는 부분에서도 항상 짝을 이루어 등장하는 내용들이 있다.

폭풍진정과 가다라 귀신들린 자
(마 8:23~27; 28~34/막 4:35~41; 5:1~20/눅 8:22~25; 26~39)
레위 부름과 요한 제자 금식
(마 9:9~13; 14~17/막 2:13~17; 18~22/눅 5:27~32; 33~39)
안식일 밀밭과 손 마른 자
(마 12:1~8,9~21/막 2:23~28; 3:1~6/눅 6:1~5,6~11)

이 부분들이 불일치부분에서 순서를 같이하여 짝으로 연속적으로 나타나는 것은 본래 연속적으로 발생한 사건들이었다는 것을 분명하게 알려준다. 이 부분들의 순서의 연속을 복음서기자들과 초대교회는 의심하지 않았던 것이다.

2) 내용의 일치와 불일치

공관복음서는 각각 서술하는 내용에 있어서도 일치와 불일치를 보여준다. 내용의 공통점과 상이점은 문단과 문장과 단어에서 나타나는 현상으로 나누어 생각해 볼 수 있다. 순서의 문제에서와 마찬가지로 여기에서도 문단내용의 일치와 불일치만을 살펴본다. 왜냐하면 문장의 내용과 단어의 내용에서 나타나는 같은 점과 다른 점은 헤아릴 수 없이 너무나 많아서 열거하는 것이 불가능하기 때문이다. 불일치와 관련하여 문단과 문장에서는 주로 내용의 첨가와 삭제가 관건이며, 단어에서는 내용의 첨가와 삭제 뿐 아니라 문법의 변형도 매우 중요하다.

공관복음에서 내용의 일치와 불일치는 이론적으로 볼 때 다음과 같이 일곱 가지로 정리할 수 있다.

① 마태, 마가, 누가 공통(예: 오병이어, 마 14:13~21 / 막 6:30~44 / 눅 9:10~17/ 참조. 요 6:1~14)
② 마태, 마가 공통(예: 세례자 요한의 죽음, 마 14:1~12 / 막 6:14~29 / 참조. 눅 9:7~9; 주님의 좌우편에 앉기를 희망, 마 20:20~28/막 10:35~45)
③ 마태, 누가 공통(예: 산상/평지설교)
④ 마가, 누가 공통(예: 과부의 헌금, 막 12:41~44/눅 21:1~4)
⑤ 마태 특수(예: 동방박사 방문, 산상설교 중에 많음)
⑥ 마가 특수(예: 스스로 자라는 씨앗, 막 4:26~29)
⑦ 누가 특수(예: 선한 사마리아인 비유, 눅 10:30~37)

1	마	막	눅
2	마	막	
3	마		눅
4		막	눅
5	마		
6		막	
7			눅

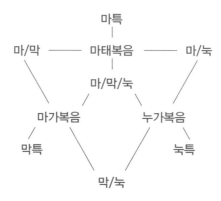

3) 순서와 내용의 종합에서 일치와 불일치

공관복음에서 순서의 문제와 내용의 문제를 종합하게 되면 다음과 같이 네
가지 현상이 나타난다.

　① 순서도 같으며 내용도 같은 경우
　② 순서는 같은데 내용이 다른 경우
　③ 순서는 다른데 내용이 같은 경우
　④ 순서도 다르고 내용도 다른 경우

　그러나 이 네 가지 현상을 실제로 자세하게 관찰해보면 복잡하기 짝이
없다.
　이렇게 공관복음은 서로 간에 일치와 불일치를 보이면서 복잡한 현상
을 보여주는데 현대 신약성경신학은 일치보다는 불일치에 더 관심을 둔
다. 그래서 마태, 마가, 누가가 모두 공통적으로 가지고 있는 부분들은 크
게 무시를 당하고, 각 복음서의 독특한 신학을 논증하기에 적절한 고유한
부분들 (마태의 특수부분, 마가의 특수부분, 누가의 특수부분)은 매우 중요한 관심
사가 된다.

2. 공관복음서 문제의 해결

공관복음서 문제를 풀기 위한 해결책은 오랫동안 자료비평(Quellenkritik, Source-criticism) 혹은 문학비평(Literkritik, Literary criticism)에 의하여 모색되었다. 공관복음서에 대하여 자료 (문학)비평은 적어도 다섯 가지의 이론을 발전시켰다.

1. 원복음설(Urevangeliumshypothese)

요점: 각 복음서가 독립적으로 한 아람어 원문서에서 유래했다.

아람어 원문서

╱ ↓ ╲

마태 마가 누가

1778년에 G. E. Lessing이 "단순히 인간적인 역사기록자로서의 복음서기자들에 관한 새로운 이론들"(Neue Hypothesen über die Evangelisten als blob menschliche Geschichtsschreiber betrachtet)에서 처음으로 복음서들이 아람어로 된 사도문서로부터 이루어진 다양한 번역들과 발췌들이라고 하였다. 1794년에 J. G. Eichhorn은 "세 복음서에 관하여"(Über die drei ersten Evangelien)에서 각 복음서기자가 원복음을 다른 형태로 사용한 것이라고 하였다.

이 이론의 문제점은 세 복음서기자가 하나의 원복음을 사용했다면 첫째로 왜 마가복음만이 유독 짧은지, 둘째로 어떻게 마가복음에 없는 마태복음과 누가복음의 공통부분이 생겨났는지를 설명하지 못한다는 것이다.

2. 전승설(Traditionshypothese)

요점: 세 복음서는 하나의 구전에 뿌리를 두고 있다.

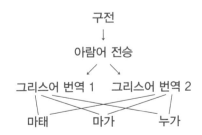

1796/7년에 J. E. Herder는 "인간의 구속자에 관하여"(Vom Erlöser des Meschen)에서 구전의 원복음을 가정하였다. 1818년에 J.C.L. Gieseler는 "문서화된 복음서들의 기원과 초기 운명에 관한 역사적 비판적 시도"(Historisch-kritischer Versuch über die Entstehung und die frühsten Schicksale der schriftlichen Evangelien)에서 예루살렘의 사도들이 설교를 목적으로 구전복음을 성립시켰는데 처음에는 아람어로 전승되다가 나중에 두개의 상이한 헬라어 형태를 가지게 되었고 이로부터 복음서들이 유래하였다고 주장하였다.

그러나 복음서들 이전에 번역된 헬라어 사본(복음서 이전 사본)이 발견되지 않는다는 것이 문제이다.

3. 사용설(Benutzungshypothese)

요점: 한 복음서가 다른 복음서(들)을 사용했다.

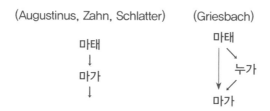

전통적으로 Augustinus는 마태를 마가가 축약했고, 누가는 마가를 사용했다고 생각하였다. Zahn과 Schlatter는 이 입장을 견지하였다.

1789년에 J. J. Griesbach는 *Commentatio qua Marci evangelium totum e Matthaei et Lucae commentariis decerptum esse monstratur*에서 한 복음서가 다른 복음서(들)를 사용했다고 주장하였지만 Augustinus의 견해 (마태-마가-누가)를 수정하였다. 마태를 누가가 사용하였고, 마태와 누가를 마가가 사용했다는 것이다(마태-누가-마가).

대표적인 예:

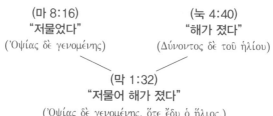

그러나 문제는 마가복음에 이런 현상을 나타내지 않는 부분들이 압도적으로 더 많다는 것이다. 그런 부분들은 어떻게 설명해야 할 것인가? 누가가 마태를 사용했다면 누가에만 고유한 부분들은 어디에서 왔는가에 대하여 답변해야 할 것이며, 마가가 마태와 누가를 사용했다면 마가에만 고유한 부분들은 어디에서 왔는가에 대하여 대답해야 할 것이다.

4. 단편설(Fragmenten-, Diegesenhypothese)

요점: 각 복음서기자들이 여러 개의 단편적인 자료들(눅 1:1에 언급된 것과 같이 διήγησις)을 최종 정리했다.

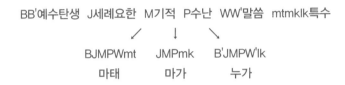

1817년에 F. D. E. Schleiermacher는 "누가의 문서들에 관하여. 하나의 비판적인 시도"(Über die Schriften des Lukas. Ein kritischer Versuch)에서 처음 보고자들(사도들)이나 청중들이 이미 예수님의 개별적인 언어와 행위를 적어두었던 것을 후에 복음서 기자들이 수집하여 기록하였을 것이라고 추측하였다.

그러나 이 이론의 난점은 각 복음서들에게 나타나는 전체구조의 일치를 설명하지 못한다는 데 있다.

5. 두 자료설(Zweiquellentheorie, Two-Source-Hypothesis)

요점: 마태복음과 누가복음은 마가복음과 또 하나의 예수 어록집(Q)에서 기원한다는 것이다.

두 자료설은 1838년에 C. H. Weisse에 의하여 처음으로 주장되었다. 이 이론은 사용설에 바탕을 두면서 사용의 순서를 뒤바꾸어 놓은 것이다. 공관복음서 연구에 관한 한, 두 자료설이 현금의 신약성경신학계를 지배하고 있는데, 이 가설에 의하면 마태복음과 누가복음이 마가복음과 가설적인 예수

어록집을 사용하였다는 것이다. 두 자료설은 마가복음 우선설과 예수 어록 (Q) 가설이라는 두 가지 전제를 가진다.[6]

두 자료설의 첫째 전제는 마가복음 우선설(Markus-Priorität, Marcan Priority)이다. 이 가설은 마가를 마태와 누가가 사용했다고 주장한다. 무엇보다도 마가복음 우선설의 요점은 순서와 관련하여 볼 때, 마태와 누가의 일치와 불일치가 마가에 의존하고 있다는 것이다. 다시 말하자면 마태와 누가는 마가와 공통될 때는 순서가 일치하고, 마가와 상이할 때는 순서가 불일치한다는 것이다.[7] 또한 마가복음 우선설의 요점은 내용과 관련하여 볼 때 마가복음이 마태복음이나 누가복음에 비하여 짧고(lectio brevior) 어렵다 (lectio difficilior)는 것이다.

두 자료설의 둘째 전제는 예수님의 어록 가설 (Q)이다. Q는 독일어 Quelle (근원, 자료)의 첫 자로서 마태와 누가에는 있으나 마가에는 없는 예수님의 어록집(Logienquelle)을 가리킨다. 이 이론은 시락서(Ben Sirach)와 도마복음에 근거를 두고 있다.

1) 두 자료설의 문제점

두 자료설의 문제점은 오래 전부터 인식되었는데,[8] 가장 근본적인 문제점은 마태복음과 누가복음의 권위가 마가복음의 권위와 가설적인 예수 어록집의 권위에 의존하며 종속하고 만다는 데 있다. 이에 더하여 마가복음 우선설과 예수 어록 가설은 각각 다음과 같이 치명적인 문제점을 가지고 있다.

2) 마가복음 우선설의 문제점

H. U. Meijboom, *A History and Critique of the Origin of the Marcan Hypothesis 1835~1866: A Contemporary Report Rediscovered*. A translation with introduction and notes of *Geschiedenis en critiek der Marcushypothese* (History and Critique of the Marcan Hypothesis) by Hajo Uden Meijboom at the University of Groningen, 1866 translated and edited by John J. Kiwiet,

---

6　Streeter는 마태복음과 누가복음이 마가복음과 예수 어록(Q) 외에도 각각 특수자료 (Sondergut)를 사용했다는 네 자료설을 발전시켰다 (*The Four Gospels. A Study of Origins*, 9th ed., London: Mcmillan, 1924, 1956).

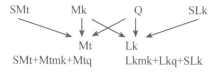

7　Kümmel, *Einleitung* 31.

8　두 자료설에 대한 간단한 비판은 Riesner, "Wie sicher ist die Zwei-Quellen-Theorie?"를 참조하라. 또한 거기에 제시된 문헌들을 자세히 살펴볼 필요가 있다.

New Gospel Studies 8, Macon: Peeters/Mercer University Press, 1993.

    D. B. Peabody, *Mark as Composer*, New Gospel Studies 1, Macon: Peeters/Mercer University Press, 1987.

    D. B. Peabody / L. Cope / A. J. McNicol (eds.), *One Gospel From Two. Mark's Use of Matthew and Luke. A Demonstration by the Research Team of the International Institute for Gospel Studies*, Harrisburgh / London / New York: Trinity Press International, 2002.

마가복음 우선설의 가장 중대한 문제는 마가복음이 마태복음과 누가복음에 비하여 더 원시적이지 않다는 것이다. 마가복음은 다른 두 복음서보다 훨씬 더 잘 정돈된 순서를 제시한다. 마가복음에는 다른 두 복음서처럼 삽입부분이 많지 않을 뿐 아니라 문맥이 잘 흐른다.[9]

또한 내용에 있어서도 마가복음은 마태복음과 누가복음에 비하여 언제나 난해하거나 간략하지 않다. 오히려 많은 경우에 마가복음은 다른 두 복음서보다 더 길거나 쉬운 내용을 제공한다. 때때로 마가복음은 마태복음과 누가복음과 달리 내용을 훨씬 잘 정리한 현상을 보여준다.

단락들의 분량에 있어서 마가복음에는 마태복음과 누가복음에 비하여 긴 본문들이 많이 있다. 그렇다면 마가의 짧은 본문들이 마태와 누가에게서 긴 본문들로 확대되었다는 것을 인정할 때, 마가의 긴 본문들이 마태와 누가에게서 어떻게 짧은 본문으로 축소되었는지 설명하기 어렵다. 게다가 왜 마가복음에는 마태복음과 누가복음이 공통적으로건 개별적으로건 채택하지 않은 특수한 본문(마가의 특수부분)들이 있는지 설명할 수 없다. 결국 이 난점은 원마가복음설(Urmarkushypothese, Proto-Mark-Theory)로 발전하는 어려운 문제를 낳는다. 원마가복음설은 본래 마가복음이 특수부분을 가지고 있지 않았지만 현재의 마가복음 특수부분을 받아들여 형성되었다는 것으로서, 마태와 누가가 사용한 것은 특수부분을 가지고 있는 현재의 마가복음이 아니라 특수부분을 받아들이기 전의 원마가복음이라는 것이다.

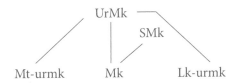

더 나아가서 마태복음과 누가복음이 마가복음과 동일한 소재를 가지고

---

9   Peabody / Cope / McNicol (eds.), *One Gospel From Two. Mark's Use of Matthew and Luke*, 345f.는 이런 현상을 가리켜 마가복음서 전체에 걸쳐 짜여진 언어(linguistic), 스타일(stylistic), 주제(thematic)의 통일인 마가의 오버레이(Markan overlay)라고 부른다.

있으면서 다른 내용(소일치, Minor Agreements)을 사용하는 이유는 무엇인가? 예를 들면 문둥병자 치료(마 8:1~4/눅 5:12~16/막 1:40~45)에서 마태복음 8:3/누가복음 5:13은 마가복음 1:41과 달리 "불쌍히 여기사"(σπλαγχνισθείς)를 가지고 있지 않다. 또한 안식일 논쟁(마 12:1~8/눅 6:1~5/막 2:23~28)에서 마태복음 12:1/누가복음 6:1은 마가복음 2:23과 달리 "길가다"(ὁδὸν ποιεῖν)를 생략하고 "먹다"(ἐσθίειν ἤσθιον)를 첨가하였다.[10] 마가복음 우선설은 이런 문제를 해결하기 어렵다.

3) 예수 어록 가설의 문제점

A. Farrer, "On dispensing with Q", in D. E. Nineham (ed.), *Studies in the Gospels: Essays in Memory of R.H. Lightfoot*, Oxford: Blackwell, 1957, 58~88.

M. Goulder, "Is Q a Juggernaut?", *JBL* 115 (1996), 667~81.

M. Goulder, "Self-contradiction in the IQP", *JBL* 118 (1999), 506~17.

A. J. McNicol / D. L. Dungan / D. B. Peabody (eds.), *Beyond the Q Impasse: Luke's Use of Matthew. A Demonstration by the Research Team of the International Institute for [Renewal] of Gospel Studies*, Valley Forge: Trinity Press International, 1996.

예수 어록(Q) 가설은 시락서와 도마복음에서 유사한 예를 찾는다. 그러나 시락서는 어록집이 아니라는 점에서, 도마복음은 너무 후기의 이단적인 사복음서 변형발췌라는 점에서 타당성이 없다.

예수 어록(Q) 가설에서 가장 큰 문제는 그 존재를 입증할 만한 설득력 있는 사본이 없다는 것이다.[11] 이 가설에서 사본의 결여문제는 곧 바로 교부들의 증거 결여와 연관된다. 고대자료에는 Q에 대한 언급이 없다.[12]

예수 어록의 내용과 관련하여 두 가지 문제가 발생한다. 첫째로, 사건 진술 없는 어록[13]만으로 복음서가 가능하냐는 것이다. 초대교회는 예수님의 말씀만큼이나 활동에도 큰 관심을 기울였다(행 1:21~22; 10:37~39; 20:35). 예수님의 활동은 예수님의 교훈과 병행적 관계를 가진다. 이런 의미에서 사복음서는 예수님의 활동과 예수님의 교훈을 균형 있게 제시한다. 둘째로, 예수

---

10 Vgl. G. Strecker / U. Schnelle, *Einführung in die neutestamentliche Exegese*, UTB 1253, Göttingen: Vandenhoeck Ruprecht, 1983, 51.

11 Cf. Peabody / Cope / McNicol, *One Gospel from Two*, 3.

12 Goulder, "Is Q a Juggernaut?", 669.

13 Q의 내용에 관해서는 J. M. Robinson / P. Hoffmann / J. S. Kloppenborg (eds.), *The Critical Edition of Q. Synopsis including the Gospels of Matthew and Luke, Mark and Thomas with English, German, and French Translations of Q and Thomas*, Leuven: Peeters, 2000을 참조하라.

어록 가설은 예수님의 수난기사를 결여하고 있는데, 수난기사 없는 복음서가 가능한가? 초대교회가 예수 그리스도의 수난에 결정적인 의미를 두었다는 것은 의심할 바 없는 사실이다(고전 15:3~4). 그렇다면 예수님의 수난을 언급하지 않는 복음서가 있었을 것이라고 생각하는 것은 큰 잘못이다.

예수 어록의 구성과 관련하여 역시 몇 가지 중대한 문제가 제기된다. 첫째로, Q가 기록문서라고 할 경우에 마태와 누가가 그것을 사용하면서 어휘와 순서에서 차이를 보이는 이유가 무엇인지 납득하기 어렵다는 것이다.[14] 또한 예수 어록은 마가의 문맥에서 마가와 달리 마태와 누가에게 나타나는 소일치(Minor Agreements)와 어떤 관계가 있는지 설명하기가 쉽지 않다.[15]

그러므로 마태복음과 누가복음은 마가복음을 기초로 하지도 않았으며 (왜냐하면 이 두 복음서를 면밀히 조사할 때 엄청난 차이가 나기 때문이다), 가설적인 예수 어록집을 사용하지도 않았다 (왜냐하면 현재의 복음서들에 버금가는 소위 예수 어록집이란 것은 존재하지 않았기 때문이다). 세 복음서는 각각 독립적으로 기록되었다고 생각하는 것이 가장 바르다.

6. 독립설

내용과 순서에서 세 복음서 사이의 일치와 상이를 살펴보면 상호간의 사용(의존)을 발견하기가 어려울 뿐 아니라, 공통된 이전 자료(구전이건 문헌이건)를 사용(의존)했으리라고 생각하기 어렵다.

1) 내용에 대한 고찰

첫째로, 세 복음서의 독립성을 내용적인 면에서 살펴보자. 각 복음서의 전체 절 수 가운데 내용이 서로 유사한 (완벽한 일치는 많지 않다!) 절수를 계산하면 이 사실은 분명해진다. 마태복음은 1,071절, 마가복음은 667절 (이것은 마지막 12절을 포함시킨 수), 누가복음은 1,150절이다. 마태복음과 마가복음 사이에 유사한 절은 600절로서 마태복음 쪽에서 볼 때 51%를 차지하고 마가복음 쪽에서 볼 때 87%를 차지한다. 마태복음과 누가복음 사이에 유사한

---

14   Vgl. H. Conzelmann / A. Lindemann, *Arbeitsbuch zum Neuen Testament*, 11. Aufl., Tübingen: Mohr Siebeck, 1995, 74~77. 이에 대한 Conzelmann / Lindemann의 답변을 참조하라.

15   Ennulat는 소일치를 마태복음과 누가복음 이전의 마태/누가의 마가복음 작업(eine vormtlk Mk-Bearbeitung)이라고 결론을 지었다(A. Ennulat, *Die "Minor Agreements". Untersuchungen zu einer offenen Frage des synoptischen Problems*, WUNT 2.62, Tübingen: Mohr Siebeck, 1994, 418). 결국 이것은 예수 어록과 소일치의 관계를 깨뜨리기 위한 시도로 이해할 수 있다. Goulder는 이 문제를 누가가 소일치 내용들을 마태로부터 가져왔다고 하면 간단히 해결된다고 주장한다("Is Q a Juggernaut?", 670).

절은 235절로서 마태복음 쪽에서 보면 21%를 차지하고, 누가복음 쪽에서 보면 20%를 차지한다. 마가복음과 누가복음 사이에 유사한 절은 350절로서 마가복음 쪽에서 보면 50%를 차지하고 누가복음 쪽에서 보면 30%를 차지한다.

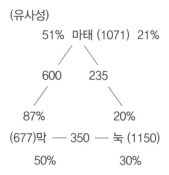

(유사성)

51% 마태 (1071) 21%

600   235

87%   20%

(677)막 ── 350 ── 눅 (1150)

50%   30%

유사성을 중심으로 세 복음서를 고찰해도 내릴 수 있는 결론은 서로간에 독립적 부분이 상당히 많이 있다는 것이다. 마가복음은 마태복음에 대하여 높은 유사성(87%)을 보이고 누가복음에 대하여 절반 정도의 유사성을 보이는 반면에, 마태복음은 마가복음에 대하여 절반 정도의 유사성을 보이고 누가복음에 대하여 겨우 5분의 1 정도 유사성을 보이며, 누가복음은 마태복음과 마가복음에 대하여 각각 5분의 1과 3분의 1 정도의 유사성을 보일 뿐이다.

이것은 역으로 말해서 마가복음이 마태복음에 대하여 13%의 독립적 부분을 가지고 누가복음에 대하여 49%의 독립적 부분을 가진다는 것을 의미하며, 마태복음은 마가복음에 대하여 49%의 독립적인 부분을 가지고 누가복음에 대하여 79%의 독립적인 부분을 가진다는 것을 의미하며, 누가복음은 마태복음에 대하여 80%의 독립적인 부분을 가지며 마가복음에 대하여 70%의 독립적인 부분을 가진다는 것을 의미한다.

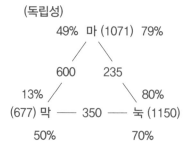

(독립성)

49% 마 (1071) 79%

600   235

13%   80%

(677) 막 ── 350 ── 눅 (1150)

50%   70%

그러나 실제로 세 복음서에서 상호간의 유사성을 완전히 벗어나는 독립적인 내용(특수자료)은 마태복음에 25.99%, 마가복음에 3.09%(3:20~21;

4:26~30; 7:31~37; 8:22~26; 13:33~37), 누가복음에 39.98%가 들어있다.[16] 독립적인 내용(특수자료)과 관련하여 마가복음의 비율은 저조한 편이지만 마태복음과 누가복음은 각각 4분 1, 3분의 1 이상을 가지고 있는 현상을 보여준다. 이것은 마가복음은 제켜두더라도 마태복음과 누가복음이 얼마나 독립적인지를 잘 드러내는 것이다.

2) 순서에 대한 고찰

이번에는 세 복음서의 독립성을 순서와 관련하여 살펴보자. 순서에 있어서 문단과 문장과 단어로 분류할 수 있다. 첫째로, 세 복음서는 상호간에 문단의 순서에서 일치를 보이지 않는 경우가 많은 것을 발견하게 된다. 게다가 순서가 일치하지 않는 문단을 떼어내어 비교해 보아도 다시 문장의 순서 또는 단어의 순서가 다른 것을 보게 된다. 둘째로, 세 복음서에서 문단의 순서가 일치를 보이더라도 다시 문장의 순서가 다르고, 문장의 순서가 일치하더라도 단어의 순서가 다른 경우들이 나타난다. 이에 대한 대표적인 예는 세례자 요한의 등장에 관한 공관복음서의 진술들을 비교할 때 분명하게 드러난다(마 3:1~12; 막 1:1~8; 눅 3:1~18).

(1) 문단순서의 상이

첫째로, 세례자 요한의 등장을 살펴보면 다음과 같이 다양한 문단의 상이가 발견된다(세 복음서에 공통되는 내용을 중심으로 배열).

마태 3:1~12	마가 1:1~8	누가 3:1~18
등장시기(1a)	인용: 사자(2) 인용: 소리(3)	등장시기(1~2)
세례와 전파(1b~2) 인용: 소리(3)	세례와 전파(4)	세례와 전파(3) 인용: 소리(4) 인용: 구원(5~6)
의상과 음식(4) 무리(5~6) 회개설교(7~10)	무리(5) 의상과 음식(6)	회개설교(7~9) 신분설교 (10~14) 백성의 기대(15)
메시아 설교(11) 타작(12)	메시아 설교(7~8)	메시아 설교(16) 타작(17) 기타설교(18)

16　Linnemann, *Gibt es ein synoptisches Problem?* 74~75, 91.

(2) 문장순서의 상이(메시아 설교)

그런데 세례자 요한의 등장 가운데 세 복음서에 공통적으로 나오는 세례자 요한의 메시아 설교(마 3:11; 막 1:7~8; 눅 3:16 - 위의 굵은 글씨 부분)를 살펴보면 문장의 순서가 다음과 같이 상이하게 나타난다.

마태 3:11	마가 1:7~8	누가 3:16
요한 세례(11a)	힘센 자(7)	요한 세례(16a)
힘센 자(11b)	요한 세례(8a)	힘센 자(16b)
메시아 세례(11c)	메시아 세례(8b)	메시아 세례(16c)

(3) 단어순서의 상이(요한 세례)

더 나아가서 세례자 요한의 메시아 설교 중에서 세 복음서에 공통된 요한 세례(마 3:11a; 막 1:8a; 눅 3:16a - 위의 굵은 글씨 부분)에 관한 설명을 살펴보면 세 복음서는 단어의 순서에서 다음과 같이 서로 다른 배열을 가지고 있다는 것이 눈에 띈다.

마태 3:11a	마가 1:8a	누가 3:16a
ἐγώ	ἐγώ	ἐγώ
ὑμᾶς	ἐβάπτισα	ὕδατι
βαπτίζω	ὑμᾶς	βαπτίζω
ἐν ὕδατι	ὕδατι	ὑμᾶς

이상에서 살펴본 바와 같이 순서에 있어서 문단이 같으면 문장이 다르고, 문장이 같으면 단어가 다르다. 따라서 세 복음서가 서로 의존했다고 보기 어렵고, 각각 독립적인 성격을 가지는 것으로 보인다. 분명히 세 복음서는 동일한 독립적인 권위를 가진다. 그러므로 복음서 연구는 복음서들의 독립적인 동일한 권위를 인정하는 것으로부터 시작해야 한다.

3) 공통점과 상이점의 발생원인

그러면 왜 세 복음서에서 공통점과 상이점이 생겼을까? 그 가능성은 다음과 같이 생각할 수 있다.

(1) 상이점의 발생원인

먼저 세 복음서에서 상이점이 생기게 된 가능성을 살펴보자. 신약성경과 관련하여 사건이 발생하여 현재에 전달되기까지는 다음과 같은 단계를 거친다. 먼저 사건이 발생하고, 전승되고, 기록되며, 독서된다.

사건 → 전승 → 기록 → 독서

현대 신약성경신학은 사건을 이해하기 위하여 종교사적인 연구를 시도하며, 복음서가 전문학적인 기원들로부터 문학적인 정착에 이르기까지 전승의 과정에 관한 연구는 양식사(또는 전승사)의 몫으로 돌리며, 복음서의 문서화에서 저자(마지막 편집자)의 신학적인 입장을 연구하기 위하여 편집사적 연구를 시도한다(양식사와 편집사에 관해서는 아래의 부록을 참조하라). 그런데 공관복음서 사이에 상이점이 생성될 가능성은 단계마다 있다.

첫째로, 사건의 규모와 순서를 고려해야 한다. 먼저 사건의 규모를 살펴보자. 기록은 사건의 규모를 완벽하게 담을 수가 없다. 사건은 기록보다 크다. 예를 들면 예수님께서 예루살렘에 입성하실 때 무리들이 찬송을 불렀다(마 21:9; 막 11:9~10; 눅 19:38). 무리가 이 노래를 한번만 불렀을 리가 없고 한 목소리로 불렀을 리가 없지만 기록상으로는 마치 한번 한 목소리로 부른 것처럼 되어있다. 이런 경우는 세례자 요한의 메시아설교(마 3:11; 막 1:7~8; 눅 3:16), 풍랑을 만난 제자들이 예수님을 깨운 것(마 8:25; 막 4:38; 눅 8:24) 등에서 얼마든지 발견할 수 있다(필요에 따라서 반복적인 외침을 소개하는 경우도 있다. 참조. 마 20:30~31; 막 10:47~48; 눅 18:38~39).

사건의 순서도 마찬가지이다. 사건의 순간들의 진행은 글로 완전히 표현되지 않는다. 공관복음서는 기록상 사건의 시간변이를 크게 고려하지 않고 있다는 것을 알아야 한다. 그래서 공관복음서들 사이에 나타나는 상황묘사 마찰의 대부분은 사건 그 자체의 시간변이를 고려하면 문제가 되지 않는다. 예를 들어 예루살렘 입성에서 예수님께서는 마태복음에서는 나귀와 나귀새끼를 타신 것으로(마 21:7, ἐπεκάθισεν ἐπ᾽ αὐτῶν), 마가복음에는 나귀새끼를 타신 것으로(막 11:7, ἐκάθισεν ἐπ᾽ αὐτόν), 누가복음에는 나귀새끼를 타신 것으로(눅 19:35, ἐπὶ τὸν πῶλον) 기록되어 있다. 이것은 시간의 변이를 생각하면 어려운 것이 아니다. 예수님께서 처음에는 나귀새끼를 타셨으나 조금 후에 나귀로 바꿔 타신 것으로 볼 수 있다. 마태는 예수님께서 나귀와 나귀새끼를 타신 것이 구약성경의 예언에 잘 맞기에 모두 기록하였고, 마가와 누가는 단지 나귀새끼를 타신 것에만 관심을 가졌던 것이다. 이렇게 시간변이를 고려해야 하는 경우는 예수 그리스도의 부활의 장면에도 해당된다. 예수 그리스도의 부활 장면에 관한 세 복음서의 진술은 다음과 같다([]는 가능한 상황을 의미함).

(마 28:2) "천사가 돌 위에 앉았다[천사가 안으로 들어가고 여자들도 무덤에 들어옴] ⁵ 천사가 여자들에게 일러 가로되 ⋯ ⁶ 와서 그의 누웠던 곳을 보라".
(막 16:5) "무덤에 들어가서 한 청년이 우편에 앉은 것을 보고", ⁶ "보라 그를 두었던 곳이니라".

(눅 24:3~4) "들어가니… 두 사람이 곁에 섰는지라".

마태복음에서는 한 천사가 무덤 밖에 있는 것으로(마 28:2), 마가복음에서는 한 천사가 무덤 안에 있는 것으로(막 16:5), 누가복음에서는 두 천사가 무덤 안에 있는 것으로(눅 24:3~4) 묘사된다. 이것은 예수 그리스도의 부활 상황의 진행이 단순하지 않았다는 것을 알려준다. 처음에는 한 천사가 무덤을 열고 돌 위에 앉았다(마태). 그는 무덤 안으로 들어갔다. 다른 천사가 무덤에 들어갔다. 이때 여자들이 무덤에 들어왔다(마가, 누가). 여자들이 한 천사가 우편에 앉은 것을 발견하였다(마가). 이어서 여자들은 또 다른 천사를 발견하였다(누가: 그래서 누가는 두 천사로 기록). 이때 처음 천사가 예수님의 자리를 보여주었다(마태, 마가). 그러나 불행하게도 시간변이는 학문적인 방법에서는 특히 무시되는 요소이다.

[ ]는 가능한 상황을 의미함.

한 천사가 무덤을 열고 돌 위에 앉음	마		
무덤 안으로 들어감	[마]		
다른 천사가 무덤에 들어옴			[눅]
이때 여자들이 무덤에 들어옴		막	눅
여자들이 한 천사가 우편에 앉은 것을 발견		막	[눅]
이어서 또 다른 천사를 발견			눅
처음 천사가 예수님의 자리를 보임	마	막	

둘째로, 공관복음서 사이에 상이점이 생기게 된 이유는 전승의 과정이 다르기 때문이다.

셋째로, 공관복음서의 상이점은 각 복음서 기자가 기록에서 서로 의존하지 않았기 때문이라는 사실을 간과해서는 안 된다. 복음서 기자들은 제각기 계시적 은혜 아래 경험과 전승 그리고 신학에 근거하여 복음서를 기록하였다. 여기에서 주의해야 할 것은 기록에 있어서 복음서 기자들에게는 제한과 자유가 있었다는 사실이다. 제한이란 복음서 기자는 그 누구도 넘어설 수 없는 복음의 구조(복음도식)를 가지고 있었다는 것을 의미한다. 복음서 기록에 있어서 그 전체구조는 어길 수 없는 제한을 가지고 있었기 때문에 아무도 이 한계를 넘어서지 못한다. 복음서의 전체구조는 예수 그리스도의 역사적인 사건을 설명하는 순서법칙에서 쉽게 발견된다. 이 예수님 사건의 순서는 초대교회가 강하게 고집하던 것으로서 가장 간단한 예를 들면 베드로의 예루살렘 설교(행 1:21~22)이다. 여기에서 예수님 사건은 세례자 요한의 등장으로 시작하여 예수님의 승천으로 종결된다. 바울의 안디옥 설교(행

13:23~31)는 이 사이에 예수님의 죽음과 부활을 삽입하며, 베드로의 욥바 설교(행 10:37~43)는 예수님의 죽음과 부활 앞에 예수님의 활동을 덧붙인다.

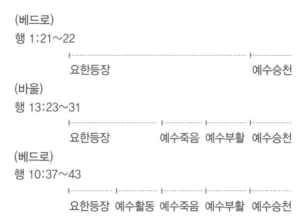

이렇게 초대교회가 가지고 있던 예수님 사건에 대한 특정한 순서법칙을 가장 상세하게 확대한 것이 공관복음서이다.

		마태복음	마가복음	누가복음
서론		1:1~2:23		1:1~2:52
세례자 요한		3:1~12	1:1~13	3:1~22
예수	갈릴리 활동	3:13~18:35	1:14~9:50	3:23~9:50(19:27)
	유대 활동	19:1~28:15	10:1~16:20	9:51(19:28)~24:53
사도들		28:16~20		사도행전

그러나 복음서 기자에게는 자유가 있어서 일단 이 큰 틀을 정해놓고 나면 사건들의 순서와 내용을 각자의 경험과 전승 그리고 이해방식에 따라 변형시킬 수 있었다. 바로 이런 이유 때문에 각 복음서 사이에는 상이점이 생기게 되었다.

(2) 공통점의 발생원인
이제 세 복음서에서 공통점이 생기게 된 가능성을 살펴보자.

첫째로, 사건의 순서가 일치하는 이유는 위에서 언급한 것과 같이 초대교회가 공통적으로 받는 순서의 규범(regula fidei)이 있었기 때문이다.

둘째로, 내용의 일치는 유명한 사건(facta nota)과 유명한 말(verba nota)로 말미암아 생긴 것으로 볼 수 있다. 잘 알려진 사건과 말은 복음서 기록자들이 공통적으로 받아들이는 요소가 되었다.

셋째로, 복음서 기록당시에 기억(memory)의 활용은 세 복음서에 공통점이 생기게 된 중요한 이유이다.[17]

마지막으로, 공관복음서의 공통점과 상이점에서 한 가지 주의해야 할 것은 상이점을 관찰함으로써 각 복음서의 독특한 신학에 관심을 가지는 것도 필요한 일이지만 모든 복음서의 공통점에 주목하여 초대교회가 무엇을 공통적으로 받아들였는지 연구하는 일도 매우 중요하다는 것이다. 초대교회(교부시대)는 공관복음서가 다양성(상이성)도 가지고 있지만 통일성(공통성)을 가지고 있다는 것을 잘 알고 있었다. Tatian의 Diatessaron(150년)이나 Irenaeus의 Adversus Haereses(185년), Muratori Canon(200년)은 이에 대한 좋은 증거가 된다. 교부들은 공관복음서에서 다양성이 통일성에 의하여 통제받고 있다는 것을 인식하였다. 통일성은 초대교회가 공통적으로 바탕하고 있는 거대한 반석이기 때문이다. 그러므로 상이점은 공통점에 기반 하여 이해되어야 한다. 상이점은 단지 각 복음서의 작은 특이성을 표현할 뿐이다. "복음서들이 서로 공통적으로 가지고 있는 부분들에 대하여 우리의 관심을 기울이는 것이 훨씬 더 견고한 기반 위에 서는 것으로 생각된다."[18] 그러나 오늘날 신약성경신학은 공관복음에서 상이점을 연구함으로써 각 복음서기자의 신학에 몰두하지만 공통점을 연구함으로써 교회전체의 신학을 밝히는 것은 소홀히 하고 있다. 이것은 공관복음 연구에서 그 중요성을 절반이상을 상실한 것이다.

7. 부록: 양식사(Formgeschichte)와 편집사(Redaktionsgeschichte)

양식사(Formgeschichte)와 편집사(Redaktionsgeschichte)는 복음서의 현장(Sitz im Leben)을 해석하는 문제와 관련되어 있다.

양식사는 전승사(Traditionsgeschichte)라고도 불린다. 양식사가 관심하는 것은 우선 공관복음서의 특징이다. 이것은 공관복음서가 다른 문학들과 비교할 때 어떤 위치를 가지느냐를 따지는 것이다. 양식사는 공관복음서가 문학사에 있어서 특별한 양식을 가지는 "소문학"(Kleinliteratur)이라는 결론을 내린다. 이에 더 나아가서 양식사가 관심하는 것은 공관복음서의 형성(전역사 Vorgeschichte)이다. 이것은 전문학적(前文學的)인 기원들로부터 문학적인 정착에 이르기까지 복음서들의 전승의 과정에 관한 연구이다(Frage nach dem

---

17 B. Gerhardsson, *Memory and Manuscript. Oral Tradition and Written Transmission in Rabbinic Judaism and Early Christianity*, 2. Aufl., ANSU 22, Lund: Gleerup / Copenhagen: Munksgaard, 1961, 1964; *Evangeliernas Förhistoria*, Lund: Håkan Ohlssons, 1977 = *The Origins of the Gospel Traditions*, London: SCM, 1979, 19 (비르거 게할드슨, 『복음서전승의 기원』, 서울: 솔로몬, 1993, 26); vgl. Kümmel, *Einleitung*, 25.

18 Van Bruggen, *Christus op aarde*, 69.

Weg der Evangelientradition von den vorliterarischen Ursprüngen bis zur literarischen Fixierung). 그래서 양식사는 각개 텍스트의 양식과 여러 개의 각개 텍스트들의 양식을 연구하여 전승자들(Tradenten)의 상황에서 "삶 안의 자리"(Sitz im Leben)를 캐낸다. 이러한 의미에서 양식사의 관심은 복음서의 과거적인 면에 머물고 있다고 말할 수 있다. 양식사는 공관복음에 상이성이 생긴 원인을 바로 이 "삶 안의 자리"의 다양성에서 찾는다.

이에 비하여 편집사는 복음서의 각 단락들의 수집(Zusammenfassung)에 나타나는 편집자의 신학적인 관념에 관심을 기울인다. 이것은 저자(마지막 편집자!)의 신학적인 입장에 대한 연구이다(Frage nach dem theologischen Standort des Verfassers/Endredaktors). 편집자가 어떠한 신학적인 관점으로 자료들을 선택(auswählen)하고 구성(zusammenstellen)했는가 하는 논의이다. 그래서 편집사는 편집자들(Redaktoren)의 상황에서의 "삶 안의 자리"를 찾아내려고 한다. 이러한 의미에서 편집사의 관심은 복음서의 현재적인 면에 머물고 있다고 말할 수 있다. 편집사는 저자(마지막 편집자)의 신학적인 다양성이 공관복음서에서 상이성의 원인이 된다고 생각한다.

양식사와 편집사는 다 같이 복음서를 복음서의 과거와 현재에 관련된 역사적인 문서라는 견해로 이해한다. 그러나 양식사는 복음서들을 인간의 글로서 양식을 지닌 전승이라고 이해하는 데서 그 한계를 가지며, 편집사는 복음서들을 사람의 글로서 신학을 지닌 편집이라고 이해하는 데서 그 한계를 가진다.

우리의 과제는 우선 복음서들을 하나님의 글(scriptura Dei)로 확인하는 것이다. 마태복음의 말대로 하자면 "육과 혈이 (이것을) 너에게 계시한 것이 아니라, 하늘에 계신 나의 아버지이다"(마 16:17). 하나님께서는 복음서기자에게 앞으로 오게 될 모든 교회를 지향하는 글을 쓰게 하셨다. 역으로 말하자면 하나님께서는 미래적인 교회의 존재로 하여금 복음서들의 내용을 결정하게 하신 것이다. 하나님께서는 미래교회의 존재를 위하여 복음서의 내용을 결정하셨다. 그래서 복음서에는 하나님의 보존 가운데 미래의 교회들의 상황을 결정하는 내용들이 들어있을 뿐 아니라, 하나님의 섭리 가운데 미래의 교회들이 가지게 될 상황이 결정해주는 내용들도 들어있다. 이것은 복음서들이 미래의 교회들로부터 받는 충격이다. 이것은 양식사가 관심하는 전승자들이나, 편집사가 관심하는 편집자들에 대한 관심과 달리 복음서들을 가지고 살아가야 할 소유자들(교회들)에 대한 관심이다. 양식사는 복음서들보다 이전에 있던 시간에 관심을 두었고, 편집사는 복음서들과 함께 있는 시간에 관심을 두었다면, 우리는 복음서들보다 이후에 있을 시간에 관심을 둔다. 특히 이러한 미래적인 시간에 대한 관심은 양식이나 편집에서보다는 해석에서 잘 나타난다.

제3장
마태복음

1) 주석

R. H. Gundry, *Matthew: A Commentary on His Handbook for a Mixed Church under Persecution*, Grand Rapids: Eerdmans, 1982, 2nd ed., 1994.

U. Luz, *Das Evangelium nach Matthäus. 1. Teilband: Mt 1~7*, EKK 1/1, Zürich: Benziger / Neukirchen-Vluyn: Neukirchener, 1985, 5. Aufl., 2002; *2. Teilband: Mt 8~17*, EKK 1/2, 1990; *3. Teilband: Mt 18~25*, EKK 1/3, 1997; *4. Teilband: Mt 26~28*, EKK 1/4, 2002.

2) 연구서

R. T. France, *Matthew: Evangelist and Teacher*, London: Paternoster / Grand Rapids: Zondervan, 1989, 1991 (프란스, 『마태신학』, 이한수 역, 엠마오, 1995).

G. D. Kilpatrick, *The Origins of the Gospel according to St. Matthew*, Oxford: Clarendon, 1946.

J. D. Kingsbury, *Matthew: Structure, Christology, Kingdom*, Philadelphia/ Minneapolis: Fortress Press, 1975, 1989 (J. D. 킹스베리, 『마태복음서 연구』, 김근수 역, 서울: 기독교문서선교회, 1993).

A. Sand, *Das Matthäus-Evangelium*, EdF 275, Darmstadt; Wissenschaftliche Buchgesellschaft, 1991.

D. Senior, *What are they saying about Matthew?* New York: Paulist, 1983 (도날드 시니어, 『최근 마태신학의 동향』, 서울: CLC, 1995).

G. Stanton (ed.), *The Interpretation of Matthew*, Philadelphia: Fortress 1983.

K. Stendahl, *The School of St. Matthew and Its Use of the Old Testament*, ASNU 20, Uppsala / Lund: Gleerup 1954, Philadelphia: Fortress 1968, 2nd ed.

G. Strecker, *Der Weg der Gerechtigkeit. Untersuchung zur Theologie des Matthäus*, FRLANT 82, 3. Aufl., Göttingen: Vandenhoeck Ruprecht, 1962, 1971,

W. Trilling, *Das Wahre Israel. Studien zur Theologie des*

Matthäusevangeliums, 3. Aufl., Erfurter Theologischen Studien 7, Leipzig: St. Benno-Verlag, 1959, München: Kösel, 1964.

양용의,『마태복음』, 한국성경주석 01, 고양: 이레서원, 2022.

양용의,『예수와 안식일 그리고 주일. 마태복음을 중심으로』, 서울: 이레서원, 2001.

정훈택,『열매로 알리라. 마태복음에 나타나는 믿음과 행위의 관계 연구』, 서울: 총신대학출판부, 1994.

조병수, "마태복음과 이방인",「신학정론」21 (2003), 429~462.

조병수, "마태복음 연구의 최근동향", in 조병수,『신약신학 열두 논문』, 수원: 합동신학대학원출판부, 1999, 2002, 29~76.

조병수, "마태복음의 교회론",「신학정론」14 (1996), 371~394 (= 조병수,『신약신학 열두 논문』, 2판, 수원: 합동신학대학원출판부, 1999, 2002, 77~98).

채영삼,『긍휼의 목자 예수. 마태복음의 이해』, 고양: 이레서원, 2011.

I. 마태복음의 기록자와 기록연대와 장소

마태의 이름은 신약성경에서 모두 다섯 번 나온다(마 9:9; 10:3; 막 3:18; 눅 6:15; 행 1:13). 세리 마태가 예수 그리스도의 제자로 부름을 받는 장면은 오직 마태복음에만 나온다(마 9:9). 다른 복음서에서는 같은 내용이 세리 레위의 부름으로 묘사된다(막 2:14/눅 5:27). 이것은 마태복음 기자가 자신을 넌지시 밝히고 있다는 것을 의미한다. 또한 열두 제자의 명단에서 마태가 세리인 것을 강조하는 것은 마태복음뿐이다(마 9:9; 10:3. 참조. 막 3:18; 눅 6:15). 이것은 마태복음의 기자가 자기의식을 가지고 있었다는 것을 보여준다.

1. 초대교회의 마태복음 사용

복음서들은 거의 동시적으로 각각 특정한 지역에서 독립적으로 기록되어 사용되었다. 이 때문에 각 복음서가 단독적으로 필사되는 현상은 3세기 초까지 계속되었다. 예를 들면 200년경에 필사되었을 것으로 추정되는 P64와 P67은 마 3:9,15; 5:20~22,25~28; 26:7~8,10,14~15,22~23,31~33을 가지고 있다. 아마도 이것은 오직 마태복음만을 수록했던 단권 성경이었을 것이다. 이처럼 처음에는 복음서들이 각각 해당된 지역에서 사용되었기 때문에 표제어를 가질 필요가 없었다.

　　그러다가 2세기에 이르러 복음서들이 한 자리에 모이게 되었고 3세기에 이르렀을 때는 복음서들의 묶음이 더욱 활발해졌다. 이에 대한 증거는 3세기로 추정되는 P45이다. 이것은 마태복음 일부, 마가복음 일부, 누가복음 일부, 요한복음 일부, 사도행전 일부를 수록하고 있다. 그런데 2세기 초까지도 복음서들은 모음집에서 표제어를 가지고 있지 않았다. 복음서 사본 외에 2세기 전반까지 제목이 언급되지 않는 것은 복음서 기자의 익명성 때문보다는 초대교회가 각 복음서가 그 기자들에게 귀속되는 것으로 너무나 당연하게 믿었기 때문이다. 게다가 복음서들은 제목을 가지지 않았더라도 쉽게 구별될 수 있었다. 마태복음과 누가복음과 요한복음은 마가복음에 비하여 분량으로 분명하게 구별되고, 마태복음과 누가복음과 요한복음은 책의 내용으로 어렵지 않게 구별되기 때문이다.

　　마태복음은 늦어도 2세기 초에는 이미 세계의 기독교에서 널리 사용되었다. 이것은 110년경에 Ignatius가 "모든 의가 이루어지도록 하려 함이라"(마 3:15)를 인용하고 있는 것을 볼 때(Sm 1,1) 확실하다. 마태복음은 일찍부터 초대교회에서 확고한 권위를 가지고 있었던 것이 틀림없다. 이때 마태복음은 표제어(*inscriptio*, Superscription)를 가지게 되었다. 마태복음의 표제어 KATA MATΘAION은 일반적으로 125년쯤에 주어진 것으로 알려져 있다.[1]

복음서에 표제어가 붙게 된 것은 2세기에 들어서면서 예배할 때 복음서를 낭독하거나 교회(혹은 개인)가 복음서들을 소유하면서 분류할 필요가 생겼기 때문이다. M. Hengel은 주후 100년경에 공예배시든지 개인소장이든지 성경들을 분류할 필요성이 생겼다고 생각하면서, 이에 대한 가능성을 그 당시에 서적을 분류하여 확인하는 도서관의 기술이 발전하였다는 것에서 찾는다.[2] 초대교회는 특히 예배시에 성경을 낭독하면서 분류를 하지 않을 수 없었다는 것이다. 이런 필요성이 결국 복음서의 순서를 배열하게 만들었다는 것이다.

2. 마태복음에 대한 Papias의 증언

마태복음의 기록과 관련하여 Papias의 증거는 대단히 중요하다. 현대 신약 성경신학은 시종일관하는 전승을 무시하는 경향이 있다. 후대교부들이 Papias의 원래 실수를 무비판적으로 되풀이하여 기록했다고 생각하기 때문이다. 그러나 "그들은 무비판적 접근 방법의 탓으로 돌릴 수 있을 것이나, 전승에 대하여 어느 정도의 근거는 항상 인정해야 한다."[3] Papias는 사도 요한의 제자이며 폴리캅과 동료였으며(Irenaeus, *Adv. Haer.* 5,33,4 = Eusebius, *HE* 3,39,1), Hierapolis의 감독이었다(Eusebius, *HE* 3,36,2; 2,15,2). Papias는 130년경에 다섯 권의 ΛΟΓΙΩΝ ΚΥΡΙΑΚΩΝ ΕΞΗΓΗΣΕΙΣ(주님의 말씀에 대한 해설)를 저술하였다. 이것은 예수 그리스도와 제자들의 말과 행위에 관한 보고 수집록으로서 주로 사도제자들과 Ariston, 장로 요한, 빌립의 딸들에게서 나온 구전에 의한 것이다. Papias는 기록보다 구전을 더욱 중시하였다. Papias는 마태복음의 기록에 관하여 다음과 같이 말한다(Eusebius, *HE* 3,39,16).

Ματθαῖος μὲν οὖν Ἑβραΐδι διαλέκτῳ τὰ λόγια συνετάξατο ἡρμήνευσεν δ'αὐτὰ ὡς ἦν δυνατὸς ἕκαστος

그러므로 마태는 히브리 방언으로 그 말씀들을 정리(종합)했고, 각 사람이 할 수 있는 대로 그것들을 번역하였다.

마태복음에 대한 Papias의 증언은 몇 가지 점에서 대단히 중요하다.

---

1   Vgl. J. H. Ropes, *The Synoptic Gospel*, Harvard: Harvard University Press, 1934, 103f. (한 사람 수집설); N. B. Stonehouse, *Origins of the Synoptic Gospels: Some Basic Questions*, Grand Rapids: Baker, 1963, 1979, 16.

2   M. Hengel, *Studies in the Gospel of Mark*, London: SCM, 1985 (Philadelphia: Fortress), 64~84.

3   거스리, 『신약서론』 상, 38~39.

첫째로, Papias는 마태복음을 잘 알고 있었다. 이미 Ignatius가 마태복음을 사용했고, 마태복음의 표제어가 결정되었기 때문에 Papias가 마태복음을 알고 있는 것은 이상한 일이 아니다.

둘째로, Papias는 마태의 작업대상이 λόγια였다고 말한다. Papias는 같은 단락에서 이외에도 이 단어를 두 번 더 사용한다. 그는 자신의 해설집을 λόγια 라고 부른다(3,39,1). 또한 그는 베드로가 λόγια를 작성하지 않았지만 마가는 베드로의 교훈을 기억하여 예수님의 언어와 행위를 기록하였다고 진술한다 (3,39,15). 이것은 λόγια가 예수님의 언어와 행위를 포함하는 단어임을 암시한다. 그렇다면 마태의 λόγια도 동일하게 예수님의 언어와 행위를 담는 것으로 생각해야 할 것이다. 게다가 λόγια는 신약성경에서 자주 구약성경을 묘사하는 데 사용되기 때문에(롬 3:2; 히 5:12) 구약성경의 인용도 포함하는 것으로 볼 수 있다.

셋째로, Papias는 마태의 작업을 συνετάξατο라고 정의한다. 이 단어가 정리 또는 종합을 의미한다면, Papias는 마태복음이 질서와 순서에 있어서 매우 정연하다는 것을 가리키는 것이 된다. 이런 의미에서 마태복음은 독창적인 기록이라기보다는 자료의 정리/종합이다. 이것은 사도라도 자신에게 전승된 자료를 중시했다는 것을 보여준다.

넷째로, Papias는 마태의 작업이 Ἑβραΐδι διαλέκτῳ로 되었다고 말한다. 이것은 일반적으로 마태가 아람어로 복음서를 기록한 것을 가리키는 것으로 생각한다(참조. Irenaeus, *Adv. Haer.* 3,1,1 = Eusebius, *HE* 5,8,2에서 "마태도 히브리인들 중에서 그들의 방언으로 복음 책을 발간하였다"; Eusebius, *HE* 5,10). 또한 어떤 이는 이 표현으로부터 헬라어 복음서의 히브리어 번역본을 가리킬 가능성을 제시한다.[4] 그러나 이 경우는 아람어나 히브리어로 기록된 마태복음의 사본이 발견되지 않는다는 데 치명적인 문제점이 있다. 그래서 이것을 언어 그 자체보다는 언어의 방식을 가리키는 것으로 보는 사람이 있다. 다시 말하자면 마태복음은 히브리어적인 방식으로 구성되었다는 것이다.[5]

다섯째로, Papias는 마태의 λόγια로부터 번역본들이 발생했을 가능성을 보여주고 있다.

---

4 Stonehouse, *Origins*, 90f.

5 J. Kürzinger, "Irenäus und sein Zeugnis zur Sprache des Matthäusevangeliums", *NTS* 10 (1963), 108ff. Kürzinger는 이 외에도 여러 논문에서 동일한 견해를 표명하였다. 이 후에 출판한 그의 논문집을 참조하라. *Papias von Hierapolis und die Evangelien des Neuen Testaments: Gesammelte Aufsätze, Neuausgabe und Übersetzung der Fragmente, kommentierte Bibliographie*, Eichstätter Materialien, Abt. Philosophie und Theologie 4, Regensburg: Pustet, 1983.

II. 마태복음의 구조와 문학 특징

1. 마태복음의 문학 특징

마태복음에는 같은 내용이 자주 반복(병행)되는 것을 볼 수 있다 (parallelism). 마태복음의 내용반복은 두 가지 의미를 가진다. 첫째로, 역사성이다. 예수 그리스도께서는 동일한 말씀을 반복하셨다. 위대한 교사는 중요한 말씀을 반복한다.[6] 이것은 강조를 통한 확인교육을 목적으로 삼는다.

둘째로, 기록성이다. 예수님의 말씀을 사실대로 기록하려는 의도가 분명하다. 내용이 반복된다고 해서 생략하지 않는다. 여기에 사실을 반드시 기록으로 남기고 문서로 전승하려는 기록정신이 드러난다. 지나칠 정도의 반복진술을 통하여 예수님의 진의를 솔직하게 전달한다. 이것도 역시 강조와 확인의 성격을 나타낸다. 마태복음에서 내용의 반복은 다음과 같은 현상을 보여준다.

1) 단어의 반복
마태복음에는 다음과 같은 단어들이 반복된다. 제단과 예물(5:23f./ 23:18f.), 겨자씨(13:31/17:20), 교회(16:18/18:17), 어린이(18:2/19:13).

2) 어구의 반복
마태복음에는 다음과 같은 어구들이 반복적으로 나타난다. 회개하라 천국이 가까웠느니라(3:2/4:17. 참조. 10:7), 독사의 새끼들아(3:7/12:34/23:33), 갈릴리로부터(3:13/19:1), 이때로부터(4:17/16:21), 곡식은 모아 곳간에 들임(3:12/13:30), 내 사랑하는 아들 (3:17/17:5), 네가 하나님의 아들이라면(4:3/27:40), 들으시고 물러감(4:12/14:13), 예수님이 마치셨다(ἐτέλεσεν, 7:28/11:1/13:53/19:1/26:1), 귀신축출(9:34/12:24), 네 이웃을 네 자신처럼 사랑하라(19:19/22:39; 레 19:18), 살인과 간음(5:21ff./15:19/19:18f.), 반석 위에 세운 집(7:24/16:18), 가르치시며 전파하심(4:23/9:35; 참조. 11:1; 13:34), 나는 긍휼을 원하고 제사를 원치 않는다(9:13; 12:7; 호 6:6), 그 시로부터 구원, 고침, 치료받다(9:22; 15:28; 17:18), 추종과 치병(12:15/19:2), 하늘과 땅에 맴과 품(16:19/18:18), 먼저 된 자와 나중 된 자(19:30/20:16), 찬송하리로다 주의 이름으로 오시는

---

6   T. W. Manson, *Sayings of Jesus as Recorded in the Gospels according to St. Matthew and St. Luke arranged with Introduction and Commentary*, London: SCM, 1957, 1977, 260: "Great teachers constantly repeat themselves", J. Jeremias, *Die Gleichnisse Jesu*, Göttinen: Vandenhoeck Ruprecht, 1965, 7. Aufl., 200; cf. 115.

이여(21:9/23:39; 시 118:26), 내가 알지 못하노라(7:23/25:12), 악하고 음란한 세
대(12:39/16:4), 요나의 표적(12:39/16:4), 있는 자는 풍족 없는 자는 상실
(13:12/25:29), 바깥 어두운데(8:12/22:13/25:30), 울며 이를 갊이 있으리라
(8:12/13:42/22:13/24:51/25:30), 눈을 빼라, 손을 찍으라(5:29ff./18:8f.).

3) 내용의 반복

마태복음에는 다음과 같은 내용이 반복적으로 언급된다. 꿈(1:20/2:12,19/
27:19), 임마누엘(1:23/18:20/28:20), 나무와 열매(3:10/7:16, 20/12:33), 천지-말씀
(5:18/24:35), 이혼(5:31f./19:3~12), 맹세(5:33~35/23:16~22), 용서 (6:14f./18:35), 진
주(7:6/13:45f.), 십자가를 지고 좇음(10:38f./16:24f.), 예수님 외의 사랑
(10:37/19:29), 생명 잃고 얻음(10:38f./16:24f.), 마음과 입(12:34/ 15:18), 심음과
뽑음(13:29f./15:13), 떡을 먹이심(14:13~21/15:32~38), 소경인도자(15:14/23:16),
죽음과 부활 예고(16:21/17:22f./20:17~19), 세금(17:25/22:15~22), 큰 자
(18:4/20:26f./23:11f.), 어린이의 천국(18:3/19:14).

2. 마태복음의 구조

마태복음의 구조는 다음과 같이 두 가지 방식으로 나누어 생각해 볼 수 있다.

1) 어법에 의한 분석

첫째로, 마태복음의 구조는 어법을 중심으로 살펴볼 수 있다. 마태복음의
구조를 이해하는 데 도움이 되는 어법은 예수 그리스도의 설교를 종결하는
말과 예수 그리스도의 활동을 시작하는 말이다.

1) 예수님 설교의 종결어

우선 마태복음의 구조와 관련하여 예수 그리스도의 설교를 종결하는 말은
대단히 중요하다. B. W. Bacon은 마태복음에서 예수님께서 말씀을 끝내는
종결어가 다섯 번 반복되는 것을 발견하였다: "예수님께서 (말씀, 명령, 비유
를) 마치셨다"(Καὶ ἐγένετο ὅτε ἐτέλεσεν ὁ᾽Ιησοῦς, 7:28; 11:1; 13:53; 19:1; 26:1). Bacon
은 이 설교의 종결어를 중심으로 다섯 개의 설교가 마태복음에서 중요한 구
조를 이룬다고 생각하였다.[7]

   (1) 산상설교(5~7장, 7:28 "이 말씀을 마치시매")
   (2) 제자파송설교(10장, 11:1 "명하시기를 마치시고")

---

7   B. W. Bacon, *Studies in Matthew*, London/New York: Henry Holt, 1930.

(3) 비유설교(13장, 13:53 "이 모든 비유를 마치신 후에")

(4) 교회설교(18장, 19:1 "이 말씀을 마치시고")

(5) 종말설교(25장, 26:1 "이 말씀을 다 마치시고")

그러나 예수님의 설교를 중심으로 마태복음의 구조를 살피게 되면 설교 외의 부분들을 고려할 수 없다는 큰 문제가 생긴다.

2) 예수님 활동의 시작어

마태복음의 구조를 이해하는 데 예수님의 활동과 관련된 시작어도 이에 못 지않게 중요하다. J. D. Kingsbury는 마태복음에 예수님의 활동이 전개되는 것을 표시하는 시작어가 두 번 나오는 것에 주목하였다: "그때로부터 예수 님께서 (전파하기, 가르치기) 시작하셨다"('Aπò τότε ἤρξατο ὁ 'Ιησοῦς, 4:17; 16:21). Kingsbury는 이 시작을 기초로 하여 마태복음을 다음과 같이 세 부분으로 구분하였다.[8]

(1) 예수님의 인격(1:1~4:16)

(2) 예수 메시아의 선포

　　(4:17~16:20, 4:17 "전파하기 시작하셨다")

(3) 예수 메시아의 고난, 죽음, 부활

　　(16:21~28:20, 16:21 "가르치기 시작하셨다")

예수님의 활동을 지시하는 시작어는 갈릴리 활동 이후를 묘사하는 마태복 음의 구조를 파악하는 데 큰 도움을 주지만 그 이전의 구조를 이해하는 데 는 별로 유익하지 않다. 특히 Kingsbury가 갈릴리 활동 이전의 내용을 "예수 님의 인격(personality)"이라고 정리한 것은 큰 설득력이 없다. 왜냐하면 거기 에는 한편으로는 세례자 요한의 활동(3:1~12)이 들어있을 뿐 아니라, 다른 한편으로는 세례자 요한에 의한 세례(3:13~17), 사탄에 의한 시험(4:1~11) 같 은 예수님의 활동도 들어있기 때문이다.

2. 지역에 의한 분석

마태복음의 구조를 이해하기 위해서 예수 그리스도의 장소 이동을 고려하 는 것이 가장 합당한 것으로 보인다. 여기에는 다음과 같은 몇 가지 이유가 있다.

1) 장소에 대한 분명한 지시

마태복음은 시간보다는 장소를 훨씬 더 정확하게 진술한다. 마태복음에 시

8　킹스베리, 『마태복음서 연구』, 4, 24.

간의 변화를 명확하게 진술하는 경우가 전혀 없는 것은 아니다: "엿새 후에"(17:1), "제6시부터"(27:45). 그러나 이런 몇 번의 경우를 제외하고는 마태복음에는 시간의 변화가 분명하게 설명되지 않는다. 마태복음에서 시간의 변화를 위한 표현은 거의 모두 불특정한 시간을 보여준다. "그 때로부터"(4:17; 16:21), "그 시간에"(11:25; 12:1; 14:1), "그 시간에"(ὥρᾳ 18:1; 26:55), "그 날들에"(3:1), "그 날에"(13:1; 22:23), "그때"(τότε 2:7,16; 3:13; 4:1,5,10,11 etc. 90회). 시간에 대한 이 표현법들은 모두 상당히 불명확한 것이다. 이렇게 마태복음의 시간구분법은 아주 불명확하기 때문에 이것으로는 단락을 구분하기가 어렵다.

이에 비해서 마태복음에서 장소의 변화는 선명하게 설명된다. 시간은 매우 불투명하게 언급되지만, 장소는 아주 투명하게 언급된다. 이것은 마태복음이 시간에 관한 관심은 약하고 장소에 관한 관심은 강하다는 것을 보여준다. 따라서 시간의 변화에 따라서 마태복음을 구분하는 것보다는 장소의 변화에 따라서 마태복음을 구분하는 것이 바르다.

2) 갈릴리의 중요성

마태복음에 나오는 지명들 가운데 갈릴리는 가장 많이 언급되는 중요한 지명이다. 갈릴리는 마태복음에 모두 16번 등장한다(2:22; 3:13; 4:12,15,18,23,25; 15:29; 17:22; 19:1; 21:11; 26:32; 27:55; 28:7,10,16). 이것은 11번 언급된 예루살렘보다도 많은 숫자이다(애굽 4번, 나사렛 3번, 요단강 6번, 광야 9번, 가버나움 4번, 유대 8번). 그런데 마태복음을 면밀히 조사해보면 갈릴리는 매 단락에서 중요한 역할을 하는 것을 발견하게 된다.

마태복음의 앞부분(1:18~3:12)에서 갈릴리는 매우 중요한 역할을 한다. 갈릴리는 애굽에서 돌아온 어린 예수님의 체류지로 소개된다(2:19~23). 요셉이 마리아와 함께 어린 예수님을 갈릴리로 데리고 간 것은 갈릴리가 본거지이기 때문이다. 이것은 상식적으로 받아들여진다(눅 1:26 참조). 더 나아가서 마태복음은 유대에서 세례자 요한의 세례수여까지도 예수님의 갈릴리 체류에 부속시킨다. 다시 말하자면 세례자 요한의 유대 활동은 예수님의 갈릴리 체류를 전제로 한다. 왜냐하면 세례자 요한이 등장하는 시기를 지시하는 "그 때에"(ἐν ταῖς ἡμέραις, 3:1)는 요한의 유대 활동과 예수님의 갈릴리 체류를 연결시키고 있기 때문이다.[9] 그렇다면 마태복음의 첫째 단락은 갈릴리에서 시작하여 갈릴리에서 끝나는 것이 된다.

---

9   B. S. Cho, "Mehr als ein Prophet". Studien zum Bild Johannes des Täufers im Neuen Testament auf dem Hintergrund der Prophetenvorstellungen im zeitgenössischen Judentum, Inaugural-Dissertation, Münster, 1994, 123f. Kingsbury는 이것을 느슨한 분리로 이해한다.

이어서 마태복음의 본론(3:13~28:20)에서 갈릴리는 단락의 시작점과 종결점으로 역할을 한다. 시작점으로서의 갈릴리는 두 번 언급되는데, 예수님께서 첫째로, 갈릴리에서(ἀπὸ τῆς Γαλιλαίας) 요단강으로 가신 것(3:13)과 둘째로, 갈릴리에서(ἀπὸ τῆς Γαλιλαίας) 요단강 너머 유대 지방으로 가신 것(19:1)이다. 두 구절에서 출발지가 동일하다. 이렇게 볼 때 예수님의 첫째 활동은 갈릴리부터 유대로 와서 세례를 받고 갈릴리로 이동하여 활동한 것으로 요약할 수 있고, 예수님의 둘째 활동은 갈릴리로부터 유대로 와서 고난을 받고 부활하신 후에 갈릴리로 이동하여 제자들을 만난 것으로 요약할 수 있다. 이때 목적지에는 다 같이 요단강이 언급된다. 물론 후자(19:1)에서 목적지는 유대이다. 하지만 마태는 여기에 구태여 "요단강"을 덧붙인다. 아마도 3:13과의 조화를 염두에 두고 있는 것으로 생각할 수 있다. 갈릴리는 종결점으로도 세 번 나타난다. 아기 예수님은 갈릴리로 귀환하신다(2:22~23). 예수님의 첫째 사역도 갈릴리에서 단락 짓고(17:22, 즉 "가버나움" 17:24), 둘째 사역도 갈릴리에서 단락 짓는다(28:16).

(갈릴리) ~ 2:22f. 갈릴리 나사렛 ~ 3:1~12 요한
3:13 갈릴리 ~ 17:22,24 갈릴리 가버나움 ~18:1~35 교회설교
19:1 갈릴리 ~ 28:16(갈릴리)~20

3) 갈릴리와 기독론의 결합

특히 마태복음에서 장소와 관련하여 갈릴리에 주목해야 할 이유는 갈릴리가 기독론에 깊이 연관되어 있기 때문이다. 갈릴리는 예수 그리스도의 출처로 이해된다. 마태복음은 이 사실을 두 번 언급한다(3:13; 19:1): "갈릴리에서"(ἀπὸ τῆς Γαλιλαίας). 더 나아가서 마태복음에 의하면 예수 그리스도는 "갈릴리 나사렛에서(ἀπό) 나온 선지자"(21:11)이시다. 그래서 예수님은 "갈릴리의 예수님"(26:69) 또는 "나사렛 사람 예수님"(26:71)이라고 불리신다. 이것은 마태복음이 갈릴리를 가장 중요한 지명으로 여기고 있다는 것을 분명하게 보여준다.

이렇게 볼 때 마태복음은 세 단락으로 구분된다. 예수님의 탄생(1:1~3:12)과 예수님의 첫째 활동(3:13~18:35), 그리고 둘째 활동(19:1~28:20)이다.

(1) 예수님의 탄생과 요한의 활동(1:1~3:12)
(2) 예수님의 첫째 활동(3:13~18:35, 3:13 "갈릴리로부터")
(3) 예수님의 둘째 활동(19:1~28:20, 19:1 "갈릴리로부터")

III. 마태복음의 내용

1. 분해

1. 예수님의 탄생과 요한의 활동(1:1~3:12)
   1) 예수님의 탄생(1:1~2:23)
       (1) 계보를 중심으로(1:1~17)
           γένεσις(나심)으로 시작. γεννάω(낳다)를 일관되게 사용함.
           (14대 계보 구분).
           왕국의 성립: 아브라함 – 다윗(1:2~6a)
           왕국의 존속: 다윗 – 포로(1:6b~11)
           왕국의 멸망: 포로 – 예수(1:12~16)
       (2) 부모를 중심으로(1:18~25)
           γένεσις(나심)으로 시작. τίκτω(낳다)를 일관되게 사용함.
           (1:21,23,25).
       (3) 상황을 중심으로(2:1~23)
           γεννάω로 시작. τίκτω(2:2)와 γεννάω(2:4)를 동시에 사용함.
   2) 요한의 활동(3:1~12)

2. 예수님의 첫째 활동(3:13~18:35)
   "갈릴리에서 요단강으로"(3:13)
   1) 요한의 세례(3:13~17)
   2) 마귀의 시험(4:1~11)
   3) 갈릴리 활동(4:12~18:35)
       (1) 예언성취(4:12~16)
       (2) 교훈과 전파와 치병(4:17~16:20)
           "이때부터"(4:17)
       (3) 수난과 부활 예고(16:21~18:35)
           "이때부터"(16:21)

3. 예수님의 둘째 활동(19:1~28:20)
   "갈릴리에서 요단강 너머 유대로"(19:1)
   1) 유대에서(19:1~20:34)
   2) 예루살렘에서(21:1~28:15)
       (1) 활동(21:1~26:2)
       (2) 체포 (26:3~75)

(3) 심문(27:1~31)

(4) 운명(27:32~56)

(5) 장사(27:57~66)

(6) 부활(28:1~15)

3) 갈릴리에서(28:16~20)

1:1~3:12	3:13~18:35	19:1~28:20
예수님의 탄생과 요한의 활동	예수님의 첫째 활동	예수님의 둘째 활동
예수님의 탄생(1:1~2:23) 요한의 활동(3:1~12)	요한의 세례(3:13~17) 마귀의 시험(4:1~11) 갈릴리 활동(4:12~18:35)	유대에서(19:1~20:34) 예루살렘에서(21:1~28:15) 갈릴리에서(28:16~20)

2. 요점

예수님의 활동은 다음과 같이 말과 일로 이루어진다(4:23~25).

1. 예수님의 말
예수님의 말은 선포, 설교, 대화, 논쟁을 담고 있다.

1) 선포
예수님의 선포 가운데 대표적인 것은 "회개하라 천국이 가까웠느니라"(4:17)
이다.

2) 설교
마태복음에는 다음과 같이 예수님의 큰 설교가 다섯 개 들어있다.

(1) 산상설교(5~7장; 7:28)
   a. 서론(5:1~20)
      a) 팔복(5:1~12)
      b) 소금과 빛(5:13~16)
      c) 예수님과 구약의 관계(5:17~20)
   b. 세 가지 의(5:21~48): 서기관의 의, 바리새인의 의, 그리스도인의 의
      (5:20)
      a) 서기관의 의(5:21~48)
         "옛사람들에게 말한 바"(21,27,31,33,38,43)
         살인, 간음, 이혼, 맹세, 사랑/미움

b) 바리새인의 의(6:1~18)
　"…할 때에"(2,5,16)
　구제, 기도, 금식
c) 그리스도인의 의(6:19~7:23)
　재물(6:19~34), 비판(7:1~5), 거룩한 것(7:6), 간구(7:7~12), 좁은 문
　(7:13~14), 거짓 선지자 (7:15~23)
c. 결론(7:24~29)

(2) 제자파송설교(10장; 11:1)
　a. 제자들을 부르심(10:1~4)
　b. 제자들의 자세(10:5~15)
　c. 제자들의 환난(10:16~23)
　d. 제자들의 신분(10:24~33)
　e. 제자들의 조건(10:34~39)
　f. 제자들의 권위(10:40~42)

(3) 비유설교(13장; 13:53)
　a. 씨 뿌리는 자의 비유(13:1~23)
　b. 좋은 씨와 가라지 비유(13:24~30; 36~43)
　c. 겨자씨(13:31~32)
　d. 누룩(13:33)
　e. 보화(13:44)
　f. 진주 구하는 사람(13:45~46)
　g. 그물(13:47~50)
　h. 집주인(13:51~52)
　* 비유의 목적(13:34~35)

(4) 교회설교(18:1~35; 19:1)
(5) 종말설교(25:1~46; 26:1)

3) 대화
예수님의 대화를 위한 대표적인 예로 예수님의 거처에 관한 대화(8:18~22),
영생에 관한 질문(19:16~22)을 언급할 수 있다.

4) 논쟁
마태복음은 예수님과 유대인 사이에 벌어진 논쟁을 많이 제공한다. 예수님

의 논쟁의 대상은 주로 유대인의 종교지도자들이었다(바리새인, 사두개인, 율법사-서기관, 제사장). 논쟁의 쟁점은 유대인의 규례와 교리에 관련되었다. 대표적인 것을 들면 다음과 같다. 안식일 논쟁(12:1~8), 안식일 논쟁(12:9~21), 바알세불 논쟁(12:22~37), 표적논쟁(12:38~45), 가족 논쟁(12:46~50), 고향 논쟁(13:53~58), 결례 논쟁(15:1~20), 표적 논쟁(16:1~4).

2. 예수님의 일

예수님의 일은 치병이적과 자연이적으로 나누어 생각해 볼 수 있다. 예를 들면 치병이적에는 나병병자(8:1~4), 백부장 하인(8:5~13), 베드로의 장모(8:14~15), 무덤가 귀신들린 자(8:28~34), 중풍병자(9:1~8), 열두 살 소녀와 열두 해 혈루병 여인(9:18~26), 두 소경(9:27~31) 치료가 있고, 자연이적으로는 폭풍진정(8:23~27), 무화과의 마름(21:18~22)이 있다. 치병이적을 위해서는 여러 차례 요약어가 나온다(4:23~25; 8:16~17; 9:35).

IV. 마태복음의 상황

마태는 자신의 복음서를 기록하는 시간을 인식하고 있다("오늘날까지" ἕως τῆς σήμερον 마 27:8; μέχρι τῆς σήμερον 마 28:15). 마태는 자신의 시간을 중심으로 한편으로는 아브라함까지 소급하며(마 1:1~17), 다른 한편으로는 세상의 끝 날을 대망한다. 마태는 현재가 이스라엘의 역사라는 과거와 세상의 종말이라는 미래 사이에 놓여있다는 것을 알고 있다.

마태복음의 현재는 유대교와 이방인에 대한 이중적인 관계로 표현된다. 첫째로, 마태의 현실은 유대교와의 관계에서 잘 나타난다. 마태의 공동체는 유대교와의 마찰로 말미암아 자신의 정체를 파악하게 되었고 자신의 길을 설정하게 되었다(5:20). 둘째로, 마태는 이방인과의 관계에서 자신이 어떤 상황에 처해 있는지 보여준다. 마태에게는 이방인이 선교의 대상일 뿐 아니라 경계의 대상이었다(5:47 이웃사랑; 6:7 기도). 마태는 이방인을 위한 선교를 추진하면서 동시에 이방인에 의한 영향을 방지하는 노력을 기울였다.[10]

---

10   조병수, "마태복음과 이방인", 429~462.

V. 마태복음의 신학

1. 하나님

1. 인간의 창조자(19:4)
마태복음에서 하나님은 무엇보다도 인간의 창조자로 제시된다. 이것은 인간의 근원과 목적을 알려주는 것이다. 이로써 인간이 무엇을 의지하며 무엇을 지향해야 할지를 보여준다.

2. 족장들의 하나님(22:32)
마태복음은 하나님을 "아브라함의 하나님, 이삭의 하나님, 야곱의 하나님"(참조. 출 3:6)이라고 부른다. 하나님은 족장들의 하나님이시다. 그런데 여기에서 주의해야 할 것은 "아브라함과 이삭과 야곱의 하나님"이 아니라 "아브라함의 하나님, 이삭의 하나님, 야곱의 하나님"이라는 표현이다. "하나님"을 아브라함, 이삭, 야곱에게 각각 관계시키고 있다. 이것은 하나님께서 개인을 존중히 여기신다는 것을 의미한다. 하나님은 공동체의 하나님이시기 전에 개인의 하나님이시다. 또한 이것은 하나님께서는 개인을 상대하실 때 다른 사람들을 통하여 상대하는 것이 아니라는 사실을 보여준다. 하나님은 모든 개인을 직접적으로 상대하신다. 이렇게 볼 때 인간에 대한 하나님의 관계는 시간을 초월하는 것이다. 마지막으로 하나님은 아브라함, 이삭, 야곱의 부활을 보장하신다. 그들은 하나님에게 죽은 자들이 아니라 살아있는 자들로 여겨진다. 그러므로 하나님은 죽은 자의 하나님이 아니라 살아있는 자의 하나님이시다.

3. 이스라엘의 인도자(15:31)
마태복음에서 하나님은 이스라엘의 하나님이시다. 하나님은 이스라엘의 역사를 주관하신다. 역사는 하나님의 장중에서 진행한다. 그러므로 하나님은 역사의 하나님이시다.

4. 아버지로서의 하나님
마태복음은 하나님을 아버지로 제시한다. 꽃과 새와 사람을 주관하시는 하나님은 아버지로서 사랑으로 자녀들을 인도하며 먹을 것과 마실 것을 제공하는 분이시며(5:45이하; 6:26,32; 7:11), 두려움으로 나타나 자녀들의 잘못된 것을 질책하는 분이시다(15:13). 마태복음은 하나님을 꾸준히 "하늘에 계신 아버지"로 표현하는데, 이러한 표현으로 마태복음이 의도하는 것은 하나님은 하늘에 계신 아버지로서 땅에 있는 아버지와 구별된다는 것(23:9)과 하나님과 인간 사이에는 격리가 있다는 것을 넘어서 하나님은 "하늘과 땅의 주인"(11:25)이 되신다는 것을 알려주려는 것이다. 하나님을 하늘에 계신 분으로 표현함으로써 능력적인 하나님을 나타낸다. 하나님은 능력의 하나님이다. 하나님은 멀리 계시면서도 가까이 계시는 분이다. 특히 하나님은 예수님의 아버지로 표현된다.[11]

2. 예수

1. 마태복음 서론에서

마태복음은 예수님의 탄생사를 진술해가면서 예수에 대한 명칭을 몇 가지 언급한다: "임마누엘"(1:23; 사 7:14인용), "다스리는 자"(2:6; 미 5:2인용), "나사렛 사람"(2:23). 그러나 이보다도 먼저 마태복음의 첫 문장에는 예수님의 세 가지 명칭이 나온다: 그리스도, 다윗의 아들, 아브라함의 아들(1:1).

1) 그리스도

무엇보다도 예수님은 "그리스도"라는 고백을 받는다. 특히 마태복음은 다른 복음서들에 비해서 예수님께서 그리스도이심을 강조한다(1:1,16,17,18; 2:4; 11:2; 16:20; 22:42/막 12:35/눅 20:4; 23:10; 24:5,23/막 13:21; 26:63/막 14:6/눅 22:67; 26:68; 27:17). 마태복음에서 예수님의 그리스도 명칭은 가장 중요한 것이다. 이것은 다음과 같은 이유들 때문에 틀림없다.

첫째로, 마태는 복음서의 첫머리(탄생사)에서 예수에 대한 최초의 명칭으로 그리스도를 사용한다(1:1). 마태에 의하면 이스라엘의 역사는 "그리스도라고 불리는 예수"의 탄생을 지향한다(1:16). 따라서 마태가 제시하는 계보의 최종점은 그리스도의 탄생이다(1:17). 그래서 마태는 이스라엘 역사의 최종점인 "예수 그리스도의 탄생"(1:18)을 자세하게 설명한다.

둘째로, 복음서의 가운데 (활동사)는 예수님께서 그리스도이심을 입증한다. 마태는 우선 세례자 요한의 질문단락에서 예수님의 사역을 "그리스도의 일들"(11:2)이라고 요약함으로써 예수님이 그리스도의 신분을 가지고 있음을 명확히 하며, 예수님의 신분질문 단락에서 베드로의 입을 통하여 예수님이 그리스도임을 분명하게 밝힌다(16:16).

셋째로, 복음서의 마지막(수난사)은 예수님의 그리스도 신분에 대하여 심각한 논쟁이 있었다는 것을 말한다. 마태복음은 예수님께 "네가 그리스도인지 말하라"(26:63)고 요구한 대제사장의 말과 예수님을 가리켜 그리스도라고 부르면서 조롱한(26:68) 사람들의 말과 예수님을 "그리스도라고 불리는

---

11   J. Jeremias, *The Prayers of Jesus*, Philadelphia: Fortress, 1967, 1978, 44~54.

자"(27:17,22)라고 말한 빌라도의 말을 소개함으로써 예수님께서 그리스도로 인정받아야 한다는 것을 강하게 주장하고 있는 것이다.

2) 다윗의 아들

마태복음은 처음부터 예수님께서 그리스도라는 명칭과 함께 다윗의 아들이라는 명칭을 강조한다(1:1). 이것은 구약의 약속에 깊은 뿌리를 두고 있다 (דוד צמח, 다윗의 가지. 렘 23:5; 33:15; 참조. 슥 3:8; 6:12). 마태복음은 예수님의 아버지 요셉을 "다윗의 아들"(1:20)이라고 부름으로써 예수님께서 자연히 다윗의 아들로 출생했다는 것을 밝힌다.

마태복음에서 예수 그리스도와 관련된 "다윗의 아들" 명칭은 1:1; 22:42,45(막 12:35,37/눅 20:41,44)를 제외하고 모두 7번 나오는데(9:27; 12:23; 15:22; 20:30,31; 21:9,15), 그 가운데 대부분이 마태복음에만 특이한 용법으로서[12] 자주 "주"라는 명칭과 함께 사용된다(15:22; 20:30,31; 21:9). 마태복음은 다윗의 아들이라는 칭호가 다양한 장애인과 귀신들린 자같이 사회적으로나 종교적으로 중요하지 않은 천대받는 사람들에 의하여 사용되었다고 말함으로써 (9:27; 12:23; 15:22; 20:30,31) 이스라엘 지도자들의 불신앙에 대한 변증적인 목적을 수행한다.[13]

다윗의 아들 명칭은 자주 치료 장면과 연결되어 있다.[14] 이것은 유대인들이 기대하던 정치적인 통치자로서의 다윗의 아들인 메시아에 대한 기대를 깨뜨리고 치료자라는 새로운 메시아 상을 설립하기 위함이다[15]. 다윗의 아들이라는 칭호는 심지어 이방인도 사용하였다(15:22). 그러므로 마태복음은 예수님의 다윗의 아들 권세가 다윗 왕국을 넘어 이방인에게까지 은혜를 허락하는 것임을 알려준다. 그러나 마태는 예수님께서 그리스도가 다윗의 아들일 수 없다는 의견을 제시하신 것을 소개함으로써(22:41~45), 예수님께서 다윗의 아들이라고 불리면서도 사실상은 다윗의 아들 이상이라는 것을 증명한다.

3) 아브라함의 아들

마태복음은 첫 절에서 예수님을 아브라함의 아들로 설명한다. 예수님은 "다

---

12 마가복음과 누가복음에서는 단지 마 20:30,31와 같은 맥락에서만 "다윗의 아들" 명칭이 사용되었다(막 10:47,48/눅 18:38,39).

13 J. D. Kingsbury, "The Title 'Son of David' in Matthew's Gospel", *JBL* 95 (1976), 591~602, esp. 598~601; 프랑스, 『마태신학』, 457~58.

14 프랑스, 『마태신학』, 455에 있는 성구를 참조하라.

15 B. Chilton, "Jesus ben David: Reflections on the Davidssohnfrage", *JSNT* 14 (1982), 88~112; J. M. Gibbs, "Purpose and Pattern in Matthew's Use of the Title 'Son of David'", *NTS* 10 (1963/64), 446~64, esp. 463~464; 프랑스, 『마태신학』, 457.

윗의 아들"이며 더 거슬러 올라가면 "아브라함의 아들"이다(그러므로 실제로 계보진술에서는 아브라함으로 시작하여 다윗으로 내려간다). 이것은 마태복음의 기독론의 더 원초적인 면이다. 왜 마태는 처음부터 예수님이 아브라함의 아들인 것을 분명하게 밝히는가? 첫째로, 예수님의 지상활동의 촛점이 우선 아브라함의 자손인 이스라엘에게 맞추어졌기 때문이다. 그러나 이스라엘은 예수님을 거절한다. 따라서 마태는 이제 예수님께서 "아브라함의 아들"이란 것이 새로운 목적을 가지게 된 것을 알려준다. 이방인들이 구원받을 가능성이 생긴다(8:11~12). 아브라함에게 주어졌던 "모든 민족(πᾶσαι αἱ φυλαὶ τῆς γῆς)이 복을 받으리라"(창 12:3 LXX)는 약속은 "모든 민족(πάντα τὰ ἔθνη)을 제자로 삼으라"(28:19)고 말하는 아브라함의 아들인 예수에 의하여 실현된다.

2. 마태복음 본론에서
마태는 본론에서 예수님의 다양한 신분을 제시한다. 그 가운데서 대표적인 것은 다음과 같다.

1) 하나님의 아들
마태는 호세아 11:1을 인용하여 예수님께서 마치 이스라엘 백성이 하나님에 대하여 가지고 있던 관계를 소유하고 있는 것으로 생각한다(2:15). 하나님과 예수님 사이에 맺어진 아버지와 아들의 관계는 예수님의 세례와 변화에서 언급된 "내 사랑하는 아들"(3:17; 17:5)이라는 표현이 잘 보여준다. 11:27(눅 10:21~22)은 예수님께서 하나님과 독점적인 관계를 가지고 있는 것으로 표현한다.[16] 마태복음 16:16은 제자들이 드디어 예수님의 신분을 인식하여 고백하게 된 것을 말해준다. 28:19는 예수님께서 하나님의 아들로서 성부와 성령님에 대하여 동일한 수준에 있다는 것을 알려준다. 이 때문에 예수님은 하나님의 아들로서 자주 하나님을 아버지라고 부른다(하나님의 아버지 칭호가 약 44회 나오는데 그 가운데 절반은 제자들의 아버지로, 절반은 예수님의 아버지로 설명된다).

2) 인자
인자는 예수님의 자기칭호이다. 인자칭호는 다른 사람이 사용하지도 않으며 마태의 해설적인 말에도 나오지 않고 오직 예수님께서 자신을 위하여 사용한 말이다. 이러한 의미에서 인자칭호는 신앙고백적인 말이 아니라 공적인 선포칭호이다.[17] 예수님에게 있어서 인자칭호는 대체로 세 가지 목적으

---

16 프란스, 『마태신학』, 470.

17 Kingsbury, *Matthew*, 114~117 (『마태복음서 연구』, 165~171); "The Figure of Jesus in Matthew's Story: A Literary-Critical Probe", *JSNT* 21 (1984), 3~36, esp. 22~27; 프란스,

로 사용된다: 예수님의 지상사역, 예수님의 고난과 죽음, 예수님의 재림영광을 설명하기 위하여. 물론 마태에게서는 이 세 가지 목적 가운데 인자의 미래적인 심판과 영광에 훨씬 강조가 있다.[18] 예를 들면 마태에게만 독특하게 제자들의 전도사명 중에 인자가 오리라는 것(10:23), 최후 심판시 인자가 천사들을 보내어 택자와 불택자를 구별할 것이라는 것(13:41), 인자가 자기 영광에 앉아 새로운 세상을 허락할 것이라는 것(19:28), 인자가 자기 영광의 보좌에 앉아 모든 민족을 심판할 것이라는 것(25:31~33)이 설명된다.

3) "더 큰 이"(μεῖζόν πλεῖον)

마태복음은 예수님께서 세 가지보다 "더 큰 이"라는 것을 밝힌다. 첫째로, 예수님은 성전보다 "더 큰 이"이다(12:6). 마가복음은 이 내용을 가지고 있지만(막 2:23~28) 누가복음에는 없다(눅 6:1~5 참조!). 성전은 제사장들의 활동공간이다. 그러므로 예수님께서 성전보다 크다는 것은 제사장보다 크다는 의미를 함축한다. 둘째로, 마태복음에 의하면 예수님은 요나보다 "더 큰 이"이다(12:41). 이 내용은 누가복음에는 있지만(눅 11:32) 마가복음에는 없다. 요나는 예수님의 죽음과 부활을 위하여 가장 분명하게 표적을 보여준 선지자이다. 마지막으로 예수님은 솔로몬보다 "더 큰 이"이다(12:42). 이 내용도 누가복음에는 있지만(눅 11:31) 마가복음에 없다. 솔로몬은 가장 영화스러운 왕을 대표한다.

	마태복음	마가복음	누가복음
성전(대제사장)	12:6	2:23~28	X
선지자	12:41	X	11:32
왕	12:42	X	11:31

이것은 마태복음이 다른 복음에 비해서 예수님께서 메시아(그리스도)의 세 가지 구약적 모델들보다 크신 분이심을 분명히 말함으로써 구약의 성취자이심을 증명하는 것을 의미한다.

3. 교회

1. 제자

예수님께서는 지상사역 중에 제자들을 만들었다. "제자"(μαθητής)라는 단어는 마태복음에 72번 사용되었다(10:24~25에 언급된 경구적 표현에 주의할 것).

『마태신학』, 461.

18   프란스, 『마태신학』, 464.

제자는 따름을 전제로 한다. 따름에는 예수와 제자들 사이에 인격적인 관계가 설정된다. 예수님 편에서 볼 때 예수님은 제자들과 세상 끝 날까지 함께 하시며(28:20), 제자들 편에서 볼 때 제자들은 예수와 동일한 삶을 구성하며, 같은 내용을 전파하며(4:17; 10:7), 같은 고난에 참여한다(10:38~39; 16:24~25).

2. 교회

마태복음은 "교회"(ἐκκλησία)라는 단어를 세 번 사용하였는데(16:18; 18:17bis), 이로써 교회의 개념을 명확하게 보여준다. 무엇보다도 교회는 신앙고백(16:16 "주 [σύ]는 그리스도시요 살아계신 하나님의 아들이시니이다")을 초래하는 하나님의 계시(16:17 "이를 알게 한 이는 하늘에 계신 내 아버지시니라")와 신앙고백에 이어지는 예수님의 반응(16:18 "너[σύ]는 베드로라")에 기초한다. 이것은 위와 아래와 사방의 공격에도 집을 견고하게 지탱하는 반석이다(7:25). 교회는 어떤 외부의 세력에 의하여도 무너지지 않는다. 그런데 교회의 견고성은 예수와의 관계에서 더욱 분명하게 나타난다. 교회는 예수님께서 설립하시며 예수님께서 소유한다. "내가 나의 교회를 세우리라"(16:18). 교회는 두 가지 권세를 가진다.

첫째로, 교회는 하데스(ᾅδης)를 이기는 능력을 가진다. "음부의 문들이 교회를 당하지 못할 것이다"(16:18). "문들"(πύλαι)이라는 복수표현은 중첩의 문들이든가 다면의 문들을 뜻한다. 문들을 강조함으로써 음부가 방어적인 입장에서 설명되고 있다. 사탄의 나라가 아무리 강한 문들을 가지고 방어를 한다고 해도, 교회의 공격을 감당하지 못할 것이다. 사탄의 나라는 교회의 세력 앞에 방어할 힘이 없다. 이것은 교회가 담대하게 어둠의 나라를 공격해야 할 것을 알려준다. 교회는 공격하는 교회이다.

둘째로, 교회는 천국에 대한 능력을 가진다. 교회는 천국의 열쇠를 받는다(16:19). 교회는 음부에 대하여는 문을 깨뜨리는 전투적인 모습을 가지지만, 천국에 대하여는 문을 순조롭게 여는 모습을 가진다. "천국의 열쇠들"(τὰς κλεῖδας τῆς βασιλείας τῶν οὐρανῶν)를 가진다는 것은 선교적인 의미이다. 이것은 마태복음 23:13에서 서기관들과 바리새인들이 "천국을 닫는다"(κλείετε τὴν βασιλείαν τῶν οὐρανῶν)는 말로부터 해석을 얻을 수 있다. 바리새인들이 천국을 닫는 것은 자기들도 들어가지 않고 들어가는 사람들도 들어가지 못하게 하기 위함이다. 이것은 선교의 방해이다. 그러나 교회는 바리새인들과 달리 천국의 열쇠들을 가지고 있어서 사람들이 그리로 들어가도록 문을 여는 기능을 한다. 특히 교회는 "열쇠들"(복수!)을 받음으로써 다양한 선교의 사역을 해야 할 것을 요청받는다.

3. 선교

마태복음은 예수 그리스도와 제자들의 선교가 처음에는 유대인을 대상으로 하였으나(10:6; 15:24 "이스라엘 집의 잃어버린 양") 차츰 이방인을 향하는 것으로 전진했다는(28:16~20) 구속사적 선교사상을 보여준다. 마태복음은 하나님의 나라가 아브라함 자손들에게서 박탈되고(3:9; 8:11~12) 세상으로부터("사거리 길에서" 22:9~10) 사람들을 불러 "그 나라의 열매 맺는 한 민족 (ἔθνει)에게 주어질 것"(21:43)이라고 말한다.

4. 조직(직분)

마태복음에는 교회의 직분에 대한 뚜렷한 진술은 보이지 않지만(단지 선지자, 교사, 서기관 [13:52] 등이 언급), 이에 반하여 분명하게 "형제"라는 단어가 사용된다. 그리스도인들은 하나님이 아버지가 되시기에 서로 "형제들"(23:8)이며, 심지어 하나님 아버지의 뜻대로 행하기에 예수와 함께 형제가 된다(12:50).

5. 천국

"천국"(ἡ βασιλεία τῶν οὐρανῶν)은 마태복음이 즐겨 사용하는 말이다(32번). 마가복음과 누가복음은 대신에 "하나님의 나라"(ἡ βασιλεία τοῦ θεοῦ)를 사용하기 좋아한다. 물론 마태복음에도 "하나님의 나라"가 전혀 사용되지 않는 것은 아니다(12:28; 19:24; 21:31,43).

마태복음에서 천국은 "안에"(ἐν)와 "안으로"(εἰς) 전치사와 함께 사용하여 공간적인 의미를 강하게 나타낸다(ἐν은 5:19bis; 8:11; 11:11; 18:1,4; 20:21; 26:29; εἰς는 5:20; 7:21bis; 18:3; 19:23; 21:31). 그 외에 "천국의 열쇠들"(16:19), "천국을 닫다"(23:13)와 같은 표현들은 천국의 공간성을 보여주는 데 중요하다.

마태복음에는 천국 비유가 많이 나오는데, 비유의 주인공에 자주 "사람"(ἄνθρωπος)이라는 말과 함께 사용하여 천국의 인격적인 의미를 나타낸다. 어떤 경우에는 아예 등장인물이 "사람"이라고 불린다. 이것은 행위자로서의 사람을 강조하는 것이다. 예를 들면 "좋은 씨와 가라지" 비유이다(ἀνθρώπῳ σπείραντι, "뿌리는 사람" 13:24). 어떤 경우에는 "사람"이란 단어가 성격명사(장사꾼, 왕, 집주인)와 함께 덧붙여 사용된다. 예를 들면 진주 장사 비유(13:45~46)에서 "진주 구하는 한 사람 장사"(ἀνθρώπῳ ἐμπόρῳ, 13:45), 회계하는 왕 비유에서(18:23~35) "한 사람 왕"(ἀνθρώπῳ βασιλεῖ, 18:23), 포도원 비유(20:1~16)에서 "한 사람 집주인"(ἀνθρώπῳ οἰκοδεσπότῃ, 20:1), 혼인잔치 비유(22:2~14)에서 "한 사람 왕"(ἀνθρώπῳ βασιλεῖ, 22:2)이다. 어떤 경우에는 천국이 어떤 사물에 비유되지만 실제로는 등장인물의 행위가 부각된다. 예를 들면 겨자씨 비유(13:31~32)에서 "한 사람이 취하여 자기 밭에 뿌린 겨자씨"(κόκκῳ σινάπεως ὃν λαβὼν ἄνθρωπος ἔσπειρεν, 13:31), 보화 비유(13:44)에서 "한 사람이 발견하고 숨겨둔 보화"(θησαυρῷ ὃν εὑρὼν ἄνθρωπος ἔκρυψεν, 13:44). "누룩 비유"(13:33)도 이에 해당하는 것으로 생각할 수 있다: "한 여자가 취하여 가루서 말 속에 넣은 누룩"(13:33). 이런 비유들에 나오는 "사람"은 실제로 하나님을 비유한다. 그러므로 마태복음은 이런 비유들을 가지고 천국이 하나님의 성품을 보여주는 것으로 말하는 것이다.

6. 하늘과 땅

마태복음은 신약성경 전체에서 "하늘"(οὐρανός)과 "땅"(γῆ)을 짝으로 가장 많이 사용한다(요한계시록에도 역시 많이 나온다). 마태복음 짝말인 "하늘"과 "땅"을 가지고 우주관(24:30)뿐 아니라, 신론(11:25), 기독론(28:18), 성경관(5:18; 24:35), 윤리(5:13,16) 그리고 교회론(16:19; 18:18)의 핵심을 말한다.

7. 세례자 요한

마태복음에서 세례자 요한은 다음 단락에서 언급된다. 요한의 등장과 예수님의 세례(3:1~17), 요한의 체포(4:12), 금식질문(9:14~17), 요한의 질문과 예수님의 대답(11:2~19), 요한의 죽음(14:1~12), 엘리야의 재림에 대한 대화(17:10~13), 요한의 권세에 대한 질문(21:23~32).

마태복음에서 요한과 예수님은 공통점을 가진다. 요한은 예수님과 함께 새로운 시대에 속한다. 이것은 다음과 같은 사실들에서 분명하다. 이 두 인물은 다 같이 천국의 도래를 선포하면서 회개를 촉구한다(3:2과 4:17). 또한 이 두 인물의 전파내용은 상세한 점에서도 일치한다: "독사의 자식들아"(3:7과 12:34; 23:33)라는 호칭, 찍힐 나무에 대한 말(3:10과 7:19), 곳간에 들이는 곡식(3:12와 13:30). 더 나아가서 이 두 인물은 "모든 의"를 이룬다(3:15). 요한은 "의의 도로 왔기" 때문에 요한에 대한 신앙이 벌써 천국에 들어가는 일을 결정한다(21:31~32). 이 두 사람은 다 같이 그 활동 때문에 고난을 당한다(17:12). 백성들은 두 사람을 선지자로 여긴다(요한 11:9; 14:5; 21:26; 예수님 16:14; 21:11,46). 그러나 요한도 예수님도 사실은 간단히 선지자로 여길 수가 없다. 왜냐하면 요한은 "선지자보다 큰 자"(11:9)이기 때문이며 예수님은 그리스도이시기 때문이다(1:1,16,17,18; 2:4; 11:2; 16:20; 22:42/막 12:35/눅 20:4; 23:10; 24:5,23/막 13:21; 26:63/막 14:6/눅 22:67; 26:68; 27:17). 요한은 다시 오는 엘리야이며(11:14; 17:12~13), 메시아의 예비자이며(11:10), 여자가 낳은 자 중에 가장 큰 자이다(11:11).

그러나 요한과 예수님 사이에는 차이점이 있다. 생활방식에 있어서 요한은 금욕자이나 예수님은 자유자이다(11:18~19). 요한은 물로 세례를 주는 자이나 예수님은 성령님으로 세례를 주는 자이다(3:11). 예수님은 요한보다 강한 자이다. 요한은 예비자이며 예수님은 메시아이다.

8. 구약성경 인용

마태복음은 구약성경을 인용하면서 자주 특정한 인용공식을 10번 사용한다: "선지자(들)로 하신 말씀이 이루어지려 함이라"($\pi\lambda\eta\rho o\hat{\nu}\nu$, 1:22~23; 2:15,17~18,23; 4:14~16; 8:17; 12:17~21; 13:35; 21:4~5; 27:9). 이것을 가리켜 성취인용(Erfüllungszitate = Reflexionszitate) 또는 공식인용(formula quotations)이라고 부른다. 마태복음의 구약인용은 대체적으로 칠십인역(LXX)보다는 마소라본(MT)에 가까운 어법으로 되어 있다. 마태복음의 구약인용은 많은 경우에 여러 구절이 어우러진 복합인용이다.

마태복음의 성취인용/공식인용은 주로 기독론적인 용례를 가지고 있다. 마태복음은 성취인용/공식인용을 사용하여 예수님이 임마누엘(1:22~23), 하나님의 아들(2:15), 나사렛 사람(2:23), 치료하는 메시아(8:17), 침묵하는 하나님의 종(12:18~21), 비폭력의 왕(21:4~5)이라는 것을 말한다.

성취인용/공식인용을 미루어 볼 때 마태복음은 예수님의 사건을 구약성경의 중요구절(메시아 구절)에 맞추어 정선하고 기록한 것처럼 보인다. 다시 말하자면 마태복음은 먼저 구약성경의 메시아 구절들을 수집하고 이에 해당하는 예수님의 사건을 기록한 것 같다.

제4장
마가복음

1) 주석

R. H. Gundry, *Mark: A Commentary on His Apology for the Cross*, Grand Rapids: Eermans, 1993.

E. Haenchen, *Der Weg Jesu. Eine Erklärung des Markus-Evangeliums und der kanonischen Parallen*, 2. Aufl., Berlin: de Gruyter, 1968.

2) 연구서

M. Hengel, *Studies in the Gospel of Mark*, London: SCM (Philadelphia: Fortress), 1985.

J. D. Kingsbury, *The Christology of Mark's Gospel*, Philadelphia: Fortress, 1983 (『마가의 기독론』, 김근수 역, 서울: 나단, 1994).

R. Martin, *Mark: Evangelist and Theologian*, Paternoster, 1972 (『마가 신학』, 이상원 역, 서울: 엠마오, 1993.

F. J. Matera, *What Are They Saying About Mark?* New York: Paulist, 1987 (『마가복음 신학』, 류호영 역, 서울: 기독교문서선교회, 1995).

D. Rhoads, / D. Michie, *Mark as Story: An Introduction to the Narrative of a Gospel*, Philadelphia: Fortress, 1982 (『이야기 마가』, 양재훈 역, 서울: 이레서원, 2003, 2022).

J. M. Robinson, *The Problem of History in Mark and Other Marcan Studies*, Philadelphia: Fortress, 1982.

W. Telford (ed.), *The Interpretation of Mark*, Philadelphia: Fortress, 1985.

조병수, "마가복음의 오클로스(ὄχλος)에 대한 고찰", 『신약신학저널』 2 (2001), 26~46.

I. 마가복음의 기록자와 기록연대와 장소

Eusebius에 의하면 Hierapolis의 Papias는 마가복음에 관해서 다음과 같이 말했다(Eusebius, *HE* 3,39,15):

> "그 장로가 이렇게 말하였다. 마가는 베드로의 통역자(ἑρμηνευτής)였고 그가 기억하는 것들을 정확하게(ἀκριβῶς) 기록하였지만 주님에 의하여 말해진 것과 행해진 것들을 순서대로(τάξει) 하지는 않았다. 왜냐하면 그는 주님에게서 듣지도 않았고 주님을 따라 다니지도 않았기 때문인데, 내가 말한 대로 그는 후에 베드로를 따라 다녔다. 이 사람이 필요에 따라(πρὸς τὰς χρείας) 교훈들을 행했지만 주님의 말씀의 총합(σύνταξιν τῶν κυριακῶν ... λογίων)을 만들지는 않았다. 그러므로 마가는 어떤 잘못도 저지른 것이 아니며 그가 기억하는 대로 몇 가지(ἔνια)를 기록한 것이다. 그는 한 가지를 생각했는데, 그것은 그가 들은 것 가운데 어떤 것도 생략하거나 위조하지 않는 것이다."

마가복음에 관한 Papias의 증언으로부터 몇 가지 중요한 사실을 발견하게 된다.

1. Papias의 변증적인 목적

첫째로, Papias는 마가복음의 정확성과 진실성을 변호하는 것처럼 보인다. 어떤 사람들은 마가의 저술이 "부정확하고", "잘못을 저지르고", "위조하였다"는 비판을 하였던 것 같다. 그러므로 이런 비판에 대하여 Papias는 논박을 하고 있다.[1]

2. 마가의 근원인 베드로

더 나아가서 Papias는 마가복음의 근원이 어디에 있는지 말해준다. 마가는 베드로에게 의존하고 있다. 마가는 주님에게서 듣거나 주님을 따라 다니지는 않았다. 마가에게는 실제적인 사도권이 없다. 사도권은 주님을 청취하고 주님을 추종하는 것으로 이루어진다. 그러나 마가는 주님의 사도인 베드로를 따라 다녔다. 마가는 베드로의 통역자(ἑρμηνευτής)였다.

베드로는 필요에 따라(πρὸς τὰς χρείας) 교훈들을 행했다. 이것은 베드로의

---

1 Th. Zahn, *Introduction to the New Testament*, vol. 2, Edinburgh: Clark, 1909, 439.

교훈법이 고도의 기능적인 방식이었거나, 특별한 목적을 위한 것이거나, 그리스의 수사학에서처럼 간명하게 진술하는 "크레이아"(χρεία) 형식이던 것을 뜻한다.[2] 아무튼지 베드로는 논리나 순서를 따라 말하기보다는 단락마다 단일사건 또는 단일항목을 말한 것 같다. 이 때문에 자주 흐름이 무시되었다. 그러므로 베드로는 주님의 말씀의 총합(σύνταξιν τῶν κυριακῶν ... λογίων)을 만들지 않았다. 이렇게 볼 때 베드로의 교훈은 단락자료이지 총합자료가 아니다.

3. 마가의 기록의 성격

셋째로, Papias는 마가의 글이 어떤 성격을 가지는지 진술한다. 마가의 글은 베드로의 교훈에 기초한다. 마가가 베드로의 통역자이며 추종자였다는 사실에서 사도적 권위를 배경으로 하고 있다. 베드로와의 관계는 마가의 권위를 확립해준다.

마가는 베드로의 교훈을 기록으로 아는 것이 아니라 기억으로 안다. 이것은 마가가 베드로 사후에 기록한 것임을 암시한다(Irenaeus, *Adv. haer.*, 3,1,2; Eusebius, *HE* 2,15,1.2; 6,14,6f.). 그런데 마가는 기억을 통해 기록한다 할지라도 정확하게(ἀκριβῶς) 기록하였다. 따라서 마가의 글은 위조가 아니다. 그러나 베드로가 말한 모든 것을 기록한 것이 아니라 그 중에 몇 가지(ἔνια)를 기록하였다. 마가는 기록하려는 것은 생략하지 않고 모두 기록하였다. 이 때문에 마가의 글은 짧은 것이 당연하다. 베드로의 교훈이 이미 종합자료의 성격이 아니라 단락자료의 성격을 띠고 있으므로 마가의 글 역시 단락적인 기록이다. 이 때문에 마가는 순서대로(τάξει) 기록하지는 않았다. 이것은 마가의 실수가 아니다. 마가에게는 잘못이 없다.

4. 다른 복음서들과의 관계

마지막으로 Papias의 증언으로부터 마가복음이 다른 복음서들과 비교해 볼 때 어떤 차이점을 가지는지 알 수 있다.

마태복음은 종합적인(σύνταξις) 기록의 성격을 띠지만, 마가복음은 단락적인 기록의 성격을 띤다.

Papias는 마가의 글의 성격을 묘사하는 데 누가복음 서론에 나오는 단어들을 많이 사용한다. 이것은 Papias가 누가복음을 알고 있을 뿐 아니라 (심지어 사도행전도 알고 있다 - Eusebius, *HE* 3,3,9.10 빌립의 딸들), 누가복음을 사용하

2　Martin(마르틴), 『마가신학』, 149.

고 있다는 것도 지시한다. 더 나아가서 Papias는 마가복음을 설명하는데 누가복음의 용어들을 사용함으로써 마가복음과 누가복음의 관계를 알려주려는 듯이 보인다. 마가복음은 누가복음과 동일한 권위를 지니고 있다. "누가가 주장할 수 있는 모든 자격을 마가도 역시 가지고 있다."[3] 누가가 바울의 동역자라면 마가는 베드로의 동역자이다. Papias에 의하면 누가가 자세히 기록한 것처럼(눅 1:3) 마가도 자세히 기록하였다.

II. 마가복음의 구조와 문학 특징

1. 마가복음의 구조

W. Marxsen은 마가복음에서 수난사가 중요하다고 생각한다.[4] 이러한 생각에서 Marxsen은 마가복음을 수난사에서부터 거꾸로 읽어나가야 맞는다고 주장한다. 한마디로 말해서 마가복음에서 "수난사가 거꾸로 성장했다"(17)는 것이다. 그런데 사실상 이것은 복음서들이 "자세한 서론을 단 수난사"라는 M. Kähler의 견해를 마가복음에 적용시킨 것이다.[5]

그러나 이런 견해에 대하여 몇 가지 문제점을 제기하게 된다. 첫째로, 마가가 어떤 절정을 염두에 두고 글을 쓰고 있다는 것은 인정할 수 있으나.[6] 왜 하필이면 그 절정을 다른 복음서들이나 바울처럼(고전 15:1이하) 예수 그리스도의 부활에 두지 않고 수난에 두는가 하는 점이다. 이것은 Marxsen 자신이 마가와 바울을 비교하면서 복음 개념을 분명하게 잘 알고 있다는 점에서 매우 의아스러운 것이다: "마가가 기록하고 있는 복음은 (주로) 바울에게서 나타나는 복음 개념에 대한 주석이다."[7] 둘째로, 마가는 분명히 첫 부분에서 "예수 그리스도의 복음의 시작"을 말한다. 그렇다면 마가는 비로소 예수님의 수난이 복음이 아니라 벌써 예수님의 일 처음부터가 복음인 것을 밝히고 있는 것이다. "예수 그리스도의 복음의 내용은 단지 죽음과 부활이 아니라, 예수님의 역사이다."[8]

---

3 Martin(마르틴), 『마가신학』, 151.

4 W. Marxsen, *Der Evangelist Markus. Studien zur Redaktionsgeschichte des Evangeliums*, 2 Aufl., Göttingen: Vandenhoeck Ruprecht, 1959, 17.

5 M. Kähler, *Der sogenannte historische Jesus und der geschichtliche biblische Christus*, 2. Aufl., Leipzig: Deichert, 1892, 1896 (ND München: Kaiser, 1953, 각주 60).

6 거스리, 『신약서론』, 63.

7 Marxsen, *Der Evangelist Markus*. 92, 그 외에도 100, 145이하 참조.

8 Ph. Vielhauer, *Geschichte der urchristlichen Literatur. Einleitung in das Neue Testament, die Apokryphen und die Apostolischen Väter*, Berlin / New York: Gruyter, 1975, 1985,

그러므로 마가복음은 처음부터 순조롭게 이해하는 것이 옳다. 예수님의 역사는 갈릴리 활동에서 예루살렘 활동으로 전진하여 수난을 당하고 부활하신다. 마가복음서는 예수님께서 활동하신 지역을 중심으로 분해하는 것이 좋다.

1. 예수님의 복음의 시작(1:1~13)
2. 갈릴리 활동(1:14~9:50)
   1) 시작(1:14~15)
   2) 갈릴리에서(1:16~7:23)
   3) 갈릴리 주변 여행(7:24~9:50)
3. 예루살렘 활동(10:1~14:42)
   1) 예루살렘 여행(10:1~52)
   2) 예루살렘 입성(11:1~14:42)
4. 수난(14:43~15:47)
5. 부활(16:1~8<20>)

2. 마가복음의 문학 특징

1. 상용어

1) 마가복음은 "그리고"(καί)를 빈번하게 사용하여 매 단락을 간단하게 연결시킨다.
2) 마가복음에는 "즉시"(εὐθύς)가 자주 사용됨으로써(41회) 사건들이 시간적으로 긴밀하게 연결된다. "곧 물에서 올라오실새"(1:10), "성령님이 곧 예수님을 광야로"(1:12), "곧 그물을 버려두고"(1:18), "예수님의 소문이 곧 온 갈릴리 사방에 퍼지니라"(1:28).
3) 마가복음은 자주 "다시"(πάλιν)를 사용하여(28회) 사건들을 장소적으로 또는 시간적으로 긴밀하게 연결시킨다. "수일 후에 다시 가버나움으로 들어가시니"(2:1), "예수님께서 다시 바닷가에 나가시매"(2:13).

K. L. Schmidt는 마가복음에 나타나는 이런 현상으로부터 본래 단편적으로 전승된 내용들을 편집자가 신학과 상관없이 연결사를 사용하여 연결시켰다고 주장하였다.[9]

345.

9 K. L. Schmidt, *Der Rahmen der Geschichte Jesu. Literarkritische Untersuchungen zur Ältesten Jesusüberlieferung*, Berlin, 1919 (ND Darmstadt: Wissenschaftliche Buchgesellschaft, 1964, 19).

2. 요약어(수집어)

마가복음에서 두드러진 현상은 예수 그리스도의 활동을 요약하는 요약어가 자주 나온다는 것이다. 이것은 주로 갈릴리 활동에 해당된다. 이것은 마치 예수 그리스도의 활동을 한 데 모아놓은 것과 같은 모습을 보여주기 때문에 수집어라고도 부른다.

1) 예수님의 소문이 퍼짐(1:28)
2) 사람들이 예수님께 나아옴(1:32; 1:45; 3:7~8; 6:54~56)
3) 예수님께서 치료하심(1:32~34)
4) 예수님께서 두루 다니심(1:39 "온 갈릴리"; 6:6 "모든 마을")

이것은 마가복음이 예수 그리스도의 활동 내용을 기록하면서 말을 아껴 압축적으로 서술하려는 의지를 보여준다.[10]

3. 중복어

마가복음에는 전치사와 동사로 이루어진 복합동사에 동일한 전치사가 잇달아 오는 경우들이 있다(παράγων παρά, "곁으로 지나가다", 1:16). 마가복음은 출처를 나타내는 접미어 -θεν("-으로부터")을 가진 단어들이 역시 출처를 의미하는 전치사 ἀπό와 ἐκ에 계속되거나(ἀπὸ μακρόθεν, 5:6), 또는 ἀπό나 ἐκ와 동사로 이루어진 복합동사에 계속되는 사례들을 보여준다(ἐξῆλθεν ἐκεῖθεν, 6:1). 마가복음은 종종 동의어의 동사와 명사를 한꺼번에 사용하며(φωνῆσαν φωνῇ μεγάλῃ, "큰 소리로 소리 질렀다", 1:26), 자주 유사단어를 반복적으로 사용한다(ἀναβαίνων ... καταβαῖνον, "올라가 ... 내려가다", 1:10). 마가복음에는 분사가 중복적으로 사용되며(ἐνδεδυμένος καὶ ἐσθίων, "입고 먹고", 1:6), 명령법이 중복적으로 사용되며(ἔγειρε καὶ ἆρον, "일어나라 그리고 들어라", 2:9), 부정어(negative)가 중복적으로 사용된다(μηδενὶ μηδὲν εἴπῃς, "아무에게도 아무것도 말하지 말라", 1:44). 이 외에도 마가복음에는 지역과 시간을 표현할 때 이중적인 진술을 하는 등 다양한 방식으로 중복어를 사용한다.[11]

---

10   킹스베리는 마가복음이 예수님의 갈릴리 여행을 설명하기 위하여 네 개의 요약적 구절을 제시하고 있다고 생각한다. 그에 의하면 이 요약적 구절들은 예수님의 갈릴리 사역이 어떤 내용을 가지는지를 보여준다: 전파하심(1:14~15), 제자들을 부르심(1:16~20), 가르치심(1:21~22), 병을 고치심(1:32~34). 킹스베리는 이런 내용이 마가복음의 전반부(1:14~8:26)에 빈번하게 반복된다는 것을 관찰하였다(마가의 기독론, 110ff.).

11   마가복음의 중복어에 관해서는 F. Neirynck, *Duality in Mark. Contributions to the Study of the Markan Redaction*, BEThL 31, Leuven: Leuven University Press, 1988을 자세히 참조하라.

4. 번역어

마가복음에는 히브리어 (아람어)에 대하여 다음과 같은 번역어들이 나온다.[12]

3:17   보아너게(우레의 아들) ὅ ἐστιν(그것은 …이다)

5:41   달리다굼(소녀야 일어나라) ὅ ἐστιν μεθερμηνευόμενον(그것은 …라고 번역된다)

7:11   고르반(드림) ὅ ἐστιν(그것은 …이다)

7:34   에바다(열리라) ὅ ἐστιν(그것은 …이다)

15:22   골고다(해골의 곳) ὅ ἐστιν μεθερμηνευόμενον(그것은 …라고 번역된다)

15:34   엘리 엘리 라마 사박다니(나의 하나님, 나의 하나님 왜 나를 버리셨나 이까) ὅ ἐστιν μεθερμηνευόμενον(그것은 …라고 번역된다)

이와 같은 번역어는 히브리어(아람어)를 모르는 독자들을 염두에 둔 것이다(마가복음의 μεθερμηνεύειν, "번역하다", 용법을 다른 성경에 사용된 용례와 비교하라. 마태복음에 1번[마 1:23]; 요한복음에 2번[요 1:38,41]; 사도행전에 2번[행 4:36; 13:8]).

ὁ υἱὸς Τιμαίου Βαρτιμαῖος(디매오의 아들 바디매오, 10:46)와 αββα ὁ πατήρ(아바 아버지, 14:36)은 아예 번역어를 병기하고 있는 경우이다(베드로와 시몬의 연속적 언급도 같은 경우로 볼 수 있다, 14:37). 그러나 ῥαββουνί(라부니, 10:51)와 ὡσαννά(호산나, 11:9,10)는 번역어 없이 그대로 쓰였다. 이것은 널리 알려진 단어이기 때문인 것으로 추정할 수 있다.

이 외에도 마가복음에는 번역어는 아니지만 τοῦτ᾽ ἐστιν("이것은 …이다", "즉")과 ὅ ἐστιν("그것은 …이다", "즉")을 사용하여 앞의 말을 설명하는 경우들이 있다("부정한 손 곧 씻지 아니한 손" 7:2; "두 렙돈 곧 한 고드란트" 12:42; "뜰 곧 브라이도리온" 15:16; "준비일 곧 안식일 전날" 15:42).[13]

5. 라틴어 사용

마가는 다음과 같은 사실로 미루어 볼 때 로마 문화에 익숙한 사람일 가능성이 높다.

---

12   H. P. Rüger, "Die lexikalischen Aramaismen im Markusevangelium", in: H. Canik (hg.), *Markus-Philologie. Historische, literargeschichtliche und stilistische Untersuchungen zum zweiten Evangelium*, WUNT 33, Tübingen: Mohr Siebeck, 1984, 73~84는 마가복음에서 다음과 같이 21개의 아람어를 발견하였다: ἀββά(14:36), Βαραββᾶς(15:7,11,15), Βαρθολομαῖος(3:18), Βαρτιμαῖος(10:46), Βεελζεβούλ(3:22), Βηθσαϊδά(6:45; 8:22), Βοανηργές(3:17), γέεννα(9:43), Γεννησαρέτ(6:53), Γολγοθᾶ(15:22), ελωι ελωι λεμα σαβαχθανι(15:34), εφφαθα(7:34), Θωμᾶς(3:18), Κανανᾶιος(3:18), Καφαρναούμ(1:21; 2:1; 9:33), Κορβᾶν(7:11), πάσχα(14:1,12bis,14,16), ραββουνι(10:51), σάββατα(1:21; 2:23f.; 3:2,4; 16:2), Σατανᾶς(1:13; 3:23,26; 4:15; 8:33), ταλιθα κουμ(ι)(5:41).

13   고드란트와 브라이도리온에 관해서는 아래 "라틴어 사용"을 참조하라.

1) 로마 화폐의 사용
마가는 다음과 같이 로마 화폐를 말한다.[14]

고드란트(κοδράντης) quadrans(동전 = 4분 1 아스 = 64분 1 데나리온, 12:42; 참조.
마 5:26).
데나리온(δηνάριον) denarius(은전 = 16 아스, 6:37; 12:15 [마 22:19/눅 20:24];
14:5).

이외에 마가는 그리스 화폐인 렙돈(λεπτόν, 동전 = 2분의 1 고드란트)을 언급
하는데(12:42/눅 21:2; 참조. 눅 12:59), 이것은 당시 유대 화폐인 페루타(פרוטה)에
해당한다. 렙돈의 가치를 로마 화폐 고드란트와 비교한 것은 로마 문화에
익숙한 독자들을 염두에 둔 까닭으로 추정할 수 있다.[15]

2) 로마 용어 차용
마가복음은 다음과 같은 로마 용어를 차용하고 있다.

말 μόδιος = (Lat.) modius(4:21)
레기온 λεγιών = (Lat.) legion(5:9,15)
형집행관 σπεκουλάτωρ = (Lat.) speculator(6:27)
주발 ξέστης = (Lat.) sextarius(7:4)
세금 κῆνσος = (Lat.) census(12:14; 참조. 마 17:25; 22:17,19)
채찍질하다 φραγελλόω = (Lat.) flagello(15:15; 참조. 마 27:26)
집정관저 πραιτώριον = (Lat.) praetorium(15:16; 참조. 마 27:27; 요 18:28; 19:9;
행 23:35; 빌 1:13)
백부장 κεντυρίων = (Lat.) centurio(15:39, 44~45)[16]

여기에서 주의해야 할 것은 로마 용어에 대한 번역어가 없다는 것이다.[17]
오히려 마가복음은 그리스어를 라틴어로 설명하는 역현상을 보여준다(τῆς
αὐλῆς ὅ ἐστιν πραιτώριον, 15:16). 이것은 저자와 독자가 다 같이 로마의 문화에
익숙한 사람들이라는 것을 의미할 수 있다.

---

14 Vgl. O. K. Roller, *Münzen, Geld und Vermögensverhältnisse in den Evangelien*,
Karlsruhe: Fidelitas, 1929.

15 E. Klostermann, *Das Markusevangelium*, HNT 3, Tübingen: Mohr Siebeck, 1950, 131.

16 마가복음에 나타나는 그 밖의 라틴어법에 관해서는 Martin(마르틴), 『마가신학』, 115f.
를 참조하라.

17 λεγιών(5:9)에 이어지는 "우리가 많음이니이다"라는 말은 번역어가 아니라 설명어이
다(gegen Neirynck, *Duality in Mark*, 106).

3. 마가복음의 특수내용

마가복음은 다음과 같이 다른 복음서들에서는 발견되지 않는 특수한 내용들을 가지고 있다. 이런 내용들은 한편으로는 마가복음과 다른 복음서들 사이에 의존성이 있다는 것을 의심하게 만들며, 다른 한편으로는 마가복음만의 독자적인 풍성함을 보여준다.

1. 특수 단어
첫째로, 다른 복음서들과 같은 내용을 가지고 있는 단락에서 마가복음에만 나오는 단어들이 있다. 대표적인 예는 다음과 같다.

1) 세례자 요한의 "오실 자" 말(막 1:7~8/마 3:11~12/눅 3:15~18)에서 "구푸려"(κύψας, 1:7).
2) 예수님의 세례(막 1:9~11/마 3:13~17/눅 3:21~22)에서 "나사렛"(1:9).
3) 어린이 영접(막 10:13~16/마 19:13~15/눅 18:15~17)에서 안아주심(ἐναγκαλισάμενος)과 축복하심(κατευλόγει)(10:16).
4) 포도원 비유(막 12:1~12/마 21:33~46/눅 20:9~19)에서 종의 머리를 때림(ἐκεφαλίωσαν, 12:4).

2. 특수 문구
둘째로, 다른 복음서들과 같은 내용을 가지고 있는 단락에서 마가복음에만 나오는 문구가 있다. 대표적인 예는 다음과 같다.

1) 중풍병자의 치료(막 2:1~12/마 9:1~8/눅 5:17~26)에서 "문 앞까지라도 들어설 자리가 없다"(2:1).
2) 금식 논쟁(막 2:18~22/마 9:14~17/눅 5:33~39)에서 "그들이 신랑을 그들과 함께 가지고 있는 동안 금식할 수 없다"(2:19하).
3) 안식일 논쟁(막 2:23~28/마 12:1~8/눅 6:1~5)에서 "안식일이 사람을 위하여 있는 것이요 사람이 안식일을 위하여 있는 것이 아니니라"(2:27).
4) 바닷가 치병(막 3:7~12/마 4:24~25/눅 6:17~19)에서 "그가 그의 제자들에게 무리 때문에 한 작은 배가 그에게 등대하기를 말씀하였으니 (무리가) 그를 밀지 못하도록 하기 위함이다"(3:9)
5) 귀신들린 자의 치료(막 5:1~20/마 8:28~34/눅 8:26~39)에서 귀신들린 자의 모습(5:3b~5)
6) 12세 소녀의 치료(막 5:21~43/마 9:18~26/눅 8:40~56)에서 아이의 부모를 데리고 아이가 있는 곳으로 가신 것(5:40)과 그 사이에 들어있는 혈루

증 여인 치료(막 5:25~34/마 9:20~22/눅 8:43~48)에서 여인이 많은 의원에게 괴로움을 당하고 손해를 보았다는 말(막 5:26; 마 9:20/눅 8:43).

7) 세례자 요한의 처형(막 6:17~29/마 14:3~12/눅 3:19~20)에서 헤롯의 입장(6:20)과 잔치 배석자들(6:21)과 헤로디아와의 대화(6:24~25)와 사형수 파송(6:27)

8) 결례 논쟁(막 7:1~23/마 15:1~20)에서 바리새인들과 유대인들이 결례 방식 설명(7:3~4)

9) 예수님의 예루살렘 입성(막 11:1~10/마 21:1~9/눅 19:28~38)에서 "찬송하리로다 우리의 조상 다윗의 오는 나라여"(11:10).

3. 특수 문단

다른 복음서에는 전혀 나오지 않는 내용이 마가복음에만 들어있는 경우가 있다. 대표적인 예는 다음과 같다.

1) 예수님의 가족들(3:20~21)
2) 스스로 자라는 씨(4:26~29)
3) 벳새다 소경의 치료(8:22~26)
4) 예수님 체포시 한 청년(14:51~52)

마가복음은 누가복음과의 관계에서 큰 문제점을 드러낸다. 그것은 누가복음에 마가복음의 큰 부분(6:45~56; 7:1~37; 8:1~26; 도합 73절!)이 빠져있다는 것이다. 이것은 보통 "누가의 큰 공백"(große lukanische Lücke)라고 불리는데 아직 밝히 해결되지 않은 수수께끼로 여겨진다. 마가복음 우선설을 전제로 할 경우에 이 문제를 해결할 수 있는 가능성은 두 가지 밖에 없다. 누가가 마가복음에서 이 부분을 읽지 못했거나 아니면 의도적으로 삭제했거나 이다.[18] 그러나 누가가 어떻게 이렇게 큰 부분을 놓칠 수 있었는지 또는 그것을 삭제한 의도가 무엇인지 설명할 수 없기 때문에 이 두 설명은 어느 것이든지 마가복음 우선설에 치명적인 약점을 보여준다.[19]

4. 내용이 자세한 단락들

다른 복음서들과 비교할 때 마가복음에 유난히 내용이 자세한 단락들이 있다. 예를 들면 다음과 같다.

---

18 Cf. Ennulat, *"Minor Agreements"*, 179~183.
19 제2장 공관복음서 문제에서 "마가복음 우선설"을 참조하라.

1) 야이로의 딸과 혈루병 여인 치료(막 5:21~43/마 9:18~26/눅 8:40~56)
2) 세례자 요한의 죽음(막 6:17~29/마 14:3~12/눅 3:19~20)
3) 오병이어(막 6:32~44/마 14:13~21/눅 9:10~17)
4) 귀신들린 소년 치료(막 9:14~29/마 17:14~21/눅 9:37~43)

4. 예수 그리스도의 말씀

마가복음에는 마태복음이나 누가복음과 달리 독립적인 교훈은 거의 없고
주로 이적과 관련된 내용이 나온다. 예를 들면 마가는 예수님께서 가버나움
회당에서 가르치셨을 때 "모든 사람이 그의 교훈에 놀라니 이는 그 가르치
시는 것이 권세 있는 자와 같고 서기관들과 같지 아니함이더라"(1:21~22; 참
조. 마 7:28~29)고 기록하지만 실제로 예수님께서 무슨 내용을 가르치셨는지
는 언급하지 않는다(참조. 2:2,13; 6:34).

III. 마가복음의 내용

1. 예수님의 복음의 시작(1:1~13)

1) 서언(1:1)
2) 세례자 요한의 활동(1:2~8)
3) 요한에 의한 예수님의 세례(1:9~11)
4) 예수님의 시험(1:12~13)

2. 갈릴리 활동(1:14~9:50)

1) 시작(1:14~15)
2) 갈릴리에서(1:16~7:23)
   (1) 갈릴리 해변(1:16~20)
   (2) 가버나움(1:21~34)
    * 요약(1:28) "예수님의 소문이 온 갈릴리에 퍼짐"
    * 요약(1:32~34) 치료
   (3) 한적한 곳(1:35~45)
    * 요약(1:39) 온 갈릴리에 다니심
    * 요약(1:45) 사방에서 나아옴
   (4) 가버나움(2:1~12)

(5) 바닷가(2:13~22)

(6) 밀밭(2:23~28)

(7) 회당(3:1~6)

(8) 바닷가(3:7~12)

 * 요약(3:7~8) 무리가 나아옴

(9) 산(3:13~19) 열두 제자를 부르심

(10) 집(3:20~35)

(11) 바닷가(4:1~41) 비유

(12) 거라사인 지방(5:1~20)

(13) (가버나움)(5:21~43)

(14) 고향 (나사렛)(6:1~6)

 * 요약(6:6) 모든 촌에 두루 다니심

(15) (6:7~29) 제자 파송과 세례자 요한의 처형

(16) 한적한 곳(6:30~44) 오병이어

(17) 갈릴리바다(6:45~52)

(18) 게네사렛(6:53~7:23) 결례 논쟁

 * 요약(6:54~56) 무리가 나아옴

3) 갈릴리 주변 여행(7:24~9:50)

(1) 두로 - 시돈 - 데가볼리 - 갈릴리 호수(7:24~31)

(2) 갈릴리 호수 - 광야 - 달마누다(7:31~8:13)

(3) 갈릴리 호수 - 벳새다 - 가이사랴 빌립보 여러 마을(8:14~9:1)

(4) 변화산 - 갈릴리 - 가버나움(9:2~50)

3. 예루살렘 활동(10:1~14:42)

1) 예루살렘 여행(10:1~52)

(1) 유대지경과 요단 건너편으로 가심(10:1~31)

(2) 예루살렘으로 올라가는 길(10:32~45)

(3) 여리고에서(10:46~52)

2) 예루살렘 입성(11:1~14:42)

(1) 첫 번째 입성: 감람산 벳바게/베다니 - 성전 - 베다니(11:1~11)

(2) 두 번째 입성: 베다니 - 성전 - 베다니(11:12~25) 무화과 나무가 마름, 성전 청결

(3) 세 번째 입성: 베다니 - 성전 - 베다니(11:27~14:11)
권세질문, 포도원 비유, 가이사 세금, 부활논쟁, 계명, 다윗과 그리

스도, 서기관비판, 과부의 헌금, 종말설교(13), 체포계획, 향유부음, 유다의 배판 계획

    (4) 네 번째 입성: 베다니 – 예루살렘 – 감람산(14:12~42) 만찬, 기도

4. 수난(14:43~15:47)

1) 체포(14:43~52)
2) 대제사장에 의한 심문(14:53~72)
3) 빌라도에 의한 심문(15:1~20)
4) 십자가(15:21~41)
5) 장사(15:42~47)

5. 부활(16:1~8<20>)

마가복음은 예수 그리스도의 활동장소를 다양하게 언급함으로써 폭넓게 활동하시는 예수 그리스도의 모습을 강조한다.[20] 마가복음에서 예수 그리스도는 다양한 공간에서 사람들과 만나시는 분으로 소개된다.

1:1~13	1:14~9:50	10:1~14:42	14:43~15:47	16:1~8〈20〉
예수님의 복음시작	갈릴리 활동	예루살렘 활동	수난	부활
	시작 (1:14~15) 갈릴리에서 (1:16~7:23) 갈릴리 주변 여행 (7:24~9:50)	예루살렘 여행 (10:1~52) 예루살렘 입성 (11:1~14:42)		

IV. 마가복음의 상황

마가복음이 기록된 상황을 자주 기독교에 대한 핍박(어떤 것인지 확실하게 규정할 수는 없지만)과 연결짓는 사람들이 많이 있다. 마가복음에는 그리스도인들이 핍박 앞에서 인내해야 할 것을 언급하는 내용들이 적지 않기 때문이다(8:34ff.; 10:30; 13:8ff.). 이것은 핍박받는 교회(ecclesia pressa)의 상황을 잘 보여준다.[21]

---

20   Cf. 거스리, 『신약서론』 상, 49.

21   Martin(마르틴), 『마가신학』, 117f.

또한 마가복음에 종말론적인 내용과 함께 전쟁에 대한 언급이 나오는 것에 근거하여(13:7~8) 마가복음이 유대인 전쟁을 반영하고 있다고 생각하는 사람들이 있다.[22] 이런 입장에서 볼 때 특히 마가복음 13장은 예루살렘을 떠나 펠라(Pella)로 도피하도록 독려하는 선전문(Flugblatt)으로 간주된다.

V. 마가복음의 신학

1. 하나님

Kingsbury는 마가복음에서 하나님이 배우와 같은 중요한 역할을 담당하고 있다는 생각을 보여주었다. 이것은 마가가 하나님의 관점을 자신의 이야기 속에 집어넣고 있다는 서사비평적인 견해이다.[23] 어쨌든 마가복음에서 하나님이 두드러지게 강조되고 있는 것은 사실이다. 하나님은 구약성경의 예언 가운데 자신의 사역자를 보내시는 분으로 묘사된다(1:2~3). 또한 하나님은 예수 그리스도의 정체를 직접 확인시켜주시는 분이다(1:11; 9:7).

나아가서 마가복음에서 하나님은 예수님의 배후에 계신 분으로 설명된다. 그것은 하나님에 대한 예수님의 언급에서 분명하게 나타난다. 예수님께서 고난의 길을 방해하는 베드로를 꾸짖는 말("네가 하나님의 일을 생각하지 아니하고 도리어 사람의 일을 생각하는도다", 8:33), 하나님 한 분 외에는 선한 이가 없다고 하신 말(10:18), 겟세마네 기도에서 하나님의 뜻에 철저하게 의존한다는 말(14:36)은 이에 대한 좋은 증거이다.

2. 예수 그리스도

1. 메시아 비밀 이론

W. Wrede는 마가복음에서 예수님이 자신의 신분을 감추신 이유를 설명하기 위하여(1:25,34; 3:12; 7:36; 8:30; 9:9 등), 본래 예수님은 자신이 메시아가 아님을 알고 있었는데, 제자들이 예수님을 메시아로 믿는 자기들의 신앙에 맞추기 위하여 예수님이 이것을 비밀로 했다고 기록한 것이라고 주장하였다.[24] 다시 말하자면 마가가 예수님 전승의 비(非)메시아 자료와 부활절 후의 그리스도인들의 메시아 신앙을 조화시킨 것이 메시아 비밀이라는 것이다. Wrede

22   Martin(마르틴), 『마가신학』, 126ff.

23   Kingsbury(킹스베리), 『마가의 기독론』, 81~109.

24   W. Wrede, *Das Messiasgeheimnis in den Evangelien. Zugleich ein Beitrag zum Verständnis des Markus-Evangeliums*, 4. Aufl., Tübingen: Vandenhoeck Ruprecht, 1901, 1969.

는 메시아 비밀 이론으로 마가가 예수님이 메시아임에도 불구하고 메시아로 인정받지 못하고 배척당하여 처형된 이유를 설명하고 있다고 생각하였다.

예수님 —   메시아 아니다 —   비메시아 자료   ⌐

조화: 메시아 비밀

제자들 —   메시아이다 —   메시아 신앙   ⌐

그러나 예수님께서 자신의 신분을 감추신 것은 다른 이유 때문이다. 메시아 비밀은 구속사적인 성격을 가진다. 예수님께서는 사람들이 기적에 의하여 그의 신분을 이해하려는 시도에 대하여 논쟁적인 태도를 보이셨다. 그리고 예수님께서 메시아이심은 비로소 그의 수난과 부활 이후에 입증될 것이기에 지상사역 중에는 이적을 통한 메시아 입증을 피하고 그것을 비밀로 하도록 요구한 것이다.[25]

2. 하나님의 아들

마가복음은 다른 복음서들과 달리 예수 그리스도를 하나님의 아들로 밝히는 것으로 시작한다(1:1, "하나님의 아들 예수 그리스도의 복음의 시작이라"). 이것은 "하나님의 아들"이 마가복음에서 가장 중요한 기독론인 것을 보여준다.

Ph. Vielhauer는 마가복음에서 예수님을 하나님의 아들로 묘사하는 세 단락을 특히 중요하게 생각한다.[26] 그것들은 예수님의 세례(1:11), 예수님의 변화(9:7), 예수님의 처형(15:39)이다. Vielhauer는 고대 이집트 왕들의 즉위 장면을 연상하여 이 세 단락을 예수에 대한 입양(adoptio), 선포(proclamatio), 찬동(acclamatio)으로 생각한다. 즉 예수님은 세례를 받음으로써 하나님의 아들로 받아들여지고, 변화산에서 제자들에게 하나님의 아들로 선포되고, 십자가 위에서 이방인에 의하여 하나님의 아들로 찬동되었다는 것이다.[27] Vielhauer의 주장은 마가복음에서 "하나님 아들" 기독론을 부각시켰다는 점에서 가치가 있다. 하지만 Vielhauer가 이 세 가지 경우 외에도 마가복음에서 다른 이들이 예수님을 하나님의 아들로 부른 것을 중요하게 생각하지 않고 있다는 것은 문제로 남는다(예: 귀신들 3:11).

핍박 받는 교회는 예수님을 하나님 아들로 고백함으로써 품위를 유지하며 핍박을 당당하게 이겨나갈 힘을 얻게 되었다.

---

25   Vgl. Vielhauer, *Geschichte der urchristlichen Literatur*, 341ff.

26   Ph. Vielhauer, "Erwägung zur Christologie des Markusevangeliums", in: ders., *Aufsätze zum Neuen Testament* (TB 31), München: Chr.Kaiser Verlag, 1965, 47~54.

27   Vgl. Ed. Norden, *Die Geburt des Kindes: Geschichte einer religiosen Idee*, Leibzig: Teubner, 1924, 116ff.; G. Erdmann, *Die Vorgeschichten des Lukas- und Matthäus-Evangeliums und Vergils vierte Ekloge*, Göttingen: Vandenhoeck Ruprecht, 1932.

3. 예수님의 수난

마가복음에서는 예수님의 죽음이 아주 일찍부터 언급된다. 예수님께서 (가버나움)회당에서 안식일에 손 마른 사람을 고쳤을 때 바리새인들은 헤롯 당과 함께 예수님을 죽일 것을 의논하였다(3:6). 예수님의 수난은 반드시 일어나야 할 것으로 설명된다(δεῖ, 8:31). 이것은 하나님의 당위(göttliche Notwendigkeit)이다.[28] 이 때문에 예수님은 자신의 수난을 세 번 강하게 예언하였다 (8:31; 9:31; 10:32~34.). 이것은 "수난을 알리는 타종의 세 종소리"이다.[29]

3. 마가복음의 종결부

마가복음의 종결부는 사본상 다음과 같이 세 가지 형태가 있다.[30]

1. 무종결 본문(Endingless text): 16:1~8 (א B 등)

어떤 사본들에서 마가복음은 16:8로 종료된다. 마가복음이 16:8로 종료되었다고 할 때 한 가지 문제점이 생긴다. 그것은 마가복음이 "왜냐하면 그들이 무서웠기 때문이다"(ἐφοβοῦντο γάρ)로 어설프게 끝난다는 것이다. 첫째로, 문장구조상 "왜냐하면"(γάρ)으로 문장이 끝나는 경우가 흔하지 않다(참조. 요 13:13 εἰμὶ γάρ). 둘째로, 복음이 두려움으로 끝나는 것은 이상하다. 셋째로, 이렇게 끝나면 다른 복음서들과 달리 예수 그리스도의 부활 현현에 대한 기록이 없다는 것이다. 마가복음이 16:8로 종료된 것을 설명하기 위하여 마가가 복음서를 종결지을 수 없게 하는 일이 발생했을 것이라는 사고설, 마가가 누가의 사도행전과 같은 후편을 계획했을 것이라는 속편설, 마가가 완성한 복음서의 원본에 손상이 생겼을 것이라는 손상설이 제시되었다.[31]

2. 짧은 종결 본문(Short ending text): 16:1-8 + 두 절 (L ψ 등)

어떤 사본들에 의하면 마가복음이 16:1-8에 다음과 같은 내용을 담은 두 절을 더하고 있다.

"그들은 약속된 이 모든 것을 베드로 주위에 있는 사람들에게 종합적으로 선포하였다. 이후에 예수님 자신이 동쪽에서 서쪽까지 그들을 통하여 영

---

28   Vielhauer, *Geschichte der urchristlichen Literatur*, 341.

29   J. Wellhausen, *Einleitung in die drei ersten Evangelien*, Berlin: Georg Reimer, 1911; vgl. Ph. Vielhauer, *Geschichte der urchristlichen Literatur*, 340.

30   마가복음의 종결부에 대한 자세한 연구로는 K. Aland, "Der Schluss des Markusevangeliums", in M. Sabbe (ed.), *L'Évangile selon Marc. Tradition et Rédaction*, BEThL 34, Leuven: Leuven University Press, 1988, 435~470을 참조하라.

31   Cf. Guthrie, *Introduction*, 89~93.

원한 구원의 거룩하고 썩지 않는 복음을 내보냈다. 아멘"

그러나 예수님의 부활 현현에 대한 사전 설명 없이 예수님이 제자들에게 복음전파를 명령하는 내용을 적는 것은 너무나 불합리하다.

3. 긴 결론 본문(Long ending text): 16:1~8 + 9~20 (A C D W θ 등)
어떤 사본들에는 마가복음이 16:1~8에 더하여 16:9~20을 가지고 있다. 그런데 여기에는 몇 가지 문제점들이 있다. 첫째로, 16:9~20이 마가복음의 나머지와 헬라어 문체에 큰 차이가 있다. 둘째로, 막달라 마리아는 이미 1~8절에 언급되었는데, 다시 9절에서 "전에 일곱 귀신을 쫓아내어 주신 막달라 마리아"라는 설명을 덧붙이는 것은 이상하다. 셋째로, 16:9~20은 다른 세 복음서에서 내용을 조금씩 발췌한 듯한 인상을 준다(부활 예수님께서 마리아에게 현현 16:9~11 = 요 20:1~18; 두 제자에게 현현 16:12~13 = 눅 24:13~35; 복음전파 명령 16:14~18 = 마 28:16~20; 승천 16:19~20 = 눅 24:50~53).

4. 14절과 15절 사이에 Freer Logion (W)
긴 결론 본문의 14절과 15절 사이에 다음과 같은 내용을 지니고 있는 사본(W)이 있다. 이것은 Freer Logion이라고 일컬어진다.

> "그리고 그들이 변명하여 말하였다: 이 세대는 사탄 하에 불법과 불신에 속하여 있습니다. 사탄은 더러운 영들에 의하여 하나님의 능력 있는 진리가 받아들여지는 것을 허락하지 않습니다. 그러므로 미리 당신의 의를 계시하소서. 그들이 그리스도께 말하였다. 그리고 그리스도께서 그들에게 말씀하셨다. 사탄의 권세의 연수의 한계가 찼지만 그러나 운명이 가까이 왔다. 내가 죄인들을 위하여 죽음에 넘기었으니 그들이 진리로 돌아와 더 이상 죄를 짓지 않게 하여 하늘에 있는 신령하고 썩지 않는 의의 영광을 유업으로 받도록 하기 위함이다."

5. 정리
마가복음이 16:8처럼 이상한 결말로 끝나는 것을 불합리하다고 생각할 때 마가복음의 결론은 분명히 그 이상이었다. 그러나 전승된 16:9~20은 문체상 나타나는 여러 가지 문제점들을 미루어볼 때 정확한 나머지 것으로 볼 수 없다. 그럼에도 불구하고 다른 복음서들이 종결부에서 대략 이러한 내용을 담고 있는 것으로 보아 마가복음의 결론부도 이와 유사한 내용을 가지고 있었을 것이라고 추정할 수 있기에 16:9~20을 받아들여도 큰 무리는 없다.

제5장
누가복음

1) 주석

I. H. Marshall, *The Gospel of Luke: A Commentary on the Greek Text*, NIGTC, Exeter: Paternoster / Grand Rapids: Eerdmans, 1978, 1989.

H. Schürmann, *Das Lukasevangelium. Erster Teil: Kommentar zu Kap. 1,1~9,50*, HThKNT 3.1, Freiburg / Basel / Wien, 1969; *Zweiter Teil: Kap. 9,51~11,54*, HThKNT 3.2 Sonderausgabe, 1994.

2) 연구서

K. J. Kim (김경진), *Stewardship and Almsgiving in Luke's Theology* (JSNT.S 155), Sheffield: Sheffield Academic Press, 1998.

Y. H. Kim (김영호), *Die Parusie bei Lukas. Eine Literarisch-Exegetische Untersuchung zu den Parusieaussagen im Lukanischen Doppelwerk* (BZNW 217), Berlin: de Gruyter, 2016.

I. H. Marshall, *Luke: Historian and Theologian*, Paternoster 1970, Grand Rapids: Zondervan, 1989 (하워드 마샬, 『누가행전』, 이한수 역, 서울: 엠마오, 1993).

M. A. Powell, *What Are They Saying About Luke?* New York: Paulist, 1989, 1991 (마크 알렌 포웰, 『누가복음 신학』, 배용덕 역, 서울: 기독교문서선교회, 1995).

W. Radl, *Das Lukas-Evangelium*, EdF 261, Darmstadt: Wissenschaftliche Buchgesellschaft, 1988.

M. Rese, *Alttestamentliche Motive in der Christologie des Lukas*, SNT 1, Gütersloh: Gütersloher Verlagshaus Mohn, 1969.

M. Rese, "Das Lukas-Evangelium. Ein Forschungsbericht", ANRW II.25.3. (1985), 2258~2328.

R. E. O. White, *Luke's Case for Christianity*, Harrisburg: Morehouse Publishing, 1987, 1990 (화이트, 『누가신학 연구: 기독교에 대한 누가의 변증』, 김경진 역, 서울: 그리심, 1995, 2003).

조병수, "누가복음의 예수 계보", in 조병수, 『신약신학 열두 주제』, 수원: 합동신학대학원출판부, 2001, 97~125.

I. 누가복음의 기록자와 기록연대와 장소

누가복음과 사도행전이 같은 조망에서 씌어졌다는 것은 다음과 같이 여러 가지 측면에서 입증된다.

첫째로, 누가복음과 사도행전은 다 같이 데오빌로(Θεόφιλος)를 동일한 수신자로 언급한다(눅 1:3; 행 1:1). 어떤 사람들은 데오빌로가 "하나님의 친구"라는 의미를 가지고 있기 때문에 실제적인 인물이 아니라 교회를 가리키는 상징적인 인물이라고 생각하지만 설득력이 없다. 데오빌로가 교회를 가리키는 상징적인 인물이라면 구태여 고급관리에게 부여되는 "각하"(κράτιστος)라는 호칭을 덧붙일 필요가 없기 때문이다(눅 1:3; 참조. 행 23:26; 24:3; 26:25).

둘째로, 누가복음과 사도행전은 예수 그리스도에 대한 이야기를 로마(세계)사적인 조망에서 풀어나간다. 다시 말하자면 두 책은 로마의 황제에 관한 진술로 시작해서(눅 2:1, 가이사 아우구스투스) 로마의 황제에 관한 진술로 마쳐진다(행 28:19, 가이사 네로). 두 책에서 Gaius Caligula를 제외하고는 당대의 모든 황제가 거론된다.

눅 2:1	Augustus(주전 30년 ~ 주후 14년)
눅 3:1	Tiberius(주후 14~37년)
	Gaius Caligula(주후 37~41년)
행 18:2	Claudius(주후 41~54년)
행 28:19	Nero(주후 54~68년)

셋째로, 사도행전은 누가복음의 속편이라는 성격이 분명하게 드러난다. 사도행전의 기록계획은 "먼저 쓴 글"(ὁ πρῶτος λόγος)에 이어 연속편을 쓰는 것이다(행 1:1이하). "먼저 쓴 글"은 예수님의 행하시며 가르치기를 시작하심부터 그의 택하신 사도들에게 성령님으로 명하시고 승천하신 날까지의 일을 담고 있다.

넷째로, 누가복음과 사도행전을 비교해 볼 때 신학과 언어와 문체에 강한 유사성이 나타난다.[1] 예를 들면, 두 책에는 모두 성령님의 활동이 강조되고, 동일 단어들이 많이 사용되며, 관계문의 유인 용법(attractio relativa)이 자주 나온다.

---

1   Vgl. J. Verheyden, "The Unity of Luke-Acts. What Are We Up To?", in J. Verheyden (ed.), *The Unity of Luke-Acts*, BEThL 142, Leuven: Leuven University Press, 1999, 3~56.

1. 누가복음의 기록자

전통적으로 누가복음은 누가에 의하여 기록된 것으로 받아들여지고 있다.

1. 의사 누가

누가는 이름으로 신약성경에 세 번 언급된다(골 4:14; 딤후 4:11; 몬 24). 이 가운데서 누가는 의사(ἰατρός)라고 불린다(골 4:14). 누가복음에는 다른 복음서들에 비하여 의학적인 용어가 많이 등장한다는 점에서 누가가 의사일 가능성은 확실히 인정되었다.[2] 또한 누가복음에서 혈루증 여인이 많은 의원에게 괴로움을 당하고 손해를 보았다는 말(막 5:26)이 생략된 것은 누가가 의사로서의 자존심을 생각했기 때문이라고 볼 수 있다(눅 8:43/마 9:20).

2. 역사가 누가

누가는 자신의 역사적인 위치를 분명하게 알고 있었다. 누가는 자신을 세 번째 세대에 속하는 사람으로 설명한다.

> **제1세대:** "처음부터 말씀의 목격자되고 일군된 사람들"(1:2, αὐτόπται
> ὑπηρέται)
> **제2세대:** "많은 사람들"(1:1, πολλοί)
> **제3세대:** "나[= 누가]도 역시"(1:3, κἀμοί)

누가는 복음서를 기록하면서 역사가로서의 계획을 가지고 있었다. 누가 복음의 기록계획은 서론에 잘 나타난다. 누가는 예수님의 사건을 기록하는 자신의 태도를 세 가지로 밝힌다(1:3). 첫째로, 누가는 "근원부터"(ἄνωθεν)라고 말함으로써 예수님의 활동을 준비하는 세례자 요한의 사역부터 다룬다. 세례자 요한의 사역은 누가가 반복해서 말하는 내용이다(행 1:21 "요한의 세례로부터 우리 가운데서 올리어 가신 날까지"; 참조. 행 10:36이하). 둘째로, 누가는 "자세히"(ἀκριβῶς)라고 말함으로써 이미 다른 사람들이 기술한 복음의 내용이 충분할지라도 필요에 따라 더 첨가할 의도를 나타낸다(예를 들면 누가복음의 특수부분들). 셋째로, 누가는 "차례대로"(καθεξῆς)라고 말함으로써 교회가

---

2 W. K. Hobart, *The Medical Language of St. Luke: A Proof from Internal Evidence that "The Gospel According to St. Luke" and "The Acts of the Apostles" were written by the same person, and that the writer was a medical man*, London: Longmans, 1882. Hobart는 눅 4:23,35,38~40; 5:12,18; 6:6,18 (행 5:16),19; 7:10,15,21; 8:27,43f.; 9:11; 10:30; 11:38f.; 13:11,32; 14:2; 16:19; 18:40; 22:50; 행 3:7f.; 5:5f.; 9:18,33,40; 10:10; 12:23; 13:11; 14:8; 19:12; 20:8f.; 28:3~6,9 같은 구절들을 제시한다; 참조. A. Harnack, *Lukas der Arzt: der Verfasser des dritten Evangeliums und der Apostelgeschichte*, Leipzig: J. C. Hinrichs, 1906.

전통적으로 지키는 순서를 따를 것을 지시한다(요한의 사역 - 예수님의 출생 - 예수님의 활동 - 죽음 - 부활 - 승천; 물론 사도행전에서는 승천 이후의 일들까지 말함). 이렇게 볼 때 역사가로서 예수님의 사건을 기록하면서 누가에게 중요한 것은 근원성(전체성)과 세밀성과 질서성이다.

2. 누가복음의 기록연대

누가복음이 2세기에 기록되었다는 주장이 있지만 설득력이 없다. J. Knox는 Marcion이 사용한 복음서는 현재의 누가복음이 아니라 탄생사(1~2장)가 빠진 원누가복음(Proto-Luke)이며, 현재의 누가복음도 Marcion과 비슷한 시기에 원누가복음을 사용하였다고 주장한다.[3] 하지만 현재의 누가복음이 원누가복음을 사용한 흔적이 없다. 또한 O'Neil은 누가복음이 저스틴보다 후기에 사용되었다고 주장하였다 (115~130년경). 그렇다면 이미 마태복음과 마가복음이 권위로 사용되고 있는데 Marcion이 이제 금방 등장한 누가복음만 인정하여 교회를 대적하는 어리석은 일을 했다고 보기가 어렵다.

누가복음이 예루살렘 성전의 파괴(70년) 이전에 기록된 마가복음에 의존하는 것으로 생각하는 사람들은 1세기말 기록설을 주장한다. 특히 누가복음 21:20에 "군대들에게 에워싸인 것을 보거든"은 마가복음 13:14의 "멸망의 가증한 것"을 변형시킨 것으로써 예루살렘 파괴를 전제로 한다는 것이다 (사건으로부터의 예언, vaticinium ex eventu). 그래서 누가복음은 70년 이후에 기록되었다고 생각한다. 그러나 이것은 예수 그리스도의 예언 능력을 완전히 무시할 때 가능한 주장이다. 예루살렘 멸망(70년) 이전에 그리스도인들은 예수 그리스도의 예언을 통하여 이 사건이 일어날 것을 알고 있었다. 그래서 예루살렘의 그리스도인들은 로마 군대가 예루살렘을 포위하기 시작했을 때 Pela로 도피할 수 있었던 것이다(Eusebius, *HE* 3,32).

누가복음을 사도행전의 기록시기와 연관해서 생각해 볼 때 매우 이른 시기에 기록되었을 가능성을 전혀 배제할 수 없다. 사도행전은 네로에 의한 로마 방화(64년)를 언급하지 않는다. 이것은 사도행전 자신이 64년 이전에 기록되었을 가능성을 보여준다. 그렇다면 누가복음의 기록연대는 이보다 앞선다.

---

3   J. Knox, *Marcion and the New Testament: An Essay in the Early History of the Canon,* Chicago: Chicago University Press, 1942.

II. 누가복음의 구조와 문학 특징

1. 탄생사(전역사)의 문학 특징(1장~2장)

1. 병행과 우월
누가복음 서론(1:1~4)이 독자적인 기능을 한다는 점에 의심을 가질 수가 없다. 3:1이하에 나오는 동시대사에 대한 언급은 새로운 단락을 구성한다. 그러므로 서론과 동시대사 사이에 들어있는 탄생사(전역사, 1:5~2:52)는 하나의 단위를 이루고 있다. 이 단락에서 특히 동일한 주제, 동일한 양식, 통일된 문체가 반복되어 통일성이 인상 깊게 드러난다.[4]

1) 병행의 법칙
요한과 예수님의 탄생사는 구조에 있어서 병행문구라는 중요한 특징을 보여준다. 전체적으로 볼 때 탄생사는 마치 두 쪽 칠판(diptychon)과 같은 구조를 가지고 있다.[5]

A. 탄생 예고(1:5~38)
   요한의 탄생 예고(1:5~25) | 예수님의 탄생 예고(1:26~38)

B. 탄생 준비(1:39~56)
   엘리사벳과 마리아의 만남

C. 탄생(1:57~80; 2:1~40)
   요한의 탄생(1:57~80) | 예수님의 탄생(2:1~40)
   탄생(1:57~66) | 탄생(2:11~21)
   인사(1:67~79) | 인사(2:22~40)

D. 성장(1:80; 2:41~52)
   광야의 요한(1:80) | 성전의 예수님(2:41~52)

그런데 이 대칭구조는 특히 두 가지 단락에서 선명하게 나타난다

---

4 F. Bovon, *Das Evagelium nach Lukas. 1. Teilband: 1,1~9,50*, EKK III. 1, Zürich: Benziger / Neukirchen-Vluyn: Neukirchener, 1989, 45.

5 J. Riedl, *Die Vorgeschichte Jesu. Die Heilsbotschaft von Mt 1~2 und Lk 1~2*, Stuttgart: Katholisches Bibelwerk, 1968, 46.

(1:5~25/1:26~38; 1:57~80/2:1~52).[6] 여기에 시간과 공간, 인물과 행위가 집중적으로 병행된다. 무엇보다도 요한과 예수님 사이에 펼쳐지는 병행이 눈에 두드러진다. 요한과 예수님의 병행에 관하여 1장에서 몇 가지 예를 들면 다음과 같다.

요한의 탄생 예고(1:5~25)	예수님의 탄생 예고(1:26~38)
사가랴와 엘리사벳(5~7)	요셉과 마리아(27~28)
천사 등장(11)	가브리엘 등장(28)
사가랴의 놀람(12)	마리아의 놀람(29)
두려워 말라 사가랴여(13)	두려워 말라 마리아여(30)
엘리사벳이 아들을 낳으리라(13)	네가 아들을 낳으리라(31)
그 이름을 요한이라 하라(13)	그 이름을 예수라 하라(31)
어찌 그런 일이(18)	어찌 그런 일이(34)
천사가 대답하여 이르되(19)	천사가 대답하여 이르되(35)
보라(20)	보라(36)

누가는 요한과 예수에 관한 이야기를 병렬시킨다. 다시 말하자면 누가는 두 이야기를 이어 쓰는 것이 아니라 섞어 쓰는 것이다. 이렇게 함으로써 요한의 탄생사와 예수님의 탄생사가 병행적으로 흐르게 한다.

2) 우월의 법칙

그런데 요한과 예수님의 탄생사에는 병행과 함께 흐름을 단절시키는 부분들이 있다. 누가는 첫째 주요단락 (1:5~38)을 요한의 어머니(엘리사벳)와 예수님의 어머니(마리아)가 만나는 장면(1:39~56)으로 결말짓고, 둘째 주요단락 (1:57~2:40)을 열두 살 예수님의 성전방문(2:41~52)으로 결말짓는다. 이 두 결말의 공통점은 요한에 대한 예수님의 우월성이다. 예수님은 마리아의 복중에 있는 동안에도 이미 "주"(κύριος)이시며(1:43), 열두 살의 아이로서 하나님을 "내 아버지"(πατήρ μου, 2:49)라고 부른다.

요한과 예수님의 탄생사는 단순한 역사기록 이상의 의미를 지닌다. 누가는 요한과 예수님을 비교하면서 요한에 대한 예수님의 우월을 강조하기 때문이다. 예수님은 요한을 능가한다. 여기에 우월(Überbietung)의 법칙이 사용된다.[7] 예를 들면 첫째로, 요한에 대한 예수님의 우월은 신분에서 드러난다. 요한은 지극히 높으신 이의 선지자(1:76)이지만, 예수님은 지극히 높으신 이의 아들(1:32)이다. 또한 활동과 관련하여 요한의 활동은 오직 하나님의 백성인 이스라엘에게만 해당되지만(1:77), 예수님의 활동은 이스라엘 백성뿐

---

6 Cho, *Prophet*, 152.

7 Ph. Vielhauer, "Das Benedictus des Zacharias (Lk 1.68~79)", in ders., *Aufsätze zum Neuen Testament*, München: Kaiser, 1965, 28 passim.

아니라(2:10,32), 모든 민족과 백성을 위한 것이기도 하다(2:31~32). 나아가서 출생과 관련하여 태중의 요한은 태중의 예수님 앞에서 뛰논다(1:41,44). 이러한 우월의 법칙은 엘리사벳과 마리아의 관계에서도 잘 나타난다. 마리아는 엘리사벳에 대하여 "내 주의 어머니"(눅 1:43)이다.

누가는 이런 우월의 법칙을 가지고 예수님의 공동체에 대하여 오랫동안 경쟁하던 요한의 공동체를 합일(concordia)시키게 되었을 것이다.[8]

2. 노래들

요한과 예수님의 탄생사에는 마리아의 노래(Magnificat, 1:46~55), 사가랴의 노래(Benedictus, 1:68~79), 천군의 노래(Gloria in altissimis Deo, 2:14), 시므온의 노래(Nunc dimittis, 2:29~32)가 들어있다.

2. 누가복음의 특수용어와 특수내용

누가복음에는 다음과 같이 특수용어와 특수내용이 상당히 많이 들어있다. 이것은 누가복음의 독립적인 위치를 강력하게 입증한다.

1. 누가복음의 특수용어

누가복음에 나오는 단어는 모두 2,055개로서 그 가운데 971단어가 신약성경에 단 한 번 사용된 단어들(*hapax legomena*)이며 352단어가 두 번 사용된 단어들(*dis legomena*)이다. 사도행전에 나오는 단어는 모두 2,038개이며 그 가운데 943단어가 *hapax legomena*이며 335단어가 *dis legomena*이다.[9]

2. 누가복음의 특수내용

다른 복음서들에 비하여 누가복음에만 나오는 내용들을 정리하면 다음과 같다.[10]

1:5~2:52	탄생사
3:10~14	세례자 요한의 신분설교
3:23~38	예수님의 계보
4:17~21,23,25~30	예수님의 나사렛 방문

---

8 Bovon, *Lukas 1*, 48.

9 R. Morgenthaler, *Statistik des neustestamentlichen Wortschatzes*, 3. Aufl., Zürich: Gotthelf-Verlag, 1982, 27.

10 Cf. J. A. Fitzmyer, *The Gospel according to Luke (I~IX): Introduction, Translation and Notes*, AncB 28, New York / London: Doubleday, 1981, 83f.

3. 누가의 복음도식(Evangeliumsformular)

위에서 살펴본 바와 같이 누가는 세 가지 기록원칙을 가지고 있었다: 근원
성(전체성)과 세밀성과 질서성이다(눅 1:1~4). 누가는 이 세 가지 원칙에 따라
서 여러 곳에서 복음의 도식을 전개한다.

1. 누가복음에서 복음도식

누가는 누가복음 16:16에서 가장 명확하게 복음도식을 소개한다. H.

Conzelmann은 누가가 누가복음 16:16을 열쇠로 사용하여 누가복음과 사도행전을 관통하여 다음과 같이 세 기간을 가진 구속사론을 전개했다고 주장한다.[11]

첫째 시간: 이스라엘의 시간(세례자 요한이 대표, 눅 1~2장)
둘째 시간: 예수님의 시간(눅 3~24장)
셋째 시간: 교회의 시간(행 1~28장)

그러나 누가복음 16:16이 의미하는 바를 정확하게 살펴볼 필요가 있다. 본문은 재물에 대한 비판적인 글 모음에서 중간에 위치하고 있다(눅 16:1~13 불의한 청지기 비유와 교훈; 눅 16:14~18 돈을 좋아하는 바리새인 비판; 눅 16:19~31 부자와 나사로). 그 가운데 돈을 좋아하는 바리새인 비판(눅 16:14~18)은 다시 바리새인 비판(눅 16:14~15), 세례자 요한의 위치 (눅 16:16), 율법의 가치와 적용(눅 16:17~18)으로 구성된다.

세례자 요한의 위치를 말하는 누가복음 16:16은 두 부분으로 나누어진다. 누가복음 16:16a는 동사가 없는 진술문으로서 율법과 선지자의 순서를 따라(눅 24:27,44f. 참조) "율법과 선지자는 요한까지"라고 말하고, 누가복음 16:16b는 하나님 나라의 전파라는 누가의 전형적인 표현을 따라(눅 4:43; 8:1 참조) "그 후부터는 하나님의 나라가 전파되어 사람마다 그리로 침입한다"고 말한다.

누가복음 16:16에서 중요한 것은 "요한까지"(μέχρι Ἰωάννου)와 "그 후부터"(ἀπὸ τότε)라는 표현이다. 이것은 세례자 요한이 시간의 중심에 서 있다는 것을 보여준다. 누가는 예수 그리스도의 말씀을 가지고 세례자 요한을 중심으로 요한까지의 시간과 요한부터의 시간을 대조시킨다. 요한까지의 시간은 율법과 선지자의 시간이며, 요한부터의 시간은 하나님 나라 전파의 시간이다. 이렇게 구속사와 관련된 두 기간이 언급되면서 요한을 중심으로 옛 시간과 새 시간이 나누인다. 세례자 요한은 시간의 분수령에 서 있다.

요한
---------- μέχρι | ἀπό ----------
율법과 선지자   하나님 나라 전파
(유대인 대상)   (만인 대상)

---

11 H. Conzelmann, *Die Mitte der Zeit. Studien zur Theologie des Lukas*, 6. Aufl., Tübingen: Mohr Siebeck, 1954, 1977 (= *The Theology of St. Luke*, London: SCM, 1960, 1982); 특히 *Mitte*, 15,17,104를 보라.

2. 사도행전에서 복음도식

누가에 의하면 사도 베드로는 가룟 유다 대신에 사도를 보충하는 설교에서 그 자격을 설명하면서 "요한의 세례로부터 우리 가운데서 올리어 가신 날까지 주 예수님께서 우리 가운데 출입하실 때에"(행 1:21)라는 단서를 달았다. 예수님의 출입하심(εἰσῆλθεν καὶ ἐξῆλθεν)은 단순히 예수님의 일상생활을 가리키는 것(요 10:9; 참조. 민 27:17; 수 14:11; 대하 1:10)보다는 전문적으로 예수님의 세례와 승천을 가리키는 것으로 보아야 한다. 왜냐하면 바로 뒤에 이어지는 사도행전 1:22이 이 구절을 설명해주는 역할을 하기 때문이다(εἴσοδος에 대하여는 행 13:24을 참조하고, ἔξοδος에 대하여는 눅 9:31을 참조하라).

또한 누가는 사도 베드로가 고넬료의 집에서 행한 설교를 통하여 복음의 도식을 조금 더 자세하게 말한다(행 10:37). 복음은 요한이 세례를 반포한 후에 갈릴리에서 시작되어(눅 3:23 참조) 온 유대에 전파되었다는 것이다.

마지막으로 누가에 의하면 사도 바울은 비시디아 안디옥에서 설교하면서 예수님의 오심 앞에 세례자 요한이 먼저 회개의 세례를 전파하였다고 증언한다(행 13:23~24).

이상에서 살펴 본 바와 같이 예수님의 사역은 언제나 세례자 요한의 활동으로부터 시작하며 부활(승천)로 종료된다. 그러므로 복음의 요약은 세례자 요한의 세례로부터 예수 그리스도의 부활(승천)까지이다("제2장 공관복음서 문제"에서 복음도식을 참조하라).

4. 누가복음과 사도행전의 전체구조

* 누가복음 서론(눅 1:1~4)
1) 요한과 예수님의 탄생(눅 1~2)
2) 요한의 활동(눅 3:1~22)
3) 예수님의 활동(눅 3:23~24:53)
* 사도행전 서론(행 1:1~2)
4) 사도들의 활동(행 1:3~28:31)

III. 누가복음의 내용

1. 서론(1:1~4)
2. 요한과 예수님의 탄생(1:5~2:52): 전역사(Vorgeschichte)
3. 요한의 활동(3:1~22)
4. 예수님의 활동(3:23~24:53)

1) 예수님의 활동시작(3:23~4:13)
  (1) 예수님의 계보(3:23~38)
  (2) 예수님의 시험(4:1~13)
2) 예수님의 갈릴리 활동(4:14~9:50)
3) 예수님의 예루살렘 여행(9:51~19:27)
4) 예수님의 예루살렘 활동(19:28~24:53)

1:1~4 서론	1:5~2:52 요한과 예수님의 탄생	3:1~22 요한의 활동	3:23~24:53 예수님의 활동
			활동시작 (3:23~4:13) 갈릴리 활동 (4:14~9:50) 예루살렘 여행 (9:51~19:27) 예루살렘 활동 (19:28~24:53)

IV. 누가복음의 상황

누가복음은 데오빌로라는 총독(κράτιστος)을 수신자로 하고 있다는 점에서 로마에 대한 기독교의 변증이라고 볼 수 있다.[12] 누가복음은 전체적으로 볼 때 로마에 대한 호의적인 입장을 취하고 있다. 예수님께서 로마 백부장의 믿음을 칭찬한 것이나(눅 7:1~10), 예수님께서 가이사의 것을 가이사에게 돌리라고 하는 것이나(눅 20:20~26), 빌라도가 세 번 예수 그리스도에게 무죄를 발표한 것(눅 23:4,14,22)은 매우 중요한 의미를 가진다. 이렇게 하여 누가복음은 기독교가 로마에 대하여 우호성을 가지고 있다는 것을 보여준다.

---

12   화이트, 『기독교에 대한 누가의 변증: 누가신학 연구』, 34~40.

V. 누가복음의 신학

1. 기독론

1. 기독론의 특징
누가에게 예수 그리스도는 역사적인("우리 중에 이루어진 사실에 관하여", περὶ τῶν πεπληροφορημένων ἐν ἡμῖν πραγμάτων, 1:1) 인물로서 구속사에 있어서 핵심 인물이다. 누가는 예수 그리스도를 탄생 - 세례 - 승천 - 재림이라는 도식 가운데 묘사하면서 양면적으로 설명한다. 예수님은 인간적인 면과 초인간 적인 면을 지니고 있다는 것이다. 누가에게 "주요 문제는 예수님이 하나님과 인간 사이에 처해 있는 유일한 위치이다."[13]

1) 인간적인 면
인간적인 면에서 볼 때 예수 그리스도는 유대인으로서 베들레헴에서 탄생하셨다(2:6~7). 그는 다윗의 자손이다(1:27; 2:4; 3:31). 예수님께서는 12살에 예루살렘을 방문하였다(2:41). 그는 활동 중에 다양한 사람들을 만났는데 특히 가난한 사람들에게 큰 관심을 보이셨다(4:18; 6:20; 7:22; 14:13; 16:20; 18:22; 19:8; 21:3).

2) 초인간적인 면
예수 그리스도에게는 초인간적인 면이 있다. 그는 성령님으로 말미암아 동정녀에게서 탄생하셨다(1:34~35). 예수님은 성령님에 의해 사역하셨다(3:22; 4:1,18; 10:21). 그의 아버지는 하늘에 계신 하나님이다(2:49; 3:22; 9:35; 10:21~22; 23:46). 예수님은 죽은 자들로부터 부활하셨고(24:6; 행 2:24,32; 3:15; 4:10; 5:30; 10:40; 13:30,33,37; 26:23) 승천하셨다(24:51; 행 1:9). 승천하신 예수님은 하나님 우편에 계시며(행 7:55~56), 성령님을 부어주시고(행 2:33), 재림을 준비하신다 (17:30).

　예수 그리스도의 초인간적인 면은 성령님과의 관계에서 두드러지게 나타난다: 성령님에 의한 탄생(1:35), 성령님이 내려오심(3:22), 성령님이 위에 계심(4:18), 승천하신 예수님의 활동: 성령님을 보내심/부어주심(24:49; 행 2:33). "하나님과의 관계의 기초는 성령님이다."[14]

13　Radl, *Das Lukas-Evangelium*, 83.
14　Radl, *Das Lukas-Evangelium*, 84.

2. 기독론의 명칭

1) 주(κύριος)

예수님께서는 탄생과 관련하여 천사의 전갈에서 분명하게 "주"라고 선포된다(1:43; 2:11). 이 명칭은 가장 오래된 유대 기독교에 기원을 두고 있다.[15] 왜냐하면 팔레스타인 원시교회는 예수님을 여호와(주)와 동일시하였기 때문이다.[16] 이 명칭은 단순히 경칭으로 사용되기도 하였다(문둥병자/비제자 5:12; 백부장/이방인 7:6; 추종 소원자 9:61). 이 명칭은 다음과 같이 여러 가지 기독론적인 의미를 표현한다: 왕적인 메시아(1:43 세례자 요한과의 관계; 2:11; 19:31,34; 20:41~44), 구속자(7:13; 13:15; 19:8), 교회의 주인(10:1,39,41; 12:42), 부활주(24:3,34).

2) 그리스도(Χριστός)

누가에게서 "그리스도"라는 명칭은 천사의 탄생 전갈에서 처음 나온다(2:11). 이것을 예루살렘의 시므온이 반복하여 말한다: "주의 그리스도"(2:26). 예수님께서는 그리스도로서의 자기의식을 가지고 있었다(4:18 성령님으로 기름부으심; 4:41). 베드로의 고백에서 예수님은 그리스도로 표현된다(9:20).

누가는 유대인들에게 메시아 기대 사상이 있다는 것을 명시한다(3:15 요한을 그리스도인가 생각; 22:67 예수님이 그리스도인가 질문). 동시에 누가는 예수님의 메시아 되심은 정치적 메시아를 기다리는 유대인의 사상과 다른 것임을 간접적으로 표명한다(23:2). 또한 누가는 메시아가 고난을 당하지 않는다는 사상을 거부한다(23:35,39). 나아가서 누가는 메시아의 고난의 필연성을 강조하며 죽음은 성경에 예언된 것임을 밝힌다(24:26,46).

3) 하나님의 아들(ὁ υἱὸς τοῦ θεοῦ)

"그리스도" 칭호와 함께 "하나님의 아들" 칭호가 자주 강조된다. 그러나 "하나님의 아들" 칭호는 "그리스도"라는 칭호와 분명하게 구별되는 의미를 가진다(22:67,70). 이 두 칭호는 교환될 수 없는 것이지만 서로 보완될 수는 있다(4:41; 행 9:20,22).

누가복음에서 "하나님의 아들" 칭호는 예수님께 가장 고귀한 이름이다. 그래서 이 명칭은 사람의 입을 통해서는 거의 사용되지 않는다(22:70에서 단

---

15 Radl, *Das Lukas-Evangelium*, 85.

16 Gegen W. Bousset, *Kyrios Christos. Geschichte des Christusglaubens von den Anfängen des Christentums bis Irenaeus*, Göttingen: Vandenhoeck Ruprecht, 1926 (= Darmstadt: Wissenschaftlich Buchhandlung, 1967, 6. Aufl.).

x

지 의문문으로 사용). 이 명칭은 주로 천사가(1:35), 하늘소리가(3:22; 9:35), 마귀가(4:3,9), 귀신이(4:41; 8:28), 예수님께서(10:22) 사용하신다. 예수님께서 하나님의 아들이심은 성령님에 의한 잉태에서 분명하게 증거된다. 예수님은 잉태시부터 하나님의 아들로 불린다(1:32,35). 이 칭호에서는 고난보다는 영광과 능력이 강조된다.

4) 인자(ὁ υἱὸς τοῦ ἀνθρώπου)

"인자"는 누가복음에 25번 나온다. 그 가운데 적어도 7번은 누가의 특수 내용이다. 누가복음에서는 인자의 세 가지 중요한 사상이 다 관련된다: 지상사역(19:10), 수난과 부활(17:25; 22:48; 24:7), 재림(17:22; 18:8; 21:36). 인자의 지상활동의 주요 목적은 잃어버린 자들을 구원하는 것이다(19:10). 누가복음에서는 인자가 재림시에 심판적 기능보다 구원적인 기능을 발휘하는 것이 더 강조된다. 누가는 인자의 승귀를 강조한다(그래서 막 14:62가 인자의 좌정과 재림을 말하는 데 비하여, 눅 22:69는 단지 인자의 좌정만 언급한다; 행 7:56의 스데반의 설교를 참조하라).

누가에게 있어서 인자의 길은 지상사역에서 고난과 부활을 통하여 승천과 재림까지이다.[17] 그래서 재림하시는 인자에 대한 확신은 근신과 경성을 권면하는 원인이 된다(18:8; 21:36).

5) 선지자(προφήτης)

누가에 의하면 백성은 예수님을 "선지자"로 여겼다(9:8,19). 엠마오 제자들에게 있어서 예수님은 "하나님과 모든 백성 앞에서 말과 일에 능한 선지자"(24:19)였다. 여기에 선지자로서의 예수에 대한 몇 가지 평가가 들어있다. 첫째로, 예수님은 선지자로서 하나님과 백성의 중간역할을 하였다. 둘째로, 예수님은 선지자로서 선포("말")하는 기능을 하였다(참조. 4:16이하). 예수님은 자신의 선포가 승인되지 않는 것을 가리켜 "선지자가 고향에서 환영을 받는 자가 없다"(4:24)고 설명하였다. 셋째로, 예수님은 선지자로서 이적("일")을 행하였다. 예수님께서 나인 성 과부의 아들을 살리셨을 때 백성들은 예수님을 "큰 선지자"(7:16)로 여겼다.

선지자이신 예수님께서는 앞에 있던 선지자들과 마찬가지의 운명으로 고난의 길을 간다(13:33~34). 그러나 예수님은 앞에 있던 모든 선지자들과 다르다. 왜냐하면 예수님은 선지자들에 의하여 예언된 선지자이기 때문이다(24:25,44). 이러한 의미에서 예수님은 종말론적인 선지자("그 선지자" ὁ προφήτης)이시다.

---

17   Vgl. G. Schneider, *Das Evangelium nach Lukas. Kapitel 1~10*, ÖTKNT 3/1, Gütersloh: Gütersloher Verlagshaus Mohn, 1984, 113.

선지자이신 예수님에게 특히 모형론적인 선지자 상이 나타난다. 첫째로, 예수님은 엘리야에 비견되는 선지자이다. 예수님께서는 자신의 보냄 받으심을 엘리야와 비교한다(4:25~26) (그러나 예수님은 다음 절들에서 엘리사와도 비교된다). 예수님께서는 엘리야가 행한 사건과 비슷한 일도 행한다(7:15 과부아들을 살림, 야이로 딸을 살림; 참조. 왕상 17:23). 예수님의 승천은 엘리야 사건을 연상시킨다.[18] 그러나 예수님은 엘리야와 동일시되지는 않는다(9:8,19). 둘째로, 예수님은 모세에 비견되는 선지자이다. 변화 산에서 얼굴이 변형된 것이 좋은 예이다(9:29; 참조. 출 34:29). 예수님은 모세와 같은 선지자로 인정된다(행 3:22~23; 7:37; 참조. 신 18:15,18).

6) 구주(σωτήρ)

예수님은 누가에게 "구주"로 불린다(2:11; 행 5:31; 13:23). 누가는 "구원하다"(σώζειν), "구원"(σωτηρία), "구원하는"(σωτήριος)이라는 단어를 즐겨 사용한다. "구원하다"를 제외한 세 단어는 요한복음 4:22,42를 제외하고는 복음서에서 오직 누가만 사용하였다. 구주의 보내심은 바로 구원을 위한 것이다.

2. 예루살렘에 대한 강조

예루살렘이 누가복음에서 중요한 의미를 차지하고 있다는 것은 다른 복음서와 비교해 볼 때 쉽게 알 수 있다. 예루살렘은 마태복음에서 12번 언급되고('Ιεροσόλυμα 11번, 'Ιερουσαλήμ 1번), 마가복음에는 10번 나온다 ('Ιεροσόλυμα). 이에 비하여 누가복음에는 예루살렘이 모두 31번이나 언급된다('Ιεροσόλυμα 2:22; 13:22; 19:28; 23:7; 'Ιερουσαλήμ 2:25,38,41,43,45; 4:9; 5:17; 6:17; 9:31,51,53; 10:30; 13:4,33,34bis; 17:11; 18:31; 19:11; 21:20,24; 23:28; 24:13,18,33,47,52).

비록 사가랴의 성전 봉사에서 예루살렘이 명시되지는 않지만 자연스럽게 전제된다는 사실을 감안할 때 누가복음은 예루살렘에 대한 이야기로 시작하는 것으로 생각할 수 있다. 아기 예수님의 예루살렘 방문(2:22)은 공적 사역 이전에 예수님께서 예루살렘과 깊은 관계를 맺었다는 것을 보여준다. 예수님께서 예루살렘의 시므온에게 축복을 받았다는 것(2:25)은 예루살렘의 공식적인 인정 하에 있다는 것을 의미한다. 공적 사역 이전에 예루살렘에 대한 예수님의 깊은 관계는 열두 살 소년 예수님의 예루살렘 방문에서도 잘 입증된다(2:41). 예수님께서는 예루살렘 성전을 중심으로 제기된 사탄의 시험을 물리치심으로써(4:9) 예루살렘을 사수하시고 성전을 보호하셨다. 이 때문에 예수님께서는 예루살렘의 타락과 오해에 대하여 한탄하셨던 것이다

---

18   Cf. G. W. H. Lampe, "The Lucan Portrait of Christ", NTS 2 (1955/56), 160~175, esp. 169.

(13:34; 23:28). 예수님께서는 예루살렘으로 올라가시는 것을 공적 사역의 최종적인 목적으로 삼으셨다(9:51). 이것은 그 유명한 예수님의 예루살렘 여행 단락이다(9:51~19:27). 예수님께서는 그의 죽으심으로 예루살렘을 지키려고 하셨던 것이다. 예루살렘은 모든 족속에게 죄사함을 얻게 하는 회개가 전파되기 시작하는 시발점이 될 것이기 때문에(24:47) 예수님께서는 제자들이 위로부터 능력을 입을 때까지 예루살렘을 떠나지 말라고 권면하셨고(24:49) 제자들은 그 명령을 따라 예루살렘 성전에 머물렀던 것이다(24:52~53).

3. 이방인, 여자들, 가난한 자들에 대한 관심

누가복음에는 이방인, 여자들, 가난한 자들에 대한 관심이 짙게 나타난다.[19]

누가복음은 이방인에 대하여 여러 가지 내용을 제시한다. 예수 그리스도는 이방인에게 비추는 빛이다(2:31f.). 모든 육체가 하나님의 구원을 보게 될 것이다(3:6). 예수님께서는 구약시대에 이미 이방인들에게 하나님의 구원이 임하였다고 설명하신다(4:25~27, 사렙다 과부와 수리아의 나아만). 예수님께서는 이방인 백부장의 믿음을 칭찬하신다(7:1~10). 예수님께서는 사마리아에 대하여 호의적인 입장을 취한다(9:51~56). 동서남북에서 온 사람들이 하나님 나라의 잔치에 참여하게 될 것이다(13:29). 예수 그리스도의 이름으로 사죄의 회개가 모든 족속에게 전파된다(24:47).

누가복음에는 다음과 같은 여자들이 배역을 담당한다. 엘리사벳(1:5), 마리아(1:27; 2:41), 아셀 지파의 안나(2:36), 사렙다 과부(4:26), 시몬의 장모(4:38), 나인성 과부(7:11), 예수님을 도운 여자들(8:2~3), 여자의 가루 서 말(13:20f.), 드라크마를 찾는 여자(15:8), 간청하는 과부(18:3), 십자가의 여자들(23:49), 부활일의 여자들(24:1).

누가복음에서 가난한 자들(πτωχοί)은 마리아의 노래(1:51~53), 세례자 요한의 신분설교(3:10~14), 예수님의 활동시작(4:18~19), 평지설교(6:20), 예수님의 잔치초청(14:13,21), 부자와 나사로(16:20,22), 관원에의 요구(18:22), 삭개오에의 요구(19:8), 헌금하는 가난한 과부(21:3) 등에서 언급된다.

4. 기도

1. 기도의 강조

누가복음은 (사도행전과 함께) 기도를 강조한다.[20] 그래서 누가복음에는 기도

---

19 화이트, 『기독교에 대한 누가의 변증』, 98~102, 125~141.

20 Radl, *Das Lukas-Evangelium*, 118f.

에 관련된 수많은 본문들이 나오며, 기도에 관련된 다양한 단어들(명사와 동사)이 등장한다. 가장 많이 나오는 단어는 "기도하다"(προσεύχομαι)로서 19번 사용되었다. 또한 누가복음에는 기도의 주제가 ἐγένετο로 연결되어 조심스럽게 도입된다(3:21; 6:12; 9:18,28,29; 11:1). 나아가서 누가복음은 때때로 기도 단락을 조직적으로 종합하여 진술한다(큰 단락: 11:1~13; 18:1~14; 작은 단락: 21:34~36; 22:31~34; 39~46).

2. 기도의 실제

1) 예수님의 기도

누가복음에서 예수님의 기도는 크게 강조된다. Conzelmann은 "예수님의 길에서 새 단락들을 표하는 세 장면이 서로 유사하다: 세례, 변화, 감람산 기도. 기도에 대한 응답으로 세 번 하늘의 알림이 묘사된다"고 설명하였다.[21] 그러나 사실상 자세히 살펴보면 예수님께서 요한에게 세례를 받으신 후에 기도하신 것에서는 하늘로부터 오는 소리가 있었고(3:22), 감람산에서 하신 기도에서는 하늘로부터 나타난 천사의 도움이 있었지만(22:43), 변화산에서 구름 속에서 난 소리는 예수님의 기도에 대한 응답이 아니라, 베드로의 말에 대한 반박이었다(9:35).

예수님께서 기도하는 상황은 다음과 같다. 예수님께서는 요한에게 세례를 받으신 후에(3:21), 들에서(5:16), 산에서(6:12; 9:28; 22:39,41) 기도하셨다. 예수님께서는 홀로(5:16; 9:18; 11:1), 오랫동안(6:12), 무릎을 꿇고(22:41,44) 기도하시는 모습을 보여주셨다.

예수님께서 기도하신 경우를 보면 결정적인 전환점들을 맞이하실 때마다 기도하셨다. 예수님께서는 사역을 시작하시면서 세례를 받으셨을 때(3:21), 열두 제자를 부르시기 전에(6:12), 베드로에게서 신앙고백을 받기 전에(9:18), 죽음을 예고하는 변화산에서(9:28), 감람산에서 수난을 앞에 두고(22:40~44), 십자가상에서(23:34,46) 기도하셨다.

예수님께서는 자주 "아버지여"라고 부르심으로써 기도를 하셨다(10:21; 22:42; 23:34,46). 이것은 예수님의 기도어투이다. 예수님의 기도는 제자들에게 모범이 되었다(11:2~4). 예수님의 기도에 도전을 받은 제자들은 세례자 요한처럼 모범적인 기도를 가르쳐달라고 요청하였고, 예수님께서는 기도문을 일러주셨다. 예수님께서는 원수를 위하여 기도할 것을 요청하셨으며(6:28; 23:34), 고난의 위험에서도 기도하라고 말씀하셨다(22:40,46). 예수님께서는 제자들에게 기도의 성격을 알려주셨다. 기도는 신뢰와 집념으로 해야

---

21   Conzelmann, *Mitte*, 167.

하며(11:5~8, 9~13), 기도에 대한 경시나 그침이 있어서는 안 된다(18:1; 21:36).

2) 제자들의 기도

제자들이 기도해야 하는 이유는 기도가 부활하신 예수님의 요구이기 때문이다(21:36; cf. 행 1:14).[22] 기도는 교회의 실천을 요청한다.

제자들의 기도에는 예수님의 기도에 비하여 새로운 한 가지 내용 첨가되었다. 그것은 예수님의 재림을 위한 기도이다. 교회는 재림을 기대하며 기도한다. 제자들은 예수님의 재림까지 단지 기도함으로써 신앙이 흔들림이 없이 유지된다. 제자들이 매일생활에 대한 염려와 이 세상에서의 즐거움을 이기게 하는 것도 기도이며(8:14), 핍박과 고난을 이기는 것도 기도이다(8:13; 22:32,40,46). 단지 기도하는 자 만이 인자가 오실 때에 합격할 수 있다(18:1~8; 21:36). 인자는 기도가 충분히 이루어지지 않았기 때문에 아직도 기다리고 있다(18:1~8). 이것이 누가복음에 나타나는 기도의 권면적인 성격이다.

기도는 반드시 응답된다(11:9이하/마 7:7이하). 그러나 모든 기도가 기대한 대로 응답되는 것은 아니다. 왜냐하면 기대한 내용 대신 성령님을 주시기 때문이다(11:13). 누가가 신앙의 모든 능력은 인정하지만(17:6/마 17:20), 기도의 모든 능력은 인정하지 않는다는 데(마 21:22/막 11:24에 비하여) 주의해야 한다. 이렇게 하여 누가는 기도로 하나님을 조정할 수 있다는 환상을 포기시키고 있다.

3. 기도의 신학적인 의미

1) 기독론적인 의미

예수님께서 그처럼 자주 기도한 것은 기독론적인 의미를 가진다. 예수님의 기도는 하나님과의 밀접한 관계 또는 하나님께의 종속을 의미한다.

2) 구속사적인 의미

기도는 구원의 의미를 지닌 예수님의 활동과 수난에 연결되어 있다는 점에서 구속사적인 의미를 가진다. 기도는 구속사에 유효하다. 그래서 누가는 예수님께서 구속사의 전환점에서 기도하신 것을 강조한다. 하나님께서는 기도로써 하나님과 연결된 예수님을 통하여 구속사의 과정을 결정하신다. 이것은 기도의 구속사적인 기능이다.

---

22 사본에 따라서 24:53에도 기도에 대한 요구가 들어있다.

3) 교회론적인 의미

예수님의 기도는 제자들과 교회를 위한 모범이다. 기도로써 교회는 이 세상을 초월하며, 상황을 파악하며, 구속사를 위한 시간들을 결정할 수 있다(행 1:14,24; 6:6; 8:15; 10:9; 13:3). 그러므로 기도는 "기능하는" 신앙이다.

4) 성령론적인 의미

예수님께서 요한에게 세례를 받으시면서 하신 기도에서 성령님과 기도의 연결이 잘 나타난다(3:21~22). "성령님은 기도의 응답으로 오신다."[23] 이 구절에서 성령님 모티브와 기도 모티브가 결합되어 있다.[24]

하나님께서는 하나님의 나라를 구하는 사람에게(11:2) 성령님을 주신다 (11:13). 왜냐하면 성령님의 임재는 하나님의 나라가 오는 것을 보증하기 때문이다(행 1:6~8). 참된 기독교적인 기도와 교회의 시대에 적당한 기도는 성령님을 구하는 기도이다.

5) 윤리적인 의미

누가가 마태보다 이 세상의 일들("택하신 자들의 원한", 18:7)을 훨씬 더 기도의 대상으로 삼는다는 사실에서 기도의 윤리적인 의미를 엿볼 수가 있다. 기도하는 사람은 도덕과 윤리에서 실수할 가능성이 낮다.

---

23   Conzelmann, *Mitte*, 167.
24   Conzelmann, *Mitte*, 167.

제6장

요한복음

1) 주석

C. K. Barrett, *The Gospel according to St. John: An Introduction with Commentary and Notes on the Greek Text*, Philadelphia: The Westminster Press, 1955, 1978.

R. E. Brown, *The Gospel According to John (i~xii): Introduction, Translation, and Notes*, AncB 29, New York: Doubleday, 1966; John (xiii~xxi), AncB 29A, 1970.

R. Schnackenburg, *Das Johannesevangelium. Erster Teil: Einleitung und Kommentar zu Kap. 1~4*, HThKNT 4.1, Freiburg / Basel / Wien, 1965; *Kap. 5~12*, HThKNT 4.2, 1971; *Kap. 13~21*, HThKNT 4.3, 1975; *Ergänzende Auslegungen und Exkurse*, 1984.

K. Wengst, *Das Johannesevangelium, 1. Teilband: Kapitel 1~10*, ThKNT 4.1, Stuttgart: Kohlhammer, 2000; *2. Teilband: Kapitel 11~21*, ThKNT 4.2, 2001.

조병수, 『요한복음』, 한국성경주석 04, 고양: 이레서원, 근간.

2) 연구서

G. R. Beasley-Murray, *Gospel of Life. Theology in the Fourth Gospel*, Peabody: Hendrikson, 1991.

G. M. Burge, *Interpreting the Gospel of John*, GNTE, Grand Rapids: Baker, 1992, 2002.

S. M. Cho (조석민), *Jesus as Prophet in the Fourth Gospel*, NTM 15, Sheffield: Sheffield Phoenix Press, 2006.

R. A. Culpepper, *Anatomy of the Fourth Gospel: A Study in Literary Design*, Philadelphia: Fortress, 1983 (『요한복음 해부. 서사비평으로 보는 제4복음서』, 권종선 역, 서울: 요단, 2000).

R. Kysar, *John: The Maverick Gospel*, Atlanta: John Knox, 1976.

R. Kysar, *John's Story of Jesus*, Philadelphia: Fortress, 1984 (『요한의 예수이야기』, 최흥진 역, 서울: 한국장로교출판사, 1995).

B. Lindars, *John*, NTG) Sheffield: JSOT Press, 1990 (『요한복음』, 김동수 역, 서울: 이레서원, 2002).

L. Morris, *Jesus is the Christ: Studies in the Theology of John*, Grand Rapids: Eerdmans / Leicester: IVP, 1989.

S. S. Smalley, *John: Evangelist and Interpreter*, Exeter: Paternoster, 1978 (『요한신학』, 김경신 역, 서울 도서출판 풍만, 1987).

김문경, 『요한신학』, 서울: 한국성서학연구소 2004.

이복우, 『내 뒤에 오시는 이: 요한복음의 프롤로그(요 1:1~18) 연구』, 수원: 합신대학원출판부, 2011.

조병수, "MARTYPIA와 ΓΡΑΦΗ로서의 요한복음", 「신학정론」 22 (2004), 65~91.

조병수, "요한복음의 구약성경 인용", in 『수은 윤영탁 박사 은퇴 기념논총: 그 아들에게 입 맞추라』, 수원: 합동신학대학원출판부 2005, 407~456.

조병수, "요한복음의 배경, 구조, 내용, 그리고 신학", 「Pro Ecclesia」 7 (2005), 10~33.

조석민, 『요한복음의 새 관점』, 서울: 솔로몬, 2008.

I. 요한복음의 기록자와 기록연대와 장소

R. Bauckham, "The Beloved Disciple as Ideal Author", *JSNT* 49 (1993), 21~44.

J. N. Sanders, "Who was the Disciple whom Jesus loved?", in: F.L. Cross (ed.), *Studies in the Fourth Gospel*, London: Mowbray, 1957, 72~82.

1. 외적 증거

요한복음은 초대교회의 여러 지역에서 널리 읽혔다. 2세기 초에 Ignatius가 요한복음의 언어와 신학을 알고 있었다는 것은 요한복음이 소아시아에서 사용되었다는 것을 확인시켜준다.[1] 또한 요한복음 18:31~33,37~38을 담고 있는 P52는 125년경에 이집트에서 작성된 파피루스이므로 이미 이집트에도 요한복음이 보급되었다는 것을 알려준다. 나아가서 2세기 초엽에 로마에서 활동한 순교자 Justinus의 로고스 신학이 요한복음에 근거를 두고 있다는 사실로부터 요한복음이 로마에도 보급되었다는 것을 분명하게 추론할 수 있다. 심지어 요한복음은 2세기 중엽에 활동했던 영지주의자인 Cerinthus의 작품으로 오해를 받기도 하였다(*Epiphanius* [+403], *Panarion*, 2,31). 요한복음이 이렇게 다양한 지역에서 널리 읽힌 이유는 사도 요한의 저술이라는 믿음에 근거한다. 2세기 말에는 이 견해가 확고하게 자리를 잡았다.

2세기 말에 Irenaeus는 "이후에 품에 안겼던 주님의 제자 요한이 아시아의 에베소에 머물고 있는 동안 그 복음서를 저술하였다"(*Adv. haer.* 3,1,1; Eusebius. *HE* 5,8,4)고 말함으로써 처음으로 요한복음의 기록자가 주님의 제자 요한이라고 밝히고 에베소 기록설을 주장하였다. 이 주장은 교회사에서 오랫동안 반복되었다.

1740년에 밀라노에 있는 Bibliotheca Ambrosiana의 사서인 L.A. Muratori가 발견한 라틴어 단편인 무라토리안 정경(*Muratorian Canon*, 200년경)은 요한복음의 저술에 관하여 다음과 같이 말한다. "제자들 중의 하나인 요한의 네 번째 복음서. 그의 동료 제자들과 감독들이 권면하자 그는 말했다: 나와 함께 오늘부터 삼일동안 금식하자. 그리고 우리 각자에게 무엇이 계시되었는지 서로 이야기하자. 그 날 밤에 사도 중의 하나인 안드레에게 계시가 왔고 모든 사람들의 확증 하에 요한은 그의 이름으로 모든 것을 기록해야 했다". 이것은 요한복음의 저술이 안드레가 죽기 전에 착수되었다는

---

1   J. N. Sanders, "St. John on Patmos", *NTS* 9 (1962), 75~85, esp. 81.

것과 요한복음 저술에 다른 이들이 참여했다는 것을 고려하게 만든다.

2. 내적 증거

요한복음은 기록자에 대하여 어느 정도 분명하게 진술한다. 첫째로, "우리"가 요한복음의 저술에 관련된다. 요한복음에서 "우리"는 초두에도 등장하며 (1:14 "우리가 그의 영광을 보았다", ἐθεασάμεθα), 말미에도 등장한다(21:24 "우리는 그의 증언이 참인 줄 아노라", οἴδαμεν). 그런데 요한복음은 다시 "우리"에게서 "나"에게로 초점을 맞춘다(21:25 "나는 아노라", οἶμαι). "나"는 "우리"를 대표하는 사람을 가리키는 것임에 틀림없다. 여기에서 중요한 것은 "나"와 "우리"가 한 인물을 인지하고 있다("안다")는 사실이다.

"나"와 "우리"가 인지하는 인물은 "그 제자"(ὁ μαθητής)이다(21:24). 요한복음의 기록과 관련하여 "우리"와 "나" 이전에 "그 제자"가 있다. "그 제자"에게는 두 가지 별칭이 부여된다. "그 제자"는 "증언하는 자"(ὁ μαρτυρῶν - 현재분사!)와 "기록한 자"(ὁ γράψας - 부정과거분사!)이다. "그 제자"는 증언자일 뿐 아니라 기록자이다. 한마디로 말해서 "그 제자"가 남긴 것은 증언과 문서이다. 그래서 "우리"는 그 제자가 남긴 것을 "증언"(μαρτυρία)라고 요약하며 (21:24; 참조. 19:35), "나"는 그 제자가 남긴 것을 "기록된 책"(τὸ γραφόμενον βιβλίον)이라고 요약한다(21:25; 참조. 20:30). 그렇다면 "우리"와 "나"는 "그 제자"가 요한복음을 기록했다는 것을 인지하는 사람들에 지나지 않는다. 요한복음의 진정한 기록자는 "그 제자"이다.

```
          (21:24) "우리"   "나" (21:25)
              인지 ＼   ／ 견해
            "그 제자"  →  "사랑하신 제자"(21:20)
             (21:24)              ↑
            증언 ↓ 기록      (13:23~25)
            예수님 사건
```

그런데 요한복음 전체를 책임지고 있는 기록자인 "그 제자"(21:24)는 앞 문맥으로부터 살펴볼 때 예수님께서 "사랑하신 제자"(ὁ μαθητὴς ὃν ἠγάπα)이다(21:20). 이 구절은 요한복음의 마지막 장에서 예수님께서 사랑하신 제자에 대하여 언급하는 단락의 끝 부분에 놓여있다(21:20~25). 이 끝 부분은 사랑 받은 제자가 만찬석에서 예수님의 품에 의지하여 배신자가 누구인지 묻던 사람이라고 설명한다(21:20). 이것은 사랑 받은 제자에 대하여 처음으로 언급하는 요한복음 13:23~25을 지시한다(참조. 19:25~27; 20:1~10;

21:1~14,20~24). 그러므로 이 모든 것을 종합할 때 요한복음의 기록에 책임이 있는 사람은 예수님께 사랑 받은 제자인 것이다.[2]

어떤 이들은 예수님께서 "사랑하신 제자"가 나다나엘이나 나사로일 것이라고 추정한다(특히 후자는 요 11:3에 "당신이 사랑하는[φιλεῖς] 자"라고 불리기 때문이다). 그러나 "주님께서 사랑하신 자"가 나다나엘이나 나사로라면 여기에서는 왜 익명으로 언급되어야 하는지가 문제시된다. 또 어떤 이들은 이 명칭이 요한 공동체를 가리킨다고 한다. 그러나 해당구절에 의하면 이 명칭이 비역사적인 인물이나 가공적인 인물이 아니라 실제적이고 인격적인 인물을 가리키고 있기 때문에 이러한 의견은 성립되지 않는다.[3]

해당구절들을 살펴보면 예수님께서 "사랑하신 제자"가 누구인지 잘 드러난다. 첫째로, 그는 최후의 만찬에서 예수님의 품에 기대어 배반자가 누구인지 물었던 사람이다(13:23; 21:20). 둘째로, 이 사람은 베드로와 긴밀한 관계를 가지고 있었다. 베드로는 그에게 배반자를 알아내도록 머릿짓을 했고(13:24), 그와 함께 빈 무덤으로 달려갔고(20:2~10), 그가 장차 어떤 운명에 처할지 물었다(21:20~23). 셋째로, 이 사람은 예수님께서 모친 마리아를 돌볼 것을 부탁한 사람이다(19:26).

예수님께서 "사랑하신 제자"는 요한복음 21장 전체 문맥을 살펴볼 때 시몬(베드로), 도마, 나다나엘, 세베대의 두 아들, 다른 두 제자 가운데 한 사람이다(21:2). 이 사람들은 세 부류로 나뉜다. 처음 세 사람은 각각 분명한 이름과 함께 특이한 별명을 가지고 있다(시몬: 베드로; 도마: 디두모라고 불리는 자; 나다나엘: 갈릴리 가나에서 출신한 자). 시몬 베드로는 사랑 받은 제자와 여러 차례 구별된 인물로 등장하기 때문에 자연히 사랑 받은 제자로 여겨질 가능성이 없다(13:23~24; 20:2~9; 21:20). 도마도 이미 13~14장에서 사랑 받은 제자(13:23)와 구별되는 여러 인물 가운데 한 사람이기 때문에 배제된다(시몬 베드로 13:6,36; 도마 14:5; 빌립 14:8; 가룟인 아닌 유다 14:22).[4] 더 나아가서 베드로와 도마뿐 아니라 나다나엘도 모두 예수님께서 "사랑하신 제자"일 가능성에서 배제된다. 왜냐하면 사랑 받은 제자의 은닉성과 별명성에 비하여 세 사람은 모두 분명한 이름과 고유한 별명을 가지고 있기 때문이다. 세 사람은 사랑

---

2   M. Hengel은 요한복음이 학파에 의한 기록물이 아니라 개인에 의하여 기록되었다는 것을 강하게 주장하면서 장로 요한에게 저작권을 돌리고 있다. Vgl. M. Hengel, *The Johannine Question*, London: SCM, 1989 (마르틴 헹겔, 『요한문서탐구』, 전경연 외 역, 서울: 대한기독교서회, 1998); M. Hengel, *Die johanneische Frage: Ein Lösungsversuch. Mit einem Beitrag zur Apokalypsen von Jörg Frey*, WUNT 67, Tübingen: Mohr Siebeck, 1993.

3   E. F. Scott, *The Fourth Gospel: Its Purpose and Theology*, Edinburgh: T&T Clark, 1906, 1951, 144.

4   Carson, *John*, 72.

받은 제자와 달리 이름이 밝혀지며, 사랑 받은 제자와 다른 별명을 가지고 있다. 마지막 두 사람은 완전히 익명으로 소개된다: "그의 제자들 가운데 다른 두 사람"(ἄλλοι ἐκ τῶν μαθητῶν αὐτοῦ δύο). 이 두 사람은 마치 더 이상 관심을 기울일 필요가 없다는 듯이 부록처럼 언급되고 있다는 점과 아예 별명조차 부여하지 않을 정도로 익명으로 두려는 의도가 짙다는 점에서 사랑 받은 제자로 간주될 가능성이 없다. 이처럼 별명과 익명으로 언급된 두 부류의 사람들 사이에 "세베대의 아들들"(οἱ τοῦ Ζεβεδαίου)이 있다. 이 표현은 베드로, 도마, 나다나엘에 비하여는 익명성을 보장하면서도, 다른 두 제자에 비하여는 별명성을 표현한다. 이 표현은 요한복음에서 오직 여기에 한 번 사용되었다. 이와 같이 전제 없는 표현은 독자들이 이들에 대하여 너무나 잘 알고 있다는 것을 암시한다. 이것은 "주님께서 사랑하시는 제자"라는 표현이 특정한 별명으로서 독자들이 누구를 지칭하는지 잘 알고 있었다는 것과 동일한 경우이다. 사랑 받은 제자는 나이가 많도록 살아남았던 것으로 보이는데(21:23) 세베대의 아들 중 야고보는 사도들 가운데 첫 순교자이므로(헤롯 Agrippa I, 41~44, 행 12:1~2) 자연히 배제된다. 게다가 사랑 받은 제자는 베드로와 밀접한 관계를 가지고 있는 사람이다. 베드로와 밀접한 관계에 있던 사도는 공관복음과 사도행전에 의하면 요한이다(막 5:37; 9:2; 14:33; 행 3:1~4:23). 그러므로 베드로와 밀접한 관계를 볼 때 세베대의 아들들 가운데 예수님께서 "사랑하신 제자"는 요한이다.

호명+별명			익명+별명	익명
시몬 베드로	도마 디두모	나다나엘 가나 사람	세베대의 (아들)들	다른 두 제자
			"사랑받은 제자" (익명+별명)	

요한복음의 기록자는 당시의 관습에 대하여 잘 알고 있었다. 그래서 결례(2:6), 초막절 행사(7:37), 유월절 금지사항(18:28; 19:31), 수전절(10:22), 유대인과 사마리아인의 관계(4:9)에 대하여 말한다. 또한 그는 성전건축 시기(2:20), 유대인들이 디아스포라를 멸시하는 것(7:35) 등 당시의 역사에 대한 지식을 가지고 있었다. 나아가서 요한복음의 기록자에게는 지리에 대한 지식이 엿보인다. 그는 베데스다의 구조에 대하여(5:2), 실로암 못에 대하여(9:7), 프레토리움(박석, 가바다)에 대하여(19:13), 베다니에 대하여(1:28; 12:1), 살렘 근처 애논에 대하여(3:23), 가나에 대하여(2:1; 4:46; 21:2), 수가에 대하여(4:5), 그리심 산에 대하여(4:21) 알고 있었다.

요한복음의 기록자는 여러 가지 면에서 목격자라는 증거를 보여준다. 첫째로, 그는 숫자를 정확하게 기록한다: 돌항아리 여섯 개(2:6), 보리떡 다섯 개와 물고기 두 마리(6:9), 제자들이 갈릴리 바다에서 배를 타고 간 거리 25~30 스타디온(stadion = 192m)(6:19), 마리아가 부은 향유의 값어치 300 데나리온(12:5), 예수님의 장사를 위하여 사용한 향료의 수량 백 리터(19:39), 부활주와 함께 제자들이 바다로 나간 거리 200 페구스(= אַמָּה Amma, 45~52cm)(21:8)와 잡은 물고기 153마리(21:11). 또한 그는 공관복음에 나오지 않는 여러 이름을 언급한다. 예를 들면 예수님의 제자 가운데 나다나엘이 있다는 것(1:45), 예수님이 만난 니고데모(3:1), 마리아가 나사로의 누이라는 것(12:3), 베드로가 귀를 자른 종의 이름이 말고라는 것(18:10) 등이다.

II. 요한복음의 구조와 문학 특징

1. 요한복음의 문학인 특징

요한복음은 자주 앞에 언급된 것을 다시 언급함으로써 통일적으로 한 단락을 이루는 인상(einen geschlossenen, einheitlichen Eindruck)을 준다: 2:23/4:45 유월절 방문; 2:1~11/4:46 가나 표적; 3:1~12/7:50 니고데모; 9:22 (7:13)/12:42 출교; 11:49f./18:14 가야바 예언; 7:33,36 (8:21)/13:33 예수님이 가시는 곳; 13:16/15:20 종과 주인.[5] 역으로 말하자면 요한복음에는 반복되는 말 사이에 다른 내용을 삽입하는 것처럼 보이는 현상이 나타난다. 요한복음의 문학 특징 가운데 가장 두드러진 것은 삽입(interpolation)방식이다.[6] 삽입방식에는 해석적 설명과 단절적 진술이 있다.

1. 단절적 진술로서의 삽입
요한복음에는 흐름을 단절시키는 것처럼 보이는 진술들이 자주 등장한다.

1) 문장 안에서
요한복음에는 한 문장 안에서 흐름을 단절시키는 삽입내용들을 사용하는 경우가 많다(15:5; 13:2; 17:5; 19:42). 예를 들어 19:31에는 주어("유대인들이" Οἱ Ἰουδαῖοι)와 동사("요구하였다" ἠρώτησαν) 사이에 세 가지 삽입적인 내용들이 들어있다. 이 구절을 헬라어 어순대로 번역하면 다음과 같다: "그러므로 유대

---

5 J. Blinzler, *Johannes und die Synoptiker*, SBS, S5, Stuttgart: Katholischer Verlag, 1965, 12f.

6 H. J. Flowers, "Interpolations in the Fourth Gospel", *JBL* 40 (1921), 146~158는 요한복음의 삽입에 대한 비판적인 논의를 시도하였다.

인들은, 예비일이므로, 안식일에 시체가 십자가에 남지 않도록, 그 안식일의 날은 크기 때문에, 빌라도에게 요구하기를 그들의 다리를 꺾어 치워달라고 하였다"(Οἱ οὖν Ἰουδαῖοι, ἐπεὶ παρασκευὴ ἦν, ἵνα μὴ μείνῃ ἐπὶ τοῦ σταυροῦ τὰ σώματα ἐν τῷ σαββάτῳ, ἦν γὰρ μεγάλη ἡ ἡμέρα ἐκείνου τοῦ σαββάτου, ἠρώτησαν τὸν Πιλᾶτον ἵνα κατεαγῶσιν αὐτῶν τὰ σκέλη καὶ ἀρθῶσιν). 이 문장을 도식화하면 다음과 같다.

유대인들이		빌라도에게 요구하였다
	예비일이므로, 안식일에 시체가 십자가에 남지 않도록, 그 안식일의 날은 크기 때문에	

2) 작은 문맥에서

요한복음은 작은 문맥에서 흐름을 단절시키는 경우들을 보여준다[7]. 아주 간단한 예는 예수님의 체포(18:5~6)를 설명하는 단락에서 예수 그리스도와 무리의 대화 속에 삽입적으로 들어있는 유다의 모습이다. "내가 그니라"(5b,6)로 자연스럽게 연결되는 예수님의 말씀 사이에 유다의 모습이 끼어있다.

18:5상 "(군대가) 대답하되 나사렛 예수라"
18:5중 "(예수님께서) 이르시되 내가 그니라"
18:5하 "그를 파는 유다도 그들과 함께 섰더라"
18:6 "예수님께서 그들에게 내가 그니라 하실 때에 그들이 물러가서 땅에 엎드러지는지라"

18:5상 군대의 대답	18:5중 예수님의 대답		18:6 군대의 반응
		18:5하 유다의 모습	

또 다른 예로 요한복음 18:15~18에는 베드로가 등장하면서 18:18에서 베드로가 불을 쬐는 것으로 설명되고, 18:25에 다시 베드로가 불을 쬐는 것

---

7 요한의 문학 특징에 비추어 볼 때, 5:1~9에서 "천사가 물을 흔들어 놓는다"(5:4)는 원본일 가능성이 높다.

병자들(3)		한 병자(5)
	천사 언급(4)	

으로 설명되면서 주님을 부인한다. 그런데 그 사이 18:19~24에 주님께서 심문 당하는 장면이 들어있다.

18:18 베드로 불 쬠		18:25 베드로 불 쬠
	18:19~24 예수님 심문	

조금 복잡한 것은 서론(1:1ff.)에서 두 번이나 삽입적으로 언급되는 세례자 요한에 대한 언급이다. 5절에서 빛에 대한 이야기는 9절에서 빛에 대한 이야기로 이어진다. 그 사이 6~8절에 세례자 요한은 빛이 아니라는 내용이 들어있다. 또한 14절의 충만이라는 말은 16절의 충만이라는 말로 이어진다. 그 가운데 15절에는 로고스에 대한 세례자 요한의 증언이 들어있다.

1:1~5 로고스		1:9~14 로고스		1:16~18 로고스
	1:6~8 요한		1:15 요한	

3) 큰 문맥에서

요한복음에는 큰 문맥에서도 흐름이 단절되는 경우들이 있다. 예를 들어 갈릴리 가나는 예수님께서 행하신 두 번의 표적 사건으로 연결된다. 첫째 표적은 물을 포도주로 변화시킨 것이고(2:1~11), 둘째 표적은 왕의 신하의 아들을 치료한 표적이다(4:46~54).[8] 그렇다면 그 사이에 들어있는 2:12~ 4:45은 일종의 삽입으로서 예수님께서 유월절에 예루살렘을 방문하신 것을 기록하고 있는 것으로 생각할 수 있다.

2:1~11 첫째 표적		4:46~54 둘째 표적
	2:12~4:45 예루살렘방문	

14:31에는 "일어나라 여기를 떠나자"로 되어있고, 18:1에는 "예수님께서 이 말씀을 하시고 제자들과 함께 기드론 시내 저편으로 나가셨다"고 되어있으므로 그 사이에 들어있는 15~17장은 예수님께서 길 가는 중에 하신 말씀으로 이해할 수 있다.

---

8 Brown, *John*(I~XII)은 이것을 inclusio로 생각하였다.

14:31 "떠나자"		18:1 "나가셨다"
	15~17장 노중 말씀	

2. 해석적 설명으로서의 삽입

요한복음은 예수 그리스도의 말씀이 부활 사건 후에 성령님의 활동으로 말미암아 확연하게 이해될 수 있다고 천명한다(14:26; 16:13f.). 이 때문에 요한복음에는 부활 사건이 끝난 후의 시점에서 예수 그리스도의 사건을 해석하는 부가적인 내용이 자주 나온다.[9] 부가적인 해석은 다음과 같이 분류해 볼 수 있다.

1) 번역어

요한복음에는 히브리어를 헬라어로 또는 헬라어를 히브리어로 번역하는 경우가 있는데 예를 들면 ὃ ἑρμηνεύεται(1:42; 9:7), ὃ λέγεται(또는 ἐστιν) μεθερμήνευόμενον(1:38,41), ὃ λέγεται(19:17; 20:16)이다.

2) 지시대명사

요한복음은 지시대명사(τοῦτο와 ἐκεῖνος)를 사용하여 신학적 해석을 보여주기도 한다(2:22; 7:39; 11:51~52; 12:33; 21:19).

3) 목적절

요한복음에는 예수 그리스도의 말씀이 이루어진 것을 ἵνα 문장으로 설명하는 신학적 해석이 있다(18:9; 18:32).

4) 구약인용

요한복음에서 구약성경의 직접인용은 자주 기독론적인 목적으로 사용되었다(1:23/사 40:3; 1:51/창 28:12; 2:17/시 69:9; 6:31/시 78:24; 7:42/삼하 7:12; 미 5:2; 12:13/시 118:25~26; 12:14f./슥 9:9; 12:34/삼하 7:16; 시 89:37; 12:39f./사 6:10; 13:18/시 41:9; 15:25/시 35:19; 19:24/시 22:18; 19:36/출 12:46; 민 9:12; 시 34:20; 19:37/슥 12:10).

---

9 M. C. Tenney, "The Footnotes of John", *BSac* 117 (1960), 351~64는 요한복음에 들어 있는 설명 자료(explanatory material)에 관해서 긍정적인 관심을 기울이면서 대략 59개의 설명구 (footnotes)가 고루 분포되어 있다는 것을 발견하였다. Tenney는 이 설명구를 다음과 같이 10가지로 분류하였다: 1. explanatory translation, 2. explanation of time or place of action, 3. customs, 4. footnotes reflecting the author, 5. recollections of the disciples, 6. situations or actions, 7. enumeration or summary, 8. identification of persons, 9. knowledge of Jesus, 10. theological footnotes.

5) 회고적 진술

요한복음에서 예수 그리스도의 사건을 가장 명확하게 부가적으로 설명하는 신학적 해석은 회고적인 진술이다(2:22; 12:16; 20:9).

6) 기록자와 관련된 진술들

예수 그리스도의 역사를 설명하는 부가적인 내용과 관련하여 특히 주목해야 할 것은 요한복음의 기록자와 관련된 진술들이다(19:35; 20:30~31; 21:24~25).

2. 요한복음의 구조

R. Bultmann[10] 이후에 많은 신학자들이 요한복음에 나오는 "표적"(σημεῖον)이라는 단어에서 착상을 얻어 13장을 전후로 요한복음을 양분한다. 대표적으로 C. H. Dodd는 표적의 책(2~12장)과 수난의 책(13~20장)으로 구분하며, R. E. Brown은 표적의 책(2~12장)과 영광의 책(13~20장)으로 구분한다(21장은 에필로그).[11] 이것은 요한복음에 "표적"(σημεῖον)이라는 단어가 주로 12장까지 나오다가 12:37에서는 결론을 내리듯이 "이렇게 많은 표적을 그들 앞에서 행하셨으나 그를 믿지 아니하였다"라고 말하기 때문이다. 그러나 근본적으로 요한복음에서 전반부는 표적의 책으로, 후반부는 수난의 책으로 구분하기가 어렵다는 사실에서 이 주장은 크게 문제시된다. 실제로 20:30~31은 요한복음 전체를 표적과 관련하여 이해하고 있기 때문이다(부활 현현도 표적으로 이해된다). 게다가 요한복음에는 예수님의 수난과 영광에 관한 진술이 이미 2~12장에도 많이 들어있는가 하면, 13~20장에도 예수님의 수난과 영광에 관한 진술이 나오지 않는 부분이 많이 있다는 사실을 간과해서는 안 된다.

요한복음의 구조와 관련하여 주목해야 할 사실은 요한복음이 서론(1:1~18)을 제외하고는 전체적으로 유대인의 명절을 중심으로 전개된다는 것이다. 명절에 대한 진술들은 때때로 예수 그리스도의 예루살렘 방문과 관련되어 있다. 유대인의 명절 가운데 요한복음에서 특히 중요한 역할을 하는 것은 유월절이다. 요한복음에 유월절이 세 번 분명하게 언급되는데(2:13; 6:4; 11:55) 모두 비슷한 표현으로 되어있다.

---

10   R. Bultmann, *Das Evangelium des Johannes*, KEK, 20. Aufl., Göttingen: Vandenhoeck Ruprecht, 1941, 1985.

11   C. H. Dodd, *The Interpretation of the Fourth Gospel*, Cambridge: Cambridge University Press, 1968, 1980, 289; Brown, *John*(i~xii) cxxxviii~ix.

2:13 "유대인의 유월절이 가까운지라"
   (καὶ ἐγγὺς ἦν τὸ πάσχα τῶν Ἰουδαίων)

6:4 "유대인의 명절인 유월절이 가까운지라"
   (ἦν δὲ ἐγγὺς τὸ πάσχα ἡ ἑορτὴ τῶν Ἰουδαίων)

11:55 "유대인의 유월절이 가까우매"
   (ἦν δὲ ἐγγὺς τὸ πάσχα τῶν Ἰουδαίων)

그런데 유월절과 유월절 사이에는 초막절이나 수전절 같은 다른 명절들이 끼어 있다.

첫째 유월절(2:13)
   - 유대인의 명절(5:1)
둘째 유월절(6:4)
   - 초막절[12](7:2)
   - 수전절[13](10:22)
셋째 유월절(11:55)
   - 안식 후 첫날(20:1)

요한복음의 구조는 유월절에 대한 언급을 중심으로 다음과 같이 정리해 볼 수 있다.

1. 서론(1:1~18)

요한복음은 첫 단락에서 로고스이신 예수와 증언자인 요한을 번갈아 묘사한다. 예수(1:1~5) - 요한(1:6~8) - 예수(1:9~14) - 요한(1:15) - 예수(1:16~18). 결국 다음 단락에서 요한이 다시 한번 언급된다(1:19ff.).

2. 예수님의 등장(1:19~2:12)

요한복음은 서론에 이어 첫째 유월절이 되기까지 날짜를 하루씩 더하는 방식으로 예수님의 등장을 설명한다: "다음날"(τῇ ἐπαύριον, 1:29), "다음날"(τῇ ἐπαύριον, 1:35), "다음날"(τῇ ἐπαύριον, 1:43), "사흘날"(τῇ ἡμέρᾳ τῇ τρίτῃ, 2:1) "그 후에"(meta. tou/to, 2:12).[14]

---

[12] Tischri (9월초~10월초).

[13] 수전절(Tempelweihfest) Kislev(12월) 25일. 시리아의 Antiochus IV Epiphanes가 파괴한 성전을 유다스 마카비가 주전 165년에 수리하여 봉헌한 것을 기념하는 절기(1Makk. 4:36~59 참조).

[14] 이런 날짜 계수를 창세기의 태초 이후 엿새와 유사한 것으로 여기는 학자들이 많이 있다. 요한복음이 의도적으로 창세기 1:1~2:4의 창조 이야기에 병행하는 내용을 기술했다는 것이다. 참조. W. F. Hambly, "Creation and Gospel. A Brief Comparison of Genesis 1,1~2,4 and John 1,1~2,12", in F. L. Cross (ed.), *Studia Evangelica. Vol. V. Papers*

3. 첫째 유월절 이후(2:13~5:47)

요한복음은 첫째 유월절(2:13) 이후에 예수님께서 예루살렘/유대에서 (2:13~3:36), 사마리아에서(4:1~42), 갈릴리에서(4:43~54), 예루살렘에서 (5:1~47) 활동하신 것을 진술한다. 여기에서 주목해야 할 것은 갈릴리 가나는 예수님께서 첫째 표적(ἀρχὴ τῶν σημείων)을 행하신 후에(2:11), 둘째 표적 (δεύτερον σημεῖον)을 행하신 장소로 제시된다는 것이다(4:54).

4. 둘째 유월절 이후(6:1~11:54)

요한복음에 의하면 예수님께서는 둘째 유월절(6:4) 이후에 갈릴리 (가버나움)에서(6:1~6:61[7:9]), 예루살렘/베다니에서([7:1]7:10~11:53) 활동하시다가 에브라임으로(11:54) 도피하셨다. 특히 초막절과 관련된 부분은 초막절이 진행되는 과정대로 전개된다. "유대인의 명절인 초막절이 가까운지라"(7:2), "명절 중에"(7:11), "이미 명절의 중간이 되어 성전에서"(7:14), "명절 끝날 곧 큰 날에"(7:37).

5. 셋째 유월절(11:55~19:42)

요한복음은 예수님께서 셋째 유월절에(11:55) 베다니를 거쳐 예루살렘에 올라가 수난을 당하신 것을 설명한다. 이 단락은 유월절로 가는 날짜를 계산하는 방식으로 전개된다. "유대인의 유월절이 가까우매"(11:55), "유월절 엿새 전에 베다니에"(12:1), "이튿날에"(12:12), "유월절 전에"(13:1). 여기에서 14:31에는 "일어나라 여기를 떠나자"로 되어있고, 18:1에는 "예수님께서 이 말씀을 하시고 제자들과 함께 기드론 시내 저편으로 나가셨다"고 되어있으므로 그 사이에 들어있는 15~17장은 예수님께서 노상에서 행하신 활동으로 이해할 수 있다.

6. 예수님의 부활(20:1~21:23)

요한복음은 예수님께서 안식일 후에 부활하시고 제자들에게 여러 차례 현현하신 것을 설명한다. 이것은 날짜의 진행대로 설명된다. "안식 후 첫날 이른 아침 아직 어두울 때에"(20:1), "이날 곧 안식 후 첫날 저녁때에"(20:19), "여드레를 지나서"(20:26), "그 후에"(21:1).

---

presented to the Third International Congress on New Testament Studies held at Christ Church, Oxford, 1964, Part II: The New Testament Message. With a cumulative Index of Contributors to Studia Evangelica. Vols. I~V, TU 103, Berlin: Akademie-Verlag, 1968, 69~74.

7. 결론(21:24~25)

마지막으로 요한복음은 "우리"의 인지(21:24)와 "나"의 견해(21:25)에 대한 이야기로 결론을 맺는다.

요한복음의 구조와 관련하여 한 가지 주의해야 할 것은 시간과 분량의 배정이다. 요한복음은 분명히 11:55(셋째 유월절)를 중심으로 크게 두 부분으로 나누어진다. 전반부는 예수님의 사역초기부터 마지막 유월절 직전까지의 일을 기록한다. 후반부는 예수님께서 셋째 유월절을 기점으로 활동하신 것과 수난을 당하고 부활하신 것을 기록한다.

요한복음에 의하면 시간으로 볼 때 예수님께서는 셋째 유월절에 이르기까지 최소한 2년 이상 활동을 했지만, 셋째 유월절을 전후로 예수님께 주어진 시간은 2주간 남짓이었다.

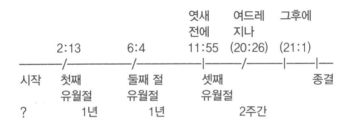

그런데 분량으로 볼 때 요한복음은 셋째 유월절(11:55)을 중간쯤에 위치시킴으로써 셋째 유월절에 이르기까지 최소한 2년 동안 예수님의 활동을 위하여 절반 정도로, 셋째 유월절을 전후로 하여 2주간 남짓 일어난 예수님의 수난과 부활을 위하여 절반 정도로 복음서를 할애하고 있다.[15]

```
        2년      11:55    2주간
    ─────────────────┼─────────────────
        열한 장           열 장
```

이것은 요한복음이 예수님의 마지막 유월절을 중요하게 여기고 있다는 것을 명확하게 보여준다.

---

15 참조. 컬페퍼, 『요한복음 해부』, 119; J. C. Thomas, *Footwashing in Joh 13 and the Johannine Community* (JSNTSup 61), Sheffield: JSOT, 1991, 79.

III. 요한복음의 내용

1. 서론(1:1~18)
1) 예수(1:1~5)
2) 요한(1:6~8)
3) 예수(1:9~14)
4) 요한(1:15)
5) 예수(1:16~18)

2. 예수님의 등장(1:19~2:12)
1) 세례자 요한과 유대인(1:19~28)
2) 세례자 요한과 예수님(1:29~34): "다음날"(1:29)
3) 세례자 요한의 제자들과 예수님(1:35~42): "다음날"(1:35)
4) 예수님의 제자들(1:43~51): "다음날"(1:43)
5) 가나 혼인잔치 표적(2:1~12): "사흘날"(2:1)
6) 가버나움 체류(2:12): "그 후에"(2:12)

3. 첫째 유월절 이후(2:13~5:47)
1) 예루살렘/유대에서(2:13~3:36)
  (1) 성전회복(2:13~22): "유월절이 가까운지라 예루살렘으로"(2:13)
  (2) 니고데모(2:23~3:21): "유월절에 예루살렘에"(2:23)
  (3) 세례자 요한의 활동(3:22~36): "그 후에 유대 땅으로"(3:22)
2) 사마리아에서(4:1~42): "사마리아를 통과"(4:4)
3) 갈릴리에서(4:43~54): "이틀이 지나 갈릴리로"(4:43)
4) 예루살렘에서(5:1~47): "그 후에 유대인의 명절이 있어 예루살렘에"(5:1)

4. 둘째 유월절 이후(6:1~11:54)
1) 갈릴리 (가버나움)에서(6:1~6:71[7:9])
  (1) 오병이어(6:1~15): "그 후에 갈릴리"(6:1), "유월절이 가까운지라"(6:4)
  (2) 갈릴리 바다(6:16~21): "저물매 바다에"(6:16)
  (3) 생명의 떡(6:22~71): "이튿날"(6:22), "가버나움으로"(6:24) "이 말씀은 예수님께서 가버나움 회당에서 가르치실 때에 하셨느니라"(6:59)

(4) 초막절 준비(7:1~9): "이 후에 갈릴리에서"(7:1), "유대인의 명절 인 초막절이 가까운지라"(7:2), "갈릴리에"(7:9)

2) 예루살렘/베다니에서([7:1]7:10~11:54)

(1) 예루살렘 방문(7:10~13): "명절 중에"(7:11)

(2) 성전교훈(7:14~36): "이미 명절의 중간이 되어 성전에서"(7:14)

(3) 성령님교훈(7:37~53): "명절 끝날 곧 큰 날에"(7:37)

(4) 간음한 여자 (8:1~11): "예수님은 감람산으로 가시다 아침에 성 전으로"(8:1)

(5) 성전교훈(8:12~20): "이 말씀은 성전에서 가르치실 때에 연보궤 앞에서 하셨으 나"(8:20)

(6) 성전논쟁(8:21~59)

(7) 소경치료(9:1~41): "길 가실 때에"(9:1), "안식일이라"(9:14)

(8) 목자설교(10:1~21)

(9) 수전절 설교(10:22~39): "예루살렘에 수전절이 이르니"(10:22)

(10) 예수님의 피신과 나사로의 죽음(10:40~42; 11:1~16): "요단강 저 편"(10:40)

(11) 나사로를 살리심(11:17~46): "베다니는"(11:17)

(12) 유대교 지도자들의 모의(11:47~53)

(13) 예수님의 도피(11:54): "에브라임이라는 동네에"(11:54)

5. **셋째 유월절**(11:55~19:42)

1) 유월절이 가까움(11:55~57): "유대인의 유월절이 가까우매"(11:55)

2) 유월절 엿새 전(12:1~11): "유월절 엿새 전에 베다니에"(12:1) 향유

(1) 향유를 부음(12:1~8)

(2) 무리의 방문(12:9~11)

3) 유월절 닷새 전(12:12~50): "이튿날에"(12:12)

(1) 예루살렘 입성(12:12~19)

(2) 설교(12:20~36)

(3) 유대인들의 불신(12:37~43)

(4) 설교(12:44~50)

4) 유월절 전(13:1~19:42): "유월절 전에"(13:1)

(1) 만찬과 설교(13:1~14:31)
배신예고(13:1~30)
새 계명 설교(13:31~35)

제자들과 대화(13:36~14:31)
베드로와의 대화(13:36~14:4)
도마와의 대화(14:5~7)
빌립과의 대화(14:8~21)
유다와의 대화(14:22~31)
(2) 노상의 설교와 기도(15:1~17:26): "여기를 떠나자"(14:31)
노상의 설교(15:1~16:33)
노상의 기도(17:1~26)
(3) 수난(18:1~19:42): "기드론 시내 저편으로 나가시니 동산이 있는 데" (18:1)
체포(18:1~11)
베드로의 부인(18:12~27): "대제사장의 집 뜰"(18:15)
빌라도의 심문(18:28~19:16): "관정"(18:28)
예수님의 죽음(19:17~37): "골고다"(19:17)
예수님의 장사(19:38~42)

6. **예수님의 부활과 결론**(20:1~21:23)
   1) 여자들과 제자들(20:1~10): "안식 후 첫날 이른 아침 아직 어두울 때에"(20:1)
   2) 예수님의 첫째 현현(20:11~18): 마리아에게
   3) 예수님의 둘째 현현(20:19~25): "이날 곧 안식 후 첫날 저녁때에"(20:11): 도마가 없는 제자들에게
   4) 예수님의 셋째 현현(20:26~29): "여드레를 지나서"(20:26): 도마가 있는 제자들에게
      * 요한복음의 기록의 목적(20:30~31)
   5) 예수님의 넷째 현현(21:1~23): "그 후에"(21:1): 디베랴 바다에서 제자들에게

7. **결론**(21:24~25)
   1) "우리"의 인지(21:24)
   2) "나"의 인지(21:25)

위의 내용을 정리하면 다음과 같은 도식으로 설명할 수 있다.

1:1~18	1:19~ 2:12	2:13~ 5:47	6:1~ 11:54	11:55~ 19:42	20:1~ 21:23	21:24~25
서론	예수님의 등장	첫째 유월절 예수님의 활동	둘째 유월절 예수님의 활동	셋째 유월절 예수님의 수난	예수님의 부활	결론

IV. 요한복음의 상황

요한복음이 기록된 상황은 기록목적을 살펴볼 때 알 수 있다. 요한복음의 기록목적에 관해서는 초대교회로부터 의견들이 다양하다.[16] 그 의견들을 다음과 같이 정리해 볼 수 있다.

1. 교회 외적인 논쟁

첫째로, 요한복음의 목적을 교회외적인 논쟁에서 찾는 사람들이 있다. 180년경에 Irenaeus는 요한복음이 창조의 하나님과 구속의 하나님을 구별하는 영지주의의 Cerinthus를 대적하기 위하여 기록되었다고 생각하였다: "그(요한)는 이들을 반박하며 하나님은 오직 한 분밖에 없다. 이 분이 그의 말씀으로 만물을 만드셨다"(*Adv. Haer.* 3,11,1). 또한 Irenaeus는 요한복음은 영지주의 일파인 가현설에 대한 논박을 목적한다고 생각하였다. 요한복음 1:14의 "말씀이 육신이 되었다"는 구절이나, 요한복음 19:33~35의 목격자에 대한 언급은 예수님께서 오직 현상적으로 출생하고 현상적으로 사망하였다는 영지주의 주장을 거부하기 위한 것이라고 생각하였다.[17] 그러나 이런 주장은 영지주의의 발생 연대와 관련해서 볼 때 문제가 없지 않다.

19세기 말에 Baldensperger는 요한복음의 주요 기록 목적 가운데 하나는 세례자 공동체에 대한 논박에 있었다고 주장하였다.[18] 요한복음에는 세례자 요한을 예수보다 열등한 인물로 평가하는 내용이 많이 나온다. 이것은 세 가지 방면으로 이루어진다. 첫째로, 세례자 요한은 자신을 참 빛이며(1:6~8),

---

16   스티븐 스몰리, 『요한 신학』, 서울: 도서출판 풍만, 1987 (S. S. Smalley, *John: Evangelist and Interpreter*, Exter: Paternoster, 1978), 187~229; Brown, *John*(i~xii), LXVII~LXXVII 를 참조하라. 요한복음이 로마제국과의 갈등을 극복하려는 목적을 가지고 있다는 의견이 제출되기도 하였다(R. Cassidy, *John's Gospel in New Perspective. Christology and the Realities of Roman Power*, New York: Orbis, 1992, 80~88).

17   A. F. J. Klijn, *An Introduction to the New Testament*, Leiden: Brill, 1967, 54.

18   W. Baldensperger, *Der Prolog des vierten Evangeliums. Sein polemisch-apologetischer Zweck*, Freiburg: Mohr, 1898.

성육신한 말씀이며(1:15), 사죄자와 성령님 세례자이신 예수에 대한 증인이라고 증언한다(1:29~34). 둘째로, 예수님께서는 빛이지만 세례자 요한은 등불에 지나지 않는다고 증언하신다(5:31~36). 셋째로, 군중은 예수님이 많은 이적을 베푼 반면에 요한은 아무런 이적을 베풀지 않았다고 증언한다(10:40~42). 요한복음은 세례자 요한에 대한 이러한 열등증거를 통한 논박으로 초기의 기독교와 병행하여 존재하던 세례자 요한의 제자들(세례자 요한을 메시야로 믿음)을 기독교로 끌어들이는 것을 목적으로 삼는다는 것이다. Baldensperger의 견해는 이후에 신학자들에게 많은 영향을 주었다. 하지만 이러한 주장에는 큰 약점이 있다. 그것은 세례자 요한에 대한 요한복음의 기록이 전반부로 끝나고 만다는 점이다(10:40~42).[19] 그렇다면 요한복음의 후반부는 무엇을 목적으로 하여 기록되었는지 설명해야만 한다.

2. 다른 복음서들과의 관계

둘째로, 요한복음의 목적을 다른 복음서들과의 관계에서 찾는 것이다. 이미 위에서 살펴본 바와 같이 알렉산드리아의 Clement(150~210년경)는 공관복음이 예수님의 육적인 사실($\tau\grave{\alpha}$ $\sigma\omega\mu\alpha\tau\iota\kappa\acute{\alpha}$)을 기록하는 데 치중하고 있기 때문에 요한복음은 예수님의 영적인 일들을 기록했다고 생각하였다. 달리 말하자면 요한복음은 영적 복음서($\pi\nu\epsilon\upsilon\mu\alpha\tau\iota\kappa\grave{o}\nu$ $\epsilon\grave{\upsilon}\alpha\gamma\gamma\acute{\epsilon}\lambda\iota o\nu$)라는 것이다(Eus. HE 6,14,7). 이것은 요한복음의 목적을 공관복음 보충에서 찾는 것으로서 오랫동안 반복적으로 주장되고 있다.

20세기 초에 Windisch[20]는 요한복음을 기록한 목적을 공관복음 대치에서 찾았다. 그는 요한복음이 대략 100년경에 시리아에서 또는 소아시아에서 동양적이며 헬레니즘적인 구속사상의 틀 속에서 사도 요한과 관련 있는 팔레스타인의 전승을 사용함으로써 공관복음을 대치하려고 했다고 주장한다. 그러나 요한복음은 공관복음과 다른 내용만 담고 있을 뿐 아니라 공관복음과 같은 내용도 담고 있다는 사실에 주목해야 한다.[21]

공관복음과 같은 내용에서 요한복음은 더 자세한 내용을 제공한다. 이러한 사실로 볼 때 요한복음은 공관복음을 보충하거나 대치하거나 하려는 것

---

19   요한복음에서 세례자 요한은 단지 전반부 다섯 단락에만 나온다: 1. 서론에서 (1:6~8,15), 2. 요한의 증언(1:19~42), 3. 요한과 예수님의 세례(3:22~4:3), 4. 요한에 대한 예수님의 말씀(5:33~35), 5. 요한에 대한 군중의 평가(10:40~42).

20   H. Windisch, *Johannes und die Synoptiker. Wollte der vierte Evangelist die älteren Evangelien ergänzen oder ersetzen?* Leipzig: Hinrichs, 1926.

21   대표적인 예를 들면, 세례자 요한의 세례수여 1:25; 예수님의 세례 받으심 1:32이하; 세례자 요한의 체포 3:24; 예수님의 열두 제자 6:67,70; 예수님의 예루살렘 입성 12:12이하; 예수와 바라바의 선택 18:40.

보다는 더 자세하게(in vollendeter Weise) 예수님께서 그리스도이며 하나님의 아들이심을 묘사하려고 하였다고 생각해 볼 수 있다.[22]

3. 교회 내적인 목적

셋째로, 요한복음의 목적을 교회내적으로 찾는 것이다. Cullmann[23]은 요한복음이 세례와 성찬에 대한 교훈을 강조해야 할 필요성에 크게 관심하였다고 생각한다. 그래서 그는 요한복음에서 성례와 관련된 여러 가지 내용들을 발견할 수 있다고 주장한다.

세례와 관련해서 Cullmann은 세례자 요한에 의한 예수님의 세례 (1:6~8,15,19~34), 갈릴리 가나의 혼인잔치(2:1~11), 니고데모와의 대화(3:1~21, esp. 3:5 "물과 성령님" ὕδωρ καὶ πνεῦμα), 세례자 요한의 활동에 대한 마지막 보고(3:22~36), 야곱의 우물에서의 사마리아 여인과의 대화(4:1~30), 베데스다 못에서의 치료(5:1~19), 실로암 못에서의 소경치료(9:1~39), 제자들의 발을 씻기심(13:1~20), 십자가에서 창에 찔리심(19:34 "피와 물" αἷμα καὶ ὕδωρ)을 언급한다.

성찬과 관련해서는 오병이어 기적(6:1~13,26~65)을 제시한다. 그에 의하면 요한복음은 성례전을 무시 또는 오용하는 태도에 대하여 공박하고 성례전을 바로 성립하려는 의도를 가지고 있다는 것이다.

하지만 이런 이론은 무리함을 가지고 있다. 왜냐하면 만일에 실제로 요한복음이 세례와 성찬에 대하여 바른 교훈을 제시하려고 했다면 공관복음처럼 더 직접적인 방식을 사용했을 것이기 때문이다. 공관복음은 성찬과 세례에 대하여 분명한 입장을 보여주지만(성찬에 대하여, 마 26:26~29; 막 14:22~25; 눅 22:14~20; 세례에 대하여, 마 28:19), 요한복음에는 이러한 입장이 나오지를 않는다.

4. 요한복음의 증언

요한복음은 자체적으로 기록목적을 밝히고 있다(20:30~31). 요한복음은 두 가지 목적을 가진 기록이다.[24] 여기에는 신앙의 목적성(첫 번째 ἵνα 문장)과 생명의 목적성(두 번째 ἵνα 문장)이 들어있다. 첫째 목적은 예수님이 그리스도와

---

22 Kümmel, *Einleitung*, 198.

23 O. Cullmann, *Urchristentum und Gottesdienst*, AThANT 3, 4. Aufl., Zürich: Zwingli Verlag, 1950, 1962 (= *Early Christian Worship*, Philadelphia: Fortress, 1953).

24 두 개의 ἵνα 문장이 καί로 연결되어 있는 것에 유의하라(γέγραπται ἵνα πιστεύσητε ... ἵνα ἔχητε ...).

제6장 요한복음   137

하나님의 아들이심을 믿도록 하기 위함이다(첫째 ἵνα 문장). 이 문장에는 πιστεύητε(present subj.)와 πιστεύσητε(aorist subj.)를 결정해야 하는 사본 상의 문제가 있다. 후자에 의하면 요한복음은 불신자들을 믿게 하려는 선교적인 (evangelistic) 목적을 가지고 있는 것이 되지만,[25] 전자에 의하면 요한복음의 목적은 신자들을 계속 믿게 하려는 교훈적인(parenetic) 것이 된다.[26] 그러나 최근에는 현재형과 부정과거형의 명확한 차이를 의심하는 견해들이 힘을 얻으면서 요한복음의 양면적인 목적을 주장하는 경향을 보이고 있다.[27] 따라서 요한복음은 선교적인 목적과 교훈적인 목적을 다 같이 가지고 있는 것으로 보아야 할 것이다.

요한복음의 둘째 목적은 신자가 생명을 얻는 것이다(4장 등등). 이것은 불신자의 영적 죽음을 전제로 한다(5:24).

V. 요한복음의 신학

1. 요한복음과 공관복음의 관계

기본적으로 요한복음은 예수 그리스도를 묘사하는 것을 내용으로 삼는다는 점에서 공관복음과 같은 선상에서 이해될 수 있다. 그러나 실제로 요한복음과 공관복음을 세밀하게 비교해보면 일치뿐 아니라 차이도 발견하게 된다. 그런데 이 둘 중에서 어느 것에 강조점을 두느냐에 따라서 공관복음에 대한 요한복음의 의존설을 말하거나 독립설을 말하게 된다. 공관복음에 대한 요한복음의 의존설이든 독립설이든 문학적인 면(순서와 어휘), 역사적인 면, 신학적인 관계에 기초를 두고 제시된다.

---

25   이 견해를 위하여 대표적으로 W. G. van Unnik, "Purpose of St. John's Gospel", 382~411과 J. A. T. Robinson, "The Destination and Purpose of St. John's Gospel", *NTS* 6 (1959~1960), 117~131을 제시할 수 있다. Van Unnik은 다음과 같이 결론을 내린다: "We come to our conclusion: the purpose of the Fourth Gospel was to bring the visitors of a synagogue in the Diaspora(Jews and Godfearers) to build in Jesus as the Messiah of Israel... It was a missionary book for the Jews"(410).

26   Barrett은 Van Unnik과 Robinson을 비판하면서 이 견해를 제시하였다. 그의 결론은 다음과 같다: "... his purpose consists in setting forth the full significance of an already existing Christian faith. John wrote not for pagans, not for Jews, but for Christians"(*The Gospel of John and Judaism*, 17).

27   예를 들면 S. Hamid-Khani, *Revelation and Concealment of Christ. A Theological Inquiry into the Elusive Language of the Fourth Gospel*, WUNT 2.210, Tübingen: Mohr Siebeck, 2000, 162~164. 그는 요한복음이 모든 목적(pastoral, polemic, evangelistic)을 다 가지고 있다고 생각한다(228). 이런 생각은 이미 G. R. Beasley-Murray에게도 나타난다(*John*, WBC 36, Waco: Word Books, 1987, lxxxix). Cf. D. A. Carson, "The Purpose of the Fourth Gospel: John 20:30~31 Reconsidered", *JBL* 108 (1987), 639~651.

오랫동안 많은 사람들이 요한복음과 공관복음의 일치에 근거하여 공관복음에 대한 요한복음의 의존을 주장하였다.[28] 의존설에서 가장 큰 논란은 요한복음이 공관복음을 보충하려는 것이냐 아니면 대치하려는 것이냐에 있다. 보충설은 알렉산드리아의 Clement(150~210년경)로부터 시작되었다. 그는 요한복음이 공관복음서에는 육적인 사실에 대한 기록이 치중되어 있는 것을 알고는 영적인 복음서를 기록했다고 생각한다. 대치설은 Windisch의 주장 이후로 강세를 보이고 있다. 그는 요한복음이 새로운 자료(세메이아 자료와 같은)에 기초하여 공관복음서를 대치하기 위하여 기록된 것이라고 주장한다.

1938년에 Gardner-Smith[29]에 의하여 요한복음의 독립성이 강하게 제시되었다. Gardner-Smith는 요한복음이 기록될 당시에 구전이 계속적으로 존재하고 있었다는 사실과 요한복음과 공관복음 사이에 큰 차이가 있다는 사실을 고려하여 요한복음이 공관복음에 의존했을 가능성이 훨씬 떨어지고 오히려 요한복음은 독립적인 자료를 사용했을 가능성이 높다고 주장하였다. 최근에는 요한복음과 공관복음 사이의 큰 차이에 주목하는 학자들이 요한복음의 독립성에 강한 확신을 보이고 있다.[30]

요한복음과 공관복음을 비교해 볼 때 가장 두드러지는 현상은 단락의 길이이다. 공관복음은 한 가지 주제를 짧게 다루는 반면에, 요한복음은 한 가지 주제를 길게 다룬다. 공관복음은 수난과 부활을 다루는 마지막 부분을 제외하고는 예수님의 개별적인 활동과 개별적인 말씀을 다소 헐겁게 연결하는 결합형태를 지니고 있지만, 이에 비하여 요한복음은 한 사건을 깊이 다룸으로써 주제적으로 통일을 이루어 마치 단막극처럼 구성된 체계를 가진다.[31] 공관복음의 기록은 단편적이지만, 요한복음의 기록은 포괄적인 성격을 가지고 있다. 공관복음이 작은 점으로 꾸민 그림과 같다면, 요한복음은 큰 면으로 처리한 그림과 같다. 공관복음은 여러 가지 사건들을 짧게 보고하는 일간지로 비유할 수 있고, 요한복음은 한 사건을 길게 진술하는 월

---

28 대표적인 예로 다음과 같은 사람들을 말할 수 있다. Blinzler, *Johannes und die Synoptiker*; Barrett, *The Gospel according to St. John*, 42~54; F. Neirynck, *Jean et les Synoptiques: Examen critique de l'exégèse de M.-E.Boismard*, BEThL 49, Leuven: University Press, 1979.

29 P. Gardner-Smith, *Saint John and the Synoptic Gospels*, Cambridge: Cambridge University Press, 1938.

30 요한복음의 독립성을 수용하는 학자들에 대하여는 바나바스 린다스(B. Lindars), 『요한복음』, 서울: 반석문화사, 1994, 44~47을 참조하라.

31 공관복음은 수난사를 제외하고는 다소 헐겁게 연결되는 개별보고와 개별말씀들이 결합된 형태를 지니고 있지만, 요한복음은 앞 단락의 상황과 거의 연결되는 주제적으로는 통일적이며 극적으로 구성된 언어구성(Redekompositionen)을 지니고 있다(Blinzler, *Johannes und die Synoptiker*, 12).

간지로 비유할 수 있다. 그렇지만 요한복음이 한 사건을 길게 진술한다고 해서 쓸데없는 말을 만연체로 늘어놓은 것으로 생각하면 그것은 큰 오해이다. 오히려 요한복음은 각 진술마다 압축된 사상을 담고 있다.

요한복음이 공관복음과 결정적으로 다른 점은 예수님의 활동기간에 대한 설명이다. 공관복음은 예수님의 활동기간동안 한번의 유월절을 보고하지만, 요한복음은 세 번의 유월절을 언급한다(요 2:13; 6:4; 11:55).

2. 성경관

요한복음의 구약성경 인용에는 율법, 선지서, 시가서가 골고루 분포되어 있다.

요한복음에서 율법 가운데 창세기, 출애굽기(또는 민수기), 신명기의 사용이 눈에 두드러진다(요 1:51/[창 28:12]; 6:31[출 16:15]); 19:36[출 12:46/민 9:12]; 8:17[신 17:6; 19:15]). 레위기는 직접인용에 사용되지 않았다.

요한복음은 사무엘을 사용한다(요 7:42[삼하 7:12]; 요 12:34[삼하 7:16]). 특히 요한복음은 선지자들 가운데 이사야를 애호한다(1:23[사 40:3]; 6:45[사 54:13]; 12:38[사 53:1]; 12:39f.[사 6:10]). 그래서 요한복음에는 이사야(Ἡσαΐας)의 이름이 네 번이나 거명된다(요 1:23; 12:38,39,41). 요한복음에는 소선지자가 두 명 지시된다. 미가와 스가랴이다(요 7:42[미 5:2]; 요 12:14f.[슥 9:9]; 19:37[슥 12:10]).

요한복음에서 가장 많이 인용된 것은 시편이다(요 2:17[시 69:9]; 6:31[시 78:24]; 10:34[시 82:6]); 12:13[시 118:25~26]; 12:34[시 89:37]; 13:18[시 41:9]; 15:25[시 35:19; 69:4]; 19:24[시 22:18]). 시편 인용은 선지서 인용을 다 합한 것만큼 많다. 이것은 요한복음이 시편을 상당히 중요하게 생각했다는 것을 보여준다. 요한에게 있어서 시편은 분명히 권위 있는 성경이다.[32] 이것은 요한복음이 시편을 두 번이나 율법이라고 부른 것에서 분명하게 입증된다(요 10:34[시 82:6]; 15:25[시 35:19]).

요한복음에서 율법, 선지서, 시가서에 이르는 구약성경에 대한 폭넓은 참조는 다음과 같은 결론을 내리게 한다. 첫째로, 요한은 복음서를 기록하기 이전에 구약성경 자료를 충분히 확보하고 있었다. 둘째로, 요한은 구약성경의 영속적인 효력을 확신하면서(요 10:35) 절대적으로 신뢰하였다(요 2:22). 셋째로, 요한은 풍부한 구약신학을 확립하고 있었다. 이 때문에 요한복음은 구약성경에 내리고 있는 깊은 뿌리를 도외시한 채 이해될 수 없다.

요한복음에서 구약성경이 사용된 방식은 농도가 옅은 것부터 진술하면, 언어와 신학에서 병행을 이루는 것, 유대교의 규칙, 관습, 명절 등에 대한

---

32 J. Beutler, "The Use of 'Scripture' in the Gospel of John", in R. A. Culpepper / C. C. Black (eds.), *Exploring the Gospel of John in Honor of D. Moody Smith*, Louisville: Westminster John Knox Press, 1996, 147~162, esp. 148.

언급, 가능한 암시, 사실적 암시, 확실한 암시, 그리고 직접인용이다.[33] 직접인용은 세례자 요한, 예수 그리스도, 제자들, 무리들, 그리고 요한복음서를 기록하는 요한에 이르기까지 다양한 인물들에 의하여 인용되었다.[34] 요한복음에서 구약성경은 칠십인 역과 히브리어 성경이 병행적으로 사용되었으며, 때때로 인용에 자유로운 변형이 시도되었다. 이것은 구약성경에 대한 요한복음의 유연성을 강하게 증언한다.

요한복음에서 구약성경의 인용을 도입하는 방식은 상당한 다양성 때문에 유명하다.[35] 그러나 도입형식을 분류해보면 대략적으로 다음과 같이 네 가지 유형이 있다는 것을 발견하게 된다. 첫째로, 인용도입형식이 없는 경우(요 1:51[창 28:12]; 12:13[시 118:25~26]; 요 12:34[삼하 7:16; 시 89:37]), 둘째로, γεγραμμένον ἐστίν 또는 ἔστιν γεγραμμένον 형식(2:17[시 69:9]; 6:31[시 78:24]; 6:45[사 54:13]; 10:34[시 82:6]; 12:14f.[슥 9:9]), 셋째로, εἶπεν ἡ γραφή 또는 ἡ γραφὴ εἶπεν(λέγει) 형식(7:38[υνδε]; 7:42[삼하 7:12; 미 5:2]; 19:37[슥 12:10]), 넷째로 성취인용 형식(ἵνα ἡ γραφὴἤ ὁ λόγος πληρωθῇ ἤ τελειωθῇ)(요 12:38[사 53:1]; 13:18[시 41:9]; 15:25[시 35:19]; 17:12[인용없음]; 19:24[시 22:18]; 19:28[시 22:15]; 19:36[출 12:46; 민 9:12; 시 34:20]).

요한복음의 구약성경 인용은 몇 가지 중요한 신학적인 사실들을 반영한다. 무엇보다도 요한이 구약성경을 인용한 것은 그 자신이 구약성경에 매우 익숙하다는 것을 입증할 뿐 아니라 자신의 복음서가 구약성경에 의하여 확증되는 복음서라는 것을 확신하는 자의식을 보여준다. 이것은 요한복음을 읽는 처음 독자들에게도 해당하는 사실이다. 요한복음의 독자는 구약성경에 매우 익숙한 상황에 있었을 것이며, 요한이 구약성경을 인용하여 예수 그리스도를 설명하는 것을 타당한 일로 여겼을 것이다.[36] 상투적이긴 하지만 요한복음의 구약성경 인용에는 어떤 변증적인 목적이 들어있는 것으로 생각할 수 있다. 그래서 때때로 요한은 구약성경을 사용하여 유대교를 공격하고 예수 그리스도를 변증했다고 주장되기도 하며,[37] 때때로 요한은 구약성경을 사용함으로써 예수님을 예고하는 구약성경의 권위에 의문을 제기하

---

33   이 분류는 G. Reim, *Erweiterte Studien zum Alttestamentlichen Hintergrund des Johannesevangeliums*, Erlangen: Eigenverlag des Autors, 1995 (1. Aufl.: SNTS.MS 22, Cambridge: Cambridge University Press, 1974), 97f.를 따른 것이다. Reim은 그의 책에서 상당한 지면을 할애하여 창세기로부터 말라기에 이르기까지 요한복음이 사용했을 것이라고 추정되는 구약성경 구절들을 다루고 있다.

34   D. A. Carson, "John and the Johannine Epistles", in D. A. Carson / H. G. M. Williamson (eds.), *It is written: Scripture citing Scripture. Essays in Honour of Barnabas Lindars*, Cambridge: Cambridge University Press, 1988, 246.

35   Cf. Carson, "John and Johannine Epistles", 247.

36   Gegen Beutler, "Use", 158.

37   Cf. C. A. Evans, "On the Quotation Formulas in the Fourth Gospel", *BZ* 26(1982), 81ff.

는 자들에게 쐐기를 박았다고 주장되기도 한다.[38]

　그러나 요한복음의 구약성경 인용에는 이런 방어적인 변증의 목적뿐 아니라 적극적인 교훈의 목적도 있었을 것이다. 요한이 구약성경을 인용한 것은 두 가지 교훈적인 목적을 가지는 것으로 생각해 볼 수 있다. 첫째로, 요한은 구약성경으로 예수 그리스도를 정확하게 설명하려고 했던 것이다. 요한에 의하면 "구약성경은 전체적으로 예수님과 그분의 사건에 대한 예고이다"(Die Schrift insgesamt ist Vorankündigung Jesu und seiner Geschichte).[39] 구약성경은 예수 그리스도에 대한 예고라는 기능을 한다. 따라서 요한은 구약성경에서 예수에 대한 설명을 발견하였다. 요한은 예수 그리스도는 구약성경에 의해서만 정확하게 이해된다고 믿었던 것이다. 그러나 역으로 보면 요한은 예수 그리스도로 구약성경을 정확하게 이해하려고 했던 것이다. 구약성경은 예수 그리스도에 의해서만 정확하게 해석된다. 요한은 예수 그리스도가 구약성경을 파악하는 진정한 열쇠라고 믿었던 것이다. 이런 의미에서 예수님은 구약성경에 대한 반영이라고 말할 수 있다.[40]

　이렇게 볼 때, 요한이 구약성경을 인용하는 교훈적 목적은 구약성경과 예수 그리스도 사이에 일어나는 상호작용에 있다는 것을 알 수 있다. 요한은 구약성경에 의하여 예수 그리스도를 해석하였을 뿐 아니라, 예수 그리스도에 의하여 구약성경을 해석하였다. 요한은 예수님을 발견하기 위하여 구약성경으로 되돌아갔고, 구약성경을 발견하기 위하여 예수님에게로 되돌아갔다. 구약은 예수님을 이해하기 위한 기초이며, 예수님은 구약을 이해하기 위한 기초이다.

　이렇게 구약성경과 예수 그리스도 사이에 발생하는 상호작용을 전제로 하여 요한은 구약성경이 그리스도를 지시하고 있다는 확신을 아주 분명하

38　Cf. M. Hengel, "Die Schriftauslegung des 4. Evangeliums auf dem Hintergrund der urchristlichen Exegese. Christian Dietzfelbinger zum 65. Geburtstag gewidmet", *Jahrbuch für Biblische Theologie* 4 (1989), 258f. Hengel은 부활 예수님의 비밀교훈이나 성령님의 자유로운 활동에 의존하는 급진적인 열광주의자들 내지는 영지주의로 가는 그룹들이 대표적으로 이런 자들이었다고 생각한다. 그러나 이것은 어디까지나 추측에 지나지 않는다.

39　C. Dietzfelbinger, "Aspekte des Alten Testaments im Johannesevangelium", in H. Cancik / H. Lichtenberger / P. Schäfer (Hg.), *Geschichte- Tradition-Reflexion, FS Martin Hengel zum 70. Geburtstag, Bd. III. Frühes Christentum* (hg. H. Lichtenberger), Tübingen: Mohr Siebeck, 1999, 212.

40　이렇게 볼 때, 요한복음에서 구약성경의 사용에 대한 이해는 신구약성경의 근본적인 통일성에 대한 분명한 이해를 가져오게 했다고 말해도 잘못이 아니다. Cf. P. Morgan, "Fulfillment in the Fourth Gospel: The Old Testament Foundations", *Int* 11 (1957), 164: "An understanding of the use of the Old Testament in the Fourth Gospel leads to a clearer understanding of the basic unity of the two Testaments."

게 보여준다(요 1:45; 5:39 "성경이 나에 대하여 증언한다"; 5:46f.).[41] 요한복음에 의하면 구약성경의 주요한 인물들은 모두 예수님을 지향한다. 아브라함은 예수님의 날을 보았고(요 8:56), 모세는 예수님에 대하여 기록하였고(요 1:45; 5:46f.), 이사야는 예수님의 영광을 보았다(요 12:41).[42] 실제로 위에서 살펴본 바와 같이 요한복음은 모세의 율법과 선지서들과 시편에 기록된 모든 것이 그리스도를 증언하고 있다고 선언한다.[43] 이 때문에 구약성경을 정확하게 알지 못하면 예수님의 일도 알지 못한다(요 2:22; 12:16). 그래서 제자들은 심지어 예수님을 육체로 만나고 있는 동안에도 구약성경을 알지 못하는 한 예수님을 진정으로 알지 못했던 것이다.

3. 기독론

1) 기독론적 의도

요한복음에는 여러 가지 면에서 기독론을 부각시키려는 신학적인 의도성이 발견된다.

첫째로, 표적의 예수님. 요한복음은 예수 그리스도께서 표적($\sigma\eta\mu\epsilon\hat{\iota}o\nu$)을 행하셨다고 증언한다. 요한복음에는 일곱 개의 표적들이 나온다. 공관복음서에는 대략 29개의 이적들이 나오는데, 그 가운데 요한복음은 단지 세 가지를 가지고 있을 뿐이다(신하의 아들 치료 요 4:46~54; 오병이어 요 6:1~13; 바다 위를 걸으심 요 6:16~21). 이에 비하여 요한복음은 공관복음에 없는 네 가지의 이적들을 보고한다(가나의 혼인잔치 이적 요 2:1~11; 베데스다 연못의 치료 요 5:1~9; 소경의 치료 요 9:1~7; 나사로의 살리심 요 11:1~44). 표적 사건에는 구약의 모세, 엘리야, 엘리사 같은 이들이 행한 이적들이 암시된다. 표적 사건 다음에는 대체적으로 담화가 이어진다. 표적 사건으로 구약 선지자의 모습과 종말론적 선지자라는 예수님의 신분이 드러난다.[44]

둘째로, 말씀의 예수님. 요한복음에는 일곱 개의 담화들이 나온다. 니고데모와의 대화(3:1~21), 사마리아여인과의 대화(4:7~26), 38년된 병자를 치료한 후 유대인들과의 대화(5:19~47), 오병이어 표적 후 유대인들과의 대화

D. M. Smith, "The Use of the Old Testament in the New", in J. M. Efird (ed.), *The Use of the Old Testament in the New and Other Essays. Studies in Honor of William Franklin Stinespring*, Durham: Duke University Press, 1972, 55.

[42] Smith, "Use", 55; Hengel, "Schriftauslegung", 263f.: "Die groben Männer des alten Israel ... alle lassen - gerade weil sie in dem positive Licht von Zeugen für Jesus gesehen werden müssen - die δόξα des Menschengewordenen nur um so heller erstrahlen"(264). 아브라함, 모세, 이사야가 요한복음에서 신학적으로 어떤 역할을 하는지에 대한 설명은 Hengel, "Schriftauslegung", 264~268을 참조하라.

[43] Morgan, "Fulfillment", 165.

[44] 참조. 조석민, "요한복음의 표적 사건과 의미", 『요한복음의 새 관점』, 97~147.

(6:25~65), 초막절 논쟁(7:1~38), 목자설교(10:1~18), 고별설교(14~16장). 공관복음에 나오는 비유는 요한복음에 거의 나오지 않는다. 선한 목자(요 10:1~18)와 포도나무(요 15:1~6)라는 테마는 공관복음에서도 등장하는 것이 사실이지만 완전히 다른 특징을 지니고 있다.

셋째로, 신적 존재이신 예수님. 요한복음에는 일곱 개의 "나는 …이다"라는 표현이 나온다. 생명의 떡(6:35), 세상의 빛(8:12), 양의 문(10:7,9), 선한 목자(10:11), 부활/생명(11:25), 길/진리/생명(14:6), 포도나무(15:1~5). 이 표현은 출애굽기 3:14를 반영하면서, 예수님의 신적 계시성과 현재성을 부각한다.

2) 기독론적 명칭

요한복음은 예수 그리스도께서 하나님과 인간이라는 두 지향점을 가지고 있는 것에 대하여 설명한다.

무엇보다도 요한복음은 예수 그리스도가 하나님이라는 사실을 분명하게 제시한다. 예수님은 로고스[45]로서 하나님과 동일하다(1:1). 그는 태초에 계셨고, 하나님과 함께 계셨기 때문이다. 로고스이신 예수님께서 하나님과 동일하다는 의미에서 그의 영광은 창세 전에 누렸던 하나님의 영광이며(1:14; 17:5), 하나님을 나타낼 수 있는 분은 예수밖에 없다(1:18). 이것은 아주 고차원적인 기독론이다.[46] 예수님은 하나님과 동일하기에(10:30,38), 그 일에 있어서도 동일한 기능이 강조된다. "나의 아버지가 지금까지 일하시고 나도 일한다"(5:17). 기능적으로나 존재적으로나 예수님은 하나님과 한 분이시다.[47] 예수와 하나님의 동일성 때문에 예수님은 분명하게 하나님으로 고백된다. "도마가 가로되 나의 주시며 나의 하나님이시니이다"(20:28; 참조. 요일 5:20).[48]

또한 요한복음에는 인자라는 표현이 13번 나온다(1:51; 3:13; 3:14; 5:27; 6:27,53,62; 8:28; 9:35; 12:23,34bis; 13:31). 요한복음에서 인자는 무엇보다도 하나님과 사람 사이에 교각과 같은 역할을 하는 것으로 나타난다. "인자 위에 하나님의 사자들이 오르락내리락하는 것을 보리라"(1:51). 인자 개념은 "하나님과 사람 사이에 밀접하게 연결된 예수님의 참 모습에 관한 주요한 그리스

---

45   조석민, "로고스의 개념과 기능(요 1:1~18)", *Pro Ecclesia* 7(2005), 34~57.

46   참조. 스몰리, 『요한신학』, 326, 각주 114.

47   스몰리, 『요한신학』, 327.

48   그러나 요한복음은 로고스이신 예수님을 하나님과 구별하기도 한다. 그 구별성은 "독생하신 하나님"이라는 표현으로 정리된다. "본래 하나님을 본 사람이 없으되 아버지의 품속에 있는 독생하신 하나님이 나타내셨느니라"(요 1:18). 여기에 "하나님"이란 명칭으로 두 인격이 언급된다. "아버지"로서의 하나님과 "독생하신 자"(μονογενής)로서의 하나님이다. 인격은 둘이며, 성격은 아버지와 나신 자(아들)이다(이 때문에 여러 사본들이 후자에 대하여는 θεός 대신에 υἱός를 사용하였다).

도론적 문제를 해명하기 위해 사용되었다."[49] 이 외에 요한복음에서 인자는 어느 정도 일련의 순서를 따라 묘사되는 것처럼 보인다.

먼저, 인자는 "하늘에서 내려온 자"(3:13)로 묘사된다. 인자는 땅에 존재하기 전에 하늘에 존재하던 분이다. 이것은 인자의 존재에 관련하여 단지 공간성을 말할 뿐 아니라 시간성도 말하려는 것이다. 선재적인 시간과 공간이 연결되어 표현된다(인자가 "이전에 있던 곳", 6:62).

그런데 인자는 본래 선재하시던 분이지만 세상에 오신다. 그래서 인자는 "하늘에서 내려온 자"(3:13)이다. 인자는 분명하게 혈육을 가진다. "인자의 살과 인자의 피"(6:53). 이것은 인자의 비하를 의미한다. 인자의 비하는 그의 죽음에서 잘 나타난다. 인자는 높이 들리게 될 것이다(8:28; 12:34).[50]

그러나 비하하여 수난당하는 인자는 결국 다시 하늘로 올라간다. "이전에 있던 곳으로 올라간다"(6:62). 요한복음은 이것을 가리켜 인자의 영광이라고 부른다(12:23; 13:31). 이렇게 볼 때 요한복음에서 인자는 선재하시던 분으로서 세상에 와서 수난을 당하고 승귀하시는 분으로 설명된다. 특이하게도 요한복음에서는 공관복음에서와는 달리 인자가 미래의 영광 중에 오실 분으로 강조되지 않는다. 물론 인자의 심판권세에 대하여는 언급된다(5:27).

특히 요한복음에서 특징적인 것은 로고스 기독론이다. 이것은 구약성경에 기원을 두고 있는 것으로 생각할 수 있다. 로고스는 구약성경의 단어(דבר 시 33:6; 107:20)의 그리스어 의역이다. 로고스 사상이 구약(아마도 칠십인 역)에서 출원했다는 것을 몇 가지 점에서 생각해 볼 수 있다. 첫째로, 어휘가 동일하다. 요한복음의 "태초에"라는 첫 말들은 틀림없이 창세기의 "태초에"라는 첫 말들을 사용한 것이다. 요한복음은 창세기에서 머리말을 빌려 씀으로써 내용까지도 사용했다. 둘째로, 내용이 동일하다. 요한복음은 로고스의 창조참여에 대하여 말한다. 이것은 구약을 반영한 것이다. 칠십인역 구약에서 말씀은 창조와 관련이 있다(창 1:3,6,9). 특히 시 33:6에 말씀의 창조적인 기능에 대하여 요약되어 진술된다("주의 말씀으로 하늘이 만들어졌다" LXX 32:6).

그러나 요한복음의 로고스 기독론은 오랫동안 큰 논란의 대상이 되었다. 무엇보다도 로고스 기독론은 요한복음에서 이질적인 것으로 간주되었다. 로고스가 요한복음의 본론에는 전혀 언급되지 않기 때문이다.[51]

또한 로고스 사상은 기독교 외적인 영향을 받은 것이라고 주장되었다.

---

49 스몰리, 『요한신학』, 330.

50 "높이 들림"(ὑψοῦν)은 영광을 나타내는 말보다는 죽음을 나타내는 말로 이해해야 한다. 요 3:14와 12:33은 죽음의 방식을 설명하는 것으로 보아야 하기 때문이다(gegen Bultmann, *Johannesevangelium*, 요 3:14 해석).

51 O. Cullmann, *Die Christologie des Neuen Testaments*. Tübingen: Mohr Siebeck, 1957(*The Christology of the New Testament*, London: SCM, 1980), 155.

예를 들어 스토아 철학에서 로고스는 태초에 있어 만물을 지배하며 인간의 이성 안에 현재하는 비인격적이고 범신론적인 세계법칙(세계정신 Weltseele)으로 설명된다. 그러나 이것은 로고스라는 동일한 용어를 가지고 있지만 로고스가 역사와 인류에 개입한다는 사상을 가지고 있지 않기 때문에 요한의 로고스 개념과는 관계가 없다.[52]

로고스 사상은 알렉산드리아의 Philo에게도 발견된다.[53] 필로에게 있어서 로고스는 구약에 나오는 대제사장 같은 인물들과 동일시된다. 필로는 하나님의 로고스가 현상세계의 원형인 이상세계를 나타낸다고 생각한다(*de opificio mundi*, 24f.). 특히 필로는 로고스가 이상인간, 원인간(原人間), 하나님의 형상인데, 여기에서 모든 경험적인 인간들이 발원하여 타락한 것으로 생각한다.[54] 그러나 필로의 로고스는 역사 안으로 들어오지 않는다는 점에서 로고스의 성육신을 말하는 요한복음의 신학과 다르다.

Bultmann은 요한복음의 로고스 사상의 기원을 영지주의에서 찾는다. 영지주의에서 로고스는 신과 인간 사이에 존재하는 신화적인 중간자이다. 그러나 Bultmann의 이론은 두 가지 측면에서 약점을 가진다. 첫째로, 자료적인 측면이다. 기독교 이전의 영지주의 자료가 없다(물론 기독교 이후의 자료들이라도 기독교 이전의 사상을 반영할 가능성은 있을 것이다). 둘째로, 내용적인 측면이다. 영지주의에서 로고스는 "시간적으로 인간이 되었지만 언제나 단지 신화적이며 가현설적인 범위에서 그러하고, 결코 역사적이며 실제적인 성육신에서 그러한 것이 아니다."[55] 헤르메스 문학에서(*Corpus Hermeticum*)는 로고스가 누스(νοῦς) 즉 원인간인데 구원자를 가리킨다. 그러나 헤르메스 신화에서 로고스의 인격화가 언급되지만 범신론적인 의미를 담고 있는 알레고리하고 철학적인 해석에 근거한다.[56]

4. 성령론

요한복음은 특이한 성령론을 제시한다. 요한복음은 성령님께서 한편으로는 예수 그리스도에 대하여, 다른 한편으로는 신자에 대하여 어떻게 활동하시는지 알려준다.

---

52 Cullmann, *Christologie*, 258: "용어의 유사성 때문에 ... 요한의 로고스 사상을 그리스 철학의 일부로 읽어버리는 것을 방지해야 한다."

53 E. Schürer, *The History of the Jewish People in the Age of Jesus Christ*, vol. III.2, Edinburgh: Clark, 1987, 881~885.

54 Barrett, *The Gospel according to St. John*, 153f.

55 Cullmann, *Christologie*, 259.

56 참조. R. Reitzenstein, *Poimandres. Studien zur griechisch-ägyptischen und frühchristlichen Literatur*, Leibzig: Teubner, 1904(ND Stuttgart, 1966), 88.

1) 성령님과 예수

요한복음은 예수님께서 사역을 시작하셨을 때 성령님이 임하셨다고 명시한다. 성령님이 예수님에게 임하심으로써 예수님은 성령님 수여자로 인식된다(1:32~33). 성령님의 임하심은 예수님을 성령님 세례자로 만드는 것이 아니라 성령님 세례자로 인식시킨다. 예수님은 "성령으로 세례를 주는 이"(ὁ βαπτίζων ἐν πνεύματι ἁγίῳ, 1:33)이시다. 여기에 성령님이 세례의 재료로 언급되며, 예수님은 반복적으로 세례를 주는 분으로 설명된다(그리스어의 현재분사에 주의할 것). 예수님의 성령님 세례는 역사를 통해 반복적으로 행해질 것이며, 이 때문에 모든 역사는 예수님이 수여하시는 성령 세례를 받을 수 있는 가능성 아래에 놓이게 된다.

또한 요한복음에 의하면 예수님은 부활 후에 사역을 마치시면서 제자들에게 성령님을 주셨다(20:22~23). 이것은 오순절 성령님 강림과 비교할 때 성령님의 은혜가 조금 뿌려진 것(adspersi duntaxat)으로 이해하는 것은 바람직하지 않다(Calvin).[57] 부활 후에 예수님께서 제자들에게 성령님을 주신 것은 7:38~39를 성취하는 것이기 때문이다.[58] 예수님께서는 이미 부활(영광)이후에 오실 성령님을 예견하면서 이 성령님의 오심은 "강들"(ποταμοί)처럼 능력적인 것임을 교훈하셨고(7:38), 또한 "그를 믿는 자들"(οἱ πιστεύσαντες εἰς αὐτόν) 모두에게 해당하는 성령님을 말씀하셨다(7:39).

부활 후에 예수님이 성령님을 주신 것은 개인이나 교회보다 사도의 전권과 관련되는 세 가지 의미를 가진다. 첫째로, 예수님께서 "아버지께서 나를 보내신 것 같이 나도 너희를 보내노라"(20:21)고 말씀하면서 성령님을 주신 것(20:22)은 선교에는 반드시 성령님의 활동이 후원되어야 한다는 것을 보여준다. 성령님은 제자들에게 선교를 가능하게 만든다. 둘째로, 예수님이 숨을 내쉬는 행동과 함께 성령님을 주신 것(20:22)은 성령님의 활동이 변화와 관련이 있다는 것을 알려준다. "숨을 내쉬었다"(ἐνεφύσησεν)는 말은 정확하게 창세기 2:7("불어넣었다", ἐνεφύσησεν)을 연상시킨다. 창세기에서 하나님께서 흙으로 만든 인간에게 "생기를"(πνοὴν ζωῆς) 불어넣어 변화를 일으키셨듯이, 요한복음에서 예수님께서는 두려움에 사로잡힌 제자들에게 "성령님을"(πνεῦμα ἅγιον) 불어넣어 변화를 일으키신 것이다. 성령님을 받은 제자들은 새 창조에 속한 사람들이다. 셋째로, 예수님께서는 제자들에게 성령님을 주시면서(20:22) 죄 사함의 전권을 허락하셨다(20:23). 이렇게 하여 예수님께서는 사도들의 사역이 얼마나 능력적인지 보여주셨다. 사도들의 권위는 성령님의 담

---

57 성령님의 수여와 관련하여, 요한복음이 제자들을 겨냥한다면 사도행전은 교회를 겨냥한다.

58 이에 대한 자세한 연구는 J. Byun(변종길), *The Holy Spirit was not yet*, Kampen: Kok, 1992(『성령님과 구속사』, 서울: 개혁주의신행협회, 1997)을 참조하라.

지자라는 사실에 근거한다는 것이다. 성령님이 사도들과 함께 하시며 활동하신다.

2) 성령님과 신자

성령님께서는 신자에 대하여 두 가지 차원에서 활동하신다. 첫째로, 성령님은 사람을 위로부터 태어나게(γεννάω ἄνωθεν) 만드는 일에 관여한다(3:5; 6:63). 성령님은 새로운 출생의 기원이시다. 둘째로, 성령님은 보혜사이시다(14:16,26; 15:26; 16:7). 보혜사이신 성령님에게 가장 중요한 역할은 예수 그리스도의 말씀을 생각나게 하는 것이다. 이런 의미에서 성령님은 진리의 영이라고 불리기도 한다(14:17; 15:26).

제7장
사도행전

1) 주석

F. F. Bruce, *The Acts of the Apostles*, Grand Rapids: Eerdmans, 1951, 1975.

R. Pesch, *Die Apostelgeschichte, 1. Teilband: Apg 1~12*, EKK V/1; *2. Teilband: Apg 13~28*, EKK V/2, Zürich: Benziger / Neukirchen-Vluyn: Neukirchener, 1986.

A. Weiser, *Die Apostelgeschichte. Kapitel 1~12*, ÖTKNT 5/1, Gütersloh: Gütersloher Verlagshaus Mohn, 1981; *Kapitel 13~28*, ÖTKNT 5/2, 1985.

2) 연구서

E. Franklin, *Christ the Lord. A Study in the Purpose and Theology of Luke Acts*, London: SPCK, 1975.

W. W. Gasque, *A History of the Criticism of the Acts of the Apostles* (BGBE 17), Tübingen: Mohr Siebeck, 1975(가스끄, W.W., 권성수/정광욱 공역, 『사도행전 비평사』, 서울 엠마오, 1989).

J. Hur (허주), *A Dynamic Reading of the Holy Spirit in Luke - Acts*, JSNT 211, Sheffield: Sheffield University Press, 1998.

J. Jervell, *The Theology of the Acts of the Apostles*, Cambridge: Cambridge University Press, 1996(『사도행전 신학』, 윤철원 역, 서울: 한들, 2000).

Y. H. Kim (김영호), *Die Parusie bei Lukas. Eine Literarisch-Exegetische Untersuchung zu den Parusieaussagen im Lukanischen Doppelwerk*, BZNW 217, Berlin: de Gruyter, 2016.

라이펠드, 월터, 『사도행전 해석. 사도행전 주해를 위한 지침서』, 김진옥 역, 합신대학원출판부, 2014.

R. Maddox, *The Purpose of Luke Acts*, Edinburgh: Clark, 1982.

I. H. Marshall, *Luke: Historian and Theologian*, Paternoster, 1970, Grand Rapids: Zondervan, 1989(하워드 마샬, 『누가행전』, 이한수 역, 서울: 엠마오, 1993).

M. A. Powell, *What Are They Saying About Acts?* New York: Paulist Press, 1991(마크 A, 포웰, 『사도행전 신학』, 이운연 역, 서울: 기독교문서선 교회, 2000).

M. Rese, *Alttestamentliche Motive in der Christologie des Lukas*, SNT 1, Gütersloh: Gütersloher Verlagshaus Mohn, 1969.

김정훈, 『사도들의 설교와 신학』, 서울: 그리심, 2004.

조병수, "사도시대의 설교와 교회 세우기", 「프로에클레시아」 1(2002), 9~30(= "사도행전의 교회설교", in 신복윤 『기념논문집』, 수원: 합동신학대학원출판부, 2002, 447~470).

I. 사도행전의 기록자와 기록연대와 장소

1. 사도행전의 기록자

1. 누가복음과 관계성

사도행전은 스스로 속편(후편)의 성격을 보여준다. 사도행전은 그 앞에 이미 전편을 가지고 있다는 것을 표시하기 위하여 "먼저 쓴 글"(ὁ πρῶτος λόγος, 1:1)을 언급한다. "먼저 쓴 글"의 내용은 "예수님께서 행하시며 가르치시기를 시작하심부터 그가 택하신 사도들에게 성령님으로 명하시고 승천하신 날까지의 일"(1:1~2)이다. 이것은 복음의 요점을 말하는 것으로써(참조. 1:21~22; 10:37~43; 13:23~31) "먼저 쓴 글"이 누가복음 외에 다른 것이 아님을 드러낸다. 사도행전은 이 글을 받는 사람이 데오빌로라는 사실을 밝히는데(1:1), 이것은 누가복음의 수신자와 동일한 인물이므로(눅 1:3), "먼저 쓴 글"은 자연히 누가복음인 것을 알 수 있다. 이렇게 볼 때 사도행전의 기록자와 누가복음의 기록자는 동일하다. 누가복음의 기록자가 누가이듯이 사도행전의 기록자도 누가이다.

2. "우리" 단락들

누가의 사도행전에는 후반부에 들어가면서 "우리"(1인칭 복수)라는 사람들이 등장한다. 이것은 누가가 사도행전을 기록하고 있지만 배후에 어떤 그룹이 있다는 것을 보여준다. 사도행전에는 사도 바울의 여행과 관련하여 네 개의 "우리" 단락들("we"-sections)이 나온다.

16:10~17   드로아에서 빌립보
20:5~15   빌립보에서 밀레도
21:1~18   밀레도에서 가이사랴
27:1~28:16 가이사랴에서 로마

이 "우리" 단락들은 오랫동안 논쟁의 대상이 되었다. 특히 "우리" 단락들과 관련하여 논쟁이 된 것은 출처에 관한 것이다.

1) 다른 이의 여행일지의 잔재일 가능성

M. Dibelius는 문체비평(Stilkritik)을 사용하여 이것들은 누가가 다른 이의 여행지목록(Stationenverzeichnis), 또는 여행일지(Reisetagesbuch), 또는 순람일지(Itinerar)를 사용한 것이라고 주장하였다.[1] 이것은 Ed. Norden[2]의 의견을 따르는 것이다. 그러나 이 견해에는 여러 가지 문제점이 있다. 첫째로, "우리"

단락들이 다른 이가 기록한 여행일지의 잔재라면 왜 그 기록자의 이름을 밝혀 권위를 드러내지 않느냐 하는 것이다. 누가는 사도행전에서 다른 이들의 글을 기록할 때 그들의 이름을 밝히는 것을 당연하게 생각한다(예를 들면 천부장 루시아의 편지, 23:25~30). 기록자의 정체를 밝히는 것은 그의 기록의 신빙성을 훨씬 더 높여주기 때문이다. 둘째로, 누가가 다른 이의 기록을 빌어 쓴 것이라면 문맥에 맞게 삼인칭으로 바꾸지 않고 그대로 일인칭을 사용한 이유가 무엇인지 문제가 된다. 셋째로, 언어의 통일성을 고려할 때 "우리" 단락들의 문체와 언어가 나머지 부분과 훌륭하게 일치하므로 이 단락들이 별개의 자료에서 출원했다고 생각하기가 어렵다.[3]

2) 문학적 관습일 가능성

E. Haenchen[4]은 "우리" 단락들이 단지 기록에 무게를 더하기 위하여 사용된 문체상의 기법에 지나지 않는다고 생각하였다. 그러나 이 견해에도 작지 않은 문제점이 있다. 누가가 "우리" 단락들에 나오는 사건들보다 더욱 놀라운 사건을 기록할 때는 왜 이런 문학방식을 사용하여 무게를 더하지 않느냐 하는 것이다. 누가는 더 큰 사건을 기록하면서도 이런 문학방식을 거의 사용하지 않았다(예를 들면, 1차 전도여행을 묘사하는 13~14장에서).

3) 누가의 여행일기의 잔재일 가능성

"우리" 단락은 누가의 여행일기에서 출원한 것일 가능성을 배제할 수 없다. 그러나 이것은 두 가지 문제점을 안고 있다. 첫째로, 누가의 여행일기라는 별도의 기록물을 가정해야 하는 어려움이 있다. 그럼에도 불구하고 누가가 여행일기를 기록했을 가능성은 매우 높은데, 이것은 누가의 개인적인 것이기 때문에 전승되어야 할 이유가 없었을 것이다. 둘째로, 만일에 누가의 여행일기가 있었더라면 왜 오직 네 단락만을 사용했는지 질문이 제기된다. 실제로 누가는 이 네 단락 외에도 자신의 여행일기를 참조했을 것이다. 그러나 오직 이 네 단락만이 "우리"라는 표현을 가지고 있는 것은 독자들에게 자신이 이 부분에 기록된 사건에 동참했다는 것을 염두에 두도록 의도한 것이

1 M. Dibelius, *Aufsätze zur Apostelgeschichte* (hg. v. H. Greeven), FRLANT 60, Göttingen: Vandenhoeck Ruprecht, 1951, 12ff.

2 Cf. Ed. Norden, *Agnostos Theos. Untersuchungen zur Formengeschichte Religiöser Rede*, Stuttgart: Teubner, 1913(ND = Darmstadt: Wissenschaftliche Buchgesellschaft, 1956), 313f., 323f.

3 Cf. A. Harnack, *Lukas der Arzt. Der Verfasser des dritten Evangeliums und der Apostelgeschichte*, Leipzig: Hinrichs, 1906, 1ff.

4 E. Haenchen, "Tradition und Komposition in der Apostelgeschichte", *ZThK* 52 (1955), 205~225; ders., *Die Apostelgeschichte*, KEK 3, 13. Aufl., Göttingen: Vandenhoeck Ruprecht, 1956, 1961, 99~103.

거나,[5] 또는 자신의 직접적인 경험을 무의식적으로 서술한 행위일 것이다. 이런 문제점들이 있지만 누가의 여행일기를 가정해 볼 수 있다.

어쨌든 이 네 단락에 등장하는 "우리" 안에는 1:1에서 일인칭 단수("나")를 사용한 사람이 들어있을 것이다. "우리" 가운데 한 사람인 "나"는 실제로 사도 바울의 사역에(2차 전도여행부터) 비로소 동참한 인물이다. 그는 드로아에서 처음으로 사도 바울을 만났고 빌립보 방문에 동행했다(16:10~17).[6] 그는 사도 바울의 귀환여행에 동반하여 빌립보에서 밀레도로 이동하였고(20:5-15, 소아시아 귀환여행), 밀레도에서 가이사랴로 이동하였다(21:1~18, 마지막 예루살렘 여행). 그는 사도 바울이 가이사랴에서 로마로 호송되는 길에도 동행하였으며 사도 바울과 함께 로마에 체류하였다(27:1~28:16).

2. 사도행전의 기록연대

1. 2세기 기록설

튀빙겐 학파인 F. C. Baur는 경향비판(Tendenzkritik)에 의거하여 사도행전에는 베드로가 대표하는 유대 특수주의(Particularism)와 바울이 대표하는 이방 보편주의(Universalism)를 화해시키는 경향이 있다고 생각하였다. 다시 말하자면 사도행전은 베드로를 바울처럼 만들고(10장, 고넬료 사건), 바울을 베드로처럼 만들려는(19:18, 바울의 서원) 경향을 보여준다는 것이다.

경향비판에 근거하여 Baur는 베드로의 유대 특수주의와 바울의 이방 보편주의 사이에 빚어진 마찰이 화해되기 위해서는 많은 시간이 필요했을 것이라고 전제하면서 사도행전을 2세기 기록으로 돌렸다. 그러나 유대인과 이방인은 예수님의 전도 대상이었고, 베드로는 주로 유대인 전도를 맡았으나 이방인도 전도하였으며, 바울은 주로 이방인 전도를 맡았으나 유대인도 전도하였다. 누가는 이 사실을 잘 증언하고 있는 것이다.

---

5   거스리, 『신약서론』 상, 92.

6   이 때문에 W. M. Ramsey는 누가의 출신에 대하여 추정하기를 드로아에서 만난 마게도냐 사람이라고 생각하였다(*St. Paul: The Traveller and the Roman Citizen*, London / New York / Toronto: Putnam's Sons, 1895, 200~203).

일반적으로 사도행전이 요세푸스의 유대인고대사(Antiquitates 94년 경)를 의지하고 있다고 주장하는 사람들은 사도행전의 기록시기를 2세기로 돌린다(요세푸스 의존설). 또한 사도행전과 순교자 Justinus가 신학사상에 비슷한 점을 보여준다는 생각에 근거하여 사도행전의 기록시기를 2세기로 추정하는 사람들도 있다(저스틴과 유사설).

2. 1세기 말 기록설

마가복음 우선설(또는 두 자료설)을 주장하는 사람들은 사도행전의 기록연대를 1세기말로 추정한다. 그들은 누가복음이 마가복음을 사용했다고 생각하면서, 특히 누가복음 21:20의 "예루살렘이 군대들에게 에워싸인 것을 보거든"은 마가복음 13:14의 "멸망의 가증한 것이 서지 못할 것에 선 것을 보거든"을 변형시킨 것으로 여겼다. 이것은 예루살렘 파괴를 전제로 한다는 것이다. 그들은 마가복음이 예루살렘 파괴(70년) 이전에 기록되었고, 누가복음은 예루살렘 파괴(70년) 이후에 기록되었다고 생각한다. 그렇다면 사도행전은 누가복음보다 후에 기록되었으므로 70년보다 훨씬 뒤에 기록된 것이 되고 만다.

3. 64년 이전 기록설

위에서 살펴본 바와 같이 사도행전이 누가에 의하여 기록되었다고 할 때 위의 두 견해는 자동적으로 배제된다. 남는 문제는 누가가 사도행전을 언제 기록했느냐 하는 것이다.

사도행전은 베드로와 바울의 죽음(순교)에 대하여 말하지 않는다. 만일에 이 두 사도가 죽었다면 사도행전이 스데반의 죽음(7:60)과 야고보의 죽음(12:2)에 관해서 말하면서 이 두 사도의 죽음에 관해서 말하지 않는 것은 이상하다. 이것은 베드로와 바울이 살아있다는 것을 암시한다.

더 나아가서 사도행전은 네로의 로마 방화와 교회 박해에 관해서 말하지 않는다. 사도행전이 네로의 박해 이후에 기록된 것이라면, 네로에 대하여 알고 있고(25:10,11,12,21,25; 26:32; 28:19) 로마에 관한 이야기로 마치면서(28:16~31) 이것을 기록하지 않았을 리가 없다.

그러므로 사도행전은 누가가 베드로와 바울의 순교 이전, 또는 네로의 박해(64년) 이전에 기록한 것으로 생각할 수 있다(물론 누가가 로마에서 석방된 사도 바울의 스페인 전도를 담은 세 번째 글을 의도하고 있었을 가능성을 열어놓아야 한다. 그러면 사도행전의 기록연대는 다시 64년 이후로 밀려 날 수 있다).

II. 사도행전의 구조와 문학 특징

1. 사도행전의 문학 특징

1. 주제어
사도행전에는 복음의 확장을 설명하기 위하여 다음과 같은 주제어를 자주 사용한다.

> 흥왕하다(πληθύνειν) 6:1,7; 7:17; 9:31; 12:24
> 왕성하다(αὐξάνειν) 6:7; 7:17; 12:24; 19:20
> 더하다(προστιθέναι) 2:41; 2:47; 5:14; 11:24

이 주제어는 2, 5, 6, 7, 9, 11, 12, 19장에 골고루 나온다. 때로 "수"(ἀριθμός)라는 단어를 사용하여 많은 사람이 교회에 속하게 되었다는 것을 말하며(4:4; 6:7; 11:21; 16:5), 때로 지역을 언급함으로써 복음의 확장을 설명한다(9:31 유대와 갈릴리와 사마리아; 9:35 룻다와 사론; 9:42 욥바; 14:1 헬라; 28:16 로마). 복음이 확장된 지역을 다음과 같이 뭉뚱그리는 경우도 있다. "주의 말씀이 그 지방에 두루 퍼지니라"(13:49).

2. 설교
사도행전(πράξεις ἀποστόλων)은 말 그대로 사도들의 행적을 담고 있다. 그래서 사도행전에는 전반적으로 사도들의 활동(활약)이 묘사된다. 사도들의 활동은 주로 봉사, 치병, 설교로 구성된다. 그 가운데서 설교(연설)가 대단히 중요한 역할을 한다. 사도행전에서 사도들의 설교는 상당한 양을 차지한다.[7] 이렇게 볼 때 사도행전은 설교자의 행전(Acts of Preachers)이라고 불러도 과언이 아니다.

누가가 사도행전에 사도들의 설교를 기록한 것은 역사적인 신빙성을 가

---

7   U. Wilckens는 사도행전이 사건뿐 아니라 설교를 제시하고 있다고 설명하면서, 사도들의 설교의 양은 사도행전 전체의 5분의 1에서 3분의 1에 달한다고 말한다(*Die Missionsreden der Apostelgeschichte: Form- und traditionsgeschichtliche Untersuchungen*, WMANT 5, 2. Aufl., Neukirchen-Vluyn: Neukirchener Verlag, 1961,1974, 7~8).

지고 있다.[8] 초대교회에서는 사도들의 설교가 잘 알려졌다. 예를 들어 사도 바울의 설교는 교회 뿐 만 아니라 심지어 대적자들에게도 잘 알려져 있었다. 교회는 바울의 말을 하나님의 말씀으로 받았다(살전 2:13). 또한 바울의 대적자들은 그의 말이 시원치 않다고 지적하였다(고후 10:10). 틀림없이 초대교회는 사도들의 설교를 잘 보존하였을 것이다.[9] 초대교회에 의하여 사도들의 설교가 보존된 이유는 무엇보다도 교회에 유익하고 대적자들에게 답변(변증)의 역할을 했기 때문이다.[10]

사도들의 설교는 논리가 있는 설교였다. 사도들은 논리적인 짜임새를 가지고 설교를 하였다. 그들의 설교의 논리는 무엇보다도 잘 갖추어진 구조에 기반을 두었다. 그들은 설교의 구조를 교리와 적용으로 구분하거나 실천과 권면으로 조합하였다. 특히 이런 구조는 문단을 구분하는 어법에서 분명하게 발견된다. 사도들은 문법의 변화와 어투의 반복과 같은 방식을 사용하여 단락을 구분 지었다.

또한 사도들은 논리적인 설교를 하기 위하여 다양한 문학적인 기교를 사용하였다. 사도들의 설교에서 때로는 주제단어가 열거되기도 하고, 중요단어가 반복되기도 한다. 이렇게 함으로써 핵심 되는 내용이 여러 차례 강조적으로 진술된다. 한 마디로 말하자면, 수사학이 설교의 논리를 이끌어가는 것을 볼 수 있다.

게다가 사도들의 설교는 신학이 있는 설교였다. 사도들은 설교에서 하나님에 대하여, 구원에 관하여, 교회에 관하여 언급한다. 사도들의 설교에는 넓고 깊은 신학이 자리 잡고 있다. 넓다는 것은 사도들이 신학의 다양한 주제를 다루고 있다는 의미이며, 깊다는 것은 사도들이 신학의 세밀한 내용을 말하고 있다는 의미이다. 사도들의 설교에는 신학이 녹아져 있고, 교리가 깃들어 있다. 사도들의 설교는 단순히 당면한 문제해결과 능란한 논리전개

---

8   사도행전의 역사성에 관한 논의는 M. Hengel, *Zur urchristlichen Geschichtsschreibung*, Stuttgart: Calwer, 1979, 1984, 36~39를 보라.

9   예르벨, 『사도행전 신학』, 39f. 그러나 오랫동안 사도행전에 들어있는 설교(연설)들은 누가의 창작물이라고 간주되었다. J. G. Eichhorn은 이런 생각을 펼친 첫째 학자이다(*Einleitung in das Neue Testament*, 2 Bde., Leipzig: Waidmannischen Buchhandlung, 1810; 참조. M. Soards, *The Speeches in Acts: Their Content, Context, and Concerns*, Louisville: Westminster John Knox Press, 1994, 2, n. 5.). 그 이후로 이런 생각은 E. Norden, *Agnostos Theos*에 의하여 반복되었고, M. Dibelius, "Die Reden der Apostelgeschichte und die antike Geschichtsschreibung"(1949), in *Aufsätze zur Apostelgeschichte*(hg. von H.Greeven), Göttingen: Vandenhoeck Ruprecht, 1951, 120~162에 의하여 발전되었다. 이러한 생각에 대한 반론으로는 W. W. Gasque, "The Speeches of Acts: Dibelius Reconsidered", in R. N. Longenecker / M. C. Tenney (eds.), *New Dimensions on New Testament Study*, Grand Rapids: Zondervan, 1974, 232~50을 보라. 이런 문제에 관한 개관으로는 포웰, 『사도행전 신학』, 서울: 기독교문서선교회, 2000, 53~57과 Soards, *Speeches*, 1~17를 참조하라.

10   예르벨, 『사도행전 신학』, 39.

로서의 설교가 아니라 신학과 교리의 근본을 전수하는 설교였다. 사도들의 설교에 신학과 교육이 있었다는 점에서 신앙고백(confessional) 설교이며 신앙교육(catechetical) 설교라고 부를 수 있다. 바로 여기에 초대교회가 핍박과 이단이라는 두 가지 위험 앞에서도 흔들리지 않고 견고하게 된 이유가 있다.

나아가서 사도들의 설교는 신앙이 담긴 설교였다. 사도들의 설교에는 자신들이 믿는 대상과 내용에 대한 확신이 표현되었다. 그들은 설교 중에 자신들의 인생이 어디에서 출발하는지, 자신들의 사역이 무엇을 목적으로 하는지, 자신들의 존재가 어떤 의미를 가지는지 말한다. 사도들의 설교는 하나님께 삶을 바친 자들의 설교이며, 하나님께 생명을 드린 자들의 설교이다. 이것은 뜨거운 설교이며, 열정적인 설교이다. 이런 설교를 가리켜 영적 설교라고 부를 수 있다.

1. 사도들 외의 인물들의 설교(연설)
사실상 사도행전에는 사도들의 설교 뿐 아니라 다음과 같이 다른 인물들의 설교(연설)들도 들어있다.[11]

부활하신 예수 그리스도의 설교(1:4~5,7~8)
천사들의 설교(1:11)
가말리엘의 연설(5:35~39)
갈리오의 연설(18:14~15)
데메드리오의 연설(19:25~27)
에베소 서기장의 연설(19:35~40)
아가보의 설교(21:11)
유대인들의 연설(21:28)
더둘로의 연설(24:2~8)
베스도의 연설(25:14~21,24~27)

이것은 사도행전이 설교(연설)에 대단한 관심을 가지고 있었다는 것을 단적으로 보여주는 것이다.

2. 사도들의 설교의 분류
사도들의 설교는 다음과 같이 네 가지 종류를 가진다.[12] 처음 세 가지는 외부인을 대상으로 삼기에 함께 묶어서 생각할 수도 있다.

---

11 Cf. 예르벨, 『사도행전 신학』, 38.
12 예르벨, 『사도행전 신학』, 38 참조.

1) 선교설교
베드로와 열한 사도(2:14~40): 유대인들과 예루살렘 주민들
베드로(3:12~26): 이스라엘 사람들
베드로(4:8~12): 백성의 관리들과 장로들
베드로와 사도들(5:29~33): 공회
베드로(10:34~43): 고넬료의 집
바울(13:16~41): 비시디아 안디옥 회당

2) 논쟁설교
바나바와 바울(14:14~18): 루스드라
바울(17:22~31): 아레오바고
바울(28:17~20): 로마
바울(28:25~28): 로마

3) 변증설교
스데반(7:2~53): 예루살렘 공회
바울(22:1~21): 영문
바울(23:1~6): 예루살렘 공회
바울(24:10~21): 벨릭스 총독
바울(26:2~23): 아그립바 왕

4) 교회설교(Gemeindereden)
교회설교는 신자들을 대상으로 삼는다. 설교자들은 주로 베드로, 야고보, 바울, 그리고 열두 사도이다. 대표적인 설교들은 다음과 같은 내용을 가지고 있다.

베드로의 설교: 사도보충(1:16~22)
열두 사도의 설교: 일군선정(6:2~4)
베드로의 설교: 할례당(11:5~17)
베드로의 설교: 사도회의(15:7~11)
야고보의 설교: 사도회의(15:13~21)
바울의 설교: 에베소 장로(20:18~35)
야고보의 설교: 예루살렘 교회(21:20~25)

교회설교는 바울의 설교[13]를 제외하고는 모두 예루살렘 교회에서 행하여졌다.

2. 사도행전의 구조

1. 사도행전 1:8을 따르는 도식

부활하신 예수님께서 승천하기 직전에 제자들에게 "오직 성령님이 너희에게 임하시면 너희가 권능을 받고 예루살렘과 온 유대와 사마리아와 땅 끝까지 이르러 내 증인이 되리라"(1:8)고 하신 말씀에서 사도행전의 진행을 발견할 수 있다. 실제로 사도행전은 이 구절에 언급된 네 지역을 중심으로 전개된다. 빌립에 의한 사마리아 전도는 복음이 유대인에게서 이방인에게로 전진하는 가교를 마련한 것이 되기 때문에 8장은 새로운 시작이라고 생각할 수 있다. 고넬료의 회심사건은 이방인 전도의 쾌거로서 땅 끝으로 가는 첫 발걸음을 의미한다는 점에서 9장부터 새로운 전환점이 이룩되었다고 볼 수 있다.

> 1~7장:　　예루살렘과 유대에서
> 8장:　　　사마리아로
> 9~28장:　땅 끝으로

2. 예루살렘 교회와 안디옥 교회의 도식

사도행전 13:1은 분명하게 복음사업의 주도권이 예루살렘 교회에서 안디옥 교회로 이전한 것을 보여준다.

예루살렘 교회의 주도 아래서는 사도들과 조력자들이 복음을 위하여 활동을 하였다(1~12장). 특히 사도들 가운데서는 베드로와 요한이 주력하였고, 조력자들 가운데서는 예루살렘의 일곱 사람과 바나바가 부각되었다. 이들은 주로 유대인들을 위하여 활동하였다(이방인을 위한 활동이 전혀 없지는 않지만).

이에 비하여 안디옥 교회의 주도 아래서는 선지자들과 교사들이 복음을 위하여 일했다(13~28장). 여기에서는 특히 바나바와 바울이 각광을 받았다. 이들은 유대인들을 포함하여 이방인들에게 복음을 전하였다.

> 1~12장:　예루살렘 교회: 사도들과 조력자들의 활동
> 13~28장:　안디옥 교회: 선지자들과 교사들의 활동

3. 바울의 전도여행을 따른 도식

안디옥 교회의 주력사업은 복음을 널리 보급하는 것이었다. 이것은 넓은 지역으로 복음전도자를 파송하는 것으로 실현되었다.

13　　사도 바울이 선교지에서 행한 교회설교가운데는 아주 간단히 묘사된 것이 있는가 하면(가이사랴 제자들, 21:13), 아예 설교의 내용이 생략되고 단지 장면만 묘사되는 경우도 있다(16:40, 루디아 가옥교회에의 권면; 20:7~12, 드로아 집회).

첫 번째 복음전도자는 바나바와 바울로 확정되었다(13:1~14:28). 바나바와 바울의 사역은 소아시아를 겨냥한 개척 전도여행이었다. 따라서 두 사람은 사역을 마치면서 "이방인들에게 믿음의 문을 여신 것"(14:27)을 보고하였다. 그들은 안디옥 교회에 의하여 파송되어(13:1~3) 안디옥 교회로 귀환하였다(14:26~28). 이방인 전도는 구원의 방법에 관한 신학적인 논쟁을 야기했고 예루살렘 사도회의에서 종결되었다(15:1~35).

사도회의 후에 바울은 둘째 여행을 시도하였다. 이것은 본래 소아시아의 신자들을 심방하는 여행이었다. "우리가 주의 말씀을 전한 각 성으로 다시 가서 형제들이 어떠한가 방문하자"(15:36). 그러나 이 여행은 결국 그리스 반도까지 포괄하는 개척전도가 되었다. 바울은 안디옥 교회에서 출발하여(15:36) 마지막에는 가이사랴, 예루살렘을 거쳐 안디옥으로 귀환하였다(18:22).

바울은 교육과 확립을 목적으로 하는 세 번째 여행을 시작하였다. "모든 제자들을 굳게 하니라"(18:23). 바울은 이 여행에서 다시 소아시아와 그리스 반도를 섭렵하였다. 그는 안디옥 교회에서 출발하여(18:23) 예루살렘으로 귀환하였다(21:17).

바울은 예루살렘에서 체류하면서 여러 차례 복음을 위하여 변명한 후에 죄수로 호송되어 로마를 향한 여행에 성공하였다(21:18~26:32). 바울의 마지막 여행은 가이사랴에서 시작되어(27:1) 로마에서 종료되었다(28:31).

1) 일차여행(13:1~14:28)
 * 예루살렘 사도회의(15:1~35)
2) 이차여행(15:36~18:22)
3) 삼차여행(18:23~21:17)
 * 예루살렘 체류와 복음을 위한 변명(21:18~26:32)
4) 로마여행(27:1~28:31)

4. 명단을 따르는 도식

사도행전에 세 번 나오는 명단은 사도행전의 구조를 파악하는 데 중요한 역할을 한다. 첫째 명단은 예루살렘을 중심으로 하는 11명의 사도들의 명단이다(1:13). 여기에 맛디아가 선출되어 보충되었다(1:26). 이들은 스데반 핍박 후에 성도들이 흩어질 때도 예루살렘에 남았다(8:1). 둘째 명단은 예루살렘에 체류하지만 헬라파 유대인들을 중심으로 하는 일곱 명의 대표자들의 명단이다(6:5). 이들의 이름은 모두 헬라 식으로 되어 있다(스데판: 면류관; 필립: 왕의 이름; 프로코로스: 앞에서 춤추는 자; 니카노르: 승리자; 티몬: 존경받는 자; 파르메나: 곁에 머무는 자; 니콜라우스: 백성을 이기는 자). 안디옥 사람으로서 유대교에 입교한 니콜라우스를 제외하면 나머지는 모두 유대인이다. 셋째 명단은 이방도시인 안디옥의 선지자들과 교사 다섯 명의 것이다(13:1). 이 가운데 바나바, 시므온, 므나헨, 사울은 히브리식 이름이다. 루키우스는 로마식 이름이다. 시므온은 니게르라고 불리므로 히브리식 이름을 가지고 있는 흑인일 가능성이 높다(참조. 막 15:21; 롬 16:13).[14]

사도행전의 내용이 진행함에 따라 이야기는 각 그룹에서 두 사람의 활동으로 좁혀진다. 열두 사도들에게서는 베드로와 요한으로(3:1; 8:14), 예루살렘의 일곱 사람에게서는 스데반과 빌립으로(6장+8장), 안디옥의 다섯 선지자들과 교사들에게서는 바나바와 바울로(13:2) 집중된다.

결국 사도행전은 각 그룹의 두 사람에게서 한 사람의 활동으로 초점을 맞춘다. 열두 사도에서는 베드로에게로(9장), 일곱 일군에서는 빌립에게로(8장, 21:8), 다섯 선지자들과 교사들에서는 바울에게로(16장 이하) 초점이 모아진다.

이러한 도식은 이미 누가복음에서도 발견된다. 누가복음에서 처음에는 요한과 예수님을 포함하는 백성이 등장하고(눅 1:10,21), 요한과 예수님 두 사람의 활동으로 집중되고(눅 3:1~22), 결국 예수님의 활동으로 초점을 맞춘다(참조. 행 13:23이하). 이렇게 볼 때 누가복음의 구조와 사도행전의 구조는 같은 방식을 따르고 있는 것으로 생각할 수 있다.

성구	명단	공동체	언어	민족	2인	1인
누가복음	무리	이스라엘	히브리어	유대인	요한/예수	예수
행 1:13	11명	예루살렘	히브리어	유대인	베드로/요한	베드로
행 6:5	7명	예루살렘	헬라어	유대인/이방인	스데반/빌립	빌립
행 13:1	5명	안디옥	헬라어	유대인/이방인	바나바/바울	바울

5. 전도 대상을 따르는 도식

사도행전은 복음이 점진적으로 완충되는 과정을 통해 유대인에게서 이방인에게로 확산되는 것을 보여준다. 복음은 먼저 유대 땅 유대인에게 전파되고(1~5장), 유대 땅 헬라파에게 주어진다(6~7장). 이어서 사마리아가 복음을 받고(8장), 유대 땅에 머무는 이방인 고넬료가 복음을 듣는다(10~11:18). 이런 이방인 전도 연습을 통해 복음이 안디옥으로 전진한다(11:19~30). 막간처럼 예루살렘에서 야고보의 순교와 베드로의 고난이 묘사된 다음(12장), 복음은 이방 땅 유대인과 이방인에게 강하게 전파된다(13장 이후).

---

14   Pesch, *Die Apostelgeschichte 2*, 17.

유대인(1~5장)
유대 땅 헬라파(6~7장)
사마리아(8장)
유대 땅 방문한 에디오피아인(8:25~40)
유대 땅 이방인: 고넬료(10~11:18)
안디옥(11:19~30)
　　예루살렘(12장)
이방 땅 유대인과 이방인(13장 이후)

III. 사도행전의 내용

1. 예루살렘 교회(1:1~12:25)

예루살렘과 유대와 사마리아에서 사도들과 조력자들의 활동

1) 예수 그리스도의 승천(1:1~11)
2) 예루살렘 교회의 활동과 핍박(1:12~5:42)
　(1) 제자들의 귀환(1:12~14)
　(2) 사도 보충(1:15~26)
　(3) 성령님강림(2:1~47)
　(4) 못 걷는 사람의 치료와 베드로의 설교(3:1~26)
　(5) 초대교회의 고난과 기도(4:1~22, 23~31)
　(6) 초대교회의 교제(4:32~37)
　(7) 초대교회의 위기(5:1~11)
　(8) 초대교회의 능력(5:12~16)
　(9) 초대교회의 핍박(5:17~42)
3) 이방인에 대한 예루살렘 교회의 관심(6:1~11:30)
　(1) 스데반의 설교와 순교(6:1~7:60)
　(2) 스데반과 사울(8:1~3)
　(3) 빌립의 활동(8:4~40)
　　① 사마리아 전도(8:4~25)
　　② 에디오피아인 전도(8:26~40)
　(4) 사울의 회심(9:1~31)
　(5) 베드로의 사역(9:32~43)
　(6) 고넬료의 회심(10:1~48)

2. 안디옥 교회(13:1~28:31)

땅 끝을 향한 선지자들과 교사들의 활동

(7) 밀레도(20:17~38)

(8) 행선(21:1~6)

(9) 가이사랴(21:7~14)

(10) 예루살렘(21:15~17)

4) 예루살렘에서 복음을 위한 변명(21:18~26:32)

(1) 예루살렘 체류(21:18~26)

(2) 예루살렘 소요사태(21:27~36)

(3) 영문에서 설교(21:37~22:29)

(4) 공회에서 설교(22:30~23:11)

(5) 바울의 호송(23:12~35)

(6) 벨릭스에게 변명(24:1~26)

(7) 베스도에게 변명(24:27~25:12)

(8) 아그립바에게 변명(25:13~26:32)

5) 로마여행(27:1~28:31)

(1) 출발(27:1)

(2) 가이사랴에서 시돈(27:1~3)

(3) 시돈에서 무라(27:4~5)

(4) 무라에서 라새아 성 근처의 미항(27:6~8)

(5) 파선(27:9~44): 유라굴로 광풍

(6) 구출(28:1~10): 멜리데 섬에서

(7) 재출발(28:11~14)

(8) 로마 도착(28:15~29)

(9) 로마 체류(28:30~31)

1:1~12:25	예루살렘 교회	예수님의 승천(1:1~11)
		예루살렘 교회(1:12~5:42)
		이방인에 관심(6:1~11:30)
		예루살렘 교회의 시련(12:1~25)
13:1~28:31	안디옥 교회	일차 여행(13:1~15:35)
		이차 여행(15:36~18:22)
		삼차 여행(18:23~21:17)
		예루살렘 변명(21:18~26:32)
		로마 여행(27:1~28:31)

IV. 사도행전의 상황

누가는 사도행전에서 inclusio 형식으로 하나님의 나라를 언급함으로써(1:3; 28:31) 하나님의 나라가 오기 전에 하나님의 나라를 전파하는 것이 필연적임을 강조한다. 이것은 하나님의 나라의 도래가 늦어지고 있다는 인식을 반영한다.

누가에 의하면 하나님의 나라를 전파하는 일에 있어서 성령님의 역할은 말로 표현할 수 없이 막중하였다. 이것은 초대교회가 성령님에 대한 확신을 가지고 있었다는 것을 입증한다. 누가가 묘사하는 초대교회는 오직 성령님에 의하여 전진하는 공동체라는 자의식을 확인했다.

여기에서 간과하지 말아야 할 것은 누가가 복음전도의 주도권이 예수 그리스도와 함께 생활했던 사도들로부터 어떻게 사도 바울에게로 이동했는지를 설명하는 것이다. 이로부터 누가와 관련된 교회는(원사도들과의 관계를 배제하는 것은 아니지만) 주로 사도 바울의 노선에 동의하고 있었다는 것을 알게 된다. 누가는 유대인을 활용한 사도 바울의 이방인 선교에 초점을 모은다. 이렇게 하여 누가는 교회들이 이방인 선교에 적극적으로 협력할 것을 요청한다. 달리 말하자면 사도행전을 읽는 교회들은 이방인 선교에 동참해야 한다는 중대한 요청에 직면해 있었던 것이다.

V. 사도행전의 신학

1. 성령론

H. von Baer, *Der Heilige Geist in den Lukasschriften*, BWANT 39, Stuttgart: Kohlhammer, 1926.

F. F. Bruce, "The Holy Spirit in the Acts of Apostles", *Interpretation* 27 (1973), 166~83.

G. W. H. Lampe, "Holy Spirit in the Writings of Luke", in: D. E. Nineham (ed.), *Studies in the Gospels. Essays in Memory of R. H. Lightfoot*, 2nd ed., Oxford, 1957, 159~200.

R. R. Menzies, *The Development of Early Christian Pneumatology with Special Reference to Luke-Acts*, JSNT.S 54, Sheffield: Sheffield Academic Press, 1991.

M. Turner, *Power from on High. The Spirit in Israel's Restoration and Witness in Luke-Acts*, JPTS 9, Sheffield: Sheffield Academic Press, 1996.

이한수 / 막스 터너, 『그리스도인과 성령님』, 서울: 총신대학출판부, 1991.

조병수, 『성령님으로 사는 그리스도인』, 서울: 여수룬, 1996.

누가는 누가복음에서와 마찬가지로 사도행전에서도 성령님을 빈번하게 언급함으로써 성령론에 상당히 큰 강조점을 두고 있다.

1. 누가가 성령님을 강조하는 이유

많은 학자들이 누가가 성령님을 강조하는 이유를 설명하기 위하여 예수 그리스도의 재림지연을 제시한다.[15] 초대교회는 예수 그리스도의 재림이 지연되자 자연히 재림 때까지 신자로 살아야 할 원동력을 찾게 되었는데 그 가운데 하나가 성령님에 대한 강조였다는 것이다. 성령님은 종국적인 구원을 위한 예비적 보충(Ersatz)으로서 세상에서 지속되는 핍박 가운데 신자들의 실존을 가능하게 만들며, 선교와 인내를 위한 힘을 제공한다는 것이다. 사람들은 누가도 이런 범주에 속한다고 생각하였다. 이것은 누가가 성령님을 강조하는 이유에 대한 하나의 설명이 될 수 있다.

이에 더하여 성령님에 대한 누가의 강조는 역사를 구속사로 이해하기 위한 진지한 시도였다. 초대교회의 현장에 일어난 사건들은 단순히 세계사의 일부가 아니라 하나님의 구속사이다. 왜냐하면 그 사건들은 성령님에 의하여 벌어졌기 때문이다. "누가는 자신을 움직이는 결정적인 질문을 중요시한다: 어떻게 선포와 교훈으로 전승된 사건(πράγμα, Geschichte)이 하나님의 작품(ποίημα, Heilsgeschichte)이 될 수 있는가? 누가는 이 질문을 그에게 명백한 성령님(pneu/ma)의 실현으로부터 해결한다. 즉 성령님께서 이 역사가 하나님의 행위라는 확실함(ἀσφάλεια)을 보증한다는 것이다. 이것은 누가가 예수님의 역사에 대한 본질적인 접근은 ⋯ 단지 성령님(πνεῦμα)을 통하여만 획득할 수 있다는 것을 의미한다."[16]

$$\pi\nu\epsilon\hat{\upsilon}\mu\alpha(성령님) \rightarrow \pi\rho\acute{\alpha}\gamma\mu\alpha(역사) \rightarrow \pi\sigma\acute{\iota}\eta\mu\alpha(구속사)$$
동인   변화

2. 누가의 성령님에 대한 일반적인 설명

성령님은 하나님의 구속계획을 완성한다.[17] 하나님의 구속계획은 성령님으로 말미암아 옛 시대에도 새 시대에도 실현되었다.

---

15   대표적으로 Conzelmann, *Mitte*, 87을 참조하라.

16   U. Luck, "Kerygma, Tradition und Geschichte Jesu bei Lukas", *ZThK* 57 (1960), 51~66. 64쪽에서 인용.

17   von Baer, *Geist*, 110: "Es ist ein Heilsplan, der sich verwirklicht, und ein Geist, der ihn auswirkt."

1) 구약 시대에 활동하신 성령님

누가는 성령님께서 구약에서도 활동하신 것을 말한다. 성령님은 다윗에게 활동하셨다. "성령님이 다윗의 입을 통하여 미리 말씀하셨다"(베드로 - 1:16; 참조. 4:25; 막 12:36의 경우는 누가복음에 없다). 성령님은 이스라엘 백성에게도 활동하셨지만 이스라엘 백성은 성령님을 거역하였다(스데반 - 7:51). 성령님은 선지자에게도 활동하셨다. "성령님이 선지자 이사야를 통하여 말씀하였다"(바울 - 28:25).

2) 새 시대에 활동하신 성령님

누가는 앞에서 살펴본 바와 같이 누가복음 16:16에서 구속사적인 도식에 따라 세례자 요한을 중심으로 구속사를 두 부분으로 나눈다. 요한 이전은 율법과 선지자를 중심으로 하는 옛 시대이며, 요한 이후는 하나님 나라의 전파를 핵심으로 하는 새 시대이다. 그런데 "처음부터 성령님의 활동은 새 시대의 특징을 이룬다."[18] 누가는 요한 이후의 시대에 활동하신 성령님에 대하여 일반적으로 세 가지 방면으로 설명한다: 하나님의 성령님, 예수님의 성령님, 교회의 성령님.

첫째로, 하나님의 성령님(눅 4:18)에 관해서는 요한과 예수님의 탄생사(눅 1~2장)에서 나타난다. 여기에서 하나님의 성령님은 주로 예언의 영으로 표현된다. 누가복음에는 성령님에 대한 언급이 모두 17번 나온다(마태복음에는 12번, 마가복음에는 6번). 그 가운데 일곱 구절이 요한과 예수님의 탄생사(눅 1~2장)에 들어있다. 그런데 중요한 것은 이 일곱 구절 중에 여섯 구절이 예언적인 표현이라는 사실이다(눅 1:15,41,67; 2:25,26,27).

둘째로, 예수님의 성령님(행 16:7)에 관해서는 예수님의 활동사(눅 3~24장)에서 설명된다. 예수님께서 성령님을 받으신 것은 이미 마리아가 잉태하는 일에서부터 시작된다(눅 1:35). 예수님은 처음부터 성령님소유자(Geistträger)이다. 이것은 예수님께서 요단강에서 세례자 요한에게 세례를 받으신 일에서 확증된다. 이때 성령님께서는 "육체적인 형상으로"(σωματικῷ εἴδει) 임하셨다. 이것은 예수님께서 성령님을 소유하고 있다는 사실과 성령님으로 보냄 받으셨다는 사실을 세상에 드러내는 것이다. 왜냐하면 누가복음 3:21a에 나오는 "모든 백성"은 누가복음 3:21b~22에 묘사된 내용에 대한 목격자이기 때문이다.[19] 예수님께서 광야에서 성령님에 의하여 이끌림을 받았다는 것은 얼마나 성령님에 의하여 사셨는지를 잘 보여준다.[20] 예수님께서는 "주의 영이 내 위에 계시고, 그것으로 내게 기름을 부으셨다"(사 61:1)는 말씀이

---

18   Marshall, 『누가행전』 125.

19   Cho, *Prophet*, 167.

20   Radl, *Lukas-Evangelium*, 62.

자신에게서 성취된 것을 말씀하심으로써 자신의 활동은 성령님에 의한 것임을 인식하셨다(눅 4:18; 참조 행 10:38). 예수님께서는 성령님으로 기뻐하셨고(눅 10:21), 성령님이 기도의 응답이라고 가르치셨고(눅 11:13), 성령님모독은 사함을 받지 못한다고 말씀하셨고(눅 12:10), 핍박 중에 성령님이 말씀을 주실 것을 알려주셨다(눅 12:12). 예수님께서는 부활 후에 성령님께서 오실 것을 약속하셨다(눅 24:49). [누가복음 9:55에서 어떤 사본들에 의하면, 사마리아를 불로 멸하기를 소원하는 야고보와 요한에 대하여 예수님께서 "너희는 어떤 영에 사로잡혀 있는지 모른다"고 말씀하심으로써 다른 영의 존재를 인식하셨다]. 결국 승천하신 예수님께서 오순절에 성령님을 교회에 부어주셨다(행 2:1~4,33).

셋째로, 교회의 성령님에 관해서는 오순절사건 이후에서(사도행전) 묘사된다. 오순절 성령님 강림은 교회적 사건이다. "다 같이"(πάντες, 2:1)와 "한 곳에"(ὁμοῦ ἐπὶ τὸ αὐτό, 2:1), "온 집에"(ὅλον τὸν οἶκον, 2:2), "각 사람 위에"(ἐφ' ἕνα ἕκαστον αὐτῶν, 2:3), "다"(πάντες, 2:4) 같은 표현들은 오순절 성령님 강림이 교회적 사건임을 보여준다. 오순절 성령님 강림을 기점으로 유대인으로 이루어진 민족교회(구약교회)가 이방인들을 포함하는 만민교회(신약교회)로 바뀌는 구속사의 전환이 일어났다. 이로써 이방인을 포함하는 세계교회가 시작되었다. 이 전환은 단회적이지만 효과가 지속된다.

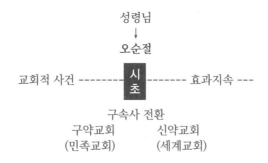

성령님께서는 오순절 이후에 새로운 방식으로 활동하셨다. 첫째로, 성령님의 오심은 교회가 예수님의 재림까지 어려운 시간을 이겨나가는 무장이다(눅 11:13 참조).[21] 둘째로, 누가에 의하면 성령님은 교회를 통하여 예수님을 증언한다. 성령님께서 중심적인 위치를 차지하는 것은 그가 예수님을 증언할 때이다.[22] 따라서 오순절에 강림하신 성령님은 신자들에게 말하는 것을

---

21 Radl, *Lukas-Evangelium*, 62.
22 이렇게 볼 때, 성령님 자신은 누가의 중심주제가 아니라고 말할 수도 있다. E. E. Ellis를 따라서 Marshall, 『누가행전』, 125; 반대 Lampe, *Holy Spirit*, 159~200 등등. Marshall, 『누가행전』, 각주 43,45를 참조하라.

주셨다. "성령님이 말하게 하심을 따라"(καθὼς τὸ πνεῦμα ἐδίδου ἀποφθέγγεσθαι αὐτοῖς, 2:4). 성령님이 주신 말은 교회 안에서 행해지는 기도가 아니라 교회 밖에서 펼쳐지는 설교(전도)와 관련된다. 여기에 사용된 "말하다"(ἀποφθέγγεσθαι)는 논리를 곁들인 연설을 가리키는 표현이다(행 2:14; 26:25; 참조. φθέγγεσθαι - 행 4:18; 벧후 2:16,18). 셋째로, 성령님은 교회와 함께 결정을 내린다는 점에서 교회의 성령님인 것이 밝히 드러난다(15:28 "성령님과 우리").

2. 예루살렘에 대한 강조

누가복음과 마찬가지로 사도행전에서도 누가는 예루살렘을 강조적으로 언급한다. 사도행전에서 ᾽Ιεροσόλυμα는 모두 25번 나오며, ᾽Ιερουσαλήμ은 39번 나온다. 사도행전에서 부활하신 예수님께서는 제자들에게 예루살렘을 떠나지 말라고 말씀하셨다(1:4). 사도들은 스데반의 핍박과 같은 심각한 위협 앞에서도 예루살렘에 머물렀다(8:1). 예루살렘의 사도들은 이방인들에게 복음이 전파되는 길목인 사마리아 복음전도를 확인하였다(8:14). 바울은 회심 후에 예루살렘으로 갔다(9:26). 바울은 본격적인 전도활동 이전에도 부조를 위하여 예루살렘을 방문하였다(11:27; 12:25). 예루살렘 회의의 결정은 이방인 전도에 활력을 불어넣는 중요한 요인이 되었다(15장). 예루살렘은 사도 바울에게 전도여행의 종결지가 되었다(이차 전도여행 18:22; 삼차 전도여행 21:17). 이것은 누가가 예루살렘 교회에 대하여 매우 친밀한 관계를 가지고 있었다는 것을 보여준다.

신약총론

New Testament Introduction

제2부
바울서신

제8장

바울의 연대기

M. Hengel, *Paul between Damascus and Antioch: The Unknown Years*, Louisville: Westminster John Knox Press, 1997 (*Paulus zwischen Damaskus und Antiochien*, WUNT 108, Tübingen: Mohr Siebeck, 1998).

M. Hengel, *The Pre-Christian Paul*, London / Philadelphia: SCM / Trinity Press International, 1991 (*Der vorchristliche Paulus*, 『그리스도인 이전의 바울』, 강한표 역, 서울: 한들, 1998).

R. Jewett, *A Chronology of Paul's Life*, Philadelphia: Fortress Press, 1979.

S. Kim, *The Origin of Paul's Gospel*, Grand Rapids: Erdmans, 1982; WUNT 2.4, Tübingen: Mohr Siebeck, 1984, 2. Aufl. (김세윤, 『바울복음의 기원』, 홍성희 역, 서울: 엠마오, 1994).

J. Knox, *Chapters in a Life of Paul*, Macon: Peeters; Mercer University Press, 1987(1st ed. 1950).

G. Lüdemann, *Paulus, der Heidenapostel. Band I: Studien zur Chronologie*, FRLANT 123, Göttingen: Vandenhoeck Ruprecht, 1980 (*Paul, Apostle to the Gentiles: Studies in Chronology*, Tottenham: SCM, 1984).

E. P. Sanders, *Paul*, Oxford / New York: Oxford University Press, 1991 (E. P. 샌더스, 『바울』, 이영립 역, 서울: 시공사, 1999, 2001).

A. J. M. Wedderburn, *A History of the First Christians*, London / New York: T&T Clark International, 2004.

김세윤, 『바울 신학과 새 관점: "바울 복음의 기원"에 대한 재고』, 서울: 두란노, 2002.

조병수, "사도 바울의 인간에 대한 이해", 『성경과 신학』 18 (1995), 75~89 (= 조병수, 『신약신학 열두 논문』, 수원: 합동신학대학원출판부, 1999, 2002, 147~161).

바울의 연대기를 말할 때 보통 절대적 연대기와 상대적 연대기를 언급한다. 절대적 연대기는 세계사 속에서 바울의 연대기를 결정하려는 시도이고, 상대적 연대기는 성경 내에서 바울의 연대기를 결정하려는 노력이다.

1. 절대적 연대기

바울과 관련된 절대적 연대기에는 몇 가지 중요한 사건이 있다.

1. 다메섹 왕 Aretas IV Philopatris(주전 9년 ~ 주후 39년)(행 9:24~25; 고후 11:32~33; 갈 1:17~18)

A.von Harnack, *Chronologische Berechnung des Tages von Damaskus, Sitzungsberichte der preussischen Akademie der Wissenschaften. Philosophisch-historische Klasse*, Berlin 1912, 673~82(Kleine Schriften zur Alten Kirche, Leipzig 1908, 190~99).

바울 서신에서 언급된 중요한 역사적 인물 가운데 한 사람은 다메섹의 Aretas 왕이다(고후 11:32~33). 다메섹은 Tiberius 황제의 사망 때까지(37년 3월 16일) 로마의 지배하에 있다가 Gaius Caligula에 의하여 나바태인 Aretas IV Philopatris에게 통치권이 넘어갔다. 따라서 Aretas는 37년에서 39년(사망)까지 다메섹을 다스렸다. 사도 바울이 다메섹을 탈출한 것은 이 어간이다(행 9:24~25). 그러면 사도 바울은 이보다 3년 전에 회심하였으니까(갈 1:17~18) 회심 시기는 대략 34년에서 36년 사이가 된다.

2. Claudius 황제시의 흉년(행 11:28)과 헤롯 아그립바의 죽음(행 12:23)

K. S. Gapp, "The Universal Famine under Claudius", *HThR* 28 (1935), 258~265.

J. Jeremias, "Sabbatjahr und neutestamentliche Chronologie", *ZNW* 27 (1928), esp. 98~103.

Claudius 황제의 통치 시(41~54년) 여러 차례 흉년이 발생하였다. Josephus는 로마의 총독 Cupius Fadus(44~46년)와 Tiberius Alexander(46~48년)가 관할할 때 유대 땅에 흉년이 있었다고 말한다. 그 무렵 안디옥 교회는 바울과 바나바를 통하여 유대에 있는 교회에 부조를 보냈다. 이때 헤롯 아그립바가 죽었다(행 12:23). 아그립바의 사망은 44년이었다. 그렇다면 사도행전 11:28이 말하는 흉년은 초기의 흉년을 가리키는 것이 분명하다. "천하가 흉년 들리라"는 말로부터 이것은 여러 해에 걸친 흉년이었음을 알 수 있다. 사도 바울이 부조를 위하여 예루살렘에 올라간 시기는 대략 44년이 된다.

3. Claudius 황제의 유대인 추방령(행 18:2)

> E. M. Smallwood, *The Jews under Roman Rule*, SJLA 20, Leiden: Leiden, 1976, 211~216.

Claudius 황제는 로마에서 유대인을 추방하는 칙령을 내렸다(Suetonius, Claudius 25,4): Iudaeos impulsore Chresto assidue tumultuantes Roma expulit(그는 유대인들이 어떤 크레스투스에 의하여 선동되어 계속 소요를 일으키므로 그들을 로마로부터 추방하였다). 이것은 Claudius 황제의 9번째 통치년으로(P. Orosius) 49년 1월이나 50년 1월이었다.

이때 아굴라와 브리스길라가 이탈리아에서 추방당하여 고린도로 왔다. "아굴라라 하는 본도에서 난 유대인 하나를 만나니 글라우디오가 모든 유대인을 명하여 로마에서 떠나라 한고로 그가 그 아내 브리스길라와 함께 이탈리아로부터 새로 온지라"(행 18:2). 사도 바울도 고린도에 와서 이들을 만나게 되었다. 그러므로 사도 바울이 고린도에서 사역을 시작한 것은 49년 1월이나 50년 1월 이후가 된다.

4. 아가야의 총독 갈리오(L. Junius Gallio Annaeus)(행 18:12)

> A. Brassac, "Une inscription de Delphes et la chronologie de Saint Paul", *RB* 10 (1913), 36~53.
>
> J. A. Fitzmyer, *Paul and His Theology: A Brief Sketch*, New Jersey: Prentice Hall, 1989.
>
> A. Plassart, "L'inscription de Delphes mentionnam le Proconsul Gallion", *RÉGr* 80(1967), 372~378.,

갈리오는 사도 바울이 고린도에 체류하고 있을 때 아가야의 총독이었다(행 18:12). 갈리오는 철학자 세네카의 형이었다. 갈리오가 아가야의 총독이었다는 것은 델리의 아폴로 신전에 놓여있는 한 그리스어 비문에 기록되어 있다.[1] 이것은 클라우디오스 황제(41~54년)가 델피에 보낸 편지의 내용을 담고 있다. 이것은 1905년과 1910년에 E. Bourguet에 의하여 델피에서 발견되

---

1   이에 관해서는 Fitzmyer, *Paul*, 6을 참조하라.

었다.[2]

여기에 보면 클라우디우스 황제는 26번째 찬동(acclamtion)을 얻었다고 한다. 이것은 대략 52년 1월과 8월 사이의 일이다. 그렇다면 이 편지는 52년 1월이거나 8월 이후에 기록된 것이다. 아가야는 원로원의 식민령였는데, 원로원의 식민령에서는 총독이 보통 6월 1일부터 시작하여 일년 동안 통치를 하였다(Dio Cassius, 『로마사』 57,14,5). 클라우디우스 황제가 편지를 보냈을 때 이미 갈리오는 아가야의 총독이었다. 따라서 클라우디우스의 26번째 찬동이 52년 1월일 경우에는 갈리오가 51년 6월에, 클라우디우스의 찬동이 52년 8월일 경우에는 갈리오가 52년 6월에 총독으로 부임하였을 것이다.

사도 바울은 갈리오가 총독으로 부임하기 전 이미 고린도에서 1년 6개월을 사역을 하였다(행 18:11). 따라서 사울 바울은 50년 초부터 51년 6월까지 또는 51년 초부터 52년 6월까지 고린도 사역을 한 것으로 추정할 수 있다.

5. 로마의 총독 Felix(52~60년)와 Festus(60~62년)

사도 바울은 Felix와 Festus가 임무교대를 하였을 때(60년) 가이사랴에서 이미 2년(διετία) 동안 감금되어 있었다(행 24:27). 여기에 2년이란 기간은 펠릭스의 임무기간을 말하는 것이라기보다는 바울의 감금기간을 말하는 것이 분명하다.[3] 왜냐하면 누가의 관심은 Felix에게가 아니라 사도 바울에게 있기 때문이다. 게다가 누가가 정확한 시간을 제시할 때는 언제나 교회의 인물과 관련하여 제시한다. 따라서 이 기간은 사도 바울의 가이사랴 구금기간을 가리킨다. 사도 바울은 58년에 마지막 예루살렘 여행을 하였고, 60년경에 로마로 호송되었다.

2. 상대적 연대기

사도 바울의 연대기는 바울서신과 사도행전을 보충적으로 사용하여 고찰해야 한다.

1. 바울의 출생

사도 바울은 자신의 신상에 관해서 여러 곳에서 언급한다(롬 11:1; 고후 11:22; 빌 3:5). 그는 베냐민 지파에 속한 사람으로서 정통 유대인이었다. 사도 바울의 가족에 관해서는 간접적으로 알 수 있을 뿐이다. 바울이 예루살렘의 천부장에게 로마 시민권에 관해서 "나는 나면서부터라"(행 22:28)고 말한 것은

---

2   E. Bourguet, *De rebus Delphicis imperatoriae aetatis capita duo*, Servan: Montpellier, 1905.

3   Gegen Kümmel, *Einleitung*, 217.

바울의 부친이 이미 로마 시민권을 가지고 있었다는 것을 암시한다. 사도 바울은 자신의 모친에 대하여는 하나님의 선택과 관련하여 말할 뿐이다(갈 1:15). 사도 바울이 마지막으로 예루살렘을 방문했을 때 거기에는 바울의 누이의 아들(ὁ υἱὸς τῆς ἀδελφῆς Παύλου)이 살고 있었다(행 23:16). 그 외에도 사도 바울에게는 안드로니고와 유니아 같은 친척들이 있었다(롬 16:7 "나의 친척" συγγενεῖς μου).

사도 바울은 예루살렘의 로마 군대의 영문에서 설교하면서 "나는 유대인으로 길리기아 다소에서 났다"(행 22:3)고 말한다. 이것은 사도 바울이 디아스포라 유대인이라는 것을 뜻한다. 그는 빌레몬서에서 자신을 가리켜 "노인"(πρεσβύτης)라고 불렀는데(몬 9) 이 표현이 오륙십 대의 노인을 의미한다면 빌레몬서를 대략 62~63년경에 쓴 것을 생각할 때 바울은 주후 10년경에 태어난 것으로 생각해볼 수 있다.

2. 바울의 성장

W. C. van Unnik, *Tarsus or Jerusalem: The City of Paul's Youth*, London: Epworth Press, 1962.

사도 바울은 다소에서 출생하였지만 예루살렘에서 성장한 것처럼 보인다. 그가 예루살렘의 로마 군대의 영문에서 설교하면서 "이 성에서"(ἐν τῇ πόλει ταύτῃ, 행 22:3)자랐다고 말했을 때, 이 표현은 다소보다는 예루살렘을 가리키는 것으로 생각하는 것이 낫다. 사도 바울은 예루살렘으로 이주하여 20~50년 사이에 활동한 가말리엘 1세의 문하에서 수학하였다(행 22:3; 참조. 갈 1:13~14). 바울은 스데반이 순교할 때 "청년"(νεανίας)이었다(행 7:58). 이것은 그가 대략 이삼십 세의 사람이었던 것을 의미한다.

3. 바울의 회심

사도 바울은 회심한 후에 아라비아로 갔다(갈 1:17). 아라비아는 유목민족인 나바태 사람들(Nabataean)이 거주하는 지역을 가리키는 것으로 보는 것이 타당하다. 사도 바울은 하나님께서 주신 이방인 전도를 위한 소명과 사명을 이루기 위하여(갈 1:16) 이 지역으로 갔다. 아라비아는 이방인 전도를 위한 사도 바울의 첫 사명지였던 것이다. 그런데 사도행전이 아라비아 복음전도를 언급하지 않는 것으로 보아 아라비아 체류기간이 길지 않았거나 성과가 높지 않았을 가능성이 크다.

사도 바울은 아라비아에서 다메섹으로 돌아와서 예수 그리스도를 전파하였다. 그러나 사도 바울은 유대인들의 심각한 반대에 부딪혀 피신을 하기 위하여 광주리를 타고 성벽을 내려왔다(행 9:23~25). 만일에 이 사건이 사도 바울이 고린도후서에서 회상한 사건과 동일한 것이라면(고후 11:32~33), 그것은 아레다 왕의 치하(주후 37~39년)에서 발생한 것이다.

4. 예루살렘 방문

바울서신이나 사도행전은 다 같이 사도 바울의 예루살렘 방문에 대하여 큰 관심을 나타낸다. 사도 바울은 여러 차례 예루살렘을 방문하였다. 갈라디아서에 여러 가지 시간적인 표현들이 언급된다("그 후 삼 년만에" 1:18; "그 후" 1:21; "십사 년 후에" 2:1). 이것을 계산하는 데는 두 가지 방식이 있다. 첫째로, 이것들은 연속적인 것일 수가 있다. 다시 말해서 이것들은 모두 바울의 회심을 기점으로 계산된 것일 가능성이 있다(바울의 회심을 기점으로 각각 3년, 그 후, 14년이 흐른다). 그렇다면 이것은 전체 14년의 기간을 가리킨다. 둘째로, 이것들은 단절적인 것일 수도 있다. 다시 말해서 이것들은 바울의 회심을 기점으로 하나씩 더해진 것으로 볼 수 있다(바울의 회심 후에 3년이 더해지고, 그 3년에 다시 그 후의 시간이 더해지고, 그 후의 시간에 다시 14년이 더해진다). 그렇다면 이것은 전체 최소한 17년 이상의 기간이 된다.(아래의 도표에서 왼쪽의 수치는 갈라디아서를 따른 것으로 계산에 두 가지 방식을 사용하였다. 1안은 연속적인 계산이며, 2안은 단절적인 계산이다).

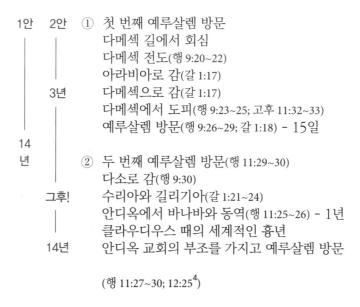

1안 2안 ① 첫 번째 예루살렘 방문
              다메섹 길에서 회심
              다메섹 전도(행 9:20~22)
              아라비아로 감(갈 1:17)
       3년   다메섹으로 감(갈 1:17)
              다메섹에서 도피(행 9:23~25; 고후 11:32~33)
              예루살렘 방문(행 9:26~29; 갈 1:18) - 15일

14   ② 두 번째 예루살렘 방문(행 11:29~30)
년   다소로 감(행 9:30)
       그후!   수리아와 길리기아(갈 1:21~24)
              안디옥에서 바나바와 동역(행 11:25~26) - 1년
              클라우디우스 때의 세계적인 흉년
       14년   안디옥 교회의 부조를 가지고 예루살렘 방문

              (행 11:27~30; 12:25[4])

---

4 행 12:25의 사본문제에서 εἰς보다는 ἐκ나 ἀπό가 옳다.

③ 세 번째 예루살렘 방문
    안디옥(행 13:1~3)
    일차 전도여행(행 13:4~14:28)
    안디옥으로 감(행 14:26)
    예루살렘 회의 참석(행 15:1~2; 갈 2:1~10)

④ 네 번째 예루살렘 방문
    안디옥(행 15:30~35; 베드로 면책 갈 2:11~14)
    이차 전도여행(행 15:36~18:22)
    가이사랴 = 예루살렘(행 18:22상)

⑤ 다섯 번째 예루살렘 방문
    안디옥(행 18:22하)
    삼차 전도여행(행 18:23~21:16)
    예루살렘(행 21:17)

5. 로마 여행

사도 바울은 일찍부터 로마여행을 계획하였다(행 19:21; 롬 1:8~17; 15:22~24). 로마여행은 사도 바울이 마지막으로 예루살렘을 방문한 것을 계기로 하여 실현되었다. 그는 예루살렘에서 체포되었고 가이사랴에서 2년 동안 구류된 후에 로마로 호송되었다(행 27:1). 사도 바울은 2년 동안 로마에서 체류하였다(행 28:30).

6. 스페인 전도계획

사도 바울의 궁극적인 목적은 스페인으로 가는 것이었다(롬 15:23,28). 이것은 후에 실현된 것으로 보인다. 로마의 Clemens는 96년에 기록한 서신에서 사도 바울이 "서쪽의 끝까지 도달했다"(ἐπὶ τὸ τέρμα τῆς δύσεως ἐλθών)고 증언하기 때문이다(1Clemens 5:7).

7. 바울의 죽음

사도 바울의 죽음에 관해서는 단지 그것이 임박했다는 암시만을 얻을 수 있다(딤후 4:6~8). 일반적으로 사도 바울은 네로의 로마방화 사건(64년 7월) 이후에 순교한 것으로 알려져 있다.

3. 바울연대기의 중요점

1. 전체 연대 요점
회심(34~36년경)

다메섹 탈출(37~39년경) – 아레타 왕
예루살렘 방문(40~42년경)
예루살렘 부조(44년경) – 아그립바 왕
1차 전도(46~49년)
예루살렘 회의(49년)
안디옥에서 베드로를 면책(49년)
2차 전도(50~52년)– 유대인 로마추방(49,50) 갈리오(51,52)
예루살렘 방문(53년)
3차 전도(54~58년)
예루살렘 방문(58년)
로마 호송(60년경) – 벨릭스와 베스도의 총독임무 교대
로마 도착(61년경)
로마체류(61~63년)

2. 바울서신의 기록 장소와 연대

사건	편지	장소	연대
2차 전도	살전, 살후, 갈	고린도(행 18:1,11)	52년
3차 전도	고전(16:8)	에베소(행 19:8,10)	54년
	고후	마게도냐 (빌립보?)	55년
	롬(16:23)	고린도(행 20:2~3)	58년
로마 1차 감금	엡, 빌, 골, 몬	로마	61~63년
로마 2차 감금	딤전, 딤후, 딛	로마	67~68년

제9장
로마서

1) 주석

E. Käsemann, *An die Römer*, HNT 8a, Tübingen: Mohr Siebeck, 1980.

J. Murray, *The Epistle to the Romans: The English Text with Introductions, Exposition and Notes*, NICNT, Grand Rapids: Eerdmans, 1959, 1968.

P. Stuhlmacher, *Der Brief and die Römer*, NTD 6, Göttingen: Vandenhoeck Ruprecht, 1998(페터 슈툴마허, 『로마서 주석』, 장흥길 역, 서울: 장로회신학대학교출판부, 2002).

2) 연구서

D. J. S. Chae, *Paul as Apostle to the Gentiles. His Apostolic Self-Awareness and its Influence on the Soteriological Argument in Romans*, Carlisle: Paternoster, 1997(최종상, 『이방인의 사도가 쓴 로마서. 바울의 사도적 자기 인식과 그것이 로마서의 구원론 논쟁에 미친 영향』, 서울: 아가페, 2003).

K. P. Donfried(ed.), *The Romans Debate*, Peabody: Hendrickson Publishers, 1991, 1995.

M. Theobald, *Der Römerbrief*, EdF 294, Darmstadt: Wissenschaftliche Buchgesellschaft, 2000.

A. J. M. Wedderburn, *The Reasons for Romans*, SNTW, Edinburgh: T&T Clark, 1998.

김세윤, "바울이 로마서를 쓴 목적", in 『예수와 바울: 신약신학 논문모음』, 서울: 두란노, 2001, 399~412.

조병수, "사도 바울의 인간 이해", in 조병수, 『신약신학 열두 논문』, 수원: 합동신학대학원출판부, 1999, 161~176.

최갑종, "로마서의 중심 주제: 이신칭의(以信稱義)", 「신약신학저널」 1 (2000), 303~322.

I. 로마서의 기록자와 기록연대와 장소

사도 바울은 이미 예루살렘에서 일루리곤(마게도냐의 서북지역)까지 복음을 전한 상태라고 말한다(15:19). 그는 이제 스페인으로 갈 계획을 세웠다(15:23,28). 사도 바울은 스페인으로 가기 위하여 먼저 로마를 방문하려고 했다(15:23~24). 하지만 로마방문 계획은 여러 차례 무산되고 말았다(1:13; 15:22). 그래서 사도 바울은 잠시 로마와 스페인으로 가려는 것을 중단하고 부조를 전달하러 예루살렘으로 갈 것이라고 말한다(15:25). 이것은 사도 바울이 3차 전도여행을 마치면서 마게도냐, 헬라, 마게도냐를 거쳐 예루살렘으로 돌아간 상황과 잘 조화된다(행 20:1~4). 따라서 로마서는 사도 바울이 3차 전도여행을 마치면서 기록한 것이다(58년 경).

사도 바울은 로마서의 말미에서 겐그레아의 뵈배를 추천하였다(16:1). 이것은 사도 바울이 헬라에 체류하고 있다는 것을 증명한다. 그는 실제로 3차 전도여행을 마치면서 삼 개월 동안 헬라에 머물렀다(행 20:2~3). 사도 바울은 로마서에서 자신이 가이오의 집에 체류하고 있다고 말한다(롬 16:23). 가이오는 고린도 사람이다(고전 1:14). 또한 사도 바울과 함께 에라스도가 로마 교회에 문안하는데(16:23), 에라스도는 고린도와 깊은 연관이 있는 사람이다(딤후 4:20). 그러므로 로마서는 고린도에서 기록된 것이다.

사도 바울이 로마서를 기록한 중요한 목적[1]은 종교개혁 이후로 칭의론을 전개하려는 데 있다고 믿어졌다. 로마서를 살펴볼 때 이와 같은 교리적인 목적은 여전히 신빙성이 높다.

로마서는 외면을 볼 때 논쟁적(polemical)이라기보다는 대화적(우호적 friendly)이다. 로마서는 일종의 자기소개서와 같은 성격을 지니고 있다. 그러나 이것은 연대적 자기소개가 아니라 신학적 자기소개이다. 사도 바울은 로마에 갈 수 없는 상황이 확인되자 로마서를 기록하였다. 로마 교회는 로마서를 통해 사도 바울의 신학을 정확하게 알 수 있게 되었다. 이렇게 볼 때 로마서는 사도 바울의 신앙(신학)고백서이다. 사도 바울은 이 소개서에서 자신의 신앙을 고백하고 있다. 그는 자신이 믿고 있는 바를 소개함으로써 로마교회가 안심하고 그를 받아들이도록 길을 열어준다.(로마 교회는 잘못된 신학을 가지고 있다면 이 서신을 통하여 교정해야 할 것이다.) 사도 바울의 자기소개서이며 신앙고백서인 로마서는 내면적으로 볼 때 다양한 신학 주제들을 전개한다.

또한 로마서는 어느 정도 선교적 목적을 가지고 있다. 사도 바울은 로마

---

[1] 로마서의 목적에 관해서는 목회와 신학 편집부, 『로마서: 어떻게 설교할 것인가』, 서울: 두란노 2003의 1부를 참조하라. 또한 장동수, "로마서의 목적", 「신약신학저널」 2(2001), 395~410도 유익하다.

서에서 자신의 선교계획을 진술함으로써 로마 교회를 선교사업에 동참시키려고 하기 때문이다. 로마 교회는 로마서를 통하여 사도 바울의 신학을 안심하고 받아들여 스페인 선교를 지원하게 될 것이다.

사도 바울은 로마서의 첫 부분과 마지막 부분에서 로마서를 기록하는 목적을 한번은 암시적으로 한번은 명시적으로 언급한다. 사도 바울은 편지를 시작하면서 로마서를 기록하는 목적을 넌지시 보여준다. 사도 바울은 여러 차례 로마로 가려고 했지만 실패하고 말았다(1:13). 그래서 사도 바울은 로마로 갈 좋은 길 얻기를 위하여 기도하고 있다(1:10). 하지만 이렇게 기도만 하고 있을 수는 없었다. 따라서 사도 바울은 로마서를 기록하였다. 그것은 "할 수 있는 대로 복음을 전하기" 위함이다(1:15). 사도 바울은 편지를 종결하면서 로마서를 기록하는 목적을 분명하게 제시한다. "내가 너희로 다시 생각나게 하려고 … 대략 너희에게 썼노라"(15:15). 사도 바울은 복음을 다시 생각나게 하려고 대략적으로 기록하였다. 복음의 주제는 하나님의 의이다. 하나님의 의는 사람을 의롭게 만드는 것이다. 사람의 칭의는 하나님의 은혜이다. 사람은 행위가 아니라 믿음으로 의롭게 된다. 믿음으로 의롭게 된 사람에게는 의로운 삶이 요청된다.

요약하자면 사도 바울은 로마서에서 교리로는 하나님의 의로 말미암아 사람이 의에 이르게 된다는 이신칭의를 제시하며, 윤리로는 헌신된 삶을 요구하며, 선교에 관해서는 스페인 진출을 설명한다.

II. 로마서의 구조와 문학 특징

1. 로마서의 구조

로마서는 일반편지의 형식대로 여는 말(Opening, 1:1~17)과 본론(Body, 1:18~15:13)과 닫는 말(Closing, 15:14~16:27)로 구성된다.

여는 말(1:1~17)은 앞뒤로 막힌 단락이다. 이 단락은 복음에 대한 언급으로 시작하여(1:1) 복음에 대한 언급으로 끝난다(1:16~17).

본론(1:18~15:13)은 첫 구절(1:18)에서 여는 말의 마지막 구절(1:17)에 들어 있는 "나타나다"(ἀποκαλύπτειν)를 다시 사용함으로써 시작되며, 기원문으로 마쳐진다(15:13). 본론은 여는 말에 들어있는 주제구절(1:16~17)을 따라 "하나님의 의가 나타난다"라는 주제와 "의인은 살 것이다"라는 주제를 전개하여 하나님의 의에 대한 단락(1:18~11:36)과 의인의 삶에 대한 단락(12:1~15:13)으로 구분된다. 특히 첫째 부분(1:18~11:36)에서는 "하나님의 진노가 나타난다(ἀποκαλύπτεται)"(1:18)와 "하나님의 의가 나타났다(πεφανέρωται)"(3:21)가 대조를 이루면서 단락을 구분 짓는다.

닫는 말(15:14~16:27)은 사도 바울의 여행계획과 문안이 내용을 이루고 있다.

2. 로마서의 문학 특징[2]

로마서의 문학 특징 가운데 두드러지는 것은 Diatribe(반론) 용법이다. 이것은 R. Bultmann[3]의 연구 이래로 꾸준히 주목을 받고 있다.[4] Diatribe는 바울과 동시대인 Epictetus 같은 그리스 견유학파(Cynicism) 철학자들이 논쟁할 때 많이 사용된 방식이다. 이것은 특히 "그럴 수 없느니라"(μὴ γένοιτο)는 강한 긍정을 부각할 목적으로 강한 부정의 표현을 사용한 것에서 중요한 특징을 보여준다.[5] 사도 바울은 로마서에서 Diatribe를 의도적으로 사용한 것처럼 보인다. "그럴 수 없느니라"를 가지고 있는 Diatribe는 로마서에 10번 나온다(3:1~4; 3:5~8; 3:27~31; 6:1~14; 6:15~23; 7:7~12; 7:13~25; 9:14~18; 11:1~6; 11:11~12). 로마서의 Diatribe는 대략 다음과 같은 구조를 가지고 진행된다.

> 1) 질문(때로는 이중적 질문)
> 2) "그럴 수 없느니라"
> 3) 논증

(3:1~4)

어떤 자들이 믿지 아니하였으면 어찌 하리요
그 믿지 아니함이 하나님의 미쁘심을 폐하겠느냐(3:3)
"그럴 수 없느니라"
논증
(3:5~8)

---

2 로마서의 문학 특징에 관한 간단한 설명을 J. L. Bailey / L. D. Van der Broek, *Literary Forms in the New Testament: A Handbook*, Louisville: Westminster John Knox, 1992, 38~42를 보라.

3 R. Bultmann, *Der Stil der paulinischen Predigt und die kynisch-stoische Diatribe*, Göttingen: Vandenhoeck Ruprecht, 1910.

4 Cf. A. J. Malherbe, "Me Genoito in the Diatribe and Paul", *HThR* 73 (1980), 231~40(= in *Paul and the Popular Philosophers*, Minneapolis: Fortress Press, 1989); S. K. Stowers, *The Diatribe and Paul's Letter to the Romans*, Chico: Scholars Press, 1981; T. Schmeller, *Paulus und die 'Diatribe'. Eine vergleichende Stilinterpretation*, NTA NF 19, Münster: Aschendorfer, 1987.

5 C. Song은 Diatribe의 특징을 다음과 같이 네 가지로 정리하였다: 1) 허구적 대상과 대화, 2) 일반화된 2인칭 단수의 사용, 3) "그럴 수 없느니라", 4) 특징적 호격(Reading Romans as a Diatribe. A Dissertation submitted to the Caspersen School of Graduates Studies Drew University, 2001, 20~74).

내가 사람의 말하는 대로 말하노니
진노를 내리시는 하나님이 불의하시냐(3:5)
"그럴 수 없느니라"
논증

(3:27~31)
그런즉 우리가 믿음으로 말미암아 율법을 파기하느냐(3:31)
"그럴 수 없느니라"
논증

(6:1~14)
그런즉 우리가 무슨 말을 하리요
은혜를 더하게 하려고 죄에 거하겠느냐(6:1)
"그럴 수 없느니라"
논증

(6:15~23)
그런즉 어찌 하리요
우리가 법 아래 있지 아니하고 은혜 아래 있으니 죄를 지으리요(6:15)
"그럴 수 없느니라"
논증

(7:7~12)
그런즉 우리가 무슨 말을 하리요
율법이 죄냐(7:7)
"그럴 수 없느니라"
논증

(7:13~25)
그런즉 선한 것이 내게 사망이 되었느냐(7:13)
"그럴 수 없느니라"
논증

(9:14~18)
그런즉 우리가 무슨 말을 하리요
하나님께 불의가 있느냐(9:14)

"그럴 수 없느니라"
논증

(11:1~6)
그러므로 내가 말하노니 하나님이 자기 백성을 버리셨느냐(11:1)
"그럴 수 없느니라"
논증

(11:11~12)
그러므로 내가 말하노니 그들이 넘어지기까지 실족하였느냐(11:11)
"그럴 수 없느니라"
논증

III. 로마서의 내용

도입(1:1~17)
    1) 발신, 수신, 기원(1:1~7)
    2) 감사, 기도, 소원(1:8~15)
    3) 주제(1:16~17): 하나님의 의와 의인의 삶

1. 하나님의 의(1:18~11:36)
    1) 하나님의 진노(1:18~3:20)
      * 하나님의 진노가 나타난다(1:18)
      진리 방해자에 대하여(1:18~32): 불의
      유대인과 헬라인에 대하여(2:1~16): 판단
      유대인에 대하여(2:17~3:8): 외식
      만인에 대하여(3:9~20): 탈선
    2) 하나님의 의(3:21~5:21)
      * 하나님의 의가 나타났다(3:21)
      칭의의 원인(3:21~31)
      아브라함에 대한 칭의(4:1~25)
      우리에 대한 칭의(5:1~11)
      많은 사람에 대한 칭의(5:12~21)
    3) 칭의의 효과(6:1~8:39)
      범죄로부터 자유(6:1~23)

율법으로부터 자유(7:1~25)

사망으로부터 자유(8:1~39)

   4) 하나님의 의와 이스라엘(9:1~11:36)

   이스라엘의 선택(9:1~29)

   이스라엘의 거부(9:30~10:21)

   이스라엘의 회복(11:1~36)

2. 의인의 삶(12:1~15:13)

   1) 세상에서의 삶(12:1~2)

   2) 교회에서의 삶(12:3~21)

   3) 권세에 대한 삶(13:1~7)

   4) 이웃에 대한 삶(13:8~10)

   5) 시간에 대한 삶(13:11~14)

   6) 약자에 대한 삶(14:1~15:13)

종결(15:14~16:27)

   1) 바울의 계획(15:14~33)

   2) 뵈배를 추천(16:1~2)

   3) 동역자에 대한 문안(16:3~16)

   4) 대적자에 대한 경고(16:17~20)

   5) 바울의 동역자들의 문안(16:21~23)

   6) 송영(16:24~27)

도입(1:1~17)		
본론(1:18~15:13)	하나님의 의 (1:18~11:36)	하나님의 진노(1:18~3:20)
		하나님의 의(3:21~5:21)
		칭의의 효과(6:1~8:39)
		하나님의 의와 이스라엘 (9:1~11:36)
	의인의 삶 (12:1~15:13)	
종결(15:14~16:27)		

IV. 로마서의 상황

로마에는 사도 바울이 방문하기 전에 벌써 기독교회가 있었다(참조. Suetonius, Claudius, 25,4 유대인 추방령 주후 49년). 로마 교회가 언제부터 설립되었는지 아무도 정확하게 말할 수가 없다. 로마 교회는 사도 바울이 사실상 개인적으로 접촉해보지 못한 교회였다. 그러나 로마 교회에는 사도 바울이 선교여행을 하는 중에 교제를 나누었던 사람들이 많이 있었다. 대표적인 예가 브리스길라와 아굴라이다(16:3~5). 로마 교회의 구성원은 인종의 측면과 신앙의 측면으로 나누어 생각해 볼 수 있다.

1. 인종의 구분

이방인 세계 가운데 있던 교회들 중에 하나였던(1:5f.) 로마 교회는 다음과 같은 인종의 구성원을 가지고 있었다.

1. 유대인

로마 교회의 구성원으로는 우선 유대인을 생각해 볼 수 있다. 이것은 사도 바울이 로마서에서 자주 "첫째는 유대인"이라는 표현을 사용하면서(1:16; 2:9,10; 참조. 3:9), 하나님의 말씀을 맡은 유대인의 나음을 강조하는 것으로부터(3:1) 어렵지 않게 추론할 수 있다. 또한 실제로 사도 바울은 유대인 수신자를 염두에 두고 "네가 유대인이라고 불린다면"(2:17)라고 말한다. 사도 바울이 로마서에서 율법과 할례의 문제를 다루는 것은 로마 교회의 구성원 가운데 유대인이 있기 때문이다(2:17,25). 유대인이 로마 교회의 구성원 가운데 일부를 차지하고 있기 때문에 사도 바울은 "육신으로 우리 조상된 아브라함"(4:1)이라는 표현을 쓴다. 사도 바울이 로마서 9~11장에서 이스라엘의 문제를 폭넓게 다루는 것도 이 때문이다. 심지어 사도 바울이 유대인들을 가리켜 "나의 형제 곧 골육의 친척"(9:3)이라고 부르며, 자기를 가리켜 "이스라엘인이요 아브라함의 씨에서 난 자요 베냐민 지파"(11:1)인 것을 강조하는 것도 로마서의 수신자들 가운데 유대인들이 많이 있었다는 것을 알려준다.

2. 이방인

그러나 로마교회의 구성원에는 이방인들도 있었던 것이 틀림없다. 그러므로 사도 바울은 "내가 이방인인 너희에게 말하노라"(11:13)고 진술한다. 이방인의 수신자를 염두에 두고 있기에 사도 바울은 가끔 자신이 이방인의 사도인 것을 밝힌다(11:13; 15:16). 로마교회에는 여러 민족에서 나온 사람들이 있었을 것이다.

1) 로마인

로마 교회에 로마인들이 있었다는 것은 추측으로 끝날 수 없는 당연한 사실이다. 로마서 16장에 언급된 로마 교회의 인물들 가운데 로마 사람들의 이름들이 언급된다. 대표적인 예를 들면 우르바노스(16:9)와 율리아(16:15)이다.

2) 헬라인

또한 로마 교회의 이방인 성도 가운데는 헬라인이 있었다. 이 때문에 사도 바울은 로마서에서 여러 차례 유대인과 헬라인을 나란히 언급한다(1:16; 2:9,10; 3:9).

3) 아프리카인

만일 로마서 16:13에 나오는 루포가 마가복음 15:21에 나오는 루포와 동일한 사람이라면, 또한 그의 아버지 시몬이 구레네(Cyrene) 사람이라는 사실이 아프리카 흑인을 의미한다면, 로마 교회에는 흑인도 포함되어 있었다고 생각할 수 있다. (물론 디아스포라 유대인일 가능성도 배제할 수는 없다).

4) 야만인

더 나아가서 로마 교회의 이방인 성도가운데는 야만인도 있었다. 그러므로 사도 바울은 "헬라인이나 야만인이나 지혜 있는 자나 어리석은 자에게 내가 다 빚진 자라"(롬 1:14)고 말한다.

2. 신앙의 구분

로마 교회에는 기독교의 진리와 관련하여 볼 때 믿음이 강한 자와 믿음이 약한 자들이 있었다(14:1; 15:1). 그러나 사도 바울의 눈에는 믿음이 강한 자나 믿음이 약한 자나 모두 문제점을 안고 있었다. 그러므로 사도 바울은 양자를 향하여 권면의 말을 주게 되었다. 예를 들면 그들 가운데는 믿음에 의한 구원의 방식을 이해하지 못하고 행위에 의한 구원의 방식에 매여 있는 사람들(3:27~28), 세례의 의미를 정확하게 이해하지 못하는 사람들(6:3이하), 이스라엘의 구원을 오해하고 있는 사람들(9장이하), 음식을 섭취하는 일과 날을 지키는 일에 혼돈을 일으키는 사람들(14:1이하), 지체의식을 상실한 사람들이 있었다(12:4이하). 이런 문제들을 해소하기 하기 위해 사도 바울은 다음과 같은 신학을 제시한다.

V. 로마서의 신학

1. 복음

사도 바울은 복음을 위하여 선택된 사도이기 때문에(1:1; 15:16) 자신이 전하는 복음에 관한 분명한 의식을 가지고 있었다. 그래서 그는 "나의 복음"(2:16; 16:25)이라는 표현을 서슴지 않고 사용하였다. 사도 바울은 복음이 무엇인지 정확하게 진술한다.

첫째로, 복음은 "하나님이 미리 약속하신"(1:2a) 것이다. 하나님과 관계없는 것은 복음이 아니다. 이런 의미에서 복음은 "하나님의 복음"(1:1; 15:16)이다. 그런데 복음은 사실상 이미 오래 전에 하나님께서 약속하신 것이다. 복음이 이제 나타난 것은 사실이지만 그렇다고 해서 갑자기 생긴 것이 아니라 이미 오래 전에 약속되었다. 단지 복음이 과거에는 감추어져 있었을 뿐이다(16:25~26). 그러나 복음이 나타난 현재의 입장에서 보면 복음은 과거에도 특정한 사람들에게 이미 전파되었다(예를 들면 아브라함에게, 갈 3:8 참조).

둘째로, 복음은 "선지자들로 말미암아"(1:2b) 미리 약속되었다. 사도 바울은 여기에 구약 선지자들의 중요한 기능을 설명하고 있다. 겉으로 보기에는 구약 선지자들이 이스라엘의 열왕과 백성을 향해 이스라엘의 성공과 실패를 예언한 것처럼 보이지만 그 예언의 표피를 뚫고 들어가면 복음에 대한 약속이 있었다는 말이다. 따라서 구약 선지자들이 한 일은 결국 종합해보면 복음을 미리 약속하는 것이었다. 그러나 불행하게도 구약의 백성은 선지자들이 전한 복음을 순종하지 아니하였다(10:16). 이런 의미에서 구약의 백성은 복음으로 하면 원수된 자들이다(11:28).

셋째로, 복음은 "성경에"(1:2c) 미리 약속되었다. 복음은 구약성경 안에 기록되었다. 여기에 구약성경에 대한 중요한 사상이 나온다(요 5:39 참조). 구약의 예언은 문자로 정착되어 문서로 전달되었다.

넷째로, 복음은 하나님의 "아들에 관하여"(1:2d) 미리 약속된 것이다. 복음의 주제는 하나님의 아들 예수 그리스도이시다. 복음이 서술하는 대상은 예수 그리스도이시다. 복음은 예수 그리스도의 활동을 말하는 것이며, 복음은 예수 그리스도께서 성취하신 구속을 말하는 것이다. 예수 그리스도를 빼놓은 복음은 이미 복음이 아니다. 그러므로 복음은 "그의 아들의 복음"(1:9; 15:19)이라고 불릴 만하다.

다섯째로, 사도 바울은 복음은 모든 믿는 자에게 구원을 주시는 하나님의 능력이라고 말한다(1:16). 복음은 정적이 아니라 동적이며, 정체적인 것이 아니라 활동적인 것이다. 복음은 능동적이며 활력적이며 폭발적이다. 그런데 복음의 능력은 사람이 가히 상상할 수 없는 것이다. 복음은 "하나님의"

능력이기 때문이다. 복음의 능력은 땅에 속한 것이 아니라 하늘에 속한 것이다. 복음의 능력은 인간적인 것이 아니라 신적인 것이다. 사도 바울은 복음의 능력은 모든 믿는 자에게 구원을 주는 능력이라고 말한다. 복음의 능력은 사람을 죄악으로부터 이끌어내어 하나님에게 소속시키는 것이다. 복음이 능력인 까닭은 심판에 관하여 말하기 때문이다(2:16). 복음에 의하면 하나님께서 예수 그리스도로 말미암아 사람들의 은밀한 것을 심판하시는 날이 있다.

복음의 핵심은 한 마디로 말해서 하나님의 의이다. 그래서 사도 바울은 로마서에서 복음 안에는 하나님의 의가 계시되어 있다고 말한다(1:17). 그러므로 복음을 받아들이는 자는 하나님의 의를 받아들이는 셈이 된다.

2. 하나님의 의

사도 바울은 로마서에서 복음의 주제를 하나님의 의라고 밝힌다(1:17). 로마서에는 "의"와 관련하여 형용사 δίκαιος(1:17; 2:13; 3:10,26; 5:7,19; 7:12), 명사 δικαιοσύνη(1:17; 3:5,21,22,25,26; 4:3,5,6,9,11bis,13,22; 5:17,21; 6:13,16,18,19,20; 8:10; 9:30ter,31; 10:3ter,4,5,6,10; 14:17), 명사 δικαίωσις(4:25; 5:18), 명사 δικαίωμα(1:32; 2:26; 5:16,18; 8:4), 동사 δικαιόω(2:13; 3:4,20,24,26,28,30; 4:2,5; 5:1,9; 6:7; 8:30bis,33), 파생어 "의로우신 심판"(δικαιοκρίσια, 2:5)이 등장한다. 이 외에도 반대어로 "불의"(ἀδικία, 1:18bis, 29; 2:28; 3:5; 6:13; 9:14), "불의한"(ἄδικος, 3:5)이 사용되었다.(아래의 도표에서 이 단어들의 분포를 참조하라).

	δίκαιος	δικαιοσύνη	δικαίωσις	δικαίωμα	δικαιόω	δικαιοκρίσια
1장	17	17		32		
2장	13			26	13	5
3장	10,26	5,21,22,25, 26			4,20, 24,26,28, 30	
4장		3,5,6,9, 11bis,13,22	25		2,5	
5장	7,19	17,21	18	16,18	1,9	
6장		13,16,18,19, 20			7	
7장	12					
8장		10		4	30bis,33	
9장		30tres,31				

10장	3tres,4,5,6,10				
14장	17				

사도 바울은 이런 여러 가지 단어들을 사용하여 하나님의 의가 인간의 불의를 어떻게 극복했는지 설명한다. 하나님은 근본적으로 의로운 분이시다(3:26). 하나님의 의는 "율법과 선지자들에게 증언을 받는다"(3:21b). "율법과 선지자들"은 구약 전체를 가리킨다. 구약의 중요한 기능은 하나님의 의를 증언하는 것이다. 구약의 중심주제는 하나님의 의이다.

그런데 하나님의 의는 어느 특정한 시간이 되었을 때 "율법 없이"(3:21a) 나타났다. 이것은 문맥으로 볼 때 두 가지 의미를 가진다. 첫째로 율법을 가진 유대인들뿐 아니라 율법 밖에 있는 이방인들에게 하나님의 의가 효력을 발생한다는 뜻이다(3:22 "차별이 없다"). 둘째로 하나님의 의는 율법 행위와 상관없이 효력을 발생한다는 뜻이다(3:28 "율법의 행위 없이"). 정리하면, 하나님의 의가 예수 그리스도에 대한 믿음으로 말미암아 율법 밖에서 모든 믿는 자들에게 차별 없이 도달하였다는 의미이다. 이렇게 볼 때 하나님의 의가 임함으로써 사람이 의롭게 된다.

그러면 하나님께서 사람을 의롭게 만드시는 목적이 무엇인가? 사도 바울은 그 목적을 여러 번 유사한 어투를 사용한다. 그것은 하나님의 의를 나타내기 위함이다. "이 예수님을 하나님이 그의 피로써 믿음으로 말미암는 화목제물로 세우셨으니 이는 하나님께서 길이 참으시는 중에 전에 지은 죄를 간과하심으로 자기의 의로우심을 나타내려 하심이니 곧 이때에 자기의 의로우심을 나타내사 자기도 의로우시며 또한 예수 믿는 자를 의롭다 하려 하심이니라"(3:25~26).

> 25: 자기의 의를 나타내려고
> (εἰς ἔνδειξιν τῆς δικαιοσύνης αὐτοῦ)
> 26: 자기의 의를 나타내려고
> (πρὸς τὴν ἔνδειξιν τῆς δικαιοσύνης αὐτοῦ)
> 26: 자기도 의로우시기 위하여
> (εἰς τὸ εἶναι αὐτὸν δίκαιον)

한 마디로 말하자면 칭의는 하나님이 자기의 의를 나타내시는 방식이다. 모든 사람이 죄를 범하여 하나님의 영광에 이르지 못하였다. 그러나 하나님께서는 그리스도 예수님의 피 흘림을 통하여 사람에게 구속을 허락하셨다. 하나님께서 예수 그리스도의 피를 통하여 인간에게 구속을 허락하신 것은 중요한 목적을 가지고 있다. 그것은 하나님의 의를 나타내는 것이다. 하나님의 의가 칭의의 원인이다. 이것은 인간의 구원을 위한 하나님의 자기원인이라고 부를 수 있을 것이다. 하나님께서 불의한 인간을 의롭다고 하시는 것은 하나님의 의로우신 성품 때문이다. 따라서 하나님은 칭의에서 하나님의 의를 가장 완벽하게 표현하신다.

3. 인간의 불의

사도 바울에게 있어서 인간론은 신론적 인간론(theological anthropology)이다. 이것은 사도 바울에게서 나타나는 하나님과 사람의 관계에 대한 근본적인 내용이다. 인간은 하나님 앞에서 존재한다(2:3). 인간이 하나님 앞에서 존재하는 것은 인간이 하나님을 인정하든지, 하나님을 거부하든지 필연적인 일이다(1:24~25). 왜냐하면 하나님은 인간 앞에 존재하기 때문이다. 역으로 하나님이 인간 앞에서 존재하는 것은 하나님이 사람을 인정하든지, 사람을 거부하든지 간에 필연적인 일이다(9:14~18). 하나님이 사람 앞에 서 있다면, 사람이 하나님 앞에 서 있지 않을 수가 없다. 그래서 하나님과 사람의 관계 또는 사람과 하나님의 관계는 창조뿐 아니라 구속에서도 하나님에게서 시작된다.

사도 바울은 인간의 존재를 다음과 같이 이해한다. 본질로 볼 때 인간은 영($\pi\nu\epsilon\hat{\upsilon}\mu\alpha$)과 몸($\sigma\hat{\omega}\mu\alpha$)의 이분법(8:10; 고전 5:3; 7:34; 또는 영과 육($\sigma\acute{\alpha}\rho\xi$)의 이분법: 고전 5:5; 고후 7:1), 또는 속 사람($\check{\epsilon}\sigma\omega\ \check{\alpha}\nu\theta\rho\omega\pi\sigma\varsigma$)과 겉 사람($\check{\epsilon}\xi\omega\ \check{\alpha}\nu\theta\rho\omega\pi\sigma\varsigma$)의 이분법(7:22; 참조. 고후 4:16)으로 분명하게 설명된다. 관계로 볼 때 인간의 종류는 유대인과 헬라인(또는 헬라인과 야만인을 포함한 이방인)으로(1:14,16 등등), 율법적 인간과 비율법적 인간으로(1~3장) 명확하게 진술된다.

어떠한 방식으로 인간의 존재를 설명하든지 간에 공통적으로 표현되는 것은 인간의 불능성이다. 인간은 개인적인 면에서 볼 때 죄를 변명할 수 없으며($\grave{\alpha}\nu\alpha\pi\sigma\lambda\acute{\sigma}\gamma\eta\tau\sigma\varsigma$, 2:1), 윤리적인 면에서 볼때 선을 행하는 것이 불가능하며($\tau\grave{\sigma}\ \kappa\alpha\tau\epsilon\rho\gamma\acute{\alpha}\zeta\epsilon\sigma\theta\alpha\iota\ \tau\grave{\sigma}\ \kappa\alpha\lambda\grave{\sigma}\nu\ \sigma\check{\upsilon}$, 7:18), 영적인 면에서 볼 때 하나님의 영광에 이를 수가 없다($\acute{\upsilon}\sigma\tau\epsilon\rho\sigma\hat{\upsilon}\nu\tau\alpha\iota\ \tau\hat{\eta}\varsigma\ \delta\acute{\sigma}\xi\eta\varsigma\ \tau\sigma\hat{\upsilon}\ \theta\epsilon\sigma\hat{\upsilon}$, 3:23). 인간의 불능성은 타락에서 기인한다. 모든 인간이 불능성에 사로잡힌 것은 타락하였기 때문이다. 그러므로 바울은 인간에 대하여 총체적으로 이렇게 선언한다. "모든 사람이 범죄하였다"($\pi\acute{\alpha}\nu\tau\epsilon\varsigma\ \gamma\grave{\alpha}\rho\ \check{\eta}\mu\alpha\rho\tau\sigma\nu$, 3:23). 유대인이건 헬라인이건 다 같이 이 선언에서 벗어날 수가 없고, 인간의 영혼에건 육체에건 다 같이 이 선언은 해당된다. 이 선언은 인간의 속사람도 겉 사람도 다 같이 포함한다. 사도 바울의 생각은 다음과 같이 한마디로 정리할 수 있다: "의인은 없나니 한 사람도 없다"(3:10). 그러므로 인간은 그 자체로 불의하다. 이처럼 범죄로 인하여 생긴

불능성은 하나님 앞에서 존재하는 인간이 하나님과 단절된 것을 의미한다. 단절에 빠져있는 인간의 존재를 회복하는 것은 하나님이다.

이렇게 하여 사도 바울에게서 인간에 관한 또 다른 방식의 분류법이 성립된다. 이것은 위에서 언급한 것처럼 인간을 구분하는 본질적인 구분법과 관계적인 구분법에 이어 인간과 하나님과의 관계에서 생기는 구분법이다. 사도 바울은 "옛 사람"(παλαιὸς ἄνθρωπος)과 "새 사람"(καινὸς ἄνθρωπος)을 철저하게 구분한다(6:6; 엡 4:22,24; 골 3:9). 인간의 분류에 관한 한 유대인과 헬라인의 구별을 넘어서(10:12) 옛 피조물에 마주서는 새 피조물(갈 6:15; 고후 5:17; 엡 4:22ff.)이 언급된다. 새사람은 성령님과 관련하여 볼 때(8:1ff.) 영적인 사람(πνευματικὸς ἄνθρωπος)이라고 불린다.

4. 기독론

사도 바울은 하나님과 인간의 관계 회복에 예수 그리스도가 결정적인 역할을 하는 것을 알기에 몇 가지 기독론 설명을 제시한다.

1. 하나님의 아들

사도 바울은 예수 그리스도의 신분을 설명한다. 로마서의 첫 머리서 예수 그리스도를 하나님의 아들이라고 부른다(1:3~4). 그런데 하나님의 아들이신 예수 그리스도는 두 가지 면으로 설명할 수 있다. 하나님의 아들은 첫째로, "육체를 따라 다윗의 씨로부터 나셨고"(3), 둘째로, "성결의 영을 따라 죽은 자들의 부활로부터 능력 안에 계신 하나님의 아들로 선포되셨다"(4). 이 두 가지 내용은 동일한 전치사를 사용하여 교차대칭으로 구성된다. "육체를 따라(κατά)"는 "성결의 성령님을 따라(κατά)"에 대칭되며, "다윗의 씨로부터(ἐκ)"는 "죽은 자들의 부활로부터(ἐκ)"에 대칭된다.

3절		4절
다윗의 씨로부터(ἐκ)		성결의 성령님을 따라(κατά)
육체를 따라(κατά)		죽은 자들의 부활로부터(ἐκ)
나셨고(γενομένου)		하나님의 아들로 선포되셨다(ὁρισθέντος)

우선 사도 바울은 하나님의 아들이신 예수님께서 어떻게 육체적으로 출생하셨는지를 설명한다(3). 예수님께서는 다윗의 씨로부터 육체를 따라 나셨다. 하나님의 아들 예수 그리스도는 사람으로 출생하셨다(γενομένου). 그의 출생은 다윗의 가문과 관련이 있다. 이것은 예수 그리스도가 왕적인 인물임을 보여준다. 사도 바울은 여기에 하나님의 아들이 "육체를 따라" 나셨다는

말을 덧붙이고 있다. 일차적으로 "육체"는 출생을 나타내는 자연적이며 물질적인 의미를 가진다. 그래서 "육체를 따라"는 "다윗의 씨로부터"를 조금 더 구체적으로 설명하는 말이다. "육체를 따라"와 "다윗의 씨로부터"는 결속된 개념이다. 하지만 한 걸음 더 나아가서 "육체를 따라"는 연약성을 나타낸다. 하나님의 아들 예수 그리스도는 비록 왕적인 인물이지만 그럼에도 불구하고 육체를 가지고 있는 동안에는 시공간에 제약을 받는 연약한 분이셨다.

　이어서 사도 바울은 어떻게 예수님께서 능력 가운데 계신 하나님의 아들로 선포되셨는지를 설명한다(4). 예수님께서는 성결의 성령님을 따라 죽은 자들의 부활로부터 능력 가운데 계신 하나님의 아들로 선포되셨다(ὁρισθέντος). 여기에서도 "성령님을 따라"는 다시 "죽은 자들의 부활로부터"라는 말로 조금 더 구체적으로 설명된다. 성령님의 활동과 부활의 성취는 예수님께서 능력 가운데 계신 하나님의 아들로 선포되는 일에 필요한 상이한 두 가지 조건사항이 아니라, 통일된 한 가지 조건사항이다. "성령님을 따라"와 "죽은 자들의 부활로부터"도 결속된 개념이다. 그런데 여기에서 중요한 것은 하나님의 아들 예수 그리스도께서는 부활하신 후 시공간에 제약을 받는 연약한 분이 아니라는 사실이다. 그는 이제 성령님의 활동으로 말미암아 "능력 가운데 계신"(ἐν δυνάμει) 하나님의 아들로 선포되셨다.

2. 아담-그리스도 모형론

사도 바울은 예수 그리스도의 역할을 설명한다. 아담의 범죄가 모든 사람에게 죄로 말미암는 죽음을 가져오게 했다고 말하면서(5:12~14), 아담의 범죄는 예수님의 구속으로 해결되었다고 제시한다. 여기에서 사도 바울은 아담과 예수님을 모형론으로 비교한다. 왜냐하면 아담은 오실 자의 표상(τύπος)이기 때문이다(5:14). 이것은 아담-그리스도 모형론이다. 사도 바울은 먼저 아담과 예수님의 차이점을 말하고 이어서 아담과 예수님의 유사점을 말한다.

1) 아담과 예수님의 차이(5:15~17)

사도 바울은 이 단락에서 아담과 예수님의 차이점을 드러내기 위하여 "같지 않다"(οὐχ ὡς)는 말을 반복적으로 사용한다(5:15,16). 사도 바울은 아담과 예수님의 차이점을 몇 가지로 진술한다. 첫째로, 아담의 범죄와 예수님의 은혜는 같지 않다(5:15b). 아담의 범죄는 많은 사람을 죽음으로 이끌었다. 그러나 예수님의 은혜(하나님의 은혜)는 많은 사람에게 넘치는 선물을 주었다. 둘째로, 아담의 심판과 예수님의 은사는 같지 않다(5:16). 아담의 심판은 많은 사람을 정죄로 인도하였다. 그러나 예수님의 은사는 의롭다 하심으로 이르게 하였다. 결론적으로 말하자면 아담의 범죄와 예수님의 은혜는 다르다(5:17). 아담의 범죄는 사망이 왕노릇하게 하고, 예수님의 은혜는 생명이 왕노릇하게 하기 때문이다.

2) 아담과 예수님의 유사(5:18~19)

사도 바울은 이 단락에서 아담과 예수님의 유사점을 드러내기 위하여 "같다"(ώς ώσπερ)는 말을 반복적으로 사용한다(5:18,19,21). 사도 바울이 아담과 예수님에게서 찾는 유사성은 "모든 사람"(5:18)과 "많은 사람"(5:19)에 대한 영향력이다. 첫째로, "모든 사람"의 정죄와 칭의에서 유사성이 성립된다 (5:18). 아담에게서 그의 범죄로 "모든 사람"이 정죄에 이른 것같이, 예수님 에게는 그의 의행으로 "모든 사람"이 칭의에 이르렀다. 둘째로, "많은 사람" 의 죄인 됨과 의인 됨에서 유사성이 발견된다(5:19). 아담에게서 그의 불순 종으로 "많은 사람"이 죄인 된 것같이, 예수님에게서는 그의 순종으로 "많은 사람"이 의인되었다.

5. 성령론

사도 바울은 기독론과 연결하여 성령론을 소개한다. 로마서에는 성령님에 관하여 대략 32번 정도 언급된다(1:4; 2:29; 5:5; 7:6; 8:2,4,5bis,6,9tres,10,11bis,13,14 ,15,16,23,26bis,27; 9:1; 11:8; 12:11; 14:17; 15:13, 16,19,30).[6]

1. 하나님의 영과 그리스도의 영이신 성령님

사도 바울은 로마서에서 성령님이 성부 하나님과 밀접한 관계에 있다고 말한다. 이것은 무엇보다도 성령님을 "하나님의 영"이라고 부르는 데서 분명하게 나타난다(8:9,14). 성령님은 하나님과 무관하게 존재하시거나, 하나님 없이 활동하시지 않는다. 성령님의 존재는 하나님과의 관련성 속에서 이해되며, 성령님의 활동은 하나님과의 연계성 속에서 이해된다. 성령님은 하나님의 영이시다. 더 나아가서 성령님과 하나님의 밀접한 관계는 쌍방간에 이루어지는 깊은 교통으로부터 알 수 있다. 하나님은 "성령님의 생각이 무엇인지 아시며", 성령님은 "하나님을 따라" 행동하신다(8:27). 하나님은 성령님의 사고를 인지하며, 성령님은 하나님의 의지를 표준으로 한다. 하나님과 성령님 사이에 이루어지는 이러한 상호간의 긴밀한 관계 때문에 성령님은 하나님의 일을 실현해나간다. 사도 바울은 특히 성령님께서 하나님 나라의 문제에 깊이 개입하는 것으로 생각한다. "하나님의 나라는 먹는 것과 마시는 것이 아니라 성령님 안에 있는 의와 화평과 희락이라"(14:17)고 진술한다

또한 사도 바울은 로마서에서 성령님을 그리스도의 영으로 정의한다. 사

---

6 1:9는 성령님을 가리키는지 바울의 심령을 가리키는지 분명하지 않다.

도 바울은 하나님이 "예수님을 죽은 자 가운데서 살리신 분"(4:24)이라고 말하고, 성령님은 "예수님을 죽은 자들로부터 살리신 이의 영"(8:11)이라고 부른다. 따라서 성령님은 하나님의 영으로서 특히 예수님을 부활시키는 일에 관여한다. 이것은 위에서 살펴본 바와 같이 로마서 1:3~4에서 더욱 적극적으로 분명하게 묘사된다. 예수 그리스도께서 다윗의 혈통으로부터 태어나신 것이 육체의 문제라면, 부활하심으로써 능력적인 하나님의 아들로 선포된 것은 성령님의 문제이다. 말하자면 예수님께서 능력 가운데 계신 하나님의 아들로 인정되는 일에 있어서 성령님의 활동은 부활의 성취로 표현된다는 것이다. 사도 바울은 예수님께서 능력적인 하나님의 아들로 인정되심에 있어서 성령님께서 부활로 관련하신다고 밝힌다. 성령님은 예수님을 부활시키는 일에 관여한다. 이러한 의미에서 성령님은 "그리스도 예수 안에 있는"(8:2) 영이시며, 그렇기 때문에 "그리스도의 영"(8:9)이라고 불린다. 하나님의 영이신 성령님은 예수 그리스도의 영이시다. 따라서 사도 바울은 성령님을 하나님과 동일한 신격 선상에 놓듯이, 성령님을 예수 그리스도와 동일한 신격 선상에 놓는 것을 주저하지 않는다. 이 때문에 사도 바울은 성도들에 대한 권면의 근거로 예수 그리스도와 성령님을 나란히 생각할 수 있다. "내가 우리 주 예수 그리스도로 말미암아 그리고 성령님의 사랑으로 말미암아 너희를 권한다"(15:30).

2. 성도들을 위한 성령님

그런데 하나님의 영이시며 그리스도의 영이신 성령님은 성도들과 긴밀한 관계를 가지신다. 특히 이것을 사도 바울은 로마서 8장에서 자세히 설명한다. 로마서 전체에 나오는 성령님에 관한 구절 중에 로마서 8장에만 ⅔ 정도(19번)가 들어있다. 여기에서 사도 바울은 성령님께서 성도들을 위하여 두 가지 일을 하시는 것으로 진술한다. 첫째로, 성령님은 성도들을 그리스도와 관계를 맺게 하며, 둘째로, 성령님은 성도들을 하나님과 관계를 맺게 한다. 이 사실은 로마서 8장에 나오는 성령님에 대한 두 가지 수식어를 살펴보면 쉽게 알 수 있다(이것은 또한 로마서 8장을 두 부분으로 분해하는 길이기도 하다). 성령님은 "생명의 성령님"(πνεῦμα τῆς ζωῆς, 8:2) 이며, "양자의 성령님"(πνεῦμα υἱοθεσίας, 8:15)이다. 생명의 성령님은 성도들을 그리스도와 관계하게 하며, 양자의 성령님은 성도들을 하나님과 관계하게 한다.

1) 생명의 성령님(8:1~11)

우선 성령님은 생명의 성령님으로서 사람을 그리스도와 관계시킨다. 이렇게 하기 위하여 첫째로, 성령님은 사람을 "죄와 사망의 법으로부터 해방시키신다"(8:2). 둘째로, 성령님은 생명의 성령님이시기 때문에 사람을 자유롭게 한 후에 무질서에 빠져들게 하지 않고 오히려 새로운 영역으로 들어가게 한다. 생명의 성령님이 임하시면 변화가 일어난다. 성령님께서 임하시면 사람은 그 사업이 "성령님의 일"(8:5)이 되며, 그 결국이 "부활"(8:11)이 된다. 왜냐하면 그 정체가 "그리스도의 것"($\alpha \dot{\upsilon} \tau o \hat{\upsilon}$)으로 변하였기 때문이다(8:9). 생명의 성령님은 "그리스도 예수 안에 있는"(8:2) 성령님이며, "그리스도 영"(8:9)이시기에 사람을 그리스도의 것으로 만든다. 성령님은 우리를 그리스도와 연결시키는 끈이다.

2) 양자의 성령님(8:12~30)

이어서 성령님은 양자의 성령님으로서 사람을 하나님과 관계시킨다. 양자의 성령님은 사람을 하나님의 자녀가 되게 하신다: "무릇 하나님의 영으로 인도함을 받는 사람은 하나님의 아들이다"(8:14), "너희는 양자의 영을 받았으므로 아바 아버지라고 부르짖는다"(8:15). 사도 바울은 이러한 일을 가리켜 "하나님의 사랑이 우리에게 주어진 성령님으로 말미암아 우리 마음들에 부어졌다"(5:5)고 표현한다. 하나님의 사랑과 우리의 마음이 이어진다(참조. 고전 2:10). 그리스도의 죽음으로 사랑을 표현하신 하나님과 연약하고 범죄한 인간을 연결시키시는 것은 오직 성령님이시다. 사람을 하나님의 자녀가 되게 하시는 양자의 성령님은 이제 두 가지 일을 동시에 하신다.

한편으로는 성령님께서 우리 곁에서 증언하신다. "성령님이 우리 영으로 더불어 우리가 하나님의 자녀라는 것을 함께 증언하신다($\sigma \upsilon \mu \mu \alpha \rho \tau \upsilon \rho \epsilon \hat{\iota}$)"(8:16). 성령님은 우리에게 하나님을 아버지라 부르게 하고(8:15), 하나님의 유업을 받을 상속자임을 확인시키되 그리스도와 함께 상속자가 되며 함께 고난을 받고 함께 영광을 받을 사람들이라는 것을 증언하신다(8:17).

다른 한편으로는 성령님께서는 하나님 곁에서 간구하신다. 마치 예수 그리스도가 우리를 위해 간구하시듯이(8:34), 성령님도 우리를 위해 간구하신다(8:26,27). 이것은 "성령님이 우리 연약함과 더불어 함께 계시기 위함($\sigma \upsilon \nu \alpha \nu \tau \iota \lambda \alpha \mu \beta \acute{\alpha} \nu \epsilon \tau \alpha \iota$)"이다(8:26). 성령님은 우리의 연약함을 도우신다. 성령님은 말할 수 없이 탄식하신다. 우리가 탄식하면 성령님께서도 탄식하신다. 우리가 빌 바를 알지 못할 때 성령님께서는 우리를 위하여 친히 간구하신다. 성령님께서 한편으로는 우리 곁에서 증언하시고, 한편으로는 하나님 곁에서 간구하신다. 성령님은 우리 곁에 계시며 동시에 하나님 곁에 계신다.

6. 로마서의 사본 문제

로마서의 마지막 부분은 사본에서 매우 복잡한 문제를 남겨두고 있는데, 대체적으로 다음과 같이 세 가지 사본방식으로 나누어 생각할 수 있다.[7]

1. 1~14장 사본[8]

로마서가 14:23으로 끝나면서 그 뒤에 16:25~27이 덧붙여진 사본들이 있다(L Ψ 0209 Majority). 사도 바울이 본래 14장으로 끝나는 회람용 서신을 기록하였고 후에 현재의 로마서로 개작하였다는 견해가 있지만, 오히려 후기 사본들(Y 0209 등)이 15~16장을 잃어버린 사본을 사용한 것으로 보는 것이 옳다.

2. 1~15장 사본[9]

어떤 사본들에서는 로마서가 15:33로 끝나면서 아멘 없이 바로 이어 16:25~27이 연결되어 있다(P46). 이것은 본래 로마교회에 보내진 편지인데 후에 사도 바울이 16장을 덧붙여 에베소로 보냈다는 주장이 있으며, 혹은 16장은 에베소로 보낸 편지였는데 후에 로마서에 첨가된 것이라는 주장이 있다. 후자의 주장을 위해서 16장과 관련하여 다음과 같은 이유가 제시된다.

(1) 첫째 이유는 16장에 의하면 사도 바울은 방문한 적이 없는 교회의 성도들을 너무나 많이 알고 있다는 것이다. 그러나 사도 바울은 이 사람들을 이미 이전에 알고 있었을 가능성 높다(에베네도처럼. 16:5 아래의 논의(3)를 보라).

(2) 둘째로, 브리스길라와 아굴라(16:3)는 고린도전서 16:19에 의하면 에베소에 있는데 언제 로마로 이주하였는지 의문시된다. 이것은 당시의 교통의 원활성을 고려하지 않은 생각이다. 게다가 브리스길라와 아굴라의 원거주지가 로마였다는 것을 고려할 때 사업지는 그대로 두고 여러 지역을 자주 방문했을 가능성이 높다.

(3) 에베네도(16:5)는 "아시아에서 그리스도를 위하여 처음 익은 열매"라고 하는데 어떻게 로마에 있느냐는 질문이 있다. 그러나 이것은 한 신자가 반드시 처음 신앙을 가진 장소에만 남아 있어야 할 이유는 없다는 것을 이해하면 답변하기 어렵지 않은 질문이다. 에베네도는 아시아에서 로마로 이주하였기 때문에 더욱 사도 바울에게 인사의 대상이 된다.

---

7   H. Gamble, *The Textual History of the Letter to the Romans*, Grand Rapids: Eerdmans, 1977; K. Aland, "Der Schluss und die Ursprüngliche Gestalt des Römerbriefes", in ders., *Neutestamentliche Entwürfe*, München: Kaiser, 1979, 284~301; P. Lampe, "Zur Textgeschichte des Römerbriefes", *NovT* 27 (1985), 273~77; B. M. Metzger, *A Textual Commentary on the Greek New Testament*, United Bible Society, 1971 / Stuttgart: Deutsche Bibelgesellschaft, 1994(『신약 그리스어 본문 주석』, 장동수 역, 서울: 대한성서공회 성경원문연구소, 2005, 456~459를 참조하라).

8   K. and S. Lake, *The Earlier Epistles of St. Paul: Their Motive and Origin*, London: Rivingtons, 1911, 1919, 362.

9   T. W. Manson, *New Testament Essays: Studies in Memory of Thomas Walter Manson (1893~1958)*, Manchester: Manchester University Press, 1959, 150ff.(= "St. Paul's Letter to the Romans and Others", in Donfried, *The Romans Debate*, 3~15).

(4) 사도 바울은 뵈배(16:1)를 알지 못하는 교회에게 추천할 수 있었을까 문제시된다. 그러나 알지 못하는 교회를 향해 로마서를 쓸 권위가 있는 사도 바울에게 알지 못하는 교회에게 한 사람을 추천할 권위가 없겠는가 생각하면 이것은 문제가 되지 않는다.

3. 1~16장 사본

셋째로, 많은 사본들이 로마서를 전체적으로 담고 있다(P[61vid] ℵ B C D 81 1739). Gamble은 로마서 사본연구와 더불어 로마서의 결론부와 사도 바울 당시의 서신들의 결론부를 비교한 결과 로마서 1~16장이 전부 로마에 발신된 것임을 증명하였다.[10]

1안 L Ψ	1:1~14:23	15:1~33	16:1~24	16:25~27
	초판 편지	개정 편지		
2안 P[46]	1:1~14:23	15:1~33	16:1~24	16:25~27
	로마 편지		에베소 편지	
3안 P[61vid] ℵ B C D	1:1~14:23	15:1~33	16:1~24	16:25~27
	로마 편지			

---

10   Cf. 장동수, "로마서의 목적", 『신약신학저널』 2 (2001), 395~410, esp. 401.

제10장
고린도전서

1) 주석

W. Schrage, *Der erste Brief an die Korinther, 1. Teilband: 1Kor 1,1~6,11*, EKK 7/1, Zürich: Benziger / Neukirchen-Vluyn: Neukirchener, 1991; *2. Teilband: 1Kor 6,12~11,16*, EKK 7/2, 1995; *3. Teilband: 1Kor 11,17~14,40*, EKK 7/3, 1999; *4. Teilband: 1Kor 15,1~16,24*, EKK 7/4, 2001.

A. C. Thiselton, *The First Epistle to the Corinthians: A Commentary on the Greek Text*, NIGTC, Grand Rapids: Eerdmans / Carlisle: Paternoster, 2000.

2) 연구서

E. Adams / D. G. Horrell, *Christianity at Corinth. The Quest for the Pauline Church*, Louisville / London: Westminster John Knox Press, 2004.

R. Bieringer (ed.), *The Corinthian Correspondence*, BEThL 125, Leuven: Leuven University Press, 1996.

J. D. G. Dunn, *1 Corinthians*, NTG, Sheffield: Sheffield Academic Press, 1995.

V. P. Furnish, *The Theology of the First Letter to the Corinthians*, Cambridge, 1999.

J. C. Hurd, *The Origin of I Corinthians*, London: SPCK, 1965 (Macon 1983, second ed.).

G. Theissen, *The Social Setting of Pauline Christianity: Essays on Corinth*, Edinburgh: T&T Clark, 1982 (타이센, G., 『원시그리스도교에 대한 사회학적 연구』, 서울: 대한기독교서회, 1986).

전경연, 『고린도전서의 신학논제』, 서울: 대한기독교출판사, 1988, 1996.

조병수, 『겨울 그리고 봄. 고린도전서 13장 해설』, 서울: 가르침, 2004.

조병수, "고전 2:6~16의 πνεῦμα와 πνευματικός", 『하나님의 말씀은 영영히 서리라: 주토 최의원 박사 기념논문집』(류호준 편집), 서울: 크리스챤다이제스트, 1997, 344~363(= 조병수, 『신약신학 열두 논문』, 합동신학대학원출판부, 1999, 2002, 111~134).

조병수, 『고린도전서 어떻게 읽을 것인가? 우리는 한 몸이라』, 서울: 성서유니온, 2015.

I. 고린도전서의 기록자와 기록연대와 장소

사도 바울이 고린도전서를 기록하였다. 그는 자신을 "하나님의 뜻으로 말미암아 그리스도 예수님의 사도로 부름을 받은 자"(1:1)라고 소개한다. 이것은 사도 바울이 여러 교회에 편지를 보낼 때마다 글을 시작하는 하나의 어투이다. 그러나 고린도 교회의 상황과 관련하여 이 어투를 고려한다면 이것은 단순히 글을 시작할 때 사용하는 습관적인 말이라고 생각하는 것으로 그칠 수가 없다. 고린도 교회는 사도 바울에 대하여 무엇인가 평가를 내리고 있었으며(4:3), 바울에게 비난을 퍼부을 문제점을 찾아 가지고 있었다(9:3). 바울에 대한 평가 또는 비난거리는 무엇보다도 그의 사도직분에 관한 것이었다. 이 때문에 사도 바울은 결국 강한 어조로 "다른 사람에게는 내가 사도가 아닐지라도 너희에게는 사도다"(9:2)라고 말한다. 이러한 배경에서 사도 바울은 글의 첫머리에서 자신을 "사도로 부름을 받은 자"라고 밝힌다. 사도의 권위가 없다면 이 글이 교회에 무슨 효력을 가지겠는가?

소스데네가 사도 바울과 함께 고린도전서를 발송한다(1:1). 소스데네에 대하여 더 이상 설명이 없다. 단지 그가 고린도 교회와 어떤 관계를 가지고 있다는 점을 고려할 때, 고린도에 있던 유대인 회당의 책임자인 소스데네와 동일인물이 아닌가 추측하게 된다(행 18:17). 그는 사도 바울이 1년 6개월 동안의 고린도 사역을 마치면서 아가야 총독 갈리오 앞에서 재판을 받는 동안 해를 당한 사람이었다. 그러나 사도행전의 소스데네가 고린도전서의 소스데네와 동일인물이라 할 때에, 어떠한 과정으로 고린도를 떠나서 지금은 바울과 함께 고린도에 글을 보내는 자리에 있게 되었는지 아무도 짐작할 수가 없다. 소스데네에게 사용된 "형제"라는 단어만이 그가 사도 바울과 긴밀한 관계를 맺고 있다는 것을 보여줄 뿐이다.

고린도전서가 에베소에서 기록되었다는 것은 분명하다(16:8). 고린도전서 16:19에서 사도 바울이 "아시아에 있는 모든 교회들의 문안"을 전하는 바로 미루어보건대, 그가 집중적으로 에베소에서 사역했음에도 불구하고 에베소에 근접해 있는 소아시아의 몇 교회들에도 순회식의 목회를 했을 가능성을 발견하게 된다.[1] 사도 바울은 에베소를 거점으로 하여 소아시아의 몇 교회들을 순회식으로 목회하는 동안에 고린도전서를 기록하였다.

사도 바울은 에베소에 머물면서 디모데를 고린도 교회에 보냈다(4:17; 16:10). 이 사건은 사도행전 19:21~22와 대체적으로 잘 어울린다. 사도 바울은 3차 전도여행시 에베소의 두란노 서원에서 2년 동안을 사역하였고, 말기에는 마게도냐, 아가야로 가려고 작정했었다(행 19:21; 고전 16:5). 그러나 사

---

1   Cf. Kümmel, *Einleitung*, 241.

도 바울은 그 대신 먼저 디모데와 에라스도를 파송하였고, 그러고 나서 에베소의 소요사건이 그친 후에 마게도냐와 헬라로 가게 되었다(행 20:1~3). 이렇게 볼 때 고린도전서는 분명히 사도 바울이 에베소에서 2년 간 목회하는 동안 기록된 것이다(54년경).

II. 고린도전서의 구조와 문학 특징

사도 바울은 다양한 통로로 고린도 교회의 형편에 관하여 알게 되었다. 그는 먼저 글로에의 집 사람들로부터 정보를 얻었다. "너희에 대한 말이 내게 들리니"(ἐδηλώθη μοι περὶ ὑμῶν, 1:11). 이것은 주로 고린도 교회의 분쟁에 관한 내용이었다(1:10~4:21). 둘째로, 사도 바울은 구두로 고린도 교회에 관한 소식을 들었다. "너희 중에 음행이 있다 함이 들리니"(ὅλως ἀκούεται, 5:1). 여기에는 음행사건을 비롯하여 소송사건에 관한 이야기들이 들어있었다(5:1~6:20). 그 외에도 사도 바울은 고린도 교회로부터 질문편지를 받음으로써 교회의 형편을 알게 되었다. "너희가 쓴 것들에 대하여는"(περὶ δὲ ὧν ἐγράψατε, 7:1). 여기에는 결혼, 우상제물, 신령한 것들, 부활, 연보, 그리고 사도 바울의 동역자에 관한 질문들이 들어 있었다. 이렇게 사도 바울은 여러 가지 통로로 고린도 교회의 형편에 접하면서 고린도전서를 기록하여 한편으로는 문제를 해결하고 다른 한편으로는 질문에 대답한다.

사도 바울은 고린도전서 이전에 이미 음행하는 자들에 대한 조처를 적은 글(전편지, Vorbrief)을 보냈다(고전 5:9).[2] 고린도전서가 특정한 몇 가지 주제를 다루면서 그 순서가 혼란하게 섞여 있고, 어떤 부분에서는 같은 주제를 두고 마찰을 일으키는 듯이 보이기 때문에(결혼 7장, 은사 12장), 고린도전서 5:9에 언급된 전편지(Vorbrief)가 고린도전서에 혼합되어 수집된 것으로 간주하는 학자들이 많이 있다.[3] 그러나 구조적으로 볼 때 고린도전서의 통일성은 분명하게 드러난다.[4] 위에서 살펴 본 바와 같이, 사도 바울은 분쟁에 관한 인편정보(1:11), 음행사건과 소송사건에 관한 구두정보(5:1), 마지막으로 결혼, 우상제물, 신령한 것들, 부활, 연보, 그리고 사도 바울의 동역자에 관하여 질문하는 서신정보(7:1)를 통하여 고린도 교회의 형편들에 관한 소식을 자세히 입수하였다. 사도 바울이 세 가지 통로로 듣게 된 고린도 교회의 형

---

2   "내가 썼다"(ἔγραψα)는 서간체적 부정과거(epistle aorist)일 가능성도 배제할 수 없다. 전편지에 관한 논의는 다음 장에서 "고린도후서의 편집 문제"를 참조하라.

3   W. Schenk, "Der 1. Korintherbrief als Briefsammlung", *ZNW* 60 (1969), 219~221; cf. Guthrie, *Introduction*, 439~441.

4   고린도전서의 진정성과 통일성에 관한 긍정적인 평가와 비통일성설 반대에 대하여는 Kümmel, *Einleitung*, 238~241을 보라.

편에 대하여 세운 대책과 대답이 고린도전서의 전체적인 뼈대를 이룬다. 사도 바울은 특히 고린도 교회의 질문편지에는 "…에 관하여"(περί)로 도입하는 답변의 글을 쓰게 되었다(7:1~16:18).

고린도전서의 문학 특징 가운데는 수사학 질문이 있다. 예를 들면 사도 바울은 동일한 형식("어디에 있느냐", ποῦ)을 사용하여 세 가지 질문을 제기한다. "지혜있는 자(σοφός)가 어디 있느뇨"(1:20상), "학자(γραμματεύς)가 어디 있느뇨"(1:20중), "이 세대에 변론가(συζητητής)가 어디 있느뇨"(1:20하). 여기에 나오는 세 부류의 사람들은 모두 그리스-로마 시대의 수사학과 관련이 있다.[5] 고린도 교회의 분당들은 여러 가지 신학적인 논쟁에서 당시의 수사학과 수사학자들의 도움으로 자신들의 입장을 주장했을 것이다. 그러나 이런 지혜는 십자가의 도를 이해하는 데 아무런 소용이 없다. 오히려 이런 지혜는 십자가의 도를 이해하는 데 혼란과 방해를 줄 뿐이다.

III. 고린도전서의 내용

서론(1:1~9)

  1) 발신자, 수신자, 기원(1:1~3)
  2) 감사(1:4~9)

1. 인편정보와 분쟁(1:10~4:21)
  * "너희에 대한 말이 내게 들리니"(ἐδηλώθη μοι περὶ ὑμῶν, 1:11)

  1) 분쟁(1:10~17)
  2) 십자가의 도(1:18~31)
    (1) 하나님의 능력(1:18~25)
    (2) 하나님의 부르심(1:26~31)
  3) 바울의 전도(2:1~16)
    (1) 과거의 전도(2:1~5)
    (2) 현재의 설교(2:6~16)
  4) 사도와 교회(3:1~4:21)
    (1) 교회의 모습(3:1~4)
      ① 사도의 입장(3:1~2)

---

5   Dunn, *1 Corinthians*, 41~44는 Liftin, Welborn, Pogoloff, Mitchell 등의 의견을 빌어 고린도전서의 상황을 그리스-로마 시대의 수사학과 연결을 시킨다.

② 교회의 모습(3:3~4)
 (2) 사역자의 모습(3:5~4:21)
　　① 정원사(3:5~9)
　　② 건축자(3:10~23)
　　③ 일군과 청지기(4:1~13)
　　④ 아버지(4:14~21)

2. 구두정보와 음행/소송(5:1~6:20)
　* "너희 중에 음행이 있다 함이 들리니"(ὅλως ἀκούεται, 5:1)
　1) 음행사건(5:1~13)
　　(1) 음행의 소문과 이에 대한 권면(5:1~8)
　　　① 음행의 소문(5:1)
　　　② 교회의 태도(5:2)
　　　③ 바울의 간섭(5:3~8)
　　(2) 음행자에 대한 전편지의 입장고수(5:9~13)
　　　① 전 편지의 내용(5:9~11)
　　　② 바울의 안팎에 대한 방침(5:12~13)
　2) 소송사건(6:1~11)
　　(1) 성도간의 법정투쟁은 불허한다(6:1~7a)
　　(2) 피해자와 가해자에 대한 책망(6:7b~11)
　　　① 피해자에 대하여(6:7b)
　　　② 가해자에 대하여(6:8~11)
　3) 음행의 정당화에 대한 반박(6:12~20)
　　(1) 음행을 정당화하려는 시도(6:12~14)
　　(2) 음행을 정당화할 수 없는 이유(6:15~20a)
　　　① 그리스도인의 몸들은 그리스도의 지체들이므로(6:15)
　　　② 주와 합하는 자는 한 영으로(6:16~18)
　　　③ 그리스도인의 몸은 성령님의 전이므로(6:19~20a)
　　(3) 결론(6:20b)

3. 서신 정보와 결혼/우상/은사/부활/연보(7:1~16:18)
　* "너희가 쓴 것들에 대하여는"(περὶ δὲ ὧν ἐγράψατε, 7:1)
　1) 결혼과 부부관계에 관하여(7:1~40)
　　(1) 전제적인 표현(7:1~7)
　　　① 전제(7:1)
　　　② 결혼과 부부관계허용(7:2~5)

1:1~9	1:10~4:21	5:1~6:20	7:1~16:18	16:19~24
서론	인편정보: 분쟁	구두정보: 음행	서신정보: 결혼/우상/은사/부활	결론

IV. 고린도전서의 상황

1. 신분

고린도 교회는 사회적으로 볼 때 대부분 그다지 뛰어난 사람들이 아니었음은 의심할 여지가 없다. 사도 바울은 고린도 성도들이 하나님의 부르심을 받기 전에 어떤 상태에 있었는지 서술하면서 지혜 있는 자, 능한 자, 문벌 좋은 자가 많지 않다고 말한다(1:26). 이것은 고린도 교회에 교육을 받은 사람, 사회적으로 영향력을 가진 사람, 그리고 상류출신이 많지 않다는 것을 의미한다.[6] 사도 바울에 의하면, 교육과 지위와 출신으로 볼 때 고린도 성도들 가운데 상류계층에서 나온 사람들이 매우 적었다. 사도 바울은 또 다시 이 사람들을 가리켜 "세상의 미련한 것들", "세상의 약한 것들", "세상의 천한 것들과 멸시받는 것들과 없는 것들"이라고 지적하였다(1:27~28). 심지어 고린도 교회에는 노예상태에서 부름을 받은 사람들도 있었다(7:21).[7] 이것은 고린도 성도의 사회적으로 낮은 모습을 분명하게 보여준다.

물론 이것은 고린도 교회에 상류계층이 전혀 없었다는 것을 의미하지는 않는다. 실제로 고린도 교회에는 비록 많은 수는 아닐지라도 영향력 있는 상류계층의 사람들이 지도적인 위치를 점유하고 있었다(1:14,16).[8] 또한 고린도 교회에는 최상층과 최하층 사이에 중간그룹도 상당수 있었을 것이라고 추정된다.[9]

2. 상황

사도 바울은 고린도 성도들의 상태가 젖으로 먹이고 밥으로 먹일 수 없는 어린아이와 같다고 지적하였다(3:1~2). 그들은 다른 말로 하면 "육신에 속한 자들"(σάρκινοί σαρκικοί)이다(3:1,3). 고린도 성도들은 그리스도 안에 있다는 점에서(3:1) 분명히 하나님의 성령님의 일들을 받지 아니한 "육에 속한 사람들"(ψυχικοί)과는 다르지만(2:14), 또한 성숙한 신자들인 "신령한 자들"(πνευματικοί)도 아니다(3:1). 사도 바울은 고린도 성도들의 상태를 "사람을 따라 행함"(3:3)이라고 규정하였다.

---

6 Cf. Dunn, *1 Corinthians*, 47.
7 사도 바울은 이들에게 "부르심을 받은 그대로 지내라"고 말한다(7:17,20,24).
8 Cf. 타이센, 『원시 그리스도교에 대한 사회학적 연구』, 292.
9 W. Meeks, *The First Urban Christians. The Social World of the Apostle Paul*, New Haven / London: Yale University Press, 1983, 72f.: "It is a picture in which people of several social levels are brought together. The extreme top and bottom of the Greco-Roman social scale are missing from the picture... The levels in between, however, are well represented."

ψυχικοί natural	σάρκινοι σαρκικοί fleshly	πνευματικοί τέλειοι spiritual
불수용(2:14)	어린아이 (νήπιοι, 3:1)	하나님의 σοφία(2:7)
몰이해(2:14)	육신에 속함(3:1)	하나님의 πνεῦμα 받음(2:12)
불능성(2:14)	사람 따라 행함 (κατὰ ἄνθρωπον, 3:3)	그리스도의 νοῦς 소유(2:16)
→	↙	→ ←

　그러면 고린도 성도들이 어린아이, 육신에 속한 자, 사람을 따라 행하는 자인 것을 어떻게 알 수 있는가?
　고린도 성도들에게서 가장 먼저 문제가 되는 것은 분쟁이다. 그들은 각각 바울, 아볼로, 게바, 그리스도에게 속한다고 말하면서 분쟁하였다(1:12). 이에 대하여 바울은 "그리스도께서 어찌 나뉘었느냐, 바울이 너희를 위하여 십자가에 못 박혔느냐, 너희가 바울의 이름으로 세례를 받았느냐"(1:13)고 반문한다. 이 말에서 고린도 교회가 분쟁하는 원인을 찾아볼 수 있다. 첫째로, "그리스도께서 어찌 나뉘었느냐"는 말로 미루어보아 고린도 교회는 누가 전한 그리스도가 옳은가에 대하여 논쟁한 것으로 보인다. 다시 말하자면 그리스도에 관해 누가 말한 것이 바른가 하는 논변이 벌어졌던 것이다. 물론 사역자들은 조금씩 다르게 그리스도에 관해서 가르쳤을 것이다. 그러나 그리스도에 관해서 배운 서로 다른 점 때문에 논쟁이 일어나는 것은 부질없는 것이다. 왜냐하면 그리스도의 사역자라면 누구든지 공통적으로 그리스도의 십자가를 말할 것이기 때문이다(1:17). 둘째로, "바울이 너희를 위하여 십자가에 못 박혔느냐"라는 말로 미루어 볼 때 고린도 교회는 교회를 세우는 데 일을 한 전도자들의 수고를 두고 다툼이 생긴 것이 틀림없다. 그러나 사역자들은 심은 이와 물 주는 이에 불과하다. 그들은 아무것도 아니다. 왜냐하면 중요한 것은 생명을 주어 자라게 하시는 하나님이시기 때문이다(3:5~9). 셋째로, "너희가 바울의 이름으로 세례를 받았느냐"는 질문은 세례 수여자에 대한 집착 때문에 분쟁이 일어났다는 것을 보여준다. 그러나 세례 수여자는 단지 수종자일 뿐이다. 그러므로 세례 수여자는 감추어지고 예수 그리스도가 나타나야 한다. 이것이 분쟁의 원인들이다. 그리스도는 버리고 그리스도를 전한 자만을 내세우려는 시도, 그리스도의 십자가를 잊고 사역자들의 수고만을 말하려는 행위, 그리스도와의 관계는 무시하고 세례 수종자만을 마음에 두려는 것, 이것이 분쟁의 원인들이다. 사람이 강조되는 곳에 분쟁이 있다(11:18~19). 그러므로 사도 바울은 "그런즉 아무도 사람을(ἐν ἀνθρώποις) 자랑하지 말라"(3:21)고 말한다.

고린도 교회를 어둡게 만든 또 하나의 문제는 음행사건이었다. 고린도 성도 가운데 계모와 통간하거나 창녀와 음행하는 자들이 있었다(5:1~13; 6:15~20). 그런데도 고린도 교회는 이런 일을 통한히 여기지 아니하고 그 일 행한 자를 쫓아내지도 않았다(5:2). 그 이유는 분쟁하는 고린도 성도들 가운데 세력 있는 한 편이 이런 일을 묵인하였기 때문이라고 추측할 수 있다. 이것은 고린도 교회의 분쟁을 심화시켰을 것이다. 사도 바울은 음행하는 자가 하나님의 나라를 유업으로 받을 수 없다는 것을 천명하면서(6:9), 이런 자를 교회에서 쫓아내고(5:13) 사탄에게 내주는 것이 마땅하다고 선언한다(5:5). 사도 바울은 음행을 피하기 위한 최선의 방법으로 결혼을 추천한다(7:1~2).

　　고린도 교회는 음행과 더불어 소송사건으로 얼룩져 있었다(6:1~14). 이것은 상속문제로 인한 소송사건이었을 가능성이 높다. 그래서 이 문제와 관련하여 사도 바울은 하나님의 나라를 유업으로 받는 것에 대하여 강조하였던 것이다(6:9,10). 사도 바울은 고린도 교회가 세상 법정에서 소송하는 것을 멈추어야 할 이유를 몇 가지로 언급하였다. 첫째로, 장차 세상과 천사들을 판단할 성도들이 세상의 법정으로 가는 것은 옳지 않다는 것이다(6:2~3). 둘째로, 이런 일을 해결하기 위하여 교회에서 지혜 있는 자를 찾아내야 한다는 것이다(6:4~6). 셋째로, 형제들 사이에는 차라리 불의를 당하며 차라리 속는 것이 낫다는 것이다(6:7). 고린도 교회에서 이렇게 심각한 소송사건이 발생한 까닭도 음행사건과 마찬가지로 그 배후에 분쟁의 요소들이 자리잡고 있었던 것으로 추측할 수 있다.

　　고린도 교회에서 복잡하게 얽힌 또 하나의 중대한 문제는 우상제물을 먹는 것과 관련된다(8:1). 이것은 고린도전서의 중간부분을 전반적으로 지배하는 주제이다. 우상숭배에 대한 지적은 음행을 언급하는 단락에서 이미 시작되었다(5:10). 사도 바울은 우상숭배와 우상제물을 먹는 것을 연결시켜 생각한다. 그래서 사도 바울은 우상제물을 먹는 것에 대한 입장을 발표하기 위하여 먼저 우상이 얼마나 헛된 존재인가를 강하게 진술한다(8:4~7). 고린도 성도들이 우상제물을 먹게 되는 경우는 세 가지로 나누어진다. 첫째로, 우상의 신전(ϵἰδωλεῖον)에 참여하게 되는 경우이다(8:10). 이것은 고린도 교회에서 사회적으로 지도자급에 있는 사람들에게 쉽게 발생할 수 있는 경우이다. 그들은 때때로 정치적인 이유로 우상의 신전에 참석할 수밖에 없기 때문이다. 그런데 이런 사람은 비록 자신은 우상의 헛됨에 대한 지식을 가지고 있더라도, 아직 우상의 헛됨에 대한 개념이 정리되지 못한 믿음이 약한 자들에게 걸림돌이 될 수 있다는 위험을 고려해야 한다(타인의 양심). 둘째로, 시장(μάκελλον)에 유통된 우상제물을 사서 먹는 경우이다(10:25). 이때 신자는 그것이 우상제물인가 확인할 필요가 없다. 이런 자세는 양심에 거스르는 것이 아니다. 왜냐하면 땅과 거기에 충만한 것이 모두 하나님의 것이기 때문이다. 셋째로, 불신자가 자신의 가정에 신자를 초청하여 우상제물을 대면하게 되는 경우이다(10:27). 이때도 신자는 그것이 우상제물인가 확인하지 않아도 괜찮다. 그저 감사함으로 받으면 된다. 이것도 양심에 거스르는 태도가 아니다. 하지만 누군가가 그것을 우상제물이라고 말한다면 이야기는 달라진다. 그렇게 말하는 사람은 아직도 우상의 헛됨에 대한 개념을 정립하지 못한 것이므로 신앙적으로 손상을 입을 수가 있다. 이런 경우에는 그렇게 말한 사람을 위하여 우상제물을 먹지 않는 것이 좋다(타인의 양심).

고린도 교회는 은사와 관련하여 여러 가지 문제점을 가지고 있었던 것으로 보인다. 무엇보다도 고린도 교회는 삼위 하나님의 가장 근본적인 은혜는 구원론과 관계가 있다는 것을 이해하지 못하였던 것 같다(12:1~3). 게다가 고린도 교회에 나타난 문제점은 은사의 다양성에 대한 몰이해이다. 사도 바울이 많은 분량을 할애하여 성령님, 그리스도, 하나님으로부터 기원하는 은사들이 얼마나 다양한지를 서술한 것은 이 때문이다(12:4~31). 그리고 고린도 교회는 은사가 반드시 사랑에 의하여 리드되어야 한다는 것을 알지 못했던 것 같다(13:1~13). 마지막으로 고린도 교회는 은사와 관련하여 개인적인 유익성 만큼 교회적인 유익성을 중시하지 않는 문제를 가지고 있었다(14:1~40).

마지막으로 고린도 교회에는 부활에 대한 확신을 잃고 흔들림으로 말미암아 주의 일에서 손을 놓은 사람들이 있었다(15:58). 부활에 대한 의심은 두 가지로 표현되었다. 첫째로, 부활의 역사성에 대한 의심이다. 고린도 교회에서 어떤 사람들은 "죽은 자 가운데서 부활이 없다"(15:12)고 주장하였다. 사도 바울은 이런 주장에 대하여 그리스도의 역사적인 부활을 제시한다. 이렇게 하기 위하여 사도 바울은 자신을 비롯하여 그리스도의 부활을 목격한 사람들을 열거한다. 그리스도께서 역사적으로 부활하셨다면, 죽은 자들이 역사적으로 부활할 것은 당연한 일이다. 고린도 교회의 어떤 신자들이 품은 둘째 의심은 부활의 상태에 관한 것이었다. 부활의 몸이 어떤 것이냐는 질문이다. "누가 묻기를 어떻게 다시 살아나며 어떠한 몸으로 오느냐"(15:35). 이것은 역사적인 부활을 인정한다는 전제 하에 부활의 방식과 형체에 대한 질문이다. 사도 바울은 부활의 방식에 대하여는 씨앗의 비유로 대답하고(15:36~38), 부활의 형체에 대하여는 다양한 형체에 대한 진술(15:39~41)과 함께 부활의 몸은 "육의 몸"(σῶμα ψυχικόν)이 아니라 "신령한 몸"(σῶμα πνευματικόν)이라는 것을 알려주었다(15:42~49, 특히 44).

V. 고린도전서의 신학

1. 하나님

1. 한 하나님 아버지

사도 바울은 고린도전서 8:6에서 하나님에 대한 지식을 일러주기 위해서 하나의 정리된 글을 제시한다. 하나님에 대한 바른 지식은 우상이 헛되다는 것과 참 신이 아니라는 것을 확신시켜준다.

첫째로, 사도 바울은 하나님이 한 분(εἷς θεός)이라는 사실을 강조한다. 우상숭배자들에게는 "많은 신"과 "많은 주"가 있지만, 그리스도인에게는 "한 하나님"과 "한 주님"이 있다. 한 분이라는 것은 다른 것들에 의한 보충을 필요로 하지 않는다는 것을 의미한다. 단일성은 스스로의 충분성을 나타낸다.

둘째로, 사도 바울은 하나님의 신성을 분명하게 보여주기 위하여 하나님을 "아버지"라고 소개한다. 하나님을 "아버지"(πατήρ)라고 소개하는 이유는 하나님이 만물생성의 근원(causa prima)이 되시기 때문이다. 하나님은 만물의 창조자이시다. "그로부터 만물이 나온다". 이것은 누구에게서도 찾아볼 수 없는 능력이며, 유례가 있을 수 없는 유일한 행위이다. 이것은 한 분 하나님의 신성을 설명한다. 또한 하나님은 지향점이 되시기 때문에 아버지이시다. "우리는 그에게로 간다". 이 말은 앞에서 사용된 문구와 조화를 이룬다. 앞의 "…으로부터"(ἐκ)와 뒤의 "…에게로"(εἰς)는 조화된다. 이것은 시작과 끝을 나타내며, 유래와 목적을 나타낸다. 하나님은 만물의 시작을 행하시며, 그로부터 만물이 창조된다. 동시에 만물 가운데 기독인은 하나님을 목표로 삼으며, 그에게 소속된다. 하나님이 만물의 유래와 목적이 된다는 사실은 고린도전서에서 여러 차례 진술된다(1:30; 3:22f.; 11:3). 이것은 기독교 신론의 요점이다. 이것은 그리스도인의 신앙과 종교에 대들보와 같다. 한 분 하나님 사상이나 창조와 구원의 하나님 사상은 천박한 우상숭배와도 구별되는 특징이다.

2. 하나님의 교회

교회는 하나님께 속하기 때문에 "하나님의 교회"(1:2)이다. 교회는 하나님의 소유이다. 하나님의 교회라는 말은 교회의 시작이 하나님께 있다는 것을 의미한다. 비록 교회의 설립과 교회의 사역이 사도들의 손을 통하여 이루어진다고 해도(3:6) 시작은 하나님께 있다. 하나님께서 사람들을 선택하셨고(1:27~28) 부르셨다(1:26). 선택과 소명은 전적으로 하나님의 주권에 달린 일이다. 그러므로 사도 바울은 고린도 교회가 하나님께로부터 나왔다고 말한다(1:30).

또한 하나님의 교회라는 말은 교회의 진행이 하나님께 달려 있다는 것을 의미한다. 교회를 자라게 하시는 분은 하나님이시다(3:6). 심는 이나 물주는 이는 아무것도 아니며 오직 자라게 하시는 하나님이 중요하다(3:7). 그러므로 교회는 오직 하나님에 의하여 진행될 뿐이다.

마지막으로 하나님의 교회라는 말은 하나님이 교회의 목적이라는 것을 의미한다. 사도 바울은 만물이 교회의 것이며, 교회는 그리스도의 것이고, 그리스도는 하나님의 것이라고 말한다(3:21~23). 그렇다면 모든 것의 최종점에는 하나님이 계신다. 이것은 교회가 하나님을 목적으로 삼아야 할 것을 분명하게 알려준다. 교회의 목적은 하나님께 영광을 돌리는 것이다(10:31).

3. 하나님의 능력과 지혜

하나님의 능력은 십자가(σταυρός)를 통하여 나타난다(1:18). 십자가는 사람들에게 미련한 것으로 보이지만 하나님에게는 지혜로운 것이다(1:21). 이 때문에 세상의 지혜는 하나님의 지혜를 알지 못한다. 세상의 지혜가 하나님을 알지 못하는 까닭은 하나님의 지혜 때문이다. 하나님의 지혜는 세상의 지혜가 하나님에 대한 지식에 접근하는 것을 막는다. 세상의 지혜가 하나님을 아는 지식에서 아무런 쓸모가 없게 되는 것이 하나님의 지혜이다. 게다가 "하나님의 미련한 것(τὸ μωρὸν τοῦ θεοῦ)이 사람보다 지혜롭다"(1:25). 하나님의 가장 미련한 것이 사람의 가장 지혜로운 것보다 낫다. 왜냐하면 하나님의 가장 미련한 것은 사람의 가장 지혜로운 것도 알지만, 사람의 가장 지혜로운 것은 하나님의 가장 미련한 것도 알지 못하기 때문이다.

2. 예수 그리스도

1. 주(κύριος)

고린도전서 8:6은 기독론에서도 중요한 역할을 한다. 예수님은 "한 주"이시다. 사도 바울은 예수님께서 주라는 사실을 이미 고린도전서의 초두에서 밝혔다(1:2). 그런데 예수님은 만물과 인간의 중보자로 소개된다. "그로 말미암아 만물이 있고"(δι᾽ οὗ τὰ πάντα). 하나님 아버지께서 창조하신 만물은 예수 그리스도를 통하여 회복된다. 예수 그리스도가 아버지와 만물을 중재하는 통로이다. 그뿐 아니라 사람도 예수 그리스도를 통하여 회복된다. "우리로 그로 말미암아 있다"(καὶ ἡμεῖς δι᾽ αὐτοῦ). 그는 인간 구원의 중보자이시다. 예수그리스도에 의하여 구원이 성립된다.

2. 하나님의 아들

예수님께서 하나님에게 만물과 인간을 중보하는 것이 가능한 이유는 그분이 하나님의 아들이시기 때문이다(1:9). 예수님은 하나님의 아들로서 하나님과 절대적인 결속관계에 있다. 그리스도는 하나님의 것이며(3:23), 하나님은 그리스도의 머리이시다(11:3). 왜냐하면 예수님께서는 하나님에게서 나오셨기 때문이다(1:30). 하나님은 예수 그리스도의 시작점이다. 예수 그리스도는 하나님으로부터 시작한다(3:23). 하나님으로부터 나오신 예수님은 "우리에게" 지혜와 의와 거룩함과 구속함이 되셨다(1:30). 따라서 예수님은 하나님의 능력이다(1:24). 예수 그리스도는 하나님과 성도의 중간에 서있는 중개자가 되신다. 예수 그리스도는 하나님으로부터 나오며 우리에게 오신다. 예수 그리스도의 중개로 말미암아 우리가 하나님으로부터 얻는 유익은 지혜와 의와 거룩함과 구속함이다. 이렇게 볼 때 그리스도는 신자를 위한 터이며(3:11) 신령한 반석이다(10:4).

3. 아담-그리스도 모형론

사도 바울에 의하면, 아담은 예수님을 설명하는 데 매우 중요한 인물이다.

사도 바울은 먼저 아담과 예수님의 공통점을 설명한다. 사망이 아담 한 사람으로 말미암은 것처럼 부활도 예수님 한 사람으로 말미암았다(15:21). 한 사람을 통로로 삼는다는 점에서는 사망과 부활이 동일한 성격을 가진다. 그런데 사도 바울은 부활이 한 사람으로 말미암아 시작되지만 결국 모든 사람에게 영향을 끼친다는 것을 강조한다. 이로써 사망과 부활 사이에 동일점이 또 하나 성립된다. "아담 안에서 모든 사람(πάντες)이 죽은 것 같이 그리스도 안에서 모든 사람이 삶을 얻으리라"(15:22). 아담은 죽음의 도구이며 그리스도는 생명의 도구인데 아담의 효력이 모든 사람에게 미친 것처럼, 그리스도의 효력도 모든 사람에게 미친다.

또한 사도 바울은 아담과 예수님의 대조점을 설명한다. 바울은 고린도 교회에서 부활을 의심하는 자들에게 예수님의 역사적 부활을 제시한 후에 부활의 몸이 "육의 몸"(σῶμα ψυχικόν)이 아니라 "신령한 몸"(σῶμα πνευματικόν)이라는 것을 증명하기 위하여 아담과 그리스도를 비교한다(15:44~49). 아담은 살아있는 생명(ψυχὴ ζῶσα)이며, 예수님은 살려내는 영(πνεῦμα ζῳοποιοῦν)이다(15:45). 여기에서 사도 바울은 아담과 예수님 사이에 두 가지 차이가 있다는 것을 보여준다. 첫째로, 존재론적인 면에서 볼 때 창조된 아담은 생명이지만 부활하신 예수님은 영이다. 아담은 영원히 살 수 있는 존재로 창조되었음에도 불구하고 단지 땅에서만 기동할 수 있었다면, 예수님은 영원한 존재로 하늘에 속한 분이시다(15:47~48). 둘째로, 아담은 자동사적(살아있다) 존재인 반면에, 예수님은 타동사적(살려내는) 존재이다.

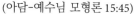

(아담-예수님 모형론 15:45)

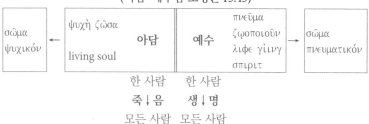

| $\sigma\hat{\omega}\mu\alpha$ $\psi\upsilon\chi\iota\kappa\acuteο\nu$ | $\psi\upsilon\chi\grave{\eta}$ $\zeta\hat{\omega}\sigma\alpha$ living soul | 아담 | 예수 | $\pi\nu\epsilon\hat{\upsilon}\mu\alpha$ $\zeta\omega\pi o\iota o\hat{\upsilon}\nu$ $\lambda\iota\phi\epsilon$ $\gamma\iota\iota\nu\gamma$ $\sigma\pi\iota\rho\iota\tau$ | $\sigma\hat{\omega}\mu\alpha$ $\pi\nu\epsilon\upsilon\mu\alpha\tau\iota\kappa\acuteο\nu$ |

한 사람   한 사람

죽↓음   생↓명

모든 사람   모든 사람

3. 성령님

1. 성령님에 대하여

고린도전서 2:6~16은 고린도전서의 성령론을 핵심적으로 진술한다. 여기에서 가장 중요한 것은 성령님의 정체이다. 성령님은 성부 하나님과 동등한 인격을 소유하고 있다. 그러므로 성령님은 하나님의 지혜를 나타내는 계시의 통로가 된다. 이에 더하여 중요한 것은 신자의 신분이다. 신자는 성령님을 가진 자들로서 영적인 사람들이라고 불린다. 그들의 기능은 하나님의 지혜를 말하는 것이다. 따라서 영적인 사람들은 누구에 의하여도 판단을 받지 않으며 그 대신에 모든 것을 판단할 능력을 가진다.

첫째로, 사도 바울은 하나님과 성령님의 관계를 설명한다(2:10b~11). 하나님은 성령님으로 말미암아 계시하신다. 왜냐하면 성령님은 모든 것 그리고 하나님의 깊은 것을 통달하기 때문이다. 사도 바울은 성령님의 인식이 일반적인 것과 특수한 것에 미치고 있음을 알려주고 있다. 성령님께서는 하나님의 구속에 관한 계획을 알고 있다. 그러면 성령님이 하나님의 깊은 것을 알 수 있는 근거가 무엇인가? 사람의 영 외에는 아무도 사람의 것을 알지 못하듯이, 이처럼 하나님의 영 외에는 아무도 하나님의 것을 알지 못하기 때문이다. 하나님의 일에 대한 하나님의 영의 인식을 확증하기 위하여 사람의 일에 대한 사람의 영의 인식을 유비로 언급한다.

둘째로, 사도 바울은 신자와 성령님의 관계를 설명한다(2:12~13). 무엇보다도 신자는 성령님을 수용한다. "우리는 하나님으로부터 온 성령님을 받았다"(2:12). 성령님으로 세례를 받지 않고는 신자가 될 수 없기 때문이다(참조. 12:13). 성령님 세례는 한 몸이 되는 전제이다.[10] 또한 신자는 성령님을 전달한다. "우리는 이것들을 말한다"(2:13). 신자가 말하는 내용은 하나님께서 우리에게 은혜로 주신 것들이다(2:12). 한마디로 말해서 이것들은 성령님과 관련된 은혜이다. 신자는 성령님의 은혜를 전달함으로써 능력적인 삶을 산다

---

10   참조. 조병수, 『고린도전서 어떻게 읽을 것인가?』, 289.

(참조. 12:4~11).

2. 은사에 대하여

사도 바울은 고린도 교회가 은사에 부족함이 없다는 것을 처음부터 인식하였다(1:7). 그러나 고린도 교회는 풍부한 은사를 소유하고 있음에도 불구하고 은사의 성격을 정리하지 못하고 있었다. 이 때문에 사도 바울은 많은 지면을 할애하여 은사를 논하게 되었다.

무엇보다도 사도 바울은 은사를 성령님과만 관련하여 이해할 필요가 없다는 것을 언급한다. 성령님과 관련해서 은사(χάρισμα)라고 말할 수 있는 것은 그리스도와 관련해서는 봉사(διακονία)라고 할 수 있고 하나님과 관련해서는 역사(ἐνέργημα)라고 말할 수 있기 때문이다(12:4~6). 성령님의 은사는 능력적인 활동을 의미하며(12:8~10), 예수님의 봉사는 몸의 지체들처럼 활동하는 것을 뜻하며(12:12~27), 하나님의 역사는 교회 사역자들의 활동을 가리킨다(12:28~31).

그런데 모든 그리스도인이 이런 은사들보다도 더욱 추구해야 할 것은 사랑이다. 사랑을 가지고 있지 않으면 방언이나 예언이나 헌신 같은 것들이 모두 무의미하기 때문이다(13:1~3). 사랑은 오래 참음과 온유라는 긍정적 속성을 가지며(13:4상), 투기, 자랑, 교만, 무례히 행함, 자기의 유익을 구하는 것, 성내는 것, 악을 생각하는 것, 불의에 대하여는 부정적인 태도를 취한다(13:4하~6). 사랑은 인내와 믿음과 소망과 견딤의 총체이다(13:7). 그렇기 때문에 사랑보다 온전한 것은 있을 수가 없다(13:8~13).

사도 바울은 특히 예언과 방언의 문제를 다루면서 교회를 세우는 은사야말로 진정한 은사라는 것을 천명한다. 사도 바울은 이미 앞에서 은사는 유익(συμφέρον)을 위한 것이라고 말했는데(12:7), 이제 그것을 더욱 분명하게 교회를 세움(οἰκοδομή)이라고 설명한다(14:3). 이렇게 하여 사도 바울은 은사는 개인적인 것이기보다 교회적인 것일 때 훨씬 가치가 있다고 알려준다.

4. 교회

초대교회가 강력한 네트워크로 연결되어 있었다는 것은 잘 알려진 사실이다. 초대교회의 네트워크는 넓게는 세계적으로 좁게는 지역적으로 형성되어 있었다. "고린도에 있는 하나님의 교회"(1:2)라는 표현은 초대교회의 네트워크를 아주 분명하게 보여주는 말이다. 이것은 비단 고린도에 있는 신자들만 아니라 "각 처에서"(1:2) 주 예수 그리스도의 이름을 부르는 신자들을 포괄하기 때문이다.

초대교회의 네트워크 형성에 가장 중요한 요소는 가옥교회였다. 고린도전서는 가옥교회에 대한 분명한 증거를 제시한다: "아굴라와 브리스가와 그 집에 있는 교회"(16:19). 가이오의 집이나(1:14) 스데바나의 집(1:16; 16:15)도 가옥교회의 면모를 보여준다. 이것은 고린도에 여러 개의 가옥교회들이 있었다는 것을 의미한다. 가옥교회들은 서로 간에 깊이 연결되어 있었고, 때때로 성찬이나 중요한 결정을 위하여 전체교회의 모임을 가졌다 (11:18,20,33,34; 14:23). 가옥교회에는 네트워크 형성을 위하여 긍정적인 면이 많이 있다. 그러나 불행하게도 고린도에서는 가옥교회가 분쟁의 원인이 되었던 것을 부인할 수가 없다.

5. 성찬

사도 바울은 초대교회의 예배 형식에 관해서 어느 정도 암시를 준다(14:26). 물론 이러한 암시로부터 초대교회의 예배 형식을 충분하게 발견하기는 쉽지 않다. 성찬은 초대교회의 예배에서 매우 중요한 위치를 차지하였던 것 같다. 사도 바울은 고린도전서에서 두 번에 걸쳐 성찬에 대하여 진술한다. 첫째는 우상숭배를 다루면서 성찬의 의미를 밝힌다(10:16~17). 잔과 떡은 모두 그리스도의 피와 몸에 참여하는 것(κοινωνία)이다. 잔은 그리스도의 피에 참여하는 것이기 때문에 축복의 잔이다. 떡은 그리스도의 몸에 참여하는 것이기 때문에 모든 신자가 하나라는 것을 보여준다. 둘째로, 사도 바울은 집회와 관련하여 성찬을 언급한다(11:23~34). 사도 바울은 "주의 만찬"(κυριακὸν δεῖπνον, 11:20)이 무엇보다도 주님에 대한 기념(ἀνάμνησις)을 나타낸다고 말한다(11:24,25). 특히 잔은 예수님의 피로 세운 새 언약(καινὴ διαθήκη)이다(11:25). 성찬에 참여하는 자들은 주의 죽으심을 재림 때까지 전파해야 할 사명을 띤다(11:26).

6. 사도권

사도 바울은 사도권 문제로 크게 도전을 받았다. 고린도 교회의 일각에는 사도 바울의 사도권을 인정하지 않는 사람들이 있었기 때문이다. 이 때문에 사도 바울은 "내가 사도가 아니냐 … 다른 사람들에게는 내가 사도가 아닐지라도 너희에게는 사도라"(9:1~2)고 말했다. 사도 바울은 주 예수님을 보았다는 사실과 주 안에서 행한 일이 고린도 교회라는 사실에서 사도권을 확인한다.

이 외에도 사도 바울은 고린도 교회에 대하여 자신이 가지고 있는 권위가 어떤 것인지 분명하게 제시한다. 그는 주께서 주신 능력을 따라 고린도 성도로 하여금 예수님을 믿게 한 주역이라는 점에서 고린도 교회를 심은 정원사이다(3:5~6). 또한 사도 바울은 지혜로운 건축자로 터를 닦아 고린도 성도들이 하나님의 성전이 되게 한 사람이다(3:10,16). 더 나아가서 사도 바울은 그리스도의 일꾼이며 하나님의 비밀을 맡은 청지기이다(4:1). 마지막으로 사도 바울은 복음으로 고린도 교회를 낳은 아버지이다(4:15).

7. 여성

사도 바울은 고린도전서에서 자주 여성에 관하여 언급한다.[11] 여성에 관한 사도 바울의 진술은 대체적으로 공평성의 원리를 따라 전개된다. 예를 들어 부부와 관련하여 공평성의 원리를 네 번이나 말한다(7:2~5). 사도 바울은 음행을 피하기 위하여 남자마다 자기 아내를 두고 여자마다 자기 남편을 두라고 권면하며, 남편은 그 아내에 대한 의무를 다하고 아내도 그 남편에 대한 의무를 다하라고 조언한다. 또한 사도 바울은 남편이 아내의 몸을 주장하고 아내가 남편의 몸을 주장하라고 교훈하며, 남편과 아내는 서로 분방하지 말라고 경고한다.

사도 바울은 남자와 여자의 관계에 대하여 말하면서 남자와 여자 사이에는 어떤 질서가 있다는 견해를 피력하지만 결국에는 공평성의 원리로 나아간다. 첫째로, 사도 바울은 남자와 여자의 공평성을 동반의 관계로 설명한다(11:11). "주 안에"(ἐν κυρίῳ) 남자 없는 여자나 여자 없는 남자를 상상하는 것은 불가능하다. 이것은 남자와 여자의 본질적인 동일함이다. 사도 바울은 남녀의 관계에서 상호배타성을 철저하게 배격한다. 남자와 여자의 관계는 배타적이 아니라 동반적이기 때문이다. 남자와 여자는 서로 필요한 존재이다. 이러한 남녀의 동반관계는 "주 안에서" 더욱 확실하게 보여진다. 주님에게는 남자와 여자가 동일한 가치로 여겨진다. 둘째로, 사도 바울은 남자와 여자의 공평성을 유래와 통로라는 사상으로 설명한다(11:12). 남자가 여자의 유래(ἐκ)이듯이 여자는 남자의 통로(διά)이다. 이것은 남자와 여자의 기능적 상이함이다. 여자가 남자에게서 나온 것이 중요한 것처럼 남자가 여자를 통하여 나오는 것도 중요하다. 사도 바울이 남자와 여자의 공평성을 밝히기 위하여 제시하는 가장 중요한 근거는 모든 것이 하나님에게서 났다는 것이다. 사도 바울은 남자도 여자도 모두 "하나님에게서" 나왔으므로 그들에게 어떤 차등이 있을 수가 없다고 생각한다.

---

11 사도 바울은 11:2~16에서 여성의 긴 머리(κόμη)와 머리 가리개(περιβολαίου)에 관해서 말한다. 성경에는 절대적 교훈과 상대적 교훈이 있다. 절대적 교훈은 모든 시대에 통용되는 절대 윤리이다(십계명). 상대적 교훈은 문화 윤리로서 당시에 적용된다(예를 들면, 욜 3:10 보습과 창; 마 10:10 전도자의 지팡이). 후자의 경우는 현대로 무조건 적용하기보다는 그 속에 숨겨진 진리를 찾는 것이 중요하다. 여성의 긴 머리와 머리 가리개에 관한 바울의 교훈에서 숨겨진 교훈은 여자의 머리는 남자이며, 남자의 머리는 그리스도이시고, 그리스도의 머리는 하나님이시라는 머리 사상이다(11:3).

사도 바울이 여성에게 교회에서 침묵해야 할 것을 권면하는 것도 공평성의 원리에서 이해해야 한다(14:34~36). 이 단락은 언뜻 보면 매우 갑작스러운 것처럼 보이지만 사실은 앞의 문맥과 잘 어울린다. 이것은 이 단락에 사용된 중요단어들이 이미 앞에서 언급되었다는 것으로부터 어렵지 않게 확인할 수 있다: 침묵하다(σιγᾶν, 28,30 = 34), 말하다(λαλεῖν, 27,28,29 = 34), 복종하다(ὑποτάσσεσθαι, 32 = 34), 배우다(μανθάνειν, 31 = 35). 교회에서 침묵해야 할 것은 여자들에게만 아니라 남자들에게도 주어지는 권면이다. 통역없이 방언하는 남자들도 침묵해야 하며(14:28), 계시의 순서에 따라 예언하는 남자들도 침묵해야 한다(14:30).

여성들도 위에서 말한 남성들처럼 어떤 조건 하에서는 침묵해야 한다. 그 조건은 복종과 관련이 있다(14:34). 여성들은 발언에서 복종을 파괴하는 결과를 불러일으킬 때 침묵해야 한다. 이것은 질서를 깨뜨리는 것이기 때문이다. 하나님은 무질서의 하나님이 아니라 화평의 하나님이시다(14:33). 방언하는 남자가 통역이 없으므로 질서를 깨뜨릴 위험이 있을 때 침묵해야 하고, 예언하는 남자가 순서를 무시함으로써 질서를 깨뜨릴 위험이 있을 때 침묵해야 하듯이, 발언하는 여자가 복종에서 떠남으로써 질서를 깨뜨릴 위험이 있을 때 침묵해야 한다는 것이다.

이것은 특히 교회에서 배움을 위한 질문에서 그렇다. 이 단락에서 주제어는 교회이다(14:33,34,35). 그러므로 사도 바울은 "만일 무엇을 배우려거든 집에서 자기 남편들에게 물으라"(14:35)라고 말한다. 교회에서 여성의 침묵은 교육적인 질문과 관련이 있다. 따라서 이 단락은 여성이 예언하거나 방언하는 것, 여성이 남자를 주관하는 것과 상관이 없다. 이것은 예배와 같은 집회시의 배움을 위한 질문과 관련이 있다.[12] 사도 바울에 의하면 여성은 "집에서"(ἐν οἴκῳ) 자유롭게 질문할 수 있지만 "교회에서"(ἐν ἐκκλησίᾳ) 말하는 것은 현명하지 않다(14:34,35). 다시 말해서 여성이 어떤 질문을 가지고 있을 때 집회시 외에 사적으로 질문하는 것은 옳지만 집회시에 공적으로 질문하는 것은 옳지 않다는 것이다. 그러므로 여성들은 "교회들에서 잠잠하라"(14:34)는 것이다(이것은 남성들에게도 금지되는 사항이다. 하지만 특히 고린도교회에서는 여성들에게서 이런 현상이 더 많이 나타나기 때문에 여성들만을 대상으로 삼은 것으로 생각할 수 있다). 이것은 집회의 질서를 위한 것이다. 집회의 질서를 위해서 방언하는 자와 예언하는 자가 경우에 따라 침묵을 해야 하듯이(방언에 통역이 없는 경우와 예언에 다른 계시가 있는 경우), 여성도 경우에 따라 침묵

---

12 동의. C. S. Keener, *Paul, Women and Wives: Marriage and Women's Ministry in the Letter of Paul*, Peabody: Hendrickson, 1992 (「바울과 여성: 바울의 결혼관과 여성목회」, 이은순 역, 서울:기독교문서선교회, 1997, 103~139.

해야 하는 것이다(질문과 관련하여). 사실 집회시에 질문을 삼가야 하는 것은 여성에게만 아니라 남성에게도 해당되는 문제이다. 사도 바울이 여성들에게 질문을 금지한 이유가 집회시에 소란스럽게 질문했기 때문이라는 것은 본문에서 입증할 수 없다.[13]

---

13   반대. Keener, 『바울과 여성』, 126.

제11장
고린도후서

1) 주석

V. P. Furnish, *II Corinthians: Translated with Introduction, Notes, and Commentary*, AncB 32A, New York: Doubleday, 1984.

R. P. Martin, *2 Corinthians*, WBC 40, Waco: Word Books, 1986.

2) 연구서

P. Barnett, *The Message of 2 Corinthians: Power in Weakness*, Leicester: Inter-Varsity Press, 1988.

R. Bieringer / J. Lambrecht, *Studies on 2 Corinthians*, BEThL 112, Leuven: Leuven University Press, 1994.

R. Bieringer(ed.), *The Corinthian Correspondence*, BEThL 125, Leuven: Leuven University Press, 1996.

R. Bultmann, *Exegetische Probleme des zweiten Korintherbriefes*, 2. Aufl., Darmstadt: Wissenschaftliche Buchgesellschaft. 1963.

A. E. Harvey, *Renewal through Sufferin: A Study of 2 Corinthians*, SNTW, Edinburgh: T&T Clark, 1996.

L. Kreitzer, *2 Corinthians*, NTG, Sheffield: Sheffield Academic Press, 1996(크라이처, 『고린도후서』, 김병국 역, 서울: 이레서원, 2000).

J. Murphy-O'Connor, *The Theology of the Second Letter to the Corinthians*, NTT, Cambridge: CUP, 1991.

M. Rissi, *Studien zum zweiten Korintherbrief. Der alte Bund - Der Prediger - Der Tod*, AThANT 56, Zürich: Zwingli, 1969.

조병수, 『가난하나 부요케: 고린도후서 해설』, 서울: 여수룬, 1995.

조병수, 『고린도후서 어떻게 읽을 것인가?』, 서울: 성서유니온, 2014.

I. 고린도후서의 기록자와 기록연대와 장소

1. 고린도후서의 기록자

사도 바울과 함께 디모데가 고린도후서를 발신한다. 디모데는 사도 바울에게 "형제"(1:1)이다. 디모데는 사도 바울이 고린도 교회에 둘째 편지를 기록하는 일에 동역하였다. 그런데 디모데의 동역은 이미 고린도 교회를 설립하는 것에서도 나타났다. "우리 곧 나와 실루아노와 디모데로 말미암아 너희 가운데 전파된 하나님의 아들 예수 그리스도…"(1:19). 이것은 사도행전 18:5와 관련된다.

사도 바울은 고린도후서에서 자신이 처해 있던 상황을 다음과 같이 요약적으로 설명한다. "밖으로는 다툼이요 안으로는 두려움이라"(7:5하). 사도 바울은 "밖으로는"이라는 말로 교회 밖에서 침투하는 문제점을 가리키며, "안으로는"이라는 말로 교회 안에서 발생하는 문제점을 지시한다. 실제로 그는 세상적인 고통과 교회적인 고통을 구분한다(참조. 11:28). 사도 바울은 세상과의 관계에서도 교회와의 관계에서도 어려움을 당하고 있다. 이러한 두 가지 상황을 본서 전체를 통해서 조금 더 자세히 살펴보자.

1. 밖의 상황

우선 사도 바울은 세상과의 관계에서 심각한 환난에 처해 있었다. 그는 이 사실을 본서의 첫 머리부터 언급한다. "우리의 모든 환난"(1:4; 7:4).

사도 바울은 고린도후서를 기록하기 전에도 이미 무서운 환난을 당했다. 이것은 "아시아에서 당한 환난"(1:8)이다. 그는 이 환난의 정도가 너무나 엄청난 것이었기 때문에 여러 가지 말로 설명한다: "힘에 지나도록 심한 고생"(1:8), "살 소망까지 끊어짐"(1:8), "마음에 사형선고(직역하면, 사망선고)를 받음"(1:9), "큰 사망"(1:10). 사도 바울이 당한 환난은 끝없는 것이었다. "오직 모든 일에 하나님의 일꾼으로 자천하여 많이 견디는 것과 환난과 궁핍과 고난과 매 맞음과 갇힘과 난동과 수고로움과 자지 못함과 먹지 못함 가운데서도"(6:4f.). "내가 수고를 넘치도록 하고 옥에 갇히기도 더 많이 하고 매도 수없이 맞고 여러 번 죽을 뻔하였으니 유대인들에게 사십에서 하나 감한 매를 다섯 번 맞았으며 세 번 태장으로 맞고 한 번 돌로 맞고 세 번 파선하고 일 주야를 깊은 바다에서 지냈으며 여러 번 여행하면서 강의 위험과 강도의 위험과 동족의 위험과 이방인의 위험과 시내의 위험과 광야의 위험과 바다의 위험과 거짓 형제 중의 위험을 당하고 또 수고하며 애쓰고 여러 번 자지 못하고 주리며 목마르고 여러 번 굶고 춥고 헐벗었노라"(11:23~27).

그런데 고린도후서를 기록하고 있는 동안에 환난이 그친 것이 아니다.

본서를 기록하고 있는 동안에도 환난은 계속되고 있다. 사도 바울은 여전히 사방으로 우겨 쌈을 당하고 있으며 답답한 일을 만나고 있으며 핍박을 받고 있으며 거꾸러뜨림을 당하고 있다(4:8~9 현재시제! 고후 7:5 참조). 그러나 사도 바울은 환난을 두려워하지 않는다. 그는 싸임 당하지 않으며, 낙심하지 않으며, 곤경에 빠지지 않으며, 망하지 않는다. 오히려 사도 바울은 환난을 기뻐한다(12:10). 그 이유는 사도 바울은 본서의 중간에서 밝히고 있듯이 "우리가 잠시 받는 환난의 경한 것이 지극히 크고 영원한 영광의 중한 것을 우리에게 이루게 하기"(4:17) 때문이다.

2. 안의 상황

또한 사도 바울은 교회와의 관계에서 어려운 입장에 놓여 있었다. 그래서 그는 세상에서 당한 수많은 환난 "이 외의 일은 고사하고 아직도 날마다 내속에 눌리는 일이 있으니 곧 모든 교회를 위하여 염려하는 것이라"(11:28)고 고백하였다.

사도 바울은 물질적인 부족으로 고난을 당하는 예루살렘과 유대의 교회들 때문에 상심하고 있었다. 또한 마게도냐 교회들이 "힘대로 할 뿐 아니라 힘에 지나도록 자원하여"(8:3) 예루살렘과 유대의 교회들을 위하여 연보에 참여하였을 때, 이 일은 사도 바울에게 한편으로 예루살렘과 유대의 교회들이 보충을 받는다는 점 때문에는 기쁨이 되면서도, 다른 한편으로 마게도냐 교회들이 가난해진다는 점 때문에는 근심이 되었다.

무엇보다도 사도 바울은 고린도 교회와의 관계에서 마음이 몹시 불편하였다. 사도 바울은 본래 고린도 교회를 방문할 계획을 세웠다. "내가 이 확신을 가지고 너희로 두 번 은혜를 얻게 하기 위하여 먼저 너희에게 이르렀다가 너희를 지나 마게도냐에 갔다가 다시 마게도냐에서 너희에게 가서 너희가 보내줌으로 유대로 가기를 계획하였다"(1:15~16). 그러나 사도 바울은 고린도 교회의 여러 가지 잘못된 행동을 책망하는 것을 피하기 위하여 방문을 취소하고 말았다(1:23~2:1). 오히려 사도 바울은 드로아로 갔다(2:12). 그리고 드로아에서 마게도냐로 갔다(2:13; 7:5). 여행계획의 변경으로 말미암아 사도 바울은 디도와 헤어지게 되었는데, 이것은 그의 영혼에도 육체에도 불편함을 주었다(2:13; 7:5).

고린도 교회가 사도 바울을 괴롭힌 문제들은 다양했다. 첫째로, 고린도 교회에는 불의를 행한 자가 있었다(7:12). 사도 바울은 이 사람 때문에 말로 이루 다 표현할 수 없는 근심에 빠졌다(2:1~12; 7:5~16). 둘째로, 고린도 교회는 사도 바울을 오해하고 있었다. 고린도 교회는 사도 바울에 대하여 손해감정과 박탈감정에 사로잡혀 있어서(7:2; 12:14) 마음이 굳게 닫혀 있었다(6:11~12; 7:2). 셋째로, 고린도 교회에는 사도 바울에 대한 대적자들이 있었다. 대적자들은 진리를 어지럽히는 행위(2:17; 4:2)와 사도를 공격하는 행위(10~12장)를 하였다. 그러나 사도 바울은 고린도 교회를 포기하지 않았다. 그는 이제 세 번째 고린도 교회를 방문할 것을 계획한다(12:14; 13:1). 그는 고린도 교회를 위하여 자신까지 허비할 것을 각오한다(12:15). 왜냐하면 사도 바울이 본서의 서론에서 그 까닭을 밝히듯이 고린도 교회는 "하나님의 교회"(1:1)이기 때문이다.

2. 고린도후서의 기록장소와 연대

고린도후서의 기록장소는 마게도냐이다. 왜냐하면 사도 바울은 이 서신에서 마게도냐를 자신의 마지막 체류지로 소개하고 있기 때문이다(2:13; 7:5). 이것은 사도 바울이 에베소 소요사건 이후에 마게도냐로 이동한 것을 진술하는 사도행전 20:1과 일치한다. 고린도후서는 고린도전서보다 대략 일 년 뒤에 기록된 것으로 추정할 수 있다(주후 55년경). 사도 바울은 고린도전서의 마지막 부분에서 성도를 위한 연보에 관해서 권면을 하였는데(고전 16:1~2), 고린도후서에는 그것이 일 년 전에 시작되었다고 언급한다(8:10; 9:2). 따라서 고린도전서와 고린도후서 사이에는 일년 정도의 시간차가 있는 것을 생각할 수 있다.

II. 고린도후서의 구조와 문학 특징

1. 고린도후서의 장소변화

고린도후서는 우선 사도 바울의 장소 이동과 관련하여 분해될 수 있다. 사도 바울은 본래 고린도로 갔다가 마게도냐로 이동하고, 마게도냐에서 다시 고린도로 갔다가, 고린도에서 유대로 갈 것을 계획하였다(1:15~16). 그러나 사도 바울은 실제로 이 계획을 실현하지 못하였다. 그는 고린도로 가지 않았다(1:23). 오히려 그는 드로아로 갔고(2:12), 드로아에서 마게도냐로 갔다(2:13; 7:5). 그러나 이제 사도 바울은 세 번째 고린도로 갈 것을 계획한다(12:14; 13:1).

계획	현위치 → 고린도 → 마게도냐 유대 ← 고린도 ↲
실제	현위치 → 드로아 → 마게도냐 → 고린도 계획

2. 고린도후서의 내용전개

고린도후서에는 서론적인 진술인 도입부(1:1~2)와 환난과 위로에 대한 말(1:3~11)과 편지의 목적(1:12~14), 그리고 결론적인 진술인 세 번째 고린도 방문계획(12:14~13:10)과 결론(13:11~13)을 제외하면, 다음과 같이 큰 단락을 이루는 여러 가지 내용들이 있다.

첫째로, 본론에서는 사도 바울이 고린도 방문을 포기한 이유를 설명하는 단락이 나온다(1:15~7:16). 사도 바울은 여기에서 본래의 여행계획과 달리 고린도로 가지 않은 이유를 설명한다(1:23). 고린도로 가지 않은 것은 교회에 대한 근심 때문이다. 여기에는 여러 가지 작은 단락들이 있다. 우선 근심의 단락이다(① 2:1~11; ② 7:5~16). 사도 바울은 고린도에 근심으로 나아가는 대신에 편지를 쓴다. 둘째는 향기의 단락이다(2:12~17). 셋째는 근심의 단락 사이에 있는 자천의 단락이다(3:1~7:4). 사도 바울은 이 부분에서 자신을 추천하는 일에 대하여 진술한다. 사도 바울은 이 두 단락을 삽입하여 사실상 마게도냐로 이동한 것에 대한 설명(2:13; 7:5)의 흐름을 끊고 있다.

둘째로, 사도 바울은 본론에서 근심의 단락과 자천의 단락을 마치면서 관심을 성도를 섬기는 일로 돌린다(8:1~9:15).

셋째로, 본론에서 사도 바울은 자신을 대적하는 자들에게 변론을 한다(10:1~12:13). 여기에는 우선 대적자들의 실수가 열거되고(10장), 또한 사도 바울의 "어리석은 자의 연설"(Narrenreden)이 나온다(11:1~12:13).

3. 장소이동과 내용전개의 종합

도입(1:1~14)

1. 본래 여행계획(1:15~22)
   고린도 → 마게도냐 → 고린도 → 유대

2. 실제 여행(1:23~12:13)
   1) 고린도에 가지 아니함(1:23)
   * 근심의 단락 ①(2:1~11)
   2) 드로아에 이름(2:12)
   3) 마게도냐로 감(2:13)
   * 향기의 단락(2:12~17)
   * 자천의 단락(3:1~7:4)

4) 마게도냐에 이름(7:5)
 * 근심의 단락 ②(7:5~16)
 * 성도를 섬기는 일(8:1~9:15)
 * 변론(10:1~12:13)

3. 이후 여행계획(12:14~13:10)
  "세 번째 갈 것"(12:14,20,21; 13:1)

4. 결론(13:11~13)

III. 고린도후서의 내용

도입(1:1~2)

1. 서론(1:3~14)
   1) 환난과 위로(1:3~11)
   2) 편지의 목적(1:12~14)

2. 본론(1:15~12:13)
   1) 고린도 방문의 포기이유(1:15~7:16)
      (1) 본래 여행계획(1:15~24)
       * 고린도에 가지 아니 함(1:23)
      (2) 근심의 단락 ①(2:1~11)
      (3) 향기의 단락(2:12~17)
       * 드로아에 이름(2:12)
       * 마게도냐로 감(2:13)
      (4) 자천의 단락(3:1~7:4)
      (5) 근심의 단락 ②(7:5~16)
       * 마게도냐에 이름(7:5)
   2) 성도를 섬기는 일(8:1~9:15)
   3) 대적자들과의 싸움(10:1~12:13)
      (1) 대적자들이 실수(10:1~18)
      (2) "어리석은 자의 연설"(11:1~12:13)

3. 세 번째 고린도 방문계획(12:14~13:10)

종결(13:11~13)

1:1~2	도입	
1:3~14	서론	
1:15~12:13	본론	고린도 방문의 포기이유(1:15~7:16)
		근심 단락(2:1~11)
		*드로아(2:12)
		향기 단락(2:12~17)
		*마게도냐(2:13)
		자천 단락(3:1~7:4)
		*마게도냐(7:5)
		근심 단락(7:5~16)
		성도를 섬기는 일(8:1~9:15)
		대적자들과의 싸움(10:1~12:13)
12:14~13:10	세 번째 고린도 방문계획	
13:11~13	결론	

IV. 고린도후서의 상황

고린도후서가 고린도전서와 밀접한 관계를 가지고 있다는 것은 두 말할 나
위가 없는 사실이다. 고린도후서는 고린도전서와 마찬가지로 교회의 혼란
을 상황으로 반영하고 있다. 고린도 교회의 혼란도 외적인 면과 내적인 면
으로 나누어 생각해 볼 수 있다.

1. 외적인 상황

고린도 교회의 외적인 상황은 환난이다. 고린도 교회는 사도 바울과 마찬가
지로 환난에 직면해 있었다. 그러므로 사도 바울은 고린도 교회가 만난 고
난을 가리켜 "우리가 받는 것 같은 고난"(1:6)이라고 불렀다. 하지만 이 고난
이 어떤 성격의 것인지에 대하여는 정확하게 묘사되지 않는다. 고린도 교회
는 고난에 참여하듯이 위로에도 참여하게 될 것이다. "너희가 고난에 참여
하는 자가 된 것같이 위로에도 그리할 줄을 앎이라"(1:7). 이 위로는 사도들
을 통하여 주시는 하나님의 위로이다(1:4). 따라서 고린도 교회는 환난을 이
길 수가 있다(1:6).

2. 내적인 상황

고린도 교회의 내적인 상황은 조금 복잡하다.

첫째로, 고린도 교회는 윤리적인 면에서 어려움에 봉착해 있었다. 교회 안에 불의를 행한 사람과 불의를 당한 사람이 있었다(7:12). 이것이 어떤 내용의 불의였는지에 대하여는 알 수 없지만 사도와 교회에게 큰 근심거리가 되었던 것은 틀림없다(2:5이하; 7:5이하). 세상 근심은 사망을 이루는 것이지만 하나님의 뜻대로 하는 근심은 후회할 것이 없는 구원에 이르게 하는 회개를 이룬다(7:10). 그러므로 고린도 교회는 불의에 연루된 사람을 치리하였다(2:6).

둘째로, 고린도 교회는 불신자들과 무분별한 교제를 나누었다. 그러므로 사도 바울은 "너희는 믿지 않는 자와 멍에를 함께 메지 말라"(6:14)고 강력하게 요구했다. 물론 사도 바울은 세상 사람들과 도무지 사귈 수 없다는 입장을 가지고 있는 것은 아니다. 그렇게 하려면 "세상 밖으로 나가야 할 것이다"(고전 5:10). 사도 바울의 의도는 성도가 세상 사람들의 불법에 참여하는 것을 금지하는 데 있다. 이것은 마치 빛과 어둠이 사귈 수 없는 것과 같기 때문이다. 그러므로 사도 바울은 고린도 교회의 성도들에게 "하나님을 두려워하는 가운데서 거룩함을 온전히 이루어 육과 영의 온갖 더러운 것에서 자신을 깨끗하게 하자"(7:1)고 권면한다.

셋째로, 고린도 교회는 교회적인 폐쇄성을 가지고 있었다. 예루살렘과 유대의 교회들이 경제적인 고난에 빠져 있을 때 고린도 교회는 이미 일년 전에 연보를 소원하고 계획했음에도 불구하고 그것을 실행하지 않았다(8:11; 9:2). 그 까닭은 고린도 교회의 성도들이 예수 그리스도의 은혜를 깊이 인식하기 못했기 때문이며(8:9), 성도들 사이의 공평성에 대하여 불만했기 때문이며(8:13~15), 마음에 인색함이 있었기 때문이다(9:7).

넷째로, 고린도 교회가 맞닥뜨린 문제점은 신학적인 위기와 관련이 있다. 고린도 교회에 거짓 사도들이 등장하였다(11:13). 이 사람들은 사탄의 일군으로서 광명의 천사로 가장을 하였다. 이들은 다른 예수, 다른 성령님, 다른 복음을 전하였다(11:4). 이들은 사도 바울에 대하여 거세게 대항하였다(10장). 이들의 목적은 성도를 그리스도에게서 떠나게 하여 자신의 소유로 삼는 것이었다(11:3,20). 그러므로 사도 바울은 한편으로는 자신이 그리스도에게 속한 진정한 사도인 것을 밝히면서(10:7; 12:11~12) 자신의 목적은 성도를 세우는 것이라고 천명하였고(10:8), 다른 한 편으로는 성도들에게 "너희는 믿음 안에 있는가 너희 자신을 시험하고 너희 자신을 확증하라"(13:5)고 권면하였다. 사도 바울은 사탄의 일군들이 고린도 교회에 침투하는 것을 철저하게 근절하였다. "나는 내가 해 온 그대로 앞으로도 하리니 기회를 찾는 자들의 기회를 끊으려 함이라"(11:12).

V. 고린도후서의 신학

1. 고린도후서의 신학 요점

사도 바울은 고린도후서에 무엇보다도 하나님에 대한 신앙을 분명하게 표명한다. 하나님은 창조의 하나님이며(4:6), 부활의 하나님이며(1:9; 4:14), 위로의 하나님이시다(1:3). 이런 하나님께서 인간에게 은혜를 베푸신다. 인간은 하나님의 은혜의 대상이다(6:2). 인간은 영혼(속 사람)과 육체(겉 사람)를 이중구조로 가지고 있다(4:16; 7:1). 사도 바울은 구원받은 사람을 가리켜 "새로운 피조물" 또는 "새 것"이라고 부른다(5:17). 예수 그리스도는 인간을 하나님과 화목시키는 중보자이시다(5:18). 고린도후서의 기독론은 "한 사람이 모든 사람을 대신하여 죽으셨다"(5:14)는 진술에서 찬란하게 빛난다(corporate personality). 그리스도는 죽으셨을 뿐 아니라 다시 살아나셨다(13:4). 그리스도는 중보자이시며 동시에 심판자이시다(5:10). 그리스도는 하나님의 형상이시다(4:5). 그리스도의 중재를 통하여 하나님과 화목한 사람들이 교회를 이룬다. 교회는 살아 계신 하나님의 성전으로서(6:16) 세상과 구별된 존재이지만(6:17) 사탄의 공격 앞에 노출되어 있다(11:3). 그러나 교회는 성령님의 보호를 받는다. 교회는 성령님의 보증 하에 놓여 있다. 성령님은 교회를 위한 "보증"($\dot{\alpha}\rho\rho\alpha\beta\acute{\omega}\nu$, עֵרָבוֹן)이시다(1:22; 5:5). 성령님이 동행해주심으로써 교회는 자유를 누린다(3:17). 결국 모든 인간은 종말에 반드시 그리스도의 심판대 앞에 드러나 각각 선악 간에 그 몸으로 행한 것을 따라 받게 될 것이다(5:10).

2. 가난과 부요의 역설적 관계

이와 같은 신학적인 내용들과 함께 고린도후서에는 처음부터 끝까지 계속해서 흐르는 한 가지 주제가 있다. 그것은 가난함과 부요함 사이에 이루어지는 역설적인 관계이다. 사도 바울은 고린도후서에서 가난함이 부요함을 이루는 역설을 몇 차례 진술한다. 이 역설은 무엇보다도 예수 그리스도에게서 발견된다. 예수 그리스도의 가난함은 사람들을 부요하게 만드는 원동력이다. "그의 가난함으로 말미암아 너희를 부요하게 하려 하심이라"(8:9). 더 나아가서 사도 바울 자신도 이런 역설가운데서 살았다. 그는 "가난한 자 같으나 많은 사람을 부요하게"(6:10) 하였다. 마지막으로 이 역설은 마게도냐 교회에 의하여도 실천되었다. 마게도냐 교회는 극한 가난함 중에도 풍성한 연보를 하였다. "극심한 가난이 그들의 풍성한 연보를 넘치도록 하게 하였느니라"(8:2). 예수 그리스도에게서 시작하여 사도 바울을 거쳐 교회로 이어진 이 역설은 교회사에서도 꾸준히 인식되었던 주제이다. 사도 바울은 고린도후서에서 이러한 역설을 그리스도인들에게 가르친다. 모든 그리스도인은 역설을 살아야 한다. 그리스도인은 아무것도 없는 자 같으나 모든 것을 가진 자이며, 약한 자 같으나 강한 자이며(12:10), 죽은 자 같으나 살려내는 자이며, 가난한 자 같으나 다른 사람을 부요하게 하는 자이다.

3. 연보

가난과 부요의 역설적 주제를 가장 잘 보여주는 것은 연보이다. 사도 바울은 고린도후서 8장과 9장에 걸쳐 성도를 섬기는 일에 대하여 설명한다. 연보는 "하나님의 은혜"(8:1)로서 "성도를 위한 봉사"(8:4; 9:1)이다. 사도 바울은 다음과 같이 연보에 대한 신학적인 견해를 제시한다.

1. 연보의 모범(8:1~15)

사도 바울은 연보의 모범으로 한편으로는 예수 그리스도의 은혜를 제시하며 다른 한편으로는 마게도냐 교회의 섬김을 제시한다.

1) 예수 그리스도의 모범(8:9)

성도를 섬기는 일을 풍성하게 하는데 가장 큰 모범은 예수 그리스도 자신이시다. 그래서 그는 예수 그리스도의 은혜를 상기시키고 있다. 예수님께서는 성도들을 위하여 가난하게 되셨다(8:9). 본래 부요하시던 예수님께서 가난해진 것은 성도를 위한 연보이다. 그분은 하나님의 본체이며, 하나님과 동등이신 분이지만(빌 2:6) 사람들을 위하여 자신을 드려 가난해지셨다. 예수님께서 가난해진 이유는 오직 한 가지이다. "그의 가난함으로 말미암아 너희를 부요하게 하려 하심"(8:9)이다. 부요하시던 예수님께서 가난해짐으로써 사람들이 부요하게 된다.

2) 마게도냐 교회의 모범(8:1~5)

마게도냐 교회들은 성도 섬기는 일에 놀라운 모범이 되었다. 마게도냐 교회들은 "풍성한 연보를 넘치도록"(8:2) 하였는데, 그렇게 풍성한 연보를 한 상황은 환난의 많은 시련과 가난이었다(8:2). 그러나 그들에게는 "넘치는 기쁨"이 있었다. 이것은 역설적인 현상이다. 사도 바울은 성도를 섬기는 일에 있어서 이런 역설적인 현상을 일으킨 마게도냐 교회들에게 어떤 자세가 있었는지 다섯 가지로 서술한다. 첫째로, 그들은 "힘대로 할 뿐 아니라 힘에 지나도록"(8:3) 연보를 하였다. 이들은 성도를 섬기는 일에 눈가림하듯이 참여하는 것이 아니라 최선을 다하여 참여하고 있다. 둘째로, 그들은 "자원하여"(8:3) 연보를 하였다. 이들은 다른 성도들의 어려운 상황에 대하여 들었을 때 무심코 지나치지 않고 자발적으로 성도들을 섬기는 일에 동참하고 있다. 셋째로, 마게도냐 교회들은 성도를 섬기는 일에 대하여 사도 바울에게 "간절한 간구"(8:4)를 하였다. 이들은 성도를 섬길 수 있는 좋은 길에 대하여 사도에게 문의를 한 것이다. 넷째로, 그들은 사도 바울이 바라던 것과 같지 않게 연보를 하였다(8:5). 마게도냐 교회들은 사도가 기대하던 이상으로 성도를 열심히 풍성하게 섬겼다. 다섯째로, 마게도냐 교회들은 먼저 자신을 주님께 드리는 마음으로 연보를 하였다(8:5). 여기에 헌신의 개념이 잘 나타난다. 마게도냐 교회들은 성도를 섬기는 일이 주님께 헌신하는 것임을 알고 있었다.

2. 연보의 원리(9:6~9)
이런 두 가지 모범을 바탕으로 사도 바울은 성도를 섬기는 일과 관련하여 몇 가지 중요한 원리를 제시한다.

첫째로, 사도 바울은 심음과 거둠의 원리를 말한다. "적게 심는 자는 적게 거두고 복되게 심는 자는 복되게 거둔다"(9:6). 사도 바울은 물질의 많고 적음을 말하는 것이 아니라 마음의 넉넉함과 인색함을 말하는 것이다. 인색하게 심는 자는 언제나 거둠이 적다고 생각하지만 복되게 심는 자는 늘 만족한다. 중요한 것은 얼마를 심고 거두느냐에 있지 않고, 어떤 자세로 심고 거두느냐에 있다. 그러므로 성도를 섬기는 자는 얼마의 보상이 돌아오느냐에 관심하지 말고, 섬기는 일이 복된 것임을 확신하는 가운데 행해야 한다.

둘째로, 연보는 하나님의 사랑에 대한 생각에서 비롯되어야 한다(9:7). 성도를 섬기는 일은 단순히 사람과의 관계가 아니라 하나님과의 관계이다. 따라서 연보는 인색함으로나 억지로 하지 말고 즐거움으로 해야 한다. 하나님께서는 "즐거움으로 내는 자"(ἱλαρὸς δότης)를 사랑하신다. 성도를 섬기는 일을 결정하는 데 가장 근본적인 역할을 하는 것은 하나님의 사랑에 대한 생각이다. 신자는 성도를 섬기는 일에 대하여 관심을 가질수록, 하나님이 자신에 대하여 사랑을 가지고 계시다는 것을 깨닫게 된다.

셋째로, 연보는 하나님의 은혜에 대한 이해를 가지고 행해져야 한다 (9:8). 하나님께서 성도들에게 모든 은혜가 넘치게 하시는 것은 성도들이 모든 착한 일을 넘치게 하려 하심이다. 연보를 통하여 성도는 그 의를 영원토록 빛내게 된다(9:9).

3. 연보의 효과(9:10~15)
성도를 섬기는 일이 주는 효과는 양면적이다. 그것은 사람들과 하나님에게 효과를 준다. 연보는 성도들의 부족함을 보충하며 하나님께 감사를 풍성하게 만든다(9:12). 성도를 섬기는 일은 행하는 사람과 받는 사람과 보는 사람이 다 함께 하나님께 감사를 드리게 되는 효과를 준다. 여기에 섬김을 통하여 풍성한 감사가 일어난다. 성도를 섬기는 일은 채움이며 넘침이다. 성도들의 부족을 채우고, 하나님께 감사를 넘치게 한다. 성도를 섬기는 일은 성도의 교제를 깊게 하고, 하나님과의 교제를 긴밀하게 한다(9:13~15).

4. 낙원($\pi\alpha\rho\acute{\alpha}\delta\epsilon\iota\sigma\sigma$)[1]

신약성경에서 "낙원"은 단지 세 번 발견될 뿐이다(눅 23:43; 고후 12:4; 계 2:7). 사도 바울은 자신의 사도권을 변호하는 단락(고후 10~13장) 가운데 소위 "어리석은 자의 연설"(Narrenrede)에서 자신을 암시하는 한 사람을 빗대어 낙원체험에 대하여 언급한다. 사도 바울은 낙원을 셋째 하늘과 연관시킨다(12:2,4). "셋째 하늘"이라는 표현은 천체의 구조에 관한 이론에서 하늘에 세 가지 종류(또는 단계)가 있다는 것을 의미하지 않는다. 사도 바울은 3이라는 숫자를 사용하여 지극히 높고 완전한 것을 설명함으로써 세계의 모든 구조를 초월하는 하나님의 복스럽고 영광스런 왕국을 가리키고 있는 것처럼 보인다. 이렇게 볼 때 "셋째 하늘"이라는 말은 비록 우리가 생각하는 공간은 아닐지라도 낙원의 공간개념을 명확하게 보여준다.

사도 바울은 낙원체험이 환상과 계시 중에 일어났으며(12:1), 그리스도 안에서 발생하였다고 말한다(12:2). 여기에서 중요한 것은 낙원체험이 몸 없는 여행(bodiless journey)이라는 것이다. 사도 바울은 이것을 알려주기 위하여 두 번에 걸쳐 유사한 표현을 사용한다. "몸 안에 있었는지($\epsilon\nu$ $\sigma\acute{\omega}\mu\alpha\tau\iota$) 모르고 몸 밖에 있었는지($\acute{\epsilon}\kappa\tau\sigma$ $\tau\sigma\hat{\upsilon}$ $\sigma\acute{\omega}\mu\alpha\tau\sigma$) 모른다"(12:2). "몸 안에 있었는지($\epsilon\nu$ $\sigma\acute{\omega}\mu\alpha\tau\iota$) 몸 없이 있었는지($\chi\omega\rho\acute{\iota}$ $\tau\sigma\hat{\upsilon}$ $\sigma\acute{\omega}\mu\alpha\tau\sigma$) 모른다"(12:3). 이 표현은 낙원체험이 어떤 육체적인 상태에 있는지 알 수 없을 만큼 놀라운 일이라는 것을 의미한다. 그런데 낙원체험은 인간의 자발적인 노력이나 행위에 의한 것이 아니다. 낙원체험은 전적으로 신적 행위에 속한 것이다. 사도 바울은 이것을 증명하기 위하여 "탈취하다"($\acute{\alpha}\rho\pi\acute{\alpha}\zeta\epsilon\iota\nu$)라는 동사를 두 번 수동태로 사용하였다. 낙원체험은 수동적 탈취라는 의미이다. 이것은 낙원체험이 예기치 못하는 갑작스런 것임을 보여준다.

사도 바울은 낙원체험에서 인지와 감각의 작용이 가능하다고 진술한다. "그가 말로 표현할 수 없는 말을 들었으니 사람이 가히 이르지 못할 말이로다"(12:4). "들었다"($\mathring{\eta}\kappa\sigma\upsilon\sigma\epsilon\nu$)는 말은 낙원에서 청각작용이 가능하다는 것을 알려준다. 사도 바울이 낙원에서 들은 말은 "말로 표현할 수 없는 말"($\ddot{\alpha}\rho\rho\eta\tau\alpha$ $\acute{\rho}\acute{\eta}\mu\alpha\tau\alpha$)이며, "사람이 가히 말하지 못할"($\ddot{\alpha}$ $\sigma\mathring{\upsilon}\kappa$ $\acute{\epsilon}\xi\grave{\sigma}\nu$ $\acute{\alpha}\nu\theta\rho\acute{\omega}\pi\dot{\omega}$ $\lambda\alpha\lambda\mathring{\eta}\sigma\alpha\iota$) 말이었

1　Cf. 조병수, "향연의 낙원", 「신약신학저널」 2 (2001), 326~345.

다. 이것은 방식과 관련시켜 생각할 때 낙원에서 들은 말은 사람의 음성으로 발할 수 없는 말이라는 것을 의미할 수 있다(음성 없는 말). 이것은 세상의 언어와 다른 낙원의 언어이다. 그렇다면 아마도 낙원에서는 사람의 말과 다른 말이 사용되는 것으로 생각할 수 있을 것이다(고전 13:1 참조). 또한 이것은 내용과 관련시켜 생각할 때 사람의 말로 변환(또는 표현)할 수 없는 말이라는 것을 의미하든가(번역할 수 없는 말), 또는 사람의 말로 전달해서는 안되는 비밀이라는 것을 의미한다(전달할 수 없는 말).

결론적으로 사도 바울이 증언하는 낙원체험에는 인간적인 표현을 넘어서는 형언할 수 없이 놀라운 누림과 즐김이 있다는 것이 중요하다. 이것은 낙원이 천상적인 잔치라는 사상을 넌지시 보여준다.

5. 고린도후서의 바울 대적자들

J. J. Gunther, *St. Paul's Opponents and their Background: a Study of Apocalyptic and Jewish Sectarian Teachings*, NovTSup 35, Leiden: Brill, 1973.

E. Käsemann, "Die Legitimität des Apostels. Eine Untersuchung zu II Korinther 10~13", *ZNW* 41 (1942), 33~71, esp. 36~41(= Darmstadt 1956, esp. 12~20).

P. Marshall, "Invective: Paul and his Enemies in Corinth", in: E. W. Condrad / E. G. Newing (eds.), *Perspectives on Language and Text: Essays and Poems in Honor of Francis I. Andersen on His Sixtieth Birthday*, Winona Lake: Eisenbrauns, 1987, 359~373.

조병수, 『바울의 동역자와 대적자. 신약인물 연구』(말씀과 삶 2), 서울: 도서출판 하나, 1997.

고린도후서에 나타난 사도 바울의 대적자들의 정체를 밝히기 위하여 많은 신학적인 연구가 시도되었다. W. Bieder는 사도 바울의 복음을 수용할 준비가 안 된 사람들을 고린도후서의 대적자들로 생각했다.[2] 그들은 사도 바울의 복음을 받아들일 수 없었기 때문에 십자가에 달리신 예수 그리스도는 믿었으나 사도 바울의 복음을 무효로 만들 생각이었다. D. Georgi는 고린도후서의 대적자들을 헬레니즘에 관한 선전 기술을 습득한 유대인 그리스도인들과 일치시켰다.[3] G. Friedrich는 헬라파 유대인들이 고린도후서에 나타난 사도 바울의 대적자들이라고 생각하였다. 그들은 기적을 매우 중시했는

---

2   W. Bieder, "Paulus und seine Gegner in Korinth", *TZ* 17 (1961), 319~33.

3   D. Georgi, *Die Gegner des Paulus im 2. Korintherbrief*, Neukirchen-Vluyn: Neukirchener Verlag, 1964(= *The Opponents of Paul in Second Corinthians*, Edinburgh: T&T Clark / Philadelphia: Fortress, 1986).

데 이것이 사도 바울과 마찰을 일으켰다는 것이다.[4] W. G. Kümmel은 고린도후서의 대적자들이 팔레스타인의 유대인들로서 지상의 예수와 접촉한 경험과 유대적 가문과 영적인 은사들을 우월하게 생각하여 사도 바울을 경시한 사람들이라고 생각하였다.[5] C. K. Barrett는 고린도후서에서 보여지는 사도 바울의 대적자들은 고린도 교회 밖에서 들어온 침입자가 고린도 교회 안에 있는 불만교인과 연합을 이룬 것이라고 생각하였다.[6]

고린도후서를 면밀히 살펴보면 사도 바울과 투쟁한 대적자들의 정체를 훨씬 분명하게 파악할 수 있다. 고린도 교회에는 사도 바울을 두 가지 방식으로 대적하는 사람들이 있었다. 한편으로는 사도 바울의 생활을 문제삼는 사람들이 있었는데, 사도 바울은 이들에 대하여 고린도후서 10장에서 다룬다. 다른 한편으로 사도 바울의 신학에 도전하는 사람들이 있었는데, 사도 바울은 이것을 고린도후서 11장에서 다룬다. 한 그룹의 대적자들이 한꺼번에 두 가지 방식을 취했는지, 두 그룹의 대적자들이 서로 다르게 한 가지 방식을 취했는지 정확하게 알 수는 없다.

1. 사도 바울의 생활에 대한 대적(고후 10장)

첫째로, 사도 바울의 생활을 비판하던 대적자들을 살펴보자. 사도 바울은 자신을 공격하는 대적자들의 생각과 말과 행동에 대하여 차례로 지적한다.

1) 대적자들의 생각

사도 바울은 고린도 교회에 있는 대적자들을 가리켜 "우리를 육신에 따라 행하는 자로 여기는 자들"(10:2)이라고 부른다. 고린도 교회에 있던 대적자들은 사도 바울을 "육신에 따라(κατὰ σάρκα) 행하는 자"라고 생각했다. "육신에 따라 행한다"는 말은 사도 바울이 성도들의 잘못된 신앙방식을 표현하려고 할 때 즐겨 사용하던 어투인데(참조. 롬 8:4), 이제 대적자들이 사도 바울의 용어를 빌어 바울을 비판하고 있다. 대적자들은 "육신에 따라 행한다"는 말로 사도 바울이 먹고 마시는 데만 관심한다거나(고전 9:4 참조), 세상적인 물욕에 빠져 있다거나(11:7이하 참조), 사도 바울에게 영적인 은사와 권위가 결여되어 있다고 비판하는 것일 수 있다(10:7이하; 12:12 참조).

그러나 사도 바울은 대적자들의 잘못된 생각에 대하여 "우리가 육신으로 행하나 육신에 따라 싸우지 아니 한다"(10:3)고 대답한다. 사도 바울은 자

---

4   G. Friedrich, "Die Gegner des Paulus im 2. Korintherbrief", in: O. Betz / M. Hengel / P. Schmidt (hg.), *Abraham unser Vater. Juden und Christen im Gespräch über die Bibel*, FS O. Michel, AGJU 5, Leiden: Brill, 1963, 189~223.

5   Kümmel, *Einleitung*, 247f.

6   C. K. Barrett, "Paul's Opponents in II Corinthians", *NTS* 17 (1970/71), 233~54(= in: *Essays on Paul*, Philadelphia: Westminster John Knox, 1981, 60~86).

신이 "육신으로(έν σάρκι) 행한다"는 것을 인정한다. 사도 바울도 육체를 가지고 살며, 육체를 떠나서는 살 수가 없기 때문에 먹고 마시는 것과 필요한 물건을 소유하는 것은 어쩔 수 없는 일이다. 그러나 사도 바울은 육신을 절대적인 가치로 여기지 않기 때문에 육신이 요구하는 대로 살지는 않는다. 사도 바울은 육신이 요구하는 것만을 얻기 위하여 전투하듯이 인생을 사용하지 않는다.

2) 대적자들의 말

고린도 교회에 있는 대적자들은 사도 바울에 대하여 다음과 같이 말했다: "그의 편지들은 무게가 있고 힘이 있으나 그가 몸으로 대할 때는 약하고 그 말도 시원치 않다"(10:10). 대적자들은 사도 바울에게서 두 가지 사실을 발견하였다. 첫째로, 바울의 글과 몸을 비교할 때 큰 차이가 있다는 것이었고, 둘째로, 바울의 글과 말을 비교할 때 큰 차이가 있다는 것이었다. 사도 바울은 편지의 내용이 힘있는 만큼 몸이 건강하지 않았고, 편지의 내용이 힘있는 만큼 말에 능숙하지 못했다. 사도 바울은 몸이 연약한 사람이요 말이 어눌한 사람이었다.

사도 바울 자신도 몸이 "약하다"(11:21)는 것과 "말에 부족하다"(11:6)는 것을 스스로 인정하였다. 대적자들은 이것을 정확하게 지적하였지만 한 가지 중요한 사실을 놓치고 있었다. 중요한 것은 글이 지향하는 생활과 몸이 지향하는 생활의 동일성이며, 글이 담고 있는 신학과 말이 담고 있는 신학의 동질성이다. 비록 몸이 약해도 주장하는 생활을 지향할 수 있고, 비록 말을 못해도 주장하는 신학을 담을 수 있다는 사실을 대적자들은 놓치고 있었던 것이다. 중요한 것은 몸이 건강하고 말에 능숙하냐가 아니다. 중요한 것은 연약한 몸으로라도 어눌한 말로라도 바른 생활을 하며 바른 신학을 하느냐이다. 그러므로 사도 바울은 대적자들의 잘못된 평가를 향해서 이렇게 대답했다. "우리가 떠나 있을 때에 편지들로 말하는 것과 함께 있을 때에 행하는 일이 같은 것임을 알지라"(10:11).

3) 대적자들의 행동

사도 바울의 대적자들은 "자기를 칭찬하는 자들"(10:12)이었다. 대적자들은 스스로 자신들을 높이는 자들이었다. 그들은 스스로 높아진 자들이다. 달리 말하자면 대적자들은 항상 자신들이 표준이 되었다. "그들이 자기로써 자기를 헤아리고 자기로써 자기를 비교하니 지혜가 없도다"(10:12). 대적자들에게 있어서 평가와 비교의 표준은 자기 자신이었다. 자신을 절대적인 표준으로 생각하는 사람들은 다른 사람들을 수용할 수가 없다. 대적자들은 자신을 평가의 기준으로 삼기 때문에 사도 바울의 생활과 신학을 받아들일 수가 없었던 것이다.

사도 바울은 대적자들의 잘못된 표준에 대하여 다음과 같이 대답하였다: "우리는 분수 이상의 자랑을 하지 않고 오직 하나님이 우리에게 나누어주신 그 범위의 한계를 따라 하노니 곧 너희에게까지 이른 것이라"(10:13). 바울은 사도라 할지라도 무턱대고 일을 많이 하기보다는 자신을 적절하게 제한하였다. 사도 바울이 자신을 제한하는 표준은 하나님의 표준이었다. 그는 하나님께서 주신 한계를 따라 일했다. 그는 하나님께서 허락하시는 분량을 알고 있으며, 하나님께서 제시하시는 표준을 따라 산다. 사도 바울에게 중요한 것은 하나님의 분량과 하나님의 표준이었다. 그러므로 사도 바울에게는 대적자들이 하는 것과 같은 자기칭찬이란 것은 별 의미가 없었다. 그에게 중요한 것은 하나님의 칭찬과 하나님의 인정이었다. 그러므로 사도 바울은 이렇게 결론을 짓는다: "자랑하는 자는 주 안에서 자랑할지니라. 옳다 인정함을 받는 자는 자기를 칭찬하는 자가 아니요 오직 주께서 칭찬하시는 자니라"(10:17~18).

2. 사도 바울의 신학에 대한 대적(고후 11장)
고린도 교회에는 사도 바울의 생활을 문제삼는 대적자 외에도 그의 신학에 도전하는 대적자들이 있었다.

1) 대적자들의 신학
사도 바울은 이런 대적자들의 성격을 다음과 같이 묘사한다. "만일 누가 가서 우리가 전파하지 아니한 다른 예수님을 전파하거나 혹은 너희가 받지 아니한 다른 영을 받게 하거나 혹은 너희가 받지 아니한 다른 복음을 받게 할 때에는 너희가 잘 용납하는구나"(11:4). 이 구절은 사도 바울을 공격한 고린도 대적자들의 성격을 여러 가지 면에서 보여준다. 첫째로, 대적자들은 고린도 교회 밖에서 들어온 자들이다("만일 누가 가서"). 사도 바울의 고린도 대적자들은 외부인들이다. 사도 바울은 그들의 신학을 세 가지로 정리한다: 다른 예수, 다른 성령님, 다른 복음. 대적자들은 기독교 신학에 있어서 가장 핵심적인 부분을 건드리고 있다. 대적자들은 사도 바울과 같이 예수님을 말하고, 성령님을 말하고, 복음을 말한다. 대적자들은 기독교의 용어와 전혀 상관없는 용어를 사용하는 것이 아니다. 바로 여기에서 혼동이 생긴다. 문제는 대적자들이 예수, 성령님, 복음을 말하지만 그 단어들이 지니고 있는 내용이 전혀 사도 바울이 가르치는 내용과 같지 않다는 것이다. 용어는 같아도 내용이 다르다. 사도 바울의 대적자는 누구보다도 예수와 성령님과 복음을 강조하였지만 예수님이 아닌 예수님을, 성령님이 아닌 성령님을, 복음이 아닌 복음을 강조한 것이다.

2) 대적자들의 방식

대적자들은 간교한 방식으로 고린도 교회에 침투하였다. 그래서 사도 바울은 "뱀이 그 간계로 하와를 미혹한 것같이"(11:3)라는 말로 대적자들의 간교함을 묘사하였다. 사도 바울이 이처럼 무섭게 표현한 것은 대적자들이 사도들의 이름을 사칭하였거나 사도들에게서 보냄 받았다고 위증했기 때문일 것이다. 그래서 사도 바울은 "나는 지극히 크다는 사도들보다 부족한 것이 조금도 없는 줄 생각하노라"(11:5)고 말했다.

게다가 사도 바울의 대적자들은 대단히 말을 잘하는 사람들이었을 것이다. 사도 바울이 자신을 대적자들과 비교하면서 "내가 비록 말에는 부족하나 지식에는 그렇지 아니하다"(11:6)고 덧붙인 것은 대적자들이 얼마나 말을 잘하는 사람들인지를 간접적으로 암시하는 것이다.

셋째로, 대적자들이 고린도 교회를 미혹한 방식은 무보수를 주장한 것이었다. 물론 사도 바울도 고린도 교회로부터 보수를 받지 않고(11:7), 그 대신에 마게도냐 교회들로부터 지원을 받았다(11:8~9). 그런데 대적자들은 이것을 비방하면서 자신들은 아무런 사례도 원하지 않는다고 주장을 했던 것처럼 보인다. 그러나 고린도 성도들은 대적자들이 보수를 사양하는 마음속에는 자신들을 종으로 삼고 잡아먹으려는 생각이 있다는 것을 눈치를 채지 못하였다(11:20).

마지막으로 대적자들은 자신들의 정통적인 신분을 강조하였다. 그들은 히브리인이며 이스라엘 사람이며 아브라함의 자손인 것을 내세웠다(11:22). 이처럼 대적자들은 뱀 같이 간교한 여러 가지 방식으로 고린도 교회를 삼킬 기회를 찾고 있었다(11:12). 그러나 놀랍게도 고린도 교회는 이런 자들을 "잘 용납하는"(11:4,20) 어리석음을 저질렀다.

3) 사도 바울의 비판

사도 바울은 대적자들을 가리켜 "그런 사람들은 거짓 사도요 속이는 일꾼이니 자기를 그리스도의 사도로 가장하는 자들이니라"(11:13)고 정의했다. 사도 바울은 대적자들이 겉과 속이 다른 자들이라는 것을 알고 있었다. 그들은 사도라고 주장하지만 사기꾼들이며, 일꾼이라고 주장하지만 거짓말쟁이들이다. 이들은 가장의 명수이다. 그런데 사도 바울은 대적자들의 배후에는 사탄이 숨어있다는 것을 알았다. "이것은 이상한 일이 아니니라 사탄도 자기를 광명의 천사로 가장하나니 그러므로 사탄의 일꾼들도 자기를 의의 일꾼으로 가장하는 것이 또한 대단한 일이 아니니라"(11:14~15). 대적자들은 사탄의 사주를 받기 때문에 사도 바울은 그들을 뱀과 같은 자들이라고 불렀다(11:3). 이들이 목적하는 것은 오직 성도들의 마음이 그리스도를 향하는 진실함과 깨끗함에서 떠나 부패하게 만드는 것이다(11:3). 그러므로 사도 바울은 혼신의 힘을 다하여 대적자들과 싸웠다. "나는 내가 해 온 그대로 앞으로도 하리니 기회를 찾는 자들의 기회를 끊으려 함이라"(11:12).

6. 고린도후서의 편집 문제

G. K. Beale, "The OT Background of Reconciliation in 2 Cor. 5~7 and its Bearing on the Literary Problem of 2 Cor. 6.14~7.1", *NTS* 35 (1989), 550~581.

G. Bornkamm, "The History of the Origin of the So-called Second Letter to the Corinthians", *NTS* 8 (1961/62), 258~264(= "Die Vorgeschichte des sogenannten Zweiten Korintherbriefes", in: *Sitzungsberichte der Heidelberger Akademie der Wissenschaften*, Phil.-hist. Klasse, 1961, no. 2.).

M. Goulder, "2 Cor. 6:14~7:1 as an Integral Part of 2 Corinthians", *NTS* 36 (1994), 47~57.

G. Sass, "Noch einmal: 2Kor 6,14~7.1. Literarkritische Waffen gegen einen 'unpaulinischen' Paulus?", *ZNW* 84 (1993), 36~64.

1. 전편지(Vorbrief) 이론(고전 5:9)

학자들 가운데는 고린도후서가 편집되는 과정에서 고린도전서 5:9에 언급된 전편지[7]가 고린도후서 6:14~7:1에 잘못 삽입되었다고 주장하는 이들이 있다.[8] 그들의 주장의 근거는 다음과 같다. 첫째로, 내용이다. 고린도전서 5:9의 "내가 너희에게 쓴 편지에 음행하는 자들을 사귀지 말라 하였다"는 내용과 고린도후서 6:14~7:1의 내용이 잘 어울린다는 것이다. 둘째로, 문학적 독특성이다. 고린도후서 6:14~7:1은 고린도후서의 사상연결을 깨뜨린다는 것이다. 이 단락에는 어휘에 있어서 고린도후서와 색다른 단어들이 많이 사용되었다.[9] 셋째로, 문맥이다. 고린도후서 6:12f.("너희가 우리 안에서 좁아진 것이 아니라 오직 너희 심정에서 좁아진 것이니라 내가 자녀에게 말하듯 하노니 보답하는 것으로 너희도 [마음을] 넓히라")는 말과 고린도후서 7:2("마음으로 우리를 영접하라")는 서로 잘 연결된다는 것이다.

그러나 내용과 관련해서 고린도전서 5:9은 교회 안에서 음행자와의 관계를 말하는 반면에 고린도후서 6:14~7:1은 교회 밖의 불신자와의 관계를 말하고 있기 때문에 이 둘은 같은 내용일 수가 없다. 나아가서 독특성에 관

---

7 고린도전서에서 "고린도전서의 구조와 문학 특징"을 참조하라.

8 W. Schmithals, *Die Gnosis in Korinth. Eine Untersuchung zu den Korintherbrief*, FRLANT 66, Göttingen: Vandenhoeck Ruprecht, 1956.

9 J. A. Fitzmyer, "Qumran and the Interpolated Paragraph in 2 Cor 6:14~7:1", *CBQ* 23 (1961), 271~80은 본문이 쿰란의 단편이라고 생각한다. 그는 본문에 나오는 이원론, 우상반대, 하나님 성전 개념, 부정에서의 분리, 구약사용으로부터 이것을 주장한다.

해서는 고린도후서 6:14~7:1의 전후문맥을 다음과 같이 자연스럽게 이해할 수도 있다. 첫째로, 기록의 시간성을 고려해야 한다. 바울은 이 편지를 고린도후서 6:13까지 쓰고 어느 기간동안 정지했다가 다시 쓰면서 어떤 동기에서든지 비그리스도인에 대한 그리스도인의 조심스러운 관계에 대하여 기록하고 다시 앞의 내용으로 연결했을 수 있다.[10] 둘째로, 사도 바울의 기록 습관성을 고려해야 한다. 사도 바울은 자주 이야기의 줄거리에서 이탈하는 습관이 있다. 셋째로, 사본의 현존성을 고려해야 한다. 만일 고린도후서 6:14~7:1이 이후에 바울서신의 편집과정에서 삽입된 것이라면, 이 부분이 빠진 사본들이 왜 없는지 문제시된다. 고린도후서 6:14~7:1를 소유하지 않은 사본은 전혀 없기 때문이다.

따라서 고린도후서 6:14~7:1을 고린도전서 5:9에 언급된 전편지의 파편으로 보는 것은 그릇되다. 왜냐하면 고린도전서의 전편지는 비기독교인보다는 교회 내에서 음행하는 자들을 비난하지만, 고린도후서 6:14~7:1은 분명히 비기독교인과의 관계를 말하고 있기 때문이다.[11] 그러나 전편지와 고후 6:14~7:1 사이에는 어떤 관계가 있다.

① 전편지 단계: 사도 바울이 전편지에서 교중사람의 음행을 막기 위해 음행하는 교인들과 관계를 끊을 것을 요구했다(고전 5:9). 사도 바울은 전편지에서 음행하는 자들을 사귀지 말 것을 강력히 말했다. 그러나 이때 음행하는 자들이란 교회 안에 있는 형제라 일컫는 자들이지, 교회 밖의 사람들을 가리키는 것이 아니다(고전 5:11). 그러나 고린도 교인들은 오해를 하여 음행하는 비기독교인들과 관계를 갖지 말라는 것으로 생각하였다.

② 고린도전서 단계: 사도 바울은 이 같은 오해를 교정하기 위하여 교중의 음행자를 내쫓고 비기독교인들과의 관계를 적절하게 유지할 것을 설명하는 고린도전서를 썼다(고전 5:10~11). 그러나 고린도 신자들은 다시 오해를 하여 비기독교인들과 무분별한 관계를 맺었다.

③ 고린도후서 단계: 사도 바울은 고린도후서를 통해 비기독교인들과의 관계가 신중해야 할 것을 가르친다. 사도 바울은 비기독교인들과 관계를 맺을 수 있지만, 불법, 어두움, 거짓 신, 우상의 문제에는 함께 할 수 없다고 명시한다(고후 6:14~16).

2. 눈물의 편지(Tränenbrief) 이론
고린도후서 2:4에 "내가 많은 눈물로 썼다"라는 표현이 나온다. 많은 학자

---

10 Guthrie, 『신약서론』 상, 399.

11 Schenk, "Der 1. Korintherbrief als Briefsammlung", 221.

들이 이것을 하나의 독립적인 편지라고 생각한다. 그리고 그 내용은 고린도후서 10~13장에 부분적으로 보존되어 있다고 생각한다. 이렇게 생각하는 데는 몇 가지 이유가 있다.

첫째로, 고린도후서 10~13장은 고린도후서 1~9장과 내용상 연결이 되지 않는다는 것이다. 고린도후서 1~9장은 고린도 성도의 변화에 대한 사도 바울의 긍정적인 자세를 설명하지만, 고린도후서 10~13장은 고린도 성도에 대한 사도 바울의 부정적인 자세(자기변호)를 진술하기 때문이다. 그래서 두 부분은 조화되지 않는 것으로 여겨진다(Semler 1776, Hausrath 1870). 이것을 가리켜 소위 분할이론(Partition theories)이라고 부른다. 이 이론은 고린도후서 10~13장이 고린도전서보다 늦게 기록되었거나 고린도전서와 고린도후서 사이에 기록되었을 것이라고 추정한다(중간서신 Zwischenbrief).[12] 그러나 고린도후서 1~9장과 고린도후서 10~13장이 내용상 연결이 되지 않는 것은 고린도 교회의 상황이 발전된 것에 기인한다. 특별히 그 상황의 발전은 사도 바울에 대한 대적과 관련된 것이다. 고린도후서 1~9장을 쓸 때는 사도 바울에 대한 대적이 단지 암시적으로 표현되었지만, 고린도후서 10~13장을 기록할 때는 분명하게 드러났던 것이다.[13] 그러므로 고린도후서에 언급된 사도 바울의 대적자들을 자세히 살펴보는 것은 대단히 중요한 일이다.

둘째로, 고린도후서 10~13장은 고린도후서 2:4에 나오는 눈물의 편지와 내용상 비슷하다는 것이다.[14] 그러나 고린도후서 2:4은 어떤 개인을 전제로 하는 반면에(고후 2:5~8을 보라), 고린도후서 10~13장은 개인이 아니라 그룹을 전제로 한다는 중대한 차이점이 있다.[15]

---

12   Kümmel, *Einleitung* 251.

13   Murphy-O'Connor, *Second Letter*, 12.

14   A. Plummer, *A Critical and Exegetical Commentary on the Second Epistle of St. Paul to the Corinthians*, ICC 34, Edinburgh: T&T Clark, 1915.

15   Murphy-O'Connor, *Second Letter*, 11.

제12장
갈라디아서

1) 주석

H. Schlier, *Der Brief an die Galater*, KEK 7, Göttingen: Vandenhoeck Ruprecht, 1965, 13. Aufl.

조병수, 『갈라디아서』, ABC 9, 서울: 가르침, 2005.

2) 연구서

J. Barclay, *Obeying the Truth. A Study of Paul's Ethics in Galatians*, Edinburgh: T&T Clark, 1988.

C. K. Barrett, *Freedom and Obligation. A Study of the Epistle to the Galatians*, London: SPCK, 1985.

J. D. G. Dunn, *The Theology of Paul's Letter to the Galatians*, NTT, Cambridge: Cambridge University Press, 1993.

최갑종, 『바울연구』 II. 갈라디아서 편, 서울: 기독교문서선교회, 1997.

홍인규, 『바울의 율법과 복음』, 서울: 생명의 말씀사, 1996.

I. 갈라디아서의 기록자와 기록 연대와 장소

갈라디아서의 기록연대는 이 서신이 어느 지역으로 발송되었는지를 결정함으로써 추정할 수 있다. 사도 바울은 1차 전도여행시 남부 갈라디아(로마 속령)를 방문하였고(행 13장이하), 2차와 3차 전도여행시 북부 갈라디아(본토)를 지났다(행 16:6; 18:23). 이 때문에 갈라디아서가 어느 지역으로 보내졌느냐 하는 문제가 생기게 되며, 이에 따라 본서가 저술된 시기가 상이하게 결정될 수 있다. 만일 갈라디아서가 남부 갈라디아에 보내진 것이면 그 기록 시기는 사도 바울의 1차 전도여행 직후까지 소급될 수 있지만(이른 연대), 반면에 북부 갈라디아에 보내진 것이면 비로소 2차 전도여행 후로 늦춰지게 된다(늦은 연대). 이 두 가지 주장의 근거와 이에 대한 비판점을 살펴본다.

1. 북부 갈라디아 이론

북부 갈라디아 이론은 19세기까지 전통적으로 지켜오던 견해이다. 본토설(Landesschafthypothese)이라고 불리며 갈라디아서 기록의 늦은 연대(Late dating)를 말한다. 북부 갈라디아 이론을 주장하는 근거와 이에 대한 비판은 다음과 같다.

1. 갈라디아서 3:1의 호칭
사도 바울은 갈라디아서 3:1에서 수신자들을 "갈라디아 사람들"이라고 부른다. 이것은 북부 갈라디아의 켈트족을 의미한다. 북부 갈라디아설 주장자들은 이 호칭이 종족의 명칭이지 거주자의 명칭은 아니기 때문에 사도 바울이 북부 갈라디아 사람들을 염두에 두고 있다고 말한다. 그러나 사도 바울은 지명과 함께 꼭 종족의 명칭만을 부른 것은 아니다. 사도 바울은 고린도후서 9:2에서 "마게도냐 사람들"을 언급하는데, 이것은 종족이 아니라 넓은 거주지에 의해 주어진 명칭이다. 따라서 "갈라디아 사람들"도 남북 갈라디아를 포괄하는 거주자를 가리킬 수 있다.

2. 사도행전 16:6과 사도행전 18:23의 의미
북부 갈라디아 이론의 주장자들은 사도행전 16:6과 사도행전 18:23에 근거하여 사도 바울이 갈라디아를 방문한 것은 바로 북부 갈라디아였다고 주장한다. 그러나 이 두 구절은 다 같이 사도 바울이 교회를 설립한 것을 말하지 않는다는 사실에 주의해야 한다. 만일에 사도 바울이 이 지역에 교회를 세우지 않았다면 이 지역에 갈라디아서를 보냈다고 볼 수가 없다.

2. 남부 갈라디아 이론

남부 갈라디아 이론은 속령설(Provinzhypothese)이라고 불리며 갈라디아서 기록의 이른 연대(Early dating)를 말한다. 남부 갈라디아 이론을 주장하는 근거와 이에 대한 비판은 다음과 같다.

1. 남부 갈라디아 이론의 주장자들은 사도 바울이 주로 로마 속령의 이름(유대, 마게도냐, 아가야, 아시아 등등)을 사용하기를 좋아하는 것으로 보아 "갈라디아"라는 명칭은 속령의 이름일 것이라고 생각한다. 그러나 본서에 아라비아도 언급되는데(1:17), 이것은 로마 속령의 명칭이 아니다. 따라서 "갈라디아"는 속령의 이름이 아닐 가능성이 있다.

2. 남부 갈라디아 이론의 주장자들은 본서의 수신인이 유대인 그리스도인이라고 생각하면서(4:5; 5:1), 유대인들은 남부 갈라디아에만 살았다는 사실을 주지시킨다. 그러나 이런 주장은 갈라디아서의 수신인들 중에는 분명히 이방인들도 있었다는 사실로 말미암아 설득력이 떨어진다(4:8).

3. 남부 갈라디아 이론의 주장자들은 고린도전서 16:1에 근거하여 갈라디아 교회들이 예루살렘교회를 위한 연보에 동참하고 대표자를 파송하였는데, 사도행전 20:4에는 단지 남부 갈라디아인들(더베 사람들 가이오와 디모데)만이 소개되어 있다고 한다. 그러나 이것은 완전한 목록이 아니다. 여기에는 연보에 동참한 아가야 교회들의 대표자들(고후 9:2)도 생략되어 있다. 따라서 북부 갈라디아 사람들도 동참했을 수 있다.

4. 남부 갈라디아 이론의 주장자들은 갈라디아 교회들이 바나바를 알고 있다는 사실에 주목한다(2:1,9,13). 이것은 바나바가 이 지역 전도에 참여했던 것을 말해주며, 사도 바울의 1차 전도여행지인 남부 갈라디아를 지시한다는 것이다. 그러나 이 교회들이 바나바를 반드시 직접 전도를 통해 안다고 말할 필요가 없다. 마치 그들이 간접적으로 야고보, 게바, 요한도 알고 있듯이(2:9), 바나바를 간접적으로도 알 수 있기 때문이다.

3. 종합

사도 바울은 실제로 1차 전도여행시 남부 갈라디아에서 복음을 전파하고 교회를 세웠다. (물론 바울이 2차와 3차 전도여행시 북부 갈라디아를 지나면서 복음을 전하지 않았다고 감히 말할 수는 없다). 그런데 후에 북부 갈라디아인들이 남부 갈라디아를 방문하면서 복음을 받고 돌아가 북부 갈라디아에도 교회를 세웠을 것이다. 따라서 "갈라디아 교회들"이라는 표현은 남부 갈라디아와 북부 갈라디아를 다 포함하는 것으로 생각하는 것이 옳다. 이 때문에 갈라디아서의 이른 기록에 대한 가능성은 열려 있다.

II. 갈라디아서의 구조와 문학 특징

1. 갈라디아서의 문학 특징

갈라디아서에는 "후퇴하는 교회"의 모습이 흐르고 있다. 후퇴한다는 말은 두 가지 상태를 전제로 한다. 후퇴는 이동이기 때문이다. 후퇴에는 처음의 상태와 나중의 상태가 있고, 이 두 상태는 서로 대조적이다. 그래서 갈라디아서에는 믿음과 행위, 성령님과 육체, 자유와 예종 등 서로 대립되는 개념들이 열거된다. 또한 사도 바울은 갈라디아서에서 자주 "…이 아니고 …이다"라는 두 가지 내용을 상반시키는 어법을 사용한다(1:1,11~12,17; 참조. 2:16). 여기에 수사학적인 반문인 "…이냐 또는 …이냐"(1:10; 3:2,5)는 말투가 적지 않게 쓰이는 것도 바로 같은 이유 때문이다. 이러한 용어들을 주의하면서 본서를 읽으면 그 내용이 한결 분명하게 드러난다.

2. 갈라디아서의 구조

갈라디아서에는 단락을 구분하는 몇 가지 말이 눈에 띈다. 먼저 갈라디아서 1:5에서 한 단락이 끝난다는 것은 너무나 분명하다. 왜냐하면 그것은 기원문으로 되어있기 때문이다. "영광이 그에게 세세토록 있을지어다 아멘". 따라서 이후부터는 새로운 단락이 시작된다. 여기에서는 주로 사도의 복음에 관한 이야기가 전개된다. 그런데 갈라디아서 3:1에 수신자들에 대한 돌연한 호칭이 나온다. "어리석도다 갈라디아 사람들아". 이것은 새로운 단락이 시작되었다는 것을 명시한다. 이 부분에서는 갈라디아 교회들의 현재상황을 중심으로 믿음과 행위의 문제를 취급한다. 마지막으로 갈라디아서 6:11에 붓이 바뀌는 장면이 나온다. "내 손으로 너희에게 이렇게 큰 글자로 쓴 것을 보라". 사도 바울은 이 말과 함께 편지를 마무리 짓는다.

위에서 보는 대로 용어들과 단락 구분어들을 함께 사용하여 편지의 구성을 살펴보자.

0. 편지의 처음(1:1~5)

갈라디아서는 처음부터 "…이 아니고 …이다"라는 어법으로 시작한다(1:1). 다른 편지들과 마찬가지로 기원문이 있기에 첫 단락을 구분하는 일은 어렵지 않다(1:5).

갈라디아서는 크게 세 부분으로 나눌 수가 있다. 첫 부분은 사도 바울이 전한 바른 복음에 관한 내용이 들어있다(1:6~2:21). 둘째 부분에서는 사람이 의롭다함을 얻는 바른 방법에 관하여 진술된다(3:1~5:12). 세 번째 부분은 그리스도인이 살아야 할 바른 삶을 설명한다(5:13~6:10).

1. 바른 복음(1:6~2:21)

첫 번째 부분은 "다른 복음"(1:6)과 "그리스도의 복음"(1:7)을 대조함으로써 도입된다(1:6~10). 동시에 수사학적인 반문이 나온다. "내가 사람들에게 좋게 하랴 하나님께 좋게 하랴"(1:10). 이후로부터 사도는 자신이 전한 복음의 성격에 관하여 서술한다. 이것은 갈라디아서 2장 끝까지 이른다. 이것이 본문의 첫 단락이다(1:6~2:21). 갈라디아서 전체를 살펴볼 때 특히 이 단락에서 복음(εὐαγγέλιον)이라는 단어가 사용되는 것은 주지할만한 사실이다(3:8에 나오는 아브라함의 복음은 실제로 그리스어로 이와 다른 단어이다. προευαγγελίζειν; 4:13에서는 단지 동사 εὐαγγελίζειν이 사용되었다). 사도 바울은 이 첫 단락에서 자신의 복음의 성격을 몇 가지 말한다.

첫째로, 사도 바울은 자신의 복음이 어디서 유래하였는지를 언급한다(1:11~24). 그에 의하여 전해진 복음은 사람을 따라 된 것이 아니다. 사람에게서 받은 것도 배운 것도 아니다. 그의 복음은 예수 그리스도의 계시를 통한 것이다(1:11~12). 사도 바울은 이 사실을 다음과 같이 확인시킨다. 그는 소명을 받았을 때 "먼저 사도 된 자들"을 만난 적도 없으며(1:17), 3년 후에 예루살렘을 방문하였을 때도 게바(베드로)와 주님의 형제 야고보 만을 보았을 뿐이며(1:18~19), 심지어 유대의 교회들은 자신의 얼굴을 본 적도 없다(1:22). 그러므로 그의 복음을 사람에게서 배운 것이라고 할 수가 없다.

둘째로, 사도 바울은 자신의 복음이 처음 사도들에 의하여 인정을 받은 것을 말한다(2:1~10). 사도는 자신이 "이방인들 가운데서 전파하는 복음"(2:2)을 예루살렘교회에 제시하였다. "복음의 진리"(2:5)가 손상을 입지 않게 하기 위함이었다. 예루살렘교회의 지도자들은 바울의 복음이 목적하는 방향을 알았다. 사도 바울의 복음은 "무할례자를 위한 복음"(2:7)이었던 것이다.

그러므로 예루살렘교회의 지도자들은 사도 바울의 복음을 인정하고 사도 바울과 교제의 악수를 나누었다(2:9).

셋째로, 사도 바울은 이 복음의 진리를 설명한다(2:11~21). 그는 복음의 진리를 설명하기 위하여 한 가지 중대한 사건을 실례로 든다. 그것은 안디옥에서 베드로를 책망한 사건이다. 베드로의 외식으로 말미암아 다른 이들과 심지어 바나바까지도 외식에 유혹을 당하였다. 그들은 "복음의 진리"(2:14)를 따라 바로 행하지 않았다. 그러므로 사도 바울은 베드로를 나무라면서 복음의 진리를 밝힌다. 의롭게 되는 것은 율법의 행위로 되는 것이 아니라 예수 그리스도를 믿음으로 된다(2:16).[1] 칭의는 예수 그리스도를 믿음으로 된다는 것이 복음의 요지이다. 사도 바울은 이 같은 복음의 요지를 더욱 상세하게 설명하게 된다. 그것이 본문의 두 번째 부분이다.

2. 바른 칭의(3:1~5:12)

본문의 두 번째 부분은 다음과 같이 도입된다(3:1~5). 율법의 행위와 믿음(3:2,5), 성령님과 육체(3:3)같은 대립적인 단어들이 열거되고 이것들이 문장으로 엮어져 수사학적인 반문을 구성한다. "너희가 성령님을 받은 것이 율법의 행위로냐 혹은 듣고 믿음으로냐"(3:2,5). 사도는 이후로부터 믿음과 율법행위에 대하여 논하게 된다.

첫째로, 의롭게 되는 것에 있어서 믿음에 의한 가능성과 율법의 행위에 의한 불가능성이 언급된다(3:6~14). 믿음에 의한 칭의는 아브라함에게서 이미 가능하게 되었다. 그러므로 아브라함 이후라도 믿음을 가지는 자는 아브라함이 받은 것과 같은 복을 받게 된다(3:6~9). 이에 반하여 율법으로 의롭게 되는 것은 불가능하다. 율법의 모든 조항을 준수해야만 하기 때문이다. 이 불가능성 때문에 예수 그리스도께서 십자가에서 죽으신 것이다. 이제 이 예수님을 믿으면 의롭게 된다(3:10~14).

둘째로, 이 믿음에 의한 칭의를 율법의 행위에 의한 칭의가 대신할 수 없는 이유를 말한다(3:15~22). 믿음에 의한 칭의는 약속으로부터 유래한다. 율법은 약속보다 훨씬 이후에 범죄 때문에 주어진 것이다. 따라서 율법이 약속을 헛되게 할 수 없으며 또한 율법이 약속을 거스를 수도 없다. 사람이 율법으로는 의롭다 함을 얻을 수 없기 때문에 약속으로 돌아갈 수밖에 없는 것이다.

셋째로, 율법이 주관하던 시간과 그때에 율법이 한 기능이 설명되며, 믿

---

[1] 2:16에 나오는 πίστις Ἰησοῦ Χριστοῦ와 πίστις Χριστοῦ의 소유격은 주어 소유격(gen. subj.)이 아니라 목적어 소유격(gen. obj.)으로 여기는 것이 옳다. 왜냐하면 본문에 이와 대조적으로 세 번 반복되는 ἔργα νόμου도 목적어 소유격이기 때문이다. 게다가 16절 중에서 "우리가 그리스도 예수님을 믿는다"(ἡμεῖς εἰς Χριστὸν Ἰησοῦν ἐπιστεύσαμεν)는 것이 πίστις Χριστοῦ임을 분명하게 설명하기 때문이다.

음이 온 시간과 그때에 사람이 가지게 된 위치가 설명된다(3:23~4:8). 이것은 두 가지 면에서 설명된다. 먼저 율법의 시간에는 사람이 율법아래 종처럼 놓인다. 율법은 아동교사로서 역할을 한다. 그러나 믿음의 시간에는 사람이 하나님의 아들이 된다. 약속대로 유업을 이을 자가 된다(3:23~29). 그러나 율법의 시간에는 사람은 종과 다름이 없다. 그는 후견인(또는 청지기) 아래 있다. 그러나 믿음의 시간에는 사람이 아들의 명분을 얻고 하나님을 아버지라 부르며 유업을 이을 자가 된다(4:1~7).

넷째로, 사도 바울은 이 같은 교리적인 내용에 근거하여 갈라디아 성도들에게 권면을 준다(4:8~5:12). 우선 전에는 종노릇하였으나 지금은 하나님의 자녀가 되었으니 다시 종노릇하지 말라는 것이다(4:8~11). 이어서 사도 바울은 갈라디아 성도들이 전에 자신에게 행한 사랑을 회상시킨다. 바울은 이 사랑을 두고 참된 말을 할 수 있다. 바울은 이 같은 사랑의 열심이 악한 것으로 기울어지지 않도록 주의를 준다. 바울은 이들을 위하여 다시 해산의 수고를 한다(4:12~20). 그 다음에 사도 바울은 아브라함의 두 아들, 곧 여종 하갈의 아들과 자유하는 여자 사라의 아들 이삭의 알레고리를 통하여 다시는 종의 멍에를 매지 않도록 경고한다(4:21~5:1). 마지막으로 사도 바울은 그리스도인이 할례를 받으면 어떤 악한 결과가 생기는지를 말한다. 할례를 받는 자는 율법 전체를 행할 의무를 가질 뿐 아니라 그리스도에게서 끊어지고 은혜에서 떨어진다. 그러므로 계속해서 바른 신앙의 경주를 해야 한다. 교회를 어지럽히는 자들은 스스로 베어져야 한다(5:2~12).

3. 바른 생활(5:13~6:10)
편지의 세 번째 부분은 갈라디아 성도들의 삶에 대한 권면이다(5:13~6:10).

사도 바울은 여기에서 우선 갈라디아 성도들에게 그리스도인의 자유에 대하여 가르친다(5:13~15). 그리스도인은 자유를 위하여 부름을 받았다. 그러나 그 자유로 육체를 위한 기회로 삼아서는 안 된다. 오히려 자유하기에 이웃사랑을 위한 종이 되어야 한다. 사도 바울은 율법이 이웃사랑의 말씀에서 이루어진 것을 말하면서 서로 다투지를 않기를 권면한다.

이어서 사도 바울은 그리스도인의 삶이 성령님에 따라 사는 것임을 말한다(5:16~26). 이것이 육체의 욕심을 이루지 않는 유일한 방법이다. 성령님의 소욕과 육체의 소욕은 서로 대치관계일 뿐이다. 사도 바울은 이 사실을 명확히 하기 위하여 육체로부터 나오는 행사들이 어떠한 것인지 상세하게 열거한다. 이런 일들을 하는 자들은 하나님의 나라를 유업으로 받지(κληρονομεῖν) 못한다. 이에 반하여 사도 바울은 성령님에 의하여 맺게 되는 열매가 무엇인지 일러준다. 이것이 가능한 이유는 그리스도의 사람들이 육체를 십자가에 못 박았기 때문이다.

마지막으로, 사도 바울은 그리스도인이 다른 이들을 책임지는 삶에 관해서 말한다(6:1~10). 이때 중요한 것은 다른 이들에 대한 관심과 함께 자신에 대한 경각심을 아울러 말해주고 있는 점이다. 여기에서 사도 바울은 여러 가지 관계를 말한다. 범죄한 사람에 대하여 온유한 심령으로 바로 잡을 것이며 동시에 자신도 시험을 받을까 두려워해야 한다(6:1). 짐을 나누어져야 한다. 그러나 또한 자기의 짐을 져야할 것이다(6:2~5). 말씀을 가르치는 자와 좋은 것을 함께 해야한다(6:6). 모든 이에게 착한 일을 하며 특히 믿음의 가정들에게 그렇게 해야 한다(6:10).

4. 편지의 끝(6:11~18)

사도 바울은 편지의 끝을 자필로 마무리 짓는다(6:11~18). 편지의 끝은 할례를 요구하는 자들이 가지는 목적을 밝힌다. 그들은 십자가의 핍박을 면하려는 것이며, 그들은 갈라디아 성도들의 육체로 자랑하려는 것이다. 이에 반하여 사도 바울은 자신의 자세를 말한다. 그는 예수 그리스도의 십자가 외에는 자랑할 것이 없으며, 세상과의 관계는 단지 십자가에 못 박힌 것일 뿐이다. 할례나 무할례가 중요한 것이 아니라 새로 지음 받은 자가 중요하다. 끝으로 사도 바울은 예수 그리스도의 은혜를 빈다.

III. 갈라디아서의 내용

도입(1:1~5)

1. 바른 복음(1:6~2:21)
    1) 도입: 다른 복음과 예수님의 복음(1:6~10)
    2) 복음의 유래(1:11~24)
    3) 복음의 인정(2:1~10)
    4) 복음의 진리(2:11~21)

2. 바른 칭의(3:1~5:12)
    1) 도입: 믿음과 율법행위(3:1~5)
    2) 믿음의 가능성과 율법의 불가능성(3:6~14)
    3) 율법은 믿음을 제거할 수 없다(3:15~22)
    4) 율법의 시간과 믿음의 시간(3:23~4:7)
    5) 적용(4:8~5:12)

3. 바른 생활(5:13~6:10)
   1) 자유를 위하여 부름받은 삶(5:13~15)
   2) 성령님을 따라 행하는 삶(5:16~26)
   3) 타인을 위한 삶(6:1~10)

종결(6:11~18)

1:1~5	1:6~2:21	3:1~5:12	5:13~6:10	6:11~18
도입	바른 복음	바른 칭의	바른 생활	종결

IV. 갈라디아서의 상황

초대교회들에게서 이미 신앙과 신학의 하향성과 후퇴성이 발견된다. 그 가운데 대표적인 예가 갈라디아 교회들이다. 갈라디아 교회들의 신앙적 하향성과 신학적 후퇴성은 다음과 같이 나타난다.

첫째로, 갈라디아 교회들은 사도 바울을 통하여 복음을 받았다(4:13). 그런데 사도 바울이 함께 하고 있지 않는 지금, 어떤 사람들이 등장하여 사도가 전한 복음을 어그러뜨리고 있다. 그들은 갈라디아 성도들에게 율법을 행할 것을 요구한다. 그들은 특히 할례를 받으라고 강요하고 있다. 이것은 그리스도의 복음을 변질시키는 것이다. 무슨 이유 때문인가? 이들은 그리스도의 십자가로 말미암아 오는 핍박을 면하려 하기 때문이다(6:12). 이들은 성도들을 이간시키고 자신들의 수하에 넣으려고 하며(4:17), 이렇게 하여 결국은 성도들을 이용하여 자기의 영광을 취하려 한다(6:13). 이를 실현하기 위하여 이들은 가만히 들어와 성도들의 자유를 엿보고 종으로 삼는다(2:4). 결국 갈라디아 교회는 복음에서 율법으로 후퇴하고 있다. 믿음으로 말미암아 구원을 받는 하나님의 은혜로부터 행위로 구원을 받는 사람의 능력에로 물러나고 있다. 갈라디아 교회들은 하나님의 은혜를 폐하며(2:21) 그로부터 떨어지고(5:4), 예수 그리스도의 죽음을 헛되게 하며(2:21) 그리스도에게서 끊어진다(5:4). 갈라디아 교회들은 헐었던 것을 다시 세우고 있는 것이다.

둘째로, 갈라디아 교회들은 자유를 위하여 부르심을 입었다(5:13). 그들은 자유하는 자녀가 되었고 더 이상 종이 아니다. 그들은 계집종의 자녀가 아니라 자유하는 여자의 자녀이다(4:31). 그런데 갈라디아 교회들은 율법 행함의 요구를 즐겨 받음으로 다시 약하고 천한 초등학문으로 돌아가서 종노릇하려 한다(4:9). 그들은 자유하는 상태로부터 종속하는 상태로 후퇴하고 있으며, 자녀의 위치에서 종의 위치로 물러나고 있다.

셋째로, 갈라디아 교회들은 성령님을 받았다(3:5). 그들은 성령님을 받음으로 말미암아 하나님을 아버지라 부를 수 있게 되었다(4:6). 성령님을 받은 자들에게는 성령님을 좇아 행할 것이 요구된다(5:16). 성령님으로 살면 또한 성령님으로 행하여야 한다(5:26). 성령님을 위하여 심으면 성령님으로부터 얻는다(6:8). 성령님으로 믿음을 좇아 의의 소망을 기다리는 자들이 되었다(5:5). 그런데 이제 갈라디아 교회는 육체로 돌아가고 있다. 그들은 성령님으로 시작하였는데 육체로 마치려하고 있다(3:3). 성령님의 열매를 맺어야 할 자들이 육체의 일들을 행하는 데로 나아간다. 갈라디아 교회들은 성령님으로부터 육체로 후퇴하고 있다.

사도 바울은 하향하고 후퇴하는 갈라디아 교회들을 향하여 공격을 가한다. 사도 바울은 갈라디아 교회들과 싸우고 있다. 사도 바울이 갈라디아 교회들과 싸울 수 있는 이유는 무엇인가? 그는 하나님을 위하고 사람을 위하지 않기 때문이다. 그는 하나님으로부터 부름을 받았다(1:15). 그는 하나님을 향하여 살려하는 자이다(2:19). 사람의 기쁨을 구하는 자가 아니기에(1:10), 그는 심지어 베드로 같은 처음 사도를 향하여 서슴지 않고 책망을 하였다(2:11). 베드로를 면책하였다면 갈라디아 교회들을 꾸짖지 못하겠는가? 그러므로 사도 바울은 갈라디아 교회들을 이상히 여기며(1:6), 그 어리석음을 지적하며(3:1), 음성을 변하려 한다(4:20).

V. 갈라디아서의 신학

1. 하나님

하나님은 예수 그리스도를 죽은 자 가운데서 살리신 하나님이시다(1:1). 이것은 하나님이 능력의 하나님인 것을 의미한다. 하나님은 사람을 출생 이전에 택하시고 부르신다(1:15). 그래서 하나님의 선택은 순전히 하나님의 은혜이며 사람의 행위로 말미암은 것이 아니다. 하나님의 부르심도 은혜이다. 소명은 상대적인 인간이 절대적인 하나님에 의하여 부름을 받는 것이다. 그래서 하나님의 부르심 앞에서 사람은 모든 것을 포기해야 한다. 하나님은 사람을 일군으로 삼으신다(2:8). 이것이 하나님을 가리켜 능력을 행하신 분(ὁ ἐνεργήσας)이라고 부르는 이유이다(2:8). 하나님께서는 일군을 삼기 위하여 베드로와 같은 평범한 사람을 변화시키고 바울과 같이 극단적인 사람을 변화시킨다. 이렇게 하나님은 사람을 외모로 취하지 아니하신다(2:6). 하나님은 사람들을 구원하기 위하여 성령님을 주시고 그들 가운데서 능력을 행하신다(3:5). 성령님의 수여는 오직 하나님께 달린 것이다. 하나님은 성령님을 주심으로써 사람을 멸망의 자리에서 구원의 자리로 옮기신다. 그래서 사도 바울은 하나님을 가리켜 능력을 행하시는 분(ὁ ἐνεργῶν)이라고 부른다(3:5). 하나님은 능력의 하나님이시기 때문에 아무에게도 업신여김을 받지 아니하신다(6:7).

2. 예수 그리스도

예수 그리스도는 하나님의 아들이시지만(4:6) 하나님 아버지의 뜻을 따라 이 악한 세대에서 우리를 건지시려고 우리 죄를 위하여 자기의 몸을 주셨다(1:4). 예수님께서는 십자가에 못 박힘으로써(3:1) 나무에 달린 자가 되어 율법의 저주에서 우리를 속량하셨다(3:13). 하나님의 아들 예수님은 인간의 세상에서 가장 비참하고 저주스러운 죽음에 처하셨다. 예수님께서 저주에 처하시는 엄청난 희생의 방식으로 인간의 구속이 성취되었다.

예수 그리스도는 하나님께서 아브라함에게 하신 약속을 성취하셨다. 예수님은 아브라함의 씨(σπέρμα)이며(3:16), 아브라함에게 약속하신 씨(σπέρμα)이다(3:19). 하나님의 약속과 관련하여 아브라함과 예수 그리스도는 직결된다. 아브라함이 예수 그리스도를 위하여 약속을 받은 당사자라면, 예수 그리스도는 아브라함에게 주어진 약속을 이룬 성취자이다. 우리는 예수 그리스도로 말미암아 아브라함의 자손이 된다. 이것은 우리가 아브라함의 씨(σπέρμα)로서 약속대로 유업을 이룰 자가 된 이유이다(3:29). 사도 바울은 아브라함의 씨라는 말로 한 번은 단수 의미로 예수 그리스도를 지시하고, 다른 한 번은 복수 의미로 신자들을 지시한다. 이렇게 우리는 예수 그리스도와 직결된다. 사도 바울은 예수 그리스도를 위하여 아브라함에게 단수로 약속된 씨 사상이 우리를 위하여 복수로 이해되어야 할 것을 천명하는 것이다.

3. 성령님

사도 바울은 신자의 삶은 성령님으로 시작된다고 가르친다. 갈라디아서에서 성령님에 대한 첫 구절은 그리스도인이 모두 성령님으로 시작한다고 말한다(3:3). 성령님으로 시작하지 않는 그리스도인은 있을 수가 없다. 성령님은 오직 믿음으로 받는다. 또한 아브라함이 받은 복과 우리에게 주어진 성령님의 약속 사이에 어떤 관계성이 있다(3:14). 아브라함은 이방인에게까지 미치는 복을 받았다면 우리는 믿음으로 말미암는 성령님의 약속을 받았다. 사도 바울은 사라와 하갈의 비유에서 이스마엘이 육체를 따라 난 자라면 이삭은 성령님을 따라 난 자라고 분명하게 밝힌다(4:29). 성령님은 아들의 영이다. 하나님이 신자들의 마음에 보내신 성령님은 하나님을 아버지라고 부르신다($\kappa\rho\hat{\alpha}\zeta o\nu$, 4:6). 성령님은 이런 부르심으로 우리의 마음에 하나님이 아버지이심을 각인시키신다.[2] 이 때문에 신자는 성령님으로 믿음을 따라 의의 소망을 기다린다(5:5).

또한 사도 바울은 신자의 삶은 성령님으로 진행한다고 가르친다. 신자는 성령님을 따라 살아야 한다(5:16,25). 성령님을 따르는 삶은 무엇보다도 육체와 싸우는 것이다. 성령님으로 사는 것은 육체와의 싸움을 의미한다(5:17,24). 육체의 소욕은 성령님을 거스르고, 성령님의 소욕은 육체를 거스르기 때문이다. 또한 성령님을 따라 사는 것은 율법을 넘어서는 일이다(5:18). 더 나아가서 성령님을 따라 사는 것은 하나님 나라를 유업으로 받는 것이다(5:21). 마지막으로 성령님을 따라 사는 사람은 성령님의 열매를 맺는다(5:22~23). 성령님의 열매는 성령님께서 주시는 초자연적인 선물이지만 열매이기 때문에 자연적인 성장이 필요하다. 또한 성령님의 열매는 하나이지만($\kappa\alpha\rho\pi\acute{o}\varsigma$는 단수!) 여러 가지 성격(맛)을 가지고 있다.

4. 율법

사도 바울은 율법에 대하여 명확한 생각을 보여준다. 율법은 장차 성육신하여 세상에 오실 예수 그리스도에 대한 믿음이 오기 전의 시간에 속한다. 이런 믿음이 오기 전에 사람들은 "율법 아래 매여 있었고 장차 계시될 믿음까지 갇혀 있었다"(3:23). 율법의 성격은 두 가지로 묘사된다. 율법은 매는 것이며, 율법은 가두는 것이다. 율법의 성격은 속박과 구속이라는 개념으로 가장 잘 묘사된다. 첫째로, 율법은 매는 것이다. 율법은 사람을 강제하여 묶어 놓는다. 사람들은 율법의 속박으로 말미암아 죄악에 손을 대지 못하게 된다(죄악 방지). 만일에 율법이 없다면 사람은 아무 죄악에나 손을 뻗치고 말 것이다. 둘째로, 율법은 가두는 것이다. 율법은 사람을 억제하여 가두어 놓는다. 사람들은 율법의 구속으로 말미암아 범죄에 발을 딛지 못하게 된다(범죄 방지). 만일에 율법이 없다면 사람은 아무 범죄에나 발을 내딛고 말 것이다. 범죄의 성향을 띠고 있는 모든 사람은 율법에 의하여 통제와 제한을 받는다. 이것은 율법이 하나님의 은혜라는 것을 의미한다. 이것은 마치 하나님이 40년 광야 생활을 시작하는 이스라엘 백성에게 이집트 귀환과 가나안 동화를 방지하기 위해 율법을 주신 것과 비슷하다(참조. 레 18:3~5).

---

2   참조. 조병수, 『갈라디아서』, 165~166.

이집트 귀환 ← 방지　　**광야 40년**　　방지 → 가나안 동화
　　　　　　　　　　율법
죄악 〈 속박　　**아동교사**　　구속 〉 범죄

　이렇게 속박과 구속의 기능을 하는 율법은 한 마디로 말해서 아동교사 (παιδαγωγός)라고 불린다(3:24). 율법은 실수와 실족하기 쉬운 어린아이를 보호하고 인도하는 아동교사와 같은 것이다. 아동교사의 목적은 어린아이를 전문교사에게 인도하는 것이다. 아이가 전문교사에게 맡겨지면 아동교사는 더 이상 아무런 역할을 할 것이 없다. 이것이 율법과 그리스도의 관계이다. 율법은 아동교사이고 그리스도는 전문교사이다. 아동교사인 율법의 목적은 전문교사인 "그리스도에게로"(εἰς Χριστόν) 교회와 성도를 인도하는 것이다. 율법의 궁극적인 목적은 그리스도에게로 인도하는 것이다. 율법은 그 자체로서도 의미가 없는 것은 아니지만, 그것보다는 그리스도에게로 인도하는 것이 최고의 목적인 것이다.

　율법이 사람을 그리스도에게로 인도함으로써 일어나는 결과는 사람이 의롭다 하심을 얻는 것이다(3:24). 이것은 율법의 긍정적인 의미를 보여준다. 사람이 믿음으로 의롭다 하심을 얻기까지 율법이 사람을 그리스도에게도 인도하는 일을 했기 때문이다. 그러나 이것은 율법의 부정적인 의미도 보여준다. 율법은 이신칭의를 위한 직접적인 역할을 가지고 있지 않기 때문이다.

　사도 바울은 "믿음이 온 후에 우리는 더 이상 아동교사 아래 있지 않다"(3:25)고 말함으로써 사람이 일단 전문교사를 만나면 다시 아동교사의 보호 아래 놓일 필요가 없듯이 믿음을 만나면 더 이상 율법의 보호(속박과 구속) 아래 놓일 필요가 없다는 견해를 보여준다. 단지 여기에서 주의해야 할 것은 "우리는 더 이상 아동교사 아래 있지 않다"는 말이 아동교사의 가치가 완전히 상실되었다는 것을 의미하지 않는다는 것이다. 아동교사는 아동교사대로 여전히 가치가 있다. 첫째로, 아동교사의 가르침에 기초하여 전문교사의 가르침으로 나아가게 되었기 때문이며, 둘째로, 전문교사의 가르침에 의지하여 아동교사의 가르침은 더 잘 이해되기 때문이다. 이렇게 아동교사의 가치는 살아있다. 하지만 아동교사의 보호 아래만 있는 것은 잘못이다.

5. 악덕목록(Lasterkatalog)

사도 바울은 미덕목록(Virtue-list / Tugendkataloge, 5:22~23)과 함께 자주 악덕목록(Vice-list / Lasterkatalog, 5:19~21)을 제시한다.[3] 사도 바울의 여러 서신에서 미덕목록(롬 12:9~18; 엡 5:9; 골 3:12; 딤전 3:1~13; 딛 2:14)과 악덕덕목(롬 1:29~31;

고전 5:10f.; 6:9f.: 고후 12:20f.; 엡 4:31; 5:3~5; 딤전 1:9f.; 딤후 3:2~5; 딛 3:3; 참조. 벧전 2:1; 4:3,15; 계 21:8; 22:15)이 언급된다. 사도 바울의 악덕목록은 당시 사회의 윤리적 기준과 무관하지 않다. 사도 바울은 특히 스토아 철학의 윤리(우주질서 유지)와 유대주의의 윤리(공동체 유지)가 주장하는 것과 비슷한 내용들을 제시하기 때문이다.[4] 그러나 사도 바울은 하나님의 은혜를 얻은 신자들이 믿음으로 얻은 의로움(칭의)과 종말론적인 소망 가운데서 악덕을 멀리해야 한다는 것을 보여줌으로써 당시의 윤리적인 동기와는 다른 것에 근거한다. 사도 바울의 악덕목록에 음행(πορνεία)과 우상숭배(εἰδωλολατρία)가 거의 빠짐없이 등장하는 것을 볼 때 이 두 가지가 초대교회에서 얼마나 큰 적이었는지 어렵지 않게 짐작할 수 있다.

3   B. B. S. Easton, "New Testament Ethical Lists", *JBL* 51(1932), 1~12; A. Vögtle, *Die Tugend- und Lasterkataloge im Neuen Testament*, NTA 16, Münster: Aschendorfer, 1936; S. Wibbing, *Die Tugend- und Lasterkataloge im Neuen Testament*, BZNW 25, Berlin: de Gruyter, 1959; W. Schrage, *Die konkreten Einzelgebote in der paulinischen Paränese*, Gütersloh: Gütersloher Verlagshaus Mohn, 1961. 미덕목록과 악덕목록에 관한 간략한 설명은 Bailey / Van der Broek, *Literary Forms*, 65~68을 참조하라.

4   Cf. P. Pokorn', *Der Brief des Paulus an die Kolosser*, ThHNT 10/I, Berlin: Evangelische Verlaganstalt, 1987, 137~139.

옥중서신

에베소서, 빌립보서, 골로새서, 빌레몬서는 옥중서신(Captivity Epistles, Gefangenschaftsbriefe)이라고 불린다. 옥중서신에는 "갇힌 자 된 나 바울"(엡 3:1), "내가 쇠사슬에 매였다"(엡 6:20), "나의 매임"(빌 1:7,13,14,17), "내가 매임을 당하였노라"(골 4:3), "나의 매인 것을 생각하라"(골 4:18), "내가 갇힌 자가 되었다"(몬 1), "갇힌 자"(몬 9), "갇힌 중에서"(몬 10)라는 표현이 자주 나온다. 그런데 문제는 사도 바울이 어느 감옥에서 이 편지들을 기록했느냐 하는 것이다. 사도 바울은 자신이 감금된 감옥이 어디인지 말하지 않는다. 따라서 이에 대하여 성경의 다른 책들을 통하여 추론할 수밖에 없다. 사도행전에 의하면 사도 바울은 가이사랴에서 2년 동안 투옥되었고(행 24:27), 로마에서 2년 동안 투옥되었다(행 28:30). 그러나 학자들 중에 어떤 이들은 사도 바울이 이 두 장소 외에도 에베소에서 감금당했다고 주장한다. 이것은 사도행전의 증거를 따르기보다는 바울서신의 증거를 따르려는 의도에서 나오는 주장이다. 사도 바울은 고린도전서 15:32에서 "내가 에베소에서 맹수로 더불어 싸웠다면"이라고 말한다. 이것은 당시에 로마인들이 죄인을 경기장에 풀어놓고 맹수와 격투하게 하는 장면을 설명하는 것이다. 이것은 사도 바울이 3차 전도여행시 경기장에 끌려나가 맹수의 위협을 받았을 듯한 경험을 가리키는 것이다. 이렇게 하여 우리는 사도 바울이 옥중서신을 쓴 감옥을 위하여 세 가지 가능성을 가진다.

> 1) 에베소 감옥(고전 15:32): 3차 전도여행시
> 2) 가이사랴 감옥(행 24:27): 마지막 예루살렘 방문시
> 3) 로마 감옥(행 28:30): 로마여행시

이 세 가지 가능성가운데서 로마 감옥설이 가장 타당성이 있다. 옥중서신은 사도 바울이 로마에 1차로 투옥되었던 당시에 저술하였다.

1. 에베소 감옥설과 가이사랴 감옥설에 대한 반대

사도 바울이 에베소에서 맹수와 싸워야 할 정도로 어려운 형편에 있었다면(고전 15:32) 4개의 편지를 차분히 쓸 시간이 없었을 것이 분명하다. 그러므로 에베소 감옥설을 배제된다.

사도 바울은 가이사랴에서 자유로운 행동을 할 수가 없었다. 사도 바울은 두 명의 로마총독이 바뀌면서 여러 차례 변호해야 할 입장에 있었다. 게다가 사도 바울은 가이사랴 투옥시 황제에게 송사하여 로마로 갈 것을 소원하였다(행 25:11). 그런데 빌레몬서에 의하면 사도 바울은 곧 석방되어 골로새에 있는 빌레몬에게 가서 유숙할 것을 기대하고 있다. 따라서 사도 바울이 가이사랴에서 이 편지들을 썼다는 의견은 타당성이 없다.

골로새서와 빌레몬서는 다 같이 오네시모에 대하여 말한다(골 4:9; 몬 10). 오네시모는 골로새에 있는 빌레몬의 노예로서 빌레몬의 집에서 도망을 했다. 그런데 오네시모는 체포되어 사도 바울이 갇혀있는 감옥에 감금되었다. 사도 바울은 오네시모를 옥중에서 만났다. 만일에 그 감옥이 에베소 감옥이라면 골로새에서 멀지 않은 곳인데 오네시모가 겨우 그 정도 도망을 하였다는 것은 이해가 되지 않는다. 또한 에베소와 골로새는 같은 로마 총독의 관할 하에 있는 지역인데 그런 곳으로 도망한다는 것은 거의 있을 수 없는 일이다.

또한 오네시모가 가이사랴로 도망했다는 것도 설득력이 없다. 왜냐하면 가이사랴는 소도시이며 로마총독의 사단급 군대(7,200명)가 주둔하는 주둔지로서 도망한 노예가 거기에서 체포당하는 것은 시간문제에 지나지 않기 때문이다.

2. 로마 감옥설에 대한 찬성

사도 바울은 로마에서 사람들의 방문을 받고 하나님의 나라를 전할 수 있을 정도로 자유로운 입장에 있었다(행 28:30~31). 따라서 이 곳에서 사도 바울이 4개의 편지를 썼을 것이라고 생각하는 데는 문제가 없다.

로마는 대도시로서 다양한 인종과 다양한 계층의 사람들이 거주하고 있었다. 따라서 오네시모가 도망칠 수 있는 가능성은 인종이 계층이 혼합되어 있는 대도시인 로마가 유력하다.

제13장
에베소서

1) 주석

M. Barth, *Ephesians 1~3. A New Translation with Introduction and Commentary*, AncB 34, Garden City/New York: Doubleday, 1974.

M. Barth, *Ephesians 4~6. A New Translation with Introduction and Commentary*, AncB 34A, Garden City/New York: Doubleday, 1974.

A. T. Lincoln, *Ephesians*, WBC 42, Dallas: Work Books, 1990.

R. Schnackenburg, *Der Brief an die Epheser*, EKK 10, Zürich: Benziger / Neukirchen-Vluyn: Neukirchener, 1982(= *The Epistle to the Ephesians. A Commentary*, Edinburgh: T&T Clark, 1991).

2) 연구서

A. T. Lincoln / A. J. M. Wedderburn, *The Theology of the Later Pauline Letters*, NTT, Cambridge: Cambridge University Press, 1993.

E. Best, *Ephesians*, NTG, Sheffield: Sheffield Academic Press, 1993, 1997(어네스트 베스트, 『에베소서』, 김정훈 역, 서울: 이레서원, 2003).

조병수, 『성령으로 사는 그리스도인』, 서울: 여수룬, 1996, 94~105.

조병수, "엡 1:1~14: 삼위 하나님의 구원 사역", in 「목회와 신학」 편집부, 서울: 두란노, 2003, 107~128.

I. 에베소서의 기록자와 기록장소와 연대

위에서 살펴본 바와 같이 에베소서는 사도 바울이 로마에 1차로 투옥되었던 당시에 기록하였다. 그러나 많은 학자들이 옥중서신가운데서 오직 빌립보서와 빌레몬서에만 사도 바울의 저작권을 인정한다. 학자들은 에베소서와 골로새서를 사도 바울의 제자나 사도 바울의 학파에 속한 사람이 후기에 기록한 것으로 여긴다. 에베소서의 바울 저작성을 반대하는 이유는 다음과 같다.

1. 언어적 논증

에베소서에는 사도 바울의 다른 서신들에 사용되지 않은 용어들이 많이 나온다. 예를 들면 마귀(διάβολος)이다(엡 4:27; 6:11). 이 단어는 역시 바울의 기록으로 인정을 받지 못하는 목회서신에는 나온다(딤전 3:6,7,11; 딤후 2:26; 3:3; 딛 2:3). 학자들은 특수한 단어의 사용으로 보아 에베소서의 바울 저작권을 부인한다. 그러나 이것은 새로운 주제를 다룰 때 생기는 어쩔 수 없는 현상이다. 에베소서는 구원론과 교회론에 큰 관심을 가지고 쓰여졌다. 따라서 다른 주제를 말하기 위해서는 다른 용어를 사용할 수밖에 없는 것이다. 주제가 달라지면 용어도 달라지는 것은 당연한 일이다.

2. 문학적 논증

에베소서와 골로새서의 비교를 통하여 전자가 후자를 사용했을 것이라고 주장한다. 한 저자가 같은 문체를 사용하여 상이한 글을 쓸 수 없다고 생각하기 때문이다. 그러나 오히려 한 저자가 같은 기간의 짧은 시간 내에 상이한 두 대상을 향해서 글을 쓴다면 같은 문체를 사용하여 상이한 글을 쓰는 것이 일반적이다.

3. 역사적 논증

에베소서에는 유대인과 이방인 사이에 그리스도에 의한 화해가 나온다(엡 2:11~22). 유대인과 이방인의 화해는 예루살렘 성전 파괴(A.D. 70)를 전제로 한다고 한다. 유대인 그리스도인들이 성전이 존재하고 있는 동안에는 이방인 그리스도인을 경멸하는 태도를 가지고 있었다는 것이다. 에베소서의 사상이 성전파괴 이후의 시간을 반영한다고 할 때 에베소 기록은 70년 이후, 다시 말해서 사도 바울의 사후(64년경)이다. 그러므로 에베소서는 사도 바울의 기록일 수 없다는 것이다. 그러나 이미 바울이 활동하던 당시에는 어느 정도 이 화해가 성사되었다. 사도 바울의 진정한 편지로 인정되는 갈라디아서에 유대인과 이방인의 화해사상이 잘 나온다. 유대인 그리스도인들을 대표하는 야고보, 베드로, 요한은 이방인 그리스도인들을 대표하는 바울, 바나바와 교제의 악수를 나누었다(갈 2:9). 성전이 아직 존재할 때 이미 유대인과 이방인의 화해가 이루어졌던 것이다.

4. 신학적 논증

에베소서 2:20은 "사도와 선지자들의 터"를 말한다. 교회는 사도와 선지자들의 기초 위에 서 있다는 것이다. 그런데 사도 바울은 고린도전서 3:11에서 예수 그리스도가 교회의 터라고 말한다. 사람들은 에베소서와 고린도전서가 같은 저자에게서 나온 글이라면 이런 상이한 사상이 생길 수가 없다고 주장한다. 그러나 이것은 문맥상의 차이에서 기인한다. 고린도전서의 문맥과 에베소서의 문맥을 고려하면 이것은 의미가 없는 주장이다. 고린도전서 3:11은 분열을 극복하는 것을 목적으로 하는 문맥에 들어있다. 사도들을 빙자하여 교회가 분열되고 있기 때문에 그리스도가 터라고 말하는 것은 자연스럽다. 그래서 예수 그리스도를 강조한다. 이에 비하여 에베소서 2:20은 계시를 설명하는 것을 목적 삼는 문맥에 들어있다. 사도들이 계시를 받은 자이다. 계시를 받았다는 입장에서 사도들과 선지자들은 교회의 터가 되는 것이다. 사도들과 선지자들은 이미 그리스도의 권위에 종속하는 것이며, 이들의 복음전도에 의하여 교회가 세워졌다는 것이다(엡 3:5). 따라서 문맥을 고려하지 않는 논증은 무의미하다. 게다가 에베소서는 고린도전서와 동일하게 교회가 그리스도의 몸이라고 말한다(엡 1:23; 고전 12:27).

II. 에베소서의 구조와 문학 특징

에베소서는 두 개의 큰 부분으로 나누어진다. 1~3장은 구원에 대한 진술이며, 4~6장은 삶에 대한 권면이다. 그래서 첫째 부분에는 전체적으로 직설법이 사용되고, 둘째 부분에는 전체적으로 명령법이 사용된다.

먼저 구원에 대한 진술을 살펴보자(1~3장). 첫째로, 여기서는 도입(1:1~2)에 이어 구원에 관한 삼위 하나님의 구속사역이 짜임새 있는 구조로 소개된다(1:3~14, 3인칭 단락). 이 단락에는 후렴구처럼 세 번 "영광의 찬송이 되도록"(1:6,12,14)이라는 말이 반복된다. 각 후렴구 앞에는 구속을 위한 성부 하나님(1:3~6), 성자 하나님(1:7~12), 성령 하나님(1:13~14)의 사역이 진술된다. 이 구조를 다음과 같이 도식할 수 있는데 삼위 하나님의 사역을 살펴보자.

(1) 성부의 활동(1:3~6) - 영광의 찬송이 되도록(1:6)

(2) 성자의 활동(1:7~12) - 영광의 찬송이 되도록(1:12)

(3) 성령님의 활동(1:13~14) - 영광의 찬송이 되도록(1:14)

여기에 사도 바울의 기도가 이어진다(1:15~23).

둘째로, 구원에 대한 진술에서 성도들의 과거와 현재가 묘사된다(2:1~22, 2인칭 단락). 여기에 성도들의 구원 전의 모습("그때에", 2:1~12)과 구원 후의 모습("이제는", 2:13~22)이 대조된다. 구원 후의 모습에서는 구원이 어떻게 시작되어(2:13~18) 어떻게 진행되는지(2:19~22) 언급된다.

셋째로, 구원에 대한 진술에서 사도 바울은 구속을 위한 자신의 활동을 설명한다(3:1~13, 1인칭 단락). 사도 바울은 이 단락을 기도로 마무리한다(3:14~21).

이제 삶에 대한 권면을 살펴보자(4~6장). 사도 바울은 이 부분을 "내가 너희를 권면한다"(παρακαλῶ, 4:1)는 말로 시작한다. 여기에는 네 개의 작은 단락이 들어있다. 그리고 작은 단락은 시작할 때마다 "그러므로"(οὖν)라는 단어와 함께 "행하다"(περιπατεῖν)라는 단어가 나온다(4:1,17; 5:1~2,15). 첫째로, 사도 바울은 성도들에게 부르심에 합당한 삶을 권면한다(4:1~16). 여기에 이방인과 다른 삶에 대한 제시가 이어진다(4:17~32). 또한 사도 바울은 성도들의 삶은 하나님을 본받는 자로서의 삶이라고 알려준다(5:1~14). 더 나아가서 사도 바울은 성도들에게 몇 가지 주의해야 할 삶을 권면한다(5:15~6:9). 사도 바울은 이 모든 권면에 이어 마치 부록처럼 "마지막으로"(τοῦ λοιποῦ)라는 말을 사용하여 몇 가지 권면을 덧붙인다(6:10~20).

끝으로, 사도 바울은 두기고를 보내면서 인사말로 본서를 마친다(6:21~24).

III. 에베소서의 내용

도입(1:1~2)

1. 구원에 대한 진술(1:3~3:21)
    1) 구원을 위한 삼위 하나님의 활동(1:3~14)
        (1) 성부의 활동(1:3~6)
        (2) 성자의 활동(1:7~12)
        (3) 성령님의 활동(1:13~14)
        * 기도(1:15~23)
    2) 구원을 위한 성도의 과거와 현재(2:1~22)

(1) 구원 전의 모습(2:1~12)
(2) 구원 후의 모습(2:13~22)
　　① 구원의 시작(2:13~18)
　　② 구원의 과정(2:19~22)
3) 구원을 위한 사도 바울의 활동(3:1~13)
* 기도(3:14~21)

2. 삶에 대한 권면(4:1~6:20)
　1) 부르심에 합당한 삶(4:1~16)
　2) 이방인과 다른 삶(4:17~32)
　3) 하나님을 본받는 자로서의 삶(5:1~14)
　4) 주의해야 할 삶(5:15~6:9)
　5) 부록(6:10~20)

종결(6:21~24)

1:1~2	1:3~3:21	4:1~6:24	6:21~24
도입	구원에 대한 진술	삶에 대한 권면	종결

IV. 에베소서의 상황

에베소서의 수신자들은 구원을 단지 지상과 역사에서 이루어진 사건으로 간주하는 위험에 처해 있었다. 사도 바울이 구원은 성 삼위 하나님의 심원한 계획 가운데서 실현된 것임을 명확하게 밝히는 것은 이런 위험을 제거하기 위함이었다. 또한 에베소서의 수신자들에게는 교회의 의미가 너무나도 작게 축소되어 있었다. 사도 바울은 교회를 영광스러운 기관으로 제시한다 (5:27). 교회는 한편으로 하나님에 의하여 건설되어 그리스도가 머리가 되시고 성령님이 지배하는 기관이며, 다른 한편으로 만물을 아우르는 하나님의 충만이다. 사도 바울은 하나님과 만물에 대한 교회의 웅장한 스케일을 보여줌으로써 에베소서의 수신자들의 왜소한 교회관을 교정해주었다. 에베소 교회의 또 다른 문제점은 유대인과 이방인의 갈등이었다. 에베소 교회에는 유대인이 이방인을 배척하고, 이방인이 유대인을 무시하는 현상이 두드러졌다. 사도 바울은 이 둘을 조화시키기 위하여 기독론을 제시하였다. 유대인은 이방인을 향한 하나님의 구속경륜을 경시해서는 안 되고, 이방인은 유대적 뿌리(약속의 언약, 선지자 등등)를 망각해서는 안 된다.[1] 마지막으로 에베소서의 수신자들은 세상에 대한 자세에서 실패하였다. 그들에게서 세상으로 돌아가 동화되려는 현상이 나타났다. 사도 바울은 수신자들의 이런 자세에 대하여 이중적인 입장을 제시하였다. 한편으로는 신자들이 세상의 악한 생활에 대하여 방어해야 한다는 것이며, 다른 한편으로는 사회의 각 부분에 적극적으로 참여하여 변화시켜야 한다는 것이다.

V. 에베소서의 신학

1. 하나님

하나님은 선택과 예정의 하나님이시다(1:3~6). 하나님의 선택은 창세 전에 이루어진 것이기 때문에 역사 안에서 포기될 수 없고, 그리스도 안에서 이루어진 것이기 때문에 사람에 의하여 파기될 수 없다(1:4). 하나님의 예정은 하나님의 기쁘신 뜻대로 된 것이기에 누구의 간섭도 받지 않고 순조롭게 진행되며, 예수 그리스도 안에서 된 것이기에 절대로 불변하는 효과적인 예정이다. 하나님의 선택은 우리를 하나님 앞에서 거룩한 성도가 되게 하며(1:4), 하나님의 예정은 우리를 하나님의 자녀가 되게 한다(1:5).

하나님은 아버지이시다. 하나님은 하늘과 땅에 있는 족속에게 이름을 주시는 만유의 아버지이시다(3:15; 4:6). 그래서 하늘과 땅에 있는 모든 것이 하나님 아버지의 섭리 안에 존재한다. 또한 하나님은 성도들에게 지혜와 계시의 영을 주시는 영광의 아버지이시다(1:17). 그래서 성도들은 항상 성령님 안에서 하나님 아버지께 나아가야 한다(2:18). 하나님께서는 아버지로서 성도들에게 적절하게 은사를 제공하신다(4:7).

2. 예수 그리스도

사도 바울은 에베소서에서 구속을 위한 예수 그리스도의 피를 강조한다. 우리는 예수 그리스도 안에서 그의 은혜의 풍성함을 따라 그의 피로 말미암아 구속과 속량을 얻었다(1:7). 예수님의 구속은 그의 피를 도구로 삼는다. 이것은 예수님의 실제적인 죽음을 의미한다. 인간을 구속하기 위하여 예수님의 피가 사용되어야 했다는 것은 인간의 죄악이 얼마나 극악한 것인지 알려준다. 인간의 타락은 절대적인 것이어서 오직 예수님의 피만이 그것을 해결할 수 있다. 예수님의 피로써 인간을 구속하였다는 것은 하나님이 얼마나 사랑

---

1   H. Chadwick, "Die Absicht des Epheserbriefes", *ZNW* 51 (1960), 145~153.

이 큰지 보여준다. 우리의 구속을 위하여 예수님의 피가 사용되었다는 것은 우리의 구속이 얼마나 고귀한지 알려준다. 우리는 본래 하나님에게서 멀리 있었으나 예수 그리스도 안에서 그의 피로 말미암아 하나님과 가까워지게 되었다(2:13). 이런 의미에서 예수 그리스도는 중보자이시다.

예수 그리스도는 중보자이시기 때문에 하늘에 있는 것이나 땅에 있는 것이나 그 안에서 머리를 되찾는다(1:10). 여기에 사용된 ἀνακεφαλαιοῦσθαι는 말은 "다시 머리가 생긴다"는 것을 의미한다. 타락의 상태에서는 만물이 서로 연결 없이 부조화적으로 존재하였다. 그러나 이제 예수 그리스도의 구속 사건 이후에 만물이 그리스도 안에서 머리를 얻게 되었다. 그리스도는 만물의 머리로서 마구 무질서하게 흩어져 있던 만물을 조화시키신다. 다시 말하자면 하나님께서는 "만물을 그의 발아래 복종하게 하시고 그를 만물 위에 교회의 머리(κεφαλή)로 삼으셨다"(1:22). 그런데 예수 그리스도는 하나님과 사람 사이의 중보자이기도 하다. 이런 의미에서 사도 바울은 예수 그리스도를 가리켜 "우리의 화평"(ἡ εἰρήνη ἡμῶν)이라고 부른다(2:14). 예수 그리스도는 십자가로 하나님과 사람을 화목하게 하셨기 때문이다(2:16).

3. 성령님

먼저 사도 바울은 성령님을 구원론적인 측면에서 설명한다. 성령님은 구속을 인치는 약속의 성령님으로 기업의 보증이시다(1:13~14). 성령님의 인침은 구속의 일에 나타나는 성령님의 결정적인 사역이다. 성령님의 인 치심(σφραγίζω)은 성도들의 구속이 변함이 없다는 것임을 확인하는 것이다. 성령님의 인 치심은 "구속의 날까지"(4:30) 이르는 불변의 확인이다. 또한 성령님의 약속은 성도에 대한 성령님의 활동이다. 성령님은 구원이 반드시 완성될 것임을 약속하신다. 성령님은 시작된 구원이 미래에 필연적으로 완성될 것임을 약속하신다. 더 나아가서 성령님은 기업의 보증(ἀρραβών)이라고 불린다(참조. 고후 1:22; 5:5). 하나님께서는 성도들에게 풍성한 영광스런 기업을 준비해두셨고, 성도들은 하나님으로부터 풍성한 영광스런 기업을 받게 된다. 그런데 성령님은 성도들에게 이 기업이 주어질 것을 확실하게 만드는 보증이시다.

사도 바울에 의하면 구원은 예수 그리스도로 말미암아 한 성령님 안에서 아버지께 나아감을 얻는 것이다(2:18). 구원은 성령님 안에서 이루어진다. 성구원은 성령님 없이는 도무지 이루어질 수 없는 일이다. 구속에 성령님의 사역이 동반된다. 구원을 이루는 데 성령님의 사역은 결정적이다. 성령님의 사역 없이는 예수 그리스도의 구속은 없으며 성부 하나님께 나아감도 없다. 성령님께서는 성도들이 구원을 향하여 지어져가도록 속사람을 강건하게 하시는 분이다(3:16). 그러므로 성도들은 성령님을 근심시켜서는 안 된다(4:30).

오히려 성도들은 성령님의 검인 하나님의 말씀을 소지해야 하며 성령님 안에서 기도하기를 힘써야 한다(6:17~18). 이러한 구속의 비밀은 성령님에 의하여 계시된다(3:5). 왜냐하면 성령님은 계시의 영이시기 때문이다(1:17).

또한 사도 바울은 성령님의 사역을 교회론적인 측면에서 설명한다. 구원은 성령님 안에서 하나님의 처소로 함께 지어져 가는 것이기 때문이다(2:22). 사도 바울은 교회론적인 측면에 성령님을 설명하면서 두 가지 생각을 덧붙인다. 첫째로, 성령님은 하나 되게 하신다는 것이다(4:3). 둘째로, 성령님은 한 분이시다(4:4). 여기에 성령님으로 인한 성도들의 연합의 가능성이 있다. 한 분이신 성령님으로 성도들이 하나가 되어지는 것을 이루기 위하여 성도들에게 필요한 것은 성령님으로 충만해지는 것이다(5:18). 성령님 충만은 성도들이 술 취함으로 표현하는 방탕의 이방인세계를 가장 능력있게 극복할 수 있는 길이다. 성령님 충만은 오직 하나님의 은혜이며, 계속해서 머물러야할 상태이다. 성령님으로 충만한 그리스도인은 모든 영역에서 성령님 충만을 표현한다.

4. 교회

사도 바울에 의하면 교회는 예수 그리스도 앞에 존재하는 "영광스러운 교회"(5:27)이다. 교회의 영광은 예수 그리스도께서 교회를 위하여 자신을 주셨다는 사실에서 성립된다. 예수님께서 교회에 자신을 주신 것은 교회가 그의 신부이기 때문이다. 교회는 예수님의 신부로서 물로 씻어 말씀으로 깨끗하게 하고 거룩하게 되었다. 그래서 교회는 티나 주름잡힌 것이나 흠이 없다. 이렇게 볼 때 교회의 영광은 거룩함에 기인한다. 교회의 영광은 거룩함에 근거하고 있기 때문에 거룩하지 않은 교회는 영광스럽지 않다.

또한 교회의 영광은 예수 그리스도의 몸(σῶμα)이며 만물 안에서 만물을 충만케 하시는 이의 충만(πλήρωμα)이라는 사실에서 성립된다(1:23). 교회가 몸이라는 사상은 무엇보다도 예수 그리스도께서 머리가 되신다는 것을 의미한다(1:22). 예수 그리스도는 교회를 사랑하며 교회는 예수 그리스도께 복종한다(5:22~33).

(엡 1:22~23 교회론)

더 나아가서 몸 사상은 성도간의 완벽한 조화를 가리킨다. 성도는 그 몸의 지체이다(5:30). 교회가 충만이라는 사상은 교회의 풍성함을 나타낸다. 교회는 심지어 하늘에 있는 통치자들과 권세들에게 하나님의 각종 지혜를 알게 하는 기관이다(3:10).

5. 가정지침(Haustafel, The Domestic Code, Household Tables)

사도 바울은 그리스도인이 사회에서 어떻게 살아야 할 것이지를 보여주기 위해서 가정지침을 제시한다(5:22~6:9; 참조. 골 3:18~4:1; 딤전 2:8~3:13; 6:1f.; 딛 2:1~10; 벧전 2:13~3:7).[2] 이런 가정지침은 이후 속사도 시대에도 반복적으로 나타난다(Did. 4:9~11; Barn. 19:5~7; 1Clem. 21:6~9; Ign. Polyk. 5:1; Polyk. 4:2~6:3). 가정규칙은 당시의 스토아 철학에서도 발견된다. 그러나 사도 바울의 가정규칙은 근본적으로 다른 점을 가지고 있다. 사도 바울은 가정규칙으로 그리스도인의 일상생활이 사회에서 어떻게 영위되어야 하는지 보여준다. 이때 사도 바울은 그리스도인의 일상생활이 주님과의 관계로 말미암아 설정된다고 생각한다. 예수 그리스도를 주님으로 고백하는 신앙적인 자세가 신자의 삶을 지도한다는 것이다. 가정규칙은 대사회적인 관계에서 매우 긍정적인 효과를 초래한다. 신앙고백에 근거한 가정규칙을 따를 때 신자의 사회생활은 보다 원만하게 된다. 그래서 가정규칙은 결국 그리스도인에 대한 사회의 증오(odium generis humani)를 감소시키면서 기독교 신앙을 변증할 뿐 아니라 선교하는 효과를 가져다준다.

---

2   K. Weidinger, *Die Hautafeln. Ein Stück urchristlicher Paränese*, UNT 14, Leipzig: Hinrichs, 1928; K. Romaniuk, "Les motifs parénétiques dans les écrits pauliniens", *NovTt* 10 (1968), 191~207; J. E. Crouch, *The Origin and Intention of the Colossian Haustafel*, FRLANT 109, Göttingen: Vandenhoeck Ruprecht, 1972; W. Scharge, "Zur Ethik der neutestamentlichen Haustafeln", *NTS* 21 (1975/76), 1~22; W. Lillie, "The Pauline House-Tables", *ExpTim* 86 (1975), 179~83; D. Lührmann, "Neutestamentliche Haustafeln und antike Ökonomie", *NTS* 27 (1980), 83~97; D. L. Balch, "Household Codes", in D. E. Aune (ed.), *Greco-Roman Literature and the New Testament*, Atlanta: Scholars, 1988, 25~50. 가정지침에 관한 간략한 설명은 Bailey and Van der Broek, *Literary Forms*, 68~72을 참조하라.

제14장
빌립보서

1) 주석

J. Gnilka, *Der Philipperbrief*, HthKNT 10.3, Freiburg / Basel / Wien: Herder, 1968

G. F. Hawthorne, *Philippians*, WBC 43, Waco: Word Books, 1983.

2) 연구서

K. P. Donfried / I. H. Marshall, *The Theology of the Shorter Pauline Letters*, NTT, Cambridge: Cambridge University Press, 1993.

V. P. Furnish, "The Place and Purpose of Philippians III", *NTS* 10 (1963/64), 80~88.

D. Peterin, *Paul's Letter to the Philippians in the Light of Disunity in the Chruch*, NovTSup. 79, Leiden: Brill, 1995.

W. Schmithals, "Die Irrlehrer des Philipperbriefes", in *Paulus und die Gnostiker. Untersuchungen zu den kleinen Paulusbriefen*, ThF 35, Hamburg: Reich, 1965, 47~87.

조병수, "빌 1:1~18. 빌립보 교회를 향한 감사와 기도", in 목회와 신학 편집부, 『에베소서, 빌립보서, 골로새서』, 서울: 두란노, 2003, 289~303.

I. 빌립보서의 기록자와 기록연대와 장소

사도 바울이 빌립보서를 기록하였고 디모데가 그 일에 동참하였다(1:1). 사도 바울은 빌립보서를 기록할 때 자유로운 몸이 아니었다. 그의 몸은 매여 있는 상태에 있었다. 그러므로 그는 네 차례나 연거푸 자신이 투옥되어 있다는 것을 설명한다: "나의 매임"(1:7,13,14,17). 이것은 그의 투옥상태가 매우 심각한 것임을 보여준다. 사도 바울은 결코 좋은 상황에 있지 않았다. 그는 삶과 죽음의 사이에 놓여 있었던 것이다. 그러므로 사도 바울은 자신의 상황을 "살든지 죽든지"(1:20)라고 표현하였다.

II. 빌립보서의 구조와 문학 특징

빌립보서의 구성과 관련하여 현대 신약신학 학계에서는 여러 서신 조합설이 우세하다. 이 학설은 폴리캅의 빌립보서에 사도 바울이 빌립보에 보낸 편지가 복수(ἐπιστολάς)로 진술된 것에 착안한다. "나도 또는 나와 비슷한 다른 이도 복되고 유명한 바울의 지혜를 따를 수가 없다. 그는 너희 가운데, 즉 그 당시의 사람들과 친히 함께 있을 때에 진리에 관한 말씀을 자세히 확신있게 가르쳤다. 그는 너희와 떨어져 있을 때에 편지들(ἐπιστολάς)을 썼다. 너희가 만일 그 안을 들여다본다면 너희는 너희에게 주어진 믿음에 이르는 덕을 세울 수가 있다"(Pol.Phil.3:2).[1]

폴리캅의 빌립보서에 근거하여 사도 바울이 빌립보에 여러 번 편지를 보냈다고 추정하는 G. Bornkamm[2]은 현존하는 빌립보서에서 첫째로, 기쁨에 대한 언급(3:1; 4:4!)에 이어 이단비판(3:2)이 나오는 것을 이상하게 생각하여 이단논박을 떼어 내고(3:2~4:3), 둘째로, 평화에 대한 진술(4:9)에 이어 사도 바울을 위한 부조(4:10)를 언급하는 것도 이상하게 생각하여 감사편지를 떼어 낸다(4:10~20). 그래서 Bornkamm은 빌립보서에 다음과 같이 세 가지 편지가 조합되어 있다고 생각한다.

1) 주요편지(A) 1:1~3:1; (B) 4:4~9; (C) 4:21~23
2) 이단논박 3:2~4:3
3) 감사편지 4:10~20

---

1 Cf. 조병수, "폴리캅의 빌립보서의 정경사 위치(1)", 「신학정론」 16 (1998), 35~52; "폴리캅의 빌립보서의 정경사 위치(2)", 303~318.

2 G. Bornkamm, "Der Philipperbrief als paulinische Briefsammlung", in *Geschichte und Glaube*. Zweiter Teil: Gesammelte Aufsätze, Bd. 4, München: Kaiser, 1971, 195~205.

다시 말하자면, 주요편지 A부분(1:1~3:1)과 주요편지 B부분(4:4~9) 사이에는 이단논박(3:2~4:3)이 삽입되고, 주요편지 B부분(4:4~9)과 주요편지 C부분(4:21~23) 사이에는 감사편지(4:10~20)가 삽입되었다는 것이다.

주요편지 A부분 1:1~3:1

⇐ 이단논박 3:2~4:3

주요편지 B부분 4:4~9

⇐ 감사편지 4:10~20

주요편지 C부분 4:21~23

그러나 Bornkamm의 주장을 받아들이기는 쉽지 않다. 첫째로, 이 주장은 사도 바울의 편지기록 습관을 간과하였기 때문이다. 사도 바울의 편지기록 습관 가운데 삽입방식은 매우 중요한 것이다. 삽입방식은 사도 바울의 다른 서신들을 살펴볼 때 어렵지 않게 확인할 수 있다(롬 9~11장; 고전 13장; 고후 6:14~7:1 등등). 이것은 사도 바울에게 독특한 것으로서 그의 모든 편지에서 일관성 있게 나타난다. 따라서 빌립보서의 삽입현상도 그의 편지기록 습관에서 기인하는 것으로 보아야 한다. 둘째로, 3:2~4:3을 이단논박을 위한 편지로 간주하고 4:10~20를 감사편지로 간주하기 어렵기 때문이다. 이 두 부분에는 모두 도입과 결말로 이루지는 편지형식이 충분하지 않다.

빌립보서에는 "기뻐하라"는 동사도 여러 번 사용되었고(1:18; 2:17,18,28; 3:1; 4:4bis,10), "기쁨"이라는 명사도 여러 번 사용되었다(1:4,25; 2:2[개역한글판에는 2:4],29; 4:1). 특히 이 가운데서 "너희는 기뻐하라"는 말은 빌립보서의 구조를 파악하는 데 매우 중요하다(2:18; 3:1; 4:4).

III. 빌립보서의 내용

도입(1:1~2)

1. 바울의 기도(1:3~11)

2. 바울의 상황(1:12~26)
   1) 복음의 진보(1:12~13)
   2) 지지자와 반대자(1:14~18)
   * "나는 기뻐하고 또한 기뻐하리라"(1:18)

3) 생사간의 결단(1:19~26)

3. 바울의 권면(1:27~4:9)
  1) 복음에 합당하게 생활하라(1:27~30)
  2) 마음을 같이 하라(2:1~11)
   * 그리스도 찬양시(2:6~11)
  3) 구원을 이루라(2:12~18)
   * "이와 같이 너희도 기뻐하라"(2:18)
  4) 동역자에 대한 권면(2:19~30)
    (1) 디모데(2:19~24)
    (2) 에바브로디도(2:25~30)
  5) 마지막 권면(3:1~4:9)
    (1) 대적자들에 대하여(3:1~21)
    * "주 안에서 기뻐하라"(3:1)
     논쟁(3:2~3)
     바울의 자서전(3:4~16)
     대적자들의 모습(3:17~20)
    (2) 동역자들에 대하여(4:1~3)
    * "나의 기쁨이요 … 주 안에 서라"(4:1)
    (3) 경건에 대하여(4:4~9)
    * 주 안에서 항상 기뻐하라(4:4)

4. 바울의 감사(4:10~20)
   * "내가 주안에서 크게 기뻐함은"(4:10)

종결(4:21~23)

1:1~2	1:3~11	1:12~26	1:27~4:9	4:10~20	4:21~23
도입	바울의 기도	바울의 상황	바울의 권면	바울의 감사	종결

Ⅳ. 빌립보 교회의 상황

빌립보 교회는 마게도냐 지방에서 든든한 조직을 가진 교회였던 것이 분명하다. 빌립보서의 서문에 의하면 빌립보 교회에는 감독들과 집사들이 있었다(1:1). 감독들과 집사들을 언급하는 것은 사도 바울이 쓴 편지들 가운데 유일한 서문이다. 그럼에도 불구하고 빌립보 교회는 갈등구조에 빠져있었다. 그러므로 사도 바울은 빌립보서에서 자주 교제를 강조한다(1:5,7; 2:1; 3:10; 4:14,15).

1. 사도 바울과 빌립보 교회의 갈등

첫째로, 빌립보 교회는 사도 바울과 갈등을 빚고 있었다. 빌립보 교회에는 다음과 같이 사도 바울을 오해하거나 심지어 그를 대적하는 사람들이 많이 있었다. 어떤 사람들은 사도 바울의 전도를 시기하였다(1:15,17). 그들도 예수 그리스도를 전도하였는데, 그 전도는 투기와 분쟁의 마음에서 나온 것이며 사도 바울의 감금에 괴로움을 더하게 하려는 생각에서 나온 것이었다. 더 나아가서 어떤 사람들은 사도 바울의 신앙을 멸시하였다(3:2,4). 그들은 육체를 신뢰하고 자랑함으로써 예수님을 신뢰하고 자랑하는 것에 조소를 던졌다. 마지막으로 어떤 이들은 사도 바울의 복음에 원수가 되었다(3:18~19). 그들은 예수 그리스도의 십자가에 대하여 원수로 행동하였고, 패거리를 지어서 배를 신으로 삼고, 수치를 영광으로 삼는 사람들이었다.

사도 바울은 자신의 주위에 있던 이러한 사람들 때문에 피눈물을 흘렸다. "내가 여러 번 너희에게 말하였거니와 이제도 눈물을 흘리며 말하노니"(3:18). 그러나 이런 고통 가운데서도 사도 바울은 에바브로디도(2:25~30), 멍에를 같이 한 자(또는 수주고스, 4:3), 복음에 함께 힘쓰던 부녀들(4:3), 클레멘트와 그외 동역자들(4:3), 가이사 집 사람들(4:22) 같은 동역자들로부터 위로를 얻었다.

2. 교회 내의 갈등

빌립보 교회는 외부로부터 들어오는 세상의 영향에 위협을 당하고 있었다(2:12이하). 그래서 사도 바울은 빌립보 교회를 향하여 "어그러지고 거스르는 세대 가운데서 하나님의 흠 없는 자녀로 세상에서 그들 가운데 빛들로 나타나라"(2:15)고 권면하였다. 또한 빌립보 교회는 교리적인 면(특히 이신칭의)에서 위기에 처해 있었다(3:1이하, 특히 9절).

그러나 빌립보 교회에서 드러난 가장 큰 문제는 내부의 분열 조짐이었다(2:1이하). 그 중에서도 유오디아와 순두게의 갈등은 대표적인 경우이다(4:2). 그래서 사도 바울은 "너희가 한 마음으로 서서 한 뜻으로 복음의 신앙을 위하여 협력하는 것 … 듣고자 함이라"(1:27f.)고 말하면서 "마음을 같이 하여 같은 사랑을 가지고 뜻을 합하며 한 마음을 품으라"(2:2)고 권면하였다. 또한 사도 바울은 예수 그리스도의 겸비를 모범으로 삼도록 "그리스도 찬양시"를 소개해주었다(2:5~11).

V. 빌립보서의 신학

1. 기독론

빌립보서는 기독론적인 진술에서 구성의 일관성을 가진다. 물론 빌립보서의 기독론은 삼위일체론에 기반을 두고 있다(특히 성령님에 대한 언급은 1:19; 2:1; 3:3을 참조하라). 빌립보서의 구성에서 기독론이 중요하다는 것은 무엇보다도 시작과 종결이 기독론으로 상관된다는 점에서 발견된다.

    1) 시작: "그리스도 예수님의 종"(1:1).
       이 표현은 오직 로마서에 나오는 "예수 그리스도의 종"(롬 1:1)이라는 표현과 비슷하다.
    2) 종결: "주 예수 그리스도의 은혜가 너희 심령에 있을지어다"(4:23).
       이 표현은 바울의 여러 서신과 비슷하다(고전 16:23; 갈 6:18; 살전 5:28; 살후 3:18; 몬 1:25).

더 나아가서 빌립보서에서 기독론적 표현들(주, 예수 그리스도, 그리스도 예수, 그리스도)이 다음과 같이 압도적으로 많이 사용되고 있다는 사실로부터 빌립보서의 구성에서 기독론이 중요하다는 것을 쉽게 알 수 있다.
    1) 도입(1:1~2)에 "그리스도 예수"(또는 "예수 그리스도")가 반복적으로 3번 사용된다. 발신자는 그리스도 예수님의 종이며(1:1a), 수신자는 그리스도 예수 안에 있는 모든 성도이다(1:1b). 기원에도 주 예수 그리스도가 언급된다(1:2).
    2) 바울의 기도(1:3~11)에서 간구의 이유는 "그리스도 예수님의 날까지"(1:6) 이루어질 복음교제 때문이다. 그래서 사도 바울은 사역에 동참한 성도들을 "예수 그리스도의 심장으로"(1:8) 사모한다. 기도의 내용은 성도들이 "그리스도의 날까지"(1:10) 진실하고 "예수 그리스도로 말미암아"(1:11) 결실하는 것이다.
    3) 바울의 상황(1:12~26)에서는 먼저 복음의 진보가 설명되면서 "그리스도 안에서"(1:13) 바울의 매임이 알려졌고, 많은 형제가 "주 안에서"(1:14) 겁없이 전도하게 되었다고 한다. 어떤 이들은 착한 뜻으로 "그리스도를 전파하고"(1:15), 어떤 이들은 다툼으로 "그리스도를 전파하였는데"(1:16~17) 사도 바울은 어떻게든 "전파되는 것이 그리스도니"(1:18) 기쁘다고 말한다. 사

도 바울은 "예수 그리스도의 성령님의 도우심으로"(1:19) 구원에 이를 줄 알기 때문에 생사간에 "그리스도가 존귀히 되게"(1:20) 하는 소망을 가진다. 그는 사는 것이 "그리스도"(21)라고 믿는다.

4) 사도 바울은 교회에게 주는 권면(1:27~4:9)에서 기독론적인 표현을 많이 사용한다.

(1) 첫째로, 사도 바울은 복음에 합당하게 생활하라고 권면하면서(1:27~30) "그리스도의 복음에"(1:27) 합당한 삶을 권면하고, "그리스도를 위하는"(1:29) 것은 그를 믿을 뿐 아니라 그를 위하여 고난을 받는 것이라고 알려준다.

(2) 둘째로, 사도 바울은 마음을 같이 하라고 권면하면서(2:1~11) 신자들이 "그리스도 안에서"(2:1) 한마음을 가질 것을 권면한다. 그것은 "그리스도 예수 안에"(2:5) 있는 마음이다. 여기에서 사도 바울은 그리스도 찬양시를 소개한다(2:6~11).

(3) 셋째로, 사도 바울은 구원을 이루라고 권면하면서(2:12~18) 신자들이 두렵고 떨림으로 구원을 이루어 "그리스도의 날"(2:16)에 자신에게 자랑이 있기를 소망한다.

(4) 넷째로, 사도 바울은 동역자에 대한 권면에서(2:19~30) 디모데는 "그리스도 예수님의 일"(2:21)을 구하지 않는 사람들과 달리 복음을 위하여 수고하였으며, 에바브로디도는 "그리스도의 일"(30)을 위하여 죽기에 이르러도 자기 목숨을 돌아보지 않았다고 소개한다.

(5) 다섯째로, 사도 바울은 마지막 권면에서(3:1~4:9) 먼저 "주 안에서"(3:1) 기뻐하라는 말로 시작하고는 "그리스도 예수 안에서"(3:3) 자랑하기 때문에 과거를 신뢰하지 않으며, 이제는 유익하던 것과 모든 것을 "그리스도를 위하여"(3:7) 해로 여기며 "그리스도 예수님을 아는 지식이"(3:8) 가장 고상한 것으로 생각한다고 말한다. 그는 "그리스도를 믿음으로 말미암아"(3:9) 의를 얻게 되었으므로 "그리스도께 참여"(3:10)하기 위하여 그의 죽으심을 본받아 부활에 이르려 한다. 따라서 사도 바울에게 남은 일은 "그리스도 예수님께 잡힌 바 된 그것"(3:12), 다시 말하자면 "그리스도 예수 안에서"(3:14) 하나님이 위에서 부르신 부름의 상을 위하여 좇아가는 것이다. 이 때문에 사도 바울은 "그리스도 십자가의 원수"(3:18)로 행하는 사람들의 문제를 지적하고, 하늘에 시민권을 가지고 있는 신자들은 "구원하는 자 예수 그리스도를"(3:20) 기다려야 한다고 말한다. 사도 바울은 마지막으로 성도들에게 "주 안에"(4:1) 서라고 말하고, 특히 유오디아와 순두게가 "주 안에서"(4:2) 같은 마음을 품으라고 권면한다. 또한 사도 바울은 "주 안에서"(4:4) 기뻐하라고 말하면서 "주께서 가까우시다"(4:5)는 것을 설명한 후에 하나님의 평강이 기도하는 사람을 "그리스도 예수 안에서"(4:7) 지킬 것임을 권면

한다.

5) 사도 바울은 감사의 단락에서(4:10~20) 자신이 "주 안에서"(4:10) 크게 기뻐하는 이유를 빌립보 성도들의 연보 때문임을 밝히면서 하나님께서 "그리스도 예수 안에서"(4:19) 빌립보 성도들의 쓸 것을 채워주실 것을 확신한다.

6) 사도 바울은 편지를 종결하면서(4:21~23) "그리스도 예수 안에"(21) 있는 성도에게 문안할 것을 요청하고, "주 예수 그리스도의 은혜가"(23) 빌립보 성도들의 심령에 있기를 기원한다.

2. 그리스도 찬양시(2:6~11)

M. D. Hooker, "Philippians 2:6~11", in: *Jesus und Paulus. FS W. G. Kümmel*, Göttingen: Vandenhoeck Ruprecht 1975, 151~164.

R. P. Martin, *A Hymn of Christ. Philippians 2:5~11 in Recent Interpretation and in the Setting of Early Christian Worship*, Downers Grove: Inter Varsity Press, 1997 (Carmen Christi. Philippians 2:5~11 in *Recent Interpretation and in the Setting of Early Christian Worship*, Cambridge: Cambridge University Press, 1967).

김진옥, "'하나님과 동등 됨을 취할 것으로 여기지 아니하시고(빌 2:6)' 번역에 대한 재고", 「신학정론」 32 (2014), 111~138.

조병수, "기독론 설교로서의 그리스도 찬양시(빌 2:6~11)", 「신학정론」 21 (2003), 69~93.

빌립보서에서 기독론을 가장 명확하게 보여주는 단락은 소위 그리스도 찬양시(Hymn of Christ, Christushymnus)를 담고 있는 빌립보서 2:6~11이다. 사도 바울이 그리스도 찬양시를 제시하는 것은 빌립보 교회의 내적 분열을 봉합하기 위함이었다. 사도 바울은 그리스도 찬양시가 교회의 내적 분열을 해결하는 데 매우 중요한 역할을 할 것으로 생각하였다. 그리스도 찬양시는 상황을 볼 때 초대교회의 예배현장을 반영하며, 형태를 볼 때 노래형식을 띠고 있으며, 내용을 볼 때 그리스도 안에서 일어난 하나님의 구속행위와 관련된다.

1. 번역
I A 6 그는 하나님의 형체 가운데 계셨는데
　　　하나님과 동등임을 탈취물로 여기지 아니하셨고
　B 7 오히려 자기를 비어
　　　종의 형체를 가지셨고
　　　사람들과 같은 형상 안에 있게 되셨고
　　　모양으로는 사람처럼 발견되셨다.

C 8 자기를 낮추셨고

죽기까지 곧 십자가의 죽음까지 복종하셨다.

II A 9 이러므로 하나님이 그를 지극히 높여

모든 이름 위에 뛰어난 이름을 그에게 선사하셨고

Ba 10 예수님의 이름 앞에 하늘에 있는 자들과 땅에 있는 자들과 땅
아래 있는 자들의 모든 무릎이 꿇게 하셨고

Bb 11 모든 혀가 예수 그리스도는 하나님 아버지의 영광을 위한 주라
고백하게 하셨다

2. 구조

빌립보서 그리스도 찬양시에서는 주로 선포적인 삼인칭형이 사용된다. 이
찬양시는 크게 두 단락으로 나눌 수가 있다. 첫째 단락(I)은 6~8절로서 그
리스도의 활동을 다루고, 둘째 단락(II)은 9~11절로 하나님의 행위를 다룬
다. 각 단락은 다음과 같이 구조상의 특징을 보여준다.

첫째로, I단락(6~8)에서. A(6)에서는 하나님(θεός)이 두 번 강조된다. B(7)
은 사람(ἄνθρωπος)을 두 번 강조한다. C(8)의 강조점은 두 번 나오는 죽음
(θάνατος)에 있다. 이것은 일종의 점강법적인 내용이다.

하나님/하나님 → 사람/사람 → 죽음/죽음

둘째로, II단락(9~11)에서. A(9)에서는 하나님(θεός)과 두 번 나오는 삼인
칭 단수 대명사(αὐτός)의 관계가 설명된다. B(10~11)은 각 절에서 예수님
(Ἰησοῦς)과 모든(πᾶς)을 언급하면서 관계성을 설명한다. 여기에서 주목할 만
한 것은 교차대칭법(chiasmus)이 사용되고 있다는 것이다.

셋째로, 전체적으로 볼 때. 이 찬양시는 "하나님의 형체"(μορφὴ θεοῦ, 6)로
시작하여 "하나님의 영광"(δόξα θεοῦ, 11)으로 종결된다. 노래가 하나님의 형
체에서 하나님의 영광까지 진행되는 것이다. 예수 그리스도는 하나님의 형
체(μορφή)와 하나님의 영광(δόξα) 사이에서 활동하신다. 또한 내용상 IC(8절)
를 중심에 놓고 IA(6절)는 IIA(9절)에 상응하고, IB(7절)는 IIB(10~11절)에 상
응한다.

```
┌ IA(6절)              IB(7절)        ┐
│            IC(8절)                  │
└ IIA(9절)             IIB(10~11절)   ┘
```

결론적으로 이렇게 볼 때 빌립보서 그리스도 찬양시는 크게 두 단락으로 구성되면서 다섯 개의 시구를 가지고 있다.

3. 내용

첫째 단락(I, 6~8)은 예수님의 활동을 세 가지 사상으로 노래한다: 예수님의 신적 본질(하나님의 형상, 6), 예수님의 허화(7), 예수님의 비하(8). 둘째 단락 (II, 9~11)은 하나님의 활동을 세 가지 신학으로 노래한다: 하나님에 의한 그리스도의 승귀(9a), 그리스도의 이름 수여(9b), 이로 말미암는 피조물의 반응 (하나님의 영광, 10~11). 이 모든 내용을 기독론적으로 정리하면 세 가지 사상이 나타난다: 그리스도의 신적 본질(6), 그리스도의 역사적 사건(7~8), 그리스도의 종말론적 현상(9~11).

1) 그리스도의 신적/선재적 본질(6)

그리스도 찬양시가 가장 먼저 밝히는 것은 그리스도의 신적 존재성이다 (ὑπάρχων). 이 그리스도 찬양시는 그리스도의 신적 존재성을 하나님과의 관련성으로 설명한다(ἐν μορφῇ θεοῦ). 여기에서 주의해야 할 것은 예수 그리스도가 하나님의 형체와 어떤 관련성 가운데(ἐν) 존재하신다는 것이다. 이 관련성 때문에 예수 그리스도는 "하나님과 동등임"(τὸ εἶναι ἴσα θεῷ, 6b)이 드러난다. 그런데 하나님의 형상 가운데 존재하는 것, 다시 말해서 하나님과 동등임은 예수 그리스도에게 본래적인 것이다. 그것은 예수 그리스도가 강탈한 탈취물(ἁρπαγμός)로 여기지 않았다는 사실에서 잘 나타난다. 이것은 선재하시는 예수 그리스도의 생각을 보여준다.

2) 그리스도의 역사적 사건(7~8)

그리스도의 역사적 사건에서는 허화(虛化)로 시작되었다(7). 그리스도는 "자신을 비웠다"(ἑαυτὸν ἐκένωσεν). 그리스도의 활동은 자신이 도구가 되신 것이다. 그리스도는 어떤 사물이나, 사람이나, 천사를 사용하신 것이 아니다. 그리스도는 자신을 도구로 사용하셨다. 그리스도의 케노시스는 자신을 가난하게 만들었다는 의미이다. 이것은 은혜이다. 이 은혜는 종의 형체를 가지심, 사람들과 같은 형상 안에 있게 되심, 모양으로는 사람처럼 발견되심이다(7). 예수 그리스도의 자기허화에서 분명히 이사야 53장의 하나님의 종의 사상이 반영된다.

그리스도는 허화에 이어 비하(卑下)하셨다(8). "자기를 낮추시고" (ἐταπείνωσεν ἑαυτόν). 그리스도의 비하는 그리스도의 복종을 가리킨다. 그리스도는 복종하셨다(γενόμενος ὑπήκοος). 이것은 그리스도께서 종이 되는 길을 의미한다. 순종의 내용은 죽음이다. 그리스도의 순종은 단순히 자신의 의지를 굽히는 것이 아니었다. 그것은 자신의 목숨을 내놓는 것이었다. 극단적 순종이다. 그래서 그리스도 찬양시는 죽음에의 순종을 두 번 강조해서 노래한다. 게다가 그리스도의 죽음은 십자가의 죽음이었다. 십자가의 죽음은 가장 처참한 죽음이다. 그리스도 찬양시가 이렇게 예수 그리스도의 활동을 더욱 더 하락시키는 것은 우리에게 온 구원의 은혜가 얼마나 큰지를 보여주기 위함이다.

3) 그리스도의 종말론적 현상(9~11)
그리스도는 종말론적인 승귀를 얻는다. 그리스도의 승귀는 "하나님이 그를 지극히 높여"(ὑπερύψωσεν)라는 말로 묘사된다(9a). 이 단어(ὑπερυψοῦν)는 신약에 한 번 나오는 것(hapax legomena)으로서 그리스도의 승귀의 최고성을 분명하게 보여준다. 그리스도의 승귀는 하나님께서 그리스도께 모든 이름 위에 뛰어난 이름을 선사하신 것에서 입증된다. 이름은 인격과 성품을 비롯하여 모든 것을 포함하는 개념이다. 그래서 이름을 주셨다는 것은 모든 것을 수여하셨다는 의미이다. 예수 그리스도는 만유의 소유자로서의 승귀를 가지고 있다. 그리스도 찬양시는 그리스도의 승화에 대하여 두 가지 반응을 노래한다. 첫째로, 예수에 대한 경배와 둘째로, 예수에 대한 고백이다. 경배를 위해서는 무릎(γόνυ)이, 고백을 위해서는 혀(γλῶσσα)가 사용된다. 이것은 이사야 45:23을 반영하고 있다("내게 모든 무릎이 꿇겠고 모든 혀가 맹약하리라"). 경배와 고백은 전체적인 성격을 지니고 있다. 그래서 무릎과 혀에 각각 모든(πᾶν, πᾶσα)이라는 단어가 붙어있다. 특히 그리스도 찬양시는 경배와 관련하는 모든 무릎이 "하늘에 있는 자들과 땅에 있는 자들과 땅 아래 있는 자들의" 무릎이라고 말함으로써 그 전체성을 강렬하게 표현한다. 이렇게 하여 승화의 예수 그리스도는 우주의 통치자(κοσμοκράτωρ)로 소개된다.

4. 그리스도 찬양시의 유래
그리스도 찬양시의 출원에 관하여는 오랫동안 논란이 되었다.[3] 이 논란의

---

3   빌립보서 그리스도 찬양시의 유래에 관한 논쟁은 Martin, *Hymn of Christ*, 42~62를 참조하라.

이유는 다음과 같이 사도 바울의 다른 서신들에서 뿐 아니라 신약성경 전체에서도 사용되지 않는 여러 가지 생소한 단어들이 그리스도 찬양시에 들어 있기 때문이다: "형체"(μορφή, 6,7), "탈취물"(ἁρπαγμός, 6), "지극히 높이다"(ὑπερυψοῦν, 9), "땅 아래 있는 것"(καταχθόνιος, 10). 그래서 이 그리스도 찬양시가 과연 사도 바울에 의하여 작성된 것이냐 하는 문제가 제기되었다. 후대의 수집자가 이 찬양시를 빌립보서의 이 단락에 첨가했다는 극단적인 견해가 있지만(후대 첨가설), 이 견해는 이 찬양시가 문맥상 조화를 아주 잘 이루고 있다는 사실과 지금까지 이 찬양시가 없이 전승된 빌립보서 사본이 발견되지 않는 사실 때문에 성립이 안 된다. 또한 사도 바울이 당시에 유행하던 이방인들의 영웅 찬양시를 모방하여 그리스도께 대한 찬양을 시 형태로 표현했다는 견해가 있지만(이방영웅시 영향설), 그리스도의 유일한 권위를 표현하기 위하여 영웅의 권위를 나타내는 이방인의 찬양시를 사용했다고 생각하기는 어렵다. 사도 바울이 이 찬양시를 저작했을 것이라는 견해를 배제할 수는 없지만, 사도 바울이 빌립보 교회의 내적 분열을 치료하기 위하여 이미 존재하는 초대교회의 그리스도 찬양시를 문맥에 맞게 삽입했다는 견해가 설득력있는 것으로 보인다(전승사용설).

3. 빌립보서에서 교제의 의미

사도 바울은 빌립보서에서 교제의 중요성을 부각시킨다. 교제의 중요성은 첫째로, 사도 바울이 다음과 같이 다양한 어휘를 사용한 것으로부터 입증된다: κοινωνέω(4:15), κοινωνία(1:5; 2:1; 3:10),(συγ) κοινωνέω(4:14), (συγ) κοινωνός(1:7). 게다가 이 단어들이 빌립보서에 각 장에 골고루 분포되어 있다는 것은 교제의 중요성을 더욱 분명하게 보여준다(1:5,7; 2:1; 3:10; 4:14,15).

1. 사도 바울이 교제를 말하는 이유

사도 바울이 코이노니아에 관하여 말하는 이유는 첫째로, 빌립보 교회의 현실 상황 때문이다. 빌립보 교회는 분열이라는 문제를 안고 있는 교회였다. 그래서 사도 바울은 빌립보 교회의 합일을 위하여 교제를 권고해야만 했다. 교제는 이러한 갈등구조를 해결하는 열쇠이기 때문이다. 둘째로, 사도 바울은 자신에 대한 빌립보 교회의 호의를 생각하면서 교제에 대하여 강조하게 되었다. 빌립보 교회는 사도 바울의 선교에 동참함으로써 격려가 되었다. 빌립보 교회는 특히 물질적인 지원과 인력지원을 아끼지 않았다. 에바브라디도는 빌립보 교회가 사도 바울을 지원하기 위하여 파송한 인물이었다.

2. 빌립보서에서 코이노니아의 의미

빌립보 교회가 복음을 위한 일에 참여(교제)하고(1:5) 복음을 변명하기 위하여 사도 바울과 함께 은혜에 참여(교제)한 것(1:7)은 사도 바울이 하나님께 감사하면서 기도하게 하는 동기가 되었다. 사도 바울에 의하면 사실상 교제란 것은 사람이 자발적으로 할 수 있는 일이 아니라 오직 성령님의 도움으로만 가능한 것이었다(2:1). 사도 바울 자신도 성령님의 도움에 의해서 그리스도의 부활의 권능과 고난에 참여(교제)하는 것을 알기를 원했다(3:10). 성령님의 교제에 근거하여 빌립보 교회는 사도 바울의 고난에 참여(교제)하고(4:14) 사도 바울을 위한 연보에 참여(교제)하였다(4:15).

1) 복음에의 교제(1:5)

사도 바울은 빌립보 교회가 복음의 교제(ἡ κοινωνία ὑμῶν εἰς τὸ εὐαγγέλιον)를 가지고 있기 때문에 감사한다. 이 표현은 최소한 다음과 같이 두 가지 의미를 가질 수가 있다. 첫째로, 이것은 복음을 인식하기 위한 노력을 의미할 수 있다. 복음 그 자체와의 교제이다. 그렇다면 이것은 빌립보 교회는 복음이 어떤 내용을 가지고 있는지 상고했다는 것을 의미한다. 둘째로, 이것은 복음을 전파하기 위한 노력을 의미할 수 있다. 그렇다면 빌립보 교회가 복음 전파를 목적하여 힘을 합했고, 나아가서는 사도 바울과 뜻을 합했다는 의미가 된다. 빌립보 교회에는 선교적인 열심히 있었던 것이다. 복음의 교제라는 것이 둘 중에 어떤 것을 의미하든지 간에 중요한 것은 빌립보 교회가 복음과 관련하여 존재하고 있었다는 점이다. 한 마디로 말해서 복음이 빌립보 교회의 존재이유였던 것이다.

2) 은혜의 교제(1:7)

사도 바울과 빌립보 교회 사이에는 교제가 교환관계로 이루어졌다. 사도 바울이 빌립보 교회를 마음에 품고 있었다면, 빌립보 교회는 사도 바울의 매임과 복음을 변명함과 확정함에 모두 사도 바울과 함께 은혜에 참여한 자가 되었다(7). 빌립보 교회는 사도 바울의 필생의 사업에 감동하여 동참하였다. 그 만큼 빌립보 교회는 사도 바울을 신뢰하고 존경하였던 것이다. 사도 바울이 고난과 복음의 길을 갈 때, 빌립보 교회는 그 은혜를 공유하였다. 빌립보 교회는 사도 바울의 복음사역에 동역함으로써 큰 은혜를 체험하게 되었다.

3) 성령님의 교제(2:1)

사도 바울은 합심, 일치, 연합, 협동은 성령님의 교제에 근거한다고 가르친다. 성령님의 교제가 있어야 성도의 교제도 있다는 것이다. 성령님의 교제는 성도의 교제를 위한 중대한 조건이 된다. 성도의 교제는 인간적인 차원에서나 사회적인 차원에서 이루어져서는 안되고 성령론적인 차원에서 이루어져야 한다. 그러면 성도의 교제를 가능하게 하는 성령님의 교제는 무엇인가? 이것은 성령님께서 모든 성도와 깊은 교제를 나누는 것을 의미한다(고후 13:13). 성령님께서는 성도에게 은혜를 주심으로써 성령님의 사람으로 변화시킨다. 성령님과 성도가 나누는 깊은 교제로부터 성도는 다른 성도들과 한 마음을 가지며, 같은 사랑을 나누고, 한 뜻을 품을 수 있다.

4) 고난의 교제(3:10)
사도 바울은 육체를 자랑하는 자를 경계하면서 그리스도의 고난에 참여(교제)하는 것의 중요성을 강조하였다. 그리스도의 고난에 참여할 때 신자는 육체를 자랑하는 것을 버리고 푯대를 향하여 하나님이 부르신 상을 위하여 달려가게 된다.

5) 물질의 교제(4:14,15)
물질적인 문제에 있어서 일체의 비결을 배운 사도 바울은 빌립보 교회의 재정 지원에 대하여 감사하였다. 빌립보 교회는 사도 바울의 복음전도를 돕기 위하여 물질과 인력을 지원하였다. 참된 교제는 형제를 돕는 일에서 나타난다. 도움은 도움을 주는 자와 도움을 받는 자가 한 몸이라는 것을 잘 보여준다. 물질의 교제를 통하여 빌립보 교회와 사도 바울 사이에 깊은 교제가 성립되었고, 또한 빌립보 성도들 사이에도 깊은 교제가 성립되었다.

제15장
골로새서

1) 주석

J. D. G. Dunn, *The Epistles to the Colossians and to Philemon*, NIGTC 12, Grand Rapids: Eerdmans, 1996.

E. Schweizer, *Der Brief an die Kolosser*, EKK, Zürich: Benziger / Neukirchen-Vluyn: Neukirchener, 1976, 1989.

길성남, 『골로새서 / 빌레몬서』, 한국성경주석 12, 고양: 이레서원, 2019.

조병수, 『골로새서』, ABC 12, 용인: 가르침, 근간.

2) 연구서

C. E. Arnold, *The Colossian Syncretism: The Interface Between Christianity and Folk Belief at Colossae*, Tübingen: Mohr Siebeck, 1995.

K. P. Donfried / I. H. Marshall, *The Theology of the Shorter Pauline Letters*, NTT, Cambridge: Cambridge University Press, 1993.

R.P. Martin, *Colossians: The Church's Lord and the Christian Liberty*, Grand Rapids: Zondervan, 1972.

T. W. Martin, *By Philosophy and Empty Deceit: Colossians as Response to a Cynic Critique*, JSNT.S 118, Sheffield: Sheffield Academic Press, 1996.

조병수, "골 3:1~17: 하나님의 도전", in 목회와 신학 편집부, 『에베소서, 빌립보서, 골로새서』, 서울: 두란노 2003, 539~549.

조병수, "골로새서 윤리 목록 단락(골 3:1~17)의 역할", *Canon & Culture* 1 (2007), 272~310.

조병수, "골로새서 가정지침", 「신학정론」 25 (2007), 377~420.

I. 골로새서의 기록자와 기록장소와 연대

골로새서와 빌레몬서는 다음과 같은 이유로 불가분리의 관계에 있다는 것을 알 수 있다. 첫째로, 두 편지 모두 발신자가 동일하다: 바울과 디모데(골 1:1; 몬 1). 둘째로, 두 편지 모두 문안자가 동일하다: 아리스다고, 마가, 에바브라, 누가, 데마(골 4:10~14; 몬 23~24). 셋째로, 관련된 인물이 동일하다: 아킵보(골 4:17; 몬 2), 오네시모(골 4:9; 몬 10). 이러한 연관성 때문에 골로새서와 빌레몬서는 동일한 상황에서 쓰인 것이 분명하다. 빌레몬의 종인 오네시모가 골로새로부터 왔다는 사실(골 4:9)은 빌레몬 역시 골로새에 거주하였다는 것을 시사한다. 그래서 사도 바울은 같은 상황에서 한편으로는 골로새 교회에 보내는 공신을 기록하였고, 다른 한편으로는 빌레몬에게 보내는 사신을 기록한 것으로 추정할 수 있다. 이 두 편지는 사도 바울에 의하여 보냄을 받은 두기고와 오네시모가 각각 골로새 교회와 빌레몬에게 전달하였다.

골로새서는 로마에 투옥되어 있는 동안 사도 바울이 기록하였고 디모데가 함께 발신하였다(1:1). 사도 바울은 골로새서에서 자서전적인 진술을 한다. 그는 복음의 일꾼이며(1:23), 교회의 일꾼이다(1:25). 사도 바울은 성도를 위한 괴로움과 그리스도를 위한 고난에 미치지 못한 것을 자신의 육체에 채울 것을 두려워하지 않는다(1:24). 그래서 그는 성도의 양육을 위하여 매진한다(1:29). 사도 바울은 육체로는 골로새 교회를 떠나 있다(2:5). 더 정확하게 말하자면 그는 갇힌 상태에 있다(4:10). 그러나 사도 바울은 이렇게 불리한 현재 상황에도 불구하고 전도의 문이 열리기를 기다린다(4:3).

그런데 사도 바울이 골로새서를 기록할 때 그의 곁에는 여러 명의 동역자들이 있었다(4:7~14). 두기고는 사랑 받는 형제, 신실한 일꾼, 주 안에서 함께 종 된 자라고 불리었는데, 사도 바울은 그를 특사로 골로새에 보내 자신의 사정을 알려주게 하였다(4:7). 본래 골로새 출신인 오네시모는 신실하고 사랑 받는 형제로서 사도 바울의 형편을 알려주기 위하여 두기고와 함께 다시 골로새로 보냄을 받았다(4:9). 아리스다고는 사도 바울과 함께 투옥되었다(4:10). 바나바의 생질인 마가는 다시 사도 바울의 복음전도에 동역하였다(4:10). 유스도라는 별명을 가지고 있는 예수님은 아리스다고와 마가와 더불어 하나님의 나라를 위하여 역사하는 사람이었다(4:11). 골로새 교회가 하나님의 모든 뜻 가운데 완전하고 확신 있게 서기를 기도하는 에바브라는 골로새 출신으로서 예수 그리스도의 종이라고 불리었다(1:7; 4:12~13). 누가는 사랑을 받는 의사로서 사도 바울과 함께 하였고 또한 데마도 사도 바울의 곁을 지켰다(4:14). 한마디로 말해서 골로새서는 사도 바울의 기록이지만, 거기에는 골로새 교회를 사랑하는 많은 동역자들의 호흡이 작용했던 것이다.

II. 골로새서의 구조와 문학 특징

골로새서는 빌립보서와 상당히 다른 내용의 그리스도 찬양시를 가지고 있다(1:15~20).[1] 이것은 초대교회에 다양한 그리스도 찬양시들이 많이 회자되었다는 것을 암시한다. 실제로 그리스도 찬양시는 요한복음, 히브리서, 베드로전서,[2] 요한계시록에도 나온다. 골로새서의 그리스도 찬양시는 매우 정교한 기독론을 보여준다(아래 참조).

골로새서에서 사도 바울의 짧은 편지들 가운데 유례없이 긴 끝인사를 제공한다(4:7~18). 여기에서 사도 바울은 파송하는 동역자와 문안하는 동역자를 나누어 소개하고, 골로새 교회에 뿐 아니라 라오디게아 교회에게도 문안하며, 골로새에 보낸 편지와 라오디게아 보낸 편지를 서로 나누어 읽을 것을 추천한다.

골로새서는 도입부(1:1~2)에 사도 바울의 기도가 이어진다: "너희를 위하여 기도할 때"(περὶ ὑμῶν προσευχόμενοι, 1:3), "너희를 위하여 기도하기를"(ὑπὲρ ὑμῶν προσευχόμενοι, 1:9). 실제로 사도 바울의 기도내용이 어디에서 끝나는지 정확하게 알 수 없다(12절? 14절? 20절?). 어쨌든 사도 바울의 기도 안에(또는 기도에 이어) 그리스도 찬양시가 들어있다(1:15~20, 3인칭 단락). 사도 바울은 성도들의 과거와 현재를 묘사하면서(1:21~23, 2인칭 단락) 자신이 복음 일꾼의 직분을 수행하는 데 얼마나 수고하고 있는지 고백한다(1:24~2:5, 1인칭 단락). 이후에 사도 바울은 골로새 성도들에게 장문의 권면을 준다(2:6~4:6). 사도 바울은 먼저 성도의 삶의 원칙을 제시하고(2:6~7), 이어서 철학과 헛된 속임수, 사람의 전통과 세상의 초등학문을 따르지 않도록 권면하고(2:8~23), 진정한 신자의 삶이 무엇인지 교훈한다(3:1~4:6). 골로새서는 사도 바울의 인사로 마무리된다(4:7~18).

---

1   Cf. P. Beasley-Murray, "Colossians 1:15~20: An Early Christian Hymn Celebrating the Lordship of Christ", in D. A. Hagner and M. J. Harris (eds.), *Pauline Studies. Essays presented to Professor F.F. Bruce on his 70th Birthday*, Exeter: Paternoster / Grand Rapids: Eerdmans, 1980, 169~183; E. Bammel, "Versuch Col 1,15~20", *ZNW* 52 (1961), 88~95; G. Schille, *Frühchristliche Hymnen*, Berlin: Evangelische Verlaganstalt, 1965; K. Wengst, *Christologische Formeln und Lieder des Urchristentums*, StNT 7, Gerd Mohn: Gütersloher Verlagshaus, 1972.

2   Cf. R. Bultmann, "Bekenntnis- und Liedfragmente im ersten Petrusbrief", *ConiNeot* XI (Festschrift A. Fridrichsen), 1947, 1~14.

III. 골로새서의 내용

사도 바울은 골로새서에서 예수 그리스도가 하나님의 비밀이라는 주제를 전개한다(1:27; 2:2).

도입(1:1~2)

1. 감사와 기도(1:3~20)
   1) 기도의 이유(1:3~8)
   2) 기도의 내용(1:9~14)
   3) 그리스도 찬양시(1:15~20)
      (1) 예수와 하나님(1:15a)
      (2) 예수와 피조물(1:15b~17)
         ① 창조(1:15b~16)
         ② 선재(1:17a)
         ③ 보존(1:17b)
      (3) 예수와 교회(1:18a)
      (4) 예수님의 화목(1:18b~20)
2. 사도 바울의 직분(1:21~2:5)
   1) 성도의 모습
      (1) 성도의 과거(1:21) "전에는"
      (2) 성도의 현재(1:22~23) "이제는"
   2) 사도 바울의 수고(1:24~2:5)
      (1) 교회를 위한 수고(1:24~29)
         ① 고난(1:24)
         ② 교회의 일군됨(1:25)
         ③ 하나님의 비밀(1:26~27)
         ④ 예수님을 전파(1:28~29)
      (2) 교회를 위한 소원(2:1~3)
      (3) 교회를 위한 충고(2:4~5)
3. 권면(2:6~4:6)
   1) 성도의 삶의 원칙(2:6~7)
   2) 철학과 헛된 속임수에 대한 방지(2:8~23)
      (1) 주제(2:8)
      (2) 그리스도를 따름(2:9~15)
         ① 충만(2:9~10)

② 할례(2:11)

③ 세례와 믿음(2:12)

④ 사죄(2:13~14)

⑤ 정사와 권세를 벗기심(2:15)

(3) 사람의 전통과 세상의 원리를 따름(2:16~23)

① 내용(2:16~19)

사람의 전통(2:16~17)

세상의 원리(2:18~19)

② 결국(2:20~23)

3) 진정한 신자의 삶(3:1~4:6)

(1) 그리스도를 위한 삶: 위엣 것을 찾음(3:1~4)

(2) 대내적인 삶: 땅엣 것을 죽임(3:5~11)

(3) 대외적인 삶(3:12~4:1)

① 능동적인 실천: 입으라(3:12~14)

② 그리스도께 허용(3:15~17)

③ 사회적인 삶(3:18~4:1)

(4) 몇 가지 권면(4:2~6)

종결(4:7~18)

1) 파송받는 동역자(4:7~9)

2) 문안하는 동역자(4:10~14)

3) 문안받는 교회(4:15~17)

4) 기원(4:18)

1:1~2	1:3~20	1:21~2:5	2:6~4:6	4:7~18
도입	감사와 기도	바울의 직분	권면	종결

IV. 골로새서의 상황

사도 바울은 골로새에 인접한 여러 도시를 언급한다: 라오디게아(2:1; 4:13,15,16), 히에라볼리(4:13). 이 도시들에 자리 잡은 교회들은 긴밀한 네트워크를 이루고 있었다. 이것은 사도 바울이 "라오디게아에 있는 형제들과 눔바와 그 여자의 집에 있는 교회에 문안하고 이 편지[골로새서]를 너희가 읽은 후에 라오디게아인의 교회에서도 읽게 하고 또 라오디게아로부터 오는 편지를 너희도 읽으라"(4:15~16)고 말한 것으로부터 어렵지 않게 확인할 수 있다(서신회람). 그런데 골로새 교회는 인접한 여러 도시에 있는 교회들에 대하여 주도적인 역할을 한 것처럼 보인다. 그 중요한 증거는 골로새 출신 인 에바브라가 골로새 교회 뿐 아니라 라오디게아 교회와 히에라볼리 교회 를 위하여도 많이 수고했다는 것이다(4:12f.). 아마도 골로새 교회는 소아시 아의 허브(hub)교회와 같은 역할을 한 것으로 추측하게 된다.

골로새 교회가 이렇게 인근교회들에 대하여 주도적이며 매개적인 역할 을 할 수 있었던 까닭은 삼면으로(1:4,5. 믿음, 사랑, 소망) 균형 잡힌 신앙을 소 유하고 있었기 때문이다. 골로새 교회는 에바브라에게서 배웠다(1:7~8). 에 바브라는 골로새 교회에 복음 진리의 말씀을 가르쳤다(1:5). 이로 말미암아 골로새 교회는 하나님의 은혜를 깨닫게 되었고(1:6), 결국은 예수에 대한 민 음과 성도에 대한 사랑과 하늘에 대한 소망을 가지게 되었다(1:4~5).

그러나 이렇게 균형 잡힌 신앙을 가지고 있는 골로새 교회는 나쁜 상황 으로 빠져들었다. 골로새 교회 안에 철학과 헛된 속임수를 가지고 사람의 전통과 세상의 원리를 따르는 사람들이 등장하였던 것이다(2:8). 이 사람들 의 방법은 공교한 말을 사용하는 것이었다(2:4). 또한 이들은 철학과 헛된 속 임수를 도구로 사용하였는데, 그것은 사람에 의하여 창작되어 전승되는 전 통과 세상에서 출원하여 준수되는 원리였다(2:8). 이들이 가지고 있는 내용 은 복합적이었다. 우선 이들은 구약제도를 강조하였다. 그것은 음식 규례와 절기 규례에 관련된 것이었다(2:16). 전자는 먹고 마시는 것과 관련된 규례 이며(레 7장, 11장), 후자는 절기와 월삭과 안식일에 관련된 규례이다(출 34:18~26; 레 23장; 민 28~29장; 신 16장). 또한 이들은 천사숭배(θρησκεία τῶν ἀγγέλων)에 빠져들었다(2:18). 이것은 아마도 어떻게 사람이 직접 하나님께 나아갈 수 있는가 하는 지나친 겸손에서 기인한 사상에 근거를 두고 있는 것 같다. 이들은 하나님께 나아가기 위하여 천사를 중간자로 세우고 있는 것이다.

V. 골로새서의 신학

1. 하나님

사도 바울은 성도들이 하나님의 기업에 참여하게 된 것은 하나님의 두 가지 행위에 근거한다고 말한다(1:12~13). 하나님께서 행하시지 않으시면 성도들 이 하나님의 기업에 참여하는 것은 불가능하기 때문이다. 사도 바울은 하나 님의 행위를 구원과 이동이라고 요약한다. 첫째로, 하나님께서 우리를 흑암 의 권세에서 건져내셨다(1:13a). 성도들은 하나님의 구원에 기초하여 하나님의 기업에 참여한다. 구원은 흑암의 권세로부터 단절되는 것이다. 둘째로, 하나님은 우리를 그의 사랑의 아들의 나라로 옮기셨다(1:13b). 하나님께서 성도들을 하나님의 아들의 나라로 옮기셨기 때문에 성도들이 하나님의 기업에 참여하는 것이 가능하다. 구원은 이전에 어둠에 의하여 다스림을 받던 사람들이 이제는 하나님의 아들의 다스림을 받게 된 것이다.

2. 예수 그리스도

사도 바울은 예수 그리스도를 가리켜 하나님의 "비밀"(μυστήριον)이라고 요약한다(1:27; 2:2). 예수님은 하나님의 비밀이기 때문에 영광의 소망이시다(1:27). 사도 바울은 특히 그리스도 찬양시(1:15~20)를 제시함으로 하나님의 비밀이신 예수 그리스도를 밝히 설명한다.

골로새서의 그리스도 찬양시는 어형으로 볼 때 크게 둘로 나뉜다. 사도 바울은 먼저 "그는 형상(εἰκών)이시요"라는 표현과 함께 "모든 피조물보다 먼저 나신 이"라고 말하고(1:15), 다시 "그가 근본(ἀρχή)이시요"라는 표현과 함께 "죽은 자들 가운데서 먼저 나신 이"라고 반복한다(1:18b). 첫째 단락(1:15~18a)에서는 "왜냐하면" 문장(1:16) 속에 "안에", "말미암아", "위하여" 순으로 전치사가 이어진다. 이와 마찬가지로 둘째 단락(1:18b~20)에서도 "왜냐하면" 문장(1:19) 가운데 "안에", "말미암아", "위하여" 순으로 전치사가 이어진다.

	15~18상		18하~20
15상	그는 하나님의 형상이요(ὅς ἐστιν)	18하	그는 처음이요(ὅς ἐστιν)
15하	모든 피조물보다 먼저 나신 자(πρωτότοκος)		죽은 자들 가운데서 먼저 나신 자(πρωτότοκος)
16	왜냐하면(ὅτι)	19	왜냐하면(ὅτι)
	안에(ἐν)		안에(ἐν)
	말미암아(διά)		말미암아(διά)
	위하여(εἰς)		위하여(εἰς)

이 단락은 내용으로 볼 때 먼저 예수와 하나님의 관계(1:15a), 둘째로, 예수와 피조물의 관계(1:15b~17), 셋째로, 예수와 교회의 관계(1:18a)를 언급하며, 마지막으로 예수님의 화목에 관하여(1:18b~20) 언급한다.

1. 하나님과의 관계(1:15상)

예수 그리스도는 "보이지 아니하시는 하나님의 형상(εἰκών θεοῦ)이시다". 이것은 예수님의 신분 또는 본질을 의미한다. 하나님의 형상이란 단어는 구약의 용어이다(창 1:26~27). 이것은 물질적인 의미가 아니라 본질적인 동일성을 가리킨다. 예수 그리스도는 하나님과 동등하다.

2. 피조물과의 관계(1:15하~17)
사도 바울은 예수 그리스도께서 "모든 피조물보다 먼저 나신 이"라고 말한다. "먼저 나신 이"(πρωτότοκος)라는 말은 예수님께서 다른 피조물처럼 지음받았다는 것을 의미하지 않는다. 사도 바울은 이 단어를 바로 아래에서 다시 한번 사용하여 이런 오해를 방지한다. "죽은 자들로부터 먼저 나신 이"(18하)는 출생의 의미가 아니라는 것은 분명하다. 죽은 자들로부터 출생한다는 말은 성립될 수 없기 때문이다. 이것은 부활을 생생하게 표현하는 말이다. 마찬가지로 "모든 피조물보다 먼저 나신 이"라는 말도 출생을 의미하지 않는다. 이것은 단지 그리스도께서 피조물보다 선재하심을 생생하게 묘사하는 것일 뿐이다. 그래서 사도 바울은 바로 뒤에서 예수 그리스도는 만물보다 먼저 계신다고 말한다(1:17상).

선재하시는 예수 그리스도는 창조에 참여하셨다(1:16). 예수 그리스도에 의한 창조는 세 가지 방식으로 설명된다. 만물은 "그 안에서", "그로 말미암아", "그를 위하여" 창조되었다. 예수 그리스도는 만물창조의 범위이며, 통로이며, 목적이다. 이 때문에 만물은 예수 그리스도와의 관계 속에서만 가치를 가진다. 예수님께서는 만물을 창조하실 뿐 만 아니라 보존하신다. 만물이 그 안에서 함께 섰다(1:17하). 예수님께서는 창조하신 만물을 붙드셨다.

3. 교회와의 관계(1:18상)
사도 바울은 만물을 창조하시고 보존하시는 예수 그리스도는 교회의 머리라고 말한다. 그는 교회의 머리이며, 교회는 그의 몸이다. 이것은 교회가 예수 그리스도에 의하여 통제될 때 생명력을 가진다는 것을 의미한다. 만물을 보존하시는 예수님께서는 교회를 통치하신다. 교회는 충분한 기능을 함으로써 예수 그리스도의 몸인 것을 나타낸다. 만물이 예수로부터 생명력을 얻듯이 교회도 예수로부터 생명력을 얻는다.

4. 예수님의 화목(1:18하~20)
예수 그리스도는 만물의 창조자이시며 보존자이시고, 교회의 머리가 되시기 때문에 그 안에는 "모든 충만"(πᾶν τὸ πλήρωμα)이 거한다(1:19).

첫째로, "모든 충만"은 전 피조물을 가리키는 포괄적인 용어이다(시편 24:1; 고전 10:26 "땅과 거기 충만한 것"). 예수님께서는 모든 충만이 자신 안에 (ἐν) 거하는 것과 자신을 통하여(διά) 만물을 화목시키는 것과 자신을 위하여 (εἰς) 만물을 화목시키는 것을 기뻐하셨다(1:19~20). 예수 그리스도는 화목의 범위와 통로와 목적이 되신다. 화목시킨다는 것은 다른 말로 하면 화평을 이룬다는 것이다. 예수님께서 실제로 "십자가의 피로"(1:20상) 화평을 이루셨다. 십자가의 피는 이 화평을 이루는 방법이다. 이것은 구속이 가장 구체적인 것임을 보여준다.

둘째로, "모든 충만"은 예수 그리스도의 신성과 관련된다. 사도 바울은 "그 안에는 신성의 모든 충만이 몸으로 거하신다"(2:9)고 말한다. 여기에 예수님의 두 품성이 명확하게 서술된다. 그의 신성과 인성이다. 그는 신성을 가지고 있으면서도 육체를 지니신다. 그가 가지고 있는 신성은 그가 비록 인간이 되었어도 조금도 빠짐이 없이, 조금도 손상이 없이 보유된다. 예수 그리스도에게 있어서 신성은 성육신하기 전의 상태에나 성육신 한 후의 상태에나 전혀 차이가 없다. 그의 신성은 모든 충만이다. 그러므로 우리도 "그 안에서 충만하여졌다"(2:10상). 예수 그리스도의 충만이 우리의 충만을 위한 원인이다.

3. 인간

사도 바울은 골로새서에서 인간을 표현하기 위하여 여러 차례 몸(σῶμα), 육(σάρξ), 머리(κεφαλή)라는 단어를 사용한다. 때때로 σῶμα와 σάρξ는 결합되어 사용되기도 한다(1:22; 2:11).

1. 몸(σῶμα)
첫째로, 이 단어는 사람의 신체를 가리키는 데 사용되었다. 골로새 교회에 침투한 거짓 교훈 가운데 어떤 것은 금욕과 관련되어 있다. 이러한 교훈에 빠지는 자들은 "몸을 괴롭힌다"(2:23). 사도 바울은 세례를 그리스도의 할례라고 설명하면서, 구약의 할례가 단순히 몸의 일부를 베어내는 것과는 달리, 그리스도의 할례는 몸 전체에 영향을 끼치는 것으로서 "몸을 벗는 것"(2:11)이라고 부른다.[3] 물론 이때의 의미는 세례를 통하여 몸 전체에 영향을 주는 결단과 관계한다. 옛사람이 죽는 것이다.

둘째로, 이 단어는 위와 같은 의미로 예수 그리스도의 신체를 가리킨다. 특히 이 단어는 예수님의 성육신과 죽음과 관련된다. 사도 바울은 예수님께서 몸을 가지심으로써 성육신하신 사건을 "그 안에는 신성의 모든 충만이 몸으로 거하셨다"(2:9)고 설명한다. 예수님께서는 살(σάρξ)로 이루어진 몸(σῶ

---

3   이와 반대로 사도 바울은 "입는다"(ἐνδύειν ἐνδύεσθαι)는 말을 여러 번 사용하여(그리스도를 입다 - 갈 3:26~29; 롬 13:14; 골 3:12; 부활의 몸을 입다 - 고전 15:49~54; 고후 5:1~4) 신자들이 세례에서 현재적으로 새 생명을 얻는 새 창조를 체험하는 것을 나타낸다. 물론 이 말은 신자들이 부활에서 미래적으로 천상의 생명을 얻는 영광스러운 몸을 성취하게 될 것을 보여주기도 한다. Cf. J. H. Kim(김정훈), *The Significance of Clothing Imagery in the Pauline Corpus*, JSNT.S 268, London / New York: T&T Clark, 2004, 232f.

μα)을 죽음에 내어주심으로써(십자가의 피, 1:20), 화목을 성취하셨다(1:22).

셋째로, 이 단어는 여기에서 발전하여 조직체를 뜻하기도 한다. 몸은 조직적인 구조를 가진다. 그래서 온 몸은 머리로부터 성장의 힘을 얻음으로써 마디와 힘줄로 연결되어 연합한다(2:19).

넷째로, 이 단어에 대한 가장 중요한 교훈은 "교회는 그리스도의 몸"이라는 사상이다. 사도 바울은 여러 번 교회가 그리스도의 몸이라고 진술한다(1:18,24).[4] 사도 바울은 교회가 그리스도의 몸이라는 생각 하에 모든 성도는 "한 몸으로 부르심을 받은 것"(3:15)이라고 말한다.

2. 육(σάρξ)

첫째로, 이 단어는 살과 피로 이루어진 육신을 의미한다. 예수님께서는 살로 이루어진 몸을 죽음에 내드렸다(1:22). 같은 경우로 할례는 살에 행하여지는 것인데, 이방인들은 "육신의 무할례"(2:13)에 있던 자들이라고 불린다.

둘째로, 이 단어는 몸(σῶμα)과 비슷하게 신체를 가리키기도 한다. 신체적인 의미에서 사도 바울은 자신이 골로새 성도와 안면이 없다는 것을 가리켜 "육신의 얼굴로 보지 못함"(2:1)이라고 말한다. 다시 반복하여 "내가 육신으로는 떠나 있으나 심령으로는 함께 있다"(2:5)고 말한다. 사도 바울은 그리스도의 남은 고난을 육체에 채운다(1:24). 사도 바울은 자의숭배, 금욕 등이 단지 신체를 만족시키는 것 외에는 아무런 유익이 없다고 말한다(2:23).

셋째로, 이 단어는 독특하게 인격을 가리키는 말로 사용되기도 하였다. 세상의 삶의 방식을 따르는 자들의 모습을 설명하는 중에, "육신의 마음을 따라"(2:18)라고 하는데, 이것은 이런 추종자들이 가지고 있는 인격을 표시하는 말이다. 이 인격은 철저하게 육신을 따르는 것으로서, 성령님을 따르는 것과 대조가 된다(참조. 롬 8:5~11; 갈 5:16~24). 이러한 의미에서 그리스도의 할례, 즉 세례란 육신을 따라 살던 인격의 몸을 벗는 것이다(2:11). 세례는 육신의 정욕을 따라 살던 인격이 지닌 몸 전체에 영향을 주는 사건이다. 그것은 육신을 따르는 옛사람이 죽는 것이다.

3. 머리(κεφαλή)

이 단어는 몸의 공급과 연합에 근원이 되는 머리를 가리킨다. "온 몸이 머리

---

4   골로새서의 특유한 문학방식인 삽입구조를 고려할 때, 2:16~17도 동일한 의미로 볼 수 있다. 2:16의 "너희"는 2:17의 "그리스도의 몸"을 가리킬 가능성이 높다.
    16. 누가 너희를(ὑμᾶς) 비판하지 못하게 하라
          먹는 것과 마시는 것 또는
          절기와 초하루와 안식일로.
              17 이것들은 장차 올 것의 그림자이다.
    17. 곧 그리스도의 몸을(σῶμα τοῦ Χριστοῦ)

로 말미암아(ἐξ οὗ) 마디와 힘줄로 공급받고 연합된다"(2:19). 또한 교회는 그리스도의 몸이요, 그리스도는 교회의 머리라고 설명된다(1:18). 그리스도는 모든 영적인 세력의 머리로 묘사된다(2:10). 이 모든 경우에 동일한 생각은 이 단어가 근원을 나타낸다는 것이다.

제16장
데살로니가전서

1) 주석

T. Holtz, *Der erste Brief an die Thessalonicher*, EKK 13, Zürich: Benziger / Neukirchen-Vluyn: Neukirchener, 1990, 2. Aufl.

조병수, 『데살로니가전서 주해』, 수원: 합동신학대학원출판부, 1998.

2) 연구서

R. F. Collins, "The Theology of Paul's First Letter to the Thessalonians", *LouvStud* 6 (1977), 315~337.

K. P. Donfried / I. H. Marshall, *The Theology of the Shorter Pauline Letters*, NTT, Cambridge: Cambridge University Press, 1993.

K. P. Donfried / J. Beutler (eds.), *The Thessalonians Debate. Methodological Discord or Methodological Synthesis?* Grand Rapids: Eerdmans, 2000.

C. E. Faw, "On the Writing of First Thessalonians", *JBL* 71 (1952), 217~225.

B. N. Kaye, "Eschatology and Ethics in 1 and 2 Thessalonians", *NovT* 17 (1975), 47~57.

R. E. H. Uprichard, "The Person and Work of Christ in 1 Thessalians", *EvQ* 53 (1981), 108~114.

I. 데살로니가전서의 기록자와 기록장소와 연대

사도 바울이 데살로니가전서를 기록하였고 실루아노(실라)와 디모데가 함께 발신하였다(1:1). 디모데는 "우리 형제 곧 그리스도의 복음을 전하는 하나님의 일꾼"(3:2)으로서 환난에 처한 데살로니가 교회를 견고하게 만들기 위하여 파송되었다. 사도 바울은 데살로니가전서에 자서전 같은 글을 싣고 있다. 자서전 같은 글의 요약은 다음과 같다. "우리의 복음이 너희에게 말로만 이른 것이 아니라 또한 능력과 성령님의 큰 확신으로 된 것임이라. 우리가 너희가운데서 너희를 위하여 어떤 사람이 된 것은 너희가 알고 있는 바와 같으니라"(1:5). 이 구절의 요점은 사도 바울의 생활과 전도이다. 사도 바울은 이에 대하여 시간 순서에 따라 더 자세히 진술한다. 첫째로, 데살로니가에 들어갔을 때(2:1~2): "너희에게 들어감"(2:1). 둘째로, 데살로니가에 있을 때(2:3~12): "너희 가운데 있을 때"(2:7). 셋째로, 데살로니가를 떠나있을 때(2:17~3:10): "너희를 떠난 후에"(2:17). 사도 바울의 일행이 시간 순서대로 말하는 데살로니가 사역에서 그의 자서전적인 모습(생활과 전도)이 분명하게 드러난다.

사도 바울은 데살로니가 입성을 말하면서 우선 빌립보에서 폭행을 당한 사건을 설명한다(2:2). 그리고 나서 데살로니가에 들어간 것을 언급하는데 데살로니가 전도는 하나의 큰 일화로 주변 교회의 입에 오르내리게 되었다고 한다(1:9). 이 사건은 동시에 데살로니가 성도들에게도 가슴깊이 새겨진 일이었다(2:1). 사도 바울은 데살로니가에 있을 때(2:3~12) 복음전도에서 간사와 부정과 궤계를 버리고 하나님을 기쁘게 하는 자세를 취했다(2:3~8). 그는 생활에서도 아첨의 말이나 탐심의 탈을 쓰지 아니하고 유모와 같은 심정을 가졌다(2:5~8). 그리하여 사도 바울은 적극적인 전도를 하였다(2:9~12). 여기에 신체적 노력(2:9b)과 신령한 노력(2:9c~12)이 병행되었다. 사도 바울은 데살로니가를 떠난 후에(2:17~3:13) 재방문을 시도하였지만 사탄의 방해로 무산되고 말았다(2:17~20). 이 때문에 사도 바울은 대안책으로 디모데를 파송하였다(3:1~13). 이제 디모데가 돌아와서 데살로니가교회의 소식을 전해줌으로써 사도 바울은 위로를 받게 되었다.

사도 바울은 자서전 진술에서 무엇보다도 자신의 활동을 강조한다. 그는 두 가지 방면으로 활동하였다. 첫째로, 사도 바울은 자기를 부르신 하나님께 절대적인 순종을 보였다. 이것은 신지향의 실천이다. 사도 바울은 하나님의 복음 전도자로서 활동한다. 그는 "하나님의 복음"(2:2)을 전도하는 일에 순종하였다. 둘째로, 사도 바울은 교회를 위하여 철저하게 사역하였다. 이것은 교회지향의 실천이다. 그는 교회를 세우고, 가르치고, 염려하며… 목숨까지도 주기를 즐겨한다(2:8). 사도 바울은 교회의 아버지로서 일한다.

그런데 신지향의 실천과 교회지향의 실천은 서로 떨어질 수 없는 것이다. 사도 바울은 기도로 이 두 가지 실천을 한꺼번에 표현하였다(1:2; 3:10). 기도는 하나님과 교회에 대한 동시적인 실천이다.

사도 바울은 데살로니가전서에서 데살로니가에 들어간 것(εἴσοδος)을 두 번 언급하고 있다(1:9; 2:1). 사도 바울은 데살로니가 입성을 말하면서 자신의 여정을 순서대로 소개한다: 빌립보(2:2) – 데살로니가(2:2) – 아덴(3:1). 사도행전에 의하면 이에 상응하는 사도 바울의 여행은 제2차 전도여행인 사도행전 16:11~17:34이거나 제3차 전도여행인 사도행전 20:1~3이다. 그런데 실루아노(실라)와 디모데가 사도 바울의 동행자로 언급되는 것으로 보아(1:1) 이것은 제2차 전도여행을 가리킨다. 왜냐하면 제3차 전도여행에서는 실루아노(실라)가 동행하지 않았기 때문이다. 사도 바울은 데살로니가전서를 본서에 언급된 마지막 체류지인 아덴에서 기록하였다(3:1).

II. 데살로니가전서의 구조와 문학 특징

데살로니가전서는 "끝으로"(4:1)라는 말에 의하여 전반부(1~3장)와 후반부(4~5장)로 나누어진다. 이 두 부분에서 중요한 것은 시작하는 말이다. 매번 시작하는 말은 데살로니가전서의 구조를 이루는 데 결정적인 역할을 한다.

1. 전반부(1~3장)

데살로니가전서의 첫 절(1:1)인 인사를 제외하면 이 서신은 감사로 시작된다. "우리는 감사한다"(1:2). 그런데 이 표현은 본서의 중간쯤에서 또 다시 나온다(2:13). 이렇게 하여 데살로니가전서는 두 가지 내용을 담고 있다는 것을 스스로 밝힌다. 감사는 전반부의 마지막까지 이른다(3:10).

　　감사(1:2) ----- 　　　감사(2:13) -----

감사로 시작하는 두 단락에는 각각 세 번씩 "형제들아"라는 호격이 주어진다(1:4; 2:1,9 / 2:14,17; 3:7). 이 가운데서 처음 두 호격의 사용이 중요하다. 각 단락마다 첫 번째 "형제들아"에 이어서 데살로니가 교회의 모습이 설명되고(1:4~10 / 2:14~16), 두 번째 것에 이어서 사도의 모습이 설명되기 때문이다(2:1~12 / 2:17~3:10).

```
감사(1:2) -----          감사(2:13) -----
  형제들아(1:4)            형제들아(2:14)
  형제들아(2:1)            형제들아(2:17)
  형제들아(2:9)            형제들아(3:7)
```

    덧붙여 말하자면, 교회의 모습을 설명하는 두 부분에서 특징적으로 나타나는 단어는 "본받은 자들"(μιμηταί)이다. 이 단어는 단락마다 반복된다(1:6; 2:14). 이것은 데살로니가 교회에 대한 사도 바울의 정의이다.

```
감사(1:2) -----          감사(2:13) -----
  형제들아(1:4)            형제들아(2:14)
  "본받는 자"(1:6)         "본받는 자"(2:14)
  형제들아(2:1)            형제들아(2:17)
  형제들아(2:9)            형제들아(3:7)
```

    이 두 감사에 이어 결론적으로 기도가 준비된다(3:11~13).

```
감사(1:2) -----          감사(2:13) -----          기도(3:11~13)
  형제들아(1:4)            형제들아(2:14)
  "본받는 자"(1:6)         "본받는 자"(2:14)
  형제들아(2:1)            형제들아(2:17)
  형제들아(2:9)            형제들아(3:7)
```

2. 후반부(4~5장)

후반부의 시작 말은 "우리는 구한다"와 "우리는 권한다"이다(4:1). 그런데 이 말들은 5장 중간에서 또 다시 등장한다(5:12,14). 그러므로 후반부는 둘로 나누어진다.

```
요구와 권면                요구와 권면
(4:1) ---------            (5:12,14) ---------
```

    첫 번째 요구와 권면 단락(4:1~5:11)에서는 각 항목이 다루어질 때마다 시작말로 "……에 관하여"(περί)라는 말이 사용된다. 이 말을 머리로 하여 중요한 주제들이 취급된다. 첫 번째 주제로 형제사랑에 관하여(4:9), 두 번째 주제로 잠든 자들에 관하여(4:13), 세 번째 주제로 "때와 시기"에 관하여(5:1) 다루어진다. 단지 거룩함을 다루는 첫 번째 항목에서는 이 말이 사용되지 않는다. 이것은 바로 동사(구한다, 권한다)에 연결되기 때문이다. 후반부에서도 호격 "형제들아"는 큰 역할을 한다. 각 항목이 다루어질 때마다 호격이 곁들어진다(4:1,13; 5:1).

```
요구와 권면              요구와 권면
(4:1) ---------          (5:12,14) ---------
     거룩함(4:1)
     형제사랑(4:9)
     잠든 자들(4:13)
     때와 시기(5:1)
```

두 번째 요구와 권면 단락(5:12~22)에서는 요구와 권면이 따로 기록되어 있다. 지도자에 대한 존경이 요구되고(5:12~13), 성도의 기본적인 윤리가 권면된다(5:14~22). 여기에서도 호격 "형제들아"는 앞에서와 마찬가지로 동일한 기능을 한다.

```
요구와 권면              요구(5:12,14)
(4:1) ---------              지도자 존경
                         권면(5:14~22)
                             기본적 윤리
```

이 두 가지 요구와 권면에 이어 기원이 마련되고(5:23~24), 기도부탁과 문안으로 편지는 마무리된다(5:25~28).

```
요구와 권면        요구와 권면              기원과 마무리
(4:1) ---------    (5:12,14) ---------     (5:25~28)
```

시작말을 중심으로 데살로니가전서를 살펴보면 편지의 성격이 쉽게 드러난다. 데살로니가전서는 사도 바울의 감사를 담고 있는 편지이다. 사도 바울이 감사하는 것은 데살로니가 교회의 모습 때문이다. 이 교회는 본받은 자들로 이루어져 있다. 데살로니가전서의 후반부는 본받은 자들이 살아가야 할 삶을 제시한다. 따라서 시작 말에서부터 본서의 성격은 풀려나간다.

III. 데살로니가전서의 내용

도입(1:1)

1. 사도 바울의 감사(1:2~10)
   1) 감사(1:2a)
   2) 감사의 방법(1:2b)
   3) 감사의 내용(1:3)
   4) 감사의 이유(1:4~10)
      (1) 복음이 이르렀다는 사실에서(5)
      (2) 본받는 자들이 되었다는 사실에서(6~10)
2. 사도 바울의 전도(2:1~3:13)
   1) 데살로니가에 들어감(2:1~2)
   2) 데살로니가에 있을 때에(2:3~12)
   3) 유대에 있는 하나님의 교회들을 본받은 자들(2:13~16)
   4) 데살로니가를 떠난 후에(2:17~3:13)
3. 본받은 자들에의 요구와 권면(4:1~5:24)
   1) 첫 번째 요구와 권면(4:1~5:11)
      (1) 서론(4:1~2)
      (2) 거룩함에의 권면(4:3~8)
      (3) 형제사랑에 관하여(4:9~12)
      (4) 자는 자들에 관하여(4:13~18)
      (5) 기간과 시간에 관하여(5:1~11)
   2) 두 번째 요구와 권면(5:12~22)
      (1) 교회의 일군에 대한 자세(12~13)
      (2) 여린 성도에 대한 자세(14)
      (3) 모든 이에 대한 자세(15)
      (4) 그리스도인의 내적인 삶(16~22)
   3) 기원(5:23~24)

종결(5:25~28)

1:1	1:2~10	2:1~3:13	4:1~5:24	5:25~28
도입	바울의 감사	바울의 전도	요구와 권면	종결

IV. 데살로니가전서의 상황

1. 긍정적 상황

데살로니가 교회는 "믿음의 사역과 사랑의 수고와 소망의 인내"(1:3)를 가지고 있었다. 사도 바울이 보기에 이들은 세 면의 삶을 살고 있었다. 이 세 면은 믿음, 사랑, 소망이었다. 사도 바울은 이들의 삶을 정리해서 기억하고 있었다. 이 삼면은 데살로니가 교회의 실제 모습이었다. 그러나 이것을 스스로 정리할 수 없던 교회로서는 사도 바울의 정리가 깨우침이 된다. 교회는 이제 삼면의 성격을 지닌 자임을 인식한다.

게다가 사도 바울은 데살로니가 교회의 삼면의 삶에서 행동을 보고 있다. 교회는 이 세 면을 단지 정적인 성격이나, 개념이나, 생각으로 소유하고 있는 것이 아니다. 거기에는 활동이 곁들여 있다. 사도 바울은 이것을 관찰했다. 그러므로 "너희의 믿음과 사랑과 소망을 기억하면서"라고 말하지 않고, "너희의 믿음의 사역과 사랑의 수고와 소망의 인내를 기억하면서"라고 말한다. 데살로니가 교회에 있는 믿음, 사랑, 소망은 그리스도인의 특성일 뿐 아니라 행위이기도 하다. 데살로니가 교회는 믿음을 사역으로, 사랑을 수고로, 소망을 인내로 활동시켰다. 교회는 조화된 그리스도인의 삶을 살고 있었다. 이것이 데살로니가 교회의 뛰어난 점이며, 특성과 행위가 병행되지 않는 사람들과 다른 점이다.

이 성도들의 믿음, 사랑, 소망은 "우리 주님 예수 그리스도에 대한" 것이다. 이 삼면은 예수 그리스도와 관계한다. 예수 그리스도는 믿음, 사랑, 소망의 궁극적 대상이다. 예수 그리스도가 궁극적 대상이기에 비로소 사랑은 성도들에게, 소망은 하늘에 있게 된다(참조. 골 1:4~5).

2. 부정적 상황

그러나 믿음의 사역과 사랑의 수고와 소망의 인내를 가지고 있는 데살로니가 교회에 위기가 찾아왔다.

유대에 있는 교회들이 유대인들에게 고난을 받은 것 같이 데살로니가 교회도 동족에게서 핍박을 당하게 되었다(2:14). 이것은 사도 바울이 데살로니가 교회에 있을 때 장차 환난이 있을 것이라고 예견하였는데 그대로 되었다(3:4).

사도 바울은 이런 핍박 뒤에는 자신의 수고를 허사로 만들려는 "시험하는 자"(ὁ πειράζων)가 있다는 것을 알고 있었다(3:5). 그래서 사도 바울은 데살로니가 교회를 안정시키기 위하여 디모데를 파송하였다(3:2). 디모데의 임무는 데살로니가 교회를 굳건하게 하고 믿음을 위로하여 아무도 환난 중에 흔들리지 않게 하는 것이었다(3:2~3). 사명을 마친 디모데는 사도 바울에게 귀환하여 데살로니가 교회가 믿음과 사랑에 굳게 잘 서 있다는 보고를 제출하였다(3:6).

데살로니가 교회가 맞닥뜨린 또 하나의 위험은 음란이라는 윤리와 도덕의 문제였다. 음란은 심지어 데살로니가 신자들의 가정에도 파고들었다. 사도 바울은 어떤 방식인지는 정확하게 언급하지 않지만 부부관계에서 이방인의 색욕이 표현되었다고 지적한다. 그래서 사도 바울은 우선 넓은 의미에서 하나님의 뜻은 거룩함인 것을 알려주면서(4:3), 좁은 의미에서 부부관계에서의 거룩함과 존귀함을 교훈하였다(4:4). 또한 데살로니가 교회에는 일하지 않는 게으른 사람들이 진치고 있었다(4:11~12; 5:14). 그래서 사도 바울은 게으른 자들에게 자기 손으로 일할 것을 요구하였다.

게다가 데살로니가 교회는 신학에 문제가 있었다. 죽은 자들의 부활을 확신하지 못하는 사람들이 있었고(4:13~18), 그리스도의 재림을 망각한 사람들이 있었다(5:1~11). 부활을 불신하는 자들에게는 그리스도의 재림시에 일어날 부활에 관하여 자세히 설명하고, 재림을 망각한 자들에게는 근신할 것을 요청하였다.

사도 바울은 데살로니가전서의 수신자들이 직면한 상황을 보면서 교회가 무엇인지 정의한다. 사도 바울에 의하면 교회는 "본받은 자들"(μιμηταί)이다. 이 말은 데살로니가전서에 두 번 언급된다(1:6; 2:14). 데살로니가 교회는 복음을 받은 자들이라는 점에서는 주님과 사도를 본받은 자들이며(1:6), 핍박을 받는다는 점에서는 유대교회들을 본받은 자들이다(2:14). 사도 바울은 교회가 확대되는 초기 단계에서 신분에 대한 정의를 상실하거나 또는 변질하는 것을 막기 위해서 데살로니가전서를 기록하였다. 사도 바울은 데살로니가 교회를 평면도처럼 펴놓고 위에서부터 조망하고 있다. 그래서 교회에 대한 정의는 위로부터 오는 교회에 대한 해석이다. 그리고 이것이 교회로 하여금 자신의 신분정의에 근거하여 삶을 지속하게 만든다.

V. 데살로니가전서의 신학

1. 하나님

하나님은 무엇보다도 살아계시고 참되신 하나님이시다(1:9). 생명과 진리를 가지신 하나님은 성도를 선택하신다(1:4). 선택의 하나님은 신자를 부르사 자기 나라와 영광에 이르게 하신다(2:12). 하나님의 부르심은 부정하게 하심이 아니요 거룩하게 하심이다(4:7). 그래서 하나님의 뜻은 거룩함이라고 요약될 수 있다(4:3). 하나님께서는 신자를 부르실 뿐 아니라 복음을 위탁하신다(2:4). 하나님은 복음을 위탁하시면서 전도자들의 마음을 감찰하시고(2:4) 그들을 위하여 증언하신다(2:5). 그렇기 때문에 전도자는 오직 하나님만을 기쁘게 하려고 노력해야 한다. 하나님께서는 예수 그리스도의 재림 때 그분 안에서 자는 자들을 데리고 오신다(4:14).

2. 예수 그리스도

예수 그리스도는 하나님의 아들로서(1:10) 우리를 위하여 죽으셨다(5:10). 그러나 예수님께서는 죽은 자들 가운데서 다시 살아나셨다(4:14). 부활하신 예수님께서는 장차 하늘로부터 강림하신다(1:10). 모든 성도는 예수님의 재림에 동행한다(3:13). 예수님께서 재림하시면 우리를 장래의 노하심에서 건지신다(1:10). 예수님의 재림은 순서를 따라서 진행된다(4:16~17). 먼저 주께서 호령하시고, 이어서 천사장의 소리가 있고, 하나님의 나팔이 울림으로써 재림이 시작된다. 그러면 죽은 자들이 먼저 일어나고 그 후에 살아남은 자들이 부활한 성도들과 함께 구름 속으로 끌어올려 공중에서 주님을 영접하게 된다. 이것은 영원한 회합을 이룬다. 사도 바울은 주님의 재림의 급작스런 현상을 비유적으로 설명한다. 주의 날은 도둑 같이 오며(5:2), 해산의 고통 같이 온다(5:3). 그러나 신자에게는 주님의 날이 이런 식으로 이해되지 않는다. 왜냐하면 신자는 밤이나 어둠에 속하지 않는 빛의 아들이며 낮의 아들이기 때문이다(5:5). 따라서 신자들은 주님의 재림을 기다리면서 항상 경성하고 근신해야 한다(5:6).

3. 성령님

사도 바울은 복음을 전하는 사람에게는 성령님의 능력이 필요하고, 복음을 받는 사람에게는 성령님의 기쁨이 필요하다고 말한다. 첫째로, 사도 바울은 자신의 복음이 말로만 아니라 능력과 성령님과 큰 확신으로 전달되었다고 말한다(1:5). 사도 바울이 성령님과 함께 능력과 확신을 말하는 것은 성령님의 활동을 강조하기 위함이다. 성령님 없이 능력과 확신은 무의미하다는 것이다. 둘째로, 사도 바울은 데살로니가 성도들이 성령님의 기쁨으로 복음을 받았다고 말한다(1:6). 성령님의 기쁨은 성령님이 수여하시는 기쁨이다. 이 것은 심지어 환난까지도 이기게 하는 기쁨이다. 성령님께서 기쁨을 주시기 때문에 신자들은 복음으로 말미암는 환난도 넉넉하게 이긴다.

    사도 바울은 데살로니가 교회에 하나님의 뜻이 거룩함이라고 천명하면서(4:3), 이것을 저버리는 자는 사람을 저버리는 것이 아니라 성령님을 주시는 하나님을 저버리는 것이라고 말한다(4:8). 이것은 신자의 거룩함이 성령님과 연관되어 있다는 것을 암시한다. 성령님은 스스로 거룩하실 뿐 아니라 신자를 거룩하게 만드신다. 성령님의 거룩함은 존재적이며 기능적이다. 신자의 거룩함은 성령님의 거룩하게 하심에 달려있다. 이 때문에 사도 바울은 신자들이 성령님을 소멸해서는 안 된다고 말한다.

"성령님을 소멸치 말라"(τὸ πνεῦμα μὴ σβέννυτε, 5:19)는 자주 잘못 이해된다. "소멸하다"는 쉽게 말해서 "끄다"를 의미한다. 여기에 세 가지 오해가 생길 수 있다. 첫째로, 하필이면 "성령님을 끄다"라는 말을 사용하고 있기 때문에 성령님을 불로 생각하는 것이다(참조. 마 3:12/눅 3:17; 막 9:43,48). 그러나 성령님은 신약성경 어디에서도 불로 이해된 적이 없다. 심지어 "성령님과 불로 세례를 주실 것"(마 3:11/눅 3:16)이란 말씀과 "불과 같이 갈라진 혀들"(행 2:3)이란 말씀도 성령님을 불로 말하지는 않는다. 앞 절은 분명히 성령님과 불을 동일시하지 않는다. 뒤 절은 단순히 성령님강림에 동반된 한 현상을 의미하는 것이며, 게다가 불이 임한 것도 아니다("같이"에 주의!). 둘째로, "성령님을 끄다"라는 말이 자칫하면 성령님을 멸절시킨다는 뜻으로 받아들여질 위험이 있다. 하지만 이런 해석은 전적으로 불가능하다. 그 누구도 삼위 가운데 한 신격이신 성령님(고후 13:13)을 멸절시킬 수 없기 때문이다. 셋째로, "성령님을 끄다"라는 말로부터 사람이 성령님과의 관계를 끊어버릴 수 있는 것처럼 생각될 수 있다. 이것은 마치 성령님을 켜거나 끄거나 하는 것이 인간의 의지에 달려 있는 것처럼 오해를 불러일으킨다. 이런 생각은 어림도 없다. 왜냐하면 사도 바울은 분명히 성령님을 주신 분이 하나님(4:8)이라고 역설함으로써 인간이 성령님을 거절할 수 없다는 사실을 밝혀주기 때문이다.

이 말을 잘 이해하기 위해서는 문맥을 살펴볼 필요가 있다. 위의 13절로부터 시작되는 명령법이 모두 현재형으로 되어있듯이, "끄지 말라"도 역시 현재명령법이다. 만일에 사도 바울이 여기에서 성령님과의 관계를 완전히 끊어버리지 않도록 주의할 것에 경고를 주었더라면, 분명히 과거 명령법을 사용하였을 것이다. 이 말은 성령님 그 자신에 해당하는 말이라기보다는 성령님의 활동을 억누르지 말라는 말의 다른 표현에 불과하다.

"성령님을 끄지 말라"는 뜻을 잘 이해하기 위해서는 위에서 살펴본 바와 같이 데살로니가전서에 몇 번 사용된 성령님에 대한 구절들에 주의해야 한다. 무엇보다도 성령님은 복음전도와 관련이 있다. 성령님이 없이 전도자는 복음을 전할 수 없고(1:5), 성령님이 없이 피전도자는 말씀을 받을 수가 없다(1:6). 전도자는 성령님으로 복음을 깨닫게 하며, 피전도자는 성령님으로 말씀을 깨닫는다. 이러한 의미에서 성령님은 말씀을 깨닫게 하는 빛이시다.

성령님은 계시의 영이다(엡 1:17). "성령님의 임무는 우리의 마음을 밝히는 것이다."[1] 성령님의 조명이 강조되고 있다. 성령님의 조명 하에 데살로니가 사람들은 사도 바울의 복음을 들었을 때 사람의 말로 받지 아니하고 하나님의 말씀으로 받았고, 이 말씀이 믿는 데살로니가 사람들 속에서 역사하였다(2:13). 그러므로 "성령님을 소멸한다"는 것은 성령님의 조명을 잃어버려 복음을 이해하지 못하고 말씀을 깨닫지 못하는 것이다. 복음과 말씀에 대한 몰이해와 무지가 끊임없이 신자들을 습격하기 때문에 사도 바울은 "성령님을 소멸치 말라"고 주의를 주고 있다. 둘째로, 성령님은 거룩함과 관련이 있다. 사도 바울은 성도의 거룩함을 다루면서 특히 성도들이 이방인처럼 음란과 정욕의 더러움에 빠져서는 안 된다고 주의를 준다(4:3~8). 더러움에 빠지는 것은 "부정케 하심이 아니요 거룩케 하심을 위하여" 부르신 하나님의 부르심대로 살지 않는 것이다. 그래서 바울은 거룩함을 저버리는 것은 "성령님(거룩한 영)을 주신 하나님을 저버리는 것"(4:8)이라고 경고한다. 이 말은 물론 성령님을 주신 하나님을 저버리는 것은 성령님도 저버리는 것임을 함축하고 있다. 이러한 의미에서 "거룩함"을 잃어버리는 것은 "거룩한 영"을 소멸하는 것이다.

4. 인간

사도 바울은 예수 그리스도의 재림 때에 성도들의 "온 영($\pi\nu\epsilon\hat{\upsilon}\mu\alpha$)과 혼($\psi\upsilon\chi\acute{\eta}$)과 몸($\sigma\hat{\omega}\mu\alpha$)이 흠 없이 보존되기를"(5:23) 소원한다. 이 구절은 인간의 구성에서 삼분설을 주장하는 사람들에게 선호되었다. 그러나 이런 주장은 이 구절 자체가 배격하고 있다. 가장 중요한 것은 사도 바울이 이 구절로 인격의 구성요소(또는 구성부분)들을 말하려고 하지 않는다는 것이다. 첫째로, 동사 "보존하다"($\tau\eta\rho\eta\theta\epsilon\acute{\eta}$)가 단수로 되어있다는 것은 삼분설적인 인격의 구성요소에 대한 반증을 시사하고 있다. 만일 영과 혼과 몸이 인격의 한 구성요소들을 의미했더라면 동사의 복수형이 사용되었을 것이다. 분리의 의미는 나타나지 않는다. 둘째로, 삼분설적인 인격의 구성요소에 대한 주장은 사도 바울이 전반부를 끝맺으면서 말했던 기원(3:13)과 비교해 볼 때 여지없이 부서진다. 사도 바울은 전반부를 끝맺는 기원에서도 이러한 개념들과 유사한 개념을 사용한 바 있다. 그것은 "마음"($\kappa\alpha\rho\delta\acute{\iota}\alpha$)이라는 단어이다. 여기에서 마음은 인간의 구성요소의 또 한 부분이냐는 질문이 제기된다. 아마도 사도 바울은 후반부를 종결하는 기원에서도 영, 혼, 몸이라는 세 단어 외에도 마음을 첨가시켰을 수도 있다. 그러나 단지 앞에서 이를 사용하였기에 피하고

---

1   Cf. Calvin, 살전 5:19 주석.

있을 따름이다. 사도 바울이 예수 그리스도의 재림과 관련하여 세 가지 용어를 사용하는 것은 사람의 인격이 어떠한 방향에서 보는가에 따라 다르게 표현될 수 있음을 알려주기 위함이다. 인격을 이해하는 상황이 중요하다. 인격은 대상, 상황, 표출방향 등에 따라서 다르게 불릴 수 있다. 이것은 간단히 말해서 성경전체의 경향이기도 하다(신 6:5이하; 마 22:37; 눅 10:27). 사도 바울은 인격을 어떤 방식으로 이해하든지 간에 예수 그리스도의 재림 때에 흠 없이 보전되기를 소원하고 있는 것이다.[2]

5. 유대인 논박

사도 바울은 데살로니가 교회가 동족에게서 고난을 받는 것은 마치 유대에 있는 교회가 유대인들에게서 고난을 받은 것과 같다고 말하면서 유대인들에 대하여 공격적인 발언을 한다(2:14~16).[3] 이것은 보통 유대인 논박(Juden-polemik)이라고 불린다.

사도 바울은 먼저 유대인들의 악행에 대하여 비판한다. 첫째로, 유대인들은 "주 예수와 선지자들을 죽이고 우리를 쫓아내었다"(2:15a). 사도 바울은 예수 그리스도를 구약의 선지자들과 신약의 성도들의 중심으로 생각한다. 왜냐하면 사도 바울은 먼저 주님 예수님을 말하고 나서 한편으로는 구약의 선지자들을 말하고, 다른 한편으로는 신약의 사도들("우리")을 말하기 때문이다. 이렇게 볼 때 유대인은 근본적으로 구속사의 중심이신 주님 예수님을 대적한 것이다. 둘째로, 유대인들은 "하나님을 기쁘시게 하지 않고 모든 사람에게 대적이 되었다"(2:15b). 유대인들은 구속사에서 하나님에게도 사람에게도 원수가 된다. 계속해서 사도 바울은 유대인들이 어떻게 원수가 되었는지 설명한다. 유대인들은 "우리가 이방인들에게 말하여 구원받게 함을 그들이 금하였다"(2:16a). 유대인들은 복음전도를 훼방함으로써 하나님을 기쁘게 하지 못하고, 사람들을 구원으로 이끌지 못하게 함으로써 그들에게 원수가 된다. 유대인들의 이 모든 행위는 결국 죄를 충만케 하는 것이 되었다. "자기 죄를 항상 채우매"(2:16b). 이스라엘 역사에서 진행은 범죄의 반복이며, 종점은 범죄의 충만이다.

이제 사도 바울은 유대인들의 운명에 대하여 언급한다. "노하심이 끝까지 그들에게 임하였느니라"(2:16c). 노하심은 종말론적인 의미를 가지는 것으로서, 사람의 눈에는 인식되지 않지만 하나님의 심판이 실현된 것을 가리

---

2 더 자세한 내용에 관해서는 조병수, "데살로니가전서 5:23 해석", in 조병수, 『신약신학 열두 논문』, 수원: 합동신학대학원출판부, 1999, 2002, 135~145를 보라.

3 Cf. G. E. Okeke, "1 Thess. ii. 13~16: The Fate of the Unbelieving Jews", *NTS* 27 (1980/81), 127~136.

킨다. 유대인에 대한 하나님의 노하심은 철저한 것이다("끝까지"). 하나님이 전에는 징계하시고 다시 회복시키셨지만, 이제는 징계하시고 거부하신다. 하나님은 죄로 충만한 유대인들에게 철저하게 진노하신다.

제17장
데살로니가후서

1) 주석

W. Trilling, *Der zweite Brief an die Thessalonicher*, EKK 14, Zürich: Benziger / Neukirchen-Vluyn: Neukirchener, 1980.

2) 연구서

K. P. Donfried / I. H. Marshall, *The Theology of the Shorter Pauline Letters*, NTT, Cambridge: Cambridge University Press, 1993.

A. Lindemann, "Zum Abfassungszweck des Zweiten Thessalonicherbriefes", *ZNW* 68 (1977), 35~47.

W. Trilling, *Untersuchungen zum zweiten Thessalonicherbrief*, Leipzig: St. Benno, 1972.

I. 데살로니가후서의 기록자와 기록장소와 연대

데살로니가전서와 마찬가지로 사도 바울이 데살로니가후서를 기록하였다 (1:1). 사도 바울은 이 편지에서 친필로 문안하였다(3:17). 왜냐하면 이것이 사도 바울의 편지라는 표시가 되기 때문이다. 실루아노(실라)와 디모데가 사도 바울과 함께 데살로니가후서를 보냈다(1:1). 데살로니가후서는 그 앞에 한 편지를 전제로 하고 있다. 그래서 사도 바울은 앞서 보낸 편지("우리의 편지", 2:15)와 본서("이 편지", 3:14)를 구분한다. 그러나 교계에는 사도 바울의 이름을 사칭하는 거짓 편지가 나돌고 있었다("우리에게서 받았다 하는 편지", δι᾽ ἐπιστολῆς ὡς δι᾽ ἡμῶν, 2:2). 따라서 사도 바울은 자신의 진정한 편지를 증명하기 위하여 어떤 편지든지 친필로 표시를 남겼다(3:17).

데살로니가후서의 기록장소와 시기는 어렵지 않게 추정할 수 있다. 실라가 사도 바울과 동행하고 있는 것으로 미루어 볼 때 데살로니가후서는 데살로니가전서와 마찬가지로 제2차 전도여행(행 15:36~18:22)에서 기록되었다. 사도 바울은 데살로니가전서에서 자신의 마지막 체류지를 아덴이라고 언급하였다(살전 3:1). 그러므로 데살로니가후서는 아덴 이후의 장소에서 기록되었다. 사도 바울은 제2차 전도여행의 후반에 아덴을 떠나 고린도에서 1년 6개월 동안 머물며 하나님의 말씀을 가르쳤다(행 18:1~11). 이때 사도 바울은 유대인들로부터 심한 대적을 받았다(행 18:12~17). 아마도 사도 바울은 대적하는 유대인들을 가리켜 "부당하고 악한 사람들"(3:2)이라고 부른 것 같다. 그는 데살로니가 교회에 이 사람들로부터 구원을 받도록 기도를 부탁하였다.

II. 데살로니가후서의 구조와 문학 특징

데살로니가후서는 데살로니가전서와 유사한 구조를 가지고 있다. 사도 바울은 데살로니가후서를 "끝으로"(3:1)라는 말로 전반부(1~2장)와 후반부(3장)로 나눈다.

1. 전반부(1~2장)

사도 바울은 데살로니가후서의 전반부(1:3~2:17)에서 두 번 "우리가 항상 너희에 관하여 마땅히 하나님께 감사하는 것은"(1:3; 2:13)이라는 표현을 사용한다. 전반부의 끝에는 기원문이 붙어있다(2:16~17). 감사의 말과 함께 전반부는 두 단락으로 구분된다(1:3~2:12 / 2:13~15). 두 단락에서 각각 두 번씩 "형제들아"라는 호격이 주어진다(1:3; 2:1 / 2:13,15). 사도 바울은 전반부의 첫째 단락에서는 환난(1:3~12)과 이단(2:1~12)에 관하여 말하고, 전반부의 둘째 단락에서는 구원(2:13~14)과 보존(2:15)에 관하여 말한다.

감사(1:3) ------   감사(2:13) ------   기원(2:16~17)
　　형제들아(1:3)　　　　　형제들아(2:13)
　　환난(1:3~12)　　　　　구원(2:13~14)
　　형제들아(2:1)　　　　　형제들아(2:15)
　　이단(2:1~12)　　　　　보존(2:15)

2. 후반부(3장)

사도 바울은 데살로니가후서의 후반부에서 세 번 "형제들아"라는 호격을 사용한다(3:1,6,13). 후반부의 끝에는 기원이 붙어있고(3:16), 사도 바울의 인사와 마지막 말이 더해진다(3:17~18). 사도 바울은 후반부의 첫 단락에서 데살로니가 교회에 자신을 위한 기도를 부탁하고(3:1~5), 둘째 단락에서는 성실한 노동을 권면하며(3:6~12), 진리에 순종하지 않는 사람에 대한 자세를 제안한다(3:13~15). 끝으로 기원(3:16)이 이어지고 편지가 종결된다(3:17~18).

기도 부탁	노동 권면	불순종	기원	종결
(3:1~5)	(3:6~12)	(3:13~15)	(3:16)	(3:17~18)
형제들아(3:1)	형제들아(3:6)			

III. 데살로니가후서의 내용

도입(1:1~2)

1. 환난과 사설(1:3~2:12)
　　1) 환난(1:3~12)
　　　　(1) 사도 바울의 감사(1:3)
　　　　(2) 사도 바울의 자랑(1:4)
　　　　(3) 하나님의 공의의 표(1:5~10)
　　　　(4) 기도(1:11~12)
　　2) 사설(2:1~12)
　　　　(1) 요구(2:1~2)
　　　　(2) 사실설명(2:3~12)

2. 구원과 보존(2:13~17)

    1) 구원(2:13~14)

    2) 보존(2:15)

    3) 기원(2:16~17)

3. 사도 바울의 권면(3:1~16)

    1) 기도 요청(3:1~5)

    2) 성실한 노동 권면(3:6~12)

    3) 진리에 순종하지 않는 사람에 대한 자세(3:13~15)

    4) 기원(3:16)

종결(3:17~18)

1:1~2	1:3~2:12	2:13~17	3:1~16	3:17~18
도입	환난과 사설	구원과 보존	권면	종결

IV. 데살로니가후서의 상황

데살로니가 교회는 외부로부터 심각한 핍박을 받게 된 것 같다. 그래서 사도 바울은 교회를 향한 핍박이 데살로니가전서를 기록했을 때보다 데살로니가후서를 기록할 때 훨씬 강도 있는 것처럼 말한다. 앞에서는 "많은 환난"(살전 1:6)이라고 말하고, 뒤에서는 "모든 박해와 환난"(살후 1:4)이라고 말하기 때문이다. 여기에서 "모든 박해와 환난"이라는 표현은 다양한 핍박을 의미할 뿐 아니라 강력한 핍박을 의미하기도 한다. 사도 바울은 데살로니가 교회가 이런 심각한 박해와 환난을 이겨내도록 하나님의 공의로운 심판을 소개하면서, 교회를 핍박하는 자들에게 하나님께서 환난으로 갚으실 것이라고 말한다(1:5~7).

또한 데살로니가 교회는 예수 그리스도의 재림과 관련하여 사설의 위협에 봉착하였다. 사도 바울은 사설의 내용을 정확하게 파악하였다. 그 사설은 재림이 이미 이루어졌다고 주장하였다. "주의 날이 이르렀다"(ὡς ὅτι ἐνέστηκεν ἡ ἡμέρα τοῦ κυρίου, 2:2). 이것은 데살로니가 교회를 흔들거나 두렵게 할 위험의 소지가 있었다. 그래서 사도 바울은 예수 그리스도의 재림은 아직 미래의 사건으로 남아있다는 것을 반복적으로 확인해주었다. 그런데 이 사설은 내용에서만 위험한 것이 아니라 방식에서도 위험하였다. 이 사설은 세 가지 방식으로 전개되었다: "영으로나 또는 말로나 또는 우리에게서 받았다 하는 편지로나"(2:2). 사설을 퍼뜨리는 미혹자들은 예수님의 재림이 실현되었다는 것을 주장하기 위하여 자신들의 영적인 체험을 근거로 삼았고, 설교로 자신들의 주장을 확립시키려고 했다. 그런데 미혹자들이 자신들의 주장을 뒷받침하기 위하여 사용하기 좋아했던 또 한 가지 수단은 사도 바울의 사칭편지이다. 그들은 사도 바울에게서 재림이 실현되었다는 편지를 받았다고 선전했다. 이에 대하여 사도 바울은 데살로니가 교회에 "누가 어떻게 하여도 너희가 미혹되지 말라"(2:3)고 강력하게 요청하면서, "말로나 우리 편지로 가르침을 받은 전통을 지키라"(2:15)고 권면하였다.

이외에도 데살로니가 교회는 게으른 자들로 말미암아 어려움을 겪고 있었다. 그들은 게으를 뿐 아니라 사도 바울에게서 받은 전통대로 행하지 않았다(3:6). 그들은 게으르게 행하여 도무지 일하지 아니하고 쓸데없는 일만 저질렀다(3:11). 그들이 게으름 피웠던 이유는 주님의 날이 이미 이르렀으므로 더 이상 일할 이유가 없다고 생각했기 때문이다. 이것은 신학적 게으름이다. 사도 바울은 이들에게 주야로 일하면서 사역을 한 자신을 본받으라고 말하고(3:7~9), 조용히 일하여 자신의 양식을 먹으라고 권면하였다(3:12).

V. 데살로니가후서의 신학

사도 바울은 데살로니가 교회에 전통(παράδοσις)을 강조한다. 사도 바울은 이것을 "우리에게서 받은 전통"(3:6)이라고 부른다. 교회가 환난과 사설 그리고 나태 앞에서 유념해야 할 것은 사도의 전통이다. 사도의 전통은 "말과 편지"(2:15)라는 두 가지 방식으로 전달되었다. 사도적인 전통이 말로 전달되었다는 것은 사도 바울이 데살로니가에 있을 때에 설교로 가르친 구두적인 교훈을 가리킨다(2:5; 3:10; 참조. 살전 3:4). 편지는 사도 바울의 기록된 교훈이다(3:14,17). 사도적인 전통에는 여러 가지 신학이 들어있다.

첫째로, 구원에 관한 신학이다. 사도 바울은 삼위일체의 도식 속에서 신자의 구원을 설명한다. 구원은 하나님의 선택에 의한 것으로 성령님의 거룩하게 하심으로 성취되며 예수 그리스도의 영광을 얻는 것이다(2:13~14).

사도 바울이 데살로니가에 체류하는 동안 가르쳤던 중대한 교훈 가운데 한 가지는 예수 그리스도의 재림에 관한 것이었다(2:5). 사도 바울은 예수 그리스도께서 능력의 천사들과 함께 불꽃 가운데 나타나실 것이라고 말한다(1:7). 예수 그리스도의 재림은 두 가지 의미를 가진다. 첫째로, 예수님께서 재림하시면 하나님을 모르는 자들과 복음에 순종하지 않는 자들에게 형벌을 내리시게 된다(1:8). 둘째로, 예수님께서는 재림하심으로써 성도들에게서는 영광을 받으시고 신자들에게서는 경외를 받으신다(1:10). 예수 그리스도의 재림과 함께 성도들은 그 앞에서 모임을 가지게 된다(2:1).

사도 바울은 예수 그리스도의 재림과 관련하여 특히 종말의 사건을 집중적으로 설명하였다. 그것은 재림 때까지 어떤 일이 발생하느냐 하는 것이었다. 사도 바울은 종말의 사건을 설명해줌으로써 성도들이 미혹에 빠지는 것을 방지한다. 사도 바울은 예수 그리스도의 재림 이전에 먼저 배교(ἀποστασία)하는 일이 있을 것이라고 경고한다(2:3). 배교는 어떤 인물에 의하여 지휘될 것이다. 그는 여러 가지 명칭을 가지고 있다: 불법의 사람(2:3), 멸망의 아들(2:3), 대적하는 자(2:3), 불법자(2:8, ὁ ἄνομος). 이 사람은 모든 종교에 우월한 모습을 보이고자 노력할 것이며 궁극적으로는 하나님의 성전에 앉아 자기를 하나님이라고 내세울 것이다(2:4). 이 사람으로 말미암아 불법의 비밀이 이미 활동하고 있다(2:7). 그런데 그의 모든 행위는 사실상 사탄에 의하여 사주를 받는 것이다. 그는 사탄의 활동을 따라 모든 능력과 표적과 거짓 기적과 불의의 모든 속임으로 멸망당할 자들을 미혹한다(2:9~10). 이것은 엄청난 거짓의 역사이다(2:11). 하지만 이 사람은 예수 그리스도의 재림 때까지 강력하게 활동하지 못한다. 왜냐하면 이 사람이 그의 때에 나타나도록 "막는 것"(τὸ κατέχον) 또는 "막는 자"(ὁ κατέχων)가 있기 때문이다(2:6~7). 그러나 이 방해물 또는 방해자가 사라지면 그 때는 불법자가 강하게 활동하여 배교가 일어나게 될 것이다(2:8). 그러면 드디어 예수 그리스도께서 재림하시고 그 입의 기운으로 그를 죽이실 것이다(2:8). 사도 바울이 묘사하는 종말의 사건을 순서대로 정리하면 다음과 같다.

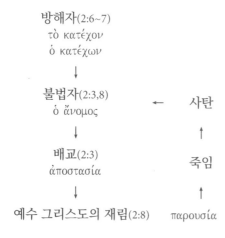

목회서신

판 브럭헌, 『목회서신들의 역사적 배열』, 서울: 솔로몬, 1997.

디모데전서, 디모데후서, 디도서는 사도 바울의 목회서신(Pastoral Epistles, Pastoralbriefe)이라고 불린다. 그런데 이 편지들은 다음과 같은 이유 때문에 사도 바울의 기록이 아닌 것으로 비판을 받는다.[1]

첫째로, 역사적인 문제이다. 목회서신의 내용이 사도행전과 맞지 않는다는 것이다. 예를 들면, 사도 바울이 마게도냐로 가는 중에 디모데에게 에베소 교회를 맡긴 것(딤전 1:3), 어느 때인가 사도 바울이 그레데를 방문하여 디도를 그레데에 배치시킨 것(딛 1:5), 사도 바울의 로마감옥 투옥(딤후 1:16,17)은 사도행전에 나오지 않는다는 것이다. 그러나 이것은 사도행전에 기록된 사건들 이후의 일로서 사도 바울의 1차 로마감옥 석방에서 2차 투옥까지의 일을 다루고 있다는 사실을 유념하면 문제가 되지 않는다.

둘째로, 교직에 관한 문제이다. 사도 바울은 교회의 조직에 관심이 없었기 때문에 목회서신에 진술되는 것처럼 사도 바울이 교회의 조직을 세웠다고 생각하기에는 너무 이르다는 것이다. 그러나 유대교에도 조직이 있었고, 로마제국에도 조직이 있었다는 것을 고려할 때 사도 바울이 목회서신에 언급된 이 정도의 간단한 교회조직을 구성했을 것은 오히려 당연한 일이다.

셋째로, 어휘와 관련된 문제이다. 목회서신에는 소위 "비바울적 용어들"(non-Pauline words)이 많이 들어있다고 주장된다. Mounce는 이 단어들을 여러 카테고리로 분류하여 정리하였다. 그 가운데 대표적인 것은 다음과 같다: 역사적 상황과 관련된 단어들(32개), 대적자들의 행동과 가르침을 묘사하는 단어들(46개), 바울의 교훈을 설명하는 단어들(62개), 교

---

1 목회서신의 진정성에 관해서는 J. van Bruggen, *Die geschichtliche Einordnung der Pastoralbriefe*, Wuppertal: Brockhaus, 1981; "Die geschichtliche Einordnung der Pastoralbriefe", *JETS* 25 (1982), 381~82를 참조하라.

회의 지도자와 관련된 단어들(29개), 악덕목록(25개) 등등.[2] 그러나 Holtz
는 Schlatter의 연구에 근거하여 적어도 70여 개의 단어가 바울의 언어인
것을 확인하였다.[3]

사도 바울이 목회서신을 기록한 목적은 두 가지이다. 첫째로, 터가
요동하면 집이 파괴되는 것처럼 진리가 흔들리면 교회가 망가진다는 중
대한 원칙을 디모데와 디도에게 알려주기 위함이다. 진리를 바로 세워야
교회가 바로 세워진다는 것이다. 둘째로, 집이 망가지면 터가 의미를 상
실하는 것처럼 교회가 망가지면 진리가 인정되지 못한다는 것을 보여주
기 위함이다. 그래서 사도 바울은 신앙의 아들인 디모데와 디도에게 일
차로 목회보다도 중요한 것은 진리라는 사실과 이차로 진리만큼 목회가
중요하다는 사실을 가르치고 있다. 이 때문에 목회서신이라고 불리는 디
모데전서와 디모데후서 그리고 디도서에는 사실상 목회와 함께 진리가
강조된다. 조금 더 정확하게 말하자면 사도 바울은 목회서신에서 목회를
위한 방법보다 목회를 위한 내용을 강조한다. 따라서 이 편지들은 목회
를 위한 것보다 진리를 위한 것에 강조점이 있기 때문에 목회서신이라고
불리기보다는 진리서신이라고 불리는 것이 더 적합하다. 이 편지들과 관
련하여 표면에는 목회가 있고 이면에는 진리가 있다. 이와 같이 사도 바
울은 디모데와 디도에게 진리의 목회에 관하여 편지를 기록함으로써 하
나님께서 교회와 관련하여 무엇을 원하시는지 확연하게 설명해준다.

가장 먼저 사도 바울은 하나님께서 교회를 보호하기를 원하신다는
것을 디모데와 디도에게 알려주었다. 디모데와 디도가 목회하는 교회들
은 무엇보다도 이단의 공격에 노출되어 있었다. 디모데전서에서 사도 바
울은 교회에 다른 교훈을 가르치는 자들에 대하여 주의할 것을 가르친
다. 다른 교훈을 가르치는 자들은 세상의 헛된 신화와 족보에 착념하는
자들이다. 이들은 하나님이 한 분으로서 창조주이시며 섭리자라는 것을
거절한다. 더 나아가서 이들은 율법의 선생처럼 행동하지만 사실은 율법
의 목적도 제대로 알지 못하는 사람들이다. 심지어 이들은 결혼과 음식
에 관하여 금욕주의적인 입장을 취하는 어리석음을 저지르고 말았다. 디
모데후서에서 사도 바울은 성도들이 바른 교훈 대신에 진리에서 돌이키
는 허탄한 이야기를 따를 위험에 대하여 경고하였다(딤후 4:3~4). 이런 허

---

2   W. D. Mounce, *Pastoral Epistles*, WBC 46, Nashville: Thomas Nelson Publishers,
    2000, civ~cxiii.

3   G. Holtz, *Die Pastoralbriefe*, ThHNT 13, Berlin: Evangelische Verlaganstalt, 1965,
    6f.

탄한 이야기를 유포하는 자들은 구원이 우리의 행위대로 된 것이라고 주장하였던 것 같다(딤후 1:9). 또한 이들은 예수 그리스도께서 다윗의 씨로서 죽은 자 가운데서 다시 살아나신 분이심을 부인하였던 것이 틀림없다(딤후 2:8). 게다가 이들은 성경이 하나님의 감동으로 된 것으로 구원에 이르는 지혜가 있다는 것을 무시하였다(딤후 3:15~16). 디도서에서 사도 바울은 이단에 속한 사람을 멀리할 것을 권면한다(딛 3:10). 아마도 이들은 할례당이라고 일컫는 사람들이었을 것이다(딛 1:10). 이 사람들은 특히 언어에 문제가 있었다. 그들은 헛된 말을 하고(딛 1:10), 비방하기를 좋아하며(딛 2:8), 어리석은 변론을 즐기는 사람들이었다(딛 3:9). 디모데와 디도가 목회하는 교회들은 영적인 문제에 직면해 있었을 뿐 아니라 세속의 물결에 휘말릴 위험 앞에도 서 있었다. 말세가 되면 나타나는 세속적인 현상들이 교회를 향하여 밀려들어오고 있었던 것이다. 이런 상황에서 사도 바울은 교회를 보호하기 위하여 디모데와 디도에게 편지를 보냈다.

둘째로, 사도 바울은 디모데와 디도에게 하나님께서 교회를 위하여 일군을 세우기를 원하신다는 것을 알려주었다. 사도 바울은 교회에 일군을 세우는 것이 교회를 보호하는 가장 구체적인 방식이 된다는 것을 알고 있었다. 하나님께서 훼방자요 핍박자요 폭행자였던 바울을 충성되이 여겨 직분을 맡기셨던 것처럼(딤전 1:12~13), 디모데와 디도는 부끄러울 것이 없는 일군으로 충성해야 하며(딤후 2:15; 딛 2:15), 또한 충성된 사람들을 선택하여 직분을 맡겨야 한다(딤후 2:2). 이 때문에 사도 바울은 사람들이 여러 가지 직분을 행하기에 합당한 조건들을 자세하게 제시하였던 것이다. 목회서신에는 직분자들이 가져야 할 신앙과 생활의 내용을 열거하는 목록들이 들어있다(예: 딤전 3장; 딛 1장). 이만큼 사도 바울은 직분자들의 인품과 경건과 신학과 윤리에 큰 관심을 가졌던 것이다. 그런데 직분과 관련하여 사도 바울이 반드시 말하고 싶었던 중요한 사실은 직분이 교회론적인 목적을 가진다는 것이다. 직분을 맡는다는 것은 사도 바울 자신에게든지, 디모데와 디도에게든지, 그들에 의하여 세움을 받는 사람들에게든지 개인적인 의미보다는 교회적인 의미를 가진다. 직분을 맡는다는 것은 직분을 맡는 사람을 위한 유익이 전혀 없는 것은 아니겠지만 그 보다도 직분을 주는 교회를 위한 유익이 더 강조되어야 한다는 것이다. 따라서 직분자는 자신의 명예와 영광을 위하여 일할 것이 아니라 교회의 건덕과 유익을 위하여 일해야 한다. 그렇다면 직분자는 어떤 일이 비록 자신에게 명예가 되더라도 교회에 건덕이 되지 못하면 그것을 포기할 줄도 알아야 하며, 어떤 일이 비록 자신에게 영광이 되지 않더라도 교회에 유익이 되면 그것을 선택할 줄도 알아야 한다. 사도 바울은 목회서신에서 디모데와 디도에게 교회를 위하여 이와 같은 충성스러운 일군들을 세울 것을 권면하고 있다.

마지막으로, 사도 바울은 하나님의 뜻 가운데는 성도를 바로 교육하는 것이 있다는 것을 디모데와 디도에게 알려주었다. 하나님의 교회를 보호하는 것은 직분자의 사명일 뿐 아니라 모든 성도의 책임이기도 하다. 성도들은 교회를 보호하는 것이 직분자에게 맡겨진 일이라고 생각하여 팔짱끼고 관망해서는 안 된다는 것이다. 직분자가 교회를 보호해야 할 사명을 가지고 있다면 성도들도 교회를 보호해야 할 책임이 있는 것이다. 하나님께서는 사도 바울을 통하여 디모데와 디도에게 이런 사실을 성도들에게 가르치도록 하셨다. 그러므로 사도 바울은 목회서신에서 성도를 교육하는 일에 큰 관심을 가지고 기록하고 있다. 성도가 배워야 할 것은 무엇인가? 첫째로, 성도들은 세상에 관하여 배워야 한다. 세상은 성도들이 알지 않아도 아무런 상관이 없는 강 건너에서 타는 불이 아니다. 성도들은 세상에 살고 있고, 또 세상에서 복음을 전해야 한다. 그러므로 성도들은 정치에 관하여도 알아야 하며 경제에 관하여도 알아야 한다. 특히 세상 사람들이 가지고 있는 근본적인 문제점도 알아야 한다(딤후 3:1~5). 그렇지 아니할 때 도리어 세상의 유혹을 이기지 못하는 무서운 일이 발생할 수 있다는 것을 기억해야 한다(딤후 4:10). 따라서 사도 바울은 목회서신에서 성도들에게 이런 불행이 닥치지 않도록 세상에 대하여 교훈을 주었다. 그런데 성도들은 세상에 관하여 정확하게 알려면 진리를 정확하게 알아야 한다. 밝음을 이해하면 어둠을 파악하고 깨끗함을 인식하면 더러움을 깨닫듯이 진리를 알면 세상을 알게 되는 법이다. 그러므로 사도 바울은 목회서신에서 진리가 무엇인지 강도 있게 제시한다. 하나님이 어떤 분이신지, 예수 그리스도는 누구신지, 성령님에 대하여, 성경에 대하여, 구원과 경건에 관하여, 그리고 그 외에 다양한 진리에 관하여 사도 바울은 정확하게 설명한다. 성도들이 이러한 진리를 이해하고 확신한다면 세상을 극복하고 승리하는데 아무런 부족함이 없을 것이다. 사도 바울은 목회서신에서 디모데와 디도에게 진리를 제시함으로써 성도들을 가르칠 수 있는 길을 열어주었다.

제18장
디모데전서

1) 주석

W. D. Mounce, *Pastoral Epistles*, WBC 46, Nashville: Thomas Nelson Publishers, 2000.

J. Roloff, *Der erste Brief an Timotheus*, EKK 15, Zürich: Benziger / Neukirchen-Vluyn: Neukirchener, 1988.

조병수, 『리더가 리더에게 들려주고 싶은 이야기. 디모데전서 에세이』, 수원: 합신대학원출판부, 2010.

2) 연구서

P. G. Bush, "A Note on the Structure of 1 Timothy", *NTS* 36 (1990), 152~56

E. E. Ellis, "Traditions in the Pastoral Epistles", in *Early Jewish and Christian Exegesis*, FS W. H. Brownlee, C. A. Evans and W. F. Stinespring (eds.), Atlanta: Scholars 1987, 237~53.

A. T. Hanson, *Studies in the Pastoral Epistles*, London: SPCK, 1968.

H. A. Kent, "The Centrality of the Scriptures in Pau's First Epistle to Timothy", *JETS* 14 (1971), 157~64.

O. Skarsaune, "Heresy and the Pastoral Epistles", *Themelios* 20 (1994), 9~14.

F. Young, *The Theology of the Pastoral Letters*, Cambridge: Cambridge University Press, 1994.

I. 디모데전서의 기록자와 기록장소와 연대

사도 바울이 디모데전서를 기록하였다(1:1). 사도 바울은 자신의 과거를 생생하게 기억하고 있다. 그는 자신을 비방자, 박해자, 폭행자로 묘사하면서 죄인 중에 괴수라고 부른다(1:13,15). 이것은 사도 바울이 아들처럼 여기는 디모데에게 하는 말이라는 데 놀라움이 있다. 그는 자신의 과거를 미화하지 않고 솔직하게 표현하고 있다. 사도 바울이 자신의 과거를 화려하게 꾸미지 않는 이유는 예수 그리스도의 긍휼과 은혜를 알기 때문이다(1:13,16). 예수 그리스도는 그에 대하여 오래 참았을 뿐 아니라 그를 충성되이 여겨 직분을 맡기셨던 것이다. 이 때문에 그는 예수 그리스도의 사도가 되어(1:1) 하나님의 교회를 위하여 충성하게 되었다. 사도 바울은 1차 로마감금에서 석방된 어느 시기에 디모데를 방문하기를 희망하면서 이 편지를 쓴 것 같다. 기록장소는 확실하지 않다.

II. 디모데전서의 구조와 문학 특징

디모데전서는 사도 바울이 사람들이 다른 교훈(신화와 족보)을 가르치는 것을 막기 위하여 디모데를 에베소에 머물게 한 후에 보낸 편지이다(1:3~4). 이 편지의 주제는 디모데전서 3:14~16에 나온다. 그것은 디모데가 하나님의 집인 교회에서 어떻게 행하여야 할 것을 알려주는 것이다. 사도 바울은 디모데가 하나님의 교회에서 여러 종류의 사람들에 대하여 가져야 할 자세를 열거한다. 그래서 디모데전서에는 여러 종류의 사람들이 자주 짝을 이루면서 언급된다: 남자와 여자(2:8,9), 감독과 집사와 여자(3:1,8,11), 늙은이와 젊은이(5:1), 늙은 여자와 젊은 여자(5:2). 그 외에도 사도 바울은 디모데전서에서 과부들(5:3), 장로들(5:17), 종들(6:1)에 대하여 권면을 준다.

III. 디모데전서의 내용

도입(1:1~2)

1. 서론적인 진술(1:3~20)
    1) 디모데를 에베소에 둔 이유(1:3~11)
    2) 바울의 자서전(1:12~17)
    3) 디모데에의 명령(1:18~20)

2. 교회에 관한 권면(2:1~6:19)
  1) 기도에 관하여(2:1~7)
  2) 남자와 여자(2:8~15)
  3) 감독과 집사(3:1~13)
   * 편지의 목적(3:14~16)
  4) 미혹자와 선한 일군(4:1~16)
  5) 늙은이와 젊은이 / 늙은 여자와 젊은 여자(5:1~2)
  6) 과부에 대하여(5:3~16)
  7) 장로에 대하여(5:17~25)
   * 디모데에게 편견 없는 삶을 명령(5:21~25)
  8) 종들에 대하여(6:1~2)
  9) 재물에 관하여(6:3~10)
  10) 하나님의 사람에게(6:11~16)
  11) 부한 자들에게(6:17~19)

종결(6:20~21)

1:1~2	1:3~20	2:1~6:19	6:20~21
도입	서론적인 진술	권면	종결

IV. 디모데전서의 상황

사도 바울이 디모데전서에서 가장 크게 문제시 삼았던 것은 바른 교훈(1:10; 4:6; 6:3)과 다른 교훈(1:3; 6:3)의 마찰이다. 바른 교훈에 관하여 사도 바울은 "내게 맡기신 바 복되신 하나님의 영광의 복음을 따름"(1:11)이라고 설명한다. 바른 교훈은 위에서 이어받은 교훈이다. 다른 교훈은 사도 바울이 에베소를 떠난 후 옆에서 끼어든 교훈이다(1:3). 에베소 교회에는 위에서 이어받은 바른 교훈을 떠나서 옆에서 끼어드는 다른 교훈에 관심하는 사람들이 있었다. 바른 교훈의 전승과 다른 교훈의 삽입 사이에 충돌이 일어났다.

사도 바울은 다른 교훈을 가리켜 "신화와 족보에 몰두하는 것"(1:3~4)이라고 지적하였다. 신화와 족보는 당시에 유행하던 그리스-로마 식의 신들에 관한 이야기와 세계관을 의미한다. 이러한 신화와 족보는 믿음 안에 있는 하나님의 경륜을 이루기보다는 도리어 변론을 내는 것이다. 이것은 망령되고 허탄한 성격을 지니고 있다(4:7). 다른 교훈에 집착하는 대적자들은 무엇보다도 하나님에 대한 신학에 변질을 일으키고 있었던 것으로 추정할 수 있다. 이것은 사도 바울이 이 편지에서 하나님에 대한 신학을 여러 차례 반복하여 진술하고 있는 점에서 쉽게 알 수 있다. 그러나 다른 교훈을 추종하는 대적자들은 이러한 하나님 신학을 거부하였다. 그들은 오히려 당시에 유행하는 그리스-로마 식의 신화와 우주발생론에 매료되어 있었다.

그런데 바울의 대적자들은 이러한 신화와 족보에 근거하여 자신들을 "율법의 선생"(1:7)이라고 내세우면서 율법을 새롭게 해석하였다. 특히 그들이 관심을 가졌던 부분은 결혼과 음식에 관한 것이었다. 바울의 대적자들은 "혼인을 금하고 음식물은 멀리하라"(4:3)고 주장하였다. 이들이 결혼과 음식에 대하여 금욕주의적인 태도를 취한 것은 성결의 문제와 관련이 있다(4:5). 이들은 결혼을 포기하고 음식을 억제하면 마치 육체가 성결해 질 것처럼 생각하였던 것이다. 이러한 주장은 새로운 지식이었다. 그러나 이것은 사도 바울의 눈에 "거짓된 지식"(6:20)이었다. 이것은 진리를 잃어버리는 결과를 초래하고 만다(6:5).

바울의 대적자들은 바른 교훈을 단절하고 다른 교훈을 삽입하기 위하여 몇 가지 전략을 세웠다.

그들이 가장 먼저 시도한 것은 사도 바울에게서 사도의 권위를 벗겨버리는 일이었다. 이들은 사도 바울이 본래 훼방자이며 핍박자이며 폭행자였다는 사실을 부각시킴으로써 사도 바울에게는 하나님의 일군이 될만한 자격이 없다는 것을 증명하였던 것 같다(1:13 참조). 하지만 사도 바울은 이러한 행실이 자신이 믿지 아니할 때에 알지 못하고 한 것으로써 하나님께서 풍성하신 은혜를 베풀어 죄인 중에 괴수와 같은 자신에게 직분을 맡기셨다고 고백한다(1:12이하). 사도 바울은 이렇게 말한다. "내가 전파하는 자와 사도로 세움을 입은 것은 참말이요 거짓말이 아니니 믿음과 진리 안에서 내가 이방인의 스승이 되었노라"(2:7).

또한 바울의 대적자들은 바울의 동역자이며 후계자인 디모데를 공격하였다. 그들은 디모데에게 끊임없이 다른 교훈에 동조할 것 을 요구한 것 같다(4:7 참조). 그리고 디모데를 설득하기 위하여 그의 연소함을 지적하였다(4:12 참조). 이 때문에 사도 바울은 디모데에게 확신을 불러일으킬 필요를 느꼈다. 사도 바울은 무엇보다도 디모데에게 장로의 회에서 안수를 받은 분명한 공적인 신분을 가지고 있는 사람임을 확인시켜주고(4:14), 나아가서는 "하나님의 사람"(6:11)이라고 부름으로써 분명한 영적인 위치를 정의해주고 있다. 따라서 사도 바울은 디모데가 대적자들 앞에서도 두려움이 없이 부지런히 경건의 연습을 하며 "읽는 것과 권하는 것과 가르치는 것에 전념하여"(4:13) 신자들에게 본이 되어야 한다고 권면하였다.

V. 디모데전서의 신학

1. 신앙의 대상

사도 바울은 디모데전서에서 정확한 삼위일체 신앙을 기초로 하여 교회론을 펼쳐나간다.

사도 바울은 하나님을 구주이시며(1:1; 2:3; 4:10), 아버지이시며(1:2), 만세의 왕이시며, 썩지 아니하고, 보이지 아니하고, 홀로 하나이신 하나님이시며(1:17; 2:5), 만물의 창조주이시며(4:4), 살아계신 분으로서(3:15; 4:10), 만물을 살게 하시는 분으로(6:13) 고백한다. 하나님에 대한 사도 바울의 고백은 다음과 같이 한 마디로 요약될 수 있다. "복되시고 유일하신 능력자이시며 만왕의 왕이시며 만주의 주시요 오직 그에게만 죽지 아니함이 있고 가까이 가지 못할 빛에 거하시고 어떤 사람도 보지 못하였고 또 볼 수 없는 이"(6:15~16)이시다. 정리하면 사도 바울은 하나님에 관하여 한 분이시며 불멸하신다는 존재와 본질, 만물을 지으셨고 붙잡으신다는 창조와 섭리, 인간과 구별되시지만 인간이 되셨다는 성육신과 같은 아주 중요한 하나님 신학을 발표하고 있다.

사도 바울에게 예수 그리스도는 무엇보다도 소망이시다(1:1). 그는 죄인을 구원하기 위하여 세상에 오셔서(1:15), 하나님과 사람 사이의 중보자가 되셨다(2:5). 의의 영광에 계신 하나님과 죄의 비참함에 빠진 사람 사이의 절대적인 단절을 연결할 수 있는 것은 하나님이면서 사람이신 예수 그리스도에게만 가능한 일이다. 사람이신 그리스도는(2:5) 죄를 해결하기 위한 속전이 되셨다(2:6). 사도 바울은 "그리스도 찬양시"(Christ-hymn)에서 여섯 개의 항목으로 이루어진 기독론의 요점을 소개한다(3:16). 사도 바울이 직분을 얻게 된 것은 오래 참으심 가운데 긍휼을 베푸신 예수 그리스도의 은혜 때문이다(1:12,16).

사도 바울은 디모데전서에서 성령님을 "밝히 말씀하시는"(ῥητῶς λέγει, 4:1) 분이라고 진술한다. 사람의 눈으로는 미혹의 영에 의하여 부추김을 받는 거짓말과 외식을 분별해내기가 어렵다. 오직 거룩하신 영만이 미혹하는 영을 정확하게 분별하시며, 미혹하는 영을 확실하게 분별하는 법을 가르쳐 주신다. 사도 바울은 이렇게 말함으로써 신자들이 성령님께 전적으로 의지해야 한다는 것을 알려준다.

2. 교회

사도 바울은 디모데전서에서 교회를 하나님의 집이라고 소개한다(3:15). 교회는 가정적인 개념으로 설명된다. 따라서 교회는 단체가 아니라 가족이다.

교회는 이익 때문에 존재하는 것이 아니라 사랑 때문에 존재하는 것이다 (1:5). 그런데 이 집을 다스리는 분은 하나님이시다. 교회는 살아 계신 하나님이 다스리기 때문에 항상 살아있다. 교회는 진리의 기둥과 터이다. 그래서 진리는 교회에 의해 받쳐지고 교회를 바탕으로 존속한다. 교회는 진리를 위한 버팀목이며 터전이다.

디모데전서는 교회를 조직하는 직분에 관해서 자세하게 언급한다. 직분에는 무엇보다도 감독이 있다(3:1~7). 감독은 일상에서 윤리적으로 결함이 없는 사람이어야 한다. 감독의 기능 가운데 가장 중요한 것은 교회를 돌보는 것이다(3:5). 또한 집사의 직분이 있다(3:8~13). 집사의 직분도 윤리적인 사람에게 해당된다. 집사의 직분은 여성들에게도 허락된 것처럼 보인다 (3:11). 이에 더하여 장로의 직분이 있다(5:17~20). 또한 장로에게는 목회자를 세우는 안수의 권한이 주어졌다(4:14). 장로 가운데는 가르치는 장로와 다스리는 장로가 있었던 것처럼 보인다(5:17). 특히 가르치는 장로들에게는 마땅한 보답이 주어져야 한다는 점이 중요하다.

3. 여성의 위치

사도 바울은 남자들에게 무엇인가를 요구하듯이(2:8), 여자들에게도 무엇인가를 요구한다(2:9이하).[1] 여자에 대한 요구에는 배움이 있다. "여자는 일체 순종함으로 조용히 배우라"(2:11). 여성에게 배움을 요구한 것은 당시 상황을 비추어볼 때 여성을 존중한 것은 의미한다. 배움은 여성에게만 아니라 누구에나 필요한 것이다(4:7; 5:4). 사도 바울은 여자의 배움에 두 가지 방식이 곁들여야 한다고 일러준다. 첫째는 "조용히"(ἐν ἡσυχίᾳ) 배우라는 것이다. "조용함"은 바쁘거나 시끄럽지 않은 것이며, 한가롭고 여유있는 것이다(2:2 참조). 둘째는 "일체 순종함으로"(ἐν πάσῃ ὑποταγῇ) 배우라는 것이다. 마치 자녀가 부모에게 순종하는 자세를 가지듯이 여자는 가르치는 자에게 순종하는 자세를 가져야 한다(3:4).

그런데 특히 사도 바울이 여자들에게 배움을 요구하는 것은 진리를 알지 못한 채 남자를 가르쳐 주관하는 오류를 저지를 수 있기 때문이다. 그래서 사도 바울은 여자에게 "가르치는 것과 남자를 주관하는(αὐθεντέω) 것을 허락하지 않는다"(2:12). 이것은 여자에게 단순히 가르치는 것을 금하는 것이 아니라, 가르침으로써 남편을 주관하는 결과가 나타나는 것을 금하는 것이다.[2] 사도 바울은 이 사실을 아담과 하와의 창조와 타락의 조망에서 설명한

---

1 조병수, "신약성경에서 여자의 역할", 「신학정론」 23 (2005), 53~76.
2 남자가 여자에게든지 여자가 남자에게든지 주관하는 것은 옳은 일이 아니다.

다. 창조에 있어서는 아담이 하와보다 먼저이며, 타락에 있어서는 하와가 아담보다 먼저이다(2:13~14). 여자는 창조의 순서를 기억하여 남편을 주관하는 것을 피해야 하며, 타락에서처럼 거짓된 것을 배워 남편을 가르쳐서는 안 된다.

사도 바울은 여자의 구원문제를 다루면서 창세기의 모티브를 사용하여 여자는 아이를 낳는 일(τεκνογονία)에서도 믿음을 가져야 할 것을 알려준다(2:15; 참조. 5:14). 자녀 출산은 구속사의 과제이다(참조. 창 1:28; 3:15). 아이를 낳는 일은 무의미하거나 부정적으로 간주할 것이 아니다. 믿음을 가진다면 자녀 출산은 구속사에서 중요한 역할을 한다. 자녀 생산 그 자체가 구원의 통로와 증거가 되는 것이 아니라 오직 믿음을 가지고 있을 때 구원의 통로와 증거가 된다.[3]

4. 결혼과 음식

사도 바울은 건전한 결혼을 강조하였다. 사도 바울이 감독과 집사의 직분을 얻고자 하는 사람은 반드시 "한 아내의 남편"(3:2,12)인 사람이어야 한다는 것과 과부로서 명부에 올릴 여자는 반드시 "한 남편의 아내"(5:9)이었던 사람이어야 한다는 것을 강조하는 데는 혼인을 금하고 음식물을 멀리하라고 미혹하는 대적자들의 헛된 주장(4:3)을 꺾으려는 생각이 배경을 이루고 있다. 이러한 맥락에서 사도 바울은 젊은 여성들에게 결혼하여 아이를 낳는(τεκνογονεῖν) 자녀 출산의 중요성을 강조하며 집을 지키어 대적자에게 조금도 기회를 주지 말 것을 당부하였다(5:14).

마찬가지로 사도 바울은 음식에 관하여 바른 입장을 일러 주었다(4:3~4). 음식은 모두 하나님께서 지으신 것이다. 하나님이 지으신 모든 것은 선하다. 따라서 신자들은 음식을 감사함으로 받아야 하며 그렇게 되면 버릴 것이 하나도 없다. 하지만 사도 바울은 술에 관하여 만큼은 엄격한 입장을 유지하였다. 물론 술이 약으로 사용될 가능성도 없지는 않지만(5:23), 일반적으로는 육체를 즐기는 데 사용되는 것이므로 성도에게는 어울리지 않는 것으로 생각하였다(3:3,8).

5. 선행에 대한 강조

디모데전서에는 선에 대한 강조가 다음과 같이 강하게 나타난다. 선한 양심과 거짓 없는 믿음(1:5,19), 율법은 선한 것(1:8), 선한 싸움(1:18; 6:12), 기도는

---

3 이에 관한 자세한 논의는 조병수, 『신약성경 신학』, 224~228, 특히 227~228을 참조하라.

하나님께 선한 것(2:3), 여자의 선행(2:10), 감독의 선한 일(3:1), 하나님이 지으신 모든 것이 선하다(4:4), 선한 일군(4:6), 선한 교훈(4:6), 과부의 조건(5:10), 선행(5:25).

제19장
디모데후서

1) 주석

G. Holtz, *Die Pastoralbriefe*, ThHNT 13, Berlin: Evangelische Verlaganstalt, 1966, 1992.

W. D. Mounce, *Pastoral Epistles*, WBC 46, Nashville: Thomas Nelson Publishers, 2000.

A. Weiser, *Der zweite Brief an Timotheus*, EKK 16.1, Zürich: Benziger / Neukirchen-Vluyn: Neukirchener, 2003.

2) 연구서

J. Murphy-O'Conner, "2 Timothy Contrasted with 1 Timothy and Titus", *RB* 98 (1991), 403~18.

M. Prior, *Paul the Letter-Writer and the Second Letter to Timothy*, JSNT.S 23, Sheffield: Sheffield Academic Press, 1989.

F. Young, *The Theology of the Pastoral Letters*, Cambridge: Cambridge University Press, 1994.

I. 디모데후서의 기록자와 기록장소와 연대

디모데후서는 사도 바울이 매우 어려운 상황에서 기록하였다. 사도 바울은 자신이 로마 감옥에 갇혀있던 고통스런 상황을 묘사한다(1:15~18). 그는 자신의 죽음이 임박했다는 것을 직감하였다(4:6~7). 하필이면 이런 시기에 사도 바울의 동료들은 여러 가지 이유로 떠나갔다(4:9~10). 그래서 사도 바울은 디모데를 더욱 그리워했다(1:4). 게다가 계절은 두꺼운 겉옷을 입어야 하는 겨울로 접어들고 있었다(4:13,21). 이런 상황 가운데 사도 바울의 머릿속에는 자신을 대적했던 사람들의 이름이 꼬리를 물고 떠올랐다.

사도 바울이 이런 처지에서도 굳건하게 활동할 수 있었던 것은 과거적으로는 자신이 하나님의 뜻으로 말미암아 그리스도 예수 안에 있는 생명의 약속대로 사도가 되었기 때문이며(1:1), 현재적으로는 주님의 동행을 알고 있었기 때문이며(4:17), 미래적으로는 주님의 구원(4:18)과 종말의 임박을 알고 있었기 때문이다("그날", 1:12; 4:8).

II. 디모데후서의 구조와 문학 특징

디모데후서에서 사도 바울은 여러 사람의 이름을 거론한다. 때때로 대적자들의 이름은 짝을 이루며 언급된다: 부겔로와 허모게네(1:15), 후메내오와 빌레도(2:17),(바울의 대적자를 암시하는 모세의 대적자들로서) 얀네와 얌브레(3:8). 바울은 동역자들의 이름을 부르면서 그들이 어떤 활동을 했는지 제시한다: 오네시보로(1:16~18), 데마, 그레스게, 디도, 누가, 마가, 두기고(4:10~12), 에라스도, 드로비모, 오불로, 부데, 리노, 글라우디아(4:20~21).

III. 디모데후서의 내용

도입(1:1~2)

1. 디모데에 대한 기억(1:3~14)
2. 바울의 형편에 대한 전갈(1:15~18)
3. 디모데에의 권면(2:1~4:5)
   1) 일군의 자세(2:1~13)
   2) 디모데의 임무(2:14~26)
   3) 말세의 징조(3:1~9)

4) 확신할 것(3:10~17)
　　5) 전도(4:1~5)
　4. 바울의 신앙고백(4:6~8)
　5. 개인적인 전갈(4:9~18)

종결(4:19~22)

1:1~2	1:3~14	1:15~18	2:1~4:5	4:6~8	4:9~18	4:19~22
도입	디모데에 대한 기억	바울의 형편에 대한 전갈	디모데에 대한 권면	바울의 신앙고백	개인적인 전갈	종결

IV. 디모데후서의 상황

사도 바울은 디모데후서에서 후메내오와 빌레도를 대표로 하는 어떤 그룹이 있다고 지적하였다(2:17). 사도 바울은 이 그룹의 특징을 다음과 같이 몇 가지로 지적하였다. 이들은 말로 말미암아 교회를 어지럽히는 자들로서 말다툼을 좋아하였다(2:14). 이들은 망령되고 헛된 말로 점점 경건하지 아니함에 나아갔다(2:16). 이들은 자신을 하나님 앞에 인정된 자로, 부끄러울 것이 없는 일군으로, 진리의 말씀을 바로 해석하는 자로 드리는 데 전혀 힘쓰지 않았다. 이들은 하나님을 무시하며, 교회의 일군이 되기를 거절하고, 진리의 말씀도 멀리하였다. 그러므로 이들의 불경은 점점 더 깊어졌다. 그들은 악성종양과 같은 거짓말을 사용하였다(2:17). 그들이 입으로 내뱉는 말은 모두 치명적인 암적 요소를 지니고 있었다. 이렇게 하여 그들은 사도 바울이 전한 진리를 허물었다(2:18). 특히 그들은 부활의 진리에 관하여 다음과 같이 주장했다. "부활이 이미 지나갔다(문자적으로는: 일어났다)"(2:18). 이들은 부활의 존재를 부인하지는 않지만(고전 15:12 참조), 그 성취(완성) 시간에 혼동을 일으키고 있다. 부활은 시간적으로 보면 미래의 일이다. 그러므로 부활의 역사적인 성취를 말하는 것은 큰 잘못이다. 이러한 거짓된 주장 앞에서 어떤 사람들이 믿음을 잃어버리는 사태가 발생하였다(2:18). 그러므로 사도 바울은 디모데에게 이런 주장에 말려들지 않도록 망령되고 헛된 말을 버리라고 충고하였다(2:16). 그리고 디모데에게 예수님의 부활에 관하여 분명하게 진술하고(2:8), 성도의 부활에 관하여 강력하게 주장하였다(2:11).
　　디모데후서의 교회에는 말세의 현상을 드러내는 사람들이 있었다(3:1~4). 그들은 이기적이며 물질적이고, 비도덕적이며 비영적이었다. 그들에게서 나타나는 가장 큰 문제는 경건의 모양은 있지만 경건의 능력을 부인한다는 것이었다(3:5). 이 사람들은 남의 집에 가만히 들어가 어리석은 여자를 유인하는 악한 짓을 했다(3:6). 그들은 옛날 "얀네와 얌브레가 모세를 대적한 것같이"(3:8) 진리를 대적하였다. 전설에 의하면(CD V,18f.; Targum TPsJ Ex7,11f.), 얀네와 얌브레는 출 7~9장에 나오는 이집트 마술사들을 가리킨다. 본문에서 비교되는 것은 대적 행위이다. 바울은 진리의 대적자들을 말하다 보니 당시에 회자되는 전설을 사용하고 있는 것이다. 그러므로 관심사는 얀네와 얌브레의 이름이 아니라 그들의 대적 행위이다.[1] 이들이 진리를 대적한 원인은 무엇인가? 우선 그들이 마음에 있어서 부패한 자들이었기 때문이다(3:8). 또한 그들은 믿음에 관하여 버림받은 자들이기 때문이다(3:8). 그런데도 불구하고 놀랍게도 이들은 성도들에게 큰 영향력을 끼치고 있었다.

사도 바울이 디모데후서에서 지적하는 또 다른 문제는 사람들이 바른 교훈을 받기를 싫어하고 도리어 간지러운 귀를 긁어 자신들의 욕심을 만족시켜줄 스승을 많이 두었다는 것이다(4:3). 그들은 귀를 진리에서 돌이켜 허탄한 이야기를 따랐다(4:4).

V. 디모데후서의 신학

사도 바울은 디모데후서의 첫머리에서 하나님에 대하여 네 가지 사항을 말한다(1:9~10). 첫째로, 하나님은 구원하시는 분이다(σώσαντος). 이것은 디모데전서에서 묘사된 신학과 일치한다. "하나님은 모든 사람이 구원받기를 원하시느니라"(딤전 2:4). 둘째로, 하나님은 부르시는 분이다(καλέσαντος). 하나님의 부르심은 거룩한 것이다. 하나님의 부르심이 거룩한 까닭은 사람의 행위를 따라 부르신 것이 아니라 하나님의 뜻과 은혜로 부르신 것이기 때문이다. 하나님의 뜻과 은혜는 영원 전에 그리스도 예수 안에서 주어진 것이며, 지금 그리스도 예수님의 나타나심으로 나타난 것이다. 셋째로, 하나님은 사망을 폐하시는 분이다(καταργήσαντος). 하나님 앞에서 사망은 힘을 발휘할 수 없다. 넷째로, 하나님은 비추시는 분이다(φωτίσαντος). 하나님은 복음을 통하여 생명과 불멸을 어두운 세상에 비추어주셨다.

사도 바울은 예수 그리스도의 나타나심을 중요하게 생각한다. 왜냐하면 예수 그리스도의 나타나심은 하나님의 뜻과 은혜가 실현되는 통로이기 때문이다(1:10). 그래서 사도 바울은 예수 그리스도가 다윗의 씨라는 사실을

---

1   참조. Weiser, *Der zweite Brief an Timotheus*, 245,258.

강조한다(2:8). 그런데 사도 바울에게 예수 그리스도의 성육신만큼이나 중요한 것은 부활이다. "죽은 자 가운데서 다시 살아나신 예수 그리스도를 기억하라"(2:8). 더 나아가서 사도 바울은 예수님께서 심판하실 분이라는 것을 말한다(4:1). 예수 그리스도는 살아있는 자와 죽은 자를 심판하실 것이다. 이것은 예수 그리스도의 나타나심으로 실현될 것이며, 그 이후에는 그의 나라가 굳건하게 설 것이다.

사도 바울은 성령님의 내주에 관해서 말한다(1:14). 사도 바울에 의하면 성령님의 거하심은 복음을 보존하는 데 필수적이다(1:14). 내주하시는 성령님의 도움을 받지 아니하면 복음을 지킬 수가 없기 때문이다.

사도 바울은 디모데후서에서 성경에 대한 입장을 분명히 밝힌다(3:15~17). 한마디로 말해서 성경은 하나님으로부터 온 책이며, 성경은 사람을 위한 책이다.

첫째로, 성경은 하나님의 책이다. "모든 성경은 하나님의 감동으로 되었다"(3:16). 우선 이것은 성경의 유래에 대하여 말하고 있다. 성경이 하나님의 감동으로 되었다는 것은 성경이 하나님에게서 유래한 것을 의미한다. "감동되었다"(θεόπνευστος)는 하나님이 불어넣으셨다는 의미이다(참조. 2:7,19~20).[2] 성경은 하나님의 말씀이다. 성경은 단순히 사람들의 생각에서 출원하는 인간적인 기록이 아니며, 그들의 상황에서 기인하는 시대적인 산물이 아니다. 성경은 단순히 인간적이고 시대적인 문학작품이 아니다. 성경은 하나님의 말씀이기에 신적인 권위를 가진다. 또한 이것은 성경의 완전함에 대하여 말한다. 성경은 하나님의 감동으로 되었기 때문에 완전하다. 하나님이 완전하신 것처럼 하나님의 말씀도 완전하다. 성경이 완전하다는 것은 양과 질에 있어서 다 해당되는 말이다. 양적으로 보면 성경은 충분하며, 질적으로 보면 성경은 진리이다. 더 나아가서 이것은 성경의 불변성에 대하여 말한다. 성경의 불변성은 하나님의 불변성에 기초한다. 인생에 비하여 볼 때도 천지에 비하여 볼 때도 성경은 영원하다. 마지막으로 이것은 성경의 계시성에 대하여 말한다. 성경은 하나님의 감동으로 된 책이다. 하나님에게서 나온 책이다. 그러므로 성경을 열면 하나님의 세계가 열린다. 하나님의 책인 성경에서 하나님을 배울 수가 있다.

둘째로, 성경은 사람을 위한 책이다. "성경은 그리스도 예수 안에 있는 믿음으로 말미암아 구원에 이르는 지혜(σωφίσαι εἰς σωτηρίαν)가 있게 하느니라"(3:15). 무엇보다도 성경은 인간의 비참함을 깨닫게 하면서 예수 그리스도에 대한 믿음을 일으킨다. 성경은 구원에 이르게 하는 지혜의 책이다. 더

---

2   참조. 조병수, 『신약성경 신학』, 104.

나아가서 성경은 사람을 교훈과 책망과 바르게 함과 의로 교육하여 하나님의 사람으로 만들고, 하나님의 사람을 온전하게 만들어 모든 선한 일을 행할 능력을 갖추게 한다. 그리스도인은 성경을 배움으로써 온전해진다.

제20장
디도서

1) 주석

W. D. Mounce, *Pastoral Epistles*, WBC 46, Nashville: Thomas Nelson Publishers, 2000.

2) 연구서

J. Banker, *A Semantic Structure Analysis of Titus*, Dallas: Summer Institute of Linguistics, 1987.

F. Young, *The Theology of the Pastoral Letters*, Cambridge: Cambridge University Press, 1994.

A. Weiser, "Titus 2 als Gemeindeparänese", in H. Merklein (hg.), *Neues Testament und Ethik. FS R. Schnackenburg*, Freiburg: Herder, 1989, 397~414.

I. 디도서의 기록자와 기록장소와 연대

사도 바울은 전도자로서의 의식을 분명하게 보여준다. "이 전도(κήρυγμα)는 우리 구주 하나님이 명하신 대로 내게 맡기신 것이라"(1:3). 사도 바울은 전도자로서 크레타(그레데) 섬을 방문한 후에 디도를 거기에 머물게 했다고 말한다(1:5). 사도 바울은 디도서를 기록하기 전까지 아데마, 두기고, 세나, 아볼로와 함께 있었다(3:12~13). 사도 바울은 니고볼리[1]에서 겨울을 지낼 것을 계획하고 있다.

II. 디도서의 구조와 문학 특징

디도서는 두 개의 축을 가지고 있다. 그것은 교회의 여러 계층의 사람들에게 주는 권면과 이단에 대한 방지이다. 교회의 여러 계층은 장로(1:5~6), 감독(1:7~9), 늙은 남자(2:2), 늙은 여자(2:3), 젊은 여자(2:4~5), 젊은 남자(2:6~8), 종들(2:9~10)이 언급된다. 이단 가운데는 그레데인의 거짓말을 따르는 무리(1:12)와 유대인의 허탄한 이야기를 따르는 무리(1:14)가 있었다. 사도 바울은 디도에게 이단에 속한 사람을 한두 번 훈계한 후에 멀리하라고 권면하였다.

사도 바울은 디도서에서 "그레데인들은 항상 거짓말쟁이며 악한 짐승이며 배만 위하는 게으름뱅이라"(1:12)고 말한다. 이것은 그레데인 중의 어떤 선지자가 말한 것을 사도 바울이 인용한 것이다. 이것은 Epimenides(B.C. 6세기)의 de oraculis(περὶ χρησμῶν)에서 나온 한 구절이다. 사도 바울의 문학지식이 성경의 한 부분을 이루고 있다.

디도서는 장로와 감독에 대한 언급에서 열거하는 순서는 조금 다르지만 디모데전서와 유사한 내용을 가지고 있다.

디모데전서		디도서	
감독(3:2~4)	집사(3:8~9)	장로(1:6)	감독(1:7~9)
책망할 것이 없음		책망할 것이 없음	책망할 것이 없음
한 아내의 남편		한 아내의 남편	
		방탕하다는 비난을 받지 않음	
		불순종 없음	

---

1 사도 바울 당시에는 니고볼리(Νικόπολις)라는 이름을 가진 도시가 일곱 개 있었다. 대부분의 학자들은 디도서에 언급된 니고볼리가 마게도냐의 서쪽 해안에 있는 Epirus 지방의 도시를 가리키는 것으로 생각한다(cf. Mounce, *Pastoral Epistles*, 457).

	정중함		
	일구이언하지 않음		
			고집대로 하지 않음
급히 분내지 않음			
술을 즐기지 않음	술에 인박이지 않음		술을 즐기지 않음
구타하지 않음			구타하지 않음
관용			
다투지 않음			
돈을 사랑하지 않음	더러운 이득을 탐하지 않음		더러운 이득을 탐하지 않음
나그네를 대접			나그네를 대접
			선행을 좋아함
신중함			신중함
단정함			
			의로움, 거룩함
절제			절제
가르치기를 잘함			말씀 가르침을 지킴
집을 잘 다스림			
		깨끗한 양심과 믿음의 비밀	

III. 디도서의 내용

도입(1:1~4)

1. 직분의 자격(1:5~16)
   1) 장로(1:5~6)
   2) 감독(1:7~9)
   3) 이단반박(1:10~16)
2. 교회 규범(2:1~3:11)
   1) 여러 사람들에 대한 교훈(2:1~15)
      (1) 도입(1)
      (2) 늙은 남자(2)
      (3) 늙은 여자(3)
      (4) 젊은 여자(4~5)

(5) 젊은 남자(6~8)

(6) 종들(9~10)

(7) 모든 사람(11~14)

(8) 결론(15)

2) 정치에 대한 교훈(3:1~2)

3) 그리스도인의 변화(3:3~7)

4) 이단논쟁(3:8~11)

종결(3:12~15)

1:1~4	1:5~16	2:1~3:11	3:12~15
도입	직분의 자격	교회 규범	종결

IV. 디도서의 상황

디도는 사도 바울의 의견을 따라 지중해의 한 가운데 있는 그레데(크레타) 섬에서 목회를 하였다. 사도 바울은 디도를 그레데 섬에 떨어뜨린 이유를 두 가지로 설명하였다. 디도를 통하여 그레데 섬에 있는 교회들에서 "부족한 일을 바로잡고 장로들을 세우기"(1:5) 위함이었다. 사도 바울이 이렇게 이유를 밝혔을 때 그는 대적자들을 염두에 두고 있었다. 그들은 "거슬러 말하는 자들"(1:9), "대적하는 자"(2:8), "이단에 속한 사람"(3:10)이었다. 그러면 도대체 그레데 섬에서 사도 바울을 대적한 사람들은 어떤 성격을 가지고 있었을까? 사도 바울은 이들의 성격에 대하여 아주 자세하게 진술한다.

첫째로, 그레데 섬에서 사도 바울을 대적한 자들의 가장 두드러진 특징은 말을 함부로 했다는 것이다. 그들의 말은 세 가지 악한 내용으로 구성되었다. 불순종과 헛됨과 속임수였다. 그러므로 사도 바울은 대적자들을 가리켜 "불순종하고 헛된 말을 하며 속이는 자"(1:10)라고 불렀다. 사도 바울의 대적자들은 사도 바울과 그의 동역자들을 악하다고 비방하고 업신여기면서 그들의 권위에 순종하지 않았다(2:8,15). 사도 바울의 대적자들은 아무 짝에도 쓸모없는 말을 마구 입 밖으로 내놓았다. 그들의 헛된 말은 주로 어리석은 변론과 족보이야기와 논쟁과 율법에 대한 다툼으로 이루어져 있었다(3:9). 사도 바울의 대적자들은 속임수에 익숙한 자들이었다. 이처럼 대적자들이 입을 함부로 사용했기 때문에 사도 바울은 그들의 "입을 막을 것이라"(1:11)고 경고했고, 디도를 통하여 그레데의 성도들을 권면하면서 "책망할 것이 없는 바른 말"(2:8)을 하도록 주의를 주었던 것이다.

그런데 이러한 언행은 그레데 섬에서 출신한 이방인들에게서만 나타난 것이 아니다. 오히려 이러한 언행은 그레데 섬에 이주한 유대인들에게서 더욱 두드러지게 나타났다. 불순종의 말과 헛된 말과 속이는 말은 "할례파 가운데 특히 그랬다"(1:10). 언행의 범실에 있어서는 무할례자라고 해서 못할 것도 없고, 할례자라고 해서 나을 것도 없다. 일단 방향을 잃어버리면 이방인이나 유대인이나 똑같은 현상을 빚어내고 마는 것이다.

이 같은 사도 바울의 대적자들로 말미암아 결국 무서운 일이 벌어졌다. 불순종과 헛됨과 속임에 주력하는 대적자들은 그레데에 있는 성도들의 온 집들을 엎어버리고 말았다(1:11). 대적자들은 이 집 저 집 옮겨다니며 사랑과 신뢰로 엮여져 있던 가정들에게 불화와 갈등을 불러 일으켰다. 대적자들은 "마땅하지 아니한 것"(1:11)을 가르침으로써 성도들의 온 집들을 엎어버렸다. 이 때문에 사도 바울은 이 편지의 중간단락에서 디도에게 늙은 남자와 젊은 남자, 늙은 여자와 젊은 여자, 주인과 하인을 향하여 사랑과 신뢰의 관계를 유지할 것을 강조하라고 요구했다(2:1~10).

그러면 왜 사도 바울의 대적자들은 그레데에 있는 성도들의 가정들을 온통 쑥대밭으로 만들어 놓았을까? 간단히 말해서 그것은 더러운 이익을 추구했기 때문이다(1:11). 사도 바울의 대적자들의 행위는 성도들의 가정에게는 손해를 주고 자신들에게는 이익을 주는 매우 상반된 현상을 보여주었다. 사도 바울의 대적자들은 성도를 가난하게 만들고 자신을 부요하게 만들었다. 그들의 마음과 양심은 이처럼 더러운 것이었다. 그들은 성도들을 짓밟고서라도 자신들을 풍요하게 하려는 악한 의도를 가지고 있었던 자들이다. 그러므로 사도 바울은 교회를 이끌어가는 목회자는 이들과는 달리 결단코 더러운 이익을 탐해서는 안 된다고 가르쳤다(1:7).

V. 디도서의 신학

사도 바울은 디도가 대적자들을 이길 수 있도록 신학과 윤리에 있어서 "바른 교훈"(1:9; 2:1,7)을 일러주었다.

사도 바울은 처음부터 영생의 소망을 불러일으킨다(1:2). 영생은 어떻게 수여되는가? 영생은 거짓 없는 하나님께서 영원한 때 전부터 약속하신 것으로서 때가 이르자 전도를 통하여 나타내주신 것이다(1:2). 하나님께서는 모든 사람에게 구원을 주시는 은혜로우신 분이다(2:11). 구원을 실현하기 위하여 구주 예수 그리스도께서 우리를 대신하여 자신을 주시어 우리를 모든 불법에서 구속하시고 깨끗하게 하심으로써 우리를 친백성으로 삼아주셨다(2:14). 예수 그리스도는 영광 중에 다시 오실 것이다(2:13). 구원은 사람의 의로운 행위로 말미암아 주어지는 것이 아니며 오직 성령님의 새롭게 하심(ἀνακαίνωσις)으로 말미암아 주어지는 것이다(3:5). 우리가 영생의 소망을 따라 후사가 되기 위하여 성령님께서 우리에게 풍성히 부어지셨다(3:6~7).

이와 같이 성 삼위 하나님의 놀라운 조화 가운데 성도는 영원한 생명을 얻게 되었다. 따라서 이제 성도는 더 이상 옛 생활을 따르지 않는다. 이제 성도들은 어리석은 자, 순종치 않는 자, 속은 자, 각색 정욕과 행락에 종노릇한 자, 악독과 투기로 지낸 자, 가증스러운 자, 피차 미워하는 자로서의 삶을 철저하게 끊어버린다(3:3).

제21장
빌레몬서

1) 주석

J. D. G. Dunn, *The Epistles to the Colossians and to Philemon*, NIGTC 12, Grand Rapids: Erdmans, 1996.

2) 연구서

K. P. Donfried / I. H. Marshall, *The Theology of the Shorter Pauline Letters*(NTT), Cambridge: Cambridge University Press, 1993.

F. Laub, *Die Begegnung des frühen Christentums mit der antiken Sklaverei*, Stuttgart: Katholisches Bibelwerk, 1982(후란쯔 라우프, 『고대 노예제도와 초기 그리스도교』, 박영옥 역, 서울: 한국신학연구소, 1988).

머리 해리스(M. J. Harris), 『그리스도의 종인가 노예인가? 주님만 바라보는 전적 순종에 대한 신약의 은유』, 이여진 역, 고양: 이레서원, 2023.

I. 빌레몬서의 기록자와 기록장소와 연대

빌레몬서는 로마에 투옥된(1,9,10,13,23) 사도 바울이 친필로 기록하고(19), 디모데가 함께 발신한다(1). 이 편지에서 사도 바울은 자신을 "나이 많은"(πρεσβύτης) 사람이라고 소개한다(9). 그는 지금 예수님을 위하여 투옥되어 있지만 머지않아 석방되면 빌레몬에게 가서 유숙하기를 희망한다(22). 골로새서와 마찬가지로 빌레몬서를 기록하고 발신하는 사도 바울 곁에는 에바브라, 마가, 아리스다고, 데마, 누가가 있다(23~24).

II. 빌레몬서의 구조와 문학 특징

빌레몬서는 파피루스 한 장에 들어갈 분량의 작은 서신이다. 빌레몬서는 사도 바울의 간청을 담고 있다(παρακαλεῖν, 9,10). 그래서 이 서신에는 여러 가지 방식으로 감동적인 언어들이 사용된다. 첫째로, "도리어"(μᾶλλον, 9), "특별히"(μάλιστα, 16), "하물며"(πόσῳ μᾶλλον, 16) 같은 부사적인 표현들은 주목할만하다. 또한 사도 바울이 이렇게 작은 서신에서 감동의 근원이 되는 심장/마음(sπλάγχνα)이란 단어를 세 번이나 반복적으로 사용한 것은 의미심장하다(7,12,20). 게다가 빌레몬서에 나오는 다음과 같은 대조적인 표현들을 간과해서는 안 된다:

> "그가 전에는 네게 무익하였으나 이제는 나와 네게 유익하다"(11).
> "이는 너의 선한 일이 억지 같이 되지 아니하고 자의로 되게 하려 함이라"(14).
> "그가 잠시 떠나게 된 것은 너로 하여금 그를 영원히 두게 함이라"(15).
> "이후로는 종과 같이 대하지 아니하고 종 이상으로 곧 사랑 받는 형제로 둘 자라"(16).

나아가서 사도 바울이 자신의 이름을 도입부 외에 두 번이나 강조적으로 언급한 것은 매우 돋보이는 일이다(9,19). 마지막으로 사도 바울이 빌레몬을 부르면서 "형제여"(ἀδελφέ)라는 말을 한 번은 문장 끝에 두고(7), 한 번은 "그렇다"(ναί)를 앞에 첨가하여(20) 사용한 것은 아주 감동적인 표현이다.

사도 바울은 빌레몬을 두 번 "형제여"라고 부른다(7,20). 그런데 이런 부름이 들어있는 구절들에는 동일한 표현이 반복된다: "성도들의 마음이 평안함을 얻었다"(7), "내 마음이 평안하게 하라"(20). 이것은 빌레몬서에서 한 문단의 마지막을 장식하는 기능을 한다. 먼저 사도 바울은 도입부(1~3)에 이어 감사와 기도(4~7)를 말하면서 "형제여 성도들의 마음이 너로 말미암아 평안함을 얻었다"(7)는 말로 마무리한다. 또한 사도 바울은 본문(8~20)에서도 오네시모를 위하여 빌레몬에게 간청하는 것을 마치면서 "형제여 … 내 마음이 그리스도 안에서 평안하게 하라"(20)고 마무리한다.

III. 빌레몬서의 내용

도입(1~3)

1. 감사와 기도(4~7)
2. 간청(8~20)
   1) 간청의 심정(8)
   2) 간청자(9)
   3) 간청의 대상(10)
   4) 간청의 내용(11~20)
     (1) 오네시모에 대한 설명(11~12)
     (2) 오네시모에 대한 계획(13~15)
     (3) 오네시모를 위한 간청(16~20)
3. 확신과 요청과 소망(21~22)
   1) 확신(21)
   2) 요청(22a)
   3) 소망(22b)

종결(23~25)

1~3	4~7	8~20	21~22	23~25
도입	감사와 기도	간청	확신과 요청과 소망	종결

IV. 빌레몬서의 상황

1. 빌레몬

1. 빌레몬의 인격
빌레몬은 압비아라는 이름을 가진 아내와 아킵보라는 이름을 가진 아들과 함께 단란한 가정을 이루고 있었다. 빌레몬의 가정은 자기의 집을 교회로 사용하도록 허락할 정도로 신앙적인 헌신을 보여주었다(2). 빌레몬은 이 가옥교회를 중심으로 사랑과 믿음을 발휘하였다(5). 이것은 한편으로는 예수 그리스도에 대하여, 한편으로는 성도들에 대하여 나타났다. 빌레몬이 사랑과 믿음을 가지고 있었기에 성도들은 빌레몬을 만나게 될 때 마음의 평안을 얻었다(7). 빌레몬의 가옥교회는 내적으로 충실한 믿음의 교제를 나누었던 것이다(6). 이러한 까닭에 사도 바울은 빌레몬과 그의 가정을 대단히 귀하게 생각을 하였다. 사도 바울은 빌레몬을 사랑받은 자(1), 동역자(1), 형제(7,20)라고 불렀다.

2. 빌레몬의 형편

1) 오네시모의 사건

이렇게 신앙적이며 헌신적인 인물인 빌레몬은 한 가지 어려움에 봉착하였다. 그의 종 가운데 오네시모가 도망을 쳤다. 오네시모가 빌레몬에게서 도망한 이유를 경제적인 이유라고 추측할 수밖에 없지만(18), 분명한 것은 오네시모가 도망한지 얼마 되지 않아서 결국은 체포당하고 말았다는 것이다. 오네시모는 사도 바울이 갇혀있는 감옥에 투옥되었고, 사도 바울은 오네시모를 예수 그리스도에게로 인도하였다. 그래서 사도 바울은 오네시모를 가리켜 "갇힌 중에서 낳은 아들"이라고 부른다(10).

사도 바울은 오네시모를 다시 빌레몬에게 돌려보내면서 오네시모를 더 이상 노예가 아니라 형제처럼 맞이할 것을 권면하는(16) 빌레몬서를 썼다. 이것은 사도 바울이 오네시모의 부채를 대신하여 청산할 것을 약속하는 친필 보증서의 성격을 띠고 있으며(19), 동시에 사도 바울이 빌레몬의 순종을 확신 있게 기대하는 권면서의 성격을 띠고 있다(21). 다시 말하자면 이 편지는 사도 바울과 성도 빌레몬 사이에 신앙적인 신뢰관계에 바탕을 둔 서신이었던 것이다.

2) 빌레몬의 실책

그런데 사도 바울의 글을 잘 읽어보면 오네시모의 사건을 해결하려는 주제와 함께 빌레몬의 실책을 해결하려는 또 하나의 주제가 나란히 흐르는 것을 느낄 수가 있다. 빌레몬은 사랑받는 자이며 동역자이며 형제로서 "마땅히 해야 할 일"(8)을 하지 않고 있었던 것이다. 빌레몬은 바울이 감금당하고 있는 동안 바울의 선교사업을 협조하는 일에 어느 정도 태만하고 있었던 것이 분명하다. 따라서 사도 바울은 오네시모가 "네 대신 나를 섬기게 하고자"(13) 한다고 말하였다. 사도 바울은 빌레몬이 오네시모를 다시 맞이하여

들일 것을 말하면서 훨씬 더 본질적인 것, 말하자면 사도 바울의 선교사업에 관심을 둘 것을 말하고 있다. 사도 바울은 빌레몬이 이것을 시행할 때 자신의 마음이 기쁨과 평안을 얻게 될 것이라고 말한다(20). 사도 바울이 빌레몬에게 "네가 나의 말보다 더 행할 줄을 아노라"(21)고 기록하였을 때 의도하고 있었던 것은 빌레몬이 바울의 편지말 뒤에 숨어있는 뜻을 정확하게 파악하여 그 이상으로 행동하는 것이었다. 사도 바울은 빌레몬에게서 선교사업을 위한 더 큰 이해와 지원을 기대하고 있었던 것이다.

빌레몬과 빌레몬의 교회는 예수 그리스도와 성도들에 대하여 사랑과 믿음을 발휘함으로써 내적으로 충실하게 믿음의 교제를 나누는 안정되고 평안한 교회였지만, 그리스도의 복음을 전하는 일을 잠시 외면함으로써 외적으로 열심 있게 바울의 선교를 지원하는 활동적이고 생동력 있는 교회는 아니었다. 빌레몬의 교회는 내적인 안정과 부흥을 도모하고 있지만 외적인 활동과 선교를 무시하고 있었다. 따라서 빌레몬의 교회는 노예제도를 정당화하는 왜곡된 사회현실과는 거리를 두고 자신의 공동체 안에서 믿음의 교제를 나누는 생활로 만족하고 마는 소외된 정체적인 현상을 빚어내고 있었다. 사도 바울은 이 같은 성도와 교회를 향하여 선교에 동참함으로써 비뚤어진 사회현실 속에라도 뛰어들어 그것을 영적으로 교정해 나갈 개혁의 의지를 가질 것을 요구하고 있는 것이다.

2. 오네시모

1. 오네시모의 과거

오네시모는 본래 빌레몬의 노예였다. 오네시모는 추측컨대 경제적인 이유로 말미암아 빌레몬의 노예가 되었을 것이다(18~19). 빌레몬은 오네시모에게 여러 가지 일을 시켰으나 오네시모는 빌레몬의 기대를 만족시키지 못하였던 것 같다. 그래서 빌레몬은 오네시모를 무익한 자로 생각하였고("그가 전에는 네게 무익하였으나", 11), 심지어는 손해를 끼치는 자로 간주하였다("그가 만일 네게 불의를 하였다면", 18). 이 때문에 오네시모는 빌레몬에게서 심한 무시와 멸시를 받았을 것이고, 결국은 빌레몬에게서 도망을 하고 말았다.

2. 오네시모의 현재

도망한 오네시모는 체포를 당하고 감옥에서 사도 바울을 만났다. 사도 바울은 오네시모에게 복음을 전하였다. 복음 때문에 갇힌 바울은 감옥 안에서도 오네시모에게 복음을 전하였던 것이다. 오네시모는 바울이 전한 복음으로 말미암아 변화되었다. 오네시모는 위대한 스승 바울을 만남으로써 새로운 인생을 가질 수 있는 가능성을 얻게 되었다. 복음을 받은 오네시모는 주인 빌레몬과 함께 있을 때는 발휘하지 못하였던 숨은 성품과 재능들을 발휘하였다. 사도 바울은 오네시모가 "종 이상"(16)의 성품과 능력을 지니고 있다는 것을 알아차렸다. 바울은 오네시모를 인정했고, 오네시모는 바울에게서 인정을 받았다. 복음이 오네시모를 얼마나 강하게 변화시켰는지 두 가지 면에서 알 수 있다.

첫째로, 복음으로 말미암은 오네시모의 변화는 사도 바울이 오네시모를 부르는 호칭에서 분명하게 드러난다. 사도 바울은 오네시모를 가리켜 "아들"(10), "심장"(12), "형제"(16)라고 불렀다. 오네시모는 바울에게 마치 디모데나 디도와 같은 아들이었다(딤전 1:2; 딤후 1:2; 딛 1:4). 특히 바울이 어느 누구를 가리켜서도 자신이 "낳은"(10) 아들이라고 말한 적이 없다는 것을 생각할 때, 더군다나 오네시모가 바울이 "갇힌 중에서"(10) 낳은 아들이라는 것을 생각할 때, 바울이 오네시모에 대하여 가지고 있던 그 끈끈한 정은 아무도 상상할 수가 없는 것이다. 그렇기 때문에 바울은 오네시모를 "심장"(12)이라고 부르는 것을 주저하지 않았다. 오네시모는 바울의 신체의 일부가 되었다. 따라서 사도 바울의 눈에는 주인인 빌레몬이나 노예인 오네시모나 아무런 차이가 없었다. 사도 바울이 보기에는 빌레몬도 "사랑받는 자"(1)이며 오네시모도 "사랑받는 자"(16)이고, 빌레몬도 "형제"(20)이며 오네시모도 "형제"(16)였다(골 4:9 참조). 오네시모는 천박한 신분에서 고귀한 신분으로 급상승하였다.

둘째로, 복음으로 말미암은 오네시모의 변화는 오네시모가 맡게 된 역할에서 분명하게 나타난다. 사도 바울은 오네시모가 유익한 사람이라고 말하며("나와 네게 유익하다", 11), 섬기는 사람이라고 말한다("네 대신 나를 섬기게 하고자 한다", 13). 유익한 사람으로서 오네시모는 중요한 역할을 담당하게 되었다. 사도 바울은 자기의 사정을 알리기 위하여 두기고를 골로새 교회에 보냈을때 오네시모를 동행시켰다(골 4:9). 오네시모는 두기고의 동행자 역할을 충분하게 감당하였다. 두기고가 바울의 개인적인 사정("나의 사정")을 전달하는 역할을 한 반면에(골 4:7) 오네시모는 바울의 주변적인 사정("여기의 일")을 보고하는 역할을 하였다(골 4:9). 섬기는 사람으로서 오네시모는 놀라운 역할을 수행할 수 있었다. 빌레몬이 사도 바울을 섬기는 일을 어떤 이유에서든지 다 감당하지 못하였을 때 사도 바울은 오네시모로 하여금 빌레몬을 대신하게 하고 싶었다(13). 말하자면 오네시모는 충분히 빌레몬을 대신할 수 있는 사람이 되었다.

V. 빌레몬서의 신학

빌레몬서는 노예제도[1]라는 왜곡된 사회구조 속에서 사도 바울이 성도들과 함께 고통하는 편지이다. 짧은 사신 속에 세상에 대한 사도 바울의 아픔이 엿보인다. 사도 바울은 이 글에서 빌레몬에게 넌지시 암시하는 것이 있는데, 그것은 도망친 노예를 그리스도인으로 변화시킨 자신의 정신을 따르라는 것이었다(10). 이렇게 할 때 어떤 종류의 노예제도든지 이 땅위에서 사라질 것이기 때문이다. 노예제도는 혁명적인 폭력에 의하여 억지로 해결될 것이 아니라 기독교적인 사랑에 의하여 자연히 해체되어야 할 것이다. 바울이 주인인 빌레몬에게 소유하고 있는 노예를 해방하라고 강요하지 않는 것도, 노예인 오네시모에게 지배하고 있는 주인과 투쟁하라고 선동하지 않는 것도 바로 이 때문이다. 사회의 문제는 영혼의 문제에서 해결된다.

---

1   당시의 노예제도에 관해서는 해리스, 『그리스도의 종인가 노예인가?』, 31~61을 참조하라.

신약총론

New Testament Introduction

제3부
히브리서~계시록

제22장
히브리서

1) 주석

H. Braun, *An die Hebräer*, HNT 14, Tübingen: Mohr Siebeck, 1984.

E. Gräber, *An die Hebräer. 1. Teilband: Heb 7.1~6*, EKK 17.1, Zürich: Benziger/ Neukirchen-Vluyn: Neukirchener, 1990.

E. Gräber, *An die Hebräer. 2. Teilband: Heb 7.1~10.18*, EKK 17.2, Zürich: Benziger/ Neukirchen-Vluyn: Neukirchener, 1993.

E. Gräber, *An die Hebräer. 3. Teilband: Heb 10.19~13,25*, EKK 17.3, Zürich: Benziger/ Neukirchen-Vluyn: Neukirchener, 1997.

O. Michel, *Der Brief an die Hebräer*, KEK 13, 13. Aufl., Göttingen: Vandenhoeck Ruprecht, 1976.

H.-F. Weiss, *Der Brief an die Hebräer*, KEK 13, 15. Aufl., Göttingen: Vandenhoeck Ruprecht, 1991.

박형용, 『히브리서』, 한국성경주석총서, 서울: 도서출판 횃불, 2003.

조병수, 『히브리서 신학』, 재개정, 수원: 합신대학원출판부, 2012, 2021(가르침, 2007).

2) 연구서

B. Lindars, *The Theology of the Letter to the Hebrews*, NTT, Cambridge: Cambridge University Press, 1991, 1995.

M. Rissi, *Die Theologie des Hebräerbriefes. Ihre Verankerung in der Situation des Verfassers und seiner Leser*, WUNT 41, Tübingen: Mohr Siebeck, 1987.

G. Theißen, *Untersuchungen zum Hebräerbrief*, StNT 2, Gütersloh: Gütersloher Verlagshaus Mohn, 1969.

J. W. Thompson, *The Beginnings of Christian Philosophy. The Epistle to the Hebrews*, CBQ.MS 13, Washington: The Catholic Biblical Association of America, 1982.

A. H. Trotter, *Interpreting the Epistle to the Hebrews*, Grand Rapids: Baker Books, 1997.

이필찬, 『히브리서』, 서울: 이레서원, 2004.

조병수, "히브리서에서 사용된 레위기", 『신약신학 열두 논문』, 수원: 합동신학대학원출판부, 1999, 2002, 163~173.

I. 히브리서의 기록자와 기록장소와 연대

1. 히브리서의 기록자

히브리서는 13:23에 디모데가 언급됨으로써 사도 바울의 기록이라고 암시된다. P46은 히브리서를 로마서와 고린도전서 사이에 배열함으로써 사도 바울의 기록임을 분명히 한다. 알렉산드리아의 Clemens도 히브리서가 바울의 기록임을 말한다(*Eus. HE*, 6,14). 하지만 사도 바울이 히브리서를 기록하였는지에 대하여는 여러 가지 의심이 있다.

첫째로, 히브리서 13:7에 "너희를 인도하던 자들"이라는 표현은 히브리서가 기록되던 때에 이미 사도들이 세상을 떠난 것을 암시하고 있다.

둘째로, 저자의 익명성 때문에 히브리서의 사도 바울 저작은 의심을 받는다. 사도 바울이 히브리서를 기록했다면 다른 서신에서처럼 왜 이름을 밝히지 않는가? 어떤 이들은 이방인의 사도인 바울이 히브리서에서 유대적인 내용들을 진술할 때 오해가 일어날 수 있기 때문이라고 생각한다. 그러나 이런 주장은 로마서와 비교할 때 무의미해진다. 사도 바울은 로마서에서 분명한 저자명을 가지고도 유대적인 내용을 다루고 있기 때문이다(롬 9~11장).

셋째로, 히브리서의 사도 바울 저작은 기록자의 경험에 대한 진술 때문에 의심을 받는다. 히브리서 2:3에서 기록자는 "이 구원은 처음에 주로 말씀하신 바요 들은 자들이 우리에게 확증한 바"라고 천명한다. 여기에 세 가지 세대가 언급된다. 그런데 히브리서 기록자는 스스로 주님의 사도들에게 의존하고 있음을 말하고 있으므로 세 번째 세대에 속한다(주님 → 들은 자들 → 우리). 그러나 사도 바울은 자신의 복음이 두 번째 세대에 속하는 것으로 말한다: "내가 사람에게서 받은 것도 아니요 배운 것도 아니요 오직 예수 그리스도의 계시로 말미암은 것이라"(갈 1:12).

넷째로, 히브리서의 문학성을 살펴볼 때 사도 바울의 기록이라고 받아들이기에 어려운 점이 많이 있다. 히브리서는 문장의 세련미와 논리의 논증성에 있어서 바울서신과 차이가 난다.

다섯째로, 히브리서의 신학은 사도 바울의 저작을 의심하게 만든다. 히브리서는 기독론에 있어서 예수 그리스도의 대제사장직을 강조하는데, 이것은 바울서신에서는 전혀 나타나지 않은 내용이다. 또한 바울서신과는 달리 히브리서는 그리스도의 부활보다는 그리스도의 승귀에 초점을 맞추고 있다(예를 들면, 4:14).[1] 더 나아가서 히브리서는 바울서신과 비교해 볼 때 교

---

1 Conzelmann / Lindemann, *Arbeitsbuch zum Neuen Testament*, 344.

회론과 종말론에서도 현저한 차이를 보인다.[2] 히브리서가 구약의 성전제도와 제사제도에 지대한 관심을 보이는 것은 바울서신과 가장 크게 다른 점이다.

2. 히브리서의 기록장소와 연대

1. 히브리서의 기록연대

로마의 Clemens가 고린도에 보낸 편지에 히브리서가 반영된다(히 1:3 = 1Clem. 36:1ff.; 히 11:7 = 1Clem. 9:4; 12:1). 그렇다면 히브리서는 늦어도(*terminus ad quem*) 클레멘스의 고린도1서가 작성된 95년 이전에 저술되었다.

히브리서의 성전의식에 관한 현재시제적인 표현(9:1~10)은 아직 예루살렘 성전이 건재하고 있다는 것을 암시한다. 물론 현재시제는 역사적 사실을 진술하기 위한 문체일 수도 있다. 중요한 것은 히브리서에는 예루살렘 멸망(70년)에 관한 암시가 없다는 사실이다. 또한 히브리서는 교회에 큰 환난이 있었다는 것을 전제로 한다. "전날에 너희가 빛을 받은 후에 고난의 큰 싸움을 견디어 낸 것을 생각하라"(10:32). 이외에도 히브리서는 교회가 비방, 환난, 구경거리가 되었다고 말한다(10:33). 따라서 히브리서는 고난 중에도 믿음을 잃어서는 안 된다는 것을 강조한다(11:36~38). 이 환난은 아마도 네로의 핍박을 의미하는 것일 수 있다(64년). 그렇다면 히브리서는 이르면(*terminus a quo*) 64년~70년 사이에 기록되었다.

2. 히브리서의 기록장소

히브리서 13:24에 "이달리야에서 온 자들도 너희에게 문안한다"라고 말함으로써 기록자 자신이 이탈리아(로마)에 있지 않다는 것을 알려준다. 또한 히브리서는 예루살렘이 본향이라는 것을 거절한다(11:9,13; 12:22). 이런 예루살렘 상대화 경향으로 볼 때 히브리서 기록자는 예루살렘에 있는 것 같지 않다. 히브리서는 성도들의 나그네 됨을 강조함으로써(11:13,37~38), 정착된 생활보다는 유랑하는 생활을 하고 있다는 것을 일러준다. 그렇다면 히브리서는 정착지보다는 유랑지에서 기록되었을 가능성이 높다.

---

2 Conzelmann / Lindemann, *Arbeitsbuch zum Neuen Testament*, 344.

3. 히브리서의 기록 목적

히브리서는 수신자들이 고난의 큰 싸움을 통과하고 나서(10:32), 교회의 일부 지도자들이 죽은 후에(13:7 참조),[3] 때가 오래 지났지만 듣는 것이 둔한 것을 안타까워하면서(5:11이하) 예수 그리스도에 대한 신앙을 견고하게 만들기 위하여 보낸 편지이다(4:14~16).

II. 히브리서의 구조와 문학 특징

1. 신앙고백적 설교

히브리서는 편지형식의 도입을 취하고 있지 않지만, 편지 형식의 종결을 가지고 있다(13:22~25). 히브리서는 초대교회 설교의 전형으로서 신앙고백을 담고 있다. 히브리서에는 신앙고백과 관련된 용어(ὁμολογία)가 세 번 사용되었다(3:1; 4:14; 10:23). 신앙고백은 예수님께서 하나님의 아들이시라는 기독론적인 동의를 의미한다.[4] 그래서 히브리서는 먼저 예수님의 이름에 관하여 고백한다. 예수님의 이름은 "더욱 아름다운 이름"(διαφορώτερον ὄνομα)으로 특출한 것이다(1:4). 또한 히브리서에는 예수님의 행위에 관한 고백이 있다(1:2~4). 예수님은 신앙고백의 사도이며 (큰) 대제사장이고(3:1; 4:14), 구원의 인도자(ἀρχηγός)이시다(2:10). 예수 그리스도는 믿음의 시작자(ἀρχηγός)이며 완성자(τελειωτής)이시다(12:2).

히브리서의 신앙고백은 아마도 세례와 관련이 있는 것 같다(6:2). 히브리서에서 신앙고백은 교육적인 것, 선포적인 것, 찬송적인 것으로 구분된다. 신앙고백은 여러 가지 방식으로 교육되고, 구약성경으로 확고하게 보호되고, 찬송으로 발전하였다.[5] 찬송의 역할에 대하여는 히브리서 13:15에 잘 증언된다. 찬송은 신자들이 하나님께 드리는 "찬송의 제사"로서 "그의 이름을 증언하는 입술의 열매"이다.

---

3   히브리서는 끝부분에서 세 번 "지도자들"(ἡγούμενοι, 현재분사)을 언급한다(13:7,17,24). 이 명칭은 별세한 지도자들(13:7)과 현존하는 지도자들(13:17,24)을 아울러 가리키는 것처럼 보인다. 13:7에서 지도자들은 "하나님의 말씀을 너희에게 말했다(ἐλάλησαν, 부정과거시제)"고 소개되기 때문이다. "그들은 과거부터 현재까지 교회에 심도 있게 설교를 전승하는 사람들임에 확실하다"(Grässer, *Hebräer III*, 368).

4   Vgl. F. Laub, *Bekenntnis und Auslegung. Die paränetische Funktion der Christologie im Hebräerbrief*, BU 15, Regensburg: Pustet, 1980.

5   Vgl. H. Hegermann, *Der Brief an die Hebräer*, ThHNT 16, Berlin: Evangelische Verlagsanstalt, 1988, 6.

이렇게 볼 때 히브리서는 편지일 가능성이 없지는 않지만 기록설교나 신학논문이라고 생각하는 것이 옳다.

2. 문단 분리어

히브리서를 면밀하게 살펴보면 구조를 파악하는 데 결정적인 도움을 주는 분리어들이 몇 번 발견된다. 히브리서에서 사용된 분리어들 가운데 가장 중요한 것은 히브리서 8:1에 나오는 "지금 우리가 하는 말의 요점은 … 것이라"(κεφάλαιον δὲ ἐπὶ τοῖς λεγομένοις)라는 표현이다. 이것은 앞에서부터 말해온 내용들의 핵심이 무엇인지를 보여준다. 그것은 한 마디로 말해서 "우리가 이러한 대제사장을 가지고 있다"(τοιοῦτον ἔχομεν ἀρχιερέα)는 것이다(8:1). 그러면 히브리서는 대제사장에 대한 이야기를 어디에서부터 시작하였는가? 문맥을 거슬러 올라가 보면 이 이야기는 히브리서 4:14에서부터 출발하였다: "그러므로 큰 대제사장을 가지고 있으므로"(ἔχοντες οὖν ἀρχιερέα μέγαν). 다시 말하자면 대제사장에 대한 이야기는 히브리서 4:14에서 시작해서 히브리서 8:1에서 종결된다. 시작어와 종결어의 일치에서 한 단락은 쉽게 결정된다. 이것은 자연스럽게 히브리서 4:14 바로 앞에서 또 하나의 단락이 끝났다는 것을 알려주며, 히브리서 8:1 바로 뒤에서 또 하나의 단락이 시작한다는 것을 알려준다. 이렇게 볼 때 히브리서는 적어도 세 단락으로 구분된다.

1:1~4:13	4:14~7:28	8:1~13:25

마지막 부분(8:1~13:25)을 조금 더 자세히 살펴보자. 앞에서 본 바와 같이 히브리서 8:1은 앞 단락과 뒤 단락을 가르는 분기구절이다. 이 단락에서의 주제는 대제사장이신 예수 그리스도께서 하나님의 보좌의 "우편에"(ἐν δεξιᾷ) 앉으셨다는 것이다. 하나님의 보좌 우편은 하늘성소와 연관되는 개념으로서 그에 관한 진술은 히브리서 10:12("하나님의 우편")이하에서 일단락을 짓는다(10:18). 그러므로 히브리서 8:1~10:18은 한 단락이다. 그리고 나서 히브리서에는 "담대함"(παρρησία)을 가지고(10:19) "나아간다"(προσέρχεσθαι, 10:22; 11:6; 12:18,22)는 새로운 주제가 떠오른다. 히브리서는 이와 유사한 용어들 ("나가다" ἐξέρχεσθαι, 13:13)을 반복함으로써 새로운 주제를 분명하게 보여준다. 이 단락은 히브리서 13:20~21에 희구법을 사용한 기원이 나오기 직전 (13:19)에서 마무리된다. 히브리서 10:19~13:19는 한 단락을 이룬다. 이렇게 하여 히브리서는 결국 마지막 단락에 이른다(13:20~25). 마지막 단락에서 히브리서 기록자는 희구법을 사용하여 송영을 닮은 기원을 말하고

(13:20~21), 권면(13:22~23)과 문안(13:24)과 또 하나의 기원(13:25)을 말한다.

1:1~4:13	4:14~7:28	8:1~13:25		
		8:1~10:18	10:19~13:19	13:20~25
하나님의 아들	대제사장	성전	나아갈 것	종결

3. 히브리서의 요점(4:14~16)

히브리서의 요점은 히브리서 4:14~16에서 발견된다. "그러므로 우리에게 큰 대제사장이 계시니 승천하신 이 곧 하나님의 아들 예수시라 우리가 믿는 도리를 굳게 잡을지어다 … 그러므로 우리는 긍휼하심을 받고 때를 따라 돕는 은혜를 얻기 위하여 은혜의 보좌 앞에 담대히 나아갈 것이니라". 이 단락을 핵심구절로 생각하는 이유는 여기에 "대제사장"(ἀρχιερεύς, 14,15), "하나님의 아들"(υἱὸς τοῦ θεοῦ, 14), "담대함"(παρρησία, 16), "보좌"(θρόνος, 16), "나아감"(προσέρχεσθαι, 16)과 같은 히브리서의 중요한 주제 단어들이 들어있기 때문이다. 이 단어들은 다음과 같이 히브리서에 자주 등장한다.

> 대제사장(ἀρχιερεύς): 2:17; 3:1; 4:14,15; 5:1,5,10; 6:20; 7:26,27,28; 8:1,3; 9:7,11,25; 13:11 (또는 제사장[ἱερύς]: 5:6; 7:1,3,11,14,15,17,20,21,23; 8:4; 9:6; 10:11,21
> 하나님의 아들(υἱὸς τοῦ θεοῦ): 1:2,5bis,8; 2:6,10; 3:6; 4:14; 5:5,8; 6:6; 7:3,28; 10:29
> 담대함(parrhsi,a): 3:6; 4:16; 10:19; 10:35
> 보좌(qro,noj): 1:8; 4:16; 8:1; 12:2

따라서 이 단어들이 히브리서에서 핵심단어들이라는 사실을 어렵지 않게 알 수 있다. 이와 같은 핵심단어들을 중심으로 히브리서의 구조를 생각해 볼 수 있다.

1. 하나님의 아들 예수(1:1~4:16)
2. 대제사장 예수(5:1~7:28)
3. 성소에 들어가신 예수(8:1~10:18)
4. 담대함 – 믿음의 예수(10:19~13:19)
5. 종결(13:20~25)

III. 히브리서의 내용

1. 하나님의 아들 예수(1:1~4:16)
   1) 하나님의 아들의 본질(1:1~4)
   2) 하나님의 아들과 천사(1:5~2:18)
   3) 하나님의 아들과 모세(3:1~4:13)
   * 요점(4:14~16)

2. 대제사장 예수(5:1~7:28)
   1) 대제사장 되심의 원인(5:1~10)
   2) 수신자에 대한 책망(5:11~6:20)
      (1) 초보모습(5:11~14)
      (2) 초보버리자(6:1~8)
      (3) 약속을 기업으로 받는 자들 본받자(6:9~12)
      (4) 하나님의 약속과 맹세(6:13~20)
   3) 멜기세덱 대제사장 신학(7:1~28)
      (1) 멜기세덱의 정의(7:1~10) - 창 14:17~22 해석
         ① 정체(7:1~3)
         ② 신분(7:4~10)
      (2) 멜기세덱 같은 예수(7:11~28) - 시 110:4 해석
         ① 별다른 제사장(7:11~19)
         ② 맹세로 된 제사장(7:20~22)
         ③ 영원한 제사장(7:23~25)
         ④ 아들 제사장(7:26~28)

3. 보좌-성소의 예수(8:1~10:18)
   1) 하늘 성소와 땅 성소의 유래(8:1~6)
   2) 두 언약(8:7~13)
   3) 대제사장들의 제사와 예수 그리스도의 제사(9:1~10:18)
      (1) 구약 대제사장과 예수 대제사장(9:1~28)
         ① 구약 대제사장(9:1~10)
         ② 예수 대제사장(9:11~28)
      (2) 구약 제사와 예수님 제사(10:1~18) - 시 40:6~8 해석
         ① 구약 제사(10:1~10)
         ② 예수님 제사(10:11~18)

4. 담대함-믿음의 예수(10:19~13:19)
  1) 믿음으로 하나님께 나아가자(10:19~39)
  2) 예수 그리스도를 바라보자(11:1~12:3)
    (1) 믿음의 증인들(11:1~40)
    (2) 믿음의 시작자이며 종결자이신 예수(12:1~3)
  3) 믿음을 가진 신자들의 삶(12:4~13:19)
    (1) 교육(12:4~11)
    (2) 상호관계(12:12~17)
    (3) 진동치 못할 나라(12:18~29)
    (4) 목록식 권면(13:1~6)
    (5) 거짓 교훈에의 주의(13:7~14)
    (6) 교회를 위한 권면(13:15~17)
    (7) 사적 관심과 축복(13:18~19)

종결(13:20~25)
  1) 기원(13:20~21)
  2) 권면(13:22~23)
  3) 문안(13:24)
  4) 기원(13:25)

1:1~4:16	5:1~7:28	8:1~10:18	10:19~13:19	13:20~25
하나님의 아들 예수님	대제사장 예수님	성소의 예수님	믿음의 예수님	종결

IV. 히브리서의 상황

히브리서는 분명하게 몇 가지 상황을 제시한다. 히브리서의 성도들은 때가 오래 지났지만 듣는 것이 둔하였다(5:11이하). 또한 히브리서는 믿음의 길에서 떠나려는 자들이 많이 있었다는 것을 알려준다(6:1이하; 10:26이하). 더 나아가서 히브리서의 성도들은 고난의 큰 싸움을 통과하였다(10:32). 히브리서의 성도들을 인도하던 지도자들 가운데 일부가 더 이상 존재하지 않는 것처럼 보인다(13:7). 히브리서에는 이렇게 분명하게 제시된 상황들과 함께 여러 가지 중요한 상황들이 함축되어 있다. 무엇보다도 히브리서를 받는 성도들은 천사숭배라는 문제에 빠져있었던 것 같다(1장). 이 때문에 히브리서는 첫 머리부터 천사의 문제를 다룬다. 히브리서가 집요하게 구약의 제도들을 논의하는 것으로 미루어볼 때 성도들이 이에 대하여 큰 혼돈을 일으키고 있었던 것으로 생각할 수 있다. 그래서 히브리서는 구약에 대한 입장을 명확하게 천명할 필요가 있었다.

V. 히브리서의 신학

1. 종교사적인 배경

> F. L. Horton, *The Melchizedek Tradition. A Critical Examination of the Sources to the Fifth Century A.D. and in the Epistle to the Hebrews*, SNTS.MS 30, Cambridge: Cambridge University Press, 1976.

어떤 이들은 히브리서가 필로(Philo)에게서 멜기세덱 신학의 영향을 받은 것으로 생각한다. 필로는 멜기세덱을 의의 왕으로 생각하며, 모형론적이며 풍유적으로 해석한다. 그러나 필로에게는 종말론이 없다. 그에게 있어서 비역사적이고 오히려 도덕적인 면이 강하다. 이에 반하여 히브리서에서는 모형론이 구속사적으로 사용된다. 따라서 어느 정도 확실하게 히브리서는 필로와 문학적인 접촉점이 없다.[6]

Käsemann은 히브리서 2:10~18에서 "아들"과 "아들들"의 연결을 보면서 구속자와 피구속자의 동일성에 관한 영지주의적인 사상을 발견하려고 한다. 그러나 로마서 8장에도 유사한 사상이 나오는 것으로 미루어볼 때 이러한 추측은 불가능하다.[7]

2. 히브리서의 구약사용

> G. Hughes, *Hebrews and Hermeneutics. The Epistle to the Hebrews as a New Testament Example of Biblical Interpretation*, SNTS.MS 36, Cambridge: Cambridge University Press, 1979.
>
> S. Kistemaker, *The Psalm Citations in the Epistle to the Hebrews*, Amsterdam: Wed. G. van Soest, 1961.
>
> J. C. McCullough, "The Quotations in Hebrews", *NTS* 26 (1979/80), 363~379.
>
> F. Schröger, *Der Verfasser des Hebräerbriefes als Schriftausleger*, BU 4, Regensburg: Pustet, 1968.

---

6 Conzelmann / Lindemann, *Arbeitsbuch*, 344.

7 Conzelmann / Lindemann, *Arbeitsbuch*, 344.

S. G. Sowers, *The Hermeneutics of Philo and Hebrews. A Comparison of the Interpretation of the Old Testament in Philo Judaeus and the Epistle to the Hebrews*, Richmond: John Knox, 1965.

히브리서 신학의 척추는 성경해석이다. 히브리서 기록자는 그의 신학을 단지 성경해석으로 발전시켰다.[8] 그래서 히브리서에는 구약성경의 풍성한 인용과 다양한 사용방식이 나타난다.

1. 구약인용

신약성경의 다른 책들에서와 마찬가지로 히브리서에도 구약성경이 많이 사용된다. 히브리서에서 구약성경 사용방식은 직접인용과 간접인용으로 나누어 생각할 수 있다.

1) 직접인용

먼저 히브리서에서 구약성경이 직접 인용된 경우들을 살펴보면 다음과 같다. 히 1:5상 = 시 2:7, 히 1:5하 = 삼하 7:14, 히 1:6 = 신 32:43(또는 시 97:7), 히 1:7 = 시 104:4, 히 1:8,9 = 시 45:7,8, 히 1:10~12 = 시 102,26~28, 히 1:13 = 시 110:1, 히 2:6~8 = 시 8:5~7, 히 2:12 = 시 22:23, 히 2:13상 = 사 8:17, 히 2:13하 = 사 8:18, 히 3:2,5 = 민 12:7, 히 3:7~4:13 = 시 95:7~11, 히 4:4 = 창 2:2하, 히 5:5 = 시 2:7, 히 5:6 = 시 110:4, 히 6:13,14 = 창 22:16,17, 히 7:1,2 = 창 14:17,18,20, 히 7:17 = 시 110:4, 히 7:21 = 시 110:4, 히 8:5 = 출 25:40, 히 8:8~12 = 렘 31:31~34, 히 9:20 = 출 24:8, 히 10:5~10 = 시 40:7~9, 히 10:16,17 = 렘 31:33,34, 히 10:30상 = 신 32:35, 히 10:30하 = 신 32:36, 히 10:37,38 = 사 26,20과 합 2:3,4, 히 11:18 = 창 21:12, 히 11:21 = 창 47:31(LXX), 히 12:5,6 = 잠 3:11,12, 히 12:20 = 출 19:13, 히 12:26 = 학 2:6, 히 13:15 = 신 31:6, 히 13:6 = 시 118:6.

이렇게 볼 때, 히브리서는 30여 개 이상 구약성경을 직접 인용하고 있다는 것을 알 수 있다. 히브리서는 직접인용에서 레위기를 제외하고 분명하게 모세오경을 인용한다. 선지서 가운데는 사무엘, 이사야, 예레미야, 하박국, 학개가 등장한다. 히브리서 기자는 대선지서 뿐 아니라 소선지서도 잘 알고 있었던 것이다. 히브리서는 성문서 중에서 잠언을 한 번 인용하며, 그 외에는 시편을 압도적으로 많이 인용한다. 그 수는 히브리서의 구약성경 인용 가운데 절반을 차지할 정도이다. 여기에서 추론할 수 있는 것은 히브리서

---

8 Berger, *Theologiegeschichte*, 417.

기자가 구약성경 전체를 소지하고 있었다는 것이다. 히브리서 기자는 구약성경 전체를 소지하고 있었으므로 히브리서를 기록할 때 폭넓게 그것을 사용할 수 있었다.

2) 간접인용

히브리서에는 구약성경을 직접 인용한 것 이외에도 간접 인용한 것이 상당히 많이 들어있다. 몇 가지 예를 들면, 히브리서 1:3은 시편 110:1을, 히브리서 2:16은 이사야 41:8,9를 간접적으로 사용한다. 히브리서 12:18~28에 나오는 시내 산 선포(출 19:16~19)는 간접인용의 대표적인 예이다. 잘 알고 있는 대로 히브리서 11장에 열거되는 구약인물들도 역시 간접인용으로 생각할 수 있다. 히브리서 기자는 구약성경의 문구를 변형시키거나, 압축하거나, 요약하는 것을 주저하지 않았다. 이렇게 볼 때 히브리서 기자는 구약성경을 사용하는 일에 있어서 상당한 자유를 행사하였던 것으로 생각할 수 있다.

2. 히브리서의 레위기 사용

레위기는 히브리서에서 직접적으로 인용되지 않음에도 불구하고 중요한 위치를 차지하고 있다. 이 사실은 히브리서를 읽을 때 레위기적인 표현들을 많이 만나게 된다는 점에서 쉽게 발견할 수 있다. 먼저 히브리서를 기준으로 레위기를 배열시켜보면, 레위기가 히브리서에서 5장에서 13장까지 골고루 분포되어 있다는 것을 발견하게 된다. 레위기는 특히 히브리서 9장에 집중적으로 사용되고 있다.[9] 역으로 레위기를 기준으로 히브리서를 배열시키면, 레위기가 앞뒤의 몇 장씩을 제외하고는 거의 전반적으로(레 1~27장) 히브리서에 사용되었다는 점이 발견된다. 그런데 역시 여기에도 특이한 점은 레위기 16장이 히브리서에서 집중적으로 사용되고 있다는 것이다.[10] 이와 같은 자료를 가지고 왜 레위기 16장이 히브리서 9장에서 집중적으로 사용되었는지 살펴보아야 한다.

히브리서는 레위기로부터 성막구조와 성막물건, 대제사장과 제사법과 같은 사실적인 사항들을 진술한다. 첫째로, 히브리서는 성막구조와 성막물건에 관해서 대체적으로 출애굽기 25장 이하를 따라 설명한다. 단지 향로가 지성소에 있다는 진술(9:4)은 출애굽기적인 표현이라기보다는 레위기적인 표현이다. 히브리서는 레위기 16:12~13에 근거하여 대속죄일에 대제사장이 향로에 제단 불을 담아 지성소 안으로 가지고 들어오는 것을 염두에 두

---

9   히브리서를 기준으로 레위기를 배열시킨 분포도에 관해서는 조병수, "히브리서에서 사용된 레위기", 165f.를 참조하라.

10   레위기를 기준으로 히브리서를 배열시킨 분포도에 관해서는 조병수, "히브리서에서 사용된 레위기", 166f.를 참조하라.

고 있는 것처럼 보인다. 둘째로, 히브리서에서 대제사장과 제사법은 레위기 16장을 중심으로 대속죄일(יום הכפרים, 욤 키푸림)의 제사법이 소개된다. 여기에서 가장 중요한 것은 대제사장의 기능에 대한 설명이다. 대속죄일에 대제사장은 일년에 한 번 지성소에 들어가며(9:7; 10:3 = 레 16:2,11,14f.,34), 먼저 자기를 위하여 속죄하고(5:3; 7:27 = 레 4:3; 9:7; 16:6.11.15f.), 속죄를 위한 제물로 황소와 염소를 사용한다(히 9:13; 10:4 = 레 16:14~16,18). 피 뿌림이 중요한 것은 피 흘림이 없으면 속죄도 없다(9:22; 레 17:11).

히브리서는 레위기와 관련하여 다음과 같은 신학을 구성한다. 첫째로, 예수 대제사장과 구약 대제사장 사이에는 공통점이 있다는 것이다. 그 직분의 기원은 하나님이시기 때문이다(5:4~5). 그러므로 그 직분 자체에는 변화가 없고 단지 수행자가 달라질 뿐이다(7:11~19). 둘째로, 히브리서는 하늘 성전과 지상 성전은 모두 하나님에게서 출원한 것이라고 말함으로써(8:2,5) 공통점을 가지고 있다는 것을 알려준다. 또한 히브리서는 지상 성전은 하늘 성전의 그림자라고 말하는데(8:5; 9:23~24), 이것은 지상 성전이 하늘 성전과 완벽하게 일치하는 것임을 표명한다. 왜냐하면 그림자는 언제나 실체와 완벽하게 일치하기 때문이다. 셋째로, 히브리서는 옛 언약과 새 언약의 내용에는 아무런 변화가 없고(8:10), 단지 당사자인 이스라엘 백성이 범죄함으로써 옛 언약이 효력을 잃었기 때문에 새 언약은 그들의 범죄를 해결하는 것임을 일러준다(8:12). 히브리서에 의하면 옛 언약과 새 언약은 동일하지만 시행되는 방식이 다를 뿐이다. 넷째로 히브리서는 율법이 반복적으로 범죄하는 이스라엘 백성에게는 육신에 속한 법으로만 이해되었지만(7:16; 9:10) 예수님의 피로 구속된 자들에게는 불멸의 생명의 능력을 지닌 법으로 이해된다고 말한다(7:16). 이렇게 히브리서는 율법에 대하여 근본적으로 긍정적인 입장을 보여준다. 히브리서는 이와 같이 레위기를 기반으로 하여 여러 가지 구속사적인 연속성을 발견하였다.

3. 해석방식

히브리서는 풍성한 구약인용에 다양한 해석방식을 보여준다.[11]

1) 미드라쉬(Midrasch) 방식

히브리서에는 구약성경을 해석하는 데 자주 미드라쉬 방식이 사용된다. 이것은 랍비적인 해석방식으로 교훈적 해석을 목적으로 삼는다. 이에 대한 대표적인 예는 시편 95:7~11(히 3:7~4:11)이다. 시편 95:7~11은 히브리서

---

11   당시의 다양한 해석방식에 관한 설명은 Bailey / Van der Broek, *Literary Forms*, 42~49를 참조하라.

3:7~4:11에서 다음과 같이 교훈적으로 해석된다.

> 인용(히 3:8~11):
> 주제: "하나님에게서 떨어질까 조심하라"

시 95:7 - 1) "오늘" 해석(히 3:13~14)

시 95:7 - 2) "격노" 해석(히 3:15~19)

    (1) 격노케 하던 자(히 3:16)

    (2) 하나님이 노하신 자:

        광야에서 엎드려진 자(히 3:17)

    (3) 순종치 아니하던 자: 안식불입(히 3:18)

시 95:11 - 3) "안식" 해석(히 4:1~11)

    (1) 안식 잃은 자(히 4:2,6)

    (2) 일시 안식(히 4:8) - 여호수아

    (3) 진정 안식(히 4:3,9) - 하나님의 백성에게

        결론: 안식에 들어가기를 힘쓰자(히 4:11)

        순종치 않는 본에 빠지지 말자(히 4:11)

2) 페세르(Pescher) 방식

쿰란 공동체는 구약성경을 해석하는데 자주 페세르 방식을 사용하였다: 이사야(3QpIsa, 4QpIs), 호세아(4QpHos), 미가(1QpMic, 4QpMic), 나훔(4QpNah), 스바냐(1QpZeph, 4QpZeph). 그런데 히브리서는 때때로 쿰란 공동체처럼 구약성경을 페세르 방식으로 해석한다. 이것은 의역적인 해석이다. 예를 들면 히브리서는 시편 8:4을 해석하면서(2:6~9) 사람/인자를 예수 그리스도로 이해한다(2:9).

3) 모형론적 해석(Typology)

히브리서는 모형론적 해석을 도입하여 구약인물과 사건을 현재적이며 종말론적인 구속사로 해석한다. 이 때문에 히브리서에서는 자주 원형과 모형이 기독론과 구속사의 기초를 이룬다. 예를 들면, 예수님은 아버지의 광채이며 형상이다(1:3). 예수님의 제사장직은 멜기세덱의 제사장직의 원형을 따르는 것이다(시: 110:4; 히 7:1~28). 지상적인 성전은 천상적인 성전의 원형을 따라 지어졌다(출 25:40; 히 8:5).

4) 어의학적인 해석(Etymology)

히브리서는 어의학적인 해석을 제공한다. 이것은 구약인물의 이름을 해석하는 데서 가끔 발견된다. 예를 들면 여호수아(그리스어로는 예수 Ἰησοῦς)는 예

수님을 예상시킨다(4:8). 멜기세덱은 의의 왕으로 해석되고, 그가 살렘 왕이라는 사실은 평강의 왕으로 해석된다(7:1~2).

5) 랍비적 해석

랍비들의 해석방식 가운데 돋보이는 것은 "작은 것에서 큰 것으로"(a minori ad maius, וחמר קל, 칼 바호메르) 해석하는 방식이다.[12] 이것은 "하물며"라는 어구를 사용하여 작은 것을 가지고 큰 것을 설명하는 해석방식이다. 예를 들어 히브리서는 이 방식을 가지고 여러 가지 질문을 던진다. 모세의 율법을 거절한 자가 죽는다면 "하물며"(πόσῳ) 하나님의 아들을 짓밟은 자가 형벌을 받지 않겠느냐(10:28~29). 동물제사가 정결하게 한다면 "하물며"(πόσῳ μᾶλλον) 예수님의 피 제사가 정결하게 하지 않겠는가(9:14). 육체의 아버지를 공경한다면 "하물며"(πολὺ μᾶλλον) 영의 아버지께 복종하지 않겠는가(12:9). 땅에서 경고한 자를 피하지 못한다면 "하물며"(πολὺ μᾶλλον) 하늘로 좇아 경고하신 자를 배반하는 우리일까 보냐(12:25).

6) 짝 구절 해석(Proof text)

히브리서는 한 구약성경구절을 유사한 다른 구약성경구절로 해석하는 방식을 사용한다. 예를 들면, 안식(시 95:11)을 해석하기 위하여 창세기 2:2을 인용하는 것이다(4:4).

7) 알레고리적 해석(Allegory) 영적 해석

히브리서는 때때로 영적인 의미를 밝히기 위하여 알레고리 해석을 사용한다. 예를 들면, 구원에 참여하는 것을 의미하면서 "휘장 안에 들어간다"(6:19)고 말한다. 또한 휘장은 예수 그리스도의 육체를 가리키는 것으로 이해된다(10:20).

3. 하나님

히브리서는 첫머리에서 하나님에 대한 결정적인 설명을 제공한다. 하나님은 말씀의 하나님이시다(1:1~2). 히브리서는 하나님의 말씀과 관련하여 두 시대를 언급한다: "옛적에", "이 모든 날 마지막에". 하나님의 말씀이 이전에는 "선지자들 안에서" 주어졌고, 마지막 때에는 "아들 안에서" 주어졌다. 히브리서는 이 두 시대를 언급하면서 역접 접속사를 사용하지 않는다. 이것

---

12 Vgl. G. Stemberger, *Midrasch. Vom Umgang der Rabbinen mit der Bibel. Einführung, Texte*, Erläuterung, München: C. H. Beck, 1989; *Einleitung in Talmud und Midrasch*, 8. neubearb. Aufl., München: C.H. Beck, 1992.

은 히브리서가 두 시대를 대조적인 성격보다는 연속적인 성격으로 이해하고 있다는 것을 의미한다. 여기에서 무엇보다도 중요한 것은 이 두 시대에 말씀하신 하나님이 동일하다는 사실이다. 동일한 하나님께서 "옛적"으로부터 "모든 날 마지막"까지 변함없이 말씀하셨다. 이것은 계시의 통일성을 의미한다. 시간과 매체와 방식과 대상이 아무리 다양할지라도 하나님의 계시는 통일을 이룬다. 계시하는 주체이신 하나님이 동일하시기 때문이다. 이 계시는 하나님의 아들에게서 종결한다. 하나님의 계시는 하나님의 아들에게서 절정에 달하였다. 하나님의 아들은 하나님의 계시의 마지막 단계에 있다(9:26).

주체	하나님이	
시간	옛적에	모든 날 마지막에
매체	선지자들로	아들로
방식	여러 부분과 모양으로	
대상	우리 조상들에게	우리에게
동사	말씀하셨다($\lambda\alpha\lambda\acute{\eta}\sigma\alpha\varsigma$)	말씀하셨다($\acute{\epsilon}\lambda\acute{\alpha}\lambda\eta\sigma\epsilon\nu$)

말씀하시는 하나님에 기초하는 연속성은 히브리서 12장에서도 만날 수 있다. 여기에는 시내 산 사건(히 12:18~21)과 시온 산 사건(히 12:22~24)이 비교적으로 언급되면서 불연속성이 넓게 표명된다. 그러나 여기에서도 두 사건을 연결시키는 중요한 요소를 발견할 수 있는데 그것은 말씀하시는 하나님이시다. 히브리서 12:25,28을 볼 때 하나님께서는 다른 형식과 다른 사건으로 말씀하시지만 이런 모든 외면적인 차이에도 불구하고 하나님의 말씀은 모든 경우에 동일한 반응을 요구한다. 히브리서가 시내 산과 시온 산의 관계를 하나님의 말씀에 기초하여 설정하는 것은 마지막 사건에서 달성된 계시가 특별한 계시역사와 일반역사의 목표와 절정이 된다는 것을 의미한다.

4. 기독론

E. Grässer, "Zur Christologie des Hebräerbrief. Eine Auseinandersetzung mit Herbert Braun", in: *Aufbruch und Verheissung. Gesammelte Aufsätze zum Hebräerbrief*, Berlin / New York: de Gruyter, 1992, 143~154.

E. Grässer, "Beobachtungen zum Menschensohn in Hebr 2,6", in: *Aufbruch und Verheissung. Gesammelte Aufsätze zum Hebräerbrief*, Berlin / New York: de Gruyter, 1992, 155~165.

히브리서는 역사적 예수님의 생애, 활동, 교훈에 관하여 거의 정보를 제공하지 않는다. 히브리서는 단지 예수님께서 육체로 계실 때에 기도하셨다는 것(5:7~9), 십자가를 참으셨다는 것(12:2), 성문 밖에서 고난 당하셨다는 것(13:12)을 언급할 뿐이다. 히브리서는 예수 그리스도와 관련하여 다음과 같은 사실에 관심을 가진다.

1. 하나님의 아들

히브리서에서 예수 그리스도는 다섯 번 아들(υἱός)이라고 불리며(1:2,8; 3:6; 5:8; 7:28. 그 가운데 1:8에서만 정관사를 가진다), 네 번 "하나님의 아들"(ὁ υἱὸς τοῦ θεοῦ)로 표현된다(4:14; 6:6; 7:3; 10:29). 히브리서에서 하나님의 아들은 종속적인 개념보다는 절대적인 개념으로 설명된다.[13] 히브리서는 아버지와 아들의 관계를 동등관계(correlation)로 이해한다.[14] 이 관계는 히브리서 1:1~4에 잘 나타난다.

무엇보다도 하나님의 아들이신 예수 그리스도는 계시의 통로이다(1:2상). 하나님께서 아들 안에서 말씀하셨기 때문이다. 또한 하나님의 아들은 만물의 후사이다(1:2중). 하나님이 아들을 만물의 후사로 세우셨다. 하나님께서 만물을 아들 예수님께 이양하셨다. 그리스도는 만물을 유업으로 받으신다. 그는 만물의 소유자이시다. 그러므로 이제 아들 예수님은 만물의 통치자이다. "만물을 그 발아래 복종케 하셨다"(2:8; 시 8:6). 그러므로 "복종치 않은 것이 하나도 없다"(2:8). 더 나아가서 하나님의 아들 예수 그리스도는 창조의 중개자이다(1:2하). 하나님이 "그로 말미암아 세상을(τοὺς αἰῶνας) 지으셨다 (ἐποίησεν)". 여기에 우선 아들의 선재사상이 암시된다. 그리스도는 창조의 중재자이다. 그러나 만일에 1:10ff.를 아들에 관한 예언으로 이해하면, 아들은 "창조의 중재자일 뿐 아니라 창조자이시다."[15] 하나님의 아들이 창조의 중재자이신 조건과 역할은 다음 단락에서 설명된다.

하나님의 아들은 하나님과의 관계에서 가장 잘 설명된다(1:3~4). 하나님의 아들은 영원한 아들로서(7:24,25; 13:8) 하나님의 영광의 광채이고, 하나님의 본질의 정확한 표현이다. 우선 광채(ἀπαύγασμα)라는 말은 직접적 비춤이나 간접적 반사를 가리키는데 가장 긴밀한 본질결합을 의미하며 원형에 비해 질이 떨어지는 사본을 의미하지 않는다. 광원(光源)보다 못한 광채(光彩)를 의미하지 않는다. 이 말은 아버지와 아들의 완전한 결합을 표현한다. 또한 하나님의 아들은 하나님의 본체의 형상(χαρακτὴρ τῆς ὑποστάσεως αὐτοῦ)이

---

13 H. Braun, *An die Hebräer*, HNT 14, Tübingen: Mohr Siebeck, 1984, 23.

14 Braun, *An die Hebräer*, 24.

15 E. Schweizer, "Jesus Christus, I. Neues Testament", *TRE* 16 (1987), 693.

다. "형상"은 그 성품을 가리킨다. 성격은 그것을 소유하고 있는 자와 일치한다. 성격과 그 소유자 사이에 구별이나 차이가 있을 수 없다. 동질이다. 소유자보다 못한 성격을 생각해볼 수 없다. 본질은 성격으로 표현된다. 더 나아가서 하나님의 아들은 "만물을 붙드신다"(1:3b). 이것은 하나님의 아들의 활동이다. 그리스도는 만물의 보호자이며 섭리자이다. 그리스도가 만물을 운행시킨다(φέρων). 그리스도는 만물의 운행을 주장한다. 만물의 진행은 그리스도에게 의존한다. 그런데 만물운행의 도구는 말씀이다. 그리고 하나님의 아들은 죄를 정결케 하는 일을 하신다(1:3c). 이렇게 하기 위하여 하나님의 아들은 육신을 취하셨다(2:14). 성육신 동안 그리스도는 말씀하셨다(1:2; 2:3). 육체로 계시는 동안 그리스도는 고난을 당하셨다(5:7~10). 마지막으로 하나님의 아들은 승귀하셨다(1:3d~4). 하나님의 아들의 승귀는 "위엄의 우편에"(1:3d) 앉으신 질적 승귀이며, "높은 곳에" 앉으신 공간적 승귀이며 (1:3d), "천사보다 훨씬 뛰어난"(1:4a) 신분적 승귀이다. 이렇게 하여 히브리서는 그리스도가 더 이상 지상적 존재가 아님을 설명한다. 그리스도는 인간이 침범할 수 없는 위치에 계시다. 인간의 위치와 완전하게 구별되는 승귀자임을 나타내는 것이다. "이러한 대제사장은 우리에게 합당하니 거룩하고 악이 없고 더러움이 없고 죄인에게서 떠나 계시고 하늘보다 높이 되신 이라"(7:26).

2. 대제사장

히브리서는 예수 그리스도를 대제사장(ἀρχιερεύς)으로 소개한다. 대제사장 기독론은 히브리서의 기독론에서 가장 중요한 주제들 가운데 하나로서 히브리서의 흐름은 대제사장이신 예수 그리스도에 대한 언급으로 전환점을 이룬다. 히브리서는 가장 먼저 히브리서 2:17에 예수 그리스도를 대제사장으로 소개하고 나서 신자의 불신문제를 다룬다(3~4장). 그 후에 다시 히브리서 4:14ff.에서 예수님을 대제사장으로 언급하면서 멜기세덱(5장)에 관하여 말하고 그 사이에 신자의 타락(6장)에 관하여 말한 다음 다시 멜기세덱(7장)에 관한 이야기로 돌아온다. 마지막으로 히브리서 8:1에서 예수님은 다시 제사장으로 설명된다. 여기에서는 성전(8장)을 말하고 나서 언약(8장)에 관하여 말한 다음 다시 성전(9장)으로 이야기기 환원한다. 그리고 나서 제물(10장)에서 믿음(11장)으로, 믿음에서 징계(12장)로 이야기가 전개되다가 결국은 제물에 관한 진술로 돌아간다(13장). 이것을 다음과 같이 다시 한 번 정리할 수 있다.

하나님의 아들(1~2장)
대제사장 예수(3~4장) *요점(2:17/3:1)

하나님의 아들은 대제사장이시다. 예수 그리스도는 자비하고 충성된 대제사장이기 때문에 범사에 형제들과 같이 되셨다"(2:17). 대제사장이신 예수 그리스도의 성품은 두 가지로 묘사된다: "자비하고 충성된 대제사장"(ἐλεήμων ... καὶ πιστὸς ἀρχιερεύς). 그는 인간의 연약함을 체휼하시는 분이시다(4:15). 이렇게 하여 예수 그리스도는 백성의 죄를 구속하셨다(2:17). 대제사장이신 예수 그리스도는 구속을 위하여 단번에(7:27; 10:10) 자기의 피를 드리셨다(9:12). 그러므로 예수 그리스도는 그 제사장 직분이 갈리지 않는(7:24) 영원한 대제사장이시다(5:6; 6:20; 7:17,21).

히브리서는 예수 그리스도가 대제사장임을 보이기 위하여 멜기세덱 제사장론을 도입한다(5:5~10; 6:20; 7:1~25). 이것은 새로운 기독론이다. "예수님이 멜기세덱과 같은 제사장이라는 개념, 신약 어디에서도 찾아볼 수 없는 기독론적인 주제에 대하여 처음 독자들은 익숙하지 않았을 것으로 추정하는 것은 무리가 없다."[16] 히브리서는 멜기세덱 제사장론을 전개하기 위하여 시편 110:4를 세 번 인용하고(5:6; 7:17,21), 여덟 번 암시한다(5:6,10; 6:20; 7:1,10,11,15,17). 이렇게 하여 히브리서는 대제사장 기독론을 위한 성경적 기반을 제공한다.[17] 히브리서는 멜기세덱 제사장론에 비추어 예수 그리스도의 대제사장 직분의 의미를 간략히 정리한다(6:20). 그것은 멜기세덱 반차를 따르는 것이며 영원한 제사장이 되는 것이다. 그리고 나서 히브리서는 큰 단락을 할애하여 시편 110:4를 주석하면서 멜기세덱 제사장론을 확립한다(7:1~25).

---

16   W. L. Lane, *Hebrews*, WBC 47A, Dallas: Word Books, 1991, cxlii.

17   Lane, *Hebrews*, cxli~cxlii.

히브리서는 가장 먼저 멜기세덱의 뛰어남을 설명한다(7:1~10). 히브리서는 "이 사람이 얼마나 높은가를 생각해 보라"(7:4)고 말하면서 멜기세덱에 대한 서론적인 설명을 시작한다. 히브리서는 가장 먼저 멜기세덱의 본질에 관하여 진술한다(7:1~3). 그는 살렘 왕으로서(1) 의의 왕이며 평강의 왕이다 (2). 또한 그는 지극히 높으신 하나님의 제사장이며 아브라함에게 복을 빈 자이다(1). 멜기세덱은 부모와 족보와 시종이 없다는 점에서 초월적인 존재이며 하나님의 아들과 유사하다는 점에서 신적인 존재이다. 그는 항상 제사장이다(3). 이어서 히브리서는 멜기세덱을 아브라함과의 관계에서 설명한다 (4~10). 아브라함이 멜기세덱에게 좋은 것으로 십일조를 드렸다(2,4). 이것은 아브라함의 자손인 레위도 멜기세덱에게 십일조를 드린 것을 의미한다(10). 아브라함은 승리자이며(11), 족장(πατριάρχης)이며(4), 약속을 얻은 자(6)이며, 제사장의 조상(πατήρ)이지만(10), 멜기세덱의 축복을 받았다. 이것은 멜기세덱이 아브라함보다 높은 자임을 보여준다(7). 더 나아가서 히브리서는 멜기세덱의 의미를 설명한다(7:11~25). 멜기세덱은 영원한 제사장이 필요하다는 것을 의미한다. 그는 영원한 제사장이신 예수 그리스도를 예표한다.

3. 믿음의 시작자와 종결자

히브리서는 예수 그리스도를 신자들과의 관계에서 설명한다. 예수 그리스도는 구원의 시작자(ἀρχηγός)이시며(2:10), 신앙고백의 사도(ἀπόστολος)이시며 (3:1), 소망의 선구자(πρόδρομος)이시다(6:20). 다시 말하자면 예수 그리스도는 구원을 이끌어 들이는 분이며, 신앙고백을 받을만하고 또한 신앙고백을 전파하기 위하여 보냄 받은 분이시며, 소망을 선취하시는 분이시다.

히브리서는 예수 그리스도를 믿음의 시작자이며 종결자(ἀρχηγός καὶ τελειωτής)로 소개한다(12:2). 히브리서 11장은 구약의 신앙열전으로서 가장 먼저 아벨을 언급하고(11:4) 마지막으로 무명의 신자들을 언급한다 (11:36~40). 그러나 사실은 아벨이 믿음이 시작자가 아니며 무명의 신자들이 믿음의 종결자가 아니다. 비록 구약에 수많은 신앙의 인물들이 있지만 오직 예수 그리스도만이 신앙의 시작자이며 종결자이다. 히브리서는 구약인물들의 정점을 예수 그리스도라고 소개하고 있는 것이다. 예수 그리스도는 신앙의 시작자이며 종결자로서 모든 역사를 포괄하시는 분이다. 이 두 개념 시작자와 종결자는 세계 역사의 흐름 속에서 신앙에 대한 예수 그리스도의 관계로 규정되어야 한다. 다시 말하자면 이 두 개념은 뒤쪽으로는 구약 시대를 바라보며, 앞쪽으로는 기독교의 위치를 바라본다.

5. 성령론

W. Bieder, "Pneumatologische Aspekte im Hebräerbrief", in H. Baltensweiler / B. Reicke (eds.), *Neues Testament und Geschichte. Historisches Geschehen und Deutung im Neuen Testament. Oscar Cullmann zum 70. Geburtstag*, Zürich: Theologischer Verlag / Tübingen: Mohr Siebeck, 1972, 251~259.

히브리서에는 πνεῦμα가 12번 사용되었다. 이 가운데서 히브리서 1:7,14는 천사를 설명하는 데 쓰였고, 히브리서 4:12; 12:9,23은 인간을 설명하는 데 쓰였다. 이 경우들은 제외하고 나면 히브리서는 다음과 같은 성령론을 제시한다.

1. 예언에 있어서 성령님의 활동

히브리서에 의하면 성령님은 구약의 예언을 위하여 활동하셨다. 히브리서 3:8~11은 시편 95:7~11을 인용한 것이다. 시편 95:7~11은 히브리서 3:12~4:13에서 자세히 해석된다. 이 시편단락을 전체적으로 도입하는 첫 머리에서는 이 말씀이 성령님의 말씀("성령님이 이르신 바와 같이")이라고 진술한다(3:7). 그러나 이 시편단락을 부분적으로 설명하는 항목들에서는 이 말씀을 "다윗의 글"이라고 부른다(4:7). 그리고 이 시편단락을 결론적으로 매듭짓는 자리에서는 이 말씀을 "하나님의 말씀"이라고 부른다(4:12). 따라서 다윗의 글은 성령님의 말씀이며, 성령님의 말씀은 하나님의 말씀이다.

히브리서 10:16~17은 예레미야 31:33~34을 인용하면서 같은 방식으로 인용문을 도입한다. "성령님이 우리에게 증언하시되"(10:15).

성령님께서 예언적인 활동을 하셨다는 것은 히브리서 9:8에서 다시 한 번 잘 설명된다. 히브리서는 지상적인 성소의 구조와 설비와 제사법에 대하여 설명한 후에(9:1~7), 이 모든 것은 성령님께서 교훈을 주시기 위함이라고 진술한다. "성령님이 이로써 보이신 것"(9:8). 성령님께서 지상적인 성소를 통하여 보이시려고 했던 것은 무엇인가. 그것은 "첫 장막이 서있을 동안에는 성소에 들어가는 길이 아직 나타나지 아니하였다"(9:8)는 것이다. 성령님께서는 구약시대의 성소를 가지고 신자가 자유롭게 하나님께 나아가는 길의 제한을 보여주셨다.

2. 구원성취에 있어서 성령님의 활동

히브리서에서 성령님의 활동은 구속성취와 관련하여 설명된다. 구속은 그리스도의 피로 성취된다. 그리스도의 피가 영원한 속죄를 이룬다(9:12). 그리스도의 피는 구약제사에서 염소와 황소의 피로 부정한 자의 육체를 정결하게 하여 거룩하게 하던 것과는 비교가 되지 않는다(9:13). 왜냐하면 그리스도의 피는 양심을 죽은 행실에서 깨끗하게 하고 살아 계신 하나님을 섬기게 하기 때문이다(9:14하). 그런데 그리스도께서 피로써 영원한 속죄를 이루는 일은 성령님을 통하여 된 것이다. "영원하신 성령님으로 말미암아 흠 없는 자기를 하나님께 드린 그리스도"(9:14상). 여기에 성령님에 관한 몇 가지 가르침이 나온다. 첫째로, 성령님은 "영원하신" 분이다. 그리스도의 속죄가 "영원한"(9:12) 속죄인 까닭은 성령님께서 "영원하신" 성령님을 통하여 이루어졌기 때문이다. 둘째로, 성령님은 그리스도의 속죄사역을 가능하게 한다. 성령님을 "통하여"(διά) 만 그리스도는 자신을 화목제물로 하나님께 드릴 수가 있다. 성령님을 통하지 않고는 그리스도는 자신을 하나님께 드리지 않는다. 성령님은 그리스도께서 하나님께로 나아가는 통로이다. 다시 말하자면 그리스도와 하나님의 연결은 성령님을 통하여만 가능하다. 성령님은 그리스도와 하나님을 연결하는 끈이다. 셋째로, 그리스도의 속죄사역은 성령님을 통하여 이루어질 때 "흠 없이"(ἄμωμον) 실현된다. 성령님의 활동으로 말미암아 그리스도의 속죄사역은 완전한 사역이 된다. 그리스도의 속죄사역에는 성령님의 보호가 있다. 성령님께서 그리스도의 속죄를 보호하심으로써 부족함이 없이 충분하게(sufficienter) 만든다. 성령님께서 그리스도의 속죄를 보호하심으로써 실패함이 없이 효과 있게(efficaciter) 만든다.

3. 구원 확증에서 성령님의 활동

히브리서는 성령님이 구원을 확증하는 분임을 알려준다. 신자가 받은 큰 구원은 주님께서 말씀하신 것을 받는 것이며, 들은 자들이 확증한 것이며, 하나님께서 함께 증언하시는 것이다(2:3~4). 그런데 하나님께서 구원을 함께 증언하시기 위하여 표적들과 기사들과 능력들을 사용하시며 더 나아가서 그의 뜻을 따라 성령님의 나눠주신 것을 사용하신다. 여기에 성령님과 관련하여 몇 가지 중요점이 나온다. 첫째로, 성령님은 하나님의 뜻을 벗어나지 않는다. "자기의 뜻을 따라"(2:4). 성령님은 하나님과 합의한다. 신론적 성령님. 둘째로, 성령님은 나눠주신다. 성령님의 선물은 단일하지 않고 다양하다. "성령님이 나누어주신 것들"(복수! 2:4). 성령님은 선물을 베푸심에 있어서 풍성하시다. 성령님의 선물은 집합적이 아니라 분배적이다. 성령님은 선물을 베푸심에 있어서 은혜로우시다. 인간론적 성령님. 셋째로, 성령님의 나눠주심은 하나님께서 신자의 구원을 증언하시는 수단이다. "그들과 함께 증언하셨느니라"(2:4). 성령님은 신자의 구원 확립을 위하여 활동하신다. 구원론적 성령님.

4. 심판의 동인이 되시는 성령님

마지막으로 히브리서에서 두 구절이 성령님과 관련하여 타락에 대한 경고를 준다. "성령님에 참여한 바 되고 … 타락한 자들은 다시 새롭게 하여 회개하게 할 수 없다"(6:4~6). "하나님의 아들을 짓밟고 자기를 거룩하게 한 언약의 피를 부정한 것으로 여기고 은혜의 성령님을 욕되게 하는 자가 당연히 받을 형벌이 얼마나 더 무겁겠느냐"(10:29). 성령님에 참여하였음에도 불구하고 다시 타락한 자들을 회개시키는 것은 쉬운 일이 아니다. 또한 타락은 은혜의 성령님을 체험하였음에도 불구하고 무거운 형벌을 야기한다.

6. 교회론

1. 타락과 회복

고난의 큰 싸움을 통과한(10:32) 히브리서의 수신자들은 흘러 떠내려가거나(2:1), 안식에 이르지 못하거나(4:1), 뒤로 물러갈(10:39) 위험에 직면해 있었다. 이런 위험은 심지어 하나님의 아들을 다시 십자가에 못 박아 드러내놓고 욕되게 하는 타락에 빠지거나(6:6), 하나님의 아들을 짓밟고 언약의 피를 부정한 것으로 여기며 은혜의 성령님을 욕되게 하는 방식으로 짐짓 범죄하는(10:26,29) 것으로 표현되었다. 히브리서는 6:3~6과 10:26~31에서 이런 타락자들의 문제에 대하여 심각하게 반응한다. 이 단락들에는 두 가지 문제가 관련되어 있다. 은혜 후 타락의 가능성과 타락 후 은혜의 가능성이다.

이 두 단락은 은혜 후에 타락을 말하고 있다. 우선 이 단락들이 기독교에 근사한 체험들, 다시 말하자면 예수 그리스도를 믿지는 않지만 교회 안에서 교제하면서 믿음에 근사한 체험들(주관적인 체험이든지, 불신자에게도 주어지는 폭넓은 은혜이든지)을 가리킨다고 보기는 어렵다. 여기에 진술된 은혜의 내용들은 대단히 특별한 것이기 때문이다. 또한 이 단락들이 타락을 가정적으로 묘사하고 있는 것으로 생각하기도 어렵다. 특히 6:3~6는 6:1~2의 실제상황에 이어지고 있기 때문이다. 초보자들에 대한 권면이나 타락자들에 대한 권면은 모두 사실적인 것이다. 히브리서는 은혜를 받은 후에 타락이 가능하다는 것을 말하고 있다.

이제 히브리서가 관심을 가지는 것은 타락한 후에 은혜도 가능하냐는 것이다. 히브리서는 타락이 매우 무서운 결과를 가져오는 것으로 설명한다(10:26~31). 의도적인 타락에는 죄를 위한 (구약적 의미의) 제사가 없고(10:26), 심판과 불이 기다리며(10:27), 형벌이 주어지고(10:29), 하나님의 손에 빠져든다(10:31). 그렇기 때문에 타락자를 새롭게 만드는 것은 사람들의 일이 될 수 없다. 이것을 히브리서 6:3~6이 잘 말해준다.[18] 대부분 학자들은 6:4(개역개정에는 6:6)에서 6:6의 "새롭게 하다"(ἀνακαινίζειν)를 받는 "할 수 없다"(ἀδύνατον)를 중요단어로 간주하고 그것을 어떻게 해석하느냐에 관심을 가진다. 타락자의 회개 가능성을 생각하는 사람들은 이 단어를 "어렵다"(difficult)로 해석하고, 회개의 불가능성을 생각하는 사람들은 "불가능하다"(impossible)로 해석한다(6:18; 10:4; 11:6에 의하면 후자가 옳다). 그러나 문제는 이 단어를 어떻게 해석하든지 "…하고 타락한 자들"을 "새롭게 하다"의 주어로 생각해서는 안 된다는 것이다. "…하고 타락한 자들"은 "새롭게 하다"의 목적어이다. 이 구절에서 주어는 생략되어 있다. 이 단락의 요점만 간추리면 다음과 같다.

4	ἀδύνατον γὰρ τοὺς ἅπαξ φωτισθέντας …	이는 (사람들은) … 수 없기 때문이다. 한 번 비춤을 받고 …
6	καὶ παραπεσόντας πάλιν ἀνακαινίζειν	타락한 자들을 다시 새롭게 만들

"할 수 없다"(ἀδύνατον)가 "어렵다"(difficult)를 뜻하건 "불가능하다"(impossible)를 뜻하건 "…하고 타락한 자들"을 새롭게 만드는 것은 사람들의 몫이 아니다. 그것은 오직 하나님에게만 달린 일이다. 그래서 히브리서는 이 단락을 시작하면서 "하나님께서 허락하시면 우리가 이것을 하리라"(καὶ τοῦτο ποιήσομεν, ἐάνπερ ἐπιτρέπῃ ὁ θεός, 6:3)고 전제한다. 6:3의 "이것"(τοῦτο)은 6:4~6을 가리킨다.[19] 다시 말하자면 "…하고 타락한 자들"을 새롭게 만드는 것은 사람의 몫이 아니라 하나님의 몫이라는 말이다(막 10:27 참조). 이렇게 하여 히브리서는 다음과 같이 타락과 회복에 관해서 인간적 엄격주의와 신적 관용주의를 조화시키고 있다.

3	καὶ τοῦτο ποιήσομεν, ἐάνπερ ἐπιτρέπῃ ὁ θεός	우리가 이것을 하리라 하나님께서 허락하시면
4	ἀδύνατον γὰρ τοὺς ἅπαξ φωτισθέντας …	이는 (사람들은) … 수 없기 때문이다. 한 번 비춤을 받고 …
6	καὶ παραπεσόντας πάλιν ἀνακαινίζειν	타락한 자들을 다시 새롭게 만들

---

18 이에 대한 논의는 정용성, "히브리서 난해구절(6:1~4~6; 10:26~28)의 주해와 설교", 『교회와 문화』 8호 (2002), 84~107을 참조하라.

19 τοῦτο가 그 다음에 오는 내용을 가리키는 용법에 관하여는 예를 들어 고전 11:17과 갈 3:2를 참조하라.

2. 교회와 성전

히브리서는 두 번 교회(ἐκκλησία)라는 단어를 사용한다(2:12; 12:23). 교회는 한 편으로 땅에 존재하며(2:12), 다른 한편으로 하늘에 존재한다(12:23). 땅에 있는 교회는 주의 이름을 선포받는 형제들로 이루어진다(2:12). 하늘에 있는 교회는 "하늘에 기록된 장자들의 교회"(ἐκκλησία πρωτοτόκων ἀπογεγραμμένων ἐν οὐρανοῖς)라고 불리면서 시온 산, 하나님의 도성, 하늘의 예루살렘, (잔치)모임, 의인들의 영들과 나란히 언급된다(12:22~24). 땅에 있는 교회이든 하늘에 있는 교회이든 성전과 연계성은 없다.

땅에 있는 교회는 하늘에 있는 교회를 바라본다. 그것은 히브리서가 주제로 삼고 있는 장차 오는 세상이다(2:5). 신자들은 땅에 있는 동안 내세의 능력을 맛보아야 한다(6:5). 땅에 있는 교회가 바라보는 것은 하나님이 경영하시고 지으실 터가 있는 성이며(11:10), 더 나은 본향이자 하늘에 있는 예비된 한 성이다(11:16). 그것은 다르게 말하자면 진동치 못할 나라이며(12:28), 장차 올 것이다(13:14).

교회는 땅에 있는 동안 방랑하는 하나님의 백성이다. 그런데 교회는 방랑하는 동안 여러 가지 주의해야 할 것이 있다(3:7~4:13). 땅에 있는 교회는 현재적으로 오랜 방랑에서 등장하는 피곤과 싸우며, 미래적으로 천상적인 안식에 대한 소망을 가진다. 그래서 히브리서의 종말론은 시간적일 뿐 아니라 공간적이다.[20] 교회는 방랑에서 이기기 위하여 믿음과 소망과 사랑을 지녀야 한다(10:22~24).

---

20 Conzelmann / Lindemann, *Arbeitsbuch*, 345.

공동서신

야고보서, 베드로전서, 베드로후서, 유다서, 요한일서, 요한이서, 요한삼
서는 공동서신/일반서신(General Letters / Katholische Briefe)이라고 불린다.
공동서신/일반서신이라는 표현은 발신자보다는 수신자 때문에 붙여진
것이다. 최근에는 요한서신을 요한문헌에 부속시켜 연구하는 경향이 커
지고 있다.

제23장
야고보서

1) 주석

M. Dibelus, *Der Brief des Jakobus*, KEK 15, Göttingen: Vandenhoeck Ruprecht, 1964.

R. P. Martin, *James*, WBC 48, Waco: Word Books, 1988.

2) 연구서

J. B. Adamson, *James: the Man and his Message*, Grand Rapids: Eerdmans, 1989.

A. Chester / R. P. Martin, *The Theology of the Letters of James*, Peter, and Jude, NTT, Cambridge: Cambridge University Press, 1994.

B. Chilton / J. Neusner (eds.), *The Brother of Jesus: James the Just and His Mission*, Louisville / London: Westminster John Knox Press, 2001.

D. H. Edgar, *Has God Not Chosen the Poor? The Social Setting of the Epistle of James*, JSNT.S 206, Sheffield: Sheffield Academic Press, 2001.

L. T. Johnson, *Brother of Jesus, Friend of God: Studies in the Letter of James*, Grand Rapids: Eerdmans, 2004.

T. C. Penner, *The Epistle of James and Eschatology. Re-Reading an Ancient Christian Letter*, JSNT.S 121, Sheffield: Sheffield Academic Press, 1996.

이복우, 『주는 가장 자비하시고 긍휼히 여기시는 이시니라. 야고보서 주해』, 수원: 합신대학원출판부, 2022.

조병수, "야고보서의 신론 윤리", 「신학정론」 30 (2012), 545~570.

I. 야고보서의 기록자와 기록장소와 연대

야고보는 자신을 하나님과 예수 그리스도의 종이라고 소개한다(1:1). 신약성경에는 여러 사람이 야고보라는 이름을 가지고 있다. 야고보는 교회의 교사라는 의식을 보여주는데, 교회의 교사이기 때문에 더 큰 심판을 염두에 두었다(3:1). 야고보는 아브라함을 "우리의 아버지"라고 부름으로써 자신이 유대인이라는 사실을 넌지시 알려준다(2:21).

야고보가 이 서신을 기록할 당시에는 아직 기독교와 유대교가 선명하게 분리되지 않은 것처럼 보인다. 그래서 야고보는 본서의 수신자들을 가리켜 "열두 지파"(1:1)라고 불렀다. 게다가 교회와 회당이 분리되지 않았다는 사실은 본서의 수신자들이 여전히 회당에서 모임을 가졌다는 것으로부터 입증된다(2:2). 이것은 야고보가 율법에 대하여 매우 긍정적인 입장을 견지하면서 여러 가지 수식어를 사용한 것에서도 알 수 있다: 자유롭게 하는 온전한 율법(1:25), 왕적인 법(2:8), 자유의 율법(2:12). 그러므로 야고보서는 매우 이른 시기에 기록된 것으로 추정할 수 있다.

II. 야고보서의 구조와 문학 특징

야고보서는 단락마다 특별한 연결 없이 다양한 주제들을 진술한다. 그래서 야고보서는 초대교회의 에세이 모음집(florilegium) 같은 성격을 지닌다. 때때로 다양한 주제들이 야고보서의 앞뒤에 반복적으로 나타나기도 한다.

	시험	지혜	기도	빈부	미혹	혀	믿음	인내
1장	2~5,12	5	5~8	10~11	13~15	19		
2장				1~8			14~26	
3장		13~17				2~5		
4장						11		
5장			13~17	1~7		12		7~11

그런데 비록 단락과 단락의 연결은 느슨하지만, 단락 안에서는 다음과 같은 고유한 문장기법이 사용된다.

1. 주제어 연결

야고보서에는 단락 안에서 주제어를 따라 내용을 고리처럼 연결하는 방식이 사용된다. 예를 들어 야고보서 1:2~18을 보자. 야고보는 고리처럼 믿음의 연단으로서의 "시험"을 말하고(1:2~3), "시험"에 대한 인내를 언급하며(1:12), "시험"의 원인에 대하여 설명한다(1:13~18). 또한 주제어는 문단을 연결하는 데도 사용된다. 야고보는 먼저 믿음의 연단으로서의 시험을 언급하면서(1:2~4) 마지막에 "부족하다"라는 주제어를 사용하고는(1:4), 바로 이어서 다시 "부족하다"는 단어를 채용하여(1:5) 지혜를 믿음으로 구할 것을 권면한다(1:5~8).

1:2~4	믿음의 시련으로서의 **시험**
	시험 인내 *부족함*이 없도록
1:5~8	지혜의 *부족함*
1:9~11	[빈자와 부자]
1:12	**시험** 인내 하나님
1:13~15	**시험** 원인
1:16~18	하나님의 은사

2. 논술식

야고보서의 문장기법 가운데 두드러지는 것은 논술식 전개이다. 여기에는 주제, 예화, 교리, 반론, 성경입증이라는 항목으로 내용이 진행된다. 이에 대한 대표적인 예는 야고보서 2:1~13이다. 이것은 부자와 빈자의 문제를 다루고 있다.

1) 주제(2:1): 외모로 취하지 말라
2) 예화(2:2~4): 회당에 오는 부자와 빈자에 대한 대우 문제
3) 교리(2:5~6상): 하나님의 선택
4) 반론(2:6하~7): 부자의 억압
5) 성경입증(8~13):
   (1) 이웃사랑(레 19:18)
   (2) 간음과 살인(출 20:13; 신 5:17)

3. 도입어

야고보서는 단락의 시작이나 문단의 시작을 나타내기 위하여 자주 "내(사랑하는) 형제들아"(1:2,19; 2:1,5,14 etc.), "너희 중에"(3:13; 4:1 etc.), "이제 들으라"(4:13; 5:1 etc.), "보라"(5:7,9,11 etc.)를 사용한다. 아래에서 야고보서의 내용

을 참조하라.

4. 야고보서와 다른 문헌과의 관계

야고보서는 여러 곳에서 구약성경과 신약성경의 다른 책들과 매우 비슷한 내용을 담고 있다.[1]

1) 공관복음과의 관계

(1) 공관복음과 유사한 내용
약 1:5 / 마 7:7 par. 후히 주시고 꾸짖지 않으시는 하나님
약 1:6 / 마 11:23,24 믿음으로 구하라
약 1:22f. / 마 7:24,26 par. 들음과 행함
약 2:8 / 마 22:39 par. 이웃사랑 인용(레 19:18)
약 4:12 / 마 7:1 판단
약 4:10 / 마 23:12 주 앞에서 낮추면 높여지리라
약 5:12 / 마 5:33~37 맹세

(2) 공관복음을 암시하는 내용
약 1:11 / 마 13:6 해가 돋고
약 1:20 / 마 3:15 의를 이룸
약 2:12 / 마 5:33ff. 복 있는 자
약 3:1 / 마 23:8 선생이 많이 되지 말라

야고보서와 공관복음의 유사성은 우선 야고보서의 공관복음 의존 가능성을 추정하게 만든다. 그렇다면 야고보서는 공관복음보다 후기에 기록한 것이 된다. 하지만 이렇게 추정하더라도 야고보서에서 공관복음이 문자적으로 사용되었다기보다는 사상적으로 이용된 것으로 생각해야 한다. 이에 반하여 또 다른 가능성은 야고보서의 독립적 전승이다. 이것은 야보고서가 공관복음 아닌 다른 자료를 사용했을 가능성을 의미한다. 그렇다면 야고보서의 기록연대는 공관복음보다 선행하는 것일 수도 있다.[2] 이럴 경우에는 공관복

---

1   Cf. Edgar, *Has God Not Chosen the Poor?* 22~30, 63~94. 야고보서는 초대교회 문서인 Hermas의 목자와도 유사한 내용을 가지고 있다(약 1:5~8/ Herm. mand. 9,1~7). 이것은 야고보서가 Hermas의 목자에 영향을 받은 것을 의미하기보다는 Hermas의 목자가 야고보서에 영향을 받은 것을 의미한다.

2   이에 관해서는 H. Paulsen, "Priorität der Fassung des Jakobus", *TRE* 16 (1987), 490을 참조하라. Paulsen은 야고보서의 기록의 우선성(Priorität der Fassung des Jakobus)을 말

음이 야고보서를 사용했을 가능성도 배제할 수 없다. 아무튼 야고보서와 공관복음의 유사성은 예수 그리스도의 말씀이 초대교회에서 폭넓게 사용되었다는 것을 증명한다.

2) 베드로전서와의 관계

야고보서는 베드로전서와 다음과 같이 일치하는 내용을 가지고 있다. 마귀를 대적해야 하는 것과 관련하여 야고보서 4:6~10은 베드로전서 5:5~9과 일치한다. 또한 야고보서 5:20과 베드로전서 4:8은 다 같이 잠언 10:12을 인용한다("허다한 죄를 덮는다"). 이것은 야고보서와 베드로전서 사이에 어떤 긴밀한 관계가 있다는 것을 보여준다. 야고보서와 베드로전서는 동일한 문제에 직면하고 있으며, 동일한 구약성경을 사용하고 있다는 것이다.

3) 로마서와의 관계

야고보서와 로마서의 관계는 오랫동안 크게 주목을 받았다. 야고보서와 로마서에 동일한 표현이 사용된다는 것을 유의해야 한다. 예를 들면 야고보서와 로마서는 다 같이 "하나님은 한 분이시다"(약 2:19 / 롬 3:30)고 말한다. 또한 두 책은 믿음과 행위에 대하여 많은 설명을 한다. 야고보서와 로마서가 보완적 관계에 있는지 아니면 대립적 관계에 있는지 아래에서 조금 더 자세히 살펴보기로 한다.

5. 구약성경의 사용

1) 지혜문서 사용

야고보서는 신약성경의 지혜문서라고 불리기에 손색이 없을 만큼 구약성경의 지혜문서를 직접인용으로 또는 암시적으로 많이 사용한다.

(1) 인용

야고보서 4:6 / 잠언 3:34 하나님은 교만한 자를 물리치시고 겸손한 자에게 은혜 주신다.
야고보서 5:20 / 잠언 10:12 허다한 죄를 덮는다.

(2) 암시

야고보서 1:5 / 잠언 2:3~6 지혜 구함
야고보서 1:19 / 잠언 15:1 말과 성냄

한다(488~495).

야고보서 2:6 / 잠언 14:21 가난한 자 업신여김
야고보서 3:6 / 잠언 16:27 혀는 불
야고보서 4:14 / 잠언 27:1 내일 일

2) 기타 구약성경
야고보서는 지혜문서 외에도 구약성경의 여러 부분을 직접인용으로 또는 암시적으로 사용한다.

(1) 인용
야고보서 2:8 / 레위기 19:18 이웃사랑
야고보서 2:11 / 출애굽기 20:13; 신명기 5:17 살인, 간음
야고보서 2:23 / 창세기 15:6 아브라함의 믿음
야고보서 5:5 / 예레미야 12:3 도살의 날

(2) 암시
야고보서 1:11 / 이사야 40:7; 욥기 14:2 풀의 꽃 사라짐

야고보서 4:5은 "성령님이 시기하기까지 사모한다"는 구약성경(ἡ γραφή)을 인용하고 있지만 그 출처는 분명하지 않다.

3) 구약인물 지시
야고보서는 구약성경의 구절을 암시적으로 또는 직접적으로 사용하는 동시에 구약성경에 등장하는 인물들을 자주 언급한다.

(1) 아브라함(남성, 이스라엘인의 조상, 고급한 신분)
야고보는 믿음과 행위의 일치를 강조하기 위하여 아브라함을 소개한다(약 2:21 / 창 22:1ff.). 때때로 아브라함에 대한 야고보의 설명은 바울의 설명과 상반되는 것으로 생각된다. 그러나 야고보는 바울과 다른 면에서 아브라함을 이해하고 있다는 점에 주의를 기울여야 한다. 야고보는 아브라함이 믿음으로 의롭게 되었다는 사실에 대하여 의심하지 않는다(2:23). 단지 야고보는 아브라함의 칭의를 위하여 행위가 어떤 의미를 가지고 있는가를 먼저 설명하고 있는 것이다(2:21). 아브라함의 칭의에 있어서 행위와 믿음은 뗄 수 없는 관계에 있다(2:22). 아브라함의 칭의를 위하여 믿음과 행위가 나란히 작용하다. 그래서 아브라함의 신앙은 행동하는 신앙이요, 아브라함의 행위는 신앙하는 행위이다.

(2) 라합(여성, 이방인, 비천한 신분)

다시 야고보는 믿음과 행위의 일치를 강조하기 위하여 라합을 언급한다(약 2:25 / 수 2:1ff.). 야고보는 라합의 행위를 강조한다. "이와 같이 기생 라합이 사자를 대접하여 다른 길로 나아가게 할 때에 행함으로 의롭다 하심을 받은 것이 아니냐"(약 2:25). 야고보는 히브리서와 비슷하게 라합을 묘사한다. 라합은 기생(πόρνη)이었다. 라합은 이스라엘의 사자들을 대접하였다. 여기에서 야고보서는 히브리서에 비하여 한 가지 사실을 덧붙인다. 이스라엘의 사자들을 다른 길로 도피시켰다는 것이다. 그런데 중요한 것은 바로 이러한 행위로 말미암아 라합이 의롭다 하심을 얻었다는 사실이다. 라합은 행위의 여인이다. 라합이 비록 이스라엘의 적군에 속하는 여성이며 몸을 파는 악한 일을 하는 여성이었다 할지라도 행함으로 이 모든 것을 한꺼번에 극복하였다. 이렇게 하여 라합은 아브라함에게 비견되는 행위의 인물로 인정되었다. 야고보는 행위의 중요성을 드러내기 위하여 남자 가운데서는 아브라함을 일례로 삼고, 여자 가운데서는 라합을 일례로 삼았다. 이처럼 라합은 위대한 자리에 서게 되었다.

(3) 욥

욥은 인내와 관련하여 야고보에게 매우 중요한 인물로 간주된다(5:11). 특히 욥의 이름이 신약성경에 오직 야고보서에서 한 번 거론된다는 것은 인상적이다.

첫째로, 욥기는 야고보서의 구조에 영향을 주었다. 야고보서는 이렇게 시작된다. "내 형제들아 너희가 여러 가지 시험을 당하거든 온전히 기쁘게 여기라"(1:2). 그리고 야고보서는 이렇게 끝난다. "너희가 알 것은 죄인을 미혹된 길에서 돌아서게 하는 자가 그의 영혼을 사망에서 구원할 것이며 허다한 죄를 덮을 것임이라"(5:20). 시험에 관한 내용을 시작으로 가지고 있으며, 구원에 관한 내용을 종결로 가지고 있는 야고보서는 욥기의 처음과 끝을 연상시켜준다. 욥기는 여러 가지 시험에 관한 이야기에서 출발하여(욥 1~2장), 여러 친구의 구원에 관한 이야기에 도착한다(욥 42장). 야고보서는 욥기로부터 시작과 종결을 위한 구조를 따왔을 수 있다.

둘째로, 야고보서에는 욥기의 내용을 암시하는 구절들이 많이 있다. 예를 들면 두 책은 다 같이 인생의 허무함을 풀의 꽃과 같은 것으로 묘사하며(약 1:10f. / 욥 14:2), 욕심의 잉태는 죄를 낳는다고 말하고(약 1:15 / 욥 15:35), 하나님께서 가난한 자를 기억하신다고 설명하며(약 2:5 / 욥 34:19). 긍휼의 위대성을 강조하고(약 2:13 / 욥 22:6~11), 헐벗고 굶주린 형제자매에게 관심을 가질 것을 언급한다(약 2:15 / 욥 31:19~20). 두 책은 다 같이 언어의 통제를 요구하며(약 1장, 3장 / 욥기 전체), 하나님은 겸손한 자를 받으신다고 말하고(약 4:6 / 욥

22:29), 생명의 허무함을 선언하며(약 4:14 / 욥 7:7), 재물과 인생은 썩고 좀먹는 것임을 밝힌다(약 5:2 / 욥 13:28). 야고보서는 욥의 인내를 성도의 인내를 위한 모본으로 소개한다(약 5:11 / 욥기 전체). 마지막으로 야고보서와 욥기는 다 같이 의인의 간구가 지니고 있는 효력을 제시한다(약 5:16 / 욥 42:8). 이렇게 볼 때 야고보서는 구조에 있어서 뿐 만 아니라 내용에 있어서도 욥기에 상당히 크게 의존하고 있다는 것을 알 수 있다.

셋째로, 야고보서는 욥의 의미를 부각시킨다. 야고보서는 성도들에게 인내를 가르치는 단락에서 욥을 언급한다(5:7~11). 야고보서가 말하는 인내는 종말론적인 성격을 가지고 있다. 우선 인내의 기간으로 말하자면 주님께서 강림하실 때까지이다(5:7). 또한 인내의 동력은 주님께서 강림하실 것이 임박했다는 사실에 있다(5:8,9). 마지막으로 살펴보아야 할 것은 인내의 결과이다. 인내는 최후의 심판을 면하게 한다(5:9). 그런데 야고보서는 종말론적인 인내를 설명하면서 이것을 위한 세 가지 예를 제시한다. 첫째로, 농부의 인내이다(5:7). 둘째로, 선지자들의 인내이다(5:10). 셋째로, 욥의 인내이다(5:11). 이렇게 볼 때 야고보서는 욥의 인내를 농부의 인내와 선지자들의 인내에 견주어 볼 수 있다고 생각한 것임에 틀림없다.

(4) 엘리야

야고보서는 기도를 강조하기 위하여 엘리야를 언급한다(5:17). 엘리야는 위대한 선지자였지만 여전히 우리에게 가까이 있는 인물이다. 야고보서는 이것을 단적으로 명확하게 설명해준다. "엘리야는 우리와 성정이 같은 (ὁμοιοπαθὴς ἡμῖν) 사람이다"(5:17). 이것은 엘리야가 죽기를 구할 정도로 낙심하고, 이세벨의 칼을 피하여 도망하고, 하나님께 송사하던 모습을 연상시킨다. 엘리야의 성정이라고 해서 우리의 것과 다른 점은 없다. 그런데 우리와 성정이 같은 엘리야는 기도함으로써 놀라운 일을 행하였다. 비가 오지 않기를 기도하니 비가 오지 않고, 비가 오기를 기도하니 비가 왔다. 엘리야는 기도하는 사람이었다. 엘리야는 기도하는 사람의 모범이었다. 야고보서는 엘리야를 가리켜 성도들에게 기도할 것을 강력하게 요구한다.

III. 야고보서의 내용

도입(1:1)

1. 시험상황(1:2~18) "내 형제들아"(1:2)
   1) 믿음의 시련으로서의 시험(1:2~4,12)

3) 본 삼으라(5:10~11) "보라"(5:11)
　8. 교회에 주는 여러 가지 권면(5:12~20)
　　1) 맹세(5:12) "내 형제들아"(5:12)
　　2) 기도와 찬송(5:13~18) "너희 중에"(5:13,14)
　　3) 회개 유발자(5:19~20) "내 형제들아"(5:19)

1:1	1:2~18	1:19~27	2:1~26	3:1~12	3:13~4:12	4:13~5:6	5:7~11	5:12~20
도입	시험	듣기와 말하기	부자와 빈자	혀	다툼과 화평	계획과 부자들	인내	권면

IV. 야고보서의 상황

야고보서의 수신자들은 회당을 집회장소로 사용하였다(2:2). 그들은 교회를 형성하였는데 거기에는 심방과 기도의 역할을 담당하는 장로들이 있었다 (5:14). 이것은 이 교회가 조직적으로는 안정된 교회였다는 것을 증명한다. 이 교회에는 가난한 사람들도 있었지만 아마도 부자들이 더 많았던 것으로 추측된다(1:9~11,27; 2:1~26; 5:1~6). 그러므로 이 교회는 경제적으로 안정된 교회였다.

　그러나 야고보서를 받는 교회는 여러 가지 심각한 문제점을 안고 있었다. 첫째로, 이 교회는 믿음의 시련으로서의 시험에 직면하였고(1:2~4,12), 그것을 극복할 지혜가 부족하였다(1:5~8). 게다가 신자들은 욕심으로 말미암아 유혹에 빠지는 시험을 자초하였다(1:13~15). 둘째로, 이 교회에는 부자들의 횡포가 현저하게 나타났다. 부자들은 자신들의 높음을 자랑했고(1:9~11), 가난한 자들을 업신여기고 학대하였으며(2:1~26), 부를 축적하는 데 골몰하였다(4:13~5:6). 셋째로, 이 교회는 말의 문제로 시달렸다. 신자들은 입과 혀를 마음대로 놀렸고(1:19~27; 3:1~12), 이로 말미암아 비방과 다툼이 발생하였다(3:13~4:12). 넷째로, 이 교회는 재림을 기다리는 데 인내를 결핍하였다(5:7~11). 마지막으로, 이 교회는 맹세를 신중하게 생각하지 않았으며(5:12), 고난당하는 자와 병든 자를 외면하였고(5:13~18), 죄인을 미혹된 길에서 돌아서게 하는 데 관심이 없었다(5:19~20).

V. 야고보서의 신학

1. 하나님

1. 창조자
야고보는 하나님을 불변적이며 무형적인 분으로 소개하면서("변함도 없으시고 회전하는 그림자도 없다", 1:17) 창조주이심을 강조한다. 만물은 하나님의 창조물이다(1:18). 하나님의 창조물 가운데 압권은 인간이다. "그가 그의 피조물 중에 우리로 첫 열매가 되게 하시려고 자기의 뜻을 따라 진리의 말씀으로 우리를 낳으셨느니라"(1:18). 하나님께서는 인간을 "하나님의 형상으로"(3:9) 만드셨다.

2. 아버지
야고보서에 의하면 하나님은 "주 아버지"(3:9)이시다. 그러므로 하나님은 "모든 사람에게 후히 주시고 꾸짖지 아니하시는 하나님"(1:5)이시다. 아버지이신 하나님은 "가장 자비하시고 긍휼히 여기시는 이"(5:11)이시다. 또한 하나님은 "빛들의 아버지"(1:17)이시다. 따라서 하나님은 각양 좋은 은사와 온전한 선물을 위로부터 주시는 분이시다(1:17). 아버지이신 하나님은 교만한 자를 물리치시고 겸손한 자에게 은혜 주신다(4:6). 가까이 하는 자에게 가까이 하신다(4:8). 그분 앞에서 자신을 낮추는 자를 높이신다(4:10). 하나님은 가난한 자를 택하시어 믿음에 부요하게 하시고 약속하신 생명의 면류관과 나라를 주시는 분이시다(1:12; 2:5).

3. 구원자
야고보서는 하나님을 진정한 입법자와 재판자라고 말한다(4:12). 그러므로 하나님은 불의를 들으시는 만군의 주이시다(5:4). 하나님은 "하나님의 의"(1:20)를 가지고 있기 때문이다. 하나님은 능히 구원하기도 하시며 멸하기도 하신다(4:12).

4. 시험하지 아니하시는 분
야고보서는 "하나님은 악에게 시험받지 아니하시고 친히 아무도 시험하지 아니하시느니라"(1:13)고 말한다. 여기에서 말하는 시험은 욕심에 이끌려 미혹되는 시험이다(1:14). 욕심은 죄악을 낳고 죄악은 사망을 낳는다(1:15). 시험은 이 악순환의 사슬에 관련된 시험을 의미한다. 하나님께서는 성도들에게 이러한 시험을 베풀지 아니하신다.

2. 예수 그리스도

특이하게도 야고보서에는 "예수 그리스도"라는 명칭이 직접적으로 단 두 번 밖에는 나오지 않는다(1:1; 2:1). 이것을 근거로 야고보서의 기독론 몇 가지를 살펴보자.

첫째로, 야고보서 1:1에서 예수 그리스도는 하나님과 동일선상에 놓여 있다. 이것은 다음과 같은 점에서 좀 더 분명하게 나타난다.

둘째로, 야고보서 1:1과 2:1에서 공통점은 둘 다 예수 그리스도를 "주" (κύριος)라고 부른다는 것이다. 야고보서에서 "주"(κύριος)는 모두 14번 나온 다(1:1,7; 2:1; 3:9; 4:10,15; 5:4,7,8,10,11bis,14,15). 이 가운데 "주"(κύριος)는 야고보서 1:7; 4:10,15을 제외하면 명백하게 하나님을 가리키는 경우("주 아버지" 3:9; "만군의 주" 5:4; "주의 이름으로 말한 선지자들" 5:10; "욥의 인내를 들었고 주께서 주신 결국" 5:11)와 명백하게 그리스도를 가리키는 경우("주 예수 그리스도" 1:1; 2:1; "주의 강림" 5:7,8; "주의 이름으로 기름을 바르며 위하여 기도할지니라" 5:14 - 같은 맥락에서 5:15)로 사용되는 것을 알 수 있다. 이것은 야고보서가 예수 그리스도를 하나님과 동일선상에서 이해하고 있다는 것을 보여주는 것이다.

셋째로, 야고보서 2:1(ἔχετε τὴν πίστιν τοῦ κυρίου ἡμῶν Ἰησοῦ Χριστοῦ τῆς δόξης) 은 해석하기에 난해한 점이 있다. 특히 이 구절에서 문제가 되는 것은 맨 마지막에 붙어있는 소유격 수식어 "영광의"(τῆς δόξης)가 무엇과 연관되는가 하는 것이다. 첫째로, 이것은 "믿음"(πίστιν)을 수식하는 것으로 생각해 볼 수 있다. 그러나 문제점은 지배어(regens) "믿음"과 피지배어(rectum) "영광"이 너무 멀리 떨어져 있다는 것이다. 또한 "영광의 믿음"이라는 표현이 아주 어색한 것임을 지적할 수 있다. 둘째로, 일반적으로 이것은 "주"(κυρίου)를 수식하는 것으로 이해되고 있다(고전 2:8처럼). 하지만 문제점은 수식어가 너무 멀리 떨어져 있다는 것이다. 셋째로, 이것은 바로 앞의 "그리스도"(Χριστοῦ) 를 꾸미는 것으로 볼 수 있다: "영광의 그리스도". 넷째로, 이것은 형용사적인 소유격으로 "우리의 주 예수 그리스도"를 모두 수식하여 "우리의 영광스런 주 예수 그리스도"라는 의미가 될 수도 있다. 다섯째로, 이것은 앞의 모든 소유격 "우리 주 예수 그리스도"와 동격(apposition)으로 생각할 수 있다. 그렇다면 의미는 "우리 주 예수 그리스도 곧 영광"이 된다. 이것은 마치 구약에서 하나님을 영광이란 단어로 대치하여 사용한 것처럼, 예수 그리스도를 영광이란 단어로 대치한 것이 된다. 그러나 이것은 신약에서 발견할 수 없는 희귀한 용례이다.

어쨌든 중요한 것은 "영광"이 예수 그리스도와 관련된 수식어라는 사실이다. 예수 그리스도는 영광을 소유하고 있다. 따라서 야고보서는 예수 그리스도의 고난과 죽음보다는 부활과 재림을 더 강조하는 것 같다. 실제로 야고보서에는 재림에 대한 사상이 분명하게 나타난다(5:7,9). 그리고 영광을 가지신 예수 그리스도는 그의 이름을 기도의 근거로 제공하며(5:14), 이때 병자를 일으키는 이적을 베푸실 수 있다(5:15).

특이한 것은 영광을 소유한 예수 그리스도가 성도의 평등성을 위한 근거가 된다는 사실이다. 영광을 소유하신 예수 그리스도 때문에 "사람을 차별하여 대하는 것"(2:1)이 발생해서는 안 된다. 모든 성도가 예수 그리스도로 말미암아 영광스럽게 된 상태에 있기 때문이다. 그렇다면 빈자나 부자나 모두 하나님 앞에서는 동등한 위치에 있는 것이다(아브라함 = 라합).

3. 성령님

J. A. Findlay, "James iv.5.6", *ExpTim* 37 (1926), 381~82.

L. T. Johnson, "James 3:13~4:10 and the Topos περὶ φθόνου", *NovT* 25 (1983), 327~47.

S. Laws, "Does Scripture Speak in Vain? A Reconsideration of James iv.5", *NTS* 20 (1973/74), 210~15.

J. Michl, "Der Spruch Jakobubrief 4,5", in: J. Blinzler / O. Kuss / F. Mußner (Hgs.), *Neutestamentliche Aufsätze. Festschrift für Prof. Josef Schmid zum 70. Geburtstag*, Regensburg: Friedrich Pustet, 1963, 167~74.

야고보서는 성경을 인용하면서 성령님에 대하여 오직 한 번 언급한다(4:5). 그러나 성령님에 대한 야고보서의 유일한 언급은 여러 가지 어려운 점을 가지고 있다. 그 중에 하나는 야고보서가 지시하는 인용의 출처가 무엇이냐 하는 것이다. 야고보서의 용법을 볼 때 "성경"(γραφή)은 틀림없이 정경적인 구약성경을 가리키지만(2:8,23), 구약성경에서 이 내용에 적합한 구절을 찾지 못한다. 이 구절에서 또 다른 어려운 점은 "영"(πνεῦμα)이 사람의 영을 가리키는지 아니면 하나님의 영을 가리키는지 분명하지 않다는 것이다.

첫째로, "영"(πνεῦμα)이 사람의 영을 가리킬 가능성을 살펴보자. 실제로 야고보서에는 이 구절 외에 "영"(πνεῦμα)이 한 번 더 사용되는데, 그것은 분명히 인간의 영을 가리킨다("영혼 없는 몸" 2:26). 만일에 "영"(πνεῦμα)이 사람의 영을 가리킨다면 그것은 "사모한다"(ἐπιποθεῖ)의 주어가 되는가 아니면 목적어가 되는가 살펴보아야 한다. 이것이 주어일 경우에는 두 가지 가능성이 있다. 첫째로, 이것은 시편 42:1~2("내 영혼이 주를 찾기에 갈급하니이다 내 영혼이 하나님을 … 갈망하나이다")이나 시편 84:2("내 영혼이 여호와의 궁정을 사모하여 쇠약함이여")에서처럼 좋은 의미를 가지는 것으로 볼 수 있다. 둘째로, 이것은 창세기 4:7("죄의 사모가 네게 있다")에서처럼 나쁜 의미를 가지는 것으로 생각할 수 있다. 바로 앞의 문맥과 연결해서 고찰하면 전자보다는 후자에게 더 큰 가능성이 있다. 사람의 영혼은 세상과 벗되는 것을 경쟁적으로 (시기심을 가지고) 갈망하기 때문이다. 그러나 "영"(πνεῦμα)이 목적어일 경우에 주어가 사람일 때 사람이 자기의 영혼을 세상과 벗되는 일에 질투심을 가지고 내맡기는 것을 의미하고, 주어가 하나님일 때는 출애굽기 34:14("너는 다른 신에게 절하지 말라 여호와는 질투라 이름하는 질투의 하나님이니라")이나 스가랴 8:2("내가 시온을 위하여 크게 질투하여 그를 위하여 크게 분노함으로 질투하노라")에서처럼 하나님께서 세상과 벗되기를 좋아하는 사람의 영혼을 질투하여 사모하신다는 뜻이 된다.

둘째로, "영"(πνεῦμα)이 하나님의 영을 가리킬 가능성을 살펴보자. 이 구절에서는 "영"(πνεῦμα)에 "우리 안에 거하는"이라는 수식어가 있는 것을 볼 때 하나님의 영을 의미하는 것으로 간주하는 것이 옳다. 왜냐하면 "몸 안에 있는 영"이 아니라 "우리 안에 거하는 영"이기 때문이다. 여기에서도 "영"(πνεῦμα)이 "사모한다"(ἐπιποθεῖ)의 주어가 되는지 아니면 목적어가 되는지 살펴보아야 한다. 첫째로, "영"(πνεῦμα)이 주어가 된다면 앞의 문맥과 연결시켜 볼 때 성령님은 우리가 세상과 벗하지 않고 하나님의 친구가 되기를 간절히 사모한다는 뜻이 된다. 그러나 "영"(πνεῦμα)이 목적어가 된다면 주어가 사람일 때는 사람이 세상의 벗됨보다 하나님의 성령님을 사모한다는 의미가 되고, 주어가 하나님일 때는 하나님께서 세상과 벗되기를 좋아하는 사람보다는 성령님을 사모한다는 의미가 된다.

이런 해석 가운데 가장 적절한 것은 "영"(πνεῦμα)이 성령님으로서 이 구절의 주어가 되는 것으로 이해하는 것이다. 문맥에서 볼 때 이 구절은 사람들이 하나님의 벗보다는 세상의 벗이 되기를 구하지만 성령님께서는 사람들이 세상의 벗보다는 하나님의 벗이 되기를 질투하기까지 사모한다는 것을 말한다.

4. "가난과 부"의 신학

R. U. Maynard-Reid, *Poverty and Wealth in James*, Maryknoll: Wipf & Stock Publishers, 1991, 2005.

야고보가 본서에서 가장 중요하게 다루는 주제 가운데 하나가 가난과 부의 신학이다. 그래서 야고보는 이것을 세 차례나 집중적으로 다룬다(1:9~11,27; 2:1~26; 4:13~5:6).

첫째로, 야고보는 이 문제에 대하여 주제적인 진술을 한다(1:9~11). 야고보는 낮은 형제가 높음을 자랑하듯이(그리스도를 믿음으로 성도가 높아졌다는 의미), 부한 형제는 낮아짐을 자랑하라고 권면한다(하나님 앞에서 인간의 비천

함을 발견하게 되었다는 의미). 야고보는 이에 대한 이유로 부요함은 풀의 꽃과 같다고 말한다.

둘째로, 야고보는 수신자의 교회에 일어나는 실제적인 상황을 제시한다 (2:1~13). 여기에서 야고보는 가난한 자에 대한 관심의 근거들을 제시한다. 무엇보다도 거기에는 신앙적인 근거가 있다(2:1). 예수 그리스도는 신자를 외모로 취하지 않는다는 것이다. 또한 야고보는 신학적인 근거를 제시한다 (2:5). 하나님은 가난한 자를 선택하셨다는 것이다. 더 나아가서 중요한 것은 사회적인 근거이다(2:6~7). 야고보는 여기에서 부자의 폭행을 고발한다. 마지막으로 야고보가 가난한 자들에 대한 관심을 촉구하는 것은 성경적인 근거 때문이다(2:8). 이웃을 사랑하는 것은 율법의 요구라는 것이다.

셋째로, 야고보는 부와 가난의 신학을 위하여 교리적인 문제에 손을 댄다(2:14~17). 여기에서 야고보는 믿음과 행위의 조화를 역설한다. 이에 대하여는 아래에서 더 자세히 살펴보자.

넷째로, 야고보는 부자의 사업계획이 얼마나 허망한 것인지 말하면서 (4:13~17) 부자에게 경고를 준다(5:1~6). 부자들은 재물의 부패 가능성을 잊지 말며(5:2~3), 노동자들에게 급료를 체불하지 말며(5:4), 사치와 연락에 빠지지 말고(5:5), 의인을 정죄하지 말라는 것이다(5:6).

5. 믿음과 행위

야고보서에서 가장 많이 논의된 것은 믿음과 행위의 관계이다. 오랫동안 행위에 대한 야고보서의 강조는 믿음에 대한 바울의 강조(롬 3:28; 갈 2:16; 빌 3:9)와 마찰을 일으키는 것으로 여겨졌다. 다시 말해서 야고보의 신학은 바울의 신학과 다르다는 것이다. 그래서 행위를 강조하는 야고보서는 믿음을 강조하는 바울서신에 대한 반박으로 간주되었다.

그러나 야고보의 신학을 이해하기 위해서는 수신자들의 교회 상황을 정확하게 파악하는 것이 중요하다. 이 교회는 가난한 자를 멸시하고(2:6), 헐벗고 굶주린 형제자매를 말로만 위로하는 엄청난 잘못을 저지르고 있었다 (2:15~16). 따라서 야고보는 행위를 강조하지 않을 수 없었던 것이다.

게다가 야고보는 믿음을 부정한 것이 아니라는 사실이 중요하다. 야고보는 처음부터 믿음에 대한 긍정적인 입장을 제시한다[3]. 야고보는 믿음으로 구할 것을 말하면서 본서를 시작한다(1:6). 그리고 사람을 외모로 판단하지 않는 예수 그리스도에 대한 믿음을 강조하며(2:1), 하나님이 한 분이라는 것

---

3   F. Frankmölle는 야고보가 구약, 유대교, 원시기독교의 바탕에서 다양한 믿음 개념을 진술하고 있다고 주장한다(*Der Brief des Jakobus*, ÖTKNT 17, Gütersloh: Gütersloher Verlagshaus Mohn, 1994, 222~231, 특히 229의 요약을 볼 것).

을 믿는 성도의 믿음을 존중히 여기고(2:19), 심지어 하나님 앞에서 두려움을 가지는 귀신들의 믿음까지도 언급한다(2:19). 마지막 부분에서 야고보는 믿음의 기도가 병든 자를 구원할 것이라고 말함으로써 믿음을 강조한다(5:15).

행위와 믿음에 대하여 야고보가 말하려는 것은 반립이 아니라 조화이다. 그래서 야고보는 행위와 믿음의 조화를 다양한 방식으로 설명한다. 특히 이것은 구약의 인물의 예증에서 분명하게 드러난다(2:21~24).

첫째로, 야고보는 아브라함을 예로 든다(2:21~24). 야고보가 먼저 제시하는 것은 아브라함의 이삭 제사이다(2:21~22; 창 22:1이하). 여기에서 야고보는 아브라함이 행함으로 의롭다 하심을 받았다고 말한다(2:21). 그러면서 야고보는 믿음과 행위의 긴밀한 관계를 설명한다(2:22). 믿음과 행위는 상호적인 기능을 가지고 있다. 믿음은 행함과 협동하고(2:22상), 믿음은 행함으로부터 완성된다(2:22하).

(συνεργέω)
--- 협동 ---〉
믿음　　　행위
〈--- 완성 ---
(τελειόω)

또한 야고보는 아브라함의 예에서 상속자에 대한 약속을 제시한다(2:23~24; 창 15:1이하). 여기에서 야고보는 아브라함이 하나님을 믿으니 이것이 의로 여겨졌다고 말한다(2:23). 그러면서 야고보는 다시 한번 믿음과 행위의 긴밀한 관계를 설명한다(2:24). 야고보는 의롭다 하심의 두 근거를 언급한다. 믿음 뿐 아니라(οὐκ ... μόνον) 행위도 의롭다 하심의 근거이다. 아브라함에게 있어서 믿음과 행위는 의를 위한 이중적인 근거이다.

칭의
↗　↖
믿음　행위

둘째로, 야고보는 믿음과 행위의 조화를 위하여 라합을 예로 든다(2:25). 야고보는 라합이 행위로 칭의를 얻었다고 말함으로써 행위에 대한 강조로 귀착한다.

믿음과 행위의 관계에 대하여 아브라함과 라합을 예로 제시한 후에 야고보가 내리는 결론은 매우 명백하다(2:26). 야고보는 영혼 없는 몸이 죽은 것과 행함 없는 믿음이 죽은 것은 동일하다고 결론을 내린다. 야고보는 행함이 영혼에 상응하고 믿음이 몸에 상응한다는 알레고리를 말하려는 것이 아니라, 영혼과 몸의 분리불가능은 행함과 믿음의 분리불가능성을 위한 실례를 제시하려는 것이다. 영과 몸을 분리할 수 없듯이 행함과 믿음을 분리할 수 없다는 것이다. 야고보에 의하면 행위와 믿음은 언제나 병행되어야 한다.

제24장
베드로전서

1) 주석

L. Goppelt, *Der erste Petrusbrief*, KEK 12.1, 8. Aufl., Göttingen: Vandenhoeck Ruprecht, 1978.

N. Brox, *Der erste Petrusbrief*, EKK 21, 3. Aufl., Zürich: Benziger / Neukirchen-Vluyn: Neukirchener, 1989.

2) 연구서

A. Chester / R. P. Martin, *The Theology of the Letters of James, Peter, and Jude*, NTT, Cambridge: Cambridge University Press, 1994.

I. 베드로전서의 기록자와 기록장소와 연대

본서의 발신자는 베드로이다. 베드로는 본서를 시작하면서 자신을 "예수 그리스도의 사도"라고 소개한다(1:1). 후에 베드로는 본서를 마치면서 자신을 "함께 장로 된 자"(ὁ συμπρεσβύτερος), "그리스도의 고난의 증인", "나타날 영광에 참여할 자"(ὁ τῆς μελλούσης ἀποκαλύπτεσθαι δόξης κοινωνός)라고 정의한다(5:1). 이것은 베드로가 교회에서 어떤 위치를 가지고 있는지 보여주며, 그리스도와의 관계를 설명해주고, 재림과 함께 시작되는 종말에 대하여 어떤 태도를 가지고 있는지 알려준다.

그런데 베드로는 본서의 마지막 부분(5:12~13)에서 대서자와 문안자가 있다는 것을 말한다. 본서는 "실루아노로 말미암아"(5:12) 기록되었다. 그래서 문체의 정교함과 고급함은 실루아노의 덕분일 수 있다. 베드로와 함께 문안하는 자들이 있다. "함께 택하심을 받은 바벨론에 있는(교회)"와 "마가"가 문안한다. 첫째 문안자는 무엇보다도 "바벨론에 있는"(ἐν Βαβυλῶνι) 교회이다(5:13). 이것은 상징적인 표현이다. 바벨론은 이스라엘의 포로와 연관된 개념이다. 따라서 바벨론에 있는 교회라는 표현은 신앙의 자유를 누리지 못하는 상태에 있는 교회를 가리킨다. 둘째 문안자는 마가이다(5:13). 베드로는 마가를 "내 아들"이라고 소개한다. 이것은 베드로와 마가의 끈끈한 관계를 암시한다.

본서는 "바벨론에서" 기록되었다(5:13 참조). 바벨론은 상징적인 의미를 가지는 영적인 용어로서 사실은 로마를 뜻한다(계 14:8 passim). 이렇게 볼 때, 베드로전서는 네로의 기독교 핍박(64년) 시기에 기록된 것으로 추정할 수 있다.

II. 베드로전서의 구조와 문학 특징

베드로는 편지를 마무리하면서 "간단히 썼다"(5:12)고 말한다. 간단히 기록한 내용은 "권면"(παρακαλεῖν)과 "증언"(ἐπιμαρτυρεῖν)이다(5:12). 그래서 이 편지의 본론은 권면과 증언을 목적 삼는다. 베드로전서의 본론은 크게 두 단락으로 나누어진다. 첫째로, 그리스도인들에게 구속을 증언하며(1:3~2:10), 둘째로, 그리스도인들에게 생활을 권면한다(2:11~5:11). 베드로전서는 그리스도인들에게 구속을 증언하고 생활을 권면함으로써 핍박을 이기는 "나그네"(1:1, 1:17, 2:11)가 되는 것을 목적으로 삼는다.

III. 베드로전서의 내용

도입(1:1~2)

1. 나그네인 그리스도인의 구속(1:3~2:10)
   1) 구속의 확립(1:3~12)
     (1) 성부 하나님의 거듭 나게 하심(1:3~5)
     (2) 성자 하나님의 다시 오심(1:6~9)
     (3) 성령 하나님의 미리 증언하심(1:10~12)
   2) 구속의 수단(1:13~25)
     (1) 소명(1:13~17), (2) 보혈(1:18~22), (3) 말씀(1:23~25)
   3) 구속의 신분(2:1~10)
     (1) 갓난아이(2:1~3), (2) 집(2:4~8), (3) 백성(2:9~10)
2. 나그네인 그리스도인의 생활(2:11~5:11)
   0) 서론(2:11~12)
   1) 사회에 관한 권면(2:13~25)
     (1) 정치에 대하여(2:13~17)
     (2) 사회에 대하여(2:18~25)
   2) 가정에 관한 권면(3:1~7)
     (1) 아내에 대하여(3:1~6)
     (2) 남편에 대하여(3:7)
   3) 일반적인 삶에 관한 권면(3:8~4:19)
     (1) 형제사랑에 대하여(3:8~12)
     (2) 선행에 대하여(3:13~4:6)
     (3) 만물의 마지막에 대하여(4:7~11)
     (4) 시험에 대하여(4:12~19)
   4) 교회에 관한 권면(5:1~11)
     (1) 장로에 대하여(5:1~4)
     (2) 젊은 자들에 대하여(5:5~7)
     (3) 근신과 경성(5:8~9)
   5) 기원(5:10~11)

결론(5:12~14)

1:1~2	1:3~2:10	2:11~5:11	5:12~14
도입	그리스도인의 구속	그리스도인의 생활	결론

IV. 베드로전서의 상황

베드로는 본서의 수신자들을 가리켜 "그리스도인"(Χριστιανός)이라는 명칭을 사용한다(4:16; 참조. 행 11:26; 26:28). 그들은 나그네이다. 베드로는 그들을 단순히 "나그네"(παρεπίδημος)라고 부르기도 하고(1:1), "거류민과 나그네"(πάροικος καὶ παρεπίδημος)라고 부르기도 한다(2:11). 그러므로 그리스도인은 "나그네의 기간을"(τὸν τῆς παροικίας χρόνον) 사는 것으로 이해된다(1:17). 그런데 그들은 "흩어진"(διασπορᾶς) 나그네이다. 그리스도인들이 살고 있는 공간은 "이방인 가운데"(2:12)이다. 그것은 본도, 갈라디아, 갑바도기아, 아시아와 비두니아를 포괄하는 공간이다(1:1).

본서의 수신자들은 나그네로서 고난을 당하고 있다. 그들은 불로 연단하는 것 같이 심각한 여러 가지 시험에 직면한다(1:6~7). 사실 그것은 그리스도인들이 선을 행하는 데도 불구하고 만나는 부당한 고난이다(2:19~20). 그래서 이 고난은 의를 위한 고난이라고 불린다(3:14). 이것은 그리스도께서 받으신 고난과 마찬가지로 육체를 괴롭히는(4:1) 불 시험이며(4:12) 우는 사자처럼 삼킬 자를 찾아 두루 다니는 마귀의 고난이다(5:8).

V. 베드로전서의 신학

1. 하나님

베드로전서는 하나님을 아버지라고 부른다. 하나님은 예수 그리스도의 아버지이시며(1:3) 동시에 신자의 아버지이시다(1:17). 하나님은 예수 그리스도의 아버지이기에 그를 죽은 자들 가운데서 살리시고 영광을 주신다(1:21). 하나님은 신자의 아버지이기에 고난 받는 신자들은 그 영혼을 미쁘신 창조주께 의탁한다(4:19).

하나님은 아버지로서 신자들을 선택하셨다. 하나님의 선택은 예지(πρόγνωσις)에 의한 것이다(1:2). 그래서 하나님은 예지의 하나님이시다. 하나님의 예지는 선택의 불변하는 기초이다. 하나님은 아버지로서 예지로 말미암아 선택의 불변적인 기초를 세우셨다. 또한 하나님은 중생의 하나님이시다(1:3~5). 하나님은 신자들을 거듭나게 하셨다. 하나님의 중생은 많은 긍휼을 따라 이루어졌다. 하나님의 많은 긍휼이 중생의 바탕이다. 그래서 중생에는 인간의 노력도, 인간의 행위도 아무런 작용하지 못한다. 중생의 목적은 첫째로, 소망으로 이끄는 것이다. 그것은 죽은 소망이 아니라 산 소망이다. 중생의 둘째 목적은 기업으로 이끄는 것이다. 이 기업은 영원한 기업이다. 그래서 이 기업은 시간적으로나(썩지 않고 더럽지 않고 쇠하지 않는) 공간적으로나(하늘에 간직한) 영원하다고 설명된다. 또한 하나님은 소명의 하나님이시다(1:15). 하나님의 부르심은 거룩하다. 왜냐하면 부르시는 하나님이 거룩하시기 때문이다. 하나님의 부르심은 예수 안에서 이루어지며 영광을 목적으로 삼는다(5:10). 그래서 하나님은 "모든 은혜의 하나님"이시다.

2. 예수 그리스도

1. 예수 그리스도의 선재
베드로는 예수님께서 "창세 전부터 미리 알려진 분"(προεγνωσμένου πρὸ καταβολῆς κόσμου, 1:20)이라고 말한다. 예수님은 창조 전에 계신 분이다. 그런데 예수님께서는 "말세에 나타나셨다"(φανερωθέντος ἐπ᾽ ἐσχάτου τῶν χρόνων, 1:20). 이것은 예수 그리스도께서 영원과 시간을 총괄하시는 분임을 보여준다.

2. 예수 그리스도의 죽음
그런데 영원부터 계신 예수님께서 고난을 당하시고(1:11; 2:21; 4:1) 죽음을 감당하신다. 영원부터 계신 예수님께서 시간 안에 있는 인간들을 위하여 단번에 죽었다(3:18). 바로 이처럼 영원에 계시던 그러나 순간의 죽음을 감당하시는 예수만이 오랜 시간동안 타락한 인간의 타락을 해결하실 수 있다. 예수님의 단시간의 죽음이 장기간 타락의 역사를 전환시킨다. 예수님은 병보다 큰 치료자이시다.

창조이전에 계시는 예수님의 보혈이 창조이후에 있는 인간의 타락을 구속한다. 구속은 단지 "흠 없고 점 없는 어린 양 같은 그리스도의 보배로운 피로"(1:19) 이루어질 뿐이다. 그리스도의 피는 하나님의 아들이 고난을 통하여 흘리는 피이다. 그 몸이 나무에 달려 흘리는 피이다(2:24). 이것은 은이나 금과 비교할 수 없을 만큼 최고의 가치를 가진다. 예수님의 보혈은 병보다 값진 치료제이다. 그리스도의 피는 구속의 방편가운데 실제적인 방편으로 하나님의 부르심을 실현한다.

3. 그리스도의 지옥강하(Descensus Christi)

A. Grillmeier, *Der Gottessohn im Totenreich, in ders., Mit ihm und in ihm. Christologische Forschung und Perspektiven*, Freiburg / Basel / Wien: Herder, 1978, 76~174

A. Grillmeier, *Jesus der Christus im Glauben der Kirche. Band 1. Von der Apostolischen Zeit bis zum Konzil von Chalcedon* (451), 3. Aufl., Freiburg / Basel / Wien: Herder, 1979, 1990, 179~182.

W. H. Harris, *The Descent of Christ. Ephesians 4:7~11 and Traditional Hebrew Imagery*, Grand Rapids: Baker Books, 1996.

W. J. Dalton, *Christ's Proclaim to the Spirits: A Study of 1 Peter 3:18~4:16*, AnBib 23, Rome: Pontifical Biblical Institute, 1965.

베드로전서 3:19~20은 예수 그리스도의 지옥강하(Höllenabstieg Christi)를 언급한다. 이 구절은 예수 그리스도의 장사와 부활 사이에 "지옥으로 내려가셨다"(descendit ad inferna / inferos)를 고백하는 사도신경(359년, Fourth Creed of Sirmium / vierte Form von Sirmium)의 근거가 된다.[1] 이것이 단순히 예수 그리스도의 고난의 절정을 묘사하는 상징적인 표현인지(Calvin) 아니면 실제적인 사건을 말하는 것인지 논란이 된다. 교회사적인 해석의 도움을 받아 이 구절의 의미를 살펴보자.

1) 문맥
베드로는 그리스도인이 고난 받는 것을 설명하기 위하여(3:17), 예수 그리스도께서 고난 받은 것을 제시하고(3:18), 다시 그리스도인의 고난에 대한 이야기로 돌아온다(4:1).

```
┌─ 3:16~17 그리스도인의 고난
│  3:18~22 그리스도의 고난(삽입구)
└─ 4:1~6 그리스도인의 고난
```

그래서 그리스도의 고난에 대한 언급은 앞뒤에 있는 그리스도인의 고난에 대한 언급에 삽입되어 있는 것처럼 보인다. 여기에서 베드로는 그리스도의 죽음과 부활을 말한다(3:18). 육체와 영은 예수 그리스도의 이분법적 구성을 말하기보다는 "육체적으로는", "영적으로는"이라는 의미이다. 육체의 의미는 베드로전서 4:1~2에서 잘 드러난다. 이어서 베드로는 예수 그리스도의 육체적 죽음과 영적 부활을 나누어 설명한다. 이때 주제어는 "가다"(πορευθείς, 3:19,22)이다.

---

1 J. N. D. Kelly, *Early Christian Creeds*, Third edition, London: Longman, 1972, 288~291; https://www.fourthcentury.com/fourth-creed-of-sirmium-or-the-dated-creed/.

2) 해석

베드로는 예수 그리스도의 죽음 동안의 사건을 설명한다. 이에 대하여는 신약성경의 여러 부분이 진술한다(마 12:39~40; 행 2:27,31; 롬 10:6~8; 엡 4:8~10; 계 5:13). 베드로는 예수 그리스도께서 육체로는 죽은 동안에 영으로는 살아서 (3:18하) 지옥에 있는 자들에게 가셨다(πορευθείς)고 말한다(3:19).

(1) ἐν ᾧ ... πορευθείς(3:19)

이 구절에서 첫째로, 문제가 되는 것은 관계대명사구(ἐν ᾧ)가 무엇을 의미하느냐 하는 것이다. 이것은 앞의 "영으로"(πνεύματι, 3:18)를 받는 것일 수도 있고, 단순히 시간적인 의미로 "그리하여"를 뜻할 수도 있다.[2] 아마도 이 표현을 자주 사용하는 베드로전서의 용례를 고려할 때(1:6; 2:12; 3:16; 4:4) 후자의 경우를 배제해서는 안 된다. 교회사에서는 이것이 기독론적인 의미에서 다음과 같이 여러 가지 입장으로 해석된다.

첫째로, 그리스도의 실제 사망설이다. Tertullian은 "가다"를 그리스도의 실제적 인간적인 죽음의 의미로 해석한다(De anima 55,2 [CCSL II,862f.]; 7,3 [790]; Prax 30,4 [1204]). Irenaeus는 그리스도의 지옥체류가 죽음의 법에 붙잡힌 것을 의미하는 것으로서 그리스도께서 첫 번째로 지옥을 떠나시기 위한 것으로 생각한다(Ad Haer. 5,31,2; 참조. Origenes, Mtcom. Fragm. 560). 이것은 타당성이 있는 이론이다.

둘째로, 그리스도의 분리설이다. 그리스도의 지옥강하설은 4~5세기의 기독론 논쟁에서 크게 문제시되었다. 왜냐하면 그것은 그리스도의 통일성 문제를 건드렸기 때문이다. 특히 Apollinarius는 Logos기독론을 주장하면서 그리스도의 육체는 무덤에 갇히고, "예수님을 그리스도가" 되게 한 Logos가 지옥에 내려간 것이라고 주장하였다. 그러나 베드로전서 3:19은 Logos에 대하여 아무런 언급을 하지 않는다는 점 때문에 이 주장은 맞지 않다.

셋째로, 그리스도의 성육신 이전 활동설이다. Augustinus은 본문을 성육신 전의 그리스도가 "영으로"(ἐν ᾧ) 노아의 시대에 노아의 인격으로 행한 활동이라고 생각한다(Ep ad Evod. 164,14~18). 예수 그리스도가 "에녹으로(Ενωχ) 성육신하여" 노아 시대에 영들에게 갔다는 것이다. 이 견해는 보완된 형태로 꾸준히 반복되고 있다.[3]

---

2   Brox, *Der erste Petrusbrief*, 170.

3   F. Spitta, *Christi Predigt an die Geister* (1 Petr 3.19), Göttingen: Vandenhoeck Ruprecht, 1890, 34ff.; M. Barth, *Die Taufe - Ein Sakrament? Ein exegetischer Beitrag zum Gespräch über die kirchliche Taufe*, Zürich: Evangelischer Verlag, 1951, 480~497.

(2) "옥에 있는 영들에게 가셔서 전파하심($\dot{\epsilon}\kappa\acute{\eta}\rho\upsilon\xi\epsilon\nu$)"(3:19)

"옥"($\phi\upsilon\lambda\alpha\kappa\acute{\eta}$)은 지옥을 의미한다(계 18:2; 20:7). "영들"은 죽은 자들을 가리킨다(눅 24:37,39; 히 12:23). 뒤에 따라오는 보충적인 설명(Parenthese)에 의하면 (3:20~21) 이들은 노아 시대의 불순종자들이다. 여기에서 문제가 되는 것은 예수 그리스도께서 옥에 있는 영들에게 가신 목적이 무엇인가 하는 점이다. 교회사적으로 구속론적인 의미에서 이에 대한 많은 의견이 있다.

① 구원의 목적

예수 그리스도께서 옥에 있는 영들에게 가신 목적을 구원과 관련하여 설명하는 이론들이 있다.

첫째로, 승리 이론이다. 그리스도의 지옥강하는 지옥권세를 멸망시킨 승리의 해방행위라는 것이다(Meliton, *Hom.* 102; Hippolytus, *Trad. Ap.* 4). 이 이론은 그리스도의 구속기능이 구약의 의인들과 모든 죽은 자들에게 구원을 전파하는 것이라고 생각한다(*Just. Dial.* 72,4; *Iren. Haer.* 1,27,3; 3,20,4; 4,22,1; 27,2; Cl.Al. Stromata 6,44,5; Calvin은 이에 반대한다). 다시 말해서 이 이론에서 중점은 지옥침략과 구원설교이다. 그러나 이것은 구약의 의인들이 왜 지옥에 있느냐는 심각한 반론에 부딪힌다. 17세기 정통 루터파도 그리스도가 지옥 강하한 것은 죽은 자들에게 구원을 주기 위한 것이 아니라, 그들에게 분명한 저주와 그리스도의 승리를 보여주기 위한 것이라고 주장하였다.

둘째로, 회개 이론이다. 이 이론에 의하면 본문은 단지 홍수세대의 사람들(Sintflutgeneration)을 언급하는데(3:20), 이들이 홍수 때에는 불신하였으나 그 후에는 회개하였다는 것이다. 이것은 4세기에 Hieronymus가 완성한 Vulgata의 의견이다. 그는 이 구절을 라틴어로 다음과 같이 번역하였다: "*(spiritibus) qui increduli fuerant aliquando*". 여기에서 *aliquando*는 베드로전서 3:20의 "전에"($\pi\text{o}\tau\acute{\epsilon}$)에 대한 이해로서, "이전에"("그때에")로 해석한 것이다. 베드로전서 3:19에 나오는 영들이 "이전에는"(*aliquando*, $\pi\text{o}\tau\acute{\epsilon}$) 불순종하였으나 나중에 회개하였다는 것이다. 이에 대하여 다음과 같이 두 가지 회개 가능성을 생각해 볼 수 있을 것이다. 우선 홍수에 의한 죽음 직전에 회개 가능성이다. 그러나 이에 대하여 성경은 아무런 언급을 하지 않는다. 게다가 만일 이들이 죽음 직전에 회개를 했다면 지옥에 있을 이유가 없다. 또한 그리스도의 지옥강하 이전에 회개 가능성이다. 그러나 성경은 추가적 구원 가능성(nachträgliche Heilsmgölichkeit)을 부인한다(참조. 눅 16:19ff. 부자와 나사로 예화). 그러므로 회개이론은 정당하지 않다.

② 심판의 목적

예수 그리스도께서 옥에 있는 영들에게 가신 목적을 심판과 관련하여 설명하는 이론들이 있다.

첫째로, 노아의 시대 사람들에 대한 심판이론이다(3:20). 그들은 불순종하였다(ἀπειθήσασιν). 본문은 불순종을 강조한다. 따라서 그리스도의 지옥강하는 노아 시대의 불순종자들에게 도피할 수 없는 심판을 설교하기 위한 것이라고 볼 수 있다는 것이다.

둘째로, 외경 에녹서는 창세기 6:1~6에 나오는 하나님의 아들들이 노아 홍수의 심판과 연계된 것을 말하면서, 에녹이 그들에게 가서 말할 과제를 맡았다고 말한다. 그의 선포내용은 "그들이 평화도 용서도 얻지 못할 것"(에녹서 12,5)이었다는 것이다. 종교사학파는 베드로전서가 에녹서의 영향을 받았을 것으로 생각하면서 심판설을 지지한다. 그러나 심판은 그리스도의 재림 후에 있을 것이므로 이 이론은 정당하지 않다.

3) 우리의 견해

(1) ἐν ᾧ ... πορευθείς(3:19)

관계대명사구(ἐν ᾧ)는 앞의 "영으로"(πνεύματι)를 받는 것으로 이해하거나 (3:18) 연결사로 이해하는 것이 가능하다(1:6; 2:12; 3:16; 4:4). 중요한 것은 "가다"(πορευθείς)를 어떻게 해석할 것이냐 하는 것이다. 위에서 문맥을 살펴본 대로 베드로는 예수 그리스도의 죽음과 부활(3:18~21)과 승천(3:22)을 나누어 설명한다. 이때 베드로는 죽음과 관련해서도 승천과 관련해서도 동일한 표현을 사용한다: "가다"(πορευθείς, 3:19,22). 따라서 예수 그리스도의 승천 즉 "가다"(πορευθείς, 3:22)를 실제 사건으로 이해한다면 예수 그리스도의 지옥강하 즉 "가다"(πορευθείς, 3:19)도 실제사건으로 이해하는 것이 옳다. 만일에 지옥강하를 상징적으로 해석하면 승천도 상징적으로 해석해야 하는 오류를 범하기 때문이다.

(2) "옥에 있는 영들에게 가셔서 전파하심(ἐκήρυξεν)"(3:19)

"옥에 있는 영들"은 노아 시대의 불순종자들이다. 노아 시대의 불순종자들은 "집단적" 의미에 있어서 모든 시대의 불순종자들의 대표이다. 마치 노아의 물이 구원자를 위한 세례의 원형(ἀντίτυπος)인 것처럼(3:21), 노아 시대의 불순종자들은 심판 받는 자들을 위한 원형이다. 여기에서 우리는 그리스도 께서 이들에게 무엇을 선포했는지 정확하게 말할 수가 없다. 그러나 신약성경에 "전파하다"(κηρύσσειν)라는 단어가 대체적으로 좋은 의미로 사용된다는 것을 고려할 때, 예수 그리스도는 지옥의 심장부에까지 그리스도의 승리를 말씀하신 것으로 생각할 수 있다. 하지만 이것은 구원을 목적하는 것이기보다는 심판을 목적하는 것이다. 다시 말하자면 그리스도는 지옥에 있는 영들에게 그리스도의 승리를 말함으로써 심판을 확증한 것으로 이해할 수 있다.

여기에 덧붙여 베드로전서 4:6의 "죽은 자들에게 복음이 전파되었다"는 말은 "비록 그들이 지금은 죽었지만 살아있는 동안에 복음을 받은 그리스도인을 가리키는 것 같다."[4] 그렇다면 이것은 살아있는 동안 복음을 듣지 못하고 죽은 자들에게 복음이 전파되었다는 의미가 아니라, 죽은 자들에게 그들이 살아있는 동안 복음이 전파되었다는 의미이다. 지금은 죽었지만 생전에 복음을 받았다.("선친에게 복음이 전파되었다"라고 말할 때, 선친이 죽은 후에 그에게 복음이 전파되었다는 의미가 아니라, 선친이 살아있을 때 그에게 복음이 전파되었다는 의미와 같다).

4. 부활과 승귀와 재림

베드로는 여러 차례 예수 그리스도의 부활을 증언한다. 부활의 동인은 하나님에게 있다(1:21). 부활은 육체로 고난을 당한 것과 달리 영적인 사건이다(3:18). 또한 베드로는 예수 그리스도의 승귀를 명확하게 제시한다(3:22). 예수 그리스도의 승귀는 세 가지로 설명된다. 첫째로, 그는 하늘에 오르셨다. 승천은 부활에 대한 가장 분명한 확증이다. 둘째로, 그는 하나님의 우편에 앉으셨다. 보좌우편은 예수 그리스도의 영광스러운 승귀를 한 마디로 묘사하고 있는 것이다. 셋째로, 그리스도는 통치하신다. "천사들과 권세들과 능력들이 그에게 복종하느니라". 예수 그리스도는 모든 영적인 존재들을 다스리는 만유의 주가 되시며 만물의 통치자가 되신다. 마지막으로 베드로는 예수 그리스도의 재림을 대망한다(5:4).

5. 산 돌이신 예수 그리스도

베드로는 예수 그리스도를 "산 돌"(λίθος ζῶν)이라고 부른다(2:4~8). 예수 그리스도는 "산 돌"이다(2:4). 베드로는 예수에 대한 특이한 기독론을 전개한다. 예수 그리스도를 돌로 표현한 경우는 아래에서 보게 될 것과 같이 여러 차례 나오지만(시 118:22; 사 8:14; 28:16), "산 돌"로 표현하는 것은 유일하다. 이 사상은 아마도 다니엘 2:34~35의 "손대지 아니한 돌"에서 온 것이 아닐까 생각된다. "살아있는"이라는 단어를 씀으로써 부활하신 예수님을 의미한다(1:3). 예수님은 죽은 자들로부터 부활하여 살아 계신 분이다. 또한 이 단어는 예수님께서 인격적인 분임을 나타낸다(2:22~23 고난에서의 인격). 그런데 이 단어로써 특히 뜻하고자 하는 것은 역동적인 예수이다. "살아있는"이라는 단어는 위에서 두 번 더 사용되었다: "살아있는 소망"(1:3), "살아있는 말씀"(1:23). 그런데 이 둘은 다 거듭남과 연결되어 있다. 거듭남은 살아있는

---

4 Chester / Martin, *The Theology of the Letters of James, Peter and Jude*, 116.

소망에 이르게 하고, 살아있는 말씀은 거듭남에 이르게 한다. 이것은 "살아 있는"이라는 단어가 역동적인 것을 알려준다. 살아있는 돌인 예수님은 역동 적인 분이다. 예를 들면 예수님의 역동적인 모습은 마지막 날의 재림에서 잘 엿보인다(1:7,13). 더 나아가서 예수님의 역동적인 성격은 살리는 분이라 는 데 잘 나타난다. 산 돌이신 예수님은 살리는 분이다.[5]

그런데 "산 돌"이신 예수님은 사람과 하나님에게서 각각 다른 반응을 얻 었다. 예수님은 "사람들에게는 버린 바 된"(2:4) 돌이다. 사람들은 예수님을 쓸모없는 것으로 여겼다. "버렸다"는 말은 시험해 보고 불필요한 것으로 여 겨 내던지는 것을 의미한다. 예수님은 "건축자들이 버린"(2:7) 돌이다. 예수 님은 유대인의 집을 짓는 유대인들에게 맞지 않아서 버림을 받았다. 그러나 예수님은 "하나님께는 택하심을 입은 보배로운"(2:4) 돌이다. 사람들에 의하 여 버림받은 예수님을 하나님은 선택하고 존귀하게 여기신다. 이것은 마치 작은 집을 짓는데 맞지 않아서 버린 돌을 큰집을 짓는데 적절해서 선택되는 것과 같다. 예수님은 온 세상을 담을만한 집을 짓는 하나님에게 맞는 분이 다. 하나님께서는 예수님을 하나님의 나라에 가장 요긴한 분으로 생각하신 다. 하나님의 나라를 건설하는 데 머릿돌이 되게 하신다. 하나님께서는 "택 한 보배로운 모퉁이 돌"이신 예수님을 시온에 두시고(2:6), 이로부터 구속이 온 세상으로 확산되게 하신다.

사람에게 버림을 받고 하나님에게 택함을 받는 예수에 대한 내용을 베드 로는 2:6~8에서 구약을 인용하여 다시 설명한다. 베드로는 이제 사람에 의 한 버림과 하나님에 의한 택함을 역순으로 설명한다. 우선 산 돌이신 예수 님께서 하나님에 의하여 택함을 받은 것을 이사야서 28:16을 인용하여 증 명한다. "보라 내가 택한 보배로운 모퉁이 돌을 시온에 두노니"(2:6). 이어서 산 돌이신 예수님께서 사람들에 의해서는 버림을 받은 것을 시편 118:22(LXX 117:22)을 인용하여 증명한다. "건축자들이 버렸으나 모퉁이의 머리가 되었다"(2:7). 이 돌을 중심으로 믿는 자와 믿지 않는 자가 나뉜다. 믿 는 자에 대하여는 다시 이사야서 28:16을 인용하여 "그를 믿는 자는 부끄러 움을 당치 아니하리라"(2:6)고 말한다. 믿지 않는 자에 대하여는 이사야서 8:14을 인용하여 그들에게 "부딪히는 돌과 걸려 넘어지게 하는 바위"(2:8)가 되었다고 말한다. 말하자면 그리스도인들, 즉 "믿는 자들에게는 보배"(2:7) 이지만, 믿지 않는 자들은 "말씀에 순종하지 아니하므로 넘어진다"(2:8).

---

5   E. G. Selwyn, *The First Epistle of St. Peter: The Greek Text with Introduction; Notes and Essays*, London: Macmillan 1946, 159.

3. 성령님

1. 성결의 영(1:2)

베드로는 본서의 첫머리에서 선택과 관련하여 삼위일체적인 표현을 사용하면서(1:1) 성령님과 관련해서는 "영의 성결로"($\dot{\epsilon}\nu$ $\dot{\alpha}\gamma\iota\alpha\sigma\mu\tilde{\omega}$ $\pi\nu\epsilon\dot{\upsilon}\mu\alpha\tau\sigma\varsigma$)라고 말한다(1:2). 이것은 성령님께서 하시는 일에 대한 가장 간명한 집약적인 표현이다. 성령님은 거룩하게 하시는 일을 한다. 이 문구가 베드로의 발신과 관계하든지 아니면 신자들의 선택과 관계하든지, 성령님의 성결은 그리스도인의 선택을 위한 거룩한 도구(또는 테두리)가 된다는 것을 보여준다.

2. 선지자의 영이신 성령님(1:11)

베드로는 선지자들이 "자기 속에 계신 그리스도의 영이 그 받으실 고난과 후에 받으실 영광을 미리 증언하여 누구를 또는 어떤 때를 지시하시는지 상고하니라"(1:11상)고 말한다. 한마디로 말하자면 선지자들의 역할은 성령님의 지시에 대하여 연구하는 것이었다. 성령님께서는 이미 오래 전에 구속의 인물과 구속의 시간을 정하셨다. 성령님께서 이미 구속의 인물과 시간을 정하였기에 성도의 구속은 확립된 것이다. 그런데 선지자들이 하는 일은 성령님이 지시하는 구속의 인물과 시간을 연구하는 것이었다. 그들은 "그들 안에 계신 그리스도의 영이 지시하는" 구속의 인물과 시간을 연구한다. 선지자들의 연구는 성령님과 무관한 연구가 아니다. 그것은 성령님께 의존하는 연구이다.

그런데 구속에 관한 성령님의 지시는 특히(그리스도가) 받으실 고난과 후에 받으실 영광을 미리 증언하는 것과 관련이 있다(1:11하). 성령님께서 미리 증언하신 내용은 그리스도의 고난들과 그리스도의 영광들이다. 구속은 그리스도의 고난들(체포, 심판, 죽음, 장사)에서 뿐 아니라, 그리스도의 영광들(부활, 승천, 재림, 통치)에서 이해되고 있다. 다시 말하자면 성령님께서 이미 오래 전부터 그리스도의 이 같은 구속의 일들을 증언하였는데, 선지자들은 성령님께서 이러한 구속의 사건들이 일어날 시간들에 관하여 지시하는 바를 연구하였다는 것이다. 그리스도의 고난들과 영광들을 통하여 이루어질 구속의 일은 이미 성령님을 통하여 증거되고 지시되었다.

3. 사도의 영이신 성령님(1:12)

베드로는 복음 전파자들이 구속의 내용을 전달한다고 말한다. 여기에 선지자들과 복음 전파자들의 연속성이 표현된다. 선지자들의 섬기는 내용과 복음 전파자들이 전도한 내용은 다르지 않다. 이렇게 연속성이 이루어질 수밖에 없는 이유는 선지자들이 성령님을 따라 예언하듯이, 복음 전파자들이

"성령님으로" 복음을 전파한다는 사실에 있다. 선지자들은 성령님께서 확립하신 구속을 예언하고, 전파자들은 성령님께서 확립하신 구속을 전도한다. 구약은 신약을 이미 예비하고 있다. 말하자면 구약 없이 신약은 있을 수가 없다. 특별히 이 복음 전파자들이 신약에 속해있는 사람들이라는 점은 성령님을 가리켜 "하늘로부터 보냄을 받은" 분으로 설명되는 데 있다. 아마도 이것은 초대교회의 성령님강림을 가리키는 것이 아닐까 생각된다. 하여튼 여기에서 중요한 것은 복음 전도는 하늘로부터 오신 성령님의 추진에 의한 것이라는 점이다.

4. 영광과 하나님의 영(4:14)

베드로는 이사야 11:2을 인용하여 고난과 영광의 상관관계를 설명한다. 고난을 당하면 영광이 있다. 그런데 신자들이 고난 중에도 영광을 얻는 이유는 고난당하는 신자들에게 성령님이 함께 하시기 때문이다. 성령님은 "영광의 영"이시다. 성령님은 그리스도인들이 고난당하는 현장에서 그들을 지탱해주시는 능력과 그들을 보상해주실 영광을 가지고 계시다.[6] 그러므로 신자는 고난 가운데서도 영광을 얻는다.

4. 그리스도인

베드로전서는 "그리스도인"(Χριστιανός)이라는 명칭을 사용하면서(4:16; 참조. 행 11:26; 26:28) 다음과 같이 정의한다.

1. 나그네

베드로는 그리스도인을 가리켜 디아스포라(διασπορά)라고 부른다. 이것은 진정한 디아스포라는 유대인이 아니라 그리스도인이라는 사실을 알려준다. 그리스도인들은 디아스포라(흩어진) 나그네로서(1:1; 2:11) 공간적으로는 "이방인 가운데" 살며(2:12), 시간적으로는 "나그네의 기간"(τὸν τῆς παροικίας χρόνον)을 산다(1:17). 베드로는 그리스도인의 나그네 사상을 강조한다. 그러나 그리스도인이 나그네가 된 데는 질적으로 분명한 이유가 있다. 그들은 "선택된"(ἐκλεκτοῖς) 나그네이기 때문이다. 베드로는 선택을 삼위일체와 관련하여 설명하려는 듯이 보인다(1:2). 그렇다면 선택은 삼위 하나님의 활동에 의한 것이다. 따라서 그리스도인들은 나그네이지만 하나님의 거룩함을 따르는 거룩한 나그네들이다(1:15~16).

---

6 베아레, 『베드로전서 연구』, 44 참조.

2. 하나님의 집(2:5; 4:17)

그리스도인들은 디아스포라 나그네이지만 하나의 "신령한 집으로"(2:5) 지어진다. 그리스도인들은 나그네로 산지사방에 흩어져 있는 듯이 보이지만 하나의 집을 구성하고 있다. 그리스도인들은 함께 영적인 집을 이룬다. 베드로는 그리스도인들을 "영적인 집"이라고 부름으로써 예루살렘에 존재하던 성전이 더 이상 의미가 없다는 것을 알려주려는 듯이 보인다. 성전을 대신하는 건물이 제시되고 있는데, 그것은 교회이다. 하지만 산 돌들인 그리스도인들로 이루어지는 영적인 집은 아직 완성되지 않았다. 이것은 계속해서 지어져야 할 집이다. 그러므로 베드로는 "세워지라"(2:5)고 권면한다.

3. 하나님의 백성(2:9~10)

베드로가 그리스도인의 신분을 말하는 또 하나의 개념은 하나님의 백성이다(2:9~10). 이것은 그리스도인의 신분에 관한 가장 큰 개념이다. 이것을 입증하기 위하여 베드로는 "족속"(γένος), "민족"(ἔθνος), "백성"(λαός)이라는 단어들을 반복하여 사용한다. 큰 개념들을 사용하여 아주 분명하게 그리스도인들을 정의하고 있다. 사실상 이 개념들은 본래 구약의 이스라엘을 묘사하던 말들이다: "택함을 받은 족속"(사 43:20), "거룩한 민족"(출 19:6), "소유된 백성"(사 43:21). 그런데 베드로는 이러한 구약의 나라 개념을 사용하여 전체로서의 그리스도인들을 설명하고 있다. 첫째로, 그리스도인들은 "택함을 받은 족속"(2:9)이다. 종(種)으로 따져볼 때 그리스도인들은 선택을 받은 자들이다. 그들은 온갖 종류의 혈통들 가운데서 빼냄을 받아 한 종을 이루며, 모든 족속에게서 나오나 하나의 족속을 형성한다. 둘째로, 그리스도인들은 "왕 같은 제사장들"(2:9)이다. 그들은 새로운 부류이다. 그들은 하나님의 법으로 삶을 다스리기에 왕이며, 하나님을 섬기기에 제사장이다. 그리스도인들은 비록 나그네로 살아도 다스리는 왕 같은 존재로 산다. 그리스도인들은 비록 흩어진 자들이라도 섬기는 제사장처럼 산다. 그들은 왕적 권위와 제사장적인 권위를 병행적으로 소유하는 사람들이다. 셋째로, 그리스도인들은 "거룩한 민족"(2:9)이다. 많은 민족들 가운데 섞여 있으나 구별된 자들이며, 많은 민족들 가운데 흩어져 있으나 한 민족을 이루는 자들이다. 넷째로 그리스도인들은 하나님께 "소유된 백성"(2:9)이다. 그들은 사람들과 함께 살지만 하나님께 속한 자들이며, 세상권세에 순종하지만 하나님의 다스림을 받는다. 그들은 하나님 나라의 시민들이다. 여기에 베드로는 그리스도인들이 하나님의 백성 된 것을 증명하기 위하여 호세아 1:6,9을 인용한다(2:10). 하나님의 백성이 된 데는 하나님의 긍휼이 있다. 그래서 하나님의 백성 된 신분을 가진 그리스도인들은 늘 하나님의 긍휼에 감사해야 한다.

제25장
베드로후서

1) 주석

A. Vögtle, *Der Judasbrief - Der 2. Petrusbrief*, EKK 22, Zürich: Benziger / Neukirchen-Vluyn: Neukirchener, 1994.

2) 연구서

R. J. Bauckham, "2 Peter: An Account of Research", *ANRW* 2.25.5, 3713~52.

R. J .Bauckham, "James, 1 and 2 Peter, Jude", in: D. A. Carson and H. G. M. Williamson (eds.), *It is Written: Scripture Citing Scripture. Essays in Honour of Barnabas Lindars*, Cambridge: Cambridge University Press, 1988, 303~317.

A. Chester / R. P. Martin, *The Theology of the Letters of James*, Peter, and Jude, NTT, Cambridge: Cambridge University Press, 1994.

E. M. B. Green, *2 Peter Reconsidered*, London: Tyndale Press, 1961, 1968.

J. Knight, *2 Peter and Jude*, NTG, Sheffield: Sheffield Academic Press, 1995.

J. H. Neyrey, *The Form and Background of the Polemic in 2 Peter* (unpubl. Diss.), Yale 1977.

J. H. Neyrey, "The Form and Background of the Polemic in 2 Peter", *JBL* 99 (1980), 407~31.

J. H. Neyrey, *2 Peter, Jude: A New Translation with Introduction and Commentary*, AncB 37c, New York: Doubleday, 1993.

S. Rappaport, "Der gerechte Lot", *ZNW* 29 (1930), 299~304.

M. L. Soards, "1 Peter, 2 Peter, and Jude as Evidence for a Petrine School", *ANRW* 2.25.5, 3827~49.

C. H. Talbert, "II Peter and the Delay of the Parousia", *VigChr* 20 (1966), 137~45.

D. F. Watson, *Invention, Arrangement, and Style. Rhetorical Criticism of Jude and 2 Peter*, SBLDS 104, Atlanta: Scholars Press, 1988.

I. 베드로후서의 기록자와 기록장소와 연대

베드로는 바울과의 관계를 천명하여 자신의 권위와 바울의 권위를 동일한 수준에 둔다(3:15~16). 이로부터 베드로후서를 베드로의 진정한 기록으로 생각할 수 있다.[1] 베드로는 자신을 기록자로 밝히면서 일인칭 단수 "나"(1:12ff.; 3:1)와 함께 일인칭 복수 "우리"(1:16ff.)를 사용한다. 베드로는 동료들과 함께 경험했던 변화산 사건을 진술하고 목격자(ἐπόπται)로서의 신분을 제시한다(1:16~18). 베드로는 자신의 죽음이 임박한 것을 여러 차례 명시한다(1:12~15): "내가 이 장막에 있을 동안에"(1:13), "나도 나의 장막을 벗어날 것이 임박한 줄을 앎이라"(1:14), "내가 떠난 후에라도"(1:15). 이런 상황에서 저자는 수신자들에게 유언의 편지를 보내고 있는 것이다.

II. 베드로후서의 구조와 문학 특징

베드로는 본서가 "둘째 편지"(3:1)라고 말하면서 편지의 목적을 제시한다: "너희의 진실한 마음을 일깨워 생각하게 하여 곧 거룩한 선지자들이 예언한 말씀과 주 되신 구주께서 너희의 사도들로 말미암아 명하신 것을 기억하게 하려 하노라"(3:1~2).

1. 어휘

베드로후서는 문학적인 면에서 몇 가지 특징을 보여준다. 첫째로, 단어사용과 관련하여 베드로후서는 특징적이다. 베드로후서에는 401개의 상이한 단어가 사용되었는데, 그 가운데 57개의 단어는 신약의 다른 부분에 나오지 않는 것이며, 이것들 중에서 32개의 단어는 성경전체에서 발견되지 않으며, 또 이 가운데 11개의 단어는 그리스어에서 드물게 사용되는 단어들이다.[2]

2. 문장기법

베드로후서의 문학 특징 가운데 하나는 반복이다. 본서에는 주제어들이 자주 반복된다(주 14번, 날 12번, 의와 관련하여 11번[3]). 또한 반복은 문장의 구성에

---

1 이에 대한 대표자들은 Chester / Martin, *Theology*, 137, n. 6을 참조하고, 이에 대한 반론은 Chester / Martin, *Theology*, 137f.를 보라.

2 Chester / Martin, *Theology*, 135.

3 δικαιοσύνη - 4번, δίκαιος - 4번, ἀδικέω - 1번, ἀδικία - 2번.

서도 나타난다. 첫째로, 한 문구 안에서 같은 내용의 말이 반복되는 경우들이 있다(alliteration): "그들의 멸망가운데서 멸망을 당하고"(ἐν τῇ φθορᾷ αὐτῶν καὶ φθαρήσονται, 2:12), "불의의 값으로 불의를 당하며"(ἀδικούμενοι μισθὸν ἀδικίας, 2:13), "조롱하는 자들이 와서 … 조롱하여"(ἐλεύσονται ἐν ἐμπαιγμονῇ ἐμπαῖκται, 3:3), "땅이 물에서 나와 물로 성립된 것"(γῆ ἐξ ὕδατος καὶ δι᾽ ὕδατος συνεστῶσα, 3:5). 둘째로, 반복 현상은 유음(assonance)으로 표현되기도 한다: 범죄(παρανομία)와 미침(παραφρονία)(2:16). 셋째로, 베드로후서는 교차대칭법(chiasmus)을 사용하여 반복 현상을 가시화한다: "거룩한 선지자들의 예언한 말씀과 너희의 사도들의 계명(3:2).

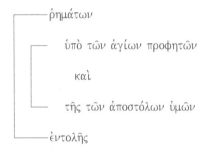

3. 베드로후서와 다른 성경과의 관계

1. 베드로전서와의 관계

베드로전서와 베드로후서는 153개의 단어를 공통적으로 가지고 있다.[4] 비록 상이한 관점이긴 하지만, 두 책은 다 같이 여러 가지 공통적인 사항들을 언급한다. 예를 들면 노아 시대의 홍수이다(벧전 3:20~21/벧후 2:5; 3:5~7). 이것은 베드로전서에서는 세례의 상징으로, 베드로후서에서는 심판의 사건으로 진술된다.

2. 복음서와의 관계

베드로후서는 복음서에 만날 수 있는 사건, 주제, 문구를 사용한다. 예를 들어 베드로후서와 복음서에 공통된 사건은 변화산 체험이다(1:17~18 / 마 17:5par.). 이 둘 사이의 공통주제에 대한 예는 거짓 선지자이다(2:1 / 마 7:15). 또한 베드로후서는 복음서와 마찬가지로 "그 나중 형편이 처음보다 더 심하리라"(2:20 / 마 12:45), "주의 날이 도둑같이 온다"(3:10 / 마 24:43)는 문구를 사

---

4 Chester / Martin, *Theology*, 138.

용한다.

3. 바울서신과의 관계

베드로후서에는 바울이 이름으로 언급된다(3:15~16). 이것은 신약성경에서 사도행전과 바울서신을 제외하고는 유일한 경우이다. 베드로는 "사랑하는 형제" 바울이 받은 지혜대로 기록했다는 점에서 그의 서신을 존중히 여긴다. 이 때문에 베드로는 바울에게서 어떤 내용을 빌어온 것으로 추정할 수 있다. 예를 들면 "누구든지 진 자는 이긴 자의 종이 됨이라"(2:19 / 롬 6:16)와 같은 표현이다. 예수 그리스도의 재림에 대한 표현인 "주의 날이 도둑 같이 온다"(3:10)는 위에서 살펴본 바와 같이 복음서에 근거한 것일 수 있지만 또한 바울서신에 근거한 것일 수도 있다(살전 5:2).

4. 유다서와의 관계

베드로후서와 다른 성경의 관계는 유다서와 비교해 볼 때 극대화된다. 베드로후서와 유다서 사이에 일치하는 내용이 많다는 사실은 이 두 서신이 서로 긴밀한 관계에 있다는 것을 증명한다. 두 서신의 일치부분은 다음과 같다.

베드로후서	유다서	내용
2:1~3	4	색욕거리
2:4,6	6,7	천사타락, 소돔
2:10,11	8,9	천사훼방
2:12	10	이성 없는 짐승
2:15	11~12	발람
2:17	12~13	물 없는 안개(샘)
2:18	16	불만(자랑) 토하는 자
3:2	17	사도의 말 기억하라
3:3	18	말세의 조롱자

III. 베드로후서의 내용

도입(1:1~2)

1. 하나님의 성품에 참여한 신자의 삶(1:3~11)
   1) 전제(1:3~4)
   2) 권면(1:5~11)

(1) 더욱 힘쓸 것(1:5~9)

　　① 공급(1:5~7)

　　　믿음, 덕, 지식, 절제, 인내, 경건, 우애, 사랑

　　② 결과(1:8~9)

　　　있는 자(8) 게으르지 않고 열매 없는 자 안됨

　　　없는 자(9) 소경(원시하지 못하고 깨끗케 하심을 잊음)

(2) 더욱 힘쓸 것(1:10~11)

　　① 소명과 선택 굳게 할 것(1:10)

　　② 결과(1:11): 예수님의 영원한 나라에 들어감

2. 자서전적 설명(1:12~21): 그리스도의 강림에 대한 확신

　1) 사도의 종말: 내가 장막에 있을 동안에(1:12~15)

　2) 사도의 체험: 변화산 체험(1:16~18)

　3) 성경의 권위: 더 확실한 예언(1:19~21)

3. 거짓 선지자들에 관하여(2:1~22)

　1) 거짓 선지자들의 등장(2:1~3)

　2) 거짓 교사들의 결국에 대한 예화(2:4~11)

　　(1) 범죄한 천사들(2:4)

　　(2) 불경한 자들(2:5) - 노아시대

　　(3) 무법한 자들(2:6~11) - 롯의 시대

　3) 거짓 선지자들의 행실(2:12~22)

　　(1) 첫째 "이들은"(2:12~16)

　　(2) 둘째 "이들은"(2:17~22)

4. 그리스도의 강림에 대한 변호(3:1~18a)

　1) 편지의 목적(3:1~2)

　2) 기롱하는 자들의 교훈(3:3~7)

　　(1) 기롱하는 자들(3:3~4): 등장과 주장

　　(2) 비판(3:5~7): 천지창조, 홍수멸망, 천지보존

　3) 종말의 현상(3:8~13)

　　(1) 주의 시간(3:8)

　　(2) 약속지체의 이유(3:9)

　　(3) 주의 날의 현상(3:10~13)

　4) 성도의 자세(3:14~18a)

　　(1) 성결을 노력할 것(3:14)

　　(2) 바울의 편지에 주의할 것(3:15~16)

　　(3) 유혹에 관하여 주의할 것(3:17)

　　(4) 주의 은혜와 지식에서 성장(3:18상)

종결(3:18하)

1:1~2	1:3~11	1:12~21	2:1~22	3:1~18상	3:18하
도입	신자의 삶	자서전	거짓 선지자들	강림에 대한 변호	종결

IV. 베드로후서의 상황

베드로가 바울에 대하여 언급하면서 "사랑하는 형제 바울도 그 받은 지혜대로 너희에게 이같이 썼다"(3:15)고 말한 것은 베드로후서의 수신자가 어떤 바울서신의 수신자와 동일하다는 것을 암시한다. 베드로후서의 수신자는 좋은 상황과 나쁜 상황을 동시에 가지고 있었다.

1. 좋은 상황

베드로후서의 좋은 상황은 무엇보다도 이미 있는 진리에 서 있다는 사실에서 발견된다(1:12). 수신자들은 하나님과 그리스도의 의 안에서 발신자들과 동일한 믿음을 가지고 있다(1:1). 다시 말하자면 수신자들은 "굳센 것"(3:17)을 가지고 있었던 것이다.

2. 나쁜 상황

T. S. Caulley, "The False Teachers in Second Peter", *SBT* 12/1 (1982), 27~42.
H. C. C. Cavallin, "The False Teachers of 2 Peter as Pseudo-Prophets", *NovT* 21 (1979), 263~70.

베드로후서가 보여주는 가장 큰 문제점은 수신자에게 미혹자들이 등장하였다는 것이다. 베드로후서는 미혹자들에 대하여 다음과 같이 설명한다.
첫째로, 미혹자들의 명칭이 나온다. 미혹자들은 민간에 일어난 거짓 선지자들과 동일한 성격을 지닌다(2:1). 이들은 거짓 선생들(ψευδοδιδάσκαλοι)이라고 불린다(2:1). 또한 이들은 기롱자들(ἐμπαῖκται)이라는 이름을 가진다(3:3). 이들은 저주의 자식들이며(2:14) 무법한 자들이다(3:17). 이들은 물 없는 샘이며, 광풍의 안개이다(2:17).
둘째로, 미혹자들의 주장이 소개된다. 이들은 멸망의 이단을 가만히 끌어들인다(2:1a). 멸망의 이단은 무엇인가? 그것은 무엇보다도 기독론적 이단이다. 미혹자들은 자기들을 사신 주님을 부인한다(2:1b). 또한 이것은 종말론적인 이단이다. 미혹자들은 다음과 같이 말한다: "주께서 강림하신다는 약속이 어디 있느냐. 조상들이 잔 후로부터 만물이 처음 창조될 때와 같이 그냥 있다"(3:4). 미혹자들의 주장은 재림의 표시가 없다는 것이다. 이에 대하여 베드로는 반론한다(3:5~7). 분명히 표시가 있을 것이라는 지적이다. 그것은 과거적으로 볼 때는 물 심판으로 확인할 수 있고, 미래적으로 볼 때는 불 심판으로 예견할 수 있다. 단지 강림의 표시가 지연되는 것은 하나님이 불경자들을 심판할 때까지 보존하시는 것을 의미하며(3:7), 회개자들이 회개할 때까지 오래 참으심을 의미할 뿐이다(3:9).

셋째로, 미혹자들의 방식이 설명된다. 미혹자들은 멸망의 이단을 가만히 끌어들인다(2:1a). 이들은 공교히 만든 신화(1:16)와 지은 말로(2:3) 성도들을 미혹하며 허탄한 자랑의 말을 토한다(2:18).

넷째로, 미혹자들의 윤리가 폭로된다. 미혹자들은 낮에 연락을 기쁘게 여긴다(2:13). 그들은 성도와 함께 연회할 때에 간사함으로 연회한다(2:13). 미혹자들은 음심이 가득한 눈을 가지고 범죄를 쉬지 아니하며, 굳세지 못한 영혼들을 유혹한다(2:14). 이들은 탐심에 연단된 마음을 가진 자들이다(2:14). 이들은 탐심을 가지고 성도를 이익으로 삼는다(2:3).

다섯째로, 미혹자들의 결과가 언급된다. 미혹자들로 말미암아 많은 사람들이 그들의 방탕을 좇고(2:2a), 진리의 도가 훼방을 받는다(2:2b). 미혹을 피한 사람들이 음란으로 유혹된다(2:18). 결국 미혹자들은 임박한 멸망을 자신들에게 임하게 한다(2:1c). 그들의 심판은 옛적부터 지체치 아니하고, 그들의 멸망은 자지 아니한다(2:3). 그들에게는 캄캄한 어두움이 준비되어 있다(2:17).

V. 베드로후서의 신학

1. 하나님

베드로후서에서 하나님은 창조주로 소개된다. 하나님은 하늘과 땅과 바다를 창조하신 분이다(3:5). 하나님께서는 이것들을 말씀으로 창조하셨다(3:5). 또한 베드로후서는 하나님을 역사를 초월하시는 하나님으로 소개한다. 주께는 하루가 천년 같고 천년이 하루 같다(3:8). 그러나 하나님은 역사의 하나님이시기도 하다. 하나님께서 악한 세상을 보존하는 것은 회개를 위하여 오래 참으심을 의미한다(3:9,12). 마지막으로 하나님은 심판주이시다. 베드로후서는 하나님께서 심판하시는 대상들을 열거한다. 하나님께서는 범죄한 천사들을 심판하셨고(2:4 - 창 6:1~4?), 노아 시대의 사람들을 심판하셨으며(2:5 - 창 6:11~9:17), 소돔과 고모라를 심판하셨고(2:6~8 - 창 19:30~38), 결국은 하나님의 날에(3:12) 말씀으로 하늘과 땅을 심판하실 것이다(3:7).

2. 예수 그리스도

베드로후서에 의하면 예수 그리스도는 "구주"(1:1; 3:2)이시다. 예수 그리스도는 하나님의 아들이시다. 이것은 변화산 사건을 진술함으로써 입증된다 (1:17): "이는 내 사랑하는 아들이요 내 기뻐하는 자라"(마 17:5 par.). 예수님께서는 이때 아버지께 존귀와 영광을 받으셨다. 예수 그리스도는 사도들을 통하여 명하신 분이다(2:21; 3:2). 예수 그리스도는 재림하실 분이시다(1:16; 3:1~4). 예수 그리스도에게는 영원한 나라가 있다(1:11).

3. 성령님

베드로는 구약성경의 기원에 관하여 가르친다. 베드로는 "예언은 사람의 뜻으로 이끌려진 것이 아니라, 성령님에 의하여 활동하는 사람들이 하나님으로부터 말하였다"(1:21)고 설명한다. 여기에서 우리는 성령님에 대하여 몇 가지 중요한 교훈을 얻는다. 베드로는 구약성경의 세 측면을 설명한다(구문상 성령님 - 하나님 - 사람 문장이 진행되는 것에 주의해야 한다). 첫째로, 이것은 사람들이 말한 것이다(ἐλάλησαν ἄνθρωποι). 성경은 사람들이 말했다는 점에서는 사람의 말이다. 성경은 사람의 언어와 문자로 기록되어 있다. 따라서 성경을 이해하려면 당시 언어의 문법, 문학, 문화를 알아야 한다. 둘째로, 베드로는 성경기자들이 "하나님으로부터 말하였다"(ἐλάλησαν ἀπὸ θεοῦ)는 것을 강조한다. 이렇게 볼 때 성경은 사람들이 말한 것이지만 하나님의 말씀이다. 성경은 하나님에게서 나왔다는 점에서 하나님의 말씀이다. 결국 성경의 출원은 하나님이라는 것이다. 여기에 셋째로, 중요한 것이 있다. 그것은 성경이 하나님의 말씀이면서 동시에 사람의 말인 것이 어떻게 가능하냐 하는 것이다. 이것을 가능하게 하시는 분이 성령님이시다. 성경이 사람의 말이면서 동시에 하나님의 말씀인 이유는 성령님에 의하여 활동하기(ὑπὸ πνεύματος ἁγίου φερόμενοι) 때문이다. 베드로후서에서 성령님은 특히 성경의 출원과 관련하여 언급된다. 성령님은 사람들이 성경을 기록하도록 지도하시는 분이다. 성경은 성령님에 의하여 운동되었다는 점에서는 성령님의 말씀이다. 이런 의미에서 성령님은 성경의 성령님이다. 따라서 성경의 예언을 기록한 사람들은 모두 성령님의 지배 아래 있는 것이다. 성경기록자는 성령님에 종속한다.

4. 성경

베드로후서에는 성경관에 관한 중요한 진술들이 들어있다. 첫째로, 베드로후서 1:20~21에서 예언은 사람의 뜻으로 낸 것이 아니라고 말한다. 예언은 성령님의 감동하심을 입은 사람들이 하나님께 받아 말한 것이다. 따라서 성경의 모든 예언은 사사로이 풀어서는 안 된다. 둘째로, 베드로후서 3:2은 정경의 세 가지 요소를 지적하는 것처럼 보인다. 거룩한 선지자의 예언한 말씀과 주되신 구주께서 명하신 것과 사도들로 말미암은 것이다. 셋째로, 베드로후서 3:15~16은 바울의 글과 관련하여 저자의 현시점의 성경관을 보여준다. 바울의 모든 편지는 받은 지혜대로 쓴 것이다. 그 중에는 알기 어려운 것이 더러 있다. 그러므로 바울의 편지를 다른 성경과 같이 억지로 풀다가는 자멸한다.

베드로후서는 이와 같은 성경관에 기초하여 구약성경을 사용한다. 첫째로, 베드로후서에는 자구 인용이 나온다: "새 하늘과 새 땅"(3:13/사 65:17; 66:22). 또한 베드로후서는 구약성경의 구절을 암시한다. "개가 그 토하였던 것에 돌아간다"(2:22/잠 26:11). 때때로 베드로후서는 구약의 인물과 사건을 제시한다: 노아와 홍수(2:5/창 6장), 롯과 소돔/고모라(2:6~8/창 19장), 발람과 나귀(2:15~16/민 22:5~7).

요한서신

M. Hengel, *The Johannine Question*, London: SCM / Philadelphia: Fortress, 1989(마르틴 헹겔, 『요한문서탐구』, 전경연 외 역, 서울: 대한기독교서회, 1998).

J. Chr. Thomas, "The Order of the Composition of the Johannine Epistles", *NT* 37 (1995), 68~75.

요한서신들의 관계

요한서신은 어휘와 문법과 주제에 있어서 많은 것을 공유하고 있음에도 불구하고 문학, 상황, 신학에서 서로 차이를 보인다.

문학을 볼 때, 요한일서는 서신의 도입부와 종결부가 없다는 점에서 요한이서 및 요한삼서와 다르다. 또한 요한이서는 도입부에서 기원문을 결여하고 있는 요한삼서보다 완벽한 서신형태를 지니고 있다.

	요한일서	요한이서	요한삼서
도입부	X	O 기원문O	O 기원문X
종결부	X	O	O

상황을 볼 때, 요한일서와 요한이서는 다 같이 적그리스도의 출현이라는 문제에 직면해 있지만 요한삼서는 발신자의 교회와 수신자의 교회 사이에 일어난 갈등을 다루고 있다.

그러나 신학을 볼 때, 요한일서의 적그리스도와 요한이서의 적그리스도가 각각 기독론적인 신앙고백을 거절함에 있어서 육체초림과 육체재림을 문제시한다는 점에서 서로 다른 면을 보인다.

발신자를 밝히지 않는 요한일서와 달리 요한이서와 요한삼서가 발신자를 "그 장로"(ὁ πρεσβύτερος)라고 명시한 것도 중요한 차이이다.

제26장
요한일서

1) 주석

R. E. Brown, *The Epistles of John: A New Translation with Introduction and Commentary*, AncB 30, Garden City / New York: Doubleday, 1982.

H.-J. Klauck, *Der erste Johannesbrief*, EKK 23.1, Zürich: Benziger / Neukirchen-Vluyn: Neukirchener, 1991.

R. Schnackenburg, *Die Johannesbriefe*, HThK 13, 7. Aufl., Frbeiburg / Basel / Wien, 1984.

S. S. Smalley, *1,2,3 John*, WBC 51, Waco: Word Books, 1984.

G. Strecker, *Die Johannesbriefe*, KEK 14, Göttingen: Vandenhoeck Ruprecht, 1989.

2) 연구서

R. E. Brown, *The Community of the Beloved Disciple*, New York: Paulist Press, 1979(레이먼드 E. 브라운, 『요한공동체의 역사와 신학: 사랑받는 제자 공동체』, 최흥진 역, 서울: 성광문화사, 1994).

R. B. Edwards, *The Johannine Epistles*, NTG, Sheffield: Sheffield Academic Press, 1996.

E. Haenchen, "Neuere Literatur zu den Johannesbriefen", *ThR* 26(1960), 1~43, 267~291, in: ders., *Die Bibel und wir, Ges. Aufs.* II, Tübingen: Mohr Siebeck, 1968, 235~311.

H.-J. Klauck, *Johannesbriefe*, EdF 276, Darmstadt: Wissenschaftliche Buchgesellschaft, 1991.

J. Lieu, *The Theology of the Johannine Epistles*, NTT, Cambridge: Cambridge University Press, 1991.

K. Weis, "Orthodoxie und Heterodoxie im 1. Johannesbrief", *ZNW* 58 (1967), 247~255.

I. 요한일서의 기록자와 기록장소와 연대

요한일서에는 일인칭 복수 "우리"와 일인칭 단수 "나"가 곳곳에 혼용된다. 이것은 요한일서가 어떤 그룹과 개인에 의하여 작성되었다는 것을 보여준다. 그런데 "우리"와 "나" 사이에는 어느 정도 의미에 차이가 있는 것처럼 보인다. 아래에서 조금 더 자세히 살펴보겠지만 "우리"는 대체적으로 공동체와 관련된 의미를 가진다(1:1ff.). 그래서 "우리"는 수직적으로는 하나님에 대한 교제를 표현하며(예를 들면, 1:6), 수평적으로는 서로에 대한 사귐을 표현한다(예를 들면, 1:7). 이에 비하여 "나"는 주로 서신기록에서 중요한 역할을 담당한다(2:1,7,12ff.,21,26; 5:13; 예외 1:4). 그래서 서신기록자로서 "나"는 수신자들에게 권위 있게 요구할 수 있는 인물이다(예를 들면, 2:1). "우리"가 공동체적인 성격을 가진다면, "나"는 사도적인 성격을 가진다. 이렇게 볼 때 사도적인 "나"는 공동체적인 "우리"를 통솔하는 인물이라고 생각할 수 있다.

요한일서에는 긴박한 말세사상이 강하게 나타난다(2:18). 요한일서가 이렇게 마지막 때에 대한 긴박한 감정을 보여주는 것은 악한 상황에 직면했기 때문이다. 요한일서는 이미 교회 내에 분열이 발생하고(2:18ff.), 미혹하는 이단이 성행하며(2:26; 3:7; 4:1ff.), 우상숭배가 침투하는(5:21) 시기에 작성되었다.

II. 요한일서의 구조와 문학 특징

요한일서는 어감은 다르지만 야고보와 마찬가지로 초대교회의 에세이 모음집(florilegium)이라고 볼 수 있다. 요한일서는 때때로 삽입구조를 사용하기 때문에 단락들이 문맥으로는 단절되면서 내용으로는 반복된다. 다시 말하자면 각 단락이 그 앞뒤로 연결되지는 않지만 그 내용이 다시 언급되는 경우가 있다는 것이다. 요한일서가 에세이 모음집과 같은 성격을 가지고 있다는 사실을 가장 잘 보여주는 것은 아래와 같이 여러 번 등장하는 "내가 너희에게 쓴다(내가 너희에게 썼다)"라는 표현이다. 전체적으로 볼 때 요한일서는 서신형태(도입과 종결)를 가지고 있지 않은 대신에, 때때로 이러한 서신지시어를 사용함으로써 여러 에세이가 모아진 것 같은 현상을 보여준다.

1) 도입부(1:1~4)
"우리가 이것을 씀은 우리의 기쁨이 충만하게 하려 함이라"(1:4)

2) 죄의 문제(2:1~6)
"내가 이것을 너희에게 씀은 너희로 죄를 범하지 않게 하려 함이라"(2:1)

3) 계명(2:7~11)

"내가 새 계명을 너희에게 쓰는 것이 아니라 … 다시 내가 너희에게 새 계명을 쓰노니"(2:7~8)

4) 여러 지체에게 권면(2:12~17)

"자녀들아(아비들아, 청년들아) 내가 너희에게 쓰는 것은"(2:12)
"아이들아(아비들아, 청년들아) 내가 너희에게 쓴 것은"(2:14)

5) 적그리스도(2:18~29)

"내가 너희에게 쓴 것은 너희가 진리를 알지 못함을 인함이 아니라 너희가 앎을 인함이요"(2:21)
"너희를 미혹하는 자들에 관하여 내가 이것을 너희에게 썼노라"(2:26)

6) 영생에 관하여(5:13~21)

"내가 너희에게 이것을 쓴 것은 너희가 영생을 가지고 있음을 알게 하려 함이라"(5:13)

III. 요한일서의 내용

학자들에게는 요한일서의 내용을 파악하기 위하여 흐름을 관찰하는 경우와 구조를 조합하는 경우가 있다.

요한일서의 내용과 관련하여 흐름을 관찰하는 학자는 대표적으로 Lomeyer를 들 수 있다. 그는 요한일서를 다음과 같이 7중으로 분해한다.[1]

(1) 서론 – 프롤로그(1:1~4)
(2) 첫째 계시어(1:5~2:6)
(3) 둘째 계시어(2:7~17)
(4) 그리스도인과 적그리스도인(2:18~3:24)
(5) 사랑에 관하여(4:1~21)
(6) 믿음에 관하여(5:1~12)
(7) 결론 – 에필로그(5:13~21)

---

1   E. Lomeyer, "Über Aufbau und Gliederung des ersten Johannesbriefes", *ZNW* 27 (1928), 225~263.

이에 비하여 Thomas는 요한일서의 구조를 조합하는 데 힘을 기울인다.[2] 그는 요한일서를 다음과 같이 교차대칭법(chiasmus)으로 분해한다.

A 1:1~4 서론 - 영생
 B 1:5~2:2 그를 거짓말쟁이로 만듦(활동 Walking)
  C 2:3~17 새 계명
   D 2:18~27 적그리스도
    E 2:28~3:10 확신 - 죄를 짓지 말라
     F 3:11~18 서로 사랑하라
    E' 3:19~24 확신 -계명을 지키라
   D' 4:1~6 적그리스도
  C' 4:7~5:5 하나님의 사랑과 우리의 사랑
 B' 5:6~12 그를 거짓말쟁이로 만듦(증언 Testimony)
A' 5:13~21 결론 - 영생

그러나 위에서 언급한 바와 같이 요한일서가 에세이 모음집과 같은 성격을 가지고 있다면 인위적으로 구조를 조합하는 것은 추천할만한 일이 되지 않는다. 요한일서에 들어있는 각 단락의 주제를 살리면서 다음과 같이 내용을 정리할 수 있다.

1. 도입(1:1~4)
2. 하나님과 교제(1:5~2:17)
   1) 명제: 하나님은 빛이시다(1:5)
   2) 하나님과 교제하는 자(1:6~2:2)
      (1) 빛 가운데 행함(만일)(1:6~7)
      (2) 죄 고백(만일)(1:8~10)
      (3) 범죄하지 말 것(2:1~2)
   3) 계명(2:3~11)
      (1) 계명 지킴(2:3~6)
      (2) 옛 계명과 새 계명(2:7~8)
      (3) 형제사랑/미움(2:9~11)
   4) 여러 사람에 대한 권면(자녀, 아버지, 청년)(2:12~14)
   5) 세상을 사랑하지 말 것(2:15~17)
3. 적그리스도(2:18~29)

---

2   J. Chr. Thomas, "The Literary Structure of 1 John", *NovT* 40 (1998), 369~381.

1) 적그리스도의 출현(2:18~19)

2) 진리 지식(2:20~21)

3) 거짓말하는 자(2:22~23)

4) 처음 신앙(2:24~25)

5) 기름부음의 가르침(2:26~27)

6) 재림 앞에서의 의(2:28~29)

4. 소망자의 삶(3:1~24)

1) 성도의 현재와 미래(3:1~3)

2) 범죄하지 않음(3:4~12)

(1) 그리스도 안에 거하는 자(3:4~6)

(2) 마귀(3:7~8)

(3) 하나님에게서 난 자(3:9~10)

(4) 서로 사랑하라(가인/아벨)(3:11~12)

3) 형제 사랑(3:13~24)

(1) 형제사랑의 의미(3:13~17)

(2) 진실한 사랑 – 마음에 거리낌이 없는 사랑(3:18~22)

(3) 서로 사랑하는 계명(3:23~24)

5. 영 분별(4:1~6)

6. 하나님 사랑과 형제 사랑의 관계(4:7~5:4)

1) 형제 사랑과 하나님 사랑(4:7~10)

2) 하나님 사랑과 형제 사랑(4:11~16)

3) 사랑의 온전함(4:17~18)

4) 형제사랑하지 않는 자는 하나님사랑 않는 것(4:19~21)

5) 사랑은 계명을 지키는 것(5:1~4)

7. 신앙의 증언(5:5~12)

1) 세 증인(5:5~8)

2) 하나님의 증언(5:9~12)

8. 결론적 권면(5:13~21)

1) 범죄한 형제를 위한 기도(5:13~17)

2) 몇 가지 아는 것(5:18~20)

3) 우상을 멀리할 것(5:21)

1:1~4	1:5~2:17	2:18~29	3:1~24	4:1~6	4:7~5:4	5:5~12	5:13~21
도입	교제	적그리스도	소망	분별	사랑	신앙	권면

IV. 요한일서의 상황

요한일서에는 한편으로는 교제(1:3)와 사랑이 자주 언급되고, 한편으로는 분립(2:19)과 미혹(2:26)이 자주 언급된다. 이렇게 볼 때 요한일서는 양면적인 성격을 가진다. "요한일서는 권면적이며 경고적인 편지이다. 내적으로는 안정을 꾀하고 외적으로는 제한을 꾀한다."[3] 요한일서는 교제를 강조함으로써 교회의 안정을 확립하고, 분립과 미혹에 맞서 싸움으로써 신앙을 변증하는 것을 목적으로 삼는다.

요한일서는 이런 목적 하에 세 부류의 사람들을 언급한다. "우리"와 "너희"와 "그들"이다. "우리"는 발신자를 가리킨다. 때때로 "우리"는 발신자와 수신자를 다 포함하는 경우도 있다(3:1ff.; 5:19). "너희"는 수신자를 가리킨다. "그들"은 "우리"와 "너희"에 대하여 다른 입장을 가지고 있는 사람들이다. 이 세 부류의 사람들은 요한일서의 상황을 보여준다.

1. "우리"

요한일서는 처음부터 "우리"라는 표현으로 시작된다(1:1~4). 이것은 하나의 공동체적인 표현이다. 여기에 "우리"의 자기주장이 나온다.

첫째로, "우리"는 생명의 말씀을 경험한 사람들이다(1:1). 그들의 경험은 들음과 봄(또는 주목함)과 만짐으로 이루어진 것이다. 이것은 확실한 경험을 의미한다.

둘째로, "우리"는 생명의 말씀을 전승하는 사람들이다(1:2). 이 전승은 증언과 전파로 이루어진다(1:2; 참조. 4:14). 전승의 근거는 예수 그리스도이다. "우리가 그에게 듣고"(1:5). 전승의 내용("너희에게 전하는 소식은 이것이니" 1:5)은 "하나님은 빛이시다"(1:5)는 것이다. 하나님에게는 어두움이 조금도 없다.

셋째로, "우리"는 성 삼위 하나님과 교제가 있는 자들이다(1:3). 이 교제는 빛이신 하나님을 모시고(1:5), 대언자이신 예수님을 가지며(2:1, 의로우신 예수, 화목제물이신 예수), 진리의 영이신 성령님을 받은 것으로 이루어진다(3:24; 4:6,13). 결국 이 교제는 "우리"와 "너희" 사이의 교제를 위한 전제가 된다. "우리"는 아마도 사도적인 공동체[4]나 일반적인 기독교를 의미한다고 보아야 한다. 이것은 도시에 있는 가옥교회들의 연합일 것으로 추측된다. "우리"는 두 가지 대상을 가지고 있다: "너희"와 "그들".

넷째로, "우리"는 요한일서를 작성하는 기록자이다(1:4). 그런데 "우리"

---

3   Klauck, *Johannesbriefe*, 155.

4   V. Curtis, *1, 2, 3 John*, Grand Rapids: Zondervan, 1970.

를 대표하는 인물은 "나"이다(2:1,7,8,12,14,21,26; 5:13).

2. "너희"

1) "우리"와 "너희"의 관계

"우리"는 "너희"를 대상으로 삼는다. "너희"는 "우리"와 같은 신학적인 맥락에 서있다. "너희"는 "우리"로부터 신학을 전승 받은 자들이다(1:3,5). "너희"는 "우리"에게서 처음부터 들은 소식이 있다(2:24; 3:11). 우리가 서로 사랑하자는 것이다. "우리"는 "너희"에게 이것을 다시 확인하고 있다. 왜냐하면 이것이 무시되고 있기 때문이다(2:7ff.). 그러므로 "우리"는 "너희"에게 서로 사랑할 것을 요구한다(4:7). "너희"는 "우리"와 처음 교제(1:3)를 회복해야 한다.

2) "너희"의 상황

"너희"는 조직을 가지고 있는 교회처럼 보인다. 자녀, 아비, 청년이라는 표현은 실제로 가족관계를 나타내는 것일 수도 있지만 요한일서의 교회조직을 보여주는 것일 수도 있다(2:12~14). "너희"는 두 가지 상황에 있다.

(1) 긍정적 상황

첫째로, 긍정적 상황이다. 첫째로, "너희"는 사죄를 받았다(2:12). 둘째로, "너희"는 악한 자를 이기었다(2:13,14). 악한 자를 이김은 예수 그리스도의 승리에 근거한다(3:7~9). 셋째로, "너희"는 지식을 가지고 있다. "너희"는 태초부터 계신 아버지를 안다(2:13,14). 또한 "너희"는 진리를 안다(2:21). 심지어 "너희"는 모든 것을 안다(2:20). 따라서 아무도 "너희"를 가르칠 필요가 없다(2:27). 넷째로, "너희"는 거룩하신 자에게 기름부음을 받았다(2:20,27). 기름부음에 근거하여 "너희"는 모든 것을 알고, 아무에게서도 배울 필요가 없다. "기름부음이 모든 것을 너희에게 가르친다"(2:27).

(2) 부정적 상황

그러나 "너희"는 위험에 직면하여 있다. "너희"는 형제를 미워함에 빠져있다(2:9). "너희"는 말과 혀로만 사랑하는 경향이 있다(3:18). 재물을 가지고 형제의 궁핍을 도울 마음을 막고 있는 것이다(3:17). 행함이 없다. 게다가 "너희"는 범죄의 가능성을 가지고 있다(2:1). 그 일례가 우상숭배이다(5:21). "너희"는 영적인 나태를 맞이하고 있는 것이다.

3) "너희"와 세상

"너희"는 세상에 대하여 마주 서있는 공동체이다. "너희"와 세상과의 관계는 두 가지 측면으로 설명된다.

(1) 유혹

첫째로, "너희"는 세상으로부터 유혹을 받는다. "너희"는 세속적인 경향을 가지고 있을 뿐 아니라,[5] 세속화되는 경향을 가지고 있다. 그러므로 "이 세상이나 이 세상에 있는 것들을 사랑하지 말라"(2:15)고 권면한다. 이 세상에 있는 모든 것은 육신의 정욕과 안목의 정욕과 생명의 자랑이다(2:16). 이것은 하나님에게서 나온 것이 아니라 세상에게서 나온 것이다(2:16). 그러나 이 세상과 정욕은 결국 지나가고 만다(2:17).

(2) 핍박

둘째로, "너희"는 세상으로부터 핍박을 받는다. "너희"는 세상의 유혹을 받지만, 세상은 "너희"를 미워한다. 이것은 이상히 여길 일이 아니다(3:13). 성도는 하나님에게 속하였고, 세상은 악한 자에게 속한 것이기 때문이다(5:19).

그러므로 "너희"는 유혹하며 핍박하는 세상에 대하여 미혹하지 못하게 하고(3:7) 오히려 승리해야 한다(4:4). 세상에 대한 승리는 오직 예수님께서 하나님의 아들이심을 믿는 믿음으로만 가능하다(4:4f.).

3. "그들"

"우리"는 "그들"과 대립적인 입장에 있다. 여기에 요한일서의 분립과 관련된 갈등구조가 설명된다. "그들"에 대하여는 2:18~26과 4:1~6에 나온다.

1) "그들"의 기원

첫째로, "그들"은 "우리"에게서 분립하였다. "그들이 우리에게서 나갔다"(2:19). 이것은 출교가 아니라 탈교를 의미한다. "반대자들에 대한 공식적인 출교는 시행되지 않았다."[6] 남은 자가 있고 나간 자가 있다. 이들의 탈교는 명백한 분립의 증거이다. "그들"은 "우리"에게 속하지 않는다(2:19). 이 둘 사이에 갈등구조가 성립된다. 그러므로 이 두 부류는 공존할 수 없다. "만일 그들이 우리에게 속하였다면 우리와 함께 거하였을 것이다"(2:19).

---

5 Guthrie, 『신약서론』 하, 812.
6 Klauck, *Johannesbriefe*, 154.

2) "그들"의 규모

둘째로, "그들"은 다수를 이루었다. "많은 적그리스도"(2:18)와 "많은 거짓 선지자"(4:1). "그들"은 수적으로 열세한 그룹이 아니었다. 요한일서의 공동체가 위협을 받을 정도로 "그들"은 다수를 이루고 있었다. 아마도 "그들"은 외부적으로 진출하는 데 상당한 성과를 거두고 있었던 것으로 생각된다. 왜 냐하면 "그들"은 세상(비기독교적인 주변세계, nichtchristliche Umwelt)과 연결되어 있었기 때문이다: "그들은 세상에 속한 고로 세상에 속한 말을 하매 세상이 그들의 말을 듣느니라"(4:5).

3) "그들"의 명칭

셋째로, "그들"은 적그리스도(2:18)와 거짓 선지자(4:1)라고 불린다. "그들"은 미혹하게 하는 자들이다(2:26). "그들"이 적그리스도와 거짓 선지자인 이유는 무엇인가? 신학적인 이단성 때문이다.

우선 "그들"에게는 기독론적인 문제가 있다. 그들은 "예수님께서 그리스도이심을 부인하는 자들이다"(2:22). 이들이 예수님께서 메시아이심을 부인하는 것으로 보아 이들의 정체가 유대(그리스도)인일 가능성이 높다(참조. 요 7:25~27; 9:22; 10:24,36). 특히 이들은 예수님께서 "육체로 오신 것"(ἐν σαρκὶ ἐληλυθότα)을 고백하지 않는다(4:2). 이들이 예수님의 성육신을 부인하는 것으로 보아 이들은 초기의 영지주의자들일 가능성이 있다. 요한일서는 그들이 육체를 악한 것으로 취급할 뿐 아니라 가인과 연관되어 있다는 점에서도(가인주의) 영지주의자일 가능성을 보여준다(3:12).[7]

또한 "그들"에게는 삼위일체론적인 문제가 있다. 이들은 "아버지와 아들을 부인하는 자들이다"(2:22). 이것은 아버지와 아들의 관계를 부인하는 것을 의미한다. 그들은 아버지와 아들의 동등성을 부인하였다. 성부와 성자의 관계는 불가분리적이다. 아들을 부인하면 아버지를 부인하는 것이요, 아들을 시인하면 아버지도 시인하는 것이다(2:23). 그래서 두 인격의 순서는 뒤바뀔 수도 있는 것이다. "너희가 아들 안에 그리고 아버지 안에 거할 것이다"(2:24). 아마도 "그들"은 종속설이나 양자설에 빠져 있었을 것으로 추측된다.

나아가서 성령론적인 문제이다. "그들"은 진리의 영을 따르지 않고 미혹의 영을 따른다(4:6). 요한일서는 진리의 영을 하나님의 영이라고 부르고 (4:2), 미혹의 영을 적그리스도의 영이라고 부른다(4:3). 미혹의 영을 따르면 예수님을 시인하지 않는다. 특히 예수 그리스도의 성육신을 시인하지 않는다(4:2).

---

7 Klauck, *Johannesbriefe*, 145.

V. 요한일서의 신학

1. 하나님

1. 하나님의 절대성
요한일서는 무엇보다도 하나님의 절대성을 강조한다. 요한일서에 의하면 하나님은 태초부터 계신 분이다(2:13,14). 하나님은 아무도 볼 수가 없는 분이시지만 서로 사랑하면 하나님이 거주하시고 그의 사랑이 온전히 이루어진다(4:12). 하나님은 빛이시다(1:5). 하나님은 전지자이시다. 하나님은 모든 것을 아신다(3:20).

2. 하나님의 공유성
요한일서는 하나님의 절대성과 함께 공유성을 언급한다. 하나님은 아버지이시다(2:14). 하나님이 아버지라는 사실은 무엇보다도 그의 사랑에서 잘 나타난다. 그래서 하나님은 사랑이라고 일컬어진다(4:8,16). 하나님의 사랑은 무엇인가. 하나님의 사랑은 그가 먼저 우리를 사랑한 것이다(4:10,19 πρῶτος!). 하나님의 사랑은 아들을 화목제물로 세상에 보내신 일에서 절정에 달한다(4:10,14). 하나님께서는 그의 아들 안에서 사람들에게 영생을 주신다(5:11).

3. 예수 그리스도
요한일서에는 다음과 같이 예수 그리스도의 다양한 명칭이 나온다: 생명의 말씀(1:1), 아들/독생자(2:22f.; 4:9,15; 5:5), 세상의 구주(4:14), 그리스도(2:22), 화목제물(2:2; 4:10), 대언자(παράκλητος, 2:1), 영생(5:20), 참 하나님(5:20).

요한일서는 말씀(예수 그리스도)의 선재로부터 이야기를 시작한다: "이는 아버지와 함께 계시다가"(1:2). 예수 그리스도는 하나님의 아들로서 하나님 아버지와 동등한 위치에 있는 분으로 신앙고백을 받는다(2:22ff.; 4:2). 선재의 예수 그리스도는 하나님 아버지가 보내심으로써 성육신하였다(4:14). 예수 그리스도의 성육신은 나타남(1:2; 3:8; 4:2), 물과 피로 오심(5:6)으로 설명된다. 요한일서는 성육신하신 예수 그리스도께 죄가 없다는 것을 강조한다(3:5). 피에 대한 언급은 성육신 뿐 아니라 고난을 의미하기도 한다(1:7). 예수 그리스도는 우리를 위하여 화목제물로 목숨을 버리셨다(2:2; 3:16; 4:10). 요한일서는 재림에 대하여는 언급하지만 부활에 대하여는 말하지 않는다(2:28; 3:2).

4. 성령님
요한일서는 성령님을 제시자로 소개한다. 성령님은 진리를 보여준다. 그래서 성령님은 "진리의 영"(4:6)이라고 불리며, 또한 "성령님은 진리니라"(5:7)

고 진술된다. 성령님이 진리를 보여준다는 것은 다음과 같이 두 가지 방면으로 설명된다.

요한일서에서 성령님은 원천자로 소개된다. 성령님은 주님이 우리 안에, 우리가 주님 안에 거하는 것을 알게 하시는 분이다(3:24; 4:13). 성령님은 주님과 신자의 신비적 연합을 위한 지식의 원천이시다. "성령님으로부터." 이 지식은 실제로 확신을 의미한다.[8] 신비적 연합에 관한 확신은 오직 성령님으로부터 받는 것이다.

요한일서에 의하면 성령님은 증언자이시다. 성령님은 하나님의 아들에 대한 믿음을 증언하신다(5:6f.). 성령님은 하나님의 영으로서 예수 그리스도께서 육체로 오신 것을 시인한다(4:2). 다시 말하자면 성령님은 예수님께서 하나님의 아들로서 "물과 피로 오시는 이"(5:6)라는 것을 증언한다(5:7). 그리스도의 성육신에 관한 가장 중요한 증거는 성령님의 증거이다. 이런 의미에서 성령님은 진리의 영이시며 진리이시다(4:6; 5:7).

4. 교회

요한일서는 신자들이 거룩하신 분에게서 기름부음(χρῖσμα)을 받았다고 말한다(2:20,27bis). 이것은 세례를 의미하기보다는 성령님의 부음을 의미하는 것으로 이해할 수 있다(참조. 고후 1:21f.).[9] 이것은 구원의 시작을 가리킨다.

요한일서에 의하면 신자는 구원의 과정에서 죄와 갈등한다. 신자는 범죄에 참여할 가능성이 있다(1:8~10). 그러나 신자는 의도적으로 죄를 짓는 것에 대하여는 싸워야 한다(3:9). 이때 하나님께로서 나신 분이 신자가 범죄하는 것을 막아주신다(5:18).

요한일서는 구원에 있어서 신자의 궁극적인 목표는 예수 그리스도의 재림 때 그와 같이 되는 것이라고 말한다: "그가 나타나시면 우리가 그와 같을 줄(ὅμοιοι αὐτῷ ἐσόμεθα)을 아는 것은 그의 참 모습 그대로(καθώς ἐστιν) 볼 것이기 때문이다"(3:2). 예수 그리스도와 같이 되는 것이 교회가 기대하는 최고의 목표이다. 이것은 창세기 1:26(하나님의 형상)을 연상시킨다.[10]

5. 요한의 콤마(Comma Johanneum)

요한일서 5:6~8은 오랫동안 논쟁되었다. 많은 후기의 사본에 의하면 5:7상에 이어(콤마), "하늘에서는 아버지, 말씀, 성령님이시라. 이 셋이 하나이니라. 증언하는 이가 셋이니 땅에서는"(5:7하~8상)이 삽입되었기 때문이다.[11]

---

8   Lieu, *The Theology of the Johannine Epistles*, 27~31.

9   반대. Strecker, *Johannesbriefe*, 126.

10 Strecker, *Johannesbriefe*, 154f.

11 요한의 콤마에 대한 개괄적인 설명은 Brown, *Epistles of John*, 775~787을 참조하라.

이 내용을 합하여 번역하면 다음과 같다.

	5:6	이는 물과 피로 임하신 자니
		곧 예수 그리스도시라.
		물로만 아니요 물과 피로 임하셨고
		증언하는 이는 성령님이시니
		성령님은 진리니라
	5:7상	증언하는 이가 셋이니
	5:7하	하늘에서는
		아버지, 말씀, 성령님이시라
후기삽입		이 셋이 하나이니라
	5:8상	증언하는 이가 셋이니
		땅에서는
	5:8하	영과 물과 피라.
		이 셋이 하나이니라

후기의 사본들의 첨가는 요일 5:7~8에 대한 해석적 난외주로서 영과 물과 피의 증언으로는 부족함을 인식하여 삼위일체 하나님의 증언을 보충하려는 시도일 가능성이 높다. 땅에는 영과 물과 피의 증언이 있을지라도, 하늘에는 예수님께서 세례를 받으실 때 들린 아버지의 음성과 예수님의 자증적인 로고스와 예수님의 세례 시에 임하신 성령님의 증언 또는 보혜사 성령님의 증언(요 15:26f.)가 있다는 것이다.

그러나 후기 사본들의 보충이 없는 상태에서도 삼위일체 하나님의 증언은 확실하게 나타난다. "증언하는 이가 셋이다"(τρεῖς εἰσιν οἱ μαρτυροῦντες, 7)는 언뜻 보면 성령님(8상), 물(8중), 피(8중)를 말하는 것처럼 보이지만 그렇지 않고, 오히려 8절에 성령님(8상), 물과 피(8중), 하나님(9)을 가리킨다. 이 사실은 문맥에서 분명하게 확인된다. 요한은 이미 앞에서 예수님은 물과 피로 오신 분이라고 소개하였고(6상), 성령님의 증언을 언급하였다(6하). 또한 요한은 뒤에서 하나님의 증언을 연거푸 반복해서 진술한다(9중, 9하, 10). "셋이 하나이다"(οἱ τρεῖς εἰς τὸ ἕν εἰσιν, 8하)는 본래 "증언하는 이가 셋이다"(7)에 이어져야 하지만, 요한은 삽입기법을 사용하여 7~8중절과 9절 사이에 넣었다.

7	증언하는 이가 셋이다	
8상	**성령님**	← 6하. 성령님(증언)
8중	**물과 피**	← 6상. 예수(물과 피)
8하(삽입)	셋이 하나이다	
9상	**하나님**의 증언	← 9중, 9하, 10. 하나님(증언)

제27장
요한이서

1) 주석

R. E. Brown, *The Epistles of John: A New Translation with Introduction and Commentary*, AncB 30, Garden City / New York: Doubleday, 1982.

H.-J. Klauck, *Der zweite und dritte Johannesbrief*, EKK 23.2, Zürich: Benziger / Neukirchen-Vluyn: Neukirchener, 1992.

2) 연구서

K. P. Donfried, "Ecclesiastical Authority in 2~3 John", in: M.de. Jonge (Hg.), L'Evangile de Jean, *BEThL* 44 (1977), Leuven: Leuven University Press, 1987, 325~333.

J. Lieu, *The Second and Third Epistles of John: History and Background*, SNTW, Edinburgh: T&T Clark, 1986.

U. C. von Wahlde, "The Theological Foundation of the Presbyter's Argument in 2 Jn(2 Jn 4~6)", *ZNW* 76 (1985), 209~224.

D. F. Watson, "A Rhetorical Analysis of 2 John according to Greco-Roman Convention", *NTS* 35 (1989), 104~130.

I. 요한이서의 기록자와 기록장소와 연대

1. 요한이서의 기록자

요한이서의 발신자는 "장로"(1)이다. 만일에 이것이 교회의 직제 가운데 하나를 말하는 것이라면 발신자는 조직된 교회에 속하는 것으로 생각할 수 있다. 발신자는 자신의 직분에 대하여 강한 자의식을 가지고 있는 사람이다.

발신자의 교회에는 "진리를 아는 자들"(1절)이 있다. 이것은 신자에 대한 일반적인 표현법일 수 있다(요 8:32를 참조하라). 여기에서는 진리를 아는 것이 예수님의 제자들의 특징임을 밝혀준다. 또한 이것은 교사에 대한 특별한 표현법일 수 있다. 이것은 요한이서가 "교훈"(διδαχή)을 자주 언급하는 것으로부터 추론할 수 있다(9,10). 발신자의 교회에는 장로와 함께 교회를 이끌어가는 직분자들이 있다.

2. 요한이서의 수신자

J. R. Harris, "The Problem of the Address in the Second Epistle of John", *The Expositor*, sixth series, 3 (1901), 194~203.

H.-J. Klauck, "Κυρία ἐκκλησία in Bauers Wörterbuch und die Exegese des zweiten Johannesbriefes", *ZNW* 81 (1990), 135~138.

요한이서의 수신자인 에클렉테 큐리아(ἐκλεκτὴ κυρία)는 누구인가? 이에 대하여 다섯 가지 제안이 있다.[1]

1. "에클렉타" 부인(실제 인물)

첫째로, "에클렉테"(ἐκλεκτή)를 이름으로 보는 경우이다. 알렉산드리아의 Clement(200년 경)는 Adumbrationes(그리스어 Hypotyposeis의 라틴어역)에서 요한이서에 대하여 다음과 같이 평가하였다:

Secunda Iohannis epistola, quae ad virgines scripta est, simplicissima est. Scripta vero est ad quandam Babyloniam, Eclectam nomine, significat autem electionem ecclesiae sanctae(GCS 17, 215)

요한의 둘째 편지, 그것은 처녀들에게 쓴 것인데, 가장 간단하다. 사실상 그것은 에클렉타라고 이름하는 어떤 바빌론의 여성에게 보낸 것으로 또한 거룩한 교회

---

1 참조. Brown, *The Epistles of John*, 652ff.

의 선택을 의미한다.

여기에서 큐리아(κυρία)는 편지형식상 애정을 표시하는 것으로서 "나의 친애하는"(My dear)같은 뜻을 나타낸다(vgl. Oxyrhynchus papyri 112,123). 이러한 애정의 표시는 "우리가 서로 사랑하자"(5)는 말에서 잘 드러난다. 그러나 아직까지 에클렉테(ἐκλεκτή)는 이름으로 사용된 증거가 없고,[2] 오히려 수식어로서 사용되었다. 예를 들면, 같은 요한이서의 13절, 로마서 16:13(주 안에서 선택받은 루푸스), Ignatius, Phil. 11:1(시리아로부터 선택받은 레우스 아가토푸스)이다.

2. 선택받은 "퀴리아"(실제인물)

위와 달리 에클렉테(ἐκλεκτή)를 수식어 "선택받은"으로 보고, 큐리아(κυρία)를 이름으로 보는 견해이다. 이것은 Athanasius가 제안하였다. 실제로 큐리아(κυρία)는 이름으로 사용된 경우가 있다.[3] 기독교인 이름 곁에 사용된 수식어는 기독교인의 분명한 성격을 묘사하는 역할을 한다(나의 사랑 받는 에베네도, 롬 16:5; 인정받은 아벨레, 롬 16:10; 루푸스, 롬 16:13; 사랑받는, 가이오 요삼 1). 그러나 여기에는 문제가 있다. 그것은 13절의 "선택받은 자매"에서 "자매"(ἀδελφή)도 이름으로 볼 수 있는가 하는 것이다.

3. 선택받은 부인(실제인물)

이것은 위의 견해들에 대한 수정안이다. 이 두 단어는 이름을 나타내는 것이 아니다. 에클렉테(ἐκλεκτή)를 수식어로, 큐리아(κυρία)를 보통명사로 생각한다. 이때 큐리아(κυρία)는 라틴어의 domina처럼 예절을 표하는 용어로서 "부인"(Lady)이라는 뜻이다. 즉 요한이서는 소아시아에 있는 어떤 교회의 중요한(이름을 구태여 밝힐 필요가 없는) 여성도에게 보내어졌다는 것이다. 적절한 견해로 여겨진다.

Knauer[4]는 이 여성이 요한복음 11장에 나오는 마르타를 가리킨다고 생각하였다. 마르타라는 이름 속에 아람어 어근인 mar(주인)이 숨어있기 때문이다. 마르타는 아람어 mar(주인)의 여성형이라는 것이다. 또한 그는 이 여

---

2   참조. F. Preisigke, *Namenbuch. Enthaltend alle griechischen, lateinischen, ägyptischen, hebräischen, arabischen und sonstigen semitischen und nichtsemitischen Menschennamen, soweit sie in griechischen Urkunden (Papyri, Ostraka, Inschriften, Mumienschildern u. s. w.) Ägyptens sich vorfinden*, Heidelberg: Selbstverlag, 1922, 96 (Amsterdam: A. M. Hakkert, 1967).

3   Preisigke, *Namenbuch*, 188.

4   A. W. Knauer, "Ueber die Ἐκλεκτὴ Κυρία, an welche der zweite Brief Johannis gerichtet ist", *ThStKr* 6 (1833), 452~458; 참조. H.-J. Klauck, "κυρία ἐκκλησία in Bauers Wörterbuch und die Exegese des zweiten Johannesbriefes", *ZNW* 81 (1990), 135~138.

성이 예수님의 어머니 마리아를 의미한다고 생각하였다. 이것은 요한이서에서의 기록자인 사랑하는 제자가 마리아를 보호하고 있었다는 견해이다.

4. 선택받은 부인(보편교회)

어떤 이는 요한이서의 수신자를 개인이 아니라 교회라고 생각한다. 왜냐하면 수신자가 처음에는 이인칭 단수로 표현되지만(4,5) 중간단락부터 이인칭 복수(너희)가 사용되기 때문이다(6,8,10,12). 따라서 수신자는 집합적인 성격을 가지는 것이 분명하다.

사실상 구약에서도 이스라엘의 집합체를 자주 여성으로 표현한다: 처녀 이스라엘(렘 31:21), 딸 시온(렘 6:23). 또한 신약에서도 교회는 자주 여성으로 표현된다: 요한계시록 21:9(암시적으로는 요 3:29 신랑과 신부).

이 교회는 지역교회라기보다는 보편교회를 가리킨다. 이것은 Hieronimus (Jerome)의 의견이다. 알렉산드리아의 Clement는 이것을 "거룩한 교회"라고 불렀다(위 참조).

하지만 이 복수형은 수신자와 그의 자녀를 포함하는 것일 수 있다(1,4). 1절에 분명히 수신자는 부녀와 자녀로 되어있다. 더 나아가서 이것이 보편교회를 가리킨다고 생각할 수 없는 것은 마지막(13절)에 나오는 선택받은 자매는 그러면 어느 교회를 가리키느냐 하는 문제가 생기기 때문이다.

5. 선택받은 부인(지역교회)

Brown은 요한이서의 기록자가 살고 있는 요한 공동체의 중심지로부터 어느 정도 거리가 떨어진 마을에 있는 한 요한 교회에 대한 상징적인 지시라고 생각한다.[5] 이것은 위 4)설에 대한 수정안이다. Brown의 의견을 자세히 살펴보자.

(1) Brown은 이 편지에 요한 공동체의 한 가옥교회가 언급된다고 생각한다. "누구든지 이 교훈을 가지지 않고 너희에게 나아가거든 그를 집(οἰκία)에 들이지 말고"(10절). 그러나 이것은 단순히 가정을 가리킬 수도 있다(신약에서의 경우들).

(2) Brown은 κυρία와 관련하여 살펴볼 때 주전 3세기에 나온 증거(BAG 459 = BAGD 458)에 의하면 κυρία ἡ ἐκκλησία가 상징적인 용법으로서 "집회"(the lady congregation)라는 의미를 가진다고 생각한다.[6] 초대교회의 문서에도 교회는 자주 κυρία로 지칭된다(Shepherd of Hermas, Vis.

---

5 Brown, *The Epistles of John*, 654.

6 이에 대하여는 Klauck, "κυρία ἐκκλησία in Bauers Wörterbuch und die Exegese des zweiten Johannesbriefes", 135~138의 거센 비판을 참조하라.

2,4.1; 3.1.3; Tertullian, *Ad martyras* 1,1 CC 1,3에는 카르타고에 있는 특수교회를 *domina mater ecclesia*라고 불렀다).

(3) Brown은 에클렉타(ἐκλεκτά)와 관련하여 살펴볼 때 신약에서 신자의 단체를 자주 "선택된 자"라고 불렀다는 것을 제시한다(롬 8:33; 골 3:12; 딤후 2:10; 계 17:14; 1 Clem. 6:1 Hermas Vis. 1.3.4). 그러나 신약에서는 "선택된"이 신자 개인을 위하여도 사용된다(요이 13; 롬 16:13 주안에서 선택받은 루푸스; Ignatius, Phil. 11:1 시리아로부터 선택받은 레우스 아가토푸스).

편지의 서문에서 "선택된"이 기독교인들의 단체나 교회를 뜻하는 것으로 보게 하는 가장 중요한 예는 베드로전서 1:1과의 비교이다: "디아스포라의 선택된 나그네들에게"(ἐκλεκτοῖς παρεπιδήμοις διασπορᾶς). 그러나 불행하게도 요한이서에서는 단수형을 사용하지만, 베드로전서에서는 복수형을 사용하고 있다. 따라서 베드로전서의 용례는 요한이서를 위한 비교의 경우가 될 수가 없다.

II. 요한이서의 구조와 문학 특징

요한이서는 작은 편지이지만 도입(1~3)과 종결(12~13)이 분명하다. 요한이서의 본론(4~11)에서 큐리아(κυρία)를 호칭으로 부르는 경우가 한 번(5) 나오는 것 외에는, 구조적으로 특별한 것이 없다. 본론에서 구태여 주목할 것이 있다면 전체적으로 이인칭과의 관계에서 첫째 부분(4~6)에는 일인칭(단수, 복수)이 자주 사용되고, 둘째 부분(7~11)에는 삼인칭(단수, 복수)이 자주 사용된다는 것이다. 또한 다음과 같이 몇 가지 주제어가 반복되는 것에 주의할 필요가 있다. 진리(1~4), 계명(4~6). 교훈(9~10).

III. 요한이서의 내용

도입(1~3)
   1) 편지서두(1~2)
   2) 기원(3)

1. 형제사랑(4~6)
   1) 장로의 기쁨(4)
   2) 장로의 간구(5): 서로 사랑하자

3) 장로의 설명(6): 사랑과 계명에 대하여
  2. 이단경계(7~11)
    1) 이단의 정체(7)
    2) 성도의 주의(8)
    3) 교훈의 효과(9)
    4) 이단을 거절(10~11)

종결(12~13)

1~3	4~6	7~11	12~13
도입	형제사랑	이단경계	종결

IV. 요한이서의 상황

1. 발신자와의 관계성

요한이서의 수신자가 장로의 교회와 긴밀한 연계성을 가지고 있다는 사실은 "우리"라는 표현에서 잘 드러난다. 편지의 내용 중에는 자주 일인칭 복수 "우리"가 사용된다(2,3,4,5,6). 그러나 발신자와 수신자 사이에 어느 정도 간격이 생겼다. 따라서 장로는 "내가 이제 네게 구하노니 우리가 서로 사랑하자"(5)고 말한다. 장로가 진리를 자주 강조하는 것으로 보아 이 간격은 변함없이 유지되어야 할(2) 진리 안에서의 교제가 손상되었기 때문에 생긴 것이 틀림없다. 이에 대한 주요원인은 다른 교리를 가르치는 자가 등장한 것이다. 따라서 장로는 다른 교리에 대하여 주의를 준다.

2. 수신자의 위험상황

수신자는 위험에 노출되어 있다. 교회의 대적자들이 많이 등장하였기 때문이다. 대적자들은 미혹자와 적그리스도라고 불린다(7). 이들은 잘못된 교리를 가지고 있다. 이들은 "지나쳐 그리스도 교훈 안에 거하지 아니하는 자"(9)이며, "이 교훈을 가지지 않은 자"(10)이다. 이것은 "악한 일"(11)이다. 이들은 "예수 그리스도께서 육체로 오시는 것을 고백하지 않는 자들"(7)이다. 이 교리는 여러 가지 면에서 문제가 된다.
  첫째로, 이것은 기독론에서 문제가 된다. 예수 그리스도에 대한 거짓된 가르침이다. 이러한 면에서 요한일서가 말하는 이단과 관계가 있다(요일 4:2).

둘째로, 이것은 종말론에서 문제가 된다. 예수 그리스도의 오심에 대한 거짓된 가르침이다. 이것은 예수 그리스도의 성육신보다는 예수 그리스도의 육체 재림을 다룬다(7절의 현재분사 ἐρχόμενον에 주의하라). 이러한 면에서 요한이서의 이단은 요한일서가 말하는 이단과 다르다. 요한일서가 말하는 이단은 예수 그리스도의 성육신을 부인한다(요일 4:2의 완료분사 ἐληλυθότα에 주의하라).

셋째로, 이것은 신앙고백에서 문제가 된다. "고백하지 않는 자들"(7). 미혹자는 초대교회의 공동적인 신앙고백을 거절하고 있는 것이다.

미혹자는 방랑선포자의 성격을 가진다. 이것은 "너희에게 나아간다"(10)는 말에서 확실하다(딤후 3:8 참조). 아마도 이들은 가정방문식의 포교를 하였던 것으로 추측된다. 그래서 장로는 수신자에게 "그를 집에 들이지도 말고 인사도 하지 말라"(10)고 권면하였다. 요한이서의 이단은 유대(그리스도)인이거나 초(超) 요한주의자이거나 초기의 영지주의자들이었을 것이다.

V. 요한이서의 신학

1. 삼위일체론

요한이서에서 하나님을 줄곧 아버지로 묘사된다(3,4,9). 요한이서는 아버지와 아들의 동등한 위치를 선명하게 긍정한다(3,9). 첫째로, 아버지와 아들은 은혜와 긍휼과 평강을 위한 개별적이며 독립적인 근원이다(παρά 전치사가 아버지와 아들에게 각각 사용된 사실에 주의하라, 3절). 둘째로, 그리스도의 교훈에 거하는 것은 하나님을 가지는 일이 되는데(9상), 하나님을 가진다는 것은 다시 말하자면 아버지와 아들을 가지는 것이다(9하). 따라서 아버지와 아들은 동일하게 하나님으로 묘사된다.

2. 예수 그리스도

예수 그리스도는 아들이시다. 특히 요한이서는 예수님을 설명할 때 아버지와의 관계를 강조하여 가리켜 "아버지의 아들"(3)이라고 부른다. 요한이서는 그리스도께서 육체로 오시는 것을 믿는다(육체 재림설). 이것은 당시에 이단을 분별하는 중요한 요점이었다.

제28장
요한삼서

1) 주석

R. E. Brown, *The Epistles of John: A New Translation with Introduction and Commentary*, AncB 30, Garden City / New York: Doubleday, 1982.

H.-J. Klauck, *Der zweite und dritte Johannesbrief*, EKK 23.2, Zürich: Benziger / Neukirchen-Vluyn: Neukirchener, 1992.

2) 연구서

K. P. Donfried, "Ecclesiastical Authority in 2~3 John", in: M.de. Jonge (Hg.), L'Evangile de Jean, *BEThL* 44 (1977), Leuven: Leuven University Press, 1987, 325~333.

E. Haenchen, "Neuere Literatur zu den Johannesbriefen", *ThR* 26 (1960), 1~43, 267~291, in: ders., *Die Bibel und wir, Ges. Aufs*. II, Tübingen: Mohr Siebeck, 1968, 235~311.

H.-J. Klauck, *Die Johannesbriefe*, EdF 276, Darmstadt: Wissenschaftliche Buchgesellschaft, 1991, 78~84.

J. Lieu, *The Second and Third Epistles of John: History and Background*, SNTW, Edinburgh: T&T Clark, 1986.

조병수, "선교교회와 지역교회의 갈등: 요한삼서 연구", 「신학정론」 15 (1997), 454~488(= 『신약신학 열두 논문』, 합동신학대학원출판부, 1999, 2002, 175~202).

I. 요한삼서의 기록자와 기록장소와 연대

요한삼서는 "장로"(1)가 발신한다. 장로에게는 교회가 있다(6). 이 교회에 장로가 있었다는 것은 제도적 교회라는 사실을 보여준다. 아마도 그는 이 교회의 지도자였을 것이다. 그런데 장로에게는 여러 종류의 동역자들이 있었다. 첫째로, 형제들이다(5,10)이다. 이들은 나그네라고도 불리는데(5), 장로의 교회가 파송한 방랑선교자로 추정된다. 또한 장로의 곁에는 여러 친구가 있었다(15). 이들은 장로와 함께 수신자의 교회에 문안을 한다.

II. 요한삼서의 구조와 문학 특징

신약성경에서 219개 단어로 이루어진 가장 짧은 서신인 요한삼서는 간략한 도입(1)과 종결(13~15)을 가지고 있다. 본론에는 세 번 "사랑받은 자여"(ἀγαπητέ, 2,5,11)라는 호칭이 반복된다. 이것은 요한삼서의 구조에서 중요한 역할을 담당한다. 게다가 이 호칭이 나오는 각 단락에는 관련인물이 한 명 씩 언급된다(가이오, 디오드레베. 데메드리오). 이렇게 하여 요한삼서의 본론은 세 가지 내용을 가지고 있는 것이 분명해진다.

III. 요한삼서의 내용

도입(1)
　　1) 발신자: 장로
　　2) 수신자: 가이오 – 사랑하는
　　　　　　　　　　 – 진리 안에서

　1. 첫째 "사랑받은 자여" 단락(2~4): 가이오를 위한 간구
　　1) 간구의 내용(2)
　　　　 – 영혼이 잘됨같이 범사가 잘되고 강건하기를
　　2) 간구의 이유(3)
　　　　 – 기쁨 때문에: 가이오가 진리 안에서 행한다는 말을 듣고
　　　　 – 가장 큰 기쁨(4): 성도가 진리 안에서 행하는 것
　2. 둘째 "사랑받은 자여" 단락(5~10): 방랑선교사의 대우
　　1) 가이오의 행위(5): 나그네를 대접
　　　 * 나그네: 이방인에게 가서 주의 이름 위하여 아무것도 받지 않는 자

들(7)

    2) 나그네의 증언(6): 가이오의 사랑을 교회 앞에서 증언함

    * 나그네를 대접하는 것 마땅함(8) - 진리 위하여 수고하는 자가 되도록

    3) 디오드레베의 행위(9~10)

    - 으뜸 되기를 좋아함

    - 장로를 무시함

    - 악한 말로 비방함

    - 접대하는 사람들을 금지하고 교회에서 추방함

3. 셋째 "사랑받은 자여" 단락(11~12)

    (1) 악을 본받지 말라(11)

    - 악을 행하는 자는 하나님을 뵈옵지 못한다

    (2) 선을 본 받으라(11)

    - 선을 행하는 자는 하나님께 속한다

    (3) 데메드리오의 예(12)

    - 뭇 사람에게서

    - 진리에게서   증언을 받음

    - 사도에게서

종결(13~15)

    1) 글 대신 얼굴을 대하여 말할 것(13~14)

    2) 평강(15)

    3) 문안(15)

1	2~4	5~10	11~12	13~15
도입	첫째 단락 가이오	둘째 단락 디오드레베	셋째 단락 데메드리오	종결

IV. 요한삼서의 상황

요한삼서에는 두 종류의 교회가 등장한다. 첫째 교회는 발신자의 교회이다
(6). 둘째 교회는 수신자의 교회이다(9,10). 발신자의 교회에는 장로(1), 형제
들(5,10), 여러 친구(15)가 속해 있고 방랑선교사를 파송하는 일을 하였다(5).
수신자의 교회는 장로와의 관계에서 분란이 일어났다. 친장로파에는 가이
오(1), 데메드리오(12), 각 친구(15)가 속해 있었다. 반장로파에는 디오드레
베(9)와 그 외의 사람들이 들어있었는데, 디오드레베와 그 무리는 나그네(전

도자)를 접대하지 않았으며(10), 장로를 지원하는 자들을 추방하였다(10). 여기에 교회의 갈등구조가 나온다. 장로와 친장로파인 가이오에 대하여 반장로파인 디오드레베가 맞선다. 이런 갈등구조가 생긴 이유에 대하여 다음과 같이 여러 가지 논의가 있다.

1. 교회법적인 해석(kirchen- bzw. verfassungsrechtliche Erklärung)

Harnack[1]은 장로를 아시아 지방(Provinz)을 포괄하는 부권적인 (patriarchalischen) 선교조직체의 지도자로 본다. 장로는 스스로 교회들에게 영향을 주려고 했을 뿐 아니라 그가 파송하고 그에게 보고하는 파송선교사들(Sendboten)을 통하여 교회들을 감독하려고 하였다. 장로의 이러한 조직과 치리에 대하여 한 지역교회가 반항을 하였다. Harnack에 의하면, 이 교회는 "자신을 견고하게 하고 외부에 대하여 폐쇄하기 위한 목적으로 그들 가운데서 독권적인 감독직(monarchischen Episkopat)을 구성하였다."[2] 바로 이 독권적인 감독직에 오른 첫 인물이 디오드레베이다.

그러나 Harnack이 가정한 지방적인(provinzial) 선교조직체는 본문으로부터 입증되지 않는다는 점에서 이 이론은 비판을 받는다. 게다가 요한삼서는 간섭적이며 조직적으로 확립된 기능을 소유하고 있는 사람이 지역적인 (lokal) 반항에 반응했다는 인상을 보여주지 않는다.[3]

이 때문에 Schenke / Fischer는 Harnack의 견해를 수정하여 받아들였다.[4] 그들에 의하면, 장로는 유명한 도시에 있는 교회지도자로서 그의 구역에 있는 지역교회들을 조직적으로 결합시키려고 했는데, 이때 중앙집권에 반대하는 지역교회의 지도자인 디오드레베의 반항에 봉착하였다는 것이다. Haenchen은 장로를 단지 "인근교회의 지역에서 이방선교에 전력을 하였으나 그 교회의 지도자인 디오드레베와 충돌하게 된 한 교회지도자"[5]로 생각하였다. 그에 의하면, 특히 장로는 자신의 개인적인 이름을 언급하지 않는 것으로부터 스스로 권위자로 생각하였다.[6] 장로는 디오드레베와 동급의 교회지도자로서가 아니라 모든 이가 인정하는 사도적 전승자로서 편지를 썼다는 것이다.

1   A. von Harnack, Über den 3. Johannesbrief, *TU* 15/3b, 1897, 16ff.

2   Harnack, Über den 3. Johannesbrief, 21.

3   J.-W. Taeger, "Der konservative Rebell gegen den Presbyter", *ZNW* 78 (1987), 267~287, esp. 268.

4   H.-M. Schenke / K. M. Fischer, *Einleitung in die Schriften des Neuen Testaments* II, Gütersloh: Gütersloher Verlagshaus Mohn, 1979, 226.

5   Haenchen, "Neuere Literatur zu den Johannesbriefen", 308.

6   Haenchen, "Neuere Literatur zu den Johannesbriefen", 310.

2. 교리적 해석

Bauer[7]는 요한삼서에서 이단논쟁(교리문제)을 발견하였다. 그는 장로를 정통신앙의 수호자로 보고, 디오드레베를 가현설적인 이단으로 생각하였다. 그러나 Bauer의 주장은 요한일서 4:2과 요한이서 7에 근거할 뿐 요한삼서에 근거하지 않는다는 데 문제가 있다.

Käsemann[8]은 Bauer와 마찬가지로 요한삼서에서 이단논쟁(교리문제)을 발견하지만 완전히 반대의 입장을 취한다. 그에 의하면, 장로가 영지주의자로 오해되어 디오드레베에 의하여 출교(추방)된 이단이고, 디오드레베가 정통신학 수호하는 감독이다. 그러나 이런 해석의 문제점은 요한삼서에 신학논쟁 또는 이단시비에 대한 기록이 분명하게 들어있지 않다는 것이다.

3. 교회론적인 해결

Taeger[9]는 Käsemann의 노선을 따른다. 그는 장로를 초교회적 위치를 차지하려는 신입자(Neuerer)로 간주하였다. 그런데 장로가 대기업을 추구하는 사회의 구조체제를 도입하여 교회를 장악하려는 시도를 했다는 것이다. 이에 대하여 디오드레베는 전통적인 교회의 구조를 지키려는 요한 지지자(Altjohanneer)이다. 그러나 요한삼서를 통하여 장로가 신입자이며, 디오드레베가 전통인이라는 것을 확증할 길이 없다.

4. 나의 견해[10]

장로와 디오드레베의 갈등은 가장 간단하게 심리학적으로 이해할 수 있다. 이것은 장로와 디오드레베 사이의 성격적인 마찰을 고려하는 것이다. 장로는 자신의 직분에 대하여 강한 자의식을 가지고 있는 사람이며, 디오드레베는 "으뜸되기를 좋아하는"(φιλοπρωτεύειν) 성격을 가지고 있는 사람이다(접두사 filo-는 성격을 설명한다. 참조. 딤후 3:1~5). 이런 강한 성격 때문에 장로와 디오드레베 사이에는 갈등이 일어날 수밖에 없었다.

그러나 조금 내면적으로 살펴보면 장로와 디오드레베의 갈등에는 교회

---

7   W. Bauer, *Rechtgläubigkeit und Ketzerei im ältesten Christentum*, BHTh 10, 2. Aufl., Tübingen: Mohr Siebeck, 1934, 1964.

8   E. Käsemann, "Ketzer und Zeuge. Zum johanneischen Verfasserproblem", *Exegetische Versuche und Besinnungen*, 1. Bd., Göttingen: Vandenhoeck Ruprecht, 1964, 168~187(= ZThK 48 [1951], 292~311).

9   Taeger, "Der konservative Rebell", 267~287.

10   조병수, "선교교회와 지역교회의 갈등", 454~488.

의 지향노선에 대한 불일치가 있었던 것으로 보인다. 장로는 선교지향적인 입장을 취하였다. 장로의 선교정책은 다음과 같이 진행되었다. 첫째로, 선교 대상과 관련하여 볼 때 이것은 이방인선교이다("이방인에게", 7). 둘째로, 선교 주체자와 관련하여 볼 때 이것은 헌신선교이다("그 이름을 위하여", 7). 이것은 개인보다 예수님이 앞서는 것을 강조한다. 셋째로, 선교방식과 관련하여 볼 때 이것은 방랑선교제이다("나그네", 5; "나간다", 7). 방랑선교사는 교회에 정착하는 사람이 아니다. 넷째로, 이것은 보고 중심제이다("교회 앞에서 증언", 6). 이런 보고제도는 선교자와 피선교자를 철저하게 통제한다. 다섯째로, 이것은 무보수제이다("아무것도 받지 아니함", 7). 선교자가 자비량으로 모든 것을 감당한다. 아마도 장로가 요한삼서에서 선교정책을 언급하는 것은 오해를 풀기 위한 설명적이며 변증적인 목적을 가진다. 그래서 요한삼서에는 도입(1)과 종결(13~15)를 제외하면 칭찬(2~4), 변증(5~8), 논쟁(9~11), 추천(12)의 내용이 들어있다.

그러나 디오드레베는 장로의 선교정책에 동의하지 않았다. 디오드레베가 선교지향적이 아닌 사람이라고는 말할 수 없지만 장로가 행하는 선교방식에 동의하지 않는 사람임에는 틀림없다. 그래서 디오드레베는 많은 말로(여러 면에서) 장로를 비판하였다(10). 디오드레베는 방랑선교자들을 접대하지 않았고("형제들을 맞아들이지도 아니하고", 10), 접대하려는 자들을 엄금하고 추방하였다(10). 디오드레베가 이처럼 장로의 선교정책을 받아들이지 못한 것은 여러 가지 이유 때문이다. 첫째로, 디오드레베는 이방인선교 대신에 유대인선교를 주장한 것 같다. 둘째로, 디오드레베는 헌신을 강조하는 선교보다는 교육을 강조하는 선교를 강조한 것처럼 보인다.[11] 셋째로, 디오드레베는 선교방식과 관련하여 볼 때 방랑선교보다는 지역정착선교를 주장하였으며, 보고중심제를 떠나 선교자와 피선교자에게 자유를 허락해야 한다고 생각하였고, 선교자가 자비량으로 모든 것을 감당하는 것은 옳지 않다고 생각한 것 같다.

---

11   이 때문에 장로는 자신도 교육을 강조한다는 것을 보이기 위해 의도적으로 "진리"를 자주 강조한 것처럼 보인다(3,4,8,12).

V. 요한삼서의 신학

요한삼서 9절에는 "내가 두어 자를 교회에 썼다"(ἔγραψά τι τῇ ἐκκλησίᾳ)는 표현이 나오는데 이에 대하여 여러 가지 논의가 있다.[12]

우선 사본의 문제이다. 첫째로, 사본을 고려할 때 이것은 실제적인 편지의 가능성을 보여준다. 많은 사본들은 이것이 실제로 발송된 편지라는 것을 나타내기 위하여 ἔγραψα("내가 썼다")를 사용한다(א* A 048 1241 1739 등등). ἔγραψας "네가 썼다"(B)는 사본의 실수일 것이다. 왜냐하면 이것은 문맥에 맞지 않기 때문이다. 둘째로, 이것은 가정적인 편지일 가능성도 있다. 어떤 사본들은 이것이 발송했더라면 좋았을 뻔한 편지라는 것을 의미하기 위하여 ἔγραψα ἄν("내가 썼더라면")을 사용한다(אc 33 81 등등. Vulgata에 들어있는 scripsissem forsitan은 "내가 썼더라면 좋았을 것을"을 의미한다). 이것이 가정적인 편지를 의미한다면 논의는 그것으로 끝나지만, 실제적인 편지를 의미한다면 그 편지의 정체가 무엇이냐 하는 논의로 전진하게 된다.

이 편지의 정체에 관해서는 다음과 같은 가능성이 있다. 첫째로, 이것을 요한삼서에 대한 표현법으로 생각하는 것이다. ἔγραψα("내가 썼다")를 요한일서 2:14,21,26; 5:13처럼 서신시제(Brieftempus)로 이해하여 요한삼서를 가리키는 것으로 보는 것이다. 둘째로, ἔγραψα("내가 썼다")를 요한삼서와 함께 보낸 동반편지로 이해할 수 있다. 이렇게 하면 요한삼서는 가이오라는 개인에게 보내는 사신으로, ἔγραψα("내가 썼다")는 교회에게 보내는 공신으로 간주하게 된다. 셋째로, ἔγραψα("내가 썼다")를 요한삼서보다 이전에 보낸 편지로 생각할 수 있다(고전 5:9에서 사도 바울이 말했던 것처럼). 그런데 이 전편지는 자연적으로 분실되었거나 디오드레베에 의하여 의도적으로 폐기되었을 수 있다. 후자의 가능성이 더 높다. 장로가 보낸 전편지는 디오드레베의 방해로 말미암아 집회에서 낭독되지 못함으로써 목적을 달성하지 못하였다.[13]

---

12 참조. Klauck, *Johannesbriefe*, 35ff.

13 전편지가 무엇이었는지에 관해서 요한일서의 가능성(G. C. Storr, *Ueber den Zweck der evangelischen Geschichte und der Briefe Johannis*, Tübingen, 1786, 408)과 요한이서의 가능성(B. Bresky, *Das Verhältnis des zweiten Johannesbriefes zum dritten*, Münster: Aschendorff, 1906, 31~47)에 더하여, 주로 나그네 접대에 대한 청원과 디오드레베가 박대한 방랑선교사들을 위한 추천을 내용으로 삼는 다른 편지의 가능성(Klauck, *Johannesbriefe*, 36)을 생각해 볼 수 있다.

제29장
유다서

1) 주석

H. Paulsen, *Der Zweite Petrusbrief und der Judasbrief*, KEK 12.2, Göttingen: Vandenhoeck Ruprecht, 1992.

R. J. Bauckham, *Jude, 2 Peter*, WBC 50, Waco: Word Books, 1983.

2) 연구서

R. G. Bauckham, *Jude and the Relatives of Jesus in the Early Church*, Edinburgh: T&T Clark, 1990.

A. Chester / R. Martin, *The Theology of the Letters of James, Peter, and Jude*, NTT, Cambridge: Cambridge University Press, 1994.

R. Heiligenthal, *Zwischen Henoch und Paulus. Studien zum theologie-geschichtlichen Ort des Judasbriefes*, TANZ 6, Tübingen: Mohr Siebeck, 1992

J. H. Neyrey, *2 Peter, Jude: A New Translation with Introduction and Commentary*, AncB 37c, New York: Doubleday, 1993.

D. J. Rowston, "The Most Neglected Book in the New Testament", *NTS* 21 (1975), 554~563.

G. Sellin, "Die Häretiker des Judasbriefes", *ZNW* 77 (1986), 206~225.

D. F. Watson, *Invention, Arrangement, and Style. Rhetorical Criticism of Jude and 2 Peter*, SBLDS 104, Atlanta: Scholars Press, 1988.

김경희, "유다서에 나타나는 적대자들의 성격과 입장 1", 「기독교사상」 469 (1998.1), 79~99; "유다서에 나타나는 적대자들의 성격과 입장 2", 「기독교사상」 470(1998.2), 85~91.

I. 유다서의 기록자와 기록장소와 연대

유다서는 유다가 기록하였다(1). 유다는 자신을 두 가지로 불렀다. 그는 "예수 그리스도의 종"이며 "야고보의 형제"이다(1). "야고보의 형제"라는 소개는 신약성경의 서신에서 유일한 것이다. 만일에 이 야고보가 신약성경기자인 야고보를 가리킨다면, 이것은 신학적인 면에서 야고보와 연계성에 있다는 것을 암시하는 것처럼 보인다.[1] 그래서 유다도 야고보처럼 믿음과 행위의 조화를 강조한 것으로 생각할 수 있다. 유다는 믿음을 강조하며(3,20) 동시에 행위를 강조한다(22~23).

유다는 "너희는 우리 주 예수 그리스도의 사도들이 한 말을 기억하라"(17)고 권면한다. 유다는 사도들의 권위에 근거하여 권면하고 있다. 이것은 유다 자신은 사도들의 그룹에 속하지 않는 것을 암시하는 것이다. 유다는 사도들의 예언이 자신의 시대에 실현되고 있음을 말한다. 사도들과 유다 사이에 어느 정도 시간적인 간격이 있다는 것을 의미하는 것으로 생각할 수 있다. 이런 점에서 유다는 속사도적인 성격을 가진다.

유다는 성도와의 관계에서 간절한 마음(σπουδή)을 가지고 있었다(3). 이것은 보편적 구원에 관한 지식을 전달하려는 간절함이다. 또한 유다는 성도들에게 강요적인 입장(ἀνάγκη)를 가지고 있었다(3). 이것은 믿음을 위한 싸움을 권면하는 것이다. 이렇게 하여 유다는 성도들에 대한 긴밀한 관계를 표명하였다.

II. 유다서의 구조와 문학 특징

1. 유다서의 구조

유다서는 짧은 글(227단어)이지만 단회사용단어(hapax legomena)를 많이 가지고 있다. 유다서는 도입에 이어(1~2), 상황의 변화 때문에 본래의 기록목적을 포기하고 새로운 주제를 다루게 되었다는 것을 명시하고 있는 서신이다(3~4). 유다서는 본론(5~23)에서 유사단어인 "생각나게 하다"(ὑπομιμνήσκειν, 5)와 "기억나게 하다"(μιμνήσκεσθαι, 17)를 사용하면서 문단을 크게 둘로 나누고 있다. 마지막으로 유다서는 종결을 달고 있다(24~25). 유다서에서 눈에 띄는 것은 단락을 구분하기 위하여 같은 단어를 반복해서 쓴다는 것이다. 예를 들면, 유다서 8~16에서는 다섯 번 사용된 "이들은"(οὗτοι)이 각 단락을 구분 짓

---

1 Sellin, *Häretiker*, 211.

는다(8,10,12,16,19). 유다서 22~23에서 세 번 사용된 οὕς의 용법도 눈에 띈다.

2. 유다서의 자료

유다서는 짧은 서신임에도 불구하고 많은 자료를 사용하고 있다는 것이 큰 특징이다.[2]

1. 구약
첫째로, 유다서는 구약성경에 언급된 사건들을 자주 진술한다.[3] 유다서는 출애굽 사건을 말하면서 이스라엘의 구원과 멸망을 제시한다(5). 이스라엘 백성은 애굽에서 구원을 받았으나 하나님께서 믿지 아니하는 자를 멸망시켰다는 것이다(민 21장의 불뱀사건?). 유다서는 천사들이 자기의 지위를 지키지 아니하고, 자기의 처소를 떠남으로 말미암아 큰 날의 심판까지 영원한 결박으로 흑암에 가두어졌다고 말하는데(6), 이것은 창세기 6장을 염두에 두고 있는 것으로 추정할 수 있다. 유다서는 창세기 19장을 따라 천사들과 같은 모양으로 간음하면서 다른 육체를 따라가다가 영원한 불의 형벌을 받은 소돔과 고모라와 이웃도시들을 언급한다(7). 또한 유다서에는 가인(11), 삯을 위한 어그러진 길로 간 발람(11), 패역으로 말미암아 멸망한 고라(11)를 말한다. 유다서가 스가랴서 3:2("주께서 너를 꾸짖으신다")를 인용하고 있는 것은 매우 인상적이다.

둘째로, 유다서는 사도들의 말을 제시한다(17,18). 특히 유다서가 관심하는 것은 사도들이 "미리 한 말"이다. 내용으로 미루어 볼 때, 이것은 거짓 교사의 등장에 관한 마태복음 24:3~5,23~28을 가리키는 것일 수 있다. 여기에서 예수 그리스도의 말씀을 사도들이 기록하고 있다는 점에 주의해야 한다. 이런 의미에서 사도들의 말은 예수 그리스도의 말이다. 따라서 유다는 "예수 그리스도의 사도들이 미리 한 말"이라고 표현하여 사도들이 예수 그리스도에게 종속적인 관계에 있음을 밝히고 있는 것이다.

셋째로, 유다서가 에디오피아어 에녹서(Ethiopic Book of Enoch) 1:9을 사용하고 있는 것이 확실하다.[4] "에녹이 사람들에 대하여 예언하여 이르되

---

2 유다서와 베드로후서의 관계는 앞의 베드로후서 단락을 참조하라.

3 M. Black, "Critical and Exegetical Notes on Three New Testament Texts Hebrews xi. 11, Jude 5, James I. 27", in: *Apophoreta, FS E. Haenchen*, Berlin: de Gruyter, 1964, 39~45; C. D. Osburn, "The Text of Jude 5", *Bib* 62 (1981), 107~15; C. D. Osburn, "Discourse Analysis and Jewish Apocalyptic in Jude", in: D. A. Black / K. Barnwell / S. Levinsohn (eds.), *Linguistics and New Testament Interpretation*, Nashville: Broadman & Holman Publishers, 1993.

4 이 문제에 관해서는 다음의 글들을 참조하라. M. Black, "The Maranatha Invocation

…"(14). 에녹서는 쿰란에서도(4QEnc1 I), Ps.-Cyprianus(Ad Novatianum)에서도, Ps.-Vigilius에서도 발견된다. 그런데 사실상 유다서의 본문은 이들 가운데 어떤 것과도 정확하게 일치하지 않기 때문에 "자신의 본문형태"(eine eigene Textform)를 가지고 있다고 분명하게 말할 수 있다.[5] 아마도 유다서는 에녹서를 자유롭게 변형하여 사용했거나, 에녹서의 구전을 사용했을 수 있다. 아무튼지 유다서는 에녹서를 사용하고 있다.

이것은 유다서가 그 내용을 실제로 에녹의 예언으로 권위 있게 믿는다는 것을 의미하기보다는 당시에 유행하던 진술을 그대로 인용하고 있는 것에 지나지 않는다. 이것은 마치 사도 바울이 랍비들의 미드라쉬를 언급하며(고전 10:4), 아데네 설교에서 이교도 시인의 글을 인용한 것(행 17:28)과 같다.[6] 이것은 오디세이아와 일리아드가 진정으로 호머의 저술인가 하는 것에 논쟁이 있지만, 우리가 그리스 역사를 인용할 때 이러한 저작권 논쟁을 무시하고 단순히 "호머가 말하기를 트로이 전쟁은 …"라고 진술하는 것과 같은 경우이다. 이러한 진술은 저작성을 따지지 않고 단순히 그 이름 아래 내용을 인용하여 교훈하는 것이다.

III. 유다서의 내용

도입(1~2)

　1) 발신자(1상): 유다: 예수 그리스도의 종, 야고보의 형제
　2) 수신자(1하):
　　(1) 사랑 받은 자들: 하나님 아버지 안에서
　　(2) 지킴 받은 자들: 예수 그리스도를 위하여
　　(3) 부름 받은 자들
　3) 기원(2): 긍휼, 은혜, 사랑이 충만하기를

1. 주제(3~4)
　1) 본래목적(3상): 일반적인 구원에 관하여 쓰려 함

---

and Jude 14,15 (1 Enoch 1:9)", in: *Christ and Spirit in the New Testament, FS C.F. Moule*, Cambridge: Cambridge University Press, 1973, 189~197; J. D. Charles, "Jude's Use of Pseudepigraphical Source-Material as Part of a Literary Strategy", *NTS* 37 (1991), 130~45; C. D. Osburn, "The Christological Use of 1 Enoch 1:9 in Jude 14,15", *NTS* 23 (1976/77), 334~41.

5　Paulsen, *Der Zweite Petrusbrief und der Judasbrief*, 75.
6　거스리, 『신약서론』 하, 858.

2) 현재목적(3하): 성도에게 단번에 주어진 믿음을 위한 싸움에 관하여 쓰게 됨
3) 변경이유(4): 어떤 사람들이 가만히 들어옴
 (1) 옛적에 이 심판을 위하여 미리 기록된 자들
 (2) 불경건한 자들
 (3) 하나님의 은혜를 방탕으로 바꾸는 자들
 (4) 유일한 주재요 주님인 예수 그리스도를 부인하는 자들

2. 본론(5~23)
 1) 생각나게 함(5~16) ὑπομνῆσαι
  (1) 실례(5~7): 주께서 하신 일
   ① 출애굽 구원과 불신자 멸망(5)
   ② 탈선한 천사들을 심판까지 가둠(6)
   ③ 소돔과 고모라의 심판(7)
  (2) 사실(8~16): "이와 같이"(ὁμοίως) 네 번 οὗτοι
   ① 이들은 꿈꾼다(8~9): 육체 더럽힘, 권위멸시, 영광훼방
      예: 미가엘 천사장의 마귀와 싸움(9)
   ② 이들은 훼방한다(10~11): 알지 못하는 것을 훼방
      예: 가인의 길, 발람의 삯, 고라의 패역(11)
   ③ 이들은 암초, 목자, 구름, 나무, 물결, 별들(12~15)
      예: 에녹의 예언(14~15)
   ④ 이들은 원망한다(16)
 2) 기억나게 함(17~19) μνήσθητε
  (1) 실례(17~18): 예수 그리스도의 사도들의 말
      마지막 때 경건치 않은 조롱하는 자들이 있을 것
  (2) 사실(19):
   ① 이들은(οὗτοι) 당짓는 자들
   ② 육에 속한 자들(ψυχικοί)
   ③ 성령님을 가지지 않은 자들
 3) 권면(20~23)
  (1) 자신을 위하여(20~21)
   ① 믿음위에 건축(20상)
   ② 성령님으로 기도(20하)
   ③ 사랑으로 보존(21상)
   ④ 영생 위한 기대(21하)
  (2) 타인을 위하여(22~23) 세 번의 οὕς

① 의심하는 자를 긍휼히 여김(22)
② 불에 있는 자를 끌어내어 구원(23상)
③ 육체로 더러워진 옷을 입은 자를 긍휼히 여김(23하)

종결(24~25)

　예수 그리스도를 통하여 하나님께 영광

1~2	3~4	5~23	24~25
도입	주제	본론	종결

IV. 유다서의 상황

1. 긍정적인 상황

1. 정체
유다서의 수신자는 첫째로, "사랑을 얻은 자들이다"(1). 이 사랑은 하나님 아버지와 예수 그리스도 안에서 얻은 사랑이다. 또한 수신자는 "지키심을 입은 자들"(1)이다. 셋째로, 수신자는 "부르심을 입은 자들"(1)이다. 이 모든 것은 수동태 완료형으로 되어있다. 이것은 한 편으로 사랑과 보호와 소명이 모두 인간에게 있어서 능동을 배제하는 수동이라는 것을 보여준다. 이것은 하나님의 일이다(24). 다른 한 편으로 이것은 사랑과 보호와 소명이 불변적인 사항들임을 보여주는 것이다(24).

2. 지식
유다서의 수신자는 모든 것을 아는 사람들이다. "너희가 범사를 알았으나"(5). 이것은 수신자가 잡다한 지식을 가지고 있다는 것을 의미하지 않고, 특정한 지식을 가지고 있다는 것을 의미한다. 이 지식은 구약성경에 관한 지식이다. 이 사실은 유다가 바로 이어서 구약성경의 출애굽사건 등을 기억시키는 것으로부터 쉽게 알 수 있다.

3. 행실
유다서의 수신자에게는 "애찬"(ἀγάπαι, 12)이 있었다. 이것은 함께 먹는(12) 공동체 식사를 의미한다. 수신자들은 애찬을 통하여 상호간에 깊은 교제를 나누었다. 이때 하나님의 은혜를 나누고 예수 그리스도를 고백하는 일을 했을 것이다(4). 이때 권위에 순종하며 영광을 찬송하는 일을 했을 것이다(8). 이때 약한 성도들을 공궤하였을 것이다(12). 이때 감사의 말을 하며 칭찬하는 말을 했을 것이다(16). 이때 서로 연합하고 성령님으로 충만했을 것이다(19).

2. 부정적인 상황

1. 대적자

유다서의 수신자들이 봉착하고 있던 부정적인 상황은 무엇보다도 대적자들이 등장했다는 것이다.[7] 대적자들에 대한 서론적인 설명은 4절에 나온다. 첫째로, 이들은 교회 밖에서 가만히 들어온 자들이다(4). 둘째로, 이들은 "옛 적부터 이 판결을 받기로 미리 기록된 자들"(4)이다. 셋째로, 이들은 불경자들이다(4). 넷째로, 이들은 하나님의 은혜를 잊어버린 자들이다(4). 다섯째로 이들은 예수 그리스도를 부인하는 자들이다(4).

대적자들에 대한 자세한 설명은 본론에서 전반적으로 다루어진다. 유다서 8,10,12,16,19에 반복되는 "이들은"(οὗτοι)이라는 표현에 주의해야 한다. 이들은 지금 교회의 일부이다(4,12,19,22,23). 이들은 심지어 애찬에 참여한다(12). 이들은 꿈꾸는 자들이다(8~9). 이것은 아마도 환상가들을 의미한다.[8] 그들은 출애굽 백성의 불신(5), 처소를 떠난 천사들의 배신(6), 소돔과 고모라의 간음(7)을 꿈꾼다. 이들은 여러 가지 별칭을 가진다(12~13): 암초, 목자, 구름, 나무, 물결, 별들. 대적자들의 특징은 다음과 같이 나타난다.

첫째로, 그들에게는 신학에 문제가 있다. 대적자들은 "경건치 아니한"(4) 자들이다. 불경은 윤리적인 차원보다는 신학적인 차원을 가리킨다. 대적자들의 불경은 다음과 같다. 신론에 있어서 대적자들은 하나님의 은혜를 방탕으로 바꾼다(4). "하나님의 은혜"는 이신칭의를 의미한다. 이들은 하나님의 구원의 은혜를 멸시한다. 이들은 영광을 훼방한다(8). 영광은 하나님의 나타내는 말(24~25 참조)이다. 기독론에 있어서 대적자들은 유일한 주재요 주님인 예수 그리스도를 부인한다(4). 이들은 권위를 멸시한다(8). 예수 그리스도와 관련하여 두 가지를 부인한다: 주재이신 것과 주님이신 것. 성령론에 있어서 대적자들은 육에 속한 자들로서 "성령님을 가지지 않은 자"들이다(19). 이들은 육체를 더럽힌다(8). 그래서 그들은 "육에 속한 자들"(ψυχικοί, 19)이라고 불린다. 이것은 바울적인 개념으로서(참조. 고전 2:14; 15:44) 세상적인 영향에 사로잡힌 사람들임을 가리킨다. 대적자들은 성령님의 은사를 소유하

---

7   참조. Sellin, "Häretiker", 206~225.

8   참조. Chester / Martin, *The Theology of the Letters of James, Peter, and Jude*.

고 있지 않을 정도가 아니라, 성령님을 소유하고 있지 않다.

둘째로, 대적자들에게는 교회의 문제가 있다. 그들에게서 분리주의(separatism)가 나타난다. 그들은 심지어 애찬까지도 자신의 악한 행위를 표현하는 기회로 여긴다(12). 대적자들은 자기에게 속한 무리만을 목양함으로써(12) 당을 짓는다(19).

셋째로, 대적자들은 윤리의 문제를 보여주었다. 대적자들은 이성 없는 짐승과 같이 본능으로 안다(10). 이들은 육체를 더럽힌다(8). 이것은 소돔과 고모라처럼 간음하며 다른 육체를 따르는 것을 의미한다(7). 대적자들은 육체의 문제를 가지고 있다. 그들은 육체적인 타락과 쾌락에 종사한다. 그들은 원망하는 자들이며(16), 불만을 토하는 자들이며(16), 그 정욕대로 행하는 자들이며(16,18), 입으로 자랑하는 말을 내는 자들이다(16). 기롱하는 자들이다(18). 대적자들은 이익을 위하여 아첨한다(16). 그들은 가인의 길, 발람의 삯, 고라의 패역을 따른다(11).

유다서는 대적자들의 결국을 명시한다. 그들은 옛적에 이 심판을 위하여 미리 기록된 자들이며(4), 영원히 예비된 캄캄한 흑암으로 돌아갈 유리하는 별들이다(13).

2. 연약자

또한 유다서의 수신자들은 의심과 멸망과 타락이라는 부정적인 상황에 처해 있었다. 유다서는 수신자들 가운데 의심하는 자들이 있다고 말한다(22). 유다서는 심지어 수신자들 가운데는 불에 빠진 것과 같은 사람들도 있었으며(23상), 육체로 더럽힌 옷을 입은 사람들도 있었다고 알려준다(23하).

V. 유다서의 신학

유다서는 이런 부정적인 상황에서 수신자들에게 신학을 제시함으로써 교회를 보존하려고 한다.

1. 하나님

유다서는 하나님은 한 분(μόνος, 25)이라고 말한다. 이 하나님은 능력자이시다. 하나님은 거침없이 보호하실 능력과 흠 없이 서게 하실 능력을 가지고 있다(24). 이 하나님은 "우리의 구주"(25)이시다. 또한 유다서에 의하면 하나님은 "아버지"(1)이시다. 그러므로 유다는 하나님 아버지의 사랑(1,21)과 은혜(4)와 영광(25)을 말한다. 하나님의 사랑(1,21)은 성도들이 자신을 지켜야 할 규범이다(21). 하나님의 은혜(4)는 단회적인 구원의 믿음을 주시는 근원이다(3). 하나님의 영광은 성도들이 바라보아야 할 궁극적인 목표이다(25).

2. 예수 그리스도

유다서에서 예수 그리스도는 무엇보다도 여러 차례 "주"(κύριος, 4,17,21, 25)라고 고백된다. 이것은 그리스도가 모든 성도의 통치자와 주인이 된다는 것을 가리킨다. 그러므로 유다 자신도 예수 그리스도의 종이며(1), 예수 그리스도는 사도들의 주인이시기도 하다(17). 이런 의미에서 예수 그리스도는 "하나이신 주재"(ὁ μόνος δεσπότης, 4)이시다. 바로 이 유일성은 하나님과 동일한 것이다(25). 바로 여기에서 예수 그리스도는 하나님과 동등 됨이 드러난다. 그래서 하나님께 영광이 돌려지는 것은 오직 예수 그리스도를 통하여 이루어진다(25). 마지막으로 "주"이며 "주재"이신 예수 그리스도께서 긍휼을 베푸신다. 성도들은 예수 그리스도 안에서 사랑을 얻으며(1) 또는 보호를 받는다(1).

3. 성령님

유다서에 의하면 성도와 대적자의 차이점은 성령님 소유에서 드러난다. 대적자는 성령님을 가지지 않은 자들이다(19). 그렇다면 반대로 성도는 성령님을 가진 자들이다. 성도들이 성령님을 가진 자라는 사실은 "성령님으로 기도"(20) 한다는 점에서 확실하게 드러난다. 성령님을 가진 자는 성령님으로 기도해야 한다. 성령님으로 기도하는 것은 성도가 성령님을 가지고 있다는 것에 대한 가장 분명한 표식이다.

여기에서 또 한 가지 중요한 사실은 성령님이 삼위일체의 도식가운데서 등장하고 있다는 점이다. 물론 이 삼위일체 도식은 성도들에 대한 권면에 들어있다. 유다는 삼위일체 도식으로 성도들을 권면한다: "성령님으로 기도"(20), "하나님의 사랑 안에서 자기를 지킴"(21), "예수 그리스도의 긍휼을 기다림"(21)이다.[9]

4. 신앙과 구원과 종말

유다서에 의하면 믿음은 하나님께서 "성도에게 단번에 주신 믿음"(3)으로서

---

9   이에 대한 Swete의 설명은 귀담아 들을 만하다. H. B. Swete, *The Holy Spirit in the New Testament. A Study of Primitive Christian Teaching*, London: Macmillan, 1910(스웨트, 『신약 속의 성령』, 권호덕 역, 서울: 은성, 1986, 289에 제시된 자료 참조).

성도들은 "지극히 거룩한 믿음 위에 자기를 세운다"(20). 이 믿음으로 말미암아 성도들은 차별이 없이 보편적인 구원을 얻는다. 이것은 "일반으로 받은 구원"(ἡ κοινὴ σωτηρία, 3)이라고 불린다. 이것은 신앙을 가지고 있는 사람에게는 누구에게나 주어지는 구원을 의미한다. 이 믿음을 가지고 있을 때 성도는 영생에 이른다(21). 유다서는 신자들이 영생을 기다리는 미래적인 기대를 가질 것을 촉구한다. 이런 미래적인 기대는 "마지막 때"(18)와 "큰 날의 심판"(6)을 바라보는 종말사상에서 잘 나타난다.

5. 천사론

유다서는 천사에 대하여 몇 가지 중요한 견해를 제공한다. 첫째로, 유다서는 천사들의 본질을 설명한다. 천사들은 "다른 육체"(σάρξ ἑτέρα, 7)를 가지고 있다. 또한 유다서는 천사들의 타락을 언급한다(6). 이것은 창세기 6:1ff.를 연상시킨다.[10] 더 나아가서 유다서는 천사들 가운데 이름으로 부르는 천사가 있다는 것을 보여준다. 특히 미가엘은 마귀와 싸우는 천사로 소개된다(9). 그러나 유다서에 의하면 미가엘에게는 마귀를 판결할 권한이 없다. 그 권한은 오직 주께 속하는 것이기 때문이다. 천사의 수효에 대하여는 "수만의 거룩한 자들"(14)이라는 표현에서 잘 나타난다. 이것은 주의 강림에 동행하는 천사들을 가리킨다. 재림하는 주와 천사들은 선명하게 구별된다. 그러므로 예수 그리스도를 천사로 보는 것은 잘못이다.[11]

---

10 천사들의 타락은 에녹서 6f., 10~13에 자세히 설명되어 있다.

11 J. Fossum, "Kyrios Jesus as the Angel of the Lord in Jude 5~7", *NTS* 33 (1987), 226~43.

제30장
요한계시록

1) 주석

D. E. Aune, *Revelation 1~5*, WBC 52A, Nashville: Thomas Nelson, 1997; *Revelation 6~16*, WBC 52B, 1998; *Revelation 17~22*, WBC 52C, 1998.

G. K. Beale, *The Book of Revelation*, NIGTC, Grand Rapids: Eerdmans, 1999.

W. Bousset, *Die Offenbarung Johannis*, KEK 16, Göttingen: Vandenhoeck Ruprecht, 1896, 1906.

R. H. Charles, *A Critical and Exegetical Commentary on the Revelation of St. John with Introduction, Notes and Indices also the Greek Text and English Translation*, ICC, 2 Vols, Edinburgh: T&T Clark, 1920 (Edinburgh: T&T Clark, 2000).

M. Karrer, *Johannesoffenbarung. Teilband 1: Offb 1,1~5,14*, EKK 24.1, Ostfildern: Patmos / Göttingen: Vandenhoeck Ruprecht, 2017.

H. Kraft, *Die Offenbarung des Johannes*, HNT 16a, Tübingen: Mohr Siebeck, 1974.

A. Satake, *Die Offenbarung des Johannes übersetzt und erklärt. Redaktionell bearbeitet von Thomas Witulksi*, KEK 16, Göttingen: Vandenhoeck Ruprecht, 2008.

박윤선, 『요한계시록 주석』, 서울: 영음사, 1981.

헨드릭슨(Wm. Hendriksen), 『신약성경주석 요한계시록』, 김영익-문영탁 역, 서울: 아가페출판사, 1981.

홍창표, 『요한계시록 해설』 제1권, 서울: 크리스챤북, 1999; 『요한계시록 해설』 제2권, 2001.

2) 연구서

R. G. Bauckham, *The Climax of Prophecy: Studies on the Book of Revelation*, Edinburgh: T&T Clark, 1993.

R. G. Bauckham, *The Theology of the Book of Revelation*, NTT, Cambridge: Cambridge University Press, 1995(리챠드 보캄, 『요한계시록의 신학』, 이필찬 역, 서울: 한들, 2000).

O. Böcher, *Die Johannesapokalypse*, EdF 41, 3. Aufl., Darmstadt: Wissenschaftliche Buchgesellschaft, 1988(오토 뵉허, 『요한묵시록의 난제 열두 가지』, 박두환 역, 서울: 한국신학연구소, 1995).

J. M. Court, *Revelation*, NTG 20, Sheffield: Sheffield Academic Press 1994(『요한계시록』, 이필찬 역, 서울: 이레서원, 2002).

C. Deutsch, "Transformation of Symbols: The New Jerusalem in Rv 21,1~22,5", *ZNW* 78 (1987), 106~126.

A.-M. Enroth, "The Hearing Formula in the Book of Revelation", *NTS* 36 (1990), 598~608.

R. G. Hall, "Living Creatures in the Midst of the Throne: Another Look at Revelation 4,6", *NTS* 36 (1990), 609~613.

M. Oberweis, "Die Bedeutung der neutestamentlichen 'Rätselzahlen' 666(Apk 13.18) und 153 (Joh 21.11)", *ZNW* 77 (1986), 226~241.

V. S. Poythress, *The Returning King: A Guide to the Book of Revelation*, New Jersey: P & R Publishing, 2000(포이쓰레스, 『요한계시록 맥잡기』, 유상섭 역, 서울: 크리스챤 출판사, 2002).

김추성, 『요한계시록 1~9장. 주석집』, 킹덤북스, 2018.

김추성, 『하나님과 어린양의 보좌. 요한계시록 새롭게 읽기』, 고양: 이레서원, 2015.

이필찬, 『요한계시록 어떻게 읽을 것인가?』, 서울: 성서유니온 2000.

조병수, "땅의 수확 - 요한계시록의 신학 일고", 「성경원문연구」 2 (1998.2), 51~69(『신약신학 열두 논문』, 수원: 합동신학대학원출판부, 1999, 221~243).

I. 요한계시록의 기록자와 기록장소와 연대

요한계시록은 요한을 기록자로 소개하면서 여러 차례 이름을 언급한다. 요한의 이름이 언급될 때마다 그의 역할이 설명된다. 요한은 예수 그리스도의 계시가 전달되는 과정을 설명한다: 하나님 - 예수 그리스도 - 천사 - 요한 - 종들(1:1). 요한은 자신이 계시의 과정에서 중간 위치에 서 있다고 생각한다. 요한은 예수 그리스도의 계시가 종들에게 전달되기 전에 먼저 계시의 대상자가 된다(1:1). 이 때문에 요한은 계시를 보고 듣는다(22:8). 정리하자면 요한은 계시의 동참자이다(4:1ff.). 그런데 요한은 자신이 받은 계시를 종들에게 전달한다는 점에서 계시의 대상자일 뿐 아니라 계시의 증언자이기도 하다(1:2). 계시를 증언한다는 것은 다르게 말하자면 계시를 기록하여 보내는 것이다. 그러므로 요한은 예수 그리스도의 계시를 증언하기 위하여 그것을 편지로 보내는 기록자이다(1:4). 요한계시록이 수신자들에게 동의되는 것은 요한 자신이 수신자들과 마찬가지로 예수님의 환난과 나라와 참음에 동참한 사람이기 때문이다(1:9). 요한계시록은 환난의 시기에 기록되었다. 요한은 이 글을 쓰는 자신이 밧모 섬에 있다는 것을 명시한다(1:9).

II. 요한계시록의 구조와 문학 특징

1. 요한계시록 1장

요한계시록은 먼저 자신의 성격을 밝히는 머릿글을 가지고 있다(1:1~3). 여기에서 요한계시록은 기원자와 관련하여 볼 때 계시이며(1:1), 증언자와 관련하여 볼 때 말씀과 증언이며(1:2), 수신자와 관련하여 볼 때 예언의 말씀이라고(1:3) 설명된다.

이어서 요한계시록은 요한이 아시아에 있는 일곱 교회에 보내는 서신의 도입을 가지고 있다(1:4~8). 발신자는 요한이며 수신자는 일곱 교회이다(1:4 상). 여기에 요한계시록은 삼위일체적 기원을 덧붙이고(1:4하~5상), 기독론적 찬양(1:5하~6)을 첨가한다. 마지막으로 여기에는 구약인용의 증거(1:7), 하나님의 자증이 뒤따라온다(1:8).

요한은 요한계시록을 기록하는 권위를 설명하기 위하여 자신의 체험과 예수님의 환상을 소개한다(1:9~20). 요한은 하나님의 말씀과 예수님의 증언 때문에 유배를 당한 사람이며(1:9~10), 예수 그리스도를 목격한 사람이다(1:11~20).

2. 요한계시록 2~3장

요한계시록은 일곱 교회에 보내는 편지들을 제시한다. 이 편지들은 동일한 구조를 가진다.[1] 첫째로, 이 편지들은 도입부로 시작된다: "…에 있는 교회의 사자에게 편지하기를"(2:1,8,12,18; 3:1,7,14). 둘째로, 이 편지들에는 인자의 모습이 언급된다(2:1,8,12,18; 3:1,7,14). 셋째로, 이 편지들은 칭찬을 달고 있다: "아노니"(2:2,9,13,19; 3:1,8,15). 넷째로, 이 편지들에는 책망이 나온다(서머나 교회와 빌라델비아 교회 제외): "너를 책망할 것이 있노라"(2:4,14,20). 다섯째는 성령님언급이다: "귀 있는 자는 성령님이 교회들에게 하시는 말씀을 들을지어다"(2:7,11,17,29; 3:6,13,22). 여섯째는 네 가지 방식의 약속이다: 에베소와 버가모 – "이기는 자에게는 내가 주리라"(2:7,17); 서머나와 사데 – "이기는 자는 …하리라"(2:11; 3:5); 두아디라와 라오디게아 – "이기는 자는 … 내가 그에게 주리라"(2:26; 3:21); 빌라델비아 – "이기는 자는 … 내가 되게 하리라"(3:12). 약속은 경우에 따라 성령님+약속(에베소, 서머나, 버가모) 또는 약속+성령님(두아디라, 사데, 빌라델비아, 라오디게아) 순서로 나타난다.

3. 요한계시록 4~21장

요한계시록에는 일곱 인(4~7장), 일곱 나팔(8~15장), 일곱 대접(16~21장)에 대한 이야기가 나온다. 일곱 대접에 관한 이야기는 계시록 21:9~22:7까지 이르는 것으로 볼 수 있다. 계시록 21:9에 "일곱 대접을 가지고 마지막 일곱 재앙을 담은 일곱 천사 중 하나가"라는 표현이 나오는데, 이 천사는 계시록 22:7까지 활동하는 것으로 묘사되기 때문이다.

특이한 것은 일곱 인, 일곱 나팔, 일곱 대접에 대한 단락에는 서론이 먼저 나온다는 것이다. 일곱 교회에서는 말씀하시는 인자 같은 이(1:9~20)가 서론으로 나오며, 일곱 인에서는 하늘의 보좌와 인으로 봉한 책(4:1~5:14)이 서론으로 나오며, 일곱 나팔에서는 금향로(8:1~5)가 서론으로 나오며, 일곱 대접에서는 유리바다와 하늘성전(15:1~8)이 서론으로 나온다.

그런데 일곱 인, 일곱 나팔, 일곱 대접에 대한 단락을 살펴보면, 각 단락에서 처음 4개와 나중 3개가 다시 그룹을 이루는 것을 볼 수 있다(4+3 구조). 일곱 인에서는 처음 4인이 말과 말 탄 자들로 짝을 이루어 나중 3인과 구별된다. 일곱 나팔에서는 처음 4나팔이 땅, 바다, 강, 해에 대한 심판으로 짝을 이루고, 나중 3나팔은 세 가지 화로서 짝을 이루어 구분된다. 일곱 대접에서는 처음4 대접이 위의 처음 4나팔과 마찬가지로 땅, 바다, 강, 해에 대한

---

1   Cf. D. E. Aune, "The Form and Function of the Proclamations to the Seven Churches (Revelation 2~3)", *NTS* 36 (1990), 182~204.

심판으로 짝을 이루고, 나중 3대접은 영적인 사건을 다룸으로써 구별된다.

일곱 인, 일곱 나팔, 일곱 대접에 대한 단락에서는 번개, 소리, 천둥이 여러 차례 반복적으로 나온다. 이것은 각 단락의 특징을 이룬다: 일곱 인에서 (4:5), 일곱 나팔에서(8:5; 11:19), 일곱 대접에서(16:18).

어떤 면에서 보면, 인과 나팔과 대접으로 연결되는 일곱 시리즈는 단지 틀로 작용할 뿐이고, 중요한 것은 그 틀에 삽입된 것처럼 보이는 단락들이다. 일곱 시리즈가 간단히 언급되는 반면에 삽입단락들이 자세히 진술되는 것으로부터 그 가능성을 생각해 볼 수 있다. 예를 들면, 일곱 인 가운데 여섯 인에 대한 설명(6:1~17)에 비하여 그것을 둘러싸고 있는 보좌 환상 (4:1~11), 일곱 인의 등장(5:1~14), 그리고 14만 4천과 흰 옷을 입은 자들 (7:1~17)에 대한 설명이 훨씬 많다. 일곱 대접에 대한 설명도 간단하지만 (16:2~21), 이에 비하여 음녀(17:1~18), 바빌론(18:1~24), 하나님의 심판 (19:1~5), 어린 양의 혼인잔치(19:6~10), 일곱 환상(19:11~21:8), 새 예루살렘 (21:9~27), 생명수 강(22:1~5)에 대한 설명은 길다. 일곱 나팔과 관련해서는 조금 복잡하다. 첫째에서 넷째 나팔까지는 간단히 서술되지만(8:7~12), 다섯째 나팔: 첫째 화(9:1~12), 여섯째 나팔: 둘째 화(9:13~11:14), 일곱째 나팔: 셋째 화(11:15~15:8)에는 삽입단락들이 혼합되어 있기 때문이다. 여섯째 나팔에는 연,월,일,시 네 천사(9:13~21), 힘센 천사의 작은 책(10:1~11), 성전 측량과 두 증인(11:1~13)이 삽입되어 있고, 일곱째 나팔에는 하늘에 큰 음성 (11:15~19), 하늘의 큰 이적: 여자와 용(12:1~6), 하늘 전쟁(12:7~ 14:20), 하늘의 크고 이상한 이적(15:1~4), 하늘의 증언 장막(15:5~8)이 삽입되어 있다.

4. 요한계시록 22장(계 22:6~21)

요한계시록에서 마지막 부분은 구조에 있어서 이중성을 가진다(이중구조). 이것은 계시록 22:6~9와 계시록 22:10~19에 비슷한 내용이 흐르는 것으로 쉽게 파악할 수 있다.

계 22:6~9	계 22:10~19
그가 나에게 말했다(6)	그가 나에게 말한다(10)
이 말씀들(6)	이 책의 예언의 말씀들(10)
내가 속히 오리라(7)	내가 속히 오리라(12)
복이 있다(7)	복이 있다(14)
나 요한은(8)	나 예수님은(16)
이 책의 말씀(9)	이 책의 예언의 말씀들(18)

요한계시록에는 두 개의 결론이 나온다. 계시록 22:20은 본 단락의 결

론이며, 계시록 22:21은 전체의 결론이다.

III. 요한계시록의 내용

서론(1:1~20)
　　도입(1:1~3)
　　일곱 교회의 편지 서론(1:4~20)
　　삼위일체적 기원(1:4~5상)
　　기독론적 찬양(1:5하~6)
　　기독론적 증거(1:7): 재림
　　신론적 증거(1:8): 알파와 오메가
　　요한의 상황(1:9~11)
　　인자의 모습(1:12~20)

1. 일곱 교회(2:1~3:22)
　　에베소교회(2:1~7)
　　서머나 교회(2:8~11)
　　버가모 교회(2:12~17)
　　두아디라 교회(2:18~29)
　　사데 교회(3:1~6)
　　빌라델비아 교회(3:7~13)
　　라오디게아 교회(3:14~22)
2. 보좌 환상(4:1~11)과 일곱 인(5:1~8:1)
　　보좌 환상(4:1~11): "번개와 음성과 우렛소리"(4:5)
　　일곱 인의 등장(5:1~14)
　　　첫째 인(6:1~2): 흰 말 - 활
　　　둘째 인(6:3~4): 붉은 말 - 칼
　　　셋째 인(6:5~6): 검은 말 - 저울
　　　넷째 인(6:7~8): 청황색 말 - 검과 흉년과 사망과 땅의 짐승
　　　다섯째 인(6:9~11): 죽임 당한 영혼들
　　　여섯째 인(6:12~17): 일월성신(日月星辰)의 변화, 하늘이 떠나감
　　　　14만 4천과 흰 옷을 입은 자들(7:1~17)
　　　　14만 4천(7:1~8)
　　　　흰 옷을 입은 자들(7:9~17)
　　　일곱째 인(8:1)

3. 일곱 나팔(8:2~15:8)

　　일곱 나팔 받음(8:2)

　　향로(8:3~5) "우레와 음성과 번개와 지진"(5)

　　일곱 나팔 예비(8:6)

　　　첫째 나팔(8:7): 땅

　　　둘째 나팔(8:8~9): 바다

　　　셋째 나팔(8:10~11): 강

　　　넷째 나팔(8:12): 해달별

　　　　세 나팔의 의미: 화, 화, 화(8:13)

　　　다섯째 나팔: 떨어진 별과 황충들(9:1~12): 첫째 화

　　　"첫째 화는 지나갔으나 보라 아직도 이 후에 화 둘이 이르리로다"(9:12)

　　　여섯째 나팔:(9:13~11:14): 둘째 화

　　　　연,월,일,시 네 천사(9:13~21)

　　　　힘센 천사의 작은 책(10:1~11)

　　　　성전 측량과 두 증인(11:1~13)

　　　"둘째 화는 지나갔으나 보라 셋째 화가 속히 이르는도다"(11:14)

　　　일곱째 나팔(11:15~15:8): 셋째 화

　　　　하늘에 큰 음성(11:15~19) "번개와 음성과 우레와 지진과 큰 우박"(19)

　　　　하늘에 큰 이적: 여자와 용(12:1~6)

　　　　하늘에 전쟁(12:7~14:20)

　　　　용과의 전쟁(12:7~17)

　　　　두 짐승(13:1~18)

　　　　14만4천(14:1~5) "하늘에서 나는 소리"(2)

　　　　세 천사(14:6~12)

　　　　　첫째 천사(14:6~7): 하나님 경배 요구

　　　　　둘째 천사(14:8): 바빌론 멸망 선포

　　　　　셋째 천사(14:9~12): 짐승의 표식자에의 심판 설명. "불과 유황"(10)

　　　　주 안에서 죽은 자들(14:13) "하늘에서 나는 소리"(13)

　　　　땅의 수확(14:14~16)과 땅의 포도 수확(14:17~20)

　　　　하늘에 크고 이상한 이적(15:1~4); 일곱 천사의 일곱 재앙

　　　　하늘에 증언 장막(15:5~8): 일곱 천사의 일곱 대접

4. 일곱 대접(16:1~22:5)

　　성전에서 큰 음성(16:1): "일곱 대접을 땅에 쏟으라"

　　첫째 대접(16:2): 땅

　　둘째 대접(16:3): 바다

　　셋째 대접(16:4~7): 강

넷째 대접(16:8~9): 해

다섯째 대접(16:10~11): 짐승의 보좌

여섯째 대접(16:12~16): 유브라데

일곱째 대접(16:17~21): 공기.

　"번개와 음성들과 우렛소리와 큰 지진"(18)

　"일곱 대접을 가진 일곱 천사 중 하나가 말하되"(17:1)

음녀(17:1~18)

바빌론(18:1~24)

　바빌론/음녀(18:2~3)

　땅의 왕들(18:3)

　땅의 상고들(18:3)

　바빌론(18:4~8)

　땅의 왕들(18:9~10)

　　"그 고통을 무서워하여 멀리 서서 이르되 화 있도다 화 있도다 큰 성 견고한
　　성 바벨론이여 한 시간에 네 심판이 이르렀다"(10)

　땅의 상고들(18:11~17상)

　　"그 고통을 무서워하여 멀리 서서 울고 애통하여 이르되 화 있도다 화 있도
　　다 큰 성이여 … 한 시간에 망하였도다"(15f., 17)

　선장, 선객, 선인(18:17하~19)

　　"멀리 서서 … 울며 애통하여 외쳐 이르되 화 있도다 화 있도다 이 큰 성이
　　여 … 한 시간에 망하였도다"(17하, 19)

　하늘. 성도, 사도, 선지자에게 즐거워할 것 요구(18:20)

　바벨론을 맷돌처럼 던짐(18:21~23)

　선지자, 성도, 죽임 당한 자의 피가 보임(18:24)

허다한 무리의 큰 음성(19:1~5) 하나님의 심판

허다한 무리의 음성(19:6~10) 어린 양의 혼인잔치

일곱 환상(19:11~21:8) "내가 보니"(εἶδον)

　백마를 탄 이(19:11~16)

　하나님의 큰 잔치(19:17~18)

　전쟁(19:9~21) "유황과 불붙는 못"(20)

　사탄의 천년 결박(20:1~3)

　성도의 천년 통치와 사탄의 미혹(20:4~10) "둘째 사망"(6)
　　　　　　　　　　　　　　　　　　　　　"불과 유황 못"(10)

　흰 보좌 심판(20:11~15) "불못"(14.15) "둘째 사망"(14)

　새 하늘과 새 땅(21:1~8) "불과 유황으로 타는 못"(8) "둘째 사망"(8)

　　"일곱 대접을 가지고 … 일곱 천사 중 하나가 말하여 이르되"(21:9)

새 예루살렘(21:9~27)
생명수 강(22:1~5)

종결(22:6~21)

신론적 결론(22:6~15): "주 곧 선지자들의 영의 하나님"(22:6)
  책의 성격(22:6~7)
  요한(22:8~9)
  인봉하지 말라(22:10~15)
기독론적 결론(22:16): "나 예수님은"
성령론적 결론(22:17): "성령님과 신부가 말씀하시기를"
요한의 결론(22:18~19): "내가 증언하노니"(22:18)
이것들을 증언하신 이의 말(22:20)
기원(22:21)

1:1~20	2:1~3:22	4:1~8:1	8:2~15:8	16:1~22:5	22:6~21
서론	일곱 교회	일곱 인	일곱 나팔	일곱 대접	종결

Ⅳ. 요한계시록의 상황

첫째로, 요한계시록은 환난 가운데서 기록되었다. 요한계시록을 쓰고 있는 요한 자신도 핍박을 받고 있다. "나 요한은 너희의 형제요 예수님의 환난과 나라와 참음에 동참하는 자라 하나님의 말씀과 예수님의 증언을 인하여 밧모라 하는 섬에 있었다"(1:9). 요한은 이 박해로 말미암아 밧모 섬으로 유배를 당하였다. 그런데 요한계시록을 받는 교회들도 역시 핍박을 당하고 있다. 요한계시록에 나타난 교회는 핍박을 받는 교회이다. 주님께서는 서머나 교회의 "환난과 궁핍"을 아셨고, 또 이후에 어떤 고난이 있을 것을 알려 주셨다. "너는 장차 받을 고난을 두려워하지 말지어다 마귀가 장차 너희 가운데 몇 사람을 옥에 던져 시험을 받게 하리라"(2:10). 버가모 교회에서는 주님의 충성된 종인 안디바가 죽임을 당하였다(2:13). 이외에도 요한계시록의 전반에 걸쳐 박해의 모습이 언급된다. 요한은 하나님의 말씀과 예수님의 증언을 위하여 죽임을 당한 영혼들을 본다(6:9). 수많은 성도들과 선지자들이 피를 흘렸다(16:6). 큰 음녀는 성도들의 피와 예수님의 증인들의 피에 취하였다(17:6). 많은 하나님의 백성들이 예수님의 증언과 하나님의 말씀으로 말미암아 목 베임 당하였다(20:4).

둘째로, 요한계시록이 기록될 때 이단이 교회에 침투하였다. 에베소 교회에는 "자칭 사도라 하는 자들"(2:2)이, 버가모 교회에는 발람의 교훈을 지키는 자들(2:14)이, 두아디라 교회에는 "자칭 선지자라 하는 여자 이세벨"(2:20)이, 빌라델비아 교회에는 거짓말하는 자들이 있었다(3:9). 미혹자들의 배후에는 사탄이 있다. 사탄은 "온 천하를 꾀는 자"(12:9)이기 때문이다. 사탄은 특히 교회를 미혹하기 위하여 거짓 선지자를 사용한다. 거짓 선지자는 용과 짐승과 함께 활동하는 자로서(16:13) 표적으로 성도들을 미혹하는 자이다(19:20; 참조 13:14). 교회는 예수 그리스도를 모방하는 사탄의 미혹을 받는다. 그는 예수 그리스도(19:11~16)를 흉내 내어 흰말을 타고 온다(6:1~2). 미혹이 온 세상에 퍼지는 것은 마치 무저갱에서 올라오는 연기가 해와 공기를 어둡게 만드는 것과 비슷하다(9:1~2). 무저갱의 연기는 악한 사상이 세상에 퍼뜨려져 진리를 흐리게 만드는 것을 의미한다.[2]

마지막으로 요한계시록의 교회들은 회개를 요청 받는 상황에 있었다. 회개의 요청은 무엇보다도 교회들이 나태함에 빠져있었기 때문이다. 에베소 교회는 처음 사랑을 잃어버렸다(2:4). 사데 교회는 살았다고 하지만 죽은 것 같아 하나님 앞에서 행위가 온전하지 않았다(3:1f.). 라오디게아 교회는 미지근하여 뜨겁지도 않고 차지도 않았다(3:16). 또한 회개의 요청은 교회들이 세속화에 직면해 있었기 때문이다. 세속화는 음행으로 대표되었다. 여기에는 버가모 교회와 두아디라 교회가 연루되었다(2:14,20f.). 음행의 배후에는 음녀 바벨론이 있다. 음녀 바벨론은 손에 금잔을 들고 있는데, 그 속에는 가증한 물건과 음행의 더러운 것이 가득하다(17:4). 음녀 바벨론의 음행의 포도주에 땅의 왕들을 비롯하여 모든 자들이 취하였고 결국은 그 음행의 포도주로 말미암아 만국이 무너졌다(17:2; 18:3).

V. 요한계시록의 신학[3]

1. 요한계시록 해석방법

1. 시대사적 해석(Preterist Interpertation)

시대사적 해석은 요한계시록이 박해의 시대를 사는 신자들의 믿음을 견고하게 만들기 위하여 기록된 것으로 생각한다. 이것은 요한계시록을 로마제국과의 갈등에서 나온 것으로 해석하는 방법이다. Charles는 요한계시록에

---

2 박윤선, 『요한계시록 주석』, 203.

3 요한계시록의 신학에 관한 일반적인 설명을 위해서 다음의 글을 참조하라. M. E. Boring, "The Theology of Revelation: 'The Lord Our God the Almighty Reigns'", *Int* 40 (1986), 257~269.

이미 Nero(54~68년) 시대가 반영되는 것으로 생각한다(11:1~13; 12장; 13:1~7,10). 또한 그에 의하면 계시록 17:10~11과 18:4은 Vespatian(69~79년) 시대를 반영한다. 따라서 Charles는 요한계시록이 Vespasian이나 Domitian(81~96년) 치하에서 기록된 것으로 여긴다.[4] Hadorn은 계시록 6:9 와 11:1~2, 그리고 다니엘서 식의 42주 결정법은 예루살렘 성전 파괴(주후 70년) 이전 자료라고 주장한다. 특히 그는 계시록 17장이 여섯 번째 황제 Galba(68년) 또는 Vespatian(69~79년) 시대에 기록되었다고 생각한다.[5] Bousset은 요한계시록의 시대사적인 배경을 기독교와 로마제국 사이의 끔찍한 결전에서 찾는다. "황제숭배가 투쟁의 대상이다."[6] 그에 의하면 계시록 6:6의 기근은 92년에 Domitian(81~96년)의 칙령과 관련이 있다. 따라서 그는 계시록이 93년경에 기록되었을 것으로 추정한다. Kraft는 계시록 17:10 으로부터 황제의 후계자가 이미 알려져 있는 것으로 생각하여 후에 Trajan(98~117년)이 공동지배자가 되었던 Nerva(96~98년)의 통치를 추측하며, 계시록 13:18에 나오는 숫자를 Nerva로 해석한다.[7] 따라서 그에 의하면 계시록은 97~98년경에 기록되었을 것이다.

2. 교회사적 해석(Historical Interpretation)

교회사적 해석은 요한계시록이 말세까지 교회의 역사를 묘사하는 것으로 생각한다. Pettau의 Viktorin(304년경)이 일곱 인, 일곱 나팔, 일곱 대접은 연속적 사건발생을 의미하는 것이 아니라 병행 속에서 반복되는 사건발생을 의미한다는 반복설(Recapitulation)을 주장한 이후, Johannes Coccejus (1603~1669년)에 의해서도 채택되었다. Coccejus는 반복되는 일곱 시리즈가 교회사의 일곱 국면을 나타낸다고 생각하였다. 예를 들어 J. A. Bengel (1687~1752년)은 계시록 14:6,8의 첫째 짐승을 교황으로 생각하여 요한계시록을 교황에 대한 반대적 입장에서 읽었다. H. J. Stilling(1740~1817년)은 계시록 13장의 용과 두 짐승을 해석하면서 용을 사탄으로, 한 짐승을 사탄의 하수인인 교황으로, 다른 한 짐승을 이교도로 설명했다. 그는 계시록 12:1에 나오는 해를 입은 여인을 Zinzendorf가 설립한 경건주의 분파인 Herrenhuter 에 속하는 교회로 생각하였고, 계시록 16:2의 첫 번째 대접을 프랑스 혁명 (1789년)으로 생각하였다.

---

4   Charles, *Revelation of St. John,* xcii~xciv.
5   D. W. Hadorn, *Offenbarung des Johannes*, THNT 18, Leipzig: A. Deichertsche Verlagsbuchhandlung Werner Scholl, 1928.
6   Bousset, *Offenbarung Johannis*, 132.
7   Kraft, *Offenbarung des Johannes*, 222.

3. 미래적 해석(Futurist Interpretation)

미래적 해석은 요한계시록이 말세에 일어날 사건들을 순서를 따라 기록한 것으로 여긴다. 세대주의는 이 견해를 극단적으로 표명한다(Dispensational Interpretation). 온건한 견해는 요한계시록이 구원과 심판을 포함한 하나님의 구원 목적이 완전히 성취되는 것을 묘사하는 것으로 여긴다.[8]

4. 종말론적 해석(Eschatological Interpretation)

종말론적인 해석은 요한계시록을 교회가 악의 세력과 싸우는 종말론적인 투쟁을 상징하는 것으로 본다(Idealistic-symbolic Interpretation). Th. Kliefoth(1810~1895)는 요한계시록을 종말론적인 희망과 현재의 권면을 위한 문헌으로 사용하였다.[9] 우리는 마지막 시대에 살면서 요한이 예언한 구원시대의 시작을 기다린다는 것이다.

5. 전승사적 해석(Tradition-historical Criticism)

D. Völter(1855~1931)는 문학비평적인 방식을 사용하여 요한계시록을 연구하였다. 초대교회가 이단과 싸우는 과정에서 요한계시록이 다양한 변화와 확대의 과정을 겪게 되었다고 주장한다.[10]

6. 종교사적 해석(Religionsgeschichtliche Methode)

H. Gunkel은 계시록 12장을 예로 들어 요한계시록에는 신화적인 재료가 들어있다고 생각하면서 요한계시록의 고대 바빌론적인 배경을 주장한다. F. Boll(1867~1924)은 고대점성술의 세계와 점성 신화론을 통하여 계시록을 해석하였다. E. Lohmeyer는 요한계시록에 귀신 신화가 많이 들어있다고 생각하였다.

우리는 요한계시록이 당시의 시대상을 배경으로 하나님의 궁극적인 승리라는 이념을 가지고 당시의 교회 뿐 아니라 장래의 교회에도 신앙을 격려하면서 종말론적인 성취를 제시하는 책이라는 종합적인 해석 원리를 가져야 한다.[11]

---

8   홍창표, 『요한계시록 해설』 제1권, 105~107에서 미래적 해석에 관한 설명을 참조하라.

9   Th. Kliefoth, *Die Offenbarung des Johannes*, 3 Bde., Leipzig: Dörffling und Franke, 1874.

10   D. Völter, *Die Offenbarung Johannis neu untersucht und erläutert*, 2. Aufl., Strassburg: Heitz & Mundel, 1911.

11   참조. 홍창표, 『요한계시록 해설』 제1권, 108~109.

2. 예수 그리스도

요한계시록에서 예수 그리스도는 다음과 같이 묘사된다.[12]

1. 예수님의 명칭

요한계시록에서 예수님은 한번 하나님의 아들이라고 불리며(2:18), 몇 차례 그리스도라고 일컬어진다(1:1,2,5; 11:15; 12:10; 20:4,6). 요한계시록은 예수님을 처음과 나중, 알파와 오메가라고 소개함으로써(1:17; 21:6; 22:13) 하나님과 동등하신 분임을 명시한다(1:8 참조). 이것은 예수님께서 하나님과 마찬가지로 전 역사를 통치하시는 분임을 나타낸다. 특이하게도 요한계시록은 예수님을 하나님의 말씀이라고 부른다(19:13). 이것은 요한복음과 어조를 같이 하는 것이다(요 1:1). 예수님의 명칭과 관련하여 요한계시록에서 가장 중요한 것은 예수님을 어린양으로 소개하는 것이다(29번). 이것은 예수 그리스도의 제사가 계속해서 유효하다는 것을 보여준다. 예수 그리스도의 죽음이 단번에 이루어진 것은 사실이지만 그 효과는 지속적이다.

2. 예수님의 주권

1) 교회의 주

요한계시록은 가장 먼저 예수 그리스도를 교회의 주로 설명한다. 예수 그리스도는 아시아에 있는 일곱 교회를 위한 발신자이다. 그의 신분은 "인자 같은 이"(1:13)라는 표현에서 잘 나타난다. 예수 그리스도는 놀라운 외모를 가지고 있다(1:13~16). 발에 끌리는 옷과 가슴의 금띠는 그의 권위를 보여준다(1:13). 머리털의 희기가 흰 양털과 눈 같다는 것은 그의 성결을 알려준다(1:14). 눈은 불꽃같다는 것은 그의 통찰을 가리킨다(1:14). 그의 능력을 나타내기 위하여 발은 풀무에 단련된 주석 같다고 한다(1:15). 음성이 많은 물소리 같은 것은 세계통치의 의미이다(1:15). 예수 그리스도는 교회의 통치자로서 오른손에 일곱별을 가지고 있다(1:16). 입에서 좌우에 날선 검이 나온다는 것은 말씀의 권세를 의미한다(1:16). 얼굴이 해가 힘 있게 비치는 것 같다는 것은 예수님께서 생명수여자이심을 보여준다(1:16). 예수 그리스도의 모습은 일곱 교회에 대한 말씀에서 분배하듯이 각각 반복된다. 이것은 교회가 부분적으로라도 예수 그리스도의 모습을 소유하고 있을 때 의미가 있다는

---

12 Cf. D. Guthrie, "The Christology of Revelation", in J. B. Green and M. Turner (eds.), *Jesus of Nazareth: Lord and Christ: Essays on the Historical Jesus and New Testament Christology*, Grand Rapids: Eerdmans 1994, 397~409.

것을 알려준다. 그리스도의 모습 가운데 어떤 것을 반영하지 않는 교회는 무의미하다. 그러므로 요한계시록은 기독론적 교회론을 제시한다. 교회는 반드시 예수 그리스도와 연관되어 있어야 한다. 이렇게 하여 요한계시록은 예수 그리스도께서 교회의 주이심을 드러낸다.

2) 우주의 주

요한계시록에서 예수 그리스도는 우주의 주이시다. 요한계시록은 이것을 두 가지 사실로 증명한다. 첫째로, 예수 그리스도는 우주의 통치자이시다 (5:1~14). 어린양이신 예수님께서 보좌와 네 생물, 장로들 사이에 계신다. 보좌에 앉으신 이의 오른 손에는 책이 들려있다. 그것은 안팎으로 썼고, 일곱 인으로 봉해 있다. 거기에는 하나님의 뜻과 계획이 담겨있다. 그러나 이 인을 떼고 책을 펼 자가 없기 때문에 하나님의 뜻을 알 길이 없다. 이때 유대 지파, 다윗의 뿌리이신(5:5), 어린 양 예수님께서 이 책을 취한다. 이때 찬양이 드려진다. 네 생물과 24 장로가 노래하고(5:9~12), 많은 천사들이 노래하고(5:12), 만물이 노래한다(5:13). 이 노래들은 그리스도께서 중보자로 승천하여 하나님의 영원한 뜻을 따라 우주를 다스릴 권세를 받으셨다는 사실을 명백히 알려준다. 하나님은 어린양을 통하여 우주를 다스리신다. 둘째로, 요한계시록은 예수 그리스도를 우주의 심판자로 소개한다(14:14~16). 예수님께서는 인자 같은 이로서 금 면류관을 쓰고 흰 구름에 앉아 예리한 낫을 휘둘러 땅을 거두신다.

3) 영계의 주

요한계시록에서 예수 그리스도는 영적 세계의 주로 묘사된다. 예수 그리스도는 악한 영적인 세력들과 전투하신다. 그는 음녀 바벨론(14:8; 16:19; 17:5; 18:2,10,21)과 세 가지 지원세력인 용과 짐승과 거짓 선지자(16:13)와 싸우신다. 이들은 하르마겟돈('Αρμαγεδών)에 집결한다(16:16). 하르마겟돈은 히브리어로 므깃도의 산(הַר מְגִדּוֹ)이라는 뜻으로 사사기의 사건을 가리킨다. 사사기에서 야빈과 시스라의 군대는 철병거 900승을 가진 강한 병력이기에 이스라엘이 도저히 이길 수 없는 상대인데 바락과 드보라가 이겼다(삿 5:19). 이것은 하나님께서 이기게 하신 것이다. 이와 마찬가지로 마지막 전쟁에서도 음녀 바벨론과 세 더러운 영과 온 왕들이 하나님을 대적하여 일어나 큰 세력을 발휘하는 것처럼 보여도 승리는 하나님께 있다. 그리스도께서 재림하시어(16:15) 이 대적들을 무찌르실 것이기 때문이다(19:19~20:10). 그러므로 이것은 "하나님 곧 전능하신 이의 큰 날"(16:14)이 될 것이다. 하르마겟돈은 하나님의 전승지에 대한 상징적인 명사이다. 예수 그리스도는 모든 악한 영적인 세력들에 대하여 승리하신다.

3. 기독론의 의미

요한계시록은 예수 그리스도를 알파와 오메가(처음과 나중)로 묘사함으로써 하나님과 동일본질이심을 분명하게 고백한다. 예수 그리스도는 창조의 시작이시다. 이것은 예수 그리스도가 창조된 첫 인물이라는 뜻이 아니라 예수 그리스도에게서 창조가 시작되었다는 뜻이다. 요한계시록은 위에서 언급한 기독론을 가지고 예수 그리스도만이 찬양 받으실 주님이심을 고백함으로써 로마의 황제숭배를 거부한다.

3. 요한계시록의 상징어[13]

요한계시록은 상징들로 가득 차 있지만 이 상징들은 이해되기를 기다리고 있다. 요한계시록은 "지시하는 것"($\sigma\eta\mu\alpha\acute{\iota}\nu\epsilon\iota\nu$)이기 때문이다. 요한계시록에 이처럼 많은 상징어를 사용했던 이유에 대하여 가장 적합한 설명은 오직 그러한 수단을 통해서라야만 독자들에게 전하고자 했던 심오한 비밀들을 표현할 수 있었다는 데 있다.[14] 이 모든 상징들은 한데 어울어져 하나님의 계시를 생생한 극적 효과가 주어진 그림 같은 드라마로 보여주고 있다.[15]

1. 상징의 종류

요한계시록에 나오는 상징의 종류에 대하여는 출처, 개념, 난해성을 중심으로 살펴볼 수 있다.

1) 상징의 출처

요한계시록에서 많은 상징어들이 구약성경의 예언적인 언어들 중에서 나온다. 창세기 3:22의 생명나무는 계시록에 네 번 나온다(2:7; 22:2,14,19). 만나(2:17)는 출애굽기 16:13이하와 민수기 11:4~9에서 얻어온다. 어린양(5:6)은 이사야서 53:7에서, 생명책(3:5; 17:8; 20:12,15)은 시편 69:28에서 나온다. 짐승(13장)은 다니엘서 7장과 연결이 있다. 이 밖에도 성전과 언약궤(11:19; 15:5)라든가 용(12:3)은 모두 구약성경에서 채용한 단어들이다.

몇 가지 상징들은 당시의 일상생활에서 취해진 것도 있다: 생명의 면류관(2:10), 흰돌(2:17), 새벽별(2:28), 흰옷(3:4,18; 7:9,13), 책들(생명책 - 3:5; 13:8; 17:8; 20:12; 책 - 5:1; 작은 책 - 10:2; 책들 - 20:12; 요한계시록 그 자체 - 22:7,9,10,18,19),

---

13 Beale, *Revelation*, 50~69은 요한계시록의 상징에 관하여 집약적인 설명을 제공한다.

14 거쓰리(D. Guthrie), 『요한계시록의 신학 - 현대교회를 향하여 계시록은 무엇을 말하고 있는가?』 정충하 역, 서울: 새순출판사, 1989, 34.

15 테니(M. C. Tenney), 『요한계시록 해석』, 김근수 역, 서울: 기독교문서선교회, 1989, 10.

열쇠(3:7), 기둥(3:12), 금(3:18), 안약(3:18), 인(5:1, 7:2), 사자(5:5), 뿌리(5:5), 금 대접(5:8), 말, 활, 칼, 저울(6장), 나팔(8:1), 여자(12:1) 등등.

2) 상징의 개념
요한계시록에 나오는 상징의 개념들에서 장소, 이름, 숫자가 특히 중요하다.

(1) 장소의 상징
요한계시록에서 일곱 교회의 이름은 제외하고 예루살렘(3:12; 21:2,10), 유 프라테스(9:14; 16:12), 소돔과 애굽(11:8), 바벨론(14:8; 16:19; 18:2), 하르마겟돈 (16:16) 등이 상징적으로 사용된다.

(2) 이름의 상징
요한계시록은 니골라(2:6,15), 안디바(2:13), 발람과 발락(2:14), 이세벨 (2:20), 다윗(3:7; 5:5; 22:16), 미가엘(12:7) 같은 이름들을 상징적으로 사용한다.

(3) 숫자의 상징[16]
요한계시록에는 숫자가 셀 수 없이 많이 사용되었다. 3분1(12:4), 4분 1(6:8), 10분1(11:13) 등의 분수 표현은 말세의 사건이 지구의 어느 작은 한 부분에만 해당하는 것이 아님을 보여준다. "2"는 두 증인(11:3), 두 감람나무 와 두 촛대(11:4), 두 뿔(13:11) 등에 사용되었고, "3"은 세 더러운 영(16:13)에 사용되었다. "3과 반"은 사흘 반(11:9,11)으로 표현되며, "한 때 두 때 반 때"(12:14)도 여기에 해당하는 것처럼 보인다. "4"는 네 생물(4:6), 네 천사 (7:1)에, "5"는 다섯 달(9:5,10)에 사용되었다. "7"은 모두 55회가 사용되었다. 교회(1:11), 촛대(1:12), 별(1:16), 일곱 영(4:5), 일곱인(5:1), 일곱 뿔과 일곱 눈 (5:6), 일곱 나팔(8:1), 일곱 머리(12:3; 13:1; 17:3) 대접(15:7) 등등이다. "10"은 십 일(2:10), 열 뿔(12:3; 13:1; 17:3) 등에 사용되었다. "12"은 열두 문(21:12), 열 두 천사(21:12), 열두 지파(21:12)에, "24" 장로들(4:4 passim)에, "42"는 마흔 두 달(11:2; 13:5)에, "144"는 성전 규모(21:17)에, "666"은 짐승의 수(13:18)에, "1000"은 천년통치(20:2,3,4,6,7)에, "1260"은 두 증인의 예언과 여자의 도피 (11:3; 12:6)에, "7000"은 심판으로 죽은 자들(11:13)에, "12000"은 새 예루살 렘의 규모(21:16)에, "14만4천"은 선택된 이스라엘인들에게(7:4 "수를 들으니", 14:1,3), "2만만"은 마병대에(9:16, "수를 들었노라") 사용되었다. 이 가운데서

---

16 숫자의 상징에 관해서는 다음의 글을 참조하라. Y. A. Collins, "Numerical Symbolism in Jewish and Early Christian Apocalyptic Literature", in *ANRW* 2.21.2 (1984), 1221~1287, esp. 1268~1284.

특이한 것은 같은 수를 날, 달, 년으로 풀이한 경우이다. 짐승에 의한 핍박은 42달로, 교회의 전도는 1260일로, 고난의 정도는 3년 반으로 이해된다. 말하자면 핍박보다 전도는 더욱 강렬하다는 것이며, 핍박에 비해 고난은 빨리 지나갈 것임이 암시된다.

(4) 계시록 13:18의 666에 대한 해석

사도 요한은 로마의 핍박으로 말미암아 밧모(Patmos)섬으로 유배를 당한 것 같다(1:9). 그런데 문제는 이 핍박이 어느 황제 때 일어난 것이냐 하는 점이다. 문자를 숫자로 풀이하는 방식(gematry)에 따라서 계시록 13:18에 나오는 사람의 수 또는 짐승의 수 666을 해석하는 데 다음과 같은 가능성들이 제시된다.

Stemberger는 이 숫자의 비밀에 대한 해결책으로 Nero가 이 수에 해당하는 것으로 생각한다.[17] 왜냐하면 네로 황제를 히브리어로 쓸 경우 קסר נרון가 되는데 각 문자를 숫자로 해석하여(ק = 100, ס = 60, ר = 200, נ = 50, ר = 200, ו = 6, ן = 50) 이 모든 숫자를 더하면 קסר נרון가 666이 되기 때문이다.

그러나 Stauffer는 사도 요한이 그리스어 권에 속해 있기 때문에 이 숫자를 히브리어로 계산하는 것은 잘못이라고 생각한다.[18] 그래서 그는 그리스어에 의한 계산을 원칙으로 하면서 다음과 같은 설명을 한다. 첫째로, 이 숫자는 상거래와 관계되는 도구이다(즉 돈): "누구든지 이 표를 가진 자 외에는 매매를 못하게 하니"(13:17). 둘째로, 이 숫자는 "사람의 수"라고 불림으로써 어떤 사람에게 속한 숫자임을 알려주고 있다(13:18). 셋째로, 이 사람은 짐승이라고 불린다: "짐승의 이름"(13:17), "짐승의 수"(13:8). Stauffer는 Domitian 황제가 로마인, 헬라인, 유대인, 그리스도인에 의하여 "짐승"이라고 불렸던 것을 지적한다. 또한 그는 Domitian 통치시대에 통용되던 동전에 그의 직명(Amtsname)이 다음과 같이 쓰여있다고 지적한다: ΑΥΤΟΚΡΑΤΩΡ ΚΑΙΣΑΡ ΔΟΜΕΤΙΑΝΟΣ ΣΕΒΑΣΤΟΣ ΓΕΡΜΑΝΙΚΟΣ. 그런데 동전의 크기 때문에 이 이름을 모두 적을 수가 없어서 다음과 같이 약자로 실리는 경우가 많았다: Α ΚΑΙ ΔΟΜΕΤ ΣΕΒ ΓΕ. Stauffer는 이것을 숫자로 환산하여 666을 얻어냈다.

17　G. Stemberger, *Die Römische Herrschaft im Urteil der Juden*, EdF 195, Darmstadt: Wissenschaftliche Buchgesellschaft, 1983, 31.

18　E. Stauffer, *Christus und Caesaren*, München / Hamburg: Friedrich Wittig Verlag, 1948, 1966, 273~277.

A	1	= 1
KAI	20 + 1 + 10	= 31
ΔOMET	4 + 70 + 40 + 5 + 300	= 419
ΣEB	200 + 5 + 2	= 207
ΓE	3 + 5	= 8
A KAI ΔOMET ΣEB ΓE		= 666

그러나 위에서 언급한 시도들은 단지 가능한 설명일 뿐이다. 본문이 명확하게 말해주지 않는 이상 이런 시도들을 절대화해서는 안 된다. 이 숫자가 말하는 중요한 요점은 그것이 인간에게 속한 수라는 사실이다. 이것은 하나님으로부터 철저히 떠난 "사람의 수"이다. 여기에서 문제시되고 있는 것은 인간의 배신성(背神性)이다. 이러한 성격 때문에 인간은 하나님에게 가깝기보다는 짐승에게 가깝다. 그래서 이 숫자는 다시 "짐승의 수"라고 불린다. 그 수는 666이다. 6은 불완전의 수이며 실패의 수이다. 요한계시록은 6을 세 번 겹쳐 씀으로써, 배신성에 근거하여 하나님보다는 짐승 쪽에 가까운 사람들은 실패하고, 실패하고, 실패할 것을 보여준다. 666은 완전한 실패를 의미한다.

3) 난해성
요한계시록의 상징어들은 때로 설명을 달고 있는 것이 있고, 때로 설명 없이 사용된 경우가 있다. 하지만 설명을 달고 있는 상징어 가운데도 이해하기 어려운 것들이 많이 있다.

(1) 설명을 가지고 있는 상징어
요한계시록은 상징어에 설명을 덧붙이는 경우가 많다. 일곱별은 일곱 교회의 사자이다(1:20). 하지만 이 사자가 누구를 가리키는지는 분명하지가 않다. 일곱 촛대는 일곱 교회이다(1:20). 향은 성도들의 기도이다(5:8). 두 증인이 죽임을 당한 성은 소돔과 애굽이다(11:8). 여기에는 영해(靈解)의 방법이 제시된다. "영적으로 하면". 특히 주목할만한 것은 음녀의 단락에서 비밀을 자세히 밝히고 있다는 것이다. "짐승의 비밀을 네게 이르리라"(17:7). 짐승은 이전에 있었다가 지금은 없으나 앞으로 나올 자이다(17:8). 일곱 머리는 일곱 산으로서 일곱 왕이다(17:9). 열 뿔은 열 왕이다(17:12). 물은 백성과 무리와 열국과 방언이다(17:15). 음녀는 땅의 임금들을 다스리는 큰 성이다(17:18). 신부가 입은 세마포는 성도들의 옳은 행실이라고 설명된다(19:8). 이 외에도 분명히 알 수 있는 것은 알파와 오메가가 처음과 나중, 시작과 끝을 가리킨다는 것(1:8,17; 2:8; 21:6; 22:13), 참소하는 자는 사탄이라는 것(12:10), 곡과 마곡은 땅의 사방 백성이라는 것(20:8) 등이다.

(2) 설명이 없는 상징어

요한계시록에서 설명이 없는 상징어들 가운데는 모습을 묘사하는 대목들이 눈에 두드러진다. 예를 들면, 인자의 모습(1장), 황충의 모습(9:7), 마병대의 모습(9:17), 짐승의 모습(13:2), 음녀의 모습(17:3), 신랑의 모습이다 (19:11).

(3) 비유적 상징어

요한계시록에는 비유적 상징어들이 있는데 이것들은 대체로 잘 해득할 수 있다. 계시록 6:12이하에 묘사된 천체변화와 계시록 7:15에 서술된 천국의 삶은 어느 정도 쉽게 이해할 수 있다. 특히 후자는 계시록 21장에서 다시 설명된다.

(4) 언어적 상징어

요한계시록에는 두 번 히브리어를 사용하여 상징을 나타낸다. 계시록 9:11에서 황충의 임금은 히브리어 음으로 아바돈, 헬라어 음으로 아볼루온이라고 불린다. 계시록 16:16에서는 마지막 전쟁을 히브리어 음으로 하르마겟돈에서 치르게 된다고 설명한다.

(5) 요약적 상징

계시록 12:1~6, 13~17은 계시록의 역사서술로서, 구약시대로부터 그리스도의 초림, 재림 전의 사건들, 그리스도의 재림까지를 요약하고 있다.

2. 상징의 해석
요한계시록의 상징어들을 해석하는 데는 다음과 같이 몇 가지 주의해야 할 사항들이 있다.

1) 본질적인 것에 관심을 둘 것
요한계시록에서 상징의 세부적인 의미가 완전하게 드러나 있는 경우를 제외하고는 상징의 세부까지 너무 깊은 의미를 찾으려고 해서는 안 된다. 요한계시록의 상징해석에서 알레고리적인 해석보다는 전체 인상과 중심 의미에 초점을 두는 것이 바르다. 만일 상징의 모든 부분에 대하여 각기 할당된 의미를 찾는 데 열중한다면, 본문이 의도하고 있는 본질적인 문제에 대하여 희미해지기 쉽기 때문이다. 예를 들면, 어린양이 펴기에 합당한 책에 대하여 아무런 설명이 주어져 있지 않은데 그 내용을 알고자 하는 것은 의미가 없다. 오히려 이것으로 어린양의 유일무이한 자격과 신분을 표현하고자 한다는 사실을 배워야 한다. 상징해석에서 지엽적인 것에 초점을 맞추기보다는 전반적인 의미에 초점을 맞춰야 한다.

또한 각 사건들은 어떤 특수한 사건이나 역사의 세세한 부분을 말하지 않고 특별한 전세대, 즉 세계역사 전체를 운용하는 원리들을 말한다는 점에 주의해야한다. 마찬가지로 이 상징들은 어느 특별한 사람에게만 제한하여 그 영향을 미치기도 하지만 헤아릴 수 없는 많은 무리들에게도 영향을 준다는 점을 잊어서는 안 된다.

2) 전체 문맥을 고려할 것

요한계시록에서 각 상징은 전체의 문맥에서 이해되어야 한다. 각 상징들을 오직 그것으로만 해석하는 것은 바람직하지 않다. 예를 들면, 인자의 모습은 교회에의 메시지에 다시 각 항마다 반복된다. 이와 비슷하게 요한계시록의 첫 부분에 나오는 각 교회에 대한 약속은 요한계시록의 끝 부분에서 완성되는 것을 볼 수 있다.

생명나무	2:7	-	22:2
둘째 사망	2:11	-	21:8
철장	2:27	-	19:15
생명책	3:5	-	20:12
하나님의 성전	3:12	-	21:3,22
그리스도의 보좌	3:21	-	22:3

3) 당시의 역사적 상황을 고려할 것

요한계시록은 주후 1세기에 핍박받고 시달리는 성도들의 약해지려는 마음을 위로하고 굳게 하려는 데 그 직접적인 목적이 있다. 따라서 요한계시록을 이해하기 위해서는 당시의 정치적, 경제적, 종교적인 상황을 잘 알아야 할 필요가 있다. 분명히 원독자들은 상징에 대하여 오늘날의 우리보다 훨씬 더 익숙해 있었을 것이다. 이 책이 만들어졌을 때, 이 상징들이 이해될 것으로 기대되었다고 가정하는 것은 분명히 합리적이다. 예를 들어, 사데 교회에 흰옷을 말하는 것은(3:4), 사데가 모직 산업으로 유명하다는 것과 관련이 있다. 라오디게아 교회에 안약에 대하여 말하는 것은(3:18), 라오디게아가 안과의로 유명하다는 것과 관계가 있다.

4) 구약성경과의 관계를 파악할 것

요한계시록은 구약성경에 바탕을 두고 있다. 추정컨대 요한계시록에는 대략 400개의 구약성경에 대한 암시가 들어있다.[19] 요한계시록은 구약 39권 중에서 24권을 사용하였다. 그 가운데 특히 시편, 이사야, 다니엘, 에스겔, 예레미야, 스가랴 등의 종말론적인 성격이 강한 책들이 많이 사용되었다. 계시록에는 구약성경의 직접인용은 거의 없고(4:8의 Trishagion 삼 거룩 송), 주로 간접인용(2:26~27 = 시 2:8~9), 단어사용(위에서 본 바와 같이), 내용요약(11장의 엘리야와 모세), 사상채용(13장의 짐승) 등으로 구약성경이 사용된다. 그러나 요한계시록은 구약성경의 단순한 모방자가 아니다. 구약성경의 교훈들은 가끔 새로운 형태로 요한계시록에 나타났고 다소 수정된 의미로 받아들여졌다. 그러므로 우리는 병행구절들이 항상 비슷한 의미를 가져야만 한다고 생각하는 위험에 대하여 경계해야 한다. 예를 들면, 다니엘 7장의 짐승 사상이 계시록 13장에서 사용되었다. 그러나 여기에는 분명한 사상의 변화가 있다. "다니엘은 이방제국들의 압박 하에서 메시아의 초림을 기다리는 유대인들의 관점에서 짐승에 관하여 기록하였다. 이 같은 이방제국들 중에서 넷째 제국이자 최후의 제국 하에서 기록된 요한계시록은 다니엘서로부터 미래의 이방 세계의 모습을 풍자적으로 묘사하면서도 유대의 몰락까지 암시하고 있다 …… 다니엘서가 그리스도의 초림을 대망하는 유대주의 맥락에서 역사에 관한 해석의 열쇠를 제공한다면, 요한계시록은 그리스도의 재림을 향한 사건들을 해석할 수 있는 열쇠를 제공한다."[20] 그러므로 요한계시록을 바로 이해하기 위해서는 구약성경을 잘 알아야 한다. 이렇게 요한계시록은 성경 전체와 조화가 되도록 해석되어야 하는 것이다.

요한계시록은 상징어들로 가득 차 있음에도 불구하고 이해되기를 기다리고 있다. 하지만 요한계시록을 잘 이해하기 위해서는 본서가 말하고자 하는 중심내용에 대한 주의력과 본서의 배경이 되는 역사적 사실들과 구약성경의 지식에 대한 노력이 필요하다. 만일에 우리가 이 같은 조건만 갖춘다면, 요한계시록은 1세기의 성도들에게만큼 우리에게도 잘 이해가 될 것이다. 요한계시록은 전 세대를 포함하고 있기 때문에 주후 1세기의 성도들을 위한 것인 만큼 오늘날의 우리들을 위한 계시가 된다. 이러한 의미에서 요한계시록은 현대적이다. 요한계시록은 현대의 성도들에게도 핍박의 인내를 교훈하고, 구원의 완성을 대망시키기에 충분하다.

---

19 G. K. Beale, "19. Revelation", in D. A. Carson and H. G. M. Williamson (eds.), *It Is Written: Scripture Citing Scripture. Essays in Honour of Barnabas Lindars*, Cambridge: Cambridge University Press, 1988, 318~336은 요한계시록의 구약인용에 관한 좋은 견해를 제시한다.

20 테니(M. C. Tenney), 『요한계시록 해석』, 221.

Adams, E. / Horrell, D. G. *Christianity at Corinth. The Quest for the Pauline Church*, Westminster John Knox Press: Louisville/London, 2004.

Adamson, J. B. *James: the Man and his Message*, Grand Rapids: Eerdmans, 1989.

_____. "Der Schluss des Markusevangeliums", in M. Sabbe (ed.), *L' Évangile selon Marc. Tradition et Rédaction*, BEThL 34, Leuven: Leuven University Press, 1988, 435~470.

_____. "Der Schluss und die Ursprüngliche Gestalt des Römerbriefes", in ders., *Neutestamentliche Entwürfe*, München: Kaiser, 1979, 284~301.

_____. *Synopsis Quattuor Evangeliorum*, 15. Aufl., Stuttgart: Deutsche Bibelgesellschaft, 1963, 1996.

Aland, K. / Aland, B. *Der Text des Neuen Testaments. Einführung in die wissenschaftlichen Ausgaben und die Theorie wie Praxis der modernen Textkritik*, 2. Aufl., Stuttgart: Deutsche Bibelgesellschaft, 1982, 1989.

Aland K. (hg) *Vollständige Konkordanz zum griechischen Neuen Testament*, Berlin / New York: Walter de Gruyter, 1978.

Arndt, W. / Gingrich, F. W. / Danker, F. W., (A) *Greek-English Lexicon of the New Testament and Other Early Christian Literature*. 3rd ed. (revised and edited by F. W. Gingrich), Chicago: University of Chicago, Press, 2000.

Arnold, C. E. *The Colossian Syncretism: The Interface Between Christianity and Folk Belief at Colossae*, Tübingen: Mohr Siebeck, 1995.

Aune, D. E. "The Form and Function of the Proclamations to the Seven Churches (Revelation 2~3)", *NTS* 36 (1990), 182~204.

_____. *Revelation 1~5*, WBC 52A, Nashville: Thomas Nelson, 1997.

_____. *Revelation 6~16*, WBC 52B, Nashville: Thomas Nelson, 1998.

_____. *Revelation 17~22*, WBC 52C, Nashville: Thomas Nelson, 1998.

Bacon, B. W. *Studies in the Matthew*, London/New York: Henry Holt, 1930.

Balch, D. L. "Household Codes", in Aune, D. E. (ed.), *Greco-Roman Literature and the New Testament*, Atlanta: Scholars, 1988, 25~50.

Baldensperger, W. *Der Prolog des vierten Evangeliums. Sein polemisch- apologetischer Zweck*, Freiburg / Leipzig / Tübingen: Mohr Siebeck, 1898.

Balz, H. / Schneider, G. (hg.), *Exegetisches Wörterbuch zum Neuen Testament*, Stuttgart / Berlin / Köln / Mainz: Kohlhammer, 1980~3 (ET: *Exegetical Dictionary of the New Testament*, Grand Rapids: Eerdmans, 1990).

Balz, H. R. et al. (hg.), *Theologische Realenzyklopädie*, Berlin: Walter de Gruyter, 1977ff.

Bammel, E. "Versuch Col 1,15~20", *ZNW* 52 (1961), 88~95.

Banker, J. A. *Semantic Structure Analysis of Titus*, Dallas: Summer Institute of Linguistics, 1987.

Barclay, J. *Obeying the Truth. A Study of Paul's Ethics in Galatians*, Edinburgh: T&T Clark, 1988.

Barnett, P. *The Message of 2 Corinthians: Power in Weakness*, Leicester: Inter-Varsity Press, 1988.

Barrett, C. K. *Freedom and Obligation. A Study of the Epistle to the Galatians*, London: SPCK 1985.

_____. *The Gospel according to St. John: An Introduction with Commentary and Notes on the Greek Text*, Philadelphia: The Westminster Press, 1955, 1978.

_____. *The Gospel of John and Judaism, translated from the German by D. M. Smith*, Philadelphia: Fortress, 1975(German, 1970).

_____. "Paul's Opponents in II Corinthians", *NTS* 17 (1970/71), 233~54 (= in: *Essays on Paul*, Philadelphia: Westminster John Knox, 1981, 60~86).

Barth, M. *Ephesians 1~3. A New Translation with Introduction and Commentary*, AncB 34, Garden City / New York: Doubleday, 1974.

_____. *Ephesians 4~6. A New Translation with Introduction and Commentary*, AncB 34A, Garden City / New York: Doubleday, 1974.

_____. *Die Taufe - Ein Sakrament? Ein exegetischer Beitrag zum Gespräch über die kirchliche Taufe*, Zürich: Evangelischer Verlag, 1951.

Bauckham, R. J. "2 Peter: An Account of Research", *ANRW* 2.25.5, 3713~52.

_____. *The Climax of Prophecy: Studies on the Book of Revelation*, Edinburgh: T&T Clark, 1993.

_____. "James, 1 and 2 Peter, Jude", in: D. A. Carson and H. G. M. Williamson (eds.), *It is Written: Scripture Citing Scripture. Essays in Honour of Barnabas Lindars*, Cambridge: Cambridge University Press, 1988, 303~317.

_____. *Jude, 2 Peter*, WBC 50, Waco: Word Books, 1983.

_____. *Jude and the Relatives of Jesus in the Early Church*, Edinburgh: T&T Clark, 1990.

_____. *The Theology of the Book of Revelation*, NTT, Cambridge: Cambridge University Press, 1995 (리챠드 보캄, 『요한계시록의 신학』, 이필찬 역, 서울: 한들, 2000).

Bauer, W. *Rechtgläubigkeit und Ketzerei im ältesten Christentum*, BHTh 10, 2. Aufl.,, Tübingen: Mohr Siebeck, 1934, 1964,

Bauer, W. / Aland, K. und B. (hg.), *Griechisch-deutsches Wörterbuch zu den Schriften des Neuen Testaments und der frühchristlichen Literatur*, Berlin / New York: Walter de Gruyter, 1988.

Beale, C. K. *The Book of Revelation*, NIGTC, Grand Rapids: Eerdmans, 1999.

_____. "The OT Background of Reconciliation in 2 Cor. 5~7 and its Bearing on the Literary Problem of 2 Cor. 6.14~7.1", *NTS* 35 (1989), 550~581.

Beasley-Murray, G. R. *Gospel of Life. Theology in the Fourth Gospel*, Peabody: Hendrikson, 1991.

_____. *John*, WBC 36, Waco: Word Books, 1987.

Beasley-Murray, P. "Colossians 1:15~20: An Early Christian Hymn Celebrating the Lordship of Christ", in D. A. Hagner and M. J. Harris (eds.), *Pauline Studies. Essays presented to Professor F.F. Bruce on his 70th Birthday*, Exeter: Paternoster / Grand Rapids: Eerdmans 1980, 169~183.

Berger, K. *Theologiegeschichte des Urchristentums. Theologie des Neuen Testaments*, 2. Aufl., Tübingen / Basel: Francke, 1994, 1995.

Best, E. *Ephesians*, NTG, Sheffield: Sheffield Academic Press, 1993, 1997 (어네스트 베스트, 『에베소서』, 김정훈 역, 서울: 이레서원, 2003).

Betz, H. D. et al. (hg.), *Religion in Geschichte und Gegenwart. Handwörterbuch für Theologie und Religionswissenschaft*, 4. Aufl., Tübingen: Mohr Siebeck, 1998ff.,

Beutler, J. "The Use of 'Scripture' in the Gospel of John", in R. A. Culpepper and C. C. Black (eds.), *Exploring the Gospel of John in Honor of D. Moody Smith*, Louisville: Westminster John Knox Press, 1996, 147~162.

Bieder, W. "Paulus und seine Gegner in Korinth", *TZ* 17 (1961), 319~33.

_____. "Pneumatologische Aspekte im Hebräerbrief", in H. Baltensweiler / B. Reicke (eds.), *Neues Testament und Geschichte. Historisches Geschehen und Deutung im Neuen Testament. Oscar Cullmann zum 70. Geburtstag*, Zürich: Theologischer Verlag / Tübingen: Mohr Siebeck, 1972, 251~259.

Bieringer, R. (ed.) *The Corinthian Correspondence*, BEThL 125, Leuven: Leuven University Press, 1996.

Bieringer, R. / Lambrecht, J. *Studies on 2 Corinthians*, BEThL 112, Leuven: Leuven University Press, 1994.

Black, M. "Critical and Exegetical Notes on Three New Testament Texts Hebrews xi. 11, Jude 5, James I. 27", in: *Apophoreta*, FS E. Haenchen, Berlin: de Gruyter 1964, 39~45.

_____. "The Maranatha Invocation and Jude 14,15 (1 Enoch 1:9)", in: *Christ and Spirit in the New Testament*, FS C. F. Moule, Cambridge: Cambridge University Press, 1973, 189~197.

Blass, F. / Debrunner, A. / Rehkopf, F. *Grammatik des neutestamentlichen Griechisch*, 15. Aufl., Göttingen: Vandenhoeck Ruprecht, 1979 (*A Greek Grammar of the New Testament and Other Early Christian Literature*, trans. and rev. by R. W. Funk, Chicago / London: Chicago University Press, 1985).

Blinzler, J. *Johannes und die Synoptiker*, SBS 5, Stuttgart: Katholischer Verlag, 1965.

Böcher, O. *Die Johannesapokalypse*, EdF 41, 3. Aufl., Darmstadt: Wissenschaftliche Buchgesellschaft, 1988 (오토 뵉허, 『요한묵시록의 난제 열두 가지』, 박두환 역, 서울: 한국신학연구소, 1995).

Bornkamm, G. "The History of the Origin of the So-called Second Letter to the Corinthians", NTS 8 (1961~62), 258~264 (= "Die Vorgeschichte des sogenannten Zweiten Korintherbriefes", in: *Sitzungsberichte der Heidelberger Akademie der Wissenschaften*, Phil.-hist. Klasse, 1961, no. 2).

_____. "Der Philipperbrief als paulinische Briefsammlung", in *Geschichte und Glaube*. Zweiter Teil: Gesammelte Aufsätze, Bd. 4, München: Kaiser 1971, 195~205.

Bourguet, E. *De rebus Delphicis imperatoriae aetatis capita duo*, Servan: Montpellier, 1905.

Bousset, W. *Kyrios Christos. Geschichte des Christusglaubens von den Anfängen des Christentums bis Irenaeus*, 6. Aufl., Göttingen: Vandenhoeck Ruprecht, 1926, 1967.

_____. *Die Offenbarung Johannis*, KEK 16, Göttingen: Vandenhoeck Ruprecht, 1896, 1966.

Bovon, F. *Das Evangelium nach Lukas. 1. Teilband: Lk 1,1~9,50*, EKK III.1, Zürich: Benziger / Neukirchen-Vluyn: Neukirchener, 1989.

_____. *Das Evangelium nach Lukas. 2. Teilband: Lk 9,51~14,35*, EKK III.2, Zürich: Benziger / Neukirchen-Vluyn: Neukirchener, 1996.

_____. *Das Evangelium nach Lukas. 3. Teilband: Lk 15,1~19,27*, EKK III.3, Zürich: Benziger / Neukirchen-Vluyn: Neukirchener, 2001.

Brassac, A. "Une inscription de Delphes et la chronologie de Saint Paul", *RB* 10 (1913), 36~53.

Braun, H. *An die Hebräer*, HNT 14, Tübingen: Mohr Siebeck, 1984.

Bresky, B. *Das Verhältnis des zweiten Johannesbriefes zum dritten*, Münster: Aschendorff, 1906.

Brown, R. E. *The Community of the Beloved Disciple*, New York: Paulist Press, 1979 (레이먼드 E. 브라운, 『요한공동체의 역사와 신학: 사랑받는 제자 공동체』, 최흥진 역, 서울: 성광문화사, 1994).

_____. *The Epistles of John: A New Translation with Introduction and Commentary*, AncB 30, Garden City / New York: Doubleday, 1982.

_____. *The Gospel According to John (i~xii): Introduction, Translation, and Notes*, AncB 29, New York: Doubleday, 1966; John (xiii~xxi), AncB 29A, 1970.

Brox, N. *Der erste Petrusbrief*, EKK 21, 3. Aufl., Zürich: Benziger / Neukirchen-Vluyn:

Neukirchener, 1989.

Bruce, F. F. *The Acts of the Apostles*, Grand Rapids: Eerdmans, 1951, 1975.

_____. "The Holy Spirit in the Acts of Apostles", *Interpretation* 27 (1973), 166~83.

Bultmann, R. *Das Evangelium des Johannes*, KEK, 20. Aufl., Göttingen: Vandenhoeck Ruprect, 1941, 1985.

_____. *Exegetische Probleme des zweiten Korintherbriefes*, 2. Aufl., Darmstadt: Wissenschaftliche Buchgesellschaft, 1963.

_____. *Der Stil der paulinischen Predigt und die kynisch-stoische Diatribe*, Göttingen: Vandenhoeck Ruprecht, 1910.

_____. *Theologie des Neuen Testaments*, 9. Aufl., Tübingen: Mohr Siebeck, 1948, 1984.

Burge, G. M. *Interpreting the Gospel of John*, GNTE, Grand Rapids: Baker, 1992, 2002.

Bush, P. G. "A Note on the Structure of 1 Timothy", *NTS* 36 (1990), 152~156.

Byun, J.(변종길) *The Holy Spirit was not yet*, Kampen: Kok, 1992 (『성령님과 구속사』, 서울: 개혁주의신행협회, 1997).

Carson, D. A. *The Cross and Christian Ministry: Studies in 1 Corinthians*, Grand Rapids: Baker, 1993.

_____. "John and the Johannine Epistles", in D. A. Carson and H. G. M. Williamson (eds.), *It is Written: Scripture Citing Scripture. Essays in Honour of Barnabas Lindars*, Cambridge: Cambridge University Press, 1988, 245~264.

_____. "The Purpose of the Fourth Gospel: John 20:30~31 Reconsidered", *JBL* 108 (1987), 639~651.

Cassidy, R. *John's Gospel in New Perspective. Christology and the Realities of Roman Power*, New York: Orbis, 1992.

Caulley, T. S. "The False Teachers in Second Peter", *SBT* 12/1 (1982), 27~42.

Cavallin, H. C. C. "The False Teachers of 2 Peter as Pseudo-Prophets", *NovT* 21 (1979), 263~70.

Chadwick, H. "Die Absicht des Epheserbriefes", *ZNW* 51 (1960), 145~153.

Chae, D. J. S.(최종상) *Paul as Apostle to the Gentiles. His Apostolic Self-Awareness and its Influence on the Soteriological Argument in Romans*, Carlisle: Paternoster, 1997 (『이방인의 사도가 쓴 로마서. 바울의 사도적 자기 인식과 그것이 로마서의 구원론 논쟁에 미친 영향』, 서울: 아가페, 2003).

Charles, J. D. "Jude's Use of Pseudepigraphical Source-Material as Part of a Literary Strategy", *NTS* 37 (1991), 130~45.

Charles, R. H. *A Critical and Exegetical Commentary on the Revelation of St. John with Introduction, Notes and Indices also the Greek Text and English Translation*, ICC, 2 Vols, Edinburgh: T&T Clark, 1920 (Edinburgh: T&T Clark, 2000).

Chester, A. / Martin, R. P. *The Theology of the Letters of James, Peter, and Jude*, NTT, Cambridge: Cambridge University Press, 1994.

Chilton, B. "Jesus ben David: Reflections on the Davidssohnfrage", *JSNT* 14 (1982), 88~112.

Chilton, B. / Neusner, J. (eds.), *The Brother of Jesus: James the Just and His Mission*, Louisville / London: Westminster John Knox Press, 2001.

Cho, B. S.(조병수) *"Mehr als ein Prophet". Studien zum Bild Johannes des Täufers im Neuen Testament auf dem Hintergrund der Prophetenvorstellungen im zeitgenössischen Judentum*, Inaugural-Dissertation, Münster, 1994.

Cho, S. M.(조석민), *Jesus as Prophet in the Fourth Gospel*, NTM 15, Sheffield: Sheffield Phoenix Press, 2006.

Coenen, L. / Beyreuther, E. / Bietenhard, H. (hg.) *Theologisches Begriffslexikon zum Neuen*

Testament, Wuppertal: Brockhaus, 1971, 1993.

Collins, R. F. "The Theology of Paul's First Letter to the Thessalonians", *LouvStud* 6 (1977), 315~337.

Conzelmann, H. *Die Mitte der Zeit. Studien zur Theologie des Lukas*, 6. Aufl., Tübingen: Mohr Siebeck ,1954, 1977 (= *The Theology of St. Luke, London* SCM Press, 1960, 1982).

Conzelmann, H. / Lindemann, A. *Arbeitsbuch zum Neuen Testament*, 11. Aufl., Tübingen: Mohr Siebeck, 1995.

Court, J. M. *Revelation*, NTG 20, Sheffield: Sheffield Academic Press, 1994 (『요한계시록』, 이필찬 역, 서울: 이레서원, 2002).

Crouch, J. E. *The Origin and Intention of the Colossian Haustafel*, FRLANT 109, Göttingen: Vandenhoeck Ruprecht, 1972.

Cullmann, O. *Die Christologie des Neuen Testaments*, Tübingen: Mohr Siebeck, 1957 (= *The Christology of the New Testament*, London: SCM, 1980).

_____. *Early Christian Worship*, Philadelphia: Fortress, 1953.

_____. *Urchristentum und Gottesdienst*, AThANT 3, 4. Aufl., Zürich: Zwingli Verlag, 1950, 1962.

Culpepper, R. A. *Anatomy of the Fourth Gospel: A Study in Literary Design*, Philadelphia: Fortress, 1983 (『요한복음 해부. 서사비평으로 보는 제4복음서』, 권종선 역, 서울: 요단, 2000).

Curtis, V. *1, 2, 3 John*, Grand Rapids: Zondervan, 1970.

Dalton, W. J. *Christ's Proclaim to the Spirits: A Study of 1 Peter 3:18~4:16*, AnBib 23, Rome: Pontifical Biblical Institute, 1965.

Deutsch, C. "Transformation of Symbols: The New Jerusalem in Rv 21,1~22,5", *ZNW* 78 (1987), 106~126.

Dibelius, M. *Aufsätze zur Apostelgeschichte* (hg. von H. Greeven), FRLANT 60, Göttingen: Vandenhoeck Ruprecht, 1951.

_____. *Der Brief des Jakobus*, KEK 15, Göttingen: Vandenhoeck Ruprecht, 1964.

_____. "Die Reden der Apostelgeschichte und die antike Geschichtsschreibung" (1949), in *Aufsätze zur Apostelgeschichte* (hg. von H. Greeven), Göttingen: Vandenhoeck Ruprecht, 1951, 120~162.

Dietzfelbinger, C. "Aspekte des Alten Testaments im Johannesevangelium", in H. Cancik, H. Lichtenberger, P. Schäfer (Hgs), *Geschichte - Tradition - Reflexion, FS Martin Hengel zum 70. Geburtstag*, Bd. III. Frühes Christentum (Hg. H. Lichtenberger), Tübingen: Mohr Siebeck, 1996, 203~218.

Dodd, C. H. *The Interpretation of the Fourth Gospel*, Cambridge: Cambridge University Press, 1968, 1980.

Donfried, K. P. "Ecclesiastical Authority in 2~3 John", in: M. de Jonge (ed.), L'Evangile de Jean, BEThL 44 (1977), Leuven: Leuven University Press, 1987, 325~333.

Donfried, K. P. (ed.), *The Romans Debate*, Peabody: Hendrickson Publishers, 1991, 1995.

Donfried, K. P. / Beutler, J. (eds.), *The Thessalonians Debate. Methodological Discord or Methodological Synthesis?* Grand Rapids: Eerdmans, 2000.

Donfried, K. P. / Marshall, I. H. (eds.), *The Theology of the Shorter Pauline Letters*, NTT, Cambridge: Cambridge University Press, 1993.

Dunn, J. D. G. *1 Corinthians*, NTG, Sheffield: Sheffield Academic Press, 1995.

_____. *The Epistles to the Colossians and to Philemon*, NIGTC 12, Grand Rapids: Eerdmans, 1996.

_____. *The Theology of Paul's Letter to the Galatians*, NTT, Cambridge: Cambridge

University Press, 1993.

Easton, B. B. S. "New Testament Ethical Lists", *JBL* 51 (1932), 1~12.

Edgar, D. H. *Has God Not Chosen the Poor? The Social Setting of the Epistle of James*, JSNT. S 206, Sheffield: Sheffield Academic Press, 2001.

Edwards, R. B. *The Johannine Epistles*, NTG, Sheffield: Sheffield Academic Press, 1996.

Eichhorn, J. G. *Einleitung in das Neue Testament*, 2 Bde., Leipzig: Waidmannischen Buchhandlung, 1810.

Elliott, J. K. *A Bibliography of Greek New Testament Manuscripts*, Cambridge / New York: Cambridge University Pres,s 1989.

Ellis, E. E. "Traditions in the Pastoral Epistles", in C.A. Evans and W.F. Stinespring (eds), *Early Jewish and Christian Exegesis*, FS W. H. Brownlee, Atlanta: Scholars, 1987, 237~53.

Ennulat, A. *Die "inor Agreements". Untersuchungen zu einer offenen Frage des synoptischen Problems*, WUNT 2.62, Tübingen: Mohr Siebeck, 1994.

Enroth, A.-M. "The Hearing Formula in the Book of Revelation", *NTS* 36 (1990), 598~608.

Erdmann, G. *Die Vorgeschichten des Lukas- und Matthäus- Evangeliums und Vergils vierte Ekloge*, Göttingen: Vandenhoeck Ruprecht, 1932.

Evans, C. A. "On the Quotation Formulas in the Fourth Gospel", *BZ* 26 (1982), 79~83.

Farmer, W. *The Synoptic Problem: A Critical Analysis*, Dillsboro NC: Western North Carolina Press, 1976.

Farrer, A. "On dispensing with Q", in D. E. Nineham (ed.), *Studies in the Gospels: Essays in Memory of R. H. Lightfoot*, Oxford: Blackwell 1957, 58~88.

Faw, C. E. "On the Writing of First Thessalonians", *JBL* 71 (1952), 217~225.

Findlay, J. A. "James iv.5.6", *ExpTim* 37 (1926), 381~382.

Fitzmyer, J. A. *The Gospel According to Luke (I~IX): Introduction, Translation, and Notes*, AncB 28, New York/London: Doubleday, 1981, 1983.

_____. *The Gospel According to Luke (X~XXIV): Introduction, Translation, and Notes*, AncB 28A, New York/London: Doubleday, 1985.

_____. *Paul and His Theology: A Brief Sketch*, New Jersey: Prentice Hall, 1989.

_____. "Qumran and the Interpolated Paragraph in 2 Cor 6:14~7:1", *CBQ* 23 (1961), 271~280.

Flowers, H. J. "Interpolations in the Fourth Gospel", *JBL* 40 (1921), 146~158.

Fossum, J. "Kyrios Jesus as the Angel of the Lord in Jude 5~7", *NTS* 33 (1987), 226~43.

France, R. T. *Matthew: Evangelist and Teacher*, London: Paternoster / Grand Rapids: Zondervan, 1989, 1991 (프랑스,『마태신학』, 이한수 역, 엠마오, 1995).

Franklin, E. *Christ the Lord. A Study in the Purpose and Theology of Luke Acts*, London: SPCK, 1975.

Frankmölle, H. *Der Brief des Jakobus*, ÖTKNT 17, Gütersloh: Gütersloher Verlagshaus Mohn, 1994.

Freedman, D. N. et al. (eds.), *Anchor Bible Dictionary*, New York: Doubleday, 1992.

Friedrich, G. "Die Gegner des Paulus im 2. Korintherbrief", in: O. Betz, M. Hengel, P. Schmidt (hg.), *Abraham unser Vater. Juden und Christen im Gespräch über die Bibel. FS O. Michel*, AGJU 5, Leiden: Brill 1963, 189~223.

Furnish, V. P. *II Corinthians: Translated with Introduction, Notes, and Commentary*, AncB 32A, New York: Doubleday, 1984.

_____. "The Place and Purpose of Philippians III", *NTS* 10 (1963/64), 80~88.

_____. *The Theology of the First Letter to the Corinthians,* Cambridge: Cambridge University Press, 1999.

Gamble, H. *The Textual History of the Letter to the Romans,* Grand Rapids: Eerdmans, 1977.

Gapp, K. S. "The Universal Famine under Claudius", *HThR* 28 (1935), 258~265.

Gardner-Smith, P. *Saint John and the Synoptic Gospels,* Cambridge: Cambridge University Press, 1938.

Gasque, W. W. *A History of the Criticism of the Acts of the Apostles,* BGBE 17, Tübingen: Mohr Siebeck, 1975 (가스끄, W. W., 권성수 / 정광욱 공역, 『사도행전 비평사』, 서울 엠마오, 1989).

_____. "The Speeches of Acts: Dibelius Reconsidered", in R. N. Longenecker / M. C. Tenney (eds.), *New Dimensions in New Testament Study,* Grand Rapids: Zondervan, 1974, 232~250.

Georgi, D. *Die Gegner des Paulus im 2. Korintherbrief,* Neukirchen-Vluyn: Neukirchener Verlag, 1964 (= *The Opponents of Paul in Second Corinthians,* Edinburgh: T&T Clark / Philadelphia: Fortress, 1986).

Gerhardsson, B. *Memory and Manuscript. Oral Tradition and Written Transmission in Rabbinic Judaism and Early Christianity,* ANNU 22, 2. Aufl.Lund: Gleerup / Copenhagen: Munksgaard, 1961, 1964; Evangeliernas Förhistoria, Lund: Håkan Ohlssons, 1977.

Gerhardsson, B. *The Origins of the Gospel Traditions,* London: SCM, 1979, 19 (비르거 게 할드슨, 『복음서전승의 기원』, 서울: 솔로몬, 1993).

Gibbs, J. M. "Purpose and Pattern in Matthew's Use of the Title 'Son of David'". *NTS* 10 (1963/64), 446~64.

Gnilka, J. *Der Philipperbrief,* HthKNT 10.3, Freiburg / Basel / Wien: Herder, 1968.

Goppelt, L. *Der erste Petrusbrief,* KEK 12.1, 8. Aufl., Göttingen: Vandenhoeck Ruprecht, 1978.

Goulder, M. "2 Cor. 6:14~7:1 as an Integral Part of 2 Corinthians", *NTS* 36 (1994), 47~57.

_____. "Is Q a Juggernaut?", *JBL* 115 (1996), 667~81.

_____. "Self-contradiction in the IQP", *JBL* 118 (1999), 506~17.

Grässer, E., *An die Hebräer. 1. Teilband: Heb 1~6,* EKK 17.1, Zürich: Benziger / Neukirchen-Vluyn: Neukirchener, 1990.

_____. *An die Hebräer. 2. Teilband: Heb 7,1~10,18,* EKK 17.2, Zürich: Benziger / Neukirchen-Vluyn: Neukirchener, 1993.

_____. *An die Hebräer. 3. Teilband: Heb 10,19~13,25,* EKK 17.3, Zürich: Benziger / Neukirchen-Vluyn: Neukirchener, 1997.

_____. "Beobachtungen zum Menschensohn in Hebr 2,6", in: *Aufbruch und Verheissung. Gesammelte Aufsätze zum Hebräerbrief,* Berlin / New York: de Gruyter, 1992, 155~65.

_____. "Zur Christologie des Hebräerbrief. Eine Auseinandersetzung mit Herbert Braun", in: *Aufbruch und Verheissung. Gesammelte Aufsätze zum Hebräerbrief,* Berlin / New York: de Gruyter, 1992, 143~154.

Green, E. M. B. *2 Peter Reconsidered,* London: Tyndale Press, 1961, 1968.

Grillmeier, A. "Der Gottessohn im Totenreich", in ders., *Mit ihm und in ihm. Christologische Forschung und Perspektiven,* Freiburg / Basel / Wien: Herder, 1978, 76~174.

_____. *Jesus der Christus im Glauben der Kirche. Band 1. Von der Apostolischen Zeit bis zum Konzil von Chalcedon (451),* 3. Aufl., Freiburg / Basel / Wien: Herder, 1979,

1990, 179~182.

Gundry, R. H. *Mark: A Commentary on His Apology for the Cross*, Grand Rapids: Eermans, 1993.

_____. *Matthew: A Commentary on His Handbook for a Mixed Church under Persecution*, 2nd ed., Grand Rapids: Eerdmans, 1982, 1994.

Gunther, J. J. *St. Paul's Opponents and their Background: a Study of Apocalyptic and Jewish Sectarian Teachings*, NovTSup 35, Leiden: Brill, 1973.

Guthrie, D. *New Testament Introduction*, Leicester: IVP (바울서신 1961; 히브리서~요한 계시록 1962; 복음서 1965; 합본 1970, 1990) (『신약서론』 상,하, 서울: 크리스챤 다이제스트, 1992).

_____.(거쓰리), 『요한계시록의 신학 – 현대교회를 향하여 계시록은 무엇을 말하고 있는가?』 정충하 역, 서울: 새순출판사, 1989.

Geisler, N. L. / Nix, W. E. *From God to Us: How We Got Our Bible*, Chicago: The Moody Bible Institute, 1974 (노오만 가이슬러 / 윌리암 닉스, 『성경의 유래』, 서울: 생명의 말씀사, 1985).

Haenchen, E. *Die Apostelgeschichte*, KEK, Göttingen: Vandenhoeck, 13. Aufl., 1956, 1961.

_____. "Neuere Literatur zu den Johannesbriefen", *ThR* 26 (1960), 1~43, 267~291 (in ders., *Die Bibel und wir*, Gesammelte Aufsätze II, Tübingen: Mohr Siebeck, 1968, 235~311).

_____. "Tradition und Komposition in der Apostelgeschichte", *ZThK* 52 (1955), 205~225.

_____. *Der Weg Jesu. Eine Erklärung des Markus-Evangeliums und der kanonischen Parallen*, 2. Aufl.. Berlin: Gruyter, 1968.

Hall, R. G. "Living Creatures in the Midst of the Throne: Another Look at Revelation 4,6", *NTS* 36 (1990), 609~613.

Hamid-Khani, S. *Revelation and Concealment of Christ. A Theological Inquiry into the Elusive Language of the Fourth Gospel*, WUNT 2.120, Tübingen: Mohr Siebeck, 2000.

Hanson, A. T. *Studies in the Pastoral Epistles*, London: SPCK, 1968.

Harnack, A. von. *Chronologische Berechnung des Tages von Damaskus, Sitzungsberichte der preussischen Akademie der Wissenschaften. Philosophisch-historische Klasse*, Berlin 1912, 673~82 (*Kleine Schriften zur Alten Kirche*, Leipzig 1908, 190~99).

_____. *Über den 3. Johannesbrief, TU* 15/3b, 1897.

Harris, J. R. "The Problem of the Address in the Second Epistle of John", *The Expositor*, sixth series, 3 (1901), 194~203.

Harris, M. J. (머리 해리스), 『그리스도의 종인가 노예인가? 주님만 바라보는 전적 순종에 대한 신약의 은유』, 이여진 역, 고양: 이레서원, 2023.

Harris, W. H. *The Descent of Christ. Ephesians 4:7~11 and Traditional Hebrew Imagery*, Grand Rapids: Baker Books, 1996.

Harrop, C. (크레이톤 해로프), 『쉽게 풀어 쓴 신약성경 사본 이야기』, 서울: 여수룬, 1995.

Harvey, A .E. *Renewal through Sufferin: A Study of 2 Corinthians*, SNTW, Edinburgh: T&T Clark, 1996.

Hawthorne, G. F. *Philippians*, WBC 43, Waco: Word Books, 1983.

Hegermann, H. *Der Brief an die Hebräer*, ThHNT 16, Berlin: Evangelische Verlagsanstalt, 1988.

Heiligenthal, R. *Zwischen Henoch und Paulus. Studien zum theologiegeschichtlichen Ort des Judasbriefes*, TANZ 6, Tübingen: Mohr Siebeck, 1992.

Hendriksen, W. (헨드릭슨), 『신약성경주석 요한계시록』, 김영익-문영탁 역, 서울: 아가페출판사, 1981.

Hengel, M. *Die johanneische Frage: Ein Lösungsversuch. Mit einem Beitrag zur Apokalypsen von Jörg Frey* , WUNT 67, Tübingen: Mohr Siebeck, 1993.

_____. *The Johannine Question*, London: SCM, 1989 (마르틴 헹겔, 『요한문서탐구』, 전경연 외 역, 서울: 대한기독교서회, 1998).

_____. *Paul between Damascus and Antioch: The Unknown Years*, Louisville: Westminster John Knox Press, 1997.

_____. *Paulus zwischen Damaskus und Antiochien*, WUNT 108, Tübingen: Mohr Siebeck, 1998.

_____. *The Pre-Christian Paul*, London: SCM / Philadelphia: Trinity Press International, 1991 (*Der vorchristliche Paulus*, 『그리스도인 이전의 바울』, 강한표 역, 서울: 한들, 1998).

_____. "Die Schriftauslegung des 4. Evangeliums auf dem Hintergrund der urchristlichen Exegese. Christian Dietzfelbinger zum 65. Geburtstag gewidmet", *Jahrbuch für Biblische Theologie* 4 (1989), 249~288.

_____. *Studies in the Gospel of Mark*, London: SCM / Philadelphia: Fortress, 1985.

_____. *Zur urchristlichen Geschichtsschreibung*, Calwer Paperback, 2. Aufl., Stuttgart: Calwer Verlag, 1979, 1984.

Hepper, F. N. *Illustrated Encyclopedia of Bible Plants*, Leicester: Inter Varsity Press, 1992; Grand Rapids: Baker Book House 1992 (= *Pflanzenwelt der Bibel. Eine illustrierte Enzyklopädie*, Stuttgart: Deutsche Bibelgesellschaft, 1992).

Hobart, W. K. *The Medical Language of St. Luke: A Proof from Internal Evidence that "The Gospel According to St. Luke" and "The Acts of the Apostles" were written by the same person, and that the writer was a medical man*, London: Longmans, 1882.

Holtz, T. *Der erste Brief an die Thessalonicher*, EKK 13, 2. Aufl., Zürich: Benziger / Neukirchen-Vluyn: Neukirchener, 1990.

Holtz, G. *Die Pastoralbriefe*, ThHNT 13, Berlin: Evangelische Verlaganstalt, 1966, 1992.

Hooker, M. D. "Philippians 2:6~11", in: *Jesus und Paulus, FS W. G. Kümmel*, Göttingen: Vandenhoeck Ruprecht, 1975, 151~164.

Horton, F. L. *The Melchizedek Tradition. A Critical Examination of the Sources to the Fifth Century A.D. and in the Epistle to the Hebrews*, SNTS.MS 30, Cambridge: Cambridge University Press, 1976.

Hughes, G. *Hebrews and Hermeneutics. The Epistle to the Hebrews as a New Testament Example of Biblical Interpretation*, SNTS.MS 36, Cambridge: Cambridge University Press, 1979.

Hur, J.(허주), *A Dynamic Reading of the Holy Spirit in Luke - Acts*, JSNTS 211, Sheffield: Sheffield University Press, 1998.

Hurd, J. C. *The Origin of I Corinthians*, 2nd ed., London: SPCK 1965; Macon 1983.

Jeremias, J. *Die Gleichnisse Jesu*, 7. Aufl., Göttinen: Vandenhoeck Ruprecht, 1965.

_____. *The Prayers of Jesus*, Philadelphia: Fortress, 1967, 1978.

_____. "Sabbatjahr und neutestamentliche Chronologie", *ZNW* 27 (1928), 98~103.

Jervell, J. *The Theology of the Acts of the Apostles*, Cambridge: Cambridge University Press, 1996 (『사도행전 신학』, 윤철원 역, 서울: 한들, 2000)

Jewett, R. *A Chronology of Paul's Life*, Philadelphia: Fortress Press, 1979.

Johnson, L. T. *Brother of Jesus, Friend of God: Studies in the Letter of James*, Grand Rapids: Eerdmans, 2004.

_____. "James 3:13~4:10 and the Topos περὶ φθόνου", *NovT* 25 (1983), 327~47.

Kähler, M. *Der sogenannte historische Jesus und der geschichtliche biblische Christus*, 2. Aufl., Leipzig: A. Deichert'sche Verlagsbuchhandlung (G. Böhme), 1892, 1896. (ND München: Kaiser, 1953).

Käsemann, E. *An die Römer*, HNT 8a, Tübingen: Mohr Siebeck, 1980.

_____. "Ketzer und Zeuge. Zum johanneischen Verfasserproblem", *Exegetische Versuche und Besinnungen*, 1. Bd., Göttingen: Vandenhoeck Ruprecht. 1964, 168~187 (= *ZThK* 48, 1951, 292~311).

_____. "Die Legitimität des Apostels. Eine Untersuchung zu II Korinther 10~13", *ZNW* 41 (1942), 33~71 (esp. 36~41) (ND Darmstadt 1956, esp. 12~20).

Karrer, M. *Johannesoffenbarung. Teilband 1: Offb 1,1~5,14*, EKK 24.1, Ostfildern: Patmos / Göttingen: Vandenhoeck Ruprecht, 2017.

Katz, P. "The Early Christians' Use of Codices instead of Rolls", *JTS* 46 (1945), 63~65.

Kaye, B. N. "Eschatology and Ethics in 1 and 2 Thessalonians", *NovT* 17 (1975), 47~57.

Keener, C. S. *Paul, Women and Wives: Marriage and Women's Ministry in the Letters of Paul*, Peabody: Hendrickson, 1992 (『바울과 여성: 바울서신의 결혼관과 여성목회』, 이은순 역, 서울: 기독교문서선교회, 1997, 103~139).

Kent, H. A. "The Centrality of the Scriptures in Paul's First Epistle to Timothy", *JETS* 14 (1971), 157~64.

Kilpatrick, G. D. *The Origins of the Gospel according to St. Matthew*, Oxford: Clarendon, 1946.

Kim, K. J.(김경진), *Stewardship and Almsgiving in Luke's Theology*, JSNT.S 155, Sheffield: Sheffield Academic Press, 1998.

Kim, S.(김세윤), *The Origin of Paul's Gospel*, Grand Rapids: Erdmans, 1982; 2. Aufl., WUNT 2.4, Tübingen: Mohr Siebeck, 1984 (『바울복음의 기원』, 홍성희 역, 서울: 엠마오, 1994).

Kim, Y. K.(김영규), "Palaeographical Dating of P46 to the Later First Century", *Biblica* 69 (1988), 248~257.

Kim, Y. K.(ed.), *Biblia Graeca. editio princeps*, Seoul: Research Institute for the Bible and Reformed Theology, 2001.

Y. H. Kim (김영호), *Die Parusie bei Lukas. Eine Literarisch-Exegetische Untersuchung zu den Parusieaussagen im Lukanischen Doppelwerk* (BZNW 217), Berlin: de Gruyter, 2016.

Kingsbury, J. D. "The Figure of Jesus in Matthew's Story: A Literary-Critical Probe", *JSNT* 21 (1984), 3~36.

_____. *The Christology of Mark's Gospel*, Philadelphia: Fortress, 1983 (『마가의 기독론』, 김근수 역, 서울: 나단, 1994).

_____. *Matthew: Structure, Christology, Kingdom*, Philadelphia / Minneapolis: Fortress Press, 1975, 1989 (J. D. 킹스베리, 『마태복음서 연구』, 김근수 역, 서울: 기독교문서선교회, 1990, 1993).

_____. "The Title 'Son of David' in Matthew's Gospel", *JBL* 95 (1976), 591~602.

Kistemaker, S. *The Psalm Citations in the Epistle to the Hebrews*, Amsterdam: Wed. G. van Soest, 1961.

Kittel, G. / Friedrich, G. (hg.), *Theologisches Wörterbuch zum Neuen Testament*, Stuttgart: Kohlhammer, 1933~1973 (Registerband und Literaturnachträge 1978/79) (ET: *Theological Dictionary of the New Testament*. Trans. W. Bromiley, Grand Rapids: Eerdmans, 1985).

Klauck, H.-J. *Der erste Johannesbrief*, EKK 23.1, Zürich: Benziger / Neukirchen-Vluyn: Neukirchener, 1991.

_____. *Johannesbriefe*, EdF 276, Darmstadt: Wissenschaftliche Buchgesellschaft, 1991.

_____. "Κυρία ἐκκλησία in Bauers Wörterbuch und die Exegese des zweiten Johannesbriefes", *ZNW* 81 (1990), 135~138.

_____. *Der zweite und dritte Johannesbrief*, EKK 23.2, Zürich: Benziger / Neukirchen-Vluyn: Neukirchener, 1992.

Klijn, A. F. J. *An Introduction to the New Testament*, Leiden: Brill, 1967.

Knauer, A. W. "Ueber die ᾽Εκλεκτὴ Κυρία, an welche der zweite Brief Johannis gerichtet ist", *ThStKr* 6 (1833), 452~458.

Knight, J. *2 Peter and Jude*, NTG, Sheffield: Sheffield Academic Press, 1995.

Knox, J. *Chapters in a Life of Paul*, Macon: Peeters; Mercer University Press, 1950, 1987.

_____. *Marcion and the New Testament: An Essay in the Early History of the Canon*, Chicago: Chicago University Press, 1942.

Konkordanz zum Novum Testamentum Graece von Nestle-Aland 26. Auflage und zum Greek New Testament, 3rd edition (H. Bach / W. Slaby), Berlin: Walter de Gruyter, 1987, 3. Aufl. (= *Concordance to the Novum Testamentum Graece of Nestle-Aland, 26th edition, and to the Greek New Testament*, 3rd edition (H. Bach / W. Slaby), Berlin: Walter de Gruyter, 1987, 3rd ed.)

Kraft, H. *Die Offenbarung des Johannes*, HNT 16a) Tübingen: Mohr Siebeck, 1974.

Kreitzer, L. *2 Corinthians*, NTG, Sheffield: Sheffield Academic Press, 1996 (크라이처, 『고린도후서』, 김병국 역, 서울: 이레서원, 2000).

Kümmel, W. G. *Einleitung in das Neue Testament*, 21. Aufl., Heidelberg: Quelle & Meyer, 1983.

Kürzinger, J. "Irenäus und sein Zeugnis zur Sprache des Matthäusevangeliums", *NTS* 10 (1963), 108~15.

_____. *Papias von Hierapolis und die Evangelien des Neuen Testaments: Gesammelte Aufsätze, Neuausgabe und Übersetzung der Fragmente, kommentierte Bibliographie, Eichstätter Materialien, Abt. Philosophie und Theologie 4*, Regensburg: Pustet, 1983.

Kysar, R. *John: The Maverick Gospel*, Atlanta: John Knox Press, 1976.

_____. *John's Story of Jesus*, Philadelphia: Fortress, 1984 (『요한의 예수이야기』, 최흥진 역, 서울: 한국장로교출판사, 1995).

Lake, K. and S. *The Earlier Epistles of St. Paul: Their Motive and Origin*, London: Rivingtons, 1911, 1919.

Lampe, G. W. H. "The Lucan Portrait of Christ", *NTS* 2 (1955/56), 160~175.

_____. "Holy Spirit in the Writings of Luke", in: D. E. Nineham (ed.), *Studies in the Gospels. Essays in memory of R. H. Lightfoot*, 2nd ed., Oxford 1957, 159~200.

Lampe, P. "Zur Textgeschichte des Römerbriefes", *NovT* 27 (1985), 273~277.

Lane, W. L. *Hebrews*, WBC 47A, Dallas: Word Books, 1991.

Laub, F. *Die Begegnung des frühen Christentums mit der antiken Sklaverei*, Stuttgart: Katholisches Bibelwerk, 1982 (후란쯔 라우프, 『고대 노예제도와 초기 그리스도교』, 박영옥 역, 서울: 한국신학연구소, 1988).

_____. *Bekenntnis und Auslegung. Die paränetische Funktion der Christologie im Hebräerbrief*, BU 15, Regensburg: Pustet, 1980.

Laws, S. "Does Scripture Speak in Vain? A Reconsideration of James iv.5", *NTS* 20 (1973~74), 210~15.

Liddell, H. G. / Scott, R. *A Greek-English Lexicon*, Oxford: Clarendon Press, 1940, 1996 (edited by P. G. W. Glare with the assistance of A. A. Thompson. Revised supplement).

Lieu, J. *The Second and Third Epistles of John: History and Background*, SNTW, Edinburgh:

T&T Clark, 1986.

_____. *The Theology of the Johannine Epistles*, NTT, Cambridge: Cambridge University Press, 1991.

Lillie, W. "The Pauline House-Tables", *ExpTim* 86 (1975), 179~83.

Lincoln, A. T. *Ephesians*, WBC 42, Dallas: Work Books, 1990.

Lincoln, A. T. / Wedderburn, A. J. M. *The Theology of the Later Pauline Letters*, NTT, Cambridge: Cambridge University Press, 1993.

Lindars, B. *John*, NTG, Sheffield: JSOT Press, 1990 (『요한복음』, 김동수 역, 서울: 이레서원, 2002).

_____. *The Theology of the Letter to the Hebrews*, NTT, Cambridge: Cambridge University Press, 1991, 1995.

_____. 『요한복음』, 서울: 반석문화사, 1994.

Lindemann, A. "Zum Abfassungszweck des Zweiten Thessalonicherbriefes", *ZNW* 68 (1977), 35~47.

Linnemann, E. *Gibt es ein synoptisches Problem?* Neuhausen: Hänssler, 1992 (ET. *Is There A Synoptic Problem? Rethinking the Literary Dependence of the First Three Gospels*, translated by R. W. Yarbrough, Grand Rapids: Baker, 1992)

Lomeyer, E. "Über Aufbau und Gliederung des ersten Johannesbriefes", *ZNW* 27 (1928), 225~263.

Luck, U. "Kerygma, Tradition und Geschichte Jesu bei Lukas", *ZThK* 57 (1960), 51~66.

Lüdemann, G. *Paulus, der Heidenapostel. Band I: Studien zur Chronologie*, FRLANT 123, Göttingen, Vandenhoeck Ruprecht, 1980 (*Paul, Apostle to the Gentiles: Studies in Chronology*, Tottenham: SCM, 1984).

Lührmann, D. "Neutestamentliche Haustafeln und antike Ökonomie", *NTS* 27 (1980), 83~97.

Luz, U. *Das Evangelium nach Matthäus. 1. Teilband: Mt 1~7*, EKK 1/1, 5. Aulf., Zürich: Benziger / Neukirchen-Vluyn: Neukirchener, 1985, 2002; *Mt 8~17*, EKK 1/2, 1990; *Mt 18~25*, EKK 1/3, 1997; *Mt 26~28*, EKK 1/4, 2002.

Maddox, R. *The Purpose of Luke Acts*, Edinburgh: T&T Clark, 1982.

Malherbe, A. J. "Me Genoito in the Diatribe and Paul", *HThR* 73 (1980), 231~40 (= in *Paul and the Popular Philosophers*, Minneapolis: Fortress Press, 1989).

Manson, T. W. *New Testament Essays: Studies in Memory of Thomas Walter Manson* (1893~1958), ed. Matthew Black, Manchester: Manchester University Press, 1959, 150ff. (= "St. Paul's Letter to the Romans and Others", in Donfried, *The Romans Debate, 3~15*).

_____. *Sayings of Jesus as Recorded in the Gospels according to St.Matthew and St.Luke arranged with Introduction and Commentary*, London: SCM, 1957, 1977.

Marshall, I. H. *The Gospel of Luke: A Commentary on the Greek Text*, NIGTC, Exeter: Paternoster / Grand Rapids: Eerdmans, 1978, 1989.

_____. *Luke: Historian and Theologian*, Exeter: Paternoster, 1970; Grand Rapids: Zondervan, 1989 (하워드 마샬, 『누가행전』, 이한수 역, 서울: 엠마오, 1993).

Marshall, P. "Invective: Paul and his Enemies in Corinth", in: E. W. Condrad / E. G. Newing (eds.), *Perspectives on Language and Text, FS F. I. Andersen*, Winona Lake: Eisenbrauns, 1987, 359~373.

Martin, R. P. *2 Corinthians*, WBC 40, Waco: Word Books, 1986.

_____. *Colossians: The Church's Lord and the Christian Liberty*, Grand Rapids: Zondervan, 1972.

_____. *A Hymn of Christ. Philippians 2:5~11 in Recent Interpretation and in the Setting of Early Christian Worship*, Downers Grove: Inter Varsity Press, 1997 (*Carmen Christi. Philippians 2:5~11 in Recent Interpretation and in the Setting of Early Christian Worship*, Cambridge: Cambridge University Press, 1967).

_____. *James*, WBC 48, Waco: Word Books, 1988.

_____. *Mark: Evangelist and Theologian*, Exeter: Paternoster Press, 1972 (『마가신학』, 이상원 역, 엠마오, 1993).

Martin, T. W. *By Philosophy and Empty Deceit: Colossians as Response to a Cynic Critique*, JSNT.S 118, Sheffield: Sheffield Academic Press, 1996.

Marxsen, W. *Der Evangelist Markus. Studien zur Redaktionsgeschichte des Evangeliums*, 2 Aufl., Göttingen: Van den Hoeck / Ruprecht, 1959.

Matera, F. J. *What Are They Saying About Mark?* New York: Paulist Press, 1987 (『마가복음 신학』, 류호영 역, 서울: 기독교문서선교회, 1995).

Maynard-Reid, R. U. *Poverty and Wealth in James*, Maryknoll: Wipf & Stock Publishers, 1991, 2005.

McCullough, J. C. "The Quotations in Hebrews", *NTS* 26 (1979/80), 363~379.

McNicol A. J. / Dungan, D. L. / Peabody, D. B. (eds.), *Beyond the Q Impasse: Luke's Use of Matthew. A Demonstration by the Research Team of the International Institute for [Renewal] of Gospel Studies*, Valley Forge: Trinity Press International, 1996.

Meeks, W. *The First Urban Christians. The Social Worldof the Apostle Paul*, New Haven / London: Yale University Press, 1983.

Meijboom, H. U. *A History and Critique of the Origin of the Marcan Hypothesis 1835~1866: A Contemporary Report Rediscovered*. A translation with introduction and notes of *Geschiedenis en critiek der Marcushypothese (History and Critique of the Marcan Hypothesis)* by Hajo Uden Meijboom at the University of Groningen, 1866 translated and edited by John J. Kiwiet, New Gospel Studies 8, Macon: Peeters/Mercer University Press, 1993.

Menzies, R. R. *The Development of Early Christian Pneumatology with Special Reference to Luke-Acts*, JSNT.S 54, Sheffield: Sheffield Academic Press, 1991.

Metzger, B. M. *The Canon of the New Testament. Its Origing, Development, and Significance*, Oxford: Clarendon Press, 1987, 1989 (『신약정경형성사』, 이정곤 역, 서울: 기독교문화사, 1993).

_____. *The Text of the New Testament*, 3rd ed., Oxford: Oxford University Press, 1963, 1992 (『사본학. 신약본문비평학』, 강유중 역, 서울: 기독교문서선교회, 1979).

_____. *A Textual Commentary on the Greek New Testament*, United Bible Society, 1971; Stuttgart: Deutsche Bibelgesellschaft, 1994 (『신약 그리스어 본문 주석』, 장동수 역, 서울: 대한성서공회 성경원문연구소, 2005).

Michel, O. *Der Brief an die Hebräer*, KEK 13, 13. Aufl., Göttingen: Vandenhoeck Ruprecht, 1976.

Michl, J. "Der Spruch Jakobusbrief 4,5", in: J. Blengler / O. Kuss / F. Mussner (Hgs.), *Neutestamentliche Aufsätze, FS J. Schmid*, Regensburg: Pustet, 1963, 167~74.

Morgan, R. "Fulfillment in the Fourth Gospel: The Old Testament Foundations", *Int* 11 (1957), 155~165.

Morgenthaler, R. *Statistik des Neutestamentlichen Wortschatzes*, 3. Aufl., Zürich: Gotthelf-Verlag, 1982.

Morris, L. *Jesus is the Christ: Studies in the Theology of John*, Grand Rapids: Eerdmans / Leicester: IVP, 1989.

Morton, A. Q. / McLeman, J. *The Genesis of John*, Edinburgh: Saint Andrews Press, 1980.

Moulton, W. F. / Geden, A. S. / Moulton, H. K. (eds.), *A Concordance to the Greek Testament*, 5th ed., Edinburgh: T&T Clark, 1897, 1989.

Mounce, W. D. *Pastoral Epistles*, WBC 46, Nashville: Thomas Nelson Publishers, 2000.

Murphy-O'Conner, J. "2 Timothy Contrasted with 1 Timothy and Titus", *RB* 98 (1991), 403~18.

_____. *The Theology of the Second Letter to the Corinthians*, NTT, Cambridge, 1991.

Murray, J. *The Epistle to the Romans: The English Text with Introductions, Exposition and Notes*, NICNT, Grand Rapids: Eerdmans, 1959, 1968.

Neirynck, F. *Duality in Mark. Contributions to the Study of the Markan Redaction*, BEThL 31, Leuven: Leuven University Press, 1988.

_____. *Jean et les Synoptiques: Examen critique de l'exégèse de M.-E.Boismard*, BEThL 49, Leuven: Leuven University Press, 1979.

Neyrey, J. H. *2 Peter, Jude: A New Translation with Introduction and Commentary*, AncB 37c, New York: Doubleday, 1993.

_____. The Form and Background of the Polemic in 2 Peter (unpubl. Diss.), Yale, 1977.

_____. "The Form and Background of the Polemic in 2 Peter", *JBL* 99 (1980), 407~31.

Norden, Ed. *Agnostos Theos. Untersuchungen zur Formengeschichte Religiöser Rede*, Stuttgart: Teubner, 1913 (ND = Darmstadt: Wissenschaftliche Buchgesellschaft, 1956).

_____. *Die Geburt des Kindes: Geschichte einer religiösen Idee*, Leipzig: Teubner, 1924.

Oberweis, M. "Die Bedeutung der neutestamentlichen 'Rätselzahlen' 666 (Apk 13.18) und 153 (Joh 21.11)", *ZNW* 77 (1986), 226~241.

Okeke, G. E. "1 Thess. ii. 13~16: The Fate of the Unbelieving Jews", *NTS* 27 (1980/81), 127~136.

Osburn, C. D. "The Christological Use of 1 Enoch 1:9 in Jude 14,15", *NTS* 23 (1976/77), 334~41.

_____. "Discourse Analysis and Jewish Apocalyptic in Jude", in D. A. Black / K. Barnwell / S. Levinsohn (eds.), *Linguistics and New Testament Interpretation*, Nashville: Broadman & Holman Publishers, 1993.

_____. "The Text of Jude 5", *Bib* 62 (1981), 107~15.

Paulsen, H. "Jakobusbrief", *TRE* 16 (1987), 488~495.

_____. *Der Zweite Petrusbrief und der Judasbrief*, KEK 12.2, Göttingen: Vandenhoeck Ruprecht, 1992.

Peabody, D. B. *Mark as Composer*, New Gospel Studies 1, Macon: Peeters / Mercer University Press, 1987.

Peabody, D. B. / Cope, L. / McNicol, A.J. (eds.), *One Gospel From Two. Mark's Use of Matthew and Luke. A Demonstration by the Research Team of the International Institute for Gospel Studies*, Harrisburgh / London / New York: Trinity Press International, 2002.

Penner, T.C. *The Epistle of James and Eschatology. Re-Reading an Ancient Christian Letter* (JSNT.S 121), Sheffield: Sheffield Academic Press 1996

Pestman, P.W. *The New Papyrological Primer*, Leiden: Brill, 1990.

Peterin, D. *Paul's Letter to the Philippians in the Light of Disunity in the Chruch*, NovTSup. 79, Leiden: Brill, 1995.

Plassart, A. "L'inscription de Delphes mentionnam le Proconsul Gallion", *RÉGr* 80 (1967), 372~378.

Plummer, A. *A Critical and Exegetical Commentary on the Second Epistle of St. Paul to the Corinthians*, ICC 34, Edinburgh: T&T Clark, 1915.

Pokorn', P. *Der Brief des Paulus an die Kolosser*, ThHNT 10/I, Berlin: Evangelische Verlaganstalt, 1987.

Powell, M. A. *What Are They Saying About Acts?* New York: Paulist Press, 1991 (마크 A.포웰, 『사도행전 신학』, 이운연 역, 기독교문서선교회, 2000).

_____. *What Are They Saying About Luke?* New York: Paulist, 1989, 1991 (마크 알렌 포웰, 『누가복음 신학』, 배용덕 역, 서울: 기독교문서선교회, 1995).

Poythress, V. S. *The Returning King: A Guide to the Book of Revelation*, New Jersey: P & R Publishing, 2000 (포이쓰레스, 유상섭 역, 『요한계시록 맥잡기』, 서울: 크리스챤 출판사, 2002).

Preisigke, F. *Namenbuch. Enthaltend alle griechischen, lateinischen, ägyptischen, hebräischen, arabischen und sonstigen semitischen und nichtsemitischen Menschennamen, soweit sie in griechischen Urkunden (Papyri, Ostraka, Inschriften, Mumienschildren u. s. w.) Ägyptens sich vorfinden*, Heidelberg: Selbstverlag, 1922 (Amsterdam: A. M. Hakkert, 1967).

Prior, M. *Paul the Letter-Writer and the Second Letter to Timothy*, JSNT.S 23, Sheffield: Seffield Academic Press, 1989.

Radl, W. *Das Lukas-Evangelium*, EdF 261, Darmstadt: Wissenschaftliche Buchgesellschaft, 1988.

Ramsey, W. M. St. *Paul: the Traveller and the Roman Citizen*, London / New York / Toronto: Putnam's Sons, 1895.

Rappaport, S. "Der gerechte Lot", *ZNW* 29 (1930), 299~304.

Reim, G. *Erweiterte Studien zum Alttestamentlichen Hintergrund des Johannesevangeliums*, SNTS.MS 22, Erlangen: Eigenverlag des Autors, 1995 (1st edition: Cambridge: Cambridge University Press, 1974).

Reitzenstein, R. *Poimandres. Studien zur griechisch-agyptischen und fruhchristlichen Literatur*, Leipzig: Teubner, 1904 (ND Stuttgart 1966)

Rese, M. *Alttestamentliche Motive in der Christologie des Lukas*, SNT 1, Gütersloh: Gütersloher Verlagshaus Mohn, 1969.

_____. "Das Lukas-Evangelium. Ein Forschungsbericht", *ANRW* II.25.3. (1985), 2258~2328.

Rhoads, D. / Michie, D. *Mark as Story: An Introduction to the Narrative of a Gospel*, Philadelphia: Fortress, 1982 (『이야기 마가』, 양재훈 역. 서울: 이레서원, 2003).

Richmond, T. / Longstaff, W. / Thomas, P.A. (eds.), *The Synoptic Problem. A Bibliography, 1716~1988*, Macon: Mercer University Press, 1988.

Riedl, J. *Die Vorgeschichte Jesu. Die Heilsbotschaft von Mt 1 2 und Lk 1 2*, Stuttgart: Katholisches Bibelwerk, 1968.

Riesner, R. "Wie sicher ist die Zwei-Quellen-Theorie?", *Theologische Beiträge* 8 (1977), 49~73.

Rissi, M. *Studien zum zweiten Korintherbrief. Der alte Bund - Der Prediger - Der Tod*, AThANT 56, Zürich: Zwingli, 1969.

_____. *Die Theologie des Hebräerbriefes. Ihre Verankerung in der Situation des Verfassers und seiner Leser*, WUNT 41, Tübingen: Mohr Siebeck, 1987.

Robinson, J. A. T. "The Destination and Purpose of St. John's Gospel", *NTS* 6 (1959~60), 117~131.

Robinson, J. M. *The Problem of History in Mark and Other Marcan Studies*, Philadelphia: Fortress, 1982.

Robinson, J. M. / Hoffmann, P. / Kloppenborg J. S. (eds.), *The Critical Edition of Q. Synopsis including the Gospels of Matthew and Luke, Mark and Thomas with*

English, German, and French Translations of Q and Thomas, Leuven: Peeters, 2000.

Roller, O. K., *Münzen, Geld und Vermögensverhältnisse in den Evangelien*, Karlsruhe: Fidelitas, 1929.

Roloff, J. *Der erste Brief an Timotheus*, EKK 15, Zürich: Benziger / Neukirchen- Vluyn: Neukirchener, 1988.

Romaniuk, K. "Les motifs parénétiques dans les écrits pauliniens", *NovT* 10 (1968), 191~207.

Ropes, J. H. *The Synoptic Gospel*, Harvard: Harvard University Press, 1934.

Rowston, D. J. "The Most Neglected Book in the New Testament", *NTS* 21 (1975), 554~563.

Rüger, H. P. "Die lexikalischen Aramaismen im Markusevangelium", in: Canik H. (ed.), *Markus-Philologie. Historische, literargeschichtliche und stilistische Untersuchungen zum zweiten Evangelium*, WUNT 33, Tübingen: Mohr, 1984.

Sand, A. *Das Matthäus-Evangelium*, EdF 275, Darmstadt; Wissenschaftliche Buchgesellschaft, 1991.

Sanders, E. P. *Paul*, Oxford / New York: Oxford University Press, 1991. (E.P. 샌더스, 『바울』, 이영립 역, 서울: 시공사, 1999, 2001),

Sanders, J. N. "Who was the Disciple whom Jesus loved?", in: F. L. Cross (ed.), *Studies in the Fourth Gospel*, London: A. R. Mowbray, 1957, 72~82.

Sass, G. "Noch einmal: 2Kor 6,14~7.1. Literarkritische Waffen gegen einen 'unpaulinischen' Paulus?", *ZNW* 84 (1993), 36~64.

Schenk, W. "Der 1. Korintherbrief als Briefsammlung", *ZNW* 60 (1969), 219~243.

Schenke, H.-M. / Fischer, K. M. *Einleitung in die Schriften des Neuen Testaments* II, Gütersloh: Gütersloher Verlagshaus Mohn, 1979.

Schille, G. *Frühchristliche Hymnen*, Berlin: Evangelische Verlaganstalt, 1965.

Schlier, H. *Der Brief an die Galater*, KEK 7, 13. Aufl., Göttingen: Vandenhoeck Ruprecht, 1965.

Schmeller, T. *Paulus und die 'Diatribe'. Eine vergleichende Stilinterpretation*, NTA NF 19, Münster: Aschendorfer, 1987.

Schmidt, K. L. *Der Rahmen der Geschichte Jesu. Literarkritische Untersuchungen zur Ältesten Jesusüberlieferung*, Berlin: Trowitzsch & Sohn, 1919 (ND Darmstadt: Wissenschaftliche Buchgesellschaft, 1964),

Schmithals, W. *Einleitung in die drei ersten Evangelien*, Berlin / New York: Walter de Gruyter, 1985.

_____. *Die Gnosis in Korinth. Eine Untersuchung zu den Korintherbrief*, FRLANT 66, Göttingen: Vandenhoeck Ruprecht, 1956.

_____. "Die Irrlehrer des Philipperbriefes", in *Paulus und die Gnostiker. Untersuchungen zu den kleinen Paulusbriefen*, ThF 35, Hamburg: Herbert Reich, Evangelischer Verlag, 1965, 47~87.

Schmoller, A. *Handkonkordanz zum griechischen Neuen Testament*, 7. Aufl., Stuttgart: Württembergische Bibelanstalt, 1938.

Schnackenburg, R. *Der Brief an die Epheser*, EKK 10, Zürich: Benziger / Neukirchen-Vluyn: Neukirchener, 1982 (*The Epistle to the Ephesians. A Commentary*, Edinburgh: T&T Clark, 1991),

_____. *Die Johannesbriefe*, HThK 13, 7. Aufl., Frbeiburg /Basel /Wien: Herder, 1984.

_____. *Das Johannesevangelium. Erster Teil: Einleitung und Kommentar zu Kap. 1~4*, HThKNT 4.1, Freiburg / Basel / Wien, 1965; *Kap.* 5~12, HThKNT 4.2, 1971; *Kap.*

13~21, HThKNT 4.3, 1975; *Ergänzende Auslegungen und Exkurse*, 1984.

Schneider, G. *Das Evangelium nach Lukas. Kapitel 1~10*, ÖTKNT 3/1, Gütersloh: Gütersloher Verlagshaus Mohn, 1984.

Schrage, W. *Der esrte Brief and die Korinther*, 1. Teilband: *1Kor 1,1~6,11*, EKK 7/1, Zürich: Benziger / Neukirchen-Vluyn: Neukirchener, 1991; *1Kor 6,12~11,16*, EKK 7/2, 1995; *1Kor 11,17~14,40*, EKK 7/3, 1999; *1Kor 15,1~16,24*, EKK 7/4, 2001.

_____. *Die konkreten Einzelgebote in der paulinischen Paränese*, Gütersloh: Gütersloher Verlagshaus Mohn, 1961.

_____. "Zur Ethik der neutestamentlichen Haustafeln", *NTS* 21 (1975/76), 1~22.

Schröger, F. *Der Verfasser des Hebräerbriefes als Schriftausleger*, BU 4, Regensburg: Pustet, 1968.

Schürer, E. *The History of the Jewish People in the Age of Jesus Christ*, vol. III.2, Edinburgh: T&T Clark, 1987.

Schürmann, H. *Das Lukasevangelium*. Erster Teil: *Kommentar zu Kap. 1,1~9,50*, HThKNT 3.1, Freiburg / Basel / Wien, 1969; *Kap. 9,51~11,54*, HThKNT 3.2, Sonderausgabe, 1994.

Schweizer, E. *Der Brief an die Kolosser*, EKK, Zürich: Benziger / Neukirchen-Vluyn: Neukirchener, 1976, 1989.

_____. "Jesus Christus, I. Neues Testament", *TRE* 16 (1987), 671~726.

Scott, E. F. *The Fourth Gospel: Its Purpose and Theology*, Edinburgh: T&T Clark, 1906, 1951.

Sellin, G. "Die Häretiker des Judasbriefes", *ZNW* 77 (1986), 206~225.

Selwyn, E. G. *The First Epistle of St. Peter: The Greek Text with Introduction; Notes and Essays*, London: Macmillan, 1946.

Senior, D. *What are they saying about Matthew?* New York: Paulist, 1983 (도날드 시니어, 『최근 마태신학의 동향』, 서울: CLC, 1995),

Skarsaune, O. "Heresy and the Pastoral Epistles", *Themelios* 20 (1994), 9~14.

Skeat, T. C. "Early Christian Book-Production: Papyri and Manuscripts", in G. W. Lampe (ed.), *The Cambridge History of the Bible, vol. 2: The West from the Fathers to the Reformation*, Cambridge: CUP, 1969.

Smalley, S. S. *1,2,3 John*, WBC 51, Waco: Word Books, 1984.

_____. *John: Evangelist and Interpreter*, Exeter: Paternoster, 1978 (『요한신학』, 김경신 역, 서울 도서출판 풍만, 1987),

Smallwood, E. M. *The Jews under Roman Rule*, SJLA 20, Leiden: Leiden, 1976.

Smith, D. M. "The Use of the Old Testament in the New", in *The Use of the Old Testament in the New and Other Essays. Studies in Honor of William Franklin Stinespring* (ed. J. M. Efird), Durham: Duke University Press, 1972, 3~65.

Soards, M. L. "1 Peter, 2 Peter, and Jude as Evidence for a Petrine School", *ANRW* 2.25.5, 3827~49.

_____. *The Speeches in Acts: Their Content, Context, and Concerns*, Louisville: Westminster John Knox Press, 1994.

Song, C. Reading Romans as a Diatribe. A Dissertation submitted to the Caspersen School of Graduates Studies Drew University, 2001.

Sowers, S. G. *The Hermeneutics of Philo and Hebrews. A Comparison of the Interpretation of the Old Testament in Philo Judaeus and the Epistle to the Hebrews*, Richmond: John Knox, 1965.

Spitta, F. *Christi Predigt an die Geister* (1 Petr 3,19), Göttingen: Vandenhoeck Ruprecht, 1890.

Stanton, G.(ed.), *The Interpretation of Matthew*, Philadelphia: Fortress, 1983.

Stauffer, E. *Christus und Caesaren*, München/Hamburg: Friedrich Wittig, Verlag 1948, 1966.

Stein, R. H. *The Synoptic Problem. An Introduction*, Grand Rapids: Baker, 1987, 1994.

Stemberger, G. *Einleitung in Talmud und Midrasch*, 8. neubearb. Aufl., München: C. H. Beck, 1992.

_____. *Midrasch. Vom Umgang der Rabbinen mit der Bibel. Einführung, Texte, Erläuterung*, München: C. H. Beck, 1989.

_____. *Die Römische Herrschaft im Urteil der Juden*, EdF 195, Darmstadt: Wissenschaftliche Buchgesellschaft, 1983.

Stendahl, K. *The School of St. Matthew and Its Use of the Old Testament*, ASNU 20, Uppsala / Lund: Gleerup, 1954; Philadelphia: Fortress 1968 (2nd ed.)

Stonehouse, N. B. *Origins of the Synoptic Gospels: Some Basic Questions*, Grand Rapids: Baker, 1963, 1979.

Storr, G. C. *Ueber den Zweck der evangelischen Geschichte und der Briefe Johannis*, Tübingen, 1786.

Stowers, S. K. *The Diatribe and Paul's Letter to the Romans*, Chico: Scholars Press, 1981.

Strecker, G. *Die Johannesbriefe*, KEK 14, Göttingen: Vandenhoeck Ruprecht, 1989.

_____. *Der Weg der Gerechtigkeit. Untersuchung zur Theologie des Matthäus*, FRLANT 82, 3. Aufl., Göttingen: Vandenhoeck Ruprecht, 1962, 1971.

Strecker, G. / Schnelle, U. *Einführung in die neutestamentliche Exegese*, UTB 1253, Göttingen: Vandenhoeck Ruprecht, 1983.

Streeter, B. H. *The Four Gospels. A Study of Origins*, 9th ed., London: Mcmillan, 1924, 1956.

Stuhlmacher, P. *Der Brief and die Römer*, NTD 6, Göttingen: Vandenhoeck Ruprecht, 1998 (페터 슈툴마허, 『로마서 주석』, 장흥길 역, 서울: 장로회신학대학교출판부, 2002).

Swete, H. B. *The Holy Spirit in the New Testament. A Study of Primitive Christian Teaching*, London: Macmillan, 1910 (스웨트, 『신약 속의 성령』, 권호덕 역, 서울: 은성, 1986).

Taeger, J.-W. "Der konservative Rebell. Zum Widerstand des Diotrephes gegen den Presbyter", *ZNW* 78 (1987), 267~287.

Talbert, C. H. "II Peter and the Delay of the Parousia", *VigChr* 20 (1966), 137~45.

Telford, W. (ed.), *The Interpretation of Mark*, Philadelphia: Fortress, 1985.

Tenney, M. C. "The Footnotes of John", *BSac* 117 (1960), 351~64.

Tenney, M. C. (테니), 『요한계시록 해석』, 김근수 역, 서울: 기독교문서선교회, 1989.

Theissen, G. *The Social Setting of Pauline Christianity: Essays on Corinth*, Edinburgh: T&T Clark, 1982 (G. 타이센, 『원시그리스도교에 대한 사회학적 연구』, 서울: 대한기독교서회, 1986),

_____. *Untersuchungen zum Hebräerbrief*, StNT 2, Gütersloh: Gütersloher Verlagshaus Mohn, 1969.

Theobald, M. *Der Römerbrief*, EdF 294, Darmstadt: Wissenschaftliche Buchgesellschaft, 2000.

Thiselton, A. C. *The First Epistle to the Corinthians: A Commentary on the Greek Text*, NIGTC, Grand Rapids: Eerdmans / Carlisle: Paternoster, 2000.

Thomas, J. Chr. "The Literary Structure of 1 John", *NovT* 40 (1998), 369~381.

Thomas, J. Chr. "The Order of the Composition of the Johannine Epistles", *NovT* 37 (1995), 68~75.

Thompson, J. W. *The Beginnings of Christian Philosophy. The Epistle to the Hebrews*, CBQ.

MS 13, Washington: The Catholic Biblical Association of America, 1982.

Trilling, W. *Untersuchungen zum zweiten Thessalonicherbrief*, Leipzig: St. Benno, 1972.

_____. *Das Wahre Israel. Studien zur Theologie des Matthäusevangeliums*, Erfurter Theologischen Studien 7, Leipzig: St.Benno-Verlag, 1959; München: Kösel 1964 (3. Aufl.)

_____. *Der zweite Brief an die Thessalonicher*, EKK 14, Zürich: Benziger / Neukirchen-Vluyn: Neukirchener, 1980.

Trotter, A. H. *Interpreting the Epistle to the Hebrews*, Grand Rapids: Baker Books, 1997.

Turner, E. G. / Parsons, P. J. *Greek Manuscripts of the Ancient World*, BS 46, London: Institute of Classical Studies, 1987.

Turner, M. *Power from on High. The Spirit in Israel's Restoration and Witness in Luke-Acts*, JPTS 9, Sheffield: Sheffield Academic Press, 1996.

Uprichard, R. E. H. "The Person and Work of Christ in 1 Thessalians", *EvQ* 53 (1981), 108~114.

van Bruggen, J. *Christus op aarde. Zijn levensbeschrijving door leerlingen en tijdgenoten*, Kampen: Kok, 1987.

_____. *Die geschichtliche Einordnung der Pastoralbriefe*, Wuppertal: Brockhaus, 1981 (『목회서신들의 역사적 배열』, 김병국 역, 서울: 솔로몬, 1997),

_____. "Die geschichtliche Einordnung der Pastoralbriefe", *JETS* 25 (1982), 381~82.

van der Velden, A. S. *Dieren uit de Bijbel*, Niewkopp: Holding van Dobbenburgh, 1992 (= Tierwelt der Bibel, Stuttgart: Deutsche Gesellschaft, 1992),

van Unnik, W. C. "The Purpose of St.John's Gospel", *StEv* 1 (1959), 382~411.

. *Tarsus or Jerusalem: The City of Paul's Youth*, London: Epworth Press, 1962.

Verheyden, J. "The Unity of Luke-Acts. What Are We Up To?", in J. Verheyden (ed.), *The Unity of Luke-Acts*, BEThL 142, Leuven: Leuven University Press, 1999, 3~56.

Vielhauer, Ph. "Das Benedictus des Zacharias (Lk 1,68~79)", in ders., *Aufsätze zum Neuen Testament*, München: Kaiser, 1965, 28~46.

_____. "Erwägung zur Christologie des Markusevangeliums", in: ders., *Aufsätze zum Neuen Testament*, TB 31, München: Chr.Kaiser Verlag, 1965, 47~54.

_____. *Geschichte der urchristlichen Literatur. Einleitung in das Neue Testament, die Apokryphen und die Apostolischen Väter*, Berlin / New York: Walter de Gruyter, 1975, 1985.

Vögtle, A. *Der Judasbrief - Der 2. Petrusbrief*, EKK 22, Zürich: Benziger / Neukirchen-Vluyn: Neukirchener, 1994.

_____. *Die Tugend- und Lasterkataloge im Neuen Testament*, NTA 16, Münster: Aschendorff, 1936.

von Baer, H. *Der Heilige Geist in den Lukasschriften*, BWANT 39, Stuttgart: Kohlhammer, 1926.

von Wahlde, U. C. "The Theological Foundation of the Presbyter's Argument in 2 Jn (2 Jn 4~6)", *ZNW* 76 (1985), 209~224.

Watson, D. F. *Invention, Arrangement, and Style. Rhetorical Criticism of Jude and 2 Peter*, SBLDS 104, Atlanta: Scholars Press, 1988.

_____. "A Rhetorical Analysis of 2 John according to Greco-Roman Convention", *NTS* 35 (1989), 104~130.

Wedderburn, A. J. M. *A History of the First Christians*, London / New York: T&T Clark Intenational, 2004.

_____. *The Reasons for Romans*, SNTW) Edinburgh: T&T Clark, 1998.

Weidinger, K. *Die Hautafeln. Ein Stück urchristlicher Paränese* (UNT 14), Leipzig: Hinrichs, 1928.

Weis, K. "Orthodoxie und Heterodoxie im 1. Johannesbrief", *ZNW* 58 (1967), 247~255.

Weiser, A. *Die Apostelgeschichte, Kapitel 1~12*, ÖTKNT 5/1, Gütersloh: Gütersloher Verlagshaus Mohn, 1981; Kapitel 13~28, ÖTKNT 5/2, 1985.

_____. "Titus 2 als Gemeindeparänese", in H. Merklein (hg.), *Neues Testament und Ethik. FS R. Schnackenburg*, Freiburg: Herder, 1989, 397~414.

_____. *Der zweite Brief an Timotheus*, EKK 16.1, Zürich: Benziger / Neukirchen-Vluyn: Neukirchener, 2003.

Weiss, H.-F. *Der Brief an die Hebräer*, KEK 13, 15. Aufl., Göttingen: Vandenhoeck Ruprecht, 1991.

Wellhausen, J. *Einleitung in die drei ersten Evangelien*, Berlin: Georg Reimer, 1911.

Wengst, K. *Christologische Formeln und Lieder des Urchristentums*, StNT 7, Gütersloh: Gütersloher Verlagshaus Mohn, 1972.

_____. *Das Johannesevangelium*, 1. Teilband: *Kapitel 1~10*, ThKNT 4.1, Stuttgart: Kohlhammer, 2000; Kapitel 11~21, ThKNT 4.2, 2001.

White, R. E. O. *Luke's Case for Christianity*, Harrisburg: Morehouse Publishing, 1987, 1990 (화이트, 『누가신학 연구: 기독교에 대한 누가의 변증』, 김경진 역, 서울: 그리심, 1995, 2003),

Wibbing, S. *Die Tugend- und Lasterkataloge im Neuen Testament*, BZNW 25, Berlin: de Gruyter, 1959.

Wilckens, U. *Die Missionsreden der Apostelgeschichte: Form- und traditionsgeschichtliche Untersuchungen*, WMANT 5, 2. Aufl., Neukirchen-Vluyn: Neukirchener Verlag, 1961, 1974.

Windisch, H. *Johannes und die Synoptiker. Wollte der vierte Evangelist die älteren Evangelien ergänzen oder ersetzen?* Leipzig: Hinrichs, 1926.

Wrede, W. *Das Messiasgeheimnis in den Evangelien. Zugleich ein Beitrag zum Verständnis des Markus-Evangeliums*, 4. Aufl., Tübingen: Vandenhoeck Ruprecht, 1901, 1969.

Young, F. *The Theology of the Pastoral Letters*, Cambridge: Cambridge University Press, 1994.

Zahn, Th. *Grundriß der Geschichte des Neutestamentlichen Kanons*, Leipzig: Deichert, 1904 (Wuppertal: Brockhaus, 1985).

_____. *Introduction to the New Testament*, 3 vols. Edinburgh: T&T Clark, 1909.

Zerwick, M. *Biblical Greek*, 6. Aufl., Roma: Pontifical Biblical Institute, 1994.

Zohary, M. *Plants of the Bible*, Tel-Aviv: Sadan Publishing House, 1982 (= Pflanzen der Bible. Vollständiges Handbuch, Stuttgart: Calwer Verlag, 1983, 1986),

길성남, 『골로새서 / 빌레몬서』, 한국성경주석 12, 고양: 이레서원, 2019.

김경희. "유다서에 나타나는 적대자들의 성격과 입장 1", 『기독교사상』 469 (1998.1), 79~99.

_____. "유다서에 나타나는 적대자들의 성격과 입장 2", 『기독교사상』 470 (1998.2), 85~91.

김문경. 『요한신학』, 서울: 한국성서학연구소, 2004.

김세윤. 『바울 신학과 새 관점: "바울 복음의 기원"에 대한 재고』, 서울: 두란노, 2002.

_____. "바울이 로마서를 쓴 목적", in 『예수와 바울: 신약신학 논문모음』, 서울: 두란노, 2001, 399~412.

김정훈. 『사도들의 설교와 신학』, 서울: 그리심, 2004.
김추성, 『요한계시록 1~9장. 주석집』, 킹덤북스, 2018.
_____.『하나님과 어린양의 보좌. 요한계시록 새롭게 읽기』, 고양: 이레서원, 2015.
목회와 신학 편집부, 『로마서: 어떻게 설교할 것인가』, 서울: 두란노, 2003.
박윤선. 『요한계시록 주석』, 서울: 영음사, 1981.
박형용. 『신약개관: 신약 계시 이해를 위한 지침서』, 서울: 아가페출판사, 1987.
_____.『신약정경론』, 수원: 합동신학대학원 출판부, 2002.
_____.『히브리서』, 한국성경주석총서, 서울: 도서출판 횃불, 2003.
변종길, 『신약의 정경론』, 서울: 생명의양식, 2013.
신현우, 『공관복음으로의 여행: 최초의 복음서를 찾아서』(How to Solve the Synoptic Problem), 서울: 이레서원, 2005.
_____.『사본학 이야기』, 웨스트민스터 목회와 신학 시리즈 1, 웨스트민스터 출판부, 2003.
양용의. 『마태복음』, 한국성경주석 01, 고양: 이레서원, 2022.
_____.『예수와 안식일 그리고 주일. 마태복음을 중심으로』, 서울: 이레서원, 2001.
이복우, 『내 뒤에 오시는 이: 요한복음의 프롤로그(요 1:1~18) 연구』, 수원: 합신대학원출판부, 2011.
_____.『주는 가장 자비하시고 긍휼히 여기시는 이시니라. 야고보서 주해』, 수원: 합신대학원출판부, 2022.
이필찬. 『요한계시록 어떻게 읽을 것인가?』 서울: 성서유니온, 2000.
_____.『히브리서』, 서울: 이레서원, 2004.
이한수/막스 터너. 『그리스도인과 성령님』, 서울: 총신대학출판부, 1991.
장동수. "로마서의 목적", 『신약신학저널』 2 (2001), 395~410.
전경연. 『고린도전서의 신학논제』, 서울: 대한기독교출판사, 1988, 1996.
정훈택. 『열매로 알리라. 마태복음에 나타나는 믿음과 행위의 관계연구』, 서울: 총신대학출판부, 1994.
조병수. 『가난하나 부요케: 고린도후서 해설』, 서울: 여수룬, 1995.
_____.『갈라디아서』, ABC 9, 서울: 가르침, 2005.
_____.『겨울 그리고 봄. 고린도전서 13장 해설』, 서울: 가르침, 2004.
_____.『고린도전서 어떻게 읽을 것인가? 우리는 한 몸이라』, 서울: 성서유니온, 2015.
_____.『고린도후서 어떻게 읽을 것인가?』, 서울: 성서유니온, 2014.
_____. "고전 2:6~16의 pneu/ma와 pneumatiko,j", 『하나님의 말씀은 영영히 서리라: 주토 최의원 박사 기념논문집』(류호준 편집), 서울: 크리스챤다이제스트, 1997, 344~363 (= 조병수, 『신약신학 열두 논문』, 합동신학대학원출판부, 1999, 2002, 111~134).
_____. "골 3:1~17: 하나님의 도전", in 목회와 신학 편집부, 『에베소서, 빌립보서, 골로새서』, 서울: 두란노, 2003, 539~549 .
_____. "기독론 설교로서의 그리스도 찬양시 (빌 2:6~11)", 『신학정론』 21 (2003), 69~93.
_____. "누가복음의 예수 계보", in 조병수, 『신약신학 열두 주제』, 수원: 합동신학대학원출판부, 2001, 97~125.
_____. "땅의 수확 - 요한계시록의 신학 일고", 『성경원문연구』 2 (1998.2), 51~69 (『신약신학 열두 논문』, 수원: 합동신학대학원출판부, 1999, 221~243).
_____. "데살로니가전서 5:23 해석",in 조병수, 『신약신학 열두 논문』, 수원: 합동신학대학원출판부, 1999, 2002, 135~145.
_____.『데살로니가전서 주해』, 수원: 합동신학대학원출판부, 1998.
_____.『리더가 리더에게 들려주고 싶은 이야기. 디모데전서 에세이』, 수원: 합신대학원출판부, 2010.

_____. "마가복음의 오클로스(ὄχλος)에 대한 고찰", 「신약신학저널」 2 (2001), 26~46.

_____. "ΜΑΡΤΥΡΙΑ와 ΓΡΑΦΗ로서의 요한복음", 「신학정론」 22 (2004), 65~91.

_____. "마태복음 연구의 최근동향", in 조병수, 『신약신학 열두 논문』, 수원: 합동신학대학원출판부, 1999, 2002, 2판, 29~76.

_____. "마태복음과 이방인", 「신학정론」 21 (2003), 429~462.

_____. "마태복음의 교회론", 「신학정론」 14 (1996), 371~394 (또는 in 조병수, 『신약신학 열두 논문』, 수원: 합동신학대학원출판부, 1999, 2002, 2판, 77~98).

_____. 『바울의 동역자와 대적자. 신약인물 연구』 (말씀과 삶 2), 서울: 도서출판 하나, 1997.

_____. "빌 1:1~18. 빌립보 교회를 향한 감사와 기도", in 목회와 신학 편집부, 『에베소서, 빌립보서, 골로새서』, 서울: 두란노, 2003, 289~303.

_____. 『빛에 가까운 어둠. 디모데전서 1,2장 해설』, 서울: 가르침, 2004.

_____. "사도 바울의 인간 이해", 「성경과 신학」 18 (1995), 75~89 (= 『신약신학 열두 논문』, 수원: 합동신학대학원출판부, 1999, 2002, 147~161.)

_____. "사도시대의 설교와 교회 세우기", 「프로에클레시아」 1 (2002), 9~30 (= "사도행전의 교회설교", in 『신복윤 기념논문집』, 수원: 합동신학대학원출판부, 2002, 447~470).

_____. "선교교회와 지역교회의 갈등: 요한삼서 연구", 「신학정론」 15 (1997), 454~488 (= 『신약신학 열두 논문』, 합동신학대학원출판부, 1999, 2002, 175~202).

_____. 『성령으로 사는 그리스도인』, 서울: 여수룬, 1996.

_____. "신약성경에서 여자의 역할", 「신학정론」 23.2 (2005/11), 53~76.

_____. "신약신학의 최근 동향", in 조병수, 『신약신학 열두 논문』, 수원: 합동신학대학원출판부, 1999, 2002, 2판, 11~28.

_____. "야고보서의 신론 윤리", 「신학정론」 30 (2012), 545~570.

_____. "엡 1:1~14: 삼위 하나님의 구원 사역", in 「목회와 신학」 편집부, 서울: 두란노, 2003, 107~128.

_____. 『요한복음』, 한국성경주석 04, 고양: 이레서원, 근간.

_____. "요한복음의 구약성경 인용", in 『수은 윤영탁 박사 은퇴기념논총: 그 아들에게 입 맞추라』, 수원: 합동신학대학원출판부, 2005, 407~456.

_____. "요한복음의 배경, 구조, 내용, 그리고 신학", 「Pro Ecclesia」 7 (2005. 봄), 10~33.

_____. "폴리캅의 빌립보서의 정경사 위치 (1)", 「신학정론」 16 (1998), 35~52; "폴리캅의 빌립보서의 정경사 위치 (2)", 303~318.

_____. 『히브리서』, 성경연구 BSS 1, 서울: 가르침, 2005, 2007 (『히브리서 신학』, 재개정, 수원: 합신대학원출판부, 2012, 2021).

_____. "히브리서에서 사용된 레위기", in 조병수, 『신약신학 열두 논문』, 수원: 합동신학대학원출판부, 1999, 2002, 163~173.

조석민, "로고스의 개념과 기능 (요 1:1~18)", 「Pro Ecclesia」 7 (2005. 봄), 34~57.

_____. 『요한복음의 새 관점』, 서울: 솔로몬, 2008.

채영삼, 『긍휼의 목자 예수. 마태복음의 이해』, 고양: 이레서원, 2011.

최갑종, "로마서의 중심 주제: 이신칭의(以信稱義)", 「신약신학저널」 1 (2000), 303~322.

_____. 『바울연구 II. 갈라디아서 편』, 서울: 기독교문서선교회, 1997.

홍인규, 『바울의 율법과 복음』, 서울: 생명의 말씀사, 1996.

홍창표, 『요한계시록 해설』 제1권, 서울: 크리스챤북, 1999.

_____. 『요한계시록 해설』 제2권, 서울: 크리스챤북, 2001.

연대표

중간기부터 신약시대까지

주전		
	722	이스라엘 멸망
	587	유다 멸망
	539	고레스에 의하여 바빌론 멸망
	333	알렉산더에 의하여 페르시아 멸망
	323	알렉산더 사망
	4세기 말	이집트의 팔레스타인 통치
	3~2세기	시리아의 팔레스타인 통치
	175~164	시리아 Antiochus 4세
	169	Antiochus 4세가 예루살렘 성전 약탈
	164	Judas 마카비의 성전회복
	160	Judas 마카비의 사망
	153	대제사장 Jonathan
	143	Jonathan의 피살
	140	Simon이 대제사장, 사령관, 지도자 됨
	134	Simon의 피살
	134~104	Johannes Hyrkan
	128	사마리아 성전 파괴
	107	사마리아 정복과 파괴
	104~103	Aristobul이 유대인의 왕이 됨
	103~76	Alexander Jannaeus가 유대인의 왕이 됨
	76~67	Salome Alexandra가 유대인의 여왕이 됨. 두 아들 Hyrkan과 Aristobul의 갈등
	64/63	Pompejus가 시리아와 팔레스타인 진입
		48 Pompejus의 사망
		44 Caesar의 피살
		42 Philippi 전투
	40~37	Antigonus가 유대 대제사장과 왕이 됨
	37	Herodes가 예루살렘 정복
	37~주후 4	Herodes가 유대의 왕이 됨